EN LA PREMIÈRE JOURNÉE
EST
UN RECUEIL
DES MAUVAIS TOURS
QUE
LES FEMMES
ONT FAICTZ AUX HOMMES
ET
LES HOMMES
AUX
FEMMES

EN LA DEUXIÈME JOURNÉE
ON DEVISE
DE
CE QUI
PROMPTEMENT
TOMBE
EN LA FANTAISIE
DE CHASCUN

EN LA TROISIÈME JOURNÉE
ON
DEVISE
DES DAMES
QUI
EN LEUR AMITIÉ
N'ONT
CHERCHÉ NULLE FIN
QUE
L'HONNESTETÉ
ET
DE L'HYPOCRISYE
ET
MESCHANCETÉ
DES
RELIGIEUX

EN LA QUATRIESME JOURNÉE
ON DEVISE PRINCIPALEMENT DE LA VERTUEUSE PATIENCE
ET LONGUE ATTENTE
DES DAMES POUR GAINGNER LEURS MARYS
ET LA PRUDENCE
DONT ONT USÉ LES HOMMES ENVERS LES FEMMES
POUR CONSERVER
L'HONNEUR DE LEURS MAISONS ET LIGNAGE

L'HEPTAMÉRON
DES
NOUVELLES

De très-haute et très-illustre Princesse
MARGUERITE D'ANGOULÊME
ROYNE DE NAVARRE

NOUVELLE ÉDITION
PUBLIÉE D'APRÈS LE TEXTE DES MANUSCRITS
AVEC DES NOTES ET UNE NOTICE
PAR P. L. JACOB
BIBLIOPHILE

PARIS
A. DELAHAYS, LIBRAIRE-ÉDITEUR
4-6, RUE VOLTAIRE, 4-6
1864

EN LA CINQUIESME JOURNÉE
ON DEVISE DE LA VERTU DES FILLES ET FEMMES
QUI ONT EU
LEUR HONNEUR EN PLUS GRANDE RECOMMANDATION
QUE LEUR PLAISIR
DE CELLES AUSSI QUI ONT FAIT LE CONTRAIRE
ET DE
LA SIMPLICITÉ DE QUELQUES AUTRES

EN LA SIXIESME JOURNÉE
ON DEVISE
DES
TROMPERIES
QUI
SE SONT FAICTES
D'HOMME A FEMME
DE
FEMME A HOMME
OU
DE FEMME A FEMME
PAR
AVARICE
VENGEANCE
ET
MALICE

EN LA SEPTIESME JOURNÉE
ON DEVISE
DE
CEULX QUI ONT FAIT
TOUT
LE CONTRAIRE
DE
CE QU'ILZ DEVOIENT
OU
VOULOIENT

EN LA HUICTIESME JOURNÉE
ON DEVISE
DES PLUS GRANDES
ET
PLUS
VÉRITABLES FOLIES
DONT CHASCUN
SE
PEUT AVISER

L'HEPTAMÉRON
DES NOUVELLES

DE

MARGUERITE D'ANGOULÊME

ROYNE DE NAVARRE

L'HEPTAMÉRON
DES NOUVELLES

DE TRÈS-HAUTE ET TRÈS-ILLUSTRE PRINCESSE

MARGUERITE D'ANGOULÊME

ROYNE DE NAVARRE

NOUVELLE ÉDITION

PUBLIÉE D'APRÈS LE TEXTE DES MANUSCRITS
AVEC DES NOTES ET UNE NOTICE

PAR

P. L. JACOB
BIBLIOPHILE

PARIS
ADOLPHE DELAHAYS, LIBRAIRE-ÉDITEUR
4-6, RUE VOLTAIRE, 4-6

AVERTISSEMENT DE L'ÉDITEUR

Le texte de l'*Heptaméron* de la Reine de Navarre n'avait pas été réimprimé depuis plus d'un siècle; on se contentait d'une espèce d'imitation en *beau langage* de ce précieux monument de notre littérature gauloise, lorsque nous donnâmes en 1841 une édition de l'ancien texte, que Claude Gruget avait publié pour la première fois en 1559. Cette édition, destinée à faire partie de la collection du *Panthéon littéraire*, comprenait aussi les *Cent Nouvelles nouvelles*, du roi Louis XI, les *Contes et Joyeux Devis* de Bonaventure Des Periers, et le *Printemps d'Yver*, de Jacques Yver.

« Notre intention, disions-nous dans la préface de ce volume, a été de faire une édition, sinon populaire, du moins mise à la portée de tous ceux qui sont en état de juger et de goûter ces fruits, un peu crus, il est vrai, mais savoureux et succulents, d'une littérature que nous devons conserver. Sans trop nous préoccuper, dans notre travail, des routines trop respectées d'un petit nombre d'adeptes, qui bornent à des servitudes d'orthographe la *fidèle* reproduction des anciens textes, nous avons appliqué l'orthographe moderne à ces contes du quinzième et du seizième siècles. »

Ce rajeunissement d'orthographe était le seul *sacrilége* que nous nous fussions permis, et il eut le résultat que nous en attendions : il raviva et popularisa ces vieux conteurs, qu'on laissait un peu trop se perdre dans le domaine de l'érudition ; tout le monde alors put lire l'*Heptaméron*, sans se donner des airs de savant, et la vente de six ou huit mille exemplaires de ce charmant ouvrage, réimprimé à part dans le format Charpentier, prouva qu'il pouvait encore tenir sa place à côté des chefs-d'œuvre de Molière et de La Fontaine.

Depuis notre édition de 1841, M. Leroux de Lincy a publié une nouvelle édition de l'*Heptaméron*, aux frais de la Société des Bibliophiles français. Cette édition n'a pas été faite, comme la nôtre, d'après celle de Claude Gruget, mais d'après un manuscrit contemporain qui offre un texte, nous ne dirons pas meilleur, mais beaucoup plus complet et certainement plus authentique. Non-seulement ce texte rétablit bien des noms propres, que le premier éditeur avait été forcé de déguiser ou d'omettre; non-seulement il comble les lacunes systématiques ou involontaires qui existent dans l'édition de 1559; mais encore il présente deux Nouvelles entières inédites, que Gruget avait remplacées, comme trop hardies, par des Nouvelles tout à fait différentes, quoique empruntées peut-être à la même source, c'est-à-dire, composées aussi par la Reine de Navarre elle-même pour la suite de l'*Heptaméron*. L'édition de M. Leroux de Lincy, en un mot, est donc infiniment supérieure de tout point à celles qui l'ont précédée.

En réimprimant aujourd'hui l'*Heptaméron*, après cette dernière et excellente édition, nous ne pouvions plus adopter un autre texte, puisque c'est là le seul qui, à tous égards, reproduit le mieux l'œuvre originale de la Reine de Navarre; ce texte, sans doute, est moins élégant, moins correct et moins clair que celui de l'édition de Claude Gruget, qui s'était proposé, pour ainsi dire, de compléter et de perfectionner la composition inachevée de l'illustre princesse, mais il est plus conforme au génie littéraire de l'auteur et il conserve du moins le véritable cachet de son style. Rendons grâce à M. Leroux de Lincy de nous avoir fait connaître l'*Heptaméron* tel qu'il a été écrit.

Nous nous sommes cru autorisé toutefois, dans l'intérêt de l'intelligence de ce texte, souvent obscur et embrouillé, à en fixer logiquement la ponctuation et à y admettre quelques légères variantes d'orthographe, que ne fournissait pas le manuscrit de la Bibliothèque Impériale (n° 7572 de l'Ancien Fonds), qui a servi de base à l'édition de M. Leroux de Lincy.

Nous n'avons pas hésité à profiter aussi de ses recherches et même à citer souvent ses observations ingénieuses dans les notes qui accompagnent notre nouvelle édition. C'est plus qu'un droit, c'est un devoir, pour tout éditeur consciencieux, de mettre à contribution les travaux de ses devanciers, sans toutefois leur en ôter l'honneur. Nous nous plaisons donc à déclarer que cette édition, entièrement différente de celle que nous avons déjà publiée en 1841, a été faite d'après l'édition de notre savant ami, M. Leroux de Lincy.

Paul LACROIX.
(BIBLIOPHILE JACOB.)

NOTICE HISTORIQUE

SUR

MARGUERITE D'ANGOULÊME

REINE DE NAVARRE [1]

Marguerite d'Angoulême, fille de Charles d'Orléans, comte d'Angoulême, et de Louise de Savoie, naquit le 11 avril 1492, à deux heures du matin, dans le vieux château de la ville d'Angoulême [2]. Selon un généthliaque composé par quelque astrologue de cour, elle avait été *conçue l'an 1491, à dix heures avant midi et dix-sept minutes, le 11ᵉ jour de juillet* [3]. Son frère unique, François d'Angoulême, vint au monde deux ans après elle.

Elle était à peine âgée de quatre ans, lorsqu'elle perdit son père, mort de maladie à Châteauneuf, en Angoumois, le premier jour de janvier 1496. Charles d'Orléans, que le roi Charles VIII regretta comme *l'un des plus hommes de bien qui fût entre les princes de son sang* [4], n'aurait eu aucune influence sur l'éducation et sur la destinée de ses enfants; mais sa femme, Louise de Savoie, avait un caractère et un esprit bien supérieurs à ceux du comte, et elle le montra bien, en élevant elle-même sa fille et son fils avec tous les soins qui pouvaient faire d'eux un prince et une princesse accomplis. La nature les avait richement dotés l'un et l'autre, et, si François eut de bonne heure les vertus héroïques de la chevalerie, Marguerite, dont les goûts studieux se révélèrent au sortir de l'enfance, commença dès lors à s'y livrer et à donner carrière à cette noble ambition de s'instruire, qu'elle ne cessa jamais de pousser dans les plus hautes régions de l'intelligence humaine.

---

[1] M. Leroux de Lincy a publié, en tête de son édition de l'*Heptaméron*, une notice si complète, si neuve et si curieuse, sur la vie privée de Marguerite, que nous voudrions pouvoir remplacer cette notice par la sienne, à laquelle nous ne ferons pourtant pas d'emprunt, de peur d'avoir trop à y prendre.
[2] *Journal* de Louise de Savoie.
[3] Brantôme, *Dames illustres*.
[4] Jean de Saint-Gelais, *Hist. de Louis XII*.

Elle apprit d'abord les langues anciennes et modernes qui lui ouvrirent la porte de toutes les sciences. Non-seulement elle comprenait le grec, le latin et même l'hébreu, que lui avait enseigné Paul Paradis, dit le Canosse; mais encore elle parlait avec une égale facilité l'italien, l'espagnol, l'anglais et l'allemand. Elle s'était, de préférence, adonnée à la philosophie et à la poésie, qui convenaient aussi bien à sa gracieuse imagination qu'à son âme inquiète et compréhensive. Dès qu'elle écrivit, ce fut avec un charme et une élégance de style capables de faire honte aux écrits en vers et en prose contemporains, dans lesquels la recherche ridicule de la pensée se cachait sous l'obscurité de l'expression toujours fausse et ampoulée. Pour acquérir ce style simple, clair et naïf, que nous admirons dans ses ouvrages, elle n'eut qu'à lire et à relire les charmantes poésies de son grand-oncle, Charles d'Orléans.

La réputation de sa beauté, de son savoir et de son mérite l'avait devancée à la cour de Louis XII, où elle parut, âgée de douze ans, à côté de son frère, qui annonçait déjà ce qu'il devait être, le plus brave, le plus galant, le plus noble des gentilshommes. Louis XII n'avait pas d'héritier mâle; en 1504, une grave maladie l'avertit de se préparer un successeur, et dès ce moment, malgré l'opposition envieuse et tracassière d'Anne de Bretagne, il décida le mariage de sa fille aînée Claude avec François d'Angoulême. On croyait que Louis XII ne vivrait pas longtemps et que le jeune comte d'Angoulême allait monter sur le trône de France: la main de Marguerite fut demandée par Henri VII, roi d'Angleterre, pour un de ses fils: mais le grand Conseil du roi repoussa la demande, après mûre délibération, en considérant que ce mariage pourrait, dans certains cas, causer une guerre *immortelle* entre les Français et les Anglais, et peut-être même ébranler les fondements de la loi salique en France [1]. On refusa ensuite, par des motifs analogues, une autre alliance qui s'offrait pour Marguerite d'Angoulême: Louis XII ne voulut pas la marier à Charles d'Autriche, dont il était le subrogé-tuteur, comme s'il eût prévu les terribles luttes de l'empereur Charles Quint et de François I [2].

Il fit épouser sa nièce à Charles III, duc d'Alençon, qu'elle n'aimait pas et qu'elle jugeait peu digne d'elle: les noces se célébrèrent à Blois, le 1er décembre 1509, *en aussi grand état et haut triomphe que si c'eût été la fille du roi*. Marguerite s'était soumise en gémissant aux volontés de sa mère et de Louis XII: mais elle *adonna son cœur à Dieu*, puisque son mari ne l'avait pas, et elle adopta pour devise une fleur de souci tournée vers le soleil, avec cette légende: *non inferiora secutus* (ne s'arrêtant pas aux choses de la terre). Le duc d'Alençon ne possédait aucune des belles qualités qui brillaient avec tant d'éclat chez Marguerite, et le motif apparent de ce mariage antipathique fut l'extinction d'un procès qui se débattait entre ce duc et François d'Angoulême, comme héritiers de Marie d'Armagnac:

---

[1] *Histoire du seizième siècle en France*, par le bibliophile Jacob, t. III.
[2] *Histoire générale de la Maison de France*, par Scevole et Louis de Sainte-Marthe, t. I.

le comte d'Angoulême abandonna donc ses droits sur cette succession en faveur de sa sœur, dont la dot s'élevait à 450,000 livres [1].

Le comte d'Angoulême fut créé duc de Valois, par Louis XII, qui, selon son projet favori, aussitôt après la mort d'Anne de Bretagne, lui fit épouser Claude de France, avec laquelle il l'avait fiancé depuis longtemps. Le duc de Valois succéda, le 1ᵉʳ janvier 1515, à son beau-père, et la duchesse d'Alençon, comme sœur du roi, fut qualifiée de *Madame*. On la nomma dès lors indifféremment *Marguerite de France*, ou *de Valois*, ou *d'Angoulême*; elle ajoutait aussi à ses titres celui de *ducchesse de Berri*, que son frère lui donna en 1517. François Iᵉʳ, qui l'aimait tendrement, l'appelait sa *mignonne* ou la *Marguerite des Marguerites*. Il s'était accoutumé dès l'enfance à la consulter en toute chose et à suivre ses conseils : il ne changea pas à son égard, en devenant roi, et il eut souvent recours aux lumières de cette sage princesse dans les affaires d'État, qu'elle entendait mieux que les plus habiles ministres. « Son discours estoit tel, que les ambassadeurs qui parloient à elle en estoient grandement ravis, et en faisoient de grands rapports à ceux de leur nation, à leur retour; dont, sur ce, elle en soulageoit le Roy son frère, car ils l'alloient toujours trouver, après avoir fait leur principale ambassade; et bien souvent, lorsqu'il avoit de grandes affaires, les remettoit à elle, en attendant sa définition et totale résolution. Elle les sçavoit fort bien entretenir et contenter de beaux discours, comme elle y estoit fort opulente et fort habile à tirer les vers du nez d'eulx : d'ond le roi disoit souvent qu'elle lui assistoit bien et le deschargeoit beaucoup par l'industrie de son gentil esprit et par doulceur [2]. »

La confiance de François Iᵉʳ dans le jugement de sa sœur chérie n'était pas moindre en ce qui concernait ses affaires personnelles, même celles de la nature la plus délicate : il la trouvait indulgente pour des faiblesses qu'elle ne partageait pas, et souvent complaisante pour un sentiment qui, bien que coupable et illégitime, se relevait et s'épurait sous les dehors d'une noble et généreuse galanterie. C'est ainsi qu'elle composa, au nom de son frère, les *belles devises* que le roi fit graver sur des joyaux qu'il avait donnés à la comtesse de Châteaubriant, et que celle-ci lui renvoya en lingots, afin que ces devises ne fussent pas profanées par une autre maîtresse [3]. Lorsque François Iᵉʳ, cédant à quelque caprice indigne de lui, cherchait des plaisirs faciles auprès de ses plus humbles sujettes, ou bien déguisait sa royauté pour courir les aventures d'un amour bourgeois, il avait soin de se cacher surtout de sa sœur, qui ne lui eût pas pardonné la trivialité de ces goûts libertins, et qui se fût trop inquiétée des dangers qu'il affrontait en courtisant la femme d'un avocat ou d'un simple marchand [4].

Marguerite, toute sévère qu'elle fût pour elle-même dans sa conduite, était portée vers cette galanterie décente, qui résultait de l'intelligence des esprits et des âmes, sans exclure la vertu la plus chaste et la morale la

---

[1] *Histoire du seizième siècle en France*, t. IV.
[2] Brantôme, *Dames illustres*.
[3] Brantôme, *Dames galantes*.
[4] Voyez plusieurs Nouvelles de l'*Heptaméron*.

plus rigoureuse. Ce n'était jamais de l'amour, c'était plus que de l'amitié. La lecture des anciens romans de chevalerie avait introduit à la cour ces habitudes de tendre et innocente familiarité entre les deux sexes, et leurs relations continuelles créaient dès lors cette société française, dont le bon goût et la politesse devaient faire plus tard l'admiration et l'exemple de l'Europe. Louis XII avait le premier rapporté d'Italie cette affection platonique pour Thomassine Spinola, qu'il *servit* à titre d'*intendio;* mais c'est Marguerite qui semble avoir fait admettre dans les mœurs de son temps ces *alliances* toutes spirituelles, qu'on peut considérer comme l'expression la plus haute et la moins terrestre de l'amour; c'est Marguerite qui a inventé les dénominations de *frère* et de *sœur d'alliance*, sous lesquelles on pouvait s'aimer et se le dire publiquement, sans encourir ni blâme ni soupçon[1]. naïve réminiscence de ce *bon vieux temps* où tout chevalier avait sa *dame* et toute *dame* son chevalier.

Ces souvenirs plaisaient beaucoup à Marguerite, qui, dans sa petite cour d'Alençon comme dans celle de son frère, avait remis en honneur les traditions de la chevalerie; elle s'amusait à faire renaître les *cours d'amour* du moyen âge, et les poëtes, qui l'entouraient sans cesse en qualité de *valets de chambre* pensionnaires, ne traitaient pour elle que des sujets de galanterie raffinée et de doctrine amoureuse. Tels étaient aussi les sujets ordinaires qui occupaient ses inspirations poétiques. Cependant, à cause de ce penchant naturel vers l'exagération des sentiments tendres, elle n'en eut que plus de mérite à résister même aux entraînements de son cœur, quoique Brantôme dise d'elle : « En faict de joyeusetés et de galanteries, elle montroit qu'elle en sçavoit plus que son pain quotidien; » car elle fut aimée du connétable de Bourbon, suivant une tradition qui n'ajoute pas qu'en l'aimant avec la même tendresse elle ait jamais cessé d'être vertueuse[2]; elle fut également aimée de l'amiral Bonnivet, le favori de François Ier, le plus beau et le plus entreprenant des seigneurs de la cour; mais elle ne l'aimait point, dit-on, et elle eut moins de peine à résister à une audacieuse tentative de violence, de la part de cet amant dédaigné, lorsque Bonnivet s'introduisit la nuit par une trappe dans la chambre où elle couchait, et fut contraint de se retirer honteusement, *son visage tout sanglant d'esgratigneures et morsures qu'elle lui avoit faictes*[3].

Le procès et la fuite du connétable de Bourbon, qu'elle aurait bien voulu protéger contre le ressentiment de Louise de Savoie, furent suivis de la défaite de François Ier à Pavie et de sa captivité à Madrid. Cette fatale bataille de Pavie porta deux coups terribles à la duchesse d'Alençon; car, si son frère resta prisonnier du connétable et des Espagnols, ce fut la

---

[1] Voyez les poésies de Clément Marot, et la nouvelle XXVI de l'*Heptaméron*.
[2] On a bâti, sur cette tradition, deux romans ridicules, quoique encore estimés au dernier siècle: *Histoire de Marguerite de Valois*, et *Histoire secrète du connétable de Bourbon*. Voyez ci-après la notice bibliographique sur les ouvrages de Marguerite.
[3] Elle a raconté elle-même son aventure sous des noms supposés, dans la nouvelle IV de l'*Heptaméron*.

aute de son mari, Charles d'Alençon, dont la lâcheté entraîna la déroute de l'armée française et la prise du roi ; ce prince, qui commandait l'arrière-garde, ayant fait sonner la retraite au moment où son concours pouvait encore décider du sort de la journée. Le duc d'Alençon n'osait plus reparaître devant Marguerite, dont il appréhendait les trop justes reproches ; il mourut de chagrin à Lyon, le 11 avril 1525, deux mois après le funeste événement qui l'avait déshonoré aux yeux de sa femme et de la France entière.

Marguerite donna sans doute peu de regrets à son mari, en présence du malheur de son frère ; c'était là son unique préoccupation : elle dirigeait et activait les négociations qui avaient pour but le retour de François Ier dans son royaume ; mais Charles-Quint les entravait par tant d'obstacles, que le roi craignit de ne jamais sortir de l'Alcazar de Madrid. François Ier tomba dangereusement malade, et pendant plusieurs jours le bruit de sa mort se répandit par toute la France. « Quiconque viendra à ma porte, disait sa sœur au désespoir, m'annoncer la guérison du Roy mon frère, tel courrier, fust-il las, harassé, fangeux et malpropre, je l'iray baiser et accoler comme le plus propre prince et gentilhomme de France ; et qu'il auroit faulte de lit et n'en pourroit trouver pour se délasser, je luy donnerois le mien et coucherois sur la dure, pour telles bonnes nouvelles qu'il m'apporteroit [1] ! » Elle partit précipitamment pour aller donner elle-même des soins et des consolations au malade, dont elle connaissait le *naturel* et la *complexion* mieux que les médecins, tandis qu'elle travaillerait à la délivrance du prisonnier, qui refusait de se racheter au prix d'une fraction de sa couronne.

Ce fut durant ce long et pénible voyage qu'elle mit *en rimes* les tristes pensées qui remplissaient son âme. Cette élégie, qu'elle composa, en *cheminant* dans sa litière, comme la plupart de ses ouvrages, est à la fois un monument de sa piété fraternelle et un chef-d'œuvre de grâce et de sensibilité exquises.

Le désir du bien que j'attends
Me donne du travail matière ;
Une heure me dure cent ans,
Et me semble que ma litière
Ne bouge, ains retourne en arrière,
Tant j'ay de m'advancer désir.
Oh ! qu'elle est longue, la carrière,
Où à la fin gist le plaisir !

Je regarde de tous costez
Pour voir s'il n'arrive personne ;
Priant sans cesse, n'en doutez,
Dieu, que santé à mon Roy donne ;
Quand nul ne vois, l'œil j'abandonne
A pleurer ; puis, sur le papier,
Un peu de ma douleur j'ordonne :
Voilà mon douloureux mestier !

---

[1] Brantôme, *Dames illustres*.

Oh! qu'il sera le bienvenu,
Celuy qui, frappant à ma porte,
Dira : « Le roy est revenu
En sa santé très-bonne et forte! »
Alors, sa sœur, plus mal que morte,
Courra baiser le messager,
Qui telles nouvelles apporte,
Que son frère est hors de danger!

Marguerite vint s'embarquer à Aigues-Mortes, descendit à Barcelone et arriva enfin à Madrid. L'empereur sortit de son palais pour aller à la rencontre de cette princesse, et il l'accompagna chez le roi, qui, à la vue de sa sœur, reprit tout à fait courage[1]. François I*" disait souvent que *sans elle il estoit mort, dont il lui avoit ceste obligation qu'il reconnoistroit à jamais et l'en aimeroit*[2]. En effet, il recouvra bientôt la santé avec l'espoir de retourner dans ses États, grâce à l'intervention de Marguerite. Celle-ci ne tarda pas à rejoindre l'empereur à Tolède : elle s'était fait suivre de Philippe de Villiers, grand-maître de l'ordre de Saint-Jean de Jérusalem, que le siége de Rhodes, héroïquement soutenu contre les Turcs pendant plusieurs mois de blocus et d'assauts, avait couvert de gloire. Elle entama sur-le-champ des pourparlers avec Charles-Quint, sous les auspices de l'illustre grand-maître : elle offrit une somme considérable, en dehors des offres qui avaient déjà été faites; elle insista pour que la sœur de l'empereur, Madame Éléonore d'Autriche, fût accordée en mariage au roi qui était veuf depuis un an, et déclara qu'elle était prête à épouser elle-même le connétable de Bourbon, à qui l'empereur avait promis la main de sa propre sœur. Ces nouvelles propositions n'eurent pas plus de succès que les autres.

Désespérée de n'avoir pu rien terminer avec Charles-Quint, Marguerite revint à Madrid pour faire ses adieux à son frère, et elle lui conseilla de se soustraire par la fuite à une captivité dont on ne prévoyait plus le terme. Un plan d'évasion fut même arrêté entre eux : aussitôt après le départ de Marguerite, le roi devait se noircir le visage, prendre le costume d'un nègre qui le servait dans la prison et s'échapper de l'Alcazar sous ce déguisement; mais un de ses valets de chambre fit échouer son projet de fuite, en le dénonçant à l'empereur, qui ordonna seulement de chasser le nègre et qui ajouta cette phrase conditionnelle au sauf-conduit de la duchesse d'Alençon : *Pourvu qu'elle n'ait rien fait contre l'empereur et au préjudice de la nation*[3]. François I*" se vit gardé plus étroitement et séparé de ses plus fidèles serviteurs. Marguerite alla trouver Charles-Quint et lui parla *si bravement et si honnestement aussi sur ce mauvais traitement, qu'il en fut estonné*. Elle lui dit, entre autres menaces, que, si le roi venait à mourir en Espagne, *sa mort n'en demeureroit impunie, ayant des enfants qui quelque jour deviendroient grands, qui en feroient la vengeance signa-*

---

[1] Sandoval, *Historia de la vida y hechos del emperador Carlos V.*
[2] Brantôme, *Dames illustres.*
[3] Sandoval.

lée. « Ces paroles, prononcées si gravement et de si grosse colère, donnèrent à songer à l'empereur, si bien qu'il se modéra et visita le roi, et luy promit force belles choses qu'il ne tint pourtant pas pour ce coup. Or, si elle parla bien à l'empereur, elle dit encore pis à son Conseil où elle eut audience, là où elle triompha de bien dire et bien haranguer et avec une bonne grâce dont elle n'estoit point despourvue[1]. »

Néanmoins les conseillers de Charles-Quint le poussèrent à un acte déloyal envers cette grande princesse, qui fut secrètement avertie qu'on devait, à l'expiration du délai de son sauf-conduit, la retenir prisonnière en Espagne, du moins jusqu'à ce que le roi eût cédé sur les honteuses conditions qu'on lui imposait pour sa délivrance. Mais François Ier feignit de se résigner à une captivité perpétuelle plutôt que de souscrire à son déshonneur, et, pour faire mieux croire qu'il se préparait à rester longtemps éloigné de son royaume, il data de Madrid un édit, par lequel, en cas de maladie ou de mort de sa mère, il associait ou substituait à la régence sa *très-chère et très-amée sœur*, avec les mêmes pouvoirs, commandement et autorité, qu'il avait confiés à Louise de Savoie. Le terme du séjour de Marguerite sur les terres de l'empereur approchait, et les fêtes, au milieu desquelles on espérait l'endormir jusqu'à la fin de novembre, continuaient toujours : « Elle, toute courageuse, monte à cheval, fait des traites en huit jours, qu'il en falloit bien pour quinze, et s'esvertua si bien, qu'elle arriva sur la frontière de France le soir bien tard du jour que le terme de son passe-port expiroit[2]. » L'empereur comprit qu'il n'obtiendrait rien de l'obstination du roi, fortifiée par l'habile politique de Marguerite, et dès lors il se montra moins exigeant à l'égard de son prisonnier, qui fut enfin remis en liberté et rendu à la France.

Le mariage de la duchesse d'Alençon avec le connétable de Bourbon rencontra des obstacles insurmontables : François Ier, afin de mettre à néant ce projet d'alliance qui l'indignait, s'empressa de choisir un autre mari pour sa sœur, et lui fit épouser, à Saint-Germain-en-Laye, le 24 janvier 1527, Henri d'Albret, deuxième du nom, fils aîné de Jean, roi de Navarre, et de Catherine de Foix, auxquels Ferdinand d'Aragon avait enlevé une partie de leurs États sous le règne de Louis XII. Dans le contrat, François Ier s'engageait à sommer l'empereur de restituer ces États à Henri d'Albret, et, au besoin, à les reconquérir par la force des armes contre l'usurpateur; de plus, il assignait en dot, à Marguerite, les duchés d'Alençon et de Berri, les comtés d'Armagnac, du Perche, et généralement toutes les seigneuries qu'elle possédait du fait de son premier mari, ou bien à titre d'apanage[3]. Henri d'Albret ne manquait pas absolument des qualités nécessaires à un prince : il était brave ; il avait à cœur de bien gouverner son petit royaume et d'être aimé de ses sujets; mais il n'avait aucune des qualités qui font le bonheur d'une femme, car il était dur, mélancolique, brutal, jaloux. Cette union fut donc souvent troublée par des divisions intestines qui eurent

---

[1] Brantôme.
[2] Brantôme.
[3] *Histoire générale de la Maison de France*, t. I.

même un fâcheux éclat à la cour et qui exigèrent plus d'une fois l'intervention de François I[er][1]. Des deux enfants sortis de ce mariage le premier, nommé Jean, mourut en 1530, à l'âge de deux ans, et le second, qui était une fille, née en 1529, fut cette illustre Jeanne d'Albret, qui exerça tant d'influence sur les événements politiques de son temps et qui eut pour fils Henri IV.

Marguerite, quoique vivant mal avec son mari, ne le seconda pas avec moins de zèle dans ses efforts pour améliorer la situation intérieure du Béarn. Le pays était *inculte et stérile par la négligence des habitants;* ils y attirèrent de bons laboureurs choisis dans différentes provinces de France, et ils y propagèrent, par ce moyen, les meilleures traditions de l'agriculture, en centuplant la richesse du sol; ils fondèrent et embellirent des villes, bâtirent et ornèrent des châteaux, notamment celui de Pau, qu'ils avaient entouré de jardins magnifiques; réformèrent la législation coutumière du *fors d'Oleron;* créèrent une Chambre de justice pour les appels en dernier ressort, et ouvrirent à la fois toutes les sources de la prospérité publique. Henri d'Albret ne fit aucune tentative pour reprendre la Navare; car le roi, son beau-frère, qui eut toujours trop d'ennemis sur les bras, ne put employer une armée à cette expédition, que la puissance de Charles-Quint rendait d'ailleurs impossible; mais le roi de Navarre s'appliqua du moins à ne rien perdre des domaines qui lui restaient; et, pour les défendre contre les invasions des Espagnols, il couvrit de places fortes les frontières du Béarn et mit Navarreins en état de soutenir un long siége. Marguerite eut part à tous ces actes de sage gouvernement[2], et elle recueillit, en récompense, l'affection des Béarnais, qui la voyaient avec joie tenir sa cour à Pau et à Nérac.

Cette cour rivalisait avec celle de France par le choix remarquable des personnes qui la composaient : c'étaient les dames les plus renommées en beauté et en esprit; c'étaient les gentilshommes les mieux faits et les mieux *enlangagés;* c'étaient surtout des savants, des poëtes, des musiciens, des peintres, toute une brillante élite d'artistes et de littérateurs, que Marguerite nourrissait et protégeait d'une main royale. Ses valets de chambre, le *gentil* Clément Marot, le satirique Bonaventure Des Periers, l'élégant traducteur Claude Gruget, Antoine Du Moulin, De la Haye, etc., avaient fait

---

[1] M. Eusèbe Castaigne (dans sa *Notice biographique et littéraire sur Marguerite,* extraite de l'*Annuaire de la Charente pour* 1837), s'inscrit en faux contre toutes les allégations que Lenglet-Dufresnoy a émises le premier dans son édition de Clément Marot, au sujet des chagrins domestiques de la Reine de Navarre; allégations reproduites dans notre édition du même poëte (3 vol. in-8, 1824) avec trop de confiance peut-être, mais appuyées sur une tradition dont Brantôme s'est fait l'écho. Ainsi, malgré l'assertion contraire de M. Castaigne, nous ne doutons pas que Marguerite n'ait voulu se représenter elle-même sous le nom de la *Mal mariée,* dans une de ses comédies; nous ne doutons pas, non plus, que Clément Marot n'ait eu en vue, dans plusieurs de ses poésies, la sombre et fantasque jalousie du roi de Navarre.

[2] Hilarion de Coste, *Élog. des Dames illustres.*

surnommer sa *chambre* un *vrai Parnasse*. Tout y retentissait de musique, de vers, d'ingénieux entretiens et de *joyeux devis* : chacun rimait, chantait, parlait, contait à son tour. Or il y avait entre ces esprits excellents un lien commun, plus fort et plus étroit que celui de l'amour des lettres et des arts : cette cour était le foyer de la réforme religieuse ou plutôt philosophique, qui devait aboutir au calvinisme, en s'éloignant de son but et aussi de ses premiers apôtres. Marguerite, entraînée par cette curiosité inquiète et par ce doute perpétuel, qui la poussaient vers les choses nouvelles et inconnues, embrassa d'abord avec sympathie les idées et les espérances des philosophes, tels que Rabelais, Étienne Dolet, Bonaventure Des Periers, qu'on nomma plus tard *athées* ou *libertins*, et en même temps elle écoutait avec un égal enthousiasme les leçons pieuses de Roussel, de Calvin, de Le Fèvre d'Étaples, qui n'étaient que des prédicateurs évangéliques.

Le dernier, dont la longue carrière avait été consacrée à la recherche de la vérité, eut surtout l'estime et la confiance de Marguerite, qui l'aimait et le respectait comme un père. Le Fèvre d'Étaples, parvenu à l'âge de cent et un ans, ne se reprochait rien dans toute sa vie, si ce n'est de s'être tenu *éloigné des lieux où se distribuaient les couronnes des martyrs*, et d'avoir toujours évité la mort que tant de personnes souffraient pour l'Évangile. Un jour, en 1536, comme il se laissait aller à ces regrets, en présence de la Reine de Navarre qui était à table avec lui, elle le consola si bien, qu'il s'écria : « Il ne me reste donc plus que d'aller à Dieu que je sens qui m'appelle ! » Puis, jetant les yeux sur elle, il ajouta : « Madame, je vous fais mon héritière. Je donne mes livres à M. Girard Le Roux ; ce que je possède et mes habits, aux pauvres ; je recommande le reste à Dieu. — Que me reviendra-t-il donc de votre succession ? — Le soin de distribuer ce que j'ai aux pauvres. — Je le veux, répliqua-t-elle, et je vous jure que j'ai plus de joie de cela que si le roi, mon frère, m'avait fait son héritière. » Il dit adieu à la reine et aux autres convives, en se levant pour aller prendre quelque repos ; il se coucha et rendit l'âme aussi doucement que s'il se fût endormi [1].

Dès les premières persécutions contre les luthériens, en 1523, Marguerite s'était déclarée ouvertement leur avocate, sinon leur complice, et ceux-ci la regardèrent alors comme *suscitée de Dieu, pour rompre, autant que faire se pouvoit, les cruels desseins d'Antoine Duprat, chancelier de France, et des autres incitant le Roy contre ceux qu'ils appeloient hérétiques*; elle fit sortir de prison, malgré la Sorbonne et l'inquisiteur de la foi, son poëte Clément Marot, accusé d'avoir mangé du lard en carême ; elle s'efforça de sauver le malheureux Berquin, qui, par son entêtement fanatique, rendit inutile cette puissante intervention auprès de ses juges ; elle détourna plusieurs fois des censures et des accusations prêtes à frapper les livres et les auteurs soupçonnés d'hérésie. Bien plus, elle offrait une

---

[1] *Biblioth. françoise* de La Croix du Maine, art. MARGUERITE, Note de Falconnet. Édit. de 1772.

retraite dans sa principauté de Béarn à ceux qui étaient poursuivis et menacés : Roussel, Calvin, Le Fèvre d'Étaples, s'y réfugièrent auprès d'elle. « Cette douce princesse n'eut rien plus à cœur, pendant neuf ou dix ans, qu'à faire évader ceux que le roi vouloit mettre aux rigueurs de la justice; souvent elle lui en parloit, et à petits coups taschoit d'enfoncer dans son âme quelque pitié des luthériens[1]. »

Elle avait fait traduire en langue vulgaire les prières latines de l'Église, par Guillaume Parvi, docteur de Sorbonne, évêque de Senlis et confesseur du roi; elle mit entre les mains de François Ier ce missel français, et elle le répandit à la cour, qui faillit adopter, à son exemple, la *messe à sept points* et la *messe en français*, double hérésie bientôt réprimandée par la Sorbonne, et prohibée par arrêt du Parlement. Marguerite avait, en outre, composé elle-même un poëme mystique, sous ce titre : *Le Miroir de l'âme pécheresse*, avec cette épigraphe empruntée au Psalmiste : « Seigneur Dieu, crée en moi un cœur net! » Elle l'avait fait imprimer dans sa ville d'Alençon, en 1531, par Simon Dubois; la réimpression de ce traité de morale, faite deux ans après à Paris, fut censurée par les Sorbonnistes comme renfermant des propositions et des tendances contraires à la religion catholique romaine. Mais, par ordre du roi, Nicolas Cop, recteur de l'Université, désavoua cette censure et l'excusa néanmoins, en disant que le livre avait paru sous le voile de l'anonyme et sans l'approbation de la Faculté de théologie. Le fougueux Noël Beda, qui osa signer la condamnation de l'ouvrage de la sœur du roi, avait tellement échauffé les esprits contre la protectrice des sectaires, que les écoliers du collège de Navarre, de concert avec leurs régents, jouèrent une farce dans laquelle Marguerite était transformée en *Furie d'enfer*. François Ier ne pouvait souffrir qu'on insultât publiquement sa *mignonne* : il envoya des archers de sa garde pour arrêter les coupables, et ceux-ci, élèves et maîtres, repoussèrent à coups de pierre les gens du roi. Ils n'obtinrent leur pardon qu'aux instances de la généreuse princesse qu'ils avaient représentée sous les traits d'une Furie[2].

Elle aurait peut-être gagné à la cause de la Réforme François Ier lui-même, qui se laissait entourer des partisans de ces *nouvelletés* et qui leur prêtait une oreille favorable, si *l'affaire des placards* n'eût contraint le roi de se proclamer le vengeur et l'appui du catholicisme dans son royaume. Une nuit du mois de novembre 1534, des placards injurieux contre l'Eucharistie furent affichés aux portes des églises et dans les rues de Paris. François Ier eut la faiblesse de satisfaire à l'indignation du peuple, en sacrifiant six luthériens qui furent brûlés vifs sur la place de l'Estrapade, et en prenant l'engagement solennel d'anéantir les hérétiques, dans le temps même qu'il négociait secrètement avec les protestants de la Ligue de Smalkalde, et lorsqu'il paraissait disposé à entendre la parole du grand Mélanchthon. Dès ce moment, le crédit de la Reine de Navarre ne fut plus suffisant pour couvrir ses amis; elle leur conseilla seulement d'aller se cacher en Béarn, et, pen-

---

[1] Florimond de Rœmond, *Histoire de l'Hérésie*.
[2] Théodore de Bèze, *Histoire ecclésiastique des Églises réformées*.

dant que Rabelais, Marot, Dolet, Des Periers, échappaient aux poursuites de l'inquisition sorbonnique, elle eut besoin de compter sur la tendresse de son frère pour oser demeurer elle-même à la cour de France, où ses ennemis triomphants voulaient la perdre ou l'abreuver de chagrin. « Le connestable de Montmorency, en sa plus grande faveur, discourant de ce faict, un jour, avec le Roy, ne fit difficulté ni scrupule de lui dire que, s'il vouloit bien exterminer les hérétiques de son royaume, il falloit commencer à sa cour et à ses plus proches, lui nommant la Reyne sa sœur; à quoy le Roy respondit : « Ne parlons pas de celle là, elle m'aime trop; elle « ne croira jamais que ce que je croiray, et ne prendra jamais de reli- « gion qui préjudicie à mon Estat[1]. »

Marguerite était vraiment attachée à la religion de Luther; « mais, pour le respect et amour qu'elle portoit au Roy son frère qui l'aimoit uniquement et l'appeloit toujours sa *mignonne*, elle n'en fit jamais aucune profession ni semblant; et, si elle la croyoit, elle la tenoit toujours dans son âme fort secrète, d'autant que le Roy la haïssoit fort » Ce changement dans sa conduite, qui lui fut imposé par les embarras de sa position, tant qu'elle resta en butte aux malignités de ses ennemis à la cour de France, n'indiquait pas que ses croyances eussent changé ; son exemple eut pourtant de graves conséquences : « Le plus grand mal fut que la plus part des grands commença lors de s'accommoder à l'humeur du Roy et peu à peu s'esloignèrent tellement de l'estude des sainctes lettres, que finalement ils sont devenus pires que tous les autres; voire mesme la Reyne de Navarre commença de se porter tout autrement, se ployant aux idolatries comme les autres, non pas qu'elle approuvast telles superstitions en son cueur, mais d'autant que Ruffi (c'est le même que Roussel) et autres semblables lui persuadoient que c'estoient choses indifférentes[2]. » Elle se vit ainsi exposée aux défiances et aux injustes récriminations de ceux-là même qui lui devaient dix ans de tolérance et d'impunité.

Mais, aussitôt qu'elle se fut retirée dans sa principauté de Béarn, elle ne dissimula plus ses opinions religieuses : elle avait alors auprès d'elle Calvin, Marot et d'autres novateurs, qui toutefois ne se crurent point en sûreté à la cour de Pau et qui passèrent bientôt en Piémont; car ils se défiaient des intentions du roi de Navarre à leur égard. Celui-ci, d'ailleurs, gardait rancune à Marot, que la poésie avait peut-être mené trop avant dans les bonnes grâces de Marguerite, et qui, en tous cas, affichait indiscrètement l'estime particulière qu'on n'accordait qu'à sa *belle science*[3]. Certes, il fallait que Clément Marot fût bien certain de ne pas déplaire à la Reine de Navarre, en se déclarant son favori, pour oser lui adresser les vers suivants :

---

[1] Brantôme.
[2] Théodore de Bèze.
[3] Marguerite lui dit dans un dizain :

>   Car on ne peut (et j'en donne ma voix)
>   Assez priser votre belle science.

Tous deux aymons gens pleins d'honnesteté,
Tous deux aymons honneur et netteté,
Tous deux aymons à chascun ne medire,
Tous deux aymons un meilleur propos dire,
Tous deux aymons à nous trouver en lieux
Où ne sont point gens mélancolieux,
Tous deux aymons la musique chanter,
Tous deux aymons les livres fréquenter :
Que diray plus? Ce mot-là dire j'ose :
Je le diray, que, presque en toute chose,
Nous ressemblons, fort que j'ay plus d'esmoy
Et que tu as le cœur plus dur que moy.

Henri d'Albret, offensé des relations presque familières qui existaient entre la reine et ses domestiques [1], *la traitoit très-mal, et eust encore fait pis, sans le roy François, son frère, qui parla bien à luy, le rudoya fort et le menaça pour honorer sa femme et sa sœur, veu le rang qu'elle tenoit* [2]. Un jour, ayant été averti qu'on faisait le prêche dans la chambre de Marguerite, « il y entra, résolu de chastier le ministre, et trouvant que l'on l'avoit fait sauver, les ruines de sa colère tombèrent sur sa femme qui en reçut un soufflet, luy disant : *Madame, vous en voulez trop savoir!* et en donna aussitost advis au roy François [3]. » Le roi répondit sans doute de manière à faire respecter sa sœur et à inspirer à ce mari brutal la crainte des représailles ; car Henri d'Albret ne s'arrogea plus le droit de tyranniser les croyances de sa femme.

Marguerite eut le pouvoir de l'amener par degrés à prendre part aux pratiques extérieures qu'elle suivait en dehors de la religion catholique ; elle lui persuada de lire la Bible, de chanter des psaumes, d'écouter le prêche, et enfin d'assister à la *cène*, qui, dit-on, avait lieu dans les souterrains du château de Pau [4]. Le roi de Navarre parut un moment se poser en protecteur des religionnaires. Marguerite continuait à se pénétrer de la lecture des livres saints, et elle avait une foi si ardente dans les divines consolations de cette lecture, qu'elle disait à son historiographe Bertrand Élie : « Qu'il ne laissast aucun jour sans avoir attentivement vaqué à la lecture de quelques pages de ce livre sacré, qui, arrosant nos âmes de la liqueur céleste, nous sert de fidèle préservatif contre toutes sortes de maux et tentations diaboliques [5]. » Son enthousiasme pour la Bible se révélait par une foule de chansons et de poésies spirituelles, qu'elle composait sur des textes de l'Ancien et du Nouveau Testament ; elle emprunta même à l'Évangile

---

[1] Sans admettre, sur la foi de la tradition, que la Reine de Navarre soit la *Marguerite* célébrée dans les poésies de Clément Marot qui l'appelle sa *sœur d'alliance*, on est forcé de reconnaître, au ton des vers qu'ils s'adressaient l'un à l'autre, l'existence d'une grande familiarité entre eux.

[2] Brantôme.

[3] Brantôme.

[4] Florimond de Rœmond.

[5] Olhagaray, *Histoire de Foix, Béarn et Navarre*.

les sujets de quatre *comédies* [1], semblables aux vieux mystères, qu'elle fit représenter dans son palais par des comédiens et des chanteurs italiens, en présence de toute sa cour qui applaudit à ces espèces de prêches dramatiques. Quant aux prêches ordinaires, ils étaient faits avec moins d'éclat par Roussel, qu'elle avait nommé évêque d'Oléron, et par un carme défroqué, nommé Solon, qui ne se recommandait guère par ses mœurs : ces prêches, il est vrai, ne proclamaient pas la Réforme de Luther ni de Calvin, mais ils élevaient toujours au-dessus des dogmes de l'Église romaine *la pure intelligence de l'Evangile* [2].

Les ennemis de Marguerite recommencèrent leurs plaintes et leurs injures contre elle : le gardien des cordeliers d'Issoudun eut l'audace de dire en chaire qu'elle était luthérienne et qu'elle méritait ainsi d'être enfermée dans un sac et jetée à l'eau. Ces insolentes paroles furent rapportées au roi, qui ordonna que le moine serait puni du même supplice qu'il avait jugé bon pour la Reine de Navarre. Mais la populace, ameutée, empêcha le lieutenant-criminel d'Issoudun, Denis Du Jon, de se saisir du coupable, jusqu'à ce que, sur un nouvel ordre du roi, le moine fut tiré de son cloître et envoyé aux galères. C'était à l'intercession de Marguerite, qu'il devait la vie; et le lieutenant-criminel, qui l'avait arrêté, s'attira par là tant de haines à Issoudun, qu'il se vit obligé de s'enfuir de cette ville, comme suspect d'hérésie, et qu'il serait mort de misère si la généreuse Reine de Navarre ne l'eût aidé à subsister. Plus tard, ce magistrat, de retour à Issoudun, y fut massacré par le peuple, qui ne lui pardonnait pas d'avoir porté la main sur un cordelier, pour la défense de la sœur du roi [3].

François Ier, que les cardinaux d'Armagnac et de Grammont avaient instruit des comédies saintes, des prêches et des dispositions hérétiques de la petite cour de Marguerite, manda cette princesse, qui se mit en route sur-le-champ avec le seigneur de Burie, gouverneur de Guienne; dès son arrivée, le roi la gronda fort; mais, comme elle *répondit en catholique*, il la crut, de préférence à tous ceux qui l'accusaient de luthéranisme. Depuis ce voyage à la cour de France, Marguerite sembla renoncer à l'exercice d'un culte qu'elle professait toujours au fond du cœur; elle se contenta d'encourager Marot, qui était revenu d'exil à traduire en vers français les psaumes de David, d'après la version littérale du docte Vatable, et elle fit d'abord accepter, par les catholiques les plus scrupuleux, ces *psalmes* qu'on chantait partout, à l'instar des branles de Poitou et des noëls bourguignons. Mais la Faculté de théologie censura l'œuvre de Marot, comme *infidèle* et sentant l'hérésie : le poëte, pour éviter encore une fois le bûcher, l'estrapade ou la prison perpétuelle, s'en alla compléter sa traduction à Genève, où Calvin ne dédaigna pas de la publier lui-même et de l'accompagner de musique, pour la mettre à l'usage de l'Église réformée. Marguerite, voyant que son frère ne pouvait et ne voulait arrêter la réaction catholique contre

---

[1] Elles sont imprimées dans les *Marguerites de la Marguerite*.
[2] Florimond de Rœmond.
[3] François Junius, *de Vita sua*.

les réformateurs, cessa tout à fait de persévérer dans une voie qui eût été funeste à ses amis, au lieu de leur être favorable : elle n'abandonna aucune de ses convictions en matière de religion, mais elle ne les étala plus en public ; et, tout en conservant un commerce de lettres assidu avec Calvin, elle se montra presque *papiste* : elle se confessait à François Le Picard, docteur en théologie, doyen de Saint-Germain-l'Auxerrois, et communiait, de la main de ce dévot personnage, à l'église des Blancs-Manteaux, où sa piété faisait l'édification des fidèles. Mais elle s'occupait surtout de bonnes œuvres et de fondations pieuses ; elle dota richement les hôpitaux d'Alençon et de Mortagne, distribua des sommes considérables aux pauvres, et fonda l'hospice des Enfants-Rouges à Paris, où l'on nourrissait et élevait des petits orphelins qu'elle avait surnommés *les enfants de Dieu le Père* [1].

Sa charité chrétienne n'alla pas cependant jusqu'à pardonner au connétable Anne de Montmorency, qui avait cherché à la brouiller avec le roi : elle poursuivit, au contraire, de tous ses efforts la disgrâce et le bannissement de ce puissant favori. Le jour où la princesse de Navarre, Jeanne d'Albret, à peine âgée de douze ans, fut fiancée au duc de Clèves, à Châtellerault (le 15 juillet 1540), « ainsi qu'il la fallut mener à l'église, d'autant qu'elle estoit chargée de pierreries et de robe d'or et d'argent, et pour ce que, pour la foiblesse de son corps, n'eust su marcher, le Roy commanda à M. le Connestable de prendre sa petite nièce au col et la porter à l'église : dont toute la cour s'estonna fort, pour estre une charge peu convenable et honorable en telle cérémonie pour un connestable, et qu'elle se pouvoit bien donner à un autre ; de quoy la Reyne de Navarre n'en fut nullement desplaisante, et dit : « *Voilà celuy qui me vouloit ruiner autour du Roy mon « frère, qui maintenant sert à porter ma fille à l'église ;* » et le Connestable en eut un grand despit pour servir d'un tel spectacle à tous, et commença à dire : *C'est fait désormais de ma faveur, adieu lui dis !* Comme il arriva ; car, après le festin et dîner des nopces, il eut son congé et partit aussitost [2]. »

Ce mariage de la princesse de Navarre fut déclaré nul peu de temps après, et ce n'est qu'en 1548 qu'elle épousa Antoine de Bourbon, duc de Vendôme, qui devint roi de Navarre après la mort de son beau-père en 1555. Marguerite devait précéder son mari dans la tombe et y être devancée par son frère, qu'elle perdit le 31 mars 1547.

Cette perte plongea dans le deuil le peu de jours qu'elle avait encore à vivre. Elle ne songea plus à terminer le recueil de Nouvelles, qu'elle composait dans sa litière *en allant par pays*, et qu'elle dictait à une de ses dames d'honneur, Nouvelles souvent facétieuses et divertissantes, toujours narrées avec art dans un charmant style, tellement célèbres et répandues, du vivant même de Marguerite, qu'on les trouvait manuscrites dans toutes les bibliothèques des dames de la cour : ainsi resta inachevé l'*Heptaméron*, qui aurait eu le titre de *Décaméron* et qui, à l'exemple de celui de Boccace, de-

---

[1] Bayle, *Dictionn. histor.*, art. d Marot et de Navarre.
[2] Brantôme.

vrait renfermer cent Nouvelles en dix Journées. Marguerite aimait les contes, et on lui attribue, avec quelque apparence de raison, ceux de Bonaventure Des Periers, qui paraissent venir de la même main que les plus jolis de l'*Heptaméron* : sa réputation de conteuse était si bien établie à la cour, que « la reine-mère et madame de Savoie, estant jeunes, se voulurent mesler d'en escrire des nouvelles à part, à l'imitation de la Reine de Navarre, sçachant bien qu'elle en faisoit ; mais, quand elles eurent veu les siennes, elles eurent si grand despit des leurs, qui n'approchoient nullement des autres, qu'elles les jetèrent dans le feu et ne les voulurent mettre en lumière. » Marguerite, qui se sentait proche de la mort qu'elle redoutait, avait renoncé à la poésie, comme aux vanités du monde ; mais son valet de chambre, Jean de La Haye, dit Sylvius, obtint d'elle l'autorisation de rassembler et de faire imprimer en 1547 ses œuvres poétiques, sous le titre de *Marguerites de la Marguerite des princesses, très illustre Royne de Navarre*. Ce recueil, où l'on distingue tant de jolies pièces qui ne le cèdent pas aux meilleures de Marot et de Saint-Gelais, fut publié avec une dédicace à la fille unique de la Reine de Navarre, qui ne vécut point assez pour voir aussi la publication de son *Heptaméron*, que Pierre Boaistuau, dit Launay, ne se permit pas de faire paraître avec le nom de l'auteur[1].

Celle-ci se concentrait alors dans une dévotion tout ascétique : on prétend qu'elle eut la singulière idée de convertir Calvin et qu'elle lui écrivit en ce sens ; elle se retira, pendant un carême entier, au couvent de Tusson en Angoumois, et là elle se plaisait à chanter au chœur avec les religieuses et à tenir le rang de l'abbesse ; mais, malgré ses lectures et ses méditations, elle ne parvenait pas à se familiariser avec la pensée de la mort ; elle répondait même en esprit-fort aux gens d'Eglise qui lui parlaient d'une autre vie : « Tout cela est vrai, mais nous demeurons bien longtemps morts en terre, avant que de venir là ! » Son esprit, si éclairé et si intelligent d'ailleurs, était troublé à un tel point, par une vague inquiétude au sujet de l'état de l'âme après la mort, qu'elle cherchait dans la superstition même le mot de cette énigme éternelle.

« J'ay ouï conter d'elle, dit Brantôme, qu'une de ses filles de chambre, qu'elle aimoit fort, estant près de la mort, elle la voulut voir mourir ; et tant qu'elle fut aux abois et au rommeau de la mort, elle ne bougea d'auprès d'elle, la regardant si fixement au visage, que jamais elle n'en osta le regard jusques après sa mort. Aucunes de ses dames plus privées lui demandèrent à quoy elle amusoit sa vue sur cette créature trespassante : elle respondit qu'ayant tant ouï discourir à tant de savans docteurs que l'âme et l'esprit sortoient du corps aussitost qu'il trespassoit, elle voulut voir s'il en sentiroit quelque vent ou bruit, et le moindre résonnement du monde, au desloger ou sortir ; mais qu'elle n'y avoit rien aperçu ; et disoit une raison qu'elle tenoit des mesmes docteurs : que, leur ayant demandé pourquoy le cygne chantoit ainsi avant sa mort, ils luy avoient respondu que c'estoit pour l'amour des esprits qui travaillent à sortir par son long col ; pareille-

---

[1] Voyez ci-après les notes de la dédicace de l'édition de Claude Gruget.

ment, ce disoit-elle, vouloit voir sortir ou sentir résonner et ouïr ceste âme ou celuy esprit ce qu'il faisoit à son desloger. »

L'heure de sonder ce grand mystère était arrivée pour elle ; sa maladie fut causée par le froid qu'elle prit en observant une planète, *qui paroissoit alors sur la mort du pape Paul III, et elle-mesme le cuidoit ainsi ; mais, possible, pour elle, paroissoit* La bouche lui tourna aussitôt, et son médecin, M. d'Escuranis, qui s'en aperçut, se flatta en vain de triompher de ce *catharre* ou apoplexie, qui l'enleva au bout de huit jours. N'espérant plus de guérison, « elle reconnut sa faute et se retira du précipice où elle estoit quasi tombée, reprenant sa première piété et dévotion catholique, avec protestation jusqu'à sa mort, qu'elle ne s'en estoit jamais séparée, et que ce qu'elle avoit fait pour eux (les Réformés) procédoit plutost de compassion que d'aucune mauvaise volonté qu'elle eust à l'ancienne religion de ses pères. » Elle rendit l'âme, en embrassant la croix qu'elle avait sur son lit, et après avoir reçu l'extrême-onction, que lui administra un cordelier, nommé Gilles Caillau. Ainsi mourut cette grande princesse, au château d'Odos, près de Tarbes en Gascogne, le 21 décembre 1549[1] ; elle fut inhumée dans la cathédrale de Pau.

Les savants et les poëtes, dont elle s'était entourée avec empressement et qui se trouvaient tous plus ou moins redevables à ses bienfaits, déplorèrent sa mort dans une foule de discours et de pièces de vers funèbres. Charles de Sainte-Marthe, lieutenant-criminel d'Alençon et maître des requêtes de la feue Reine, écrivit son éloge en latin (*In obitum Margaritæ Navarrorum reginæ oratio funebris*. Par., 1550, in-4°) et le traduisit lui-même en français. Un hommage plus flatteur encore pour la mémoire de Marguerite fut celui que lui rendirent trois illustres sœurs anglaises, Anne, Marguerite et Jeanne de Seymour, qui composèrent en son honneur plus de cent distiques latins, que traduisirent à l'envi les premiers poëtes de l'époque, et que fit paraître Nicolas Denisot (dit le *comte d'Alsinois*) sous ce titre : *Le Tombeau de Marguerite de Valois, royne de Navarre, faict premièrement en distiques latins, par les trois sœurs princesses en Angleterre, et traduictz en grec, italien et françois, par plusieurs des excellentz poëtes de la France.* Paris, Fezendat, 1551, in-8°.

Parmi toutes ces épitaphes louangeuses, nous en choisirons une seule, que Nicolas Denisot a mise sous le nom de sa femme Valentine et qu'une noble simplicité fait distinguer au milieu de tant de paroles vides et ampoulées.

Musarum decima et Charitum quarta, inclyta regum
Et soror et conjux, Margaris illa jacet

Ronsard a consacré aussi plusieurs morceaux lyriques à célébrer, du ton de Pindare, la dixième Muse et la quatrième Grâce ; mais ces odes obs-

---

[1] Les historiens ne sont d'accord ni sur la date ni sur le lieu de sa mort. Voyez le *Dictionn. hist.* de Bayle.

cures et bizarres ne valent pas cette délicieuse églogue qui dit mieux, à moins de frais, et qui n'eût pas été désavouée par Marguerite elle-même :

> Comme les herbes fleuries
> Sont les honneurs des prairies ;
> Et des prez, les ruisselets ;
> De l'orme, la vigne aimée ;
> Des bocages, la ramée ;
> Des champs, les bleds nouvelets :
>
> Ainsi tu fus, ô Princesse
> (Ainçois plustost, ô déesse !)
> Tu fus la perle et l'honneur
> Des princesses de nostre âge,
> Soit en splendeur de lignage,
> Soit en biens, soit en bonheur.
>
> Il ne fault point qu'on te fasse
> Un sépulcre qui embrasse
> Mille thermes en un rond,
> Pompeux d'ouvrages antiques,
> Et brave en piliers doriques
> Eslevés à double front.
>
> L'airain, le marbre et le cuivre
> Font tant seulement revivre
> Ceulx qui meurent sans renom,
> Et desquels la sépulture
> Presse sous mesme closture
> Le corps, la vie et le nom ;
>
> Mais, toy, dont la Renommée
> Porte, d'une aisle animée,
> Par le monde les valeurs,
> Mieulx que ces pointes superbes,
> Te plaisent les douces herbes,
> Les fontaines et les fleurs.

Plus de trois ans avant la mort de Marguerite de Navarre, Rabelais lui avait déjà fait une sorte d'épitaphe allégorique, en forme de dédicace, placée au devant du IIIe livre de *Pantagruel*, comme une égide capable de conjurer les fureurs des méchants et des sots :

FRANÇOIS RABELAIS

A L'ESPERIT DE LA ROYNE DE NAVARRE.

> Esprit abstraict, ravy et extatic,
> Qui, fréquentant les Cieux, ton origine,

As délaissé ton hoste et domestic,
Ton corps concord, qui tant se morigine,
A tes édicts en vie pérégrine,
Sans sentement et comme en apathye;
Voudrois-tu point faire quelque sortye,
De ton manoir divin, perpétuel,
Et cy-bas veoir une Tierce partie
Des faicts joyeux du bon Pantagruel?

P. L.

OUVRAGES
DE MARGUERITE D'ANGOULÊME

REINE DE NAVARRE[1].

§ Ier.

Les poésies de Marguerite, recueillies et publiées par son valet de chambre Simon de La Haye, connu aussi sous le nom latinisé de *Sylvius*, parurent avec le titre de *Marguerites de la Marguerite des princesses, tres-illustre Royne de Navarre* (Lyon, Jean de Tournes, 1547, 2 parties in-8); elles furent réimprimées plusieurs fois : Lyon, Pierre de Tours, 1549, 1 tom. en 2 vol. in-16; — Paris, Benoist Prevost ou Abel Langelier, 1552, 2 tom. en 1 vol. pet. in-16, lettres italiques; — Paris, Est. Groulleau, 1552, 1 tom. en 2 vol. in-16; — et Paris, Ruelle, ou Vᵉ Franç. Regnaud, ou Ben. Prevost, 1554, 1 tom. en 2 vol. in-16.

Ce recueil contient dans la première édition :

1° Le Privilége extrait des registres du Parlement de Bordeaux, en date du 29 mars 1546, et une Epitre dédicatoire de J. de La Haye, à la princesse de Navarre (Jeanne d'Albret).

2° Le *Miroir de l'Ame pecheresse*, précédé d'un petit *prologue* en vers. Ce poême avait paru, dès 1531, à Alençon, chez Simon Du Bois, avec ce titre : *Le Miroir de l'Ame pecheresse, auquel elle recongnoist ses faultes et pechez, aussi ses graces et benefices à elle faictez par Jesus Christ son espoux. La Marguerite tres noble et precieuse s'est proposée à ceulx qui de bon cueur la cerchoient*; pet. in-4 goth.; mais l'édition la plus connue est celle de Paris, Ant. Augereau, 1533, pet. in-8, lettres rondes. Il y a plusieurs autres éditions postérieures, toutes du même format : Alençon, 1533; Lyon, Le Prince, 1538; Genève, J. Girard, 1539; et une édition; *s. l. n. d.*, in-8.

---

[1] Nous empruntons ici à M. Eusèbe Castaigne, bibliothécaire de la ville d'Angoulême, une partie de la notice bibliographique, qu'il a jointe à une Vie de Marguerite d'Angoulême, insérée dans l'*Annuaire de la Charente pour 1837*. Nous nous permettons toutefois de supprimer ses citations, de modifier parfois ses jugements littéraires et d'y ajouter quelques observations nouvelles pour compléter son excellent travail, dont nous lui laisserons cependant tout le mérite, en nous aidant aussi des recherches de M. Leroux de Lincy.

Le *Miroir de l'Ame pecheresse* a pour épigraphe: « Seigneur Dieu, crée en moy un cœur net » (*Cor mundum crea in me, Deus*). Ce n'est, en effet, qu'une longue paraphrase de cette pensée du Psalmiste.

Il ne faut pas confondre le poëme de la Reine de Navarre avec le *Mirouer d'or de l'Ame pecheresse, moult utile et proufitable*, imprimé par *Robin Fouquet et Iehan Chrees... l'an mil iiiicliii vingts et quatre* (in-4. goth.), c'est-à-dire huit ans avant la naissance de Marguerite.

Mais il y a un autre poëme du même genre, rimé par Marguerite, à la fin de sa vie, que les éditeurs de ses œuvres n'ont pas recueilli, et qui a été publié séparément sept ans après sa mort. Ce poëme, intitulé dans les manuscrits *Le Miroir de Jésus-Christ crucifié*, a paru en 1556 sous le titre suivant : *L'Art et usage du souverain Mirouer du Chrestien, composé par excellente princesse Madame Marguerite de France, Royne de Navare* (Paris, Guill. Lenoir, pet. in-8 de 32 ff.). L'éditeur, frère Olivier, docteur en théologie, y a joint une seconde partie, dont il est l'auteur, et qui lui a fait attribuer la totalité du volume, imprimé par ses soins. « Et pour ce, Madame, dit-il dans la dédicace à Marguerite de France, fille de François Ier, qu'iceluy petit livre m'a semblé, entre tous les autres livres et œuvres de la dicte Princesse, plus precieux, devot, chrestien et digne d'estre dict comme la Marguerite des Marguerites, digne aussi d'estre prisé et gardé plus que toute autre fleur ne pierre precieuse : et nullement exposé aux nonchalans des choses utiles à nostre salut, mais presenté, livré entre les mains de telles très illustres, très nobles, fideles et chrestiennes princesses que vous, Madame, je n'ay voulu iceluy negliger, moins laisser imparfect et le vous celer. Et loue Dieu l'avoir gardé et depuis corrigé, mis au nect, parachavé et poly le mieux qu'il m'a esté possible. » M. Leroux de Lincy est le premier bibliographe qui ait reconnu et constaté que cet ouvrage appartenait bien à Marguerite et non au frère Olivier.

3° *Discord de l'Esprit et de la Chair ;* — *Oraison de l'Ame fidèle ;* — *Oraison à Jesus Christ*. Ces trois morceaux, dont le style ne manque pas d'une certaine majesté, sont à peu près du même genre que le précédent.

4° Quatre *comédies* ou pièces dramatiques, dans le genre des mystères : *la Comédie de la Nativité de Jesus Christ*, — *la Comédie de l'Adoration des trois Rois*, — *la Comédie des Innocents*, — et *la Comédie du Désert*.

On y trouve un mysticisme beaucoup plus élevé que dans la plupart de ces sortes d'ouvrages, mais peut-être moins de naïveté. En général, dans ces pièces comme dans toutes ses poésies spirituelles, Marguerite semble avoir toujours en vue cette parole de saint Paul : *In Adam omnes moriuntur...; in Christo omnes vivificabuntur*; ce qui, appliqué sans doute dans son esprit à quelques idées de Réforme qu'elle n'osait manifester, donne à sa pensée je ne sais quelle couleur de nouveauté vague et obscure, qui devait parfaitement entrer dans le goût des premiers luthériens et calvinistes.

On trouve, dans l'*Histoire du Théâtre François*, des frères Parfaict (t. III, p. 59 et suiv.) une analyse succincte de ces quatre mystères.

5° *Le Triomphe de l'Agneau*, long poëme ascétique en l'honneur du Fils de Dieu.

6° *Complainte pour un prisonnier*, sorte de monologue mystérieux et plaintif, qui paraît, en quelques endroits, se rapporter à la captivité de François Ier en Espagne.

7° *Chansons spirituelles*. Il y en a trente-deux, et de plus un sonnet et un rondeau. Les deux premières sont relatives, l'une à la maladie de François Ier pendant sa captivité, et l'autre à la mort de ce roi. Les suivantes sont des cantiques religieux et moraux où l'on rencontre souvent du naturel et de l'élévation dans la pensée comme dans l'expression.

Ces *Chansons spirituelles* terminent la première partie du volume, laquelle renferme 542 pages, y compris le titre, avec un feuillet blanc, à la fin, où est une vignette en bois.

8° *L'Histoire des Satyres et Nymphes de Diane* (avec une vignette en bois), poëme mythologique où les Faunes et Satyres *cornus*, échauffés *de fort vin et barbouillés du fard de Silenus*, se font *entrepreneurs de grand's batailles* contre Diane et *ses pucelles*.

La fin du poëme nous apprend que Marguerite d'Angoulême l'avait composé pour sa nièce, Marguerite de Savoie.

Cette *Histoire des Satyres et Nymphes de Diane* doit être une paraphrase de la sixième églogue de Sannazar, et non une traduction, comme le dit La Croix du Maine, puisque la pièce latine, intitulée *Salices*, est beaucoup plus courte que celle de Marguerite.

Cette production de la Reine de Navarre avait paru dès 1543 (Paris, Adam Saulnier, pet. in-8), sans nom d'auteur, sous le titre suivant : *La Fable du faux Cuyder, contenant l'histoire des Nymphes de Diane transmuées en saules, faicte par une notable dame de la court, envoyée à Madame Marguerite, fille unique du roy de France*, et en 1547, *avec autres compositions* (Lyon, J. de Tournes, pet. in-8°). Elle a été aussi insérée dans *le Livre de plusieurs pièces*, Paris, F. Girault, 1548, in-16; Lyon, N. Bacquenois, 1548, in-16; et Lyon, T. Payen, 1549, in-16. Dans les différentes éditions de ce *Livre*, et dans la seconde de *la Fable du faux Cuyder*, se trouvent quelques morceaux attribués à la Reine de Navarre; mais J. de La Haye n'a pas jugé à propos de les comprendre dans *les Marguerites* : tels sont *la Conformité de l'amour au navigage*, le *Rustique*, un *Sonnet*, *le Blason des cheveux*, les *Eschez*, etc.

9° Quatre *Epistres* adressées *au Roy François, son frère*, et une cinquième, *au roy de Navarre, malade*.

La seconde *Epistre au Roy* François 1ᵉʳ est suivie de la *Réponse* : Marguerite ayant envoyé au roi *un David, pour ses estrennes*, son frère lui fait cadeau *d'une Sainte Catherine*.

10° *Les quatre Dames et les quatre Gentilshommes*. Dans cette *moralité*, quatre dames exposent leurs inquiétudes amoureuses dans quatre élégies ou complaintes; quatre gentilshommes en font autant. Le même rhythme est conservé dans ces huit morceaux, où l'on remarque nombre de choses bien senties et bien exprimées.

11° *Comédie : Deux Filles, Deux Mariées, la Vieille, le Vieillard et les Quatre hommes.*

Une jeune fille ne veut jamais aimer, une autre a déjà un amant, et chacune d'elles prétend que son sort est le plus heureux. Deux femmes surviennent : la première, tout en détestant son mari, se garde bien d'écouter le *serviteur* qui la poursuit, et la seconde adore son époux, qui lui est infidèle. Mais arrive fort à propos, pour les mettre d'accord et pour les consoler, une vieille de cent ans, qui en a passé vingt dans le célibat, vingt dans l'union conjugale et soixante dans le veuvage. Voici ce que lui inspire sa vénérable expérience. Elle conseille tout nettement à l'épouse qui ne peut plus endurer son mari, de changer ce *veau* en un *très-plaisant oiseau*; elle dit à l'autre *mariée*, que son époux abandonne :

> Faites comme lui : qui tient tienne !
> . . . .
> S'il est amant, soyez amante,
> Quand il n'aymera rien que vous,
> N'aymez aussi que votre espoux.

Elle annonce à la jeune fille qui ne veut point d'amant, que *le temps y pourvoira*, et elle prédit à l'autre, si heureuse d'en posséder un, de grandes peines et *tourments d'amour*. Les deux filles et les deux mariées sont peu satisfaites des décisions tranchantes et des prophéties de *la fausse vieille*, qui *aura menti*, disent-elles : quatre hommes et un vieillard viennent alors terminer l'affaire, en proposant de les mener toutes les cinq à la danse.

Rien n'est plus simple que l'action de cette petite comédie en vers de dix, de cinq et de huit syllabes; mais rien aussi n'est plus gracieux que les détails du dialogue. On peut la regarder comme le chef-d'œuvre poétique de Marguerite d'Angoulême.

12° *Farce de Trop, Prou, Peu, Moins*. Il est difficile de deviner ce que signifie cette *farce* allégorique ou énigmatique. *Trop, Prou, Peu* et *Moins* en sont les interlocuteurs, et ils parlent en vers de huit syllabes, souvent inintelligibles.

13° *La Coche* (c'est-à-dire *le Carrosse*).

Marguerite, *pensant toute seule être* dans un pré, rencontre trois dames qui voyagent et qui lui semblent plongées dans une profonde affliction. Chacune d'elles avait un amant; mais les deux premières, étant mécontentes des leurs, ont résolu de les fuir, et la troisième, qui n'avait qu'à se louer du sien, l'abandonne néanmoins pour suivre ses deux amies. Ces trois dames se disputent le prix du malheur en amour. Une pluie survient, qui les force de remonter dans *la coche* avec Marguerite, et c'est dans cette voiture qu'elles se décident à choisir un arbitre pour savoir laquelle des trois est la plus malheureuse. L'une propose le roi, dont elle fait un pompeux éloge; une autre désigne la princesse elle-même, qui se récuse en alléguant ses *cinquante ans*, mais qui se charge d'écrire leurs infortunes et de les *mettre dans un livre*; la troisième enfin fait renvoyer la cause devant une certaine *duchesse*, que Marguerite appelle sa *cousine*, sans la nommer, et à qui elle adresse ce récit, en la priant de prononcer son arrêt.

Il y a des vers fort agréables dans ce poëme bizarre, qui est accompagné de dix vignettes sur bois.

Dans plusieurs manuscrits, où ce poëme porte toujours le titre de *Débat d'amour*, on voit des miniatures qui paraissent avoir été peintes d'après un programme fourni par Marguerite. Cette princesse y est représentée avec la duchesse d'Etampes : « La dicte dame d'Etampes, lit-on dans la rubrique de la dernière miniature du manuscrit de la bibliothèque de l'Arsenal, ayant une robbe de drap d'or frisé, fourrée d'hermines mouchetées, une cotte de toille d'or incarnat esgorgetée et dorée, avec force pierreries. La Royne de Navarre est habillée à sa façon accoustumée, ayant un manteau de velours noir coupé un peu soubz le bras; sa cotte noire, assez à hault collet, fourrée de maitres attachées d'épingles par-devant; la cornette assez basse sur la teste, et apparest un peu sa chemise foncée au collet. » Ce beau manuscrit a été exécuté par ordre exprès de la Reine de Navarre, comme nous l'apprend cet article extrait des Comptes de dépense de sa maison : « 1541. Despesché un mandement adressé au receveur-général de Berry, maistre Olivier Bourgoing, pour payer des deniers de sa recette à maistre Adam Marcel, chapelain de la dicte dame, la somme de cinquante escus d'or, à luy ordonnée par la dicte dame, tant pour le rembourser des fraiz qu'il a faictz à faire escripre en parchemin ung livre dont il a charge, icelluy enluminer et enrichir de unze histoires à la devise de la dicte dame, de plusieurs lettres d'or et asur et autres couleurs, le faire dorer et relier en velours, que pour la despense qu'il a faicte par trente-deux jours environ qu'il a vacqué à Paris à faire la dicte besoigne, ainsi qu'il a esté verifié par les quittances. »

14° Le volume est terminé par des poésies diverses, savoir : 1° *L'Ombre*; 2° la *Mort et résurrection d'Amour*, en vers alexandrins, morceau inséré aussi dans *le Livre de plusieurs pieces*; 3° *Chanson faite à une dame et Réponse de la Reine*; 4° les

Adieux des dames de chez la Royne de Navarre, allant en Gascogne, à madame la princesse de Navarre; 5° deux *Enigmes*.

Cette seconde partie de l'édition de 1547 a 542 pages, sans y comprendre le feuillet de la fin, au *verso* duquel est un fleuron.

Il y a, comme on le voit, quelques autres ouvrages en vers de la Reine de Navarre qui ne se trouvent pas dans les *Marguerites de la Marguerite* : 1° *Dialogue en forme de vision nocturne entre très-noble et très-excellente princesse Madame Marguerite de France, sœur unique du Roy, et l'ame saincte de defuncte Madame Charlotte de France, fille aisnée du dit sieur et niepce unique de la dicte dame Royne*, imprimé avec le *Miroir de l'Ame pecheresse*, Alençon, 1533, in-8°; 2° *Epistre familière d'aimer, de prier Dieu et autre Epistre familière d'aimer chrestiennement*, à la suite d'une autre édition du *Miroir*. Paris, A. Augereau, 1533, pet. in-8°; 3° *Eclogue*, publiée séparément à Pau, J. de Vingles, 1552, in-4°; 4° *Le Miroir de Jesus Christ crucifié*, publié avec des changements par Pierre Olivier; 5° Deux *Sonnets italiens*, insérés dans le *Parnasse des Dames*; 6° Un *Dizain* dans les poésies de Clément Marot; 7° Quelques pièces de vers dans les poésies de François I*er*, publiées par M. A. Champollion; 8° Deux farces inédites, le *Malade* et l'*Inquisiteur*, dans un manuscrit de la Bibliothèque impériale (Supplément français, n° 2286), publiées pour la première fois par M. Leroux de Lincy, dans son édition de l'*Heptaméron*; 9° des poésies encore inédites dans les manuscrits de la Bibliothèque impériale et de la bibliothèque de l'Arsenal.

§ II.

Les Nouvelles de la Reine de Navarre parurent pour la première fois, sans le nom de l'auteur, sous le titre suivant : *Histoire des Amans fortunez, dédiée à l'illustre princesse madame Marguerite de Bourbon, duchesse de Nivernois, par Pierre Boaistuau dit Launay.* Paris, G. Gilles, 1558, in-4° de xix et 184 f. Cette édition, la plus rare de toutes, ne contient que 67 Nouvelles, non divisées en Journées, et leur texte, entièrement remanié, présente un grand nombre de variantes qu'on ne peut attribuer qu'à l'éditeur.

La seconde édition (première complète) est intitulée : *L'Heptaméron des Nouvelles de très-illustre et très-excellente princesse Marguerite de Valois, Royne de Navarre, remis en son vray ordre, etc... dédié à... Jeanne de Foix* (d'Albret), *royne de Navarre, par Claude Gruget.* Paris, Benoist Prevost, ou Caveillier, ou V. Sertenas, 1559, in-4°, de 212 ff., plus 2 ff. non chiffrés, pour le privilège daté du 7 avril 1559. Autres éditions : Paris, V. Sertenas ou G. Robinot, 1560, in-4°; — sans indication de lieu ni nom de libraire, 1560, in-16; — Paris, G. Robinot, ou Gilles Gilles, 1561, in-16; — Lyon, Guill.-Roville, 1561, in-16; — Paris, Norment et Bruneau, 1567, in-16; — Lyon, Loys Cloquemin, 1572, in-16; — Paris, Mich. de Roigny, 1574, in-16; — Paris, G. Robinot, 1576 et 1578, in-4°; — Lyon, L. Cloquemin, 1578, in-16; — Paris, Gabr. Buon, 1581, in-16; — Paris, Abel-Langelier, 1581, in-16; — Rouen, Romain de Beauvais, 1598, in-12; — Paris, Ch. Chapellain, 1607, in-16; — Hollande, Jacques Bessin, 1698, 2 vol. pet. in-12.

Toutes ces éditions reproduisent avec plus ou moins de fidélité le texte de Boaistuau et de Gruget. Mais les suivantes, dont quelques-unes sont encore recherchées des amateurs, à cause des figures, n'offrent qu'une imitation *en beau langage*, dans laquelle le texte original est plus ou moins rajeuni et plus ou moins défiguré : *Contes et nouvelles de Marguerite de Valois, reine de Navarre, mis en beau langage.* Amsterdam, Gallet, 1698, 2 vol. pet. in-8°, figures attribuées à Romain de Hooge. — Amsterdam, 1700, in-8°, avec les mêmes figures. — Amsterdam, Gallet, 1708, 2 vol. in-8°, fig. de J. Harreweyn. — La Haye (Chartres), 1733, 2 vol. pet. in-12; — Londres, 1744, 2 vol. in-12; — Berne, 1780-81, 3 vol. in 8°, fig. de Freudenberg. Quelques exemplaires ont des titres refaits en taille-douce à la date de 1792. Le texte de cette édition a été maladroitement retouché par J. Rod. de Sinner. — Paris, 1784, 8 vol. in-18, fig. — Paris, 1807, 8 vol. in-18. — Paris, Dauthereau, 1828, 5 vol. in-32.

L'ancien texte de l'*Heptaméron*, celui que Gruget avait établi dans son édition de 1559, fut négligé et oublié pendant un siècle et demi. Ce n'est qu'en 1841 que nous publiâmes une nouvelle édition de ce texte original dans la Bibliothèque d'élite : Paris, Gosselin, 1841, in-12, et dans un volume du Panthéon littéraire, *les Vieux-Conteurs français*. Paris, Desrez, 1841, grand in-8° à 2 colonnes.

Nous disions dans la préface de cette seconde réimpression :

« Les manuscrits de l'*Heptaméron* diffèrent plus ou moins de l'édition de Gruget, qui paraît avoir corrigé le style original, retranché quantité de passages trop violents contre les moines et les prêtres catholiques, changé des contes entiers et mis l'ouvrage inachevé en état d'être publié. Cependant une édition faite sur les manuscrits de la Bibliothèque du Roi ne serait pas inutile, pour établir le véritable texte de ce livre, que nous n'avons pas encore tel que la Reine de Navarre l'a composé, mais qui doit beaucoup aux soins intelligents de ses premiers éditeurs, Pierre Boaistuau et Claude Gruget. » C'était faire appel à un nouvel éditeur; cet appel fut entendu.

Le succès de notre double édition, tirée à un grand nombre d'exemplaires, encouragea la Société des Bibliophiles français à confier à M. Leroux de Lincy le soin d'une nouvelle édition, dont le texte serait tiré pour la première fois des manuscrits contemporains. M. Leroux de Lincy s'acquitta de sa tâche avec beaucoup de zèle et de bonheur; il adopta, pour son édition (publiée en 1853, 3 vol. pet. in-8°), le texte du manuscrit qu'il jugea le plus complet, le plus correct et le plus authentique (Bibliothèque impériale, Fonds Colbert, n° 7572 [1]) et il joignit au texte un commentaire historique, avec une notice sur Marguerite d'Angoulême et beaucoup de documents inédits.

Le cadre de l'*Heptaméron* est très-ingénieux; il appartient à l'auteur, qui s'est inspiré probablement de ses propres souvenirs.

Dans une introduction, qu'elle nomme *Préface*, la Reine de Navarre suppose que plusieurs personnes s'étaient rendues, le premier jour de septembre, aux bains de Caulderets, dans les Pyrénées. Au bout de trois semaines, vinrent des pluies tellement fortes, que « toutes les cabanes et logis dudit Caulderets furent si remplies « d'eau, qu'il fut impossible d'y demeurer. » Quelques baigneurs sont emportés par la rapidité des torrents qu'ils essayent de franchir; d'autres se réfugient chez des *bandoliers* (bandits), qui les attaquent au milieu de la nuit; d'autres se perdent dans les montagnes et sont dévorés par les ours. Les gentilshommes, dames et damoiselles qui restent encore en vie, après avoir échappé à tant d'accidents, parviennent à se retrouver, au nombre de dix, à l'abbaye de *Notre-Dame de Serrance*; et là, pendant dix jours que doit durer la construction d'un pont qu'on leur bâtit pour traverser le Gave Béarnais, ils forment le projet de se raconter, entre eux, dix *histoires* par jour, pour passer le temps.

La princesse avait l'intention de faire, comme Boccace, un *Décaméron*, c'est-à-dire cent Nouvelles divisées en *dix Journées*; mais Claude Gruget a donné le nom d'*Heptaméron* au recueil de Marguerite, parce qu'elle n'avait pu achever que *sept Journées* et deux contes de la huitième, ce qui forme un total de soixante-douze Nouvelles. On prétend que les vingt-huit autres n'ont jamais existé, quoique les manuscrits de ce recueil portent quelquefois le titre de *Décaméron*, comme celui qui était dans la bibliothèque du président De Thou, et qui a passé dans la Bibliothèque du Roi, aujourd'hui Impériale (Fonds Colbert, n° 7576[3]).

Des aventures galantes de gentilshommes, de prêtres et de moines; des séductions de jeunes filles encore novices; des stratagèmes ingénieux ou plaisants, employés pour tromper les tuteurs et les maris jaloux, voilà quels sont à peu près les thèmes de la plupart des Nouvelles que racontent tour à tour les hôtes de *Notre-Dame de Serrance*. Quelques critiques chagrins et atrabilaires n'ont vu dans cet ouvrage qu'un impur ramas d'aventures obscènes et d'impiétés révoltantes; d'autres, plus modérés, y ont cru remarquer une morale peu sévère, cachée sous une apparence de candeur et de piquante naïveté; d'autres enfin, pour couper court à tout débat, n'ont trouvé rien de mieux que de se ranger de l'avis de ceux qui pensent que l'*Heptaméron* n'a jamais été composé par la Reine de Navarre[1]. Mais aucun des accusateurs de Marguerite n'a voulu sans doute prendre la peine de lire les sages réflexions et les graves enseignements, que l'auteur a soin de faire découler de la plupart de ses contes, qui sont toujours suivis d'une conversation entre les auditeurs, conversation instructive et souvent édifiante, dans laquelle la vieille dame Oisille, qui sans cesse *donne pâture à son âme de quelque leçon de la sainte Écriture*, ne manque jamais de rappeler le respect dû aux bonnes mœurs et à la religion.

Nous avions pensé d'abord que Marguerite s'était représentée elle-même sous le nom de madame Oisille; car elle n'a pas composé ces contes dans sa jeunesse (*ad juvenilem ætatem*), comme ledit De Thou, mais bien dans un âge mûr, lorsqu'elle eut pris les formes austères du calvinisme, sans altérer toutefois le fond d'aimable enjouement qu'elle avait dans l'esprit. Mais nous avons dû changer d'avis, après un examen plus attentif du caractère de chacun des *acteurs* de l'*Heptaméron*, et nous nous sommes rangé à l'opinion de M. Leroux de Lincy, qui reconnaît la mère de Marguerite, la régente Louise de Savoie, dans le personnage de dame Oisille ou plutôt *Osille*, anagramme de *Loyse*. C'est ainsi que plusieurs manuscrits écrivent le nom de cette « dame vefve, de longue expérience. » Marguerite d'Angoulême aurait ainsi rendu hommage à la mémoire de sa mère, morte en 1530, c'est-à-dire dix ou douze ans avant la rédaction de l'*Heptaméron*; car beaucoup de passages de ce livre n'ont pu être écrits qu'après 1540, et même la nouvelle LXVI est évidemment postérieure à l'année 1548.

Marguerite n'a pas négligé de se mettre en scène à côté de sa mère, et M. Leroux de Lincy suppose que c'est elle qui, sous le nom de *Parlamente*, se fait toujours le champion de l'honneur des dames. En effet, cette dame Parlamente, femme d'Hircan, qui *n'étoit jamais oisive ni mélancolique*, et qui explique si bien ce qu'elle entend par des *amans parfaits* (épilogue de la nouvelle XIX), offre beaucoup de ressemblance avec la Reine de Navarre. M. Leroux de Lincy signale, dans l'épilogue de la nouvelle X, plusieurs traits qui s'appliquent à Marguerite et à son aventure avec Bonnivet. Le nom de *Parlamente* semble indiquer que cette princesse avait toujours l'esprit combattu et indécis dans toutes les questions de morale et de religion. « Place qui parlamente est à moitié gagnée, » dit malignement un des personnages de la *compaygnie*. Si Parlamente n'est autre que Marguerite, Hircan, son mari, sera le roi de Navarre, Henri d'Albret, qui est peint, sous ce nom, tel que nous le voyons représenté allégoriquement dans les *Marguerites de la Marguerite*, brutal, sensuel et grossier. Le nom d'*Hircan* nous paraît synonyme

---

[1] Sorel est de ce nombre. (Voir *Rem. sur le XIIIe livre du Berger extravagant*.) Si cette hypothèse avait eu la moindre vraisemblance, comment Claude Gruget, qui avait été valet de chambre de Marguerite, aurait-il pu dire, dans sa dédicace de l'*Heptaméron* à Jeanne d'Albret : « Je ne me fusse ingéré, Madame, vous présenter ce livre des *Nouvelles de la feue Reine, votre mère*, si la première édition n'eût omis ou celé son nom ? »

de *sauvage*, comme si ce cynique personnage était né dans les forêts d'Hyrcanie, *Hyrcanus*. L'étymologie, qu'on tirerait du latin *hircus*, qui signifie *bouc*, conviendrait également au mari de Parlamente, qui lui dit avec dédain : « Oui bien, vous qui n'aimez que le plaisir! » M. Leroux de Lincy se trompe évidemment, en voulant retrouver le premier mari de Marguerite, Charles d'Alençon, sous le masque de ce farouche Hircan. Quant aux autres personnages qui racontent et qui parlent alternativement, on peut assurer qu'ils ont existé, et que l'on découvrirait, sous les anagrammes de *Nomerfide*, *Ennasuitte*, *Dagoucin*, *Saffredent*, *Simontaut*, *Geburon* et *Longarine*, les noms, surnoms ou devises des gentilshommes et des dames de la cour de Navarre; car ce recueil fut sans doute composé des Nouvelles racontées réellement par la Reine et les personnes de sa cour, au château de Pau, ou d'Odos, ou de Nérac, de même que les *Cent Nouvelles nouvelles* avaient été narrées naguère au château de Genappe, par le Dauphin de France Louis, qui fut Louis XI, et par les officiers de sa maison. M. Leroux de Lincy n'a hasardé qu'une seule conjecture, à l'égard d'*Ennasuitte* ou *Emarsuite*, qu'il considère comme étant Anne de Vivonne, veuve du baron de Bourdeille, et mère de Brantôme. L'auteur des *Dames galantes* parle, il est vrai, de sa mère, « qui estoit à la Royne de Navarre, et qui en sçavoit quelques secrets de ses Nouvelles, et qu'elle en estoit l'une des devisantes. » Mais nous ne voyons pas trop quels rapports établir entre la joyeuse Ennasuitte et Anne de Vivonne, si ce n'est que cette dernière était *dame du corps* de la Reine de Navarre dès l'année 1529, et qu'elle devait avoir naturellement quelque chose du genre d'esprit de son fils, à qui elle avait appris tant de particularités secrètes sur les galanteries de l'ancienne cour. Il faut ajouter que c'est elle qui raconte, dans la nouvelle IV, l'aventure de Marguerite avec l'amiral Bonnivet. Nous ne désespérons pas de retrouver la clef des noms déguisés de tous les acteurs de l'*Heptaméron*, lorsque nous posséderons les États de la maison de Marguerite, qu'on n'a pas encore fait sortir des archives de Béarn, et déjà nous pouvons entrevoir un comte d'Agoust sous le masque de *Dagoucin*, et Françoise de Foix, la belle comtesse de Châteaubriant, sous celui de *Nomerfide*.

Il y a dans l'*Heptaméron* plusieurs Nouvelles qui sont fondées sur des événements véritables, et que l'on peut appuyer parfois du témoignage des historiens contemporains : quelques-unes sont relatives à Marguerite elle-même, entre autres la IVe, dont Brantôme nous confirme l'authenticité, bien que la Reine de Navarre se soit cachée, dans son récit, sous le nom d'une *princesse de Flandre*.

Il faut remarquer aussi que ces Nouvelles, concernant Marguerite ou du moins les personnes de sa maison et de son entourage, se rapportent surtout à l'époque où elle était duchesse d'Alençon, c'est-à-dire sont antérieures à la mort de son premier mari et à son second mariage, en 1527. Marguerite ou Parlamente ne perd aucune occasion d'exposer sa théorie favorite sur l'*amour honnête*, qui semble avoir été la grande affaire de sa vie. Il y aurait tout un livre à faire, un livre de savantes et minutieuses recherches, au sujet de cette galanterie délicate et raffinée, à laquelle nous initient les controverses des interlocuteurs de l'*Heptaméron*.

§ III.

On conservait depuis longtemps, à la Bibliothèque du Roi, trois volumes in-folio des *Lettres* manuscrites de Marguerite de Valois, parmi lesquelles il s'en trouvait de fort intéressantes pour l'histoire de son époque. La *Société de l'Histoire de France* eut la bonne idée de les publier : elle chargea de cette publication M. François Genin, qui a fait paraître un volume en 1841 et un supplément l'année

OUVRAGES DE MARGUERITE D'ANGOULÊME.

suivante. M. Genin n'a pas réuni toutes les lettres de Marguerite qu'il aurait pu recueillir dans les bibliothèques publiques et particulières. C'est donc un travail d'éditeur à recommencer.

On lit, dans Brantôme, que les *belles devises* gravées sur les joyaux donnés par François Ier à madame de Châteaubriant avaient été composées par la Reine de Navarre. (*Dames galantes.*)

Malheureusement la comtesse de Châteaubriant fit fondre ces joyaux que son infidèle amant lui avait redemandés pour en parer une rivale, et elle ne prit pas le soin de conserver les devises qu'elle avait enfouies dans sa mémoire. Il ne reste que deux de ces devises, que Marguerite s'appropria pour son propre usage. Un lis entre deux marguerites, avec ces mots : *mirandum naturæ opus* ; un souci tourné vers le soleil, avec ces mots : *non inferiora secutus*. Dans la pensée de Marguerite, c'était son bien-aimé frère, le *grand roi* François Ier, que représentaient également le lis et le soleil.

Bayle dit que quelqu'un avait écrit à la main, sur un exemplaire du *Tombeau de Marguerite de Valois*, que cette princesse était « l'auteur d'un livre intitulé les *Méditations pieuses de l'âme chrétienne*, qui fut traduit en anglois par la reine Elizabeth et imprimé à Londres, in-8, l'an 1548. » Le savant et infatigable M. Brunet n'a point oublié, dans ses *Nouvelles Recherches bibliographiques*, de mentionner ce volume, qui est de la plus grande rareté. En voici le véritable titre en vieil anglais : A *godly medytacyon of the Christen Sowle... compyled in French by Lady Margarete, Quene of Navarre; and aptely translated into Englysh by the ryght vertuose Lady Elyzabeth, daughter to our late soverayne Kyng Henry the VIII. — Imprinted in the yeare of our Lorde, 1548, in Apryll*; pet. in-8. C'est une imitation du *Miroir de l'Ame pécheresse*, de la Reine de Navarre.

On connaît un roman, réimprimé plusieurs fois, sous le titre d'*Histoire de Marguerite de Valois* (par mademoiselle de La Force), 1696, et autres éditions; il roule sur les prétendus amours de cette princesse avec le connétable de Bourbon. L'auteur d'un autre roman, plus faux et plus mauvais encore, intitulé *Histoire secrète du connétable de Bourbon* (par Baudot de Juilly), 1696, renchérit sur cette même donnée, en prêtant à Marguerite un amour non moins passionné que celui qu'elle avait inspiré au connétable.

Il existe aussi une rapsodie grossière, publiée par le chevalier de Mouhy, sous le nom de Marguerite; ce sont les *Mille et une faveurs, contes de cour, tirés de l'ancien gaulois par la Reine de Navarre*, Londres, 1740, 8 vol. in-12 et autres éditions.

L'HEPTAMÉRON
DES NOUVELLES
DE MARGUERITE D'ANGOULEME
ROYNE DE NAVARRE

DÉDICACE DE L'ÉDITION DE 1559

A TRÈS ILLUSTRE ET TRÈS VERTUEUSE PRINCESSE

MADAME JEANNE DE FOIX[1]
ROYNE DE FRANCE

CLAUDE GRUGET[2]
Son très humble serviteur, desire salut et felicité.

Je ne me fusse ingeré, Madame, vous presenter ce livre des Nouvelles de la feuë Royne, vostre mere, si la premiere edition[3] n'eust obmis ou celé

---

[1] On la nommait plutôt Jeanne d'Albret : elle avait été mariée, en 1548, à Antoine de Bourbon, duc de Vendôme, et elle en eut plusieurs enfants, dont l'un fut Henri IV. Elle était fille de Marguerite de Valois, sœur de François Iᵉʳ, et de Henri d'Albret, deuxième du nom, roi de Navarre. Comme sa mère, elle aimait les lettres, protégeait les savants et favorisait la Réforme. Elle mourut en 1572, peu de jours avant la Saint-Barthélemy.

[2] Claude Gruget, né à Paris, était secrétaire de Louis de Bourbon, prince de Condé. Il passait pour un des bons écrivains de son temps, à cause de la grâce naïve de son style ; il excellait surtout dans les traductions, et celles qu'il a publiées témoignent d'une connaissance approfondie des langues grecque, latine, italienne et espagnole. Il mourut vers 1560.

[3] Cette première édition, qui diffère beaucoup des suivantes, parut, en effet,

son nom, et quasi changé toute sa forme, tellement que plusieurs le mes-
cognoissoient ; cause, que, pour le rendre digne de son auteur, aussi tost
qu'il fut divulgué[1], je recueilly de toutes parts les exemplaires que j'en
peu recouvrer, escrits à la main, les verifiant sur ma copie; et feis en sorte
que je le reduisy au vray ordre qu'elle l'avoit dressé. Puis, soubz la per-
mission du Roi et vostre consentement, il a esté mis sur la presse, pour le
publier tel qu'il doit estre. En quoy me revient en memoire ce que le comte
Baltazar[2] dict de Boccace, en la preface de son *Courtisan*[3], que ce qu'il feit
en se jouant, sçavoir est son *Decameron*, luy a porté plus d'honneur que
toutes ses autres œuvres latines ou tuscanes, qu'il estimoit les plus se-
rieuses. Aussi, la Royne, vray ornement de nostre siecle (de laquelle vous
ne forlignez en l'amour et cognoissance des bonnes lettres), en se jouant
sur les actes de la vie humaine, a laissé si belles instructions, qu'il n'y a
celuy qui n'y trouve matiere d'erudition, et si a (selon tout bon jugement)
passé Boccace ès beaux discours qu'elle faict sur chacun de ses comptes. De
quoy elle merite louënge, non seulement par-dessus les plus excellentes
dames, mais aussi entre les plus doctes hommes; car, de trois stiles d'o-
raison descrits par Ciceron, elle a choisy le simple, semblable à celuy de
Terence en latin, qui semble à chascun fort aisé à imiter, mais à qui l'experimente, rien moins. Vray est que tel present ne vous sera point nouveau,
et ne ferez que le recognoistre par heredité maternelle; toutefois, je m'asseure que le recevrez de bon œil, pour le voir par cette seconde impres-
sion remis en son premier estat; car (à ce que j'ai peu entendre) la premiere
vous deplaisoit; non que celuy qui y avoit mis la main ne fust homme docte[4],

sans nom d'auteur, avec ce titre : *Histoires des amans fortunez, dediées à très
illustre princesse madame Marguerite de Bourbon, duchesse de Nivernois.* Paris,
Gilles Robinot, 1558, in-4°. Dans cette édition, qui est fort rare, les Nouvelles, au
nombre de soixante-sept seulement, ne sont pas divisées par Journées, et leur
ordre est tout à fait interverti; de plus, le texte offre un grand nombre de changements et de lacunes.

[1] Publié.

[2] Balthazar Castiglione, un des plus célèbres écrivains de son temps, joua un
rôle important, au commencement du seizième siècle, dans la diplomatie italienne.
Il était né près de Mantoue, en 1478. Il fut longtemps au service des ducs d'Urbin. Il alla en Espagne comme ambassadeur du pape Clément VII et mourut à Tolède
en 1529. Charles-Quint, qui l'avait comblé d'honneurs, dit de lui en apprenant sa
mort : « Il vient de mourir un des meilleurs chevaliers du monde. » Castiglione
avait été l'ami de Raphaël.

[3] Le fameux traité du *Courtisan* (*Libro del Cortegiano*), qui passait alors pour
le véritable catéchisme des gentilshommes, avait été publié, pour la première fois,
en 1528 (*Venetia, nelle case d'Aldo romano,* in-fol.), quoiqu'il fut achevé longtemps
auparavant. François Ier le fit traduire en français par son secrétaire Jacques Colin,
d'Auxerre, et cette traduction, imprimée à Paris en 1537, fut revue ensuite par
Mellin de Saint-Gelais, suivant le désir du roi, qui faisait le plus grand cas du
livre de Castiglione.

[4] L'éditeur de 1558 fut Pierre Boaistuau, dit Launay, que son contemporain la

DÉDICACE.

qu'il n'y ait prins peine; et si est aisé à croire qu'il ne l'a voulu desguiser ainsi sans quelque occasion; neantmoins son travail s'est trouvé peu agreable. Je le vous presente donc, Madame, non pour part que j'y pretende, ains seulement comme l'ayant demasqué, pour le vous rendre en son naturel. C'est à vostre royale grandeur à le favoriser, puis qu'il est sorty de vostre maison illustre : aussi en a-il la marque sur le front, qui luy servira de sauf-conduict par tout le monde et le rendra bien-venu ès bonnes compagnies. Quant à moy, recognoissant l'honneur que me ferez, en recevant de ma main ce labeur de l'avoir remis à son poinct, je me sentiray perpetuellement obligé à vous faire très humble service.

Croix-du-Maine appelle un *homme très-docte et des plus éloquents orateurs de son siècle*. Il a composé plusieurs ouvrages et fait quelques traductions, de concert avec son ami, le fécond Belleforêt.

PROLOGUE

Le premier jour de Septembre, que les baings des montz Pirenées commencent d'entrer en leur vertu, se trouverent à ceulx de Caulderès [1] plusieurs personnes tant de France, Espaigne, que d'autres lieux ; les ungs pour y boire de l'eaue, les autres pour se y baigner, et les autres, pour prendre de la fange ; qui sont choses si merveilleuses, que les malades abandonnez des medecins s'en retournent tout guariz. Ma fin n'est de vous declarer la scituation ne la vertu desdits baings, mais seullement de racompter ce qui sert à la matiere que je veulx escripre. En ces baings-là demeurerent plus de trois sepmaines tous les mallades, jusques ad ce que, par leur amendement [2], ilz congnurent qu'ilz s'en pouvoient retourner. Mais, sur le temps de ce retour, vindrent les pluves si merveilleuses et si grandes, qu'il sembloyt que Dieu eut oblyé la promesse qu'il avoit faicte à Noë de ne destruire plus le monde par eaue ; car toutes les cabanes et logis du dit Caulderès furent si remplyes d'eaue, qu'il fut impossible de y demourer. Ceulx qui y estoient venuz du costé d'Espaigne s'en retournerent par les montaignes le mieulx qui leur fut possible ; et ceux qui cognoissoient les addresses [3] des chemins furent ceulx qui mieulx eschapperent. Mais les seigneurs et dames françoys, pensans retourner aussi facilement à Therbes [4] comme ilz estoient venuz, trouverent les petitz ruisseaulx si fort creuz, que à peyne les peurent-ilz gueyer. Et quant

---

[1] C'est l'ancien nom de Cauterets (département des Hautes-Pyrénées), si renommé par ses eaux thermales, qui étaient déjà célèbres du temps des Romains ; cet ancien nom, qui annonce que les eaux sont chaudes, *calidæ*, reproduit le mot espagnol *caldere*, chaudieres, étuves.

[2] Amélioration de leur état de santé.

[3] Directions.

[4] C'est ainsi qu'on prononçait dans le Bigorre le nom de *Tarbes*, malgré l'étymologie latine de *Tarvia* et *Tarba*. Nous croyons voir dans *Therbes* une corruption de *Thermæ*.

se vint à passer le Gave Bearnois [1], qui en allant n'avoit point deux piedz de proufondeur. le trouverent tant grand et impetueux qu'ilz se destournerent pour chercher les pontz, lesquelz, pour n'estre que de boys, furent emportez par la vehemence de l'eaue. Et quelcuns, cuydans rompre la roideur du cours pour s'assembler plusieurs ensemble, furent emportez si promptement, que ceulx qui les vouloient suivre perdirent le povoir et le desir d'aller après. Parquoy, tant pour sercher chemin nouveau que pour estre de diverses opinions, se separerent. Les ungs traverserent la haulteur des montaignes, et, passans par Arragon, vindrent en la conté de Roussillon et de là à Narbonne; les autres s'en allerent droict à Barselonne, où, par la mer, les ungs allerent à Marseille, et les autres à Aiguemorte.

Mais une dame vefve, de longue experience. nommée Oisille, se delibera d'oblier toute craincte par les mauvais chemins jusques ad ce qu'elle fut venue à Nostre Dame de Serrance [2]. Non qu'elle fust si supersticieuse, qu'elle pensast que la glorieuse Vierge laissast le dextre de son Filz où elle est assise, pour venir demorer en terre deserte [3], mais seulement pour envye de veoir le devot lieu dont elle avoit tant oy parler; aussy, qu'elle estoit seure que, s'il y avoit moien d'eschapper d'un dangier, les moynes le debvroient trouver. Et feit tant, qu'elle y arriva, passant de si estranges lieux, et si difficilles à monter et descendre, que son aage et pesanteur ne la garderent point d'aller la plus part du chemin à pied. Mais la pitié fut que la plus part de ses gens et chevaulx demorerent mortz par les chemins; et arriva à Serrance, avecq ung homme et une femme seullement, où elle fut charitablement receue des religieux.

Il y avoit aussy parmy les François deux gentilz hommes qui estoient allez aux baings, plus pour accompaigner les dames dont ilz estoient serviteurs, que pour faulte qu'ilz eussent de santé. Ces gentilz hommes icy, voyant la compaignye se departir, et que les mariz

---

[1] On appelle *gave* tout cours d'eau qui se change en torrent. Le gave Béarnois, qu'on prononçait *Viarnois* (c'est ainsi qu'il est écrit dans plusieurs manuscrits), doit ce nom à son passage dans les terres de l'ancien Béarn: il se jette dans l'Adour, à quatre lieues de Bayonne. C'est maintenant le *Gave de Pau*.

[2] Aujourd'hui Sarrance, village du département des Basses-Pyrénées. C'était un lieu de pèlerinage très-fréquenté à certaines époques de l'année. Il y avait là une abbaye d'hommes, de l'ordre de Prémontré, sous l'invocation de la Vierge, *Sancta Maria de Sarrancia*.

[3] Cette phrase, qui a été supprimée dans toutes les éditions, témoigne des opinions religieuses de la reine de Navarre, à l'égard du culte de la Vierge, que a Réformation n'admettait plus.

de leurs dames les emmenoient à part, penserent de les suyvre de loing, sans soy declairer à personne. Mais ung soir, estans les deux gentilz hommes mariez et leurs femmes arrivez en une maison d'un homme, plus bandoullier¹ que païsan, et les deux jeunes gentilz hommes logez en une borde² tout joingnant de là, environ la nuit, oyrent un très-grand bruict. Ilz se leverent avecq leurs varletz, et demanderent à l'hoste quel tumulte c'estoit là. Le pauvre homme, qui avoit sa part de la paour, leur dist que c'estoient mauvays garçons³ qui venoient prendre leur part de la proye qui estoit chez leur compaignon bandoullier ; parquoy les gentilz hommes incontinant prindrent leurs armes, et avecq leurs varletz s'en allerent secourir les dames, pour lesquelles ilz estimoient la mort plus heureuse que la vie après elles. Ainsi qu'ilz arriverent au logis, trouverent la premiere porte rompue, et les deux gentilz hommes avecq leurs serviteurs se deffendans vertueusement⁴. Mais, pour ce que le nombre des bandoulliers estoit le plus grand, et aussi qu'ilz estoient fort blessez, commençoient à se retirer, aians perdus desja grande partie de leurs serviteurs. Les deux gentilz hommes, regardans aux fenestres, veirent les dames cryans et plorans si fort, que la pitié et l'amour leur creut le cueur, de sorte que, comme deux ours enraigez descendans des montaignes, frapperent sur ces bandoulliers tant furieusement, qu'il y en eut si grand nombre de morts, que le demourant ne voulut plus actendre leurs coups, mais s'enfouyrent où ils sçavoient bien leur retraicte. Les gentilz hommes, ayans deffaict ces meschans, dont l'hoste estoyt l'un des mortz, ayans entendu que l'hostesse estoit pire que son mary, l'envoierent après luy par ung coup d'espée ; et, entrans en une chambre basse, trouverent un des gentilz hommes mariés, qui rendoit l'esprit. L'autre n'avoyt eu nul mal, sinon qu'il avoit tout son habillement persé de coups de traict et son espée rompue. Le pauvre gentil homme, voyant le secours que ces deux luy avoyent faict, après les avoir embrassés et remerciés, les pria de ne l'abandonner point : qui leur estoit requeste fort aisée⁵. Par

---

¹ Les éditions portent *bandolier*; quelques manuscrits *bandelier* : c'est l'analogue de *bandit*, faisant partie d'une bande. Les étymologistes veulent faire dériver ce mot de la *bandoulière*, ou baudrier que portaient les voleurs des Pyrénées.

² Maison isolée ; *borda* dans la basse latinité : ce mot est d'origine celtique.

³ Malfaiteurs, brigands. Sous le règne de François 1ᵉʳ, en 1525, une troupe de voleurs, qui se qualifiaient eux-mêmes de *mauvais garçons*, avait désolé Paris et ses alentours.

⁴ Vaillamment, chevaleresquement ; *vertueux* était autrefois synonyme de *noble*, *gentilhomme*.

⁵ Agréable, qui donne de l'*aise*, de la joie.

quoy, après avoir faict enterrer le gentil homme mort, et reconforté sa femme au mieulx qu'ilz peurent, prindrent le chemin où Dieu les conseilloit, sans sçavoir lequel ilz devoient tenir. Et s'il vous plaist sçavoir le nom des trois gentilz hommes, le maryé avoit nom Hircan et sa femme Parlamente, et la damoiselle vefve Longarine; et le nom des deux gentilz hommes, l'un estoit Dagoucin, et l'autre Saffredent. Et après qu'ilz eurent esté tout le jour à cheval, adviserent sur le soir un clochier, où, le mieulx qu'il leur fut possible, non sans travail et peine, arriverent. Et furent, de l'abbé et des moynes, humainement receuz. L'abbaye se nomme Sainct-Savyn [1]. L'abbé, qui estoit de fort bonne maison [2], les logea honnorablement; et, en les menant à leurs logis, leur demanda de leurs fortunes; et, après qu'il eut entendu la verité du faict, leur dist qu'ilz n'estoient pas seulz qui avoient part à ce gasteau; car il avoyt en une chambre deux damoiselles qui avoient eschappé pareil dangier, ou plus grand, d'autant que c'estoit aux bestes, non aux hommes, qu'elles avoient eu affaire, et que aux hommes il y a quelque miséricorde et aux bestes non; car les pauvres dames, à demye lieue deça Peyrechitte [3], avoyent trouvé ung ours descendant la montagne, devant lequel avoient prins la course à si grande haste, que leurs chevaulx, à l'entrée du logis, tomberent mortz soubz elles; et deux de leurs femmes, qui estoient venues longtemps après, leur avoient compté que l'ours avoit tué tous leurs serviteurs. Lors les deux dames et trois gentilz hommes entrerent en la chambre où elles estoient, et les trouverent plorans; et congnurent que c'estoit Nomerfide et Ennasuite, lesquelles, en s'embrassant et racomptant ce qui leur estoyt advenu, commencerent à se reconforter, avecq les exhortations du bon abbé, de soy estre ainsy retrouvées. Et, le matin, ouyrent la messe bien devotement, louans Dieu des perilz qu'ilz avoient eschappez.

Ainsi qu'ilz estoient tous à la messe, va entrer en l'eglise ung homme tout en chemise, fuyant comme si quelcun le chassoyt, cryant

---

[1] Célèbre abbaye de bénédictins, fondée par Charlemagne et accrue par Raimond I*r*, comte de Bigorre, qui donna aux moines les revenus des bains de Cauterets. L'abbaye a été supprimée et détruite à l'époque de la Révolution. Saint Savin, autrefois *Villebance*, est maintenant un petit village à dix-sept kilomètres de Lourdes, département des Hautes-Pyrénées.

[2] Cet abbé était sans doute Raimond de Fontaine, qui gouverna l'abbaye de Saint-Savin depuis 1354 jusqu'en 1540 sous les abbés commandataires Antoine de Rochefort et Nicolas d'Angu évêque de Séez, chancelier du roi de Navarre.

[3] Aujourd'hui *Pierrefitte*, à deux lieues d'Argelès.

à l'ayde. Incontinant Hircan et les autres gentilz hommes allerent au devant de luy, pour veoir que c'estoyt : et veirent deux hommes après luy leurs espées tirées, lesquelz, voians si grande compaignye, voulurent prendre la fuitte ; mais Hircan et ses compaignons les suiveyrent de si près, qu'ilz y laisserent la vye. Et quand ledit Hircan fut retourné, trouva que celluy qui estoit en chemise estoit ung de leurs compaignons nommé Geburon, lequel leur compta comme, estant en une borde auprès de Peyrechitte, arriverent trois hommes, luy estant au lict ; mais, tout en chemise, avecq son espée seullement, en blessa si bien ung, qu'il demora sur la place. Et tandis que les deux autres s'amuserent à recueillir leur compaignon, voyant qu'il estoit nud et eulx armez, pensa qu'il ne les povoit gaingner, sinon à fuyr, comme le moins chargé d'habillemens : dont il louoit Dieu et eulx qui en avoient faict la vengeance.

Après qu'ilz eurent oy la messe et disné, envoyerent veoir s'il estoit possible de passer la riviere du Gave ; et congnoissans l'impossibilité du passage, furent en merveilleuse craincte, combien que l'abbé plusieurs foys leur offrist la demeure du lieu jusques ad ce que les eaues fussent abaissées ; ce qu'ils accorderent pour ce jour. Et, au soir, en s'en allant coucher, arriva ung viel moyne qui tous les ans ne failloit point à la Nostre Dame de septembre à Serrance. Et, en lui demandant des nouvelles de son voiage, dist que à cause des grandes eaues estoit venu par les montaignes et par les plus mauvais chemins qu'il avoyt jamais faict, mais qu'il avoit veu une bien grande pitié ; c'est qu'il avoit trouvé ung gentil homme, nommé Simontault, lequel, ennuyé de la longue demeure que faisoit la riviere à s'abaisser, s'estoit deliberé de la forcer, se confiant à la bonté de son cheval, et avoit mis tous ses serviteurs à l'entour de luy pour rompre l'eaue. Mais, quant ce fut au grand cours, ceulx qui estoient le plus mal montez furent emportez malgré, hommes et chevaulx, tout aval l'eaue sans jamays en retourner. Le gentil homme, se trouvant seul, tourna son cheval de là où il venoit, qui n'y sceut estre si promptement, qu'il ne faillit soubz luy. Mais Dieu voulut qu'il fut si près de la rive, que le gentil homme, non sans boire beaucoup d'eaue, se traynant à quatre piedz, saillit dehors sur les durs cailloux, tant las et foible qu'il ne se povoit soustenir. Et luy advint si bien que ung berger, ramenant au soir ses brebis, le trouva assis parmy les pierres, tout moillé, et non moins triste de ses gens qu'il avoyt veu perdre devant soy. Le bergier, qui entendoyt mieulx sa necessité tant en le

voian que en escoutant sa parolle, le print par la main et le mena en
sa pauvre maison, où avecq petites buchettes le seicha le mieulx qu'il
peut. Et, ce soir là, Dieu y amena ce bon religieux qui luy enseigna
le chemyn de Nostre Dame de Serrance, et l'asseura que là il seroit
mieux logé que en autre lieu ; et y trouveroit une ancienne vefve,
nommée Oisille, laquelle estoit compaigne de ses adventures. Quant
toute la compaignye oyt parler de la bonne dame Oisille et du gentil
chevalier Simontault, eurent une joye inestimable, louans le Createur,
qui, en se contentant des serviteurs, avoyt saulvé les maistres et maistresses ; et, sur toutes, en loua Dieu de bon cueur Parlamente, car
longtemps avoyt qu'elle le tenoit pour très-affectionné serviteur. Et,
après s'estre enquis diligemment du chemyn de Serrance, combien que
le bon vieillard le leur feit fort difficile, pour cela ne laisserent d'entreprendre d'y aller ; et dès ce jour-là, se meirent en chemyn si bien
en ordre qu'il ne leur failloit rien, car l'abbé les fournyt des meilleurs
chevaux qui fussent en Lavedan [1], de bonnes cappes de Bearn [2], de
force vivres et de gentilz compaignons pour les mener seurement par
les montaignes ; lesquelles passerent plus à pied que à cheval, en grand
sueur et travail, et arriverent à Nostre Dame de Serrance, où l'abbé,
combien qu'il fut assez mauvais homme, ne leur osa refuser le logis
pour la craincte du seigneur de Bearn [3], dont il sçavoit qu'ilz estoient
bien aymez ; mais, luy, qui estoit vray hypocrite, leur feit le meilleur
visaige qu'il estoit possible, et les mena veoir la bonne dame Oisille et
le gentil homme Simontault.

La joye fut si grande en cette compaignie miraculeusement assemblée, que la nuict leur sembla courte à louer Dieu, dedans l'eglise, de
la grace qu'il leur avoit faicte. Et, après que sur le matin eurent prins
ung peu de repos, allerent oyr la messe et tous recevoir le sainct sacrement de unyon, auquel tous chrestiens sont uniz en ung, suppliant
Celluy, qui les avoit assemblez, par sa bonté, parfaire le voiage à sa

---

[1] Les chevaux de la vallée de *Lavedan*, qu'on appelait *lavedans*, étaient très-
estimés à cause de leur vitesse et de leur ardeur.

[2] Les éditions et les manuscrits portent *Bear*, comme on prononçoit alors.
Les capes de Béarn, dont la réputation était proverbiale, devaient leur nom à
une espèce de cagoule ou capuchon qui les accompagnait.

[3] Les rois de Navarre étaient seigneurs de Béarn depuis plus de deux siècles ;
mais cette seigneurie, tout à fait distincte de la Navarre, conservait ses vieilles
coutumes et avait son gouvernement spécial. Le *seigneur de Béarn*, à l'époque où
ces Nouvelles furent composées, devait donc être le roi Henri d'Albret, second
mari de Marguerite d'Angoulême.

gloire. Après disner envoyerent sçavoir si les eaues estoient point escoulées, et trouvant que plustost elles estoient creues, et que de longtemps ne pourroient seurement passer, se delibererent de faire ung pont sur le bout de deux rochiers qui sont fort près l'un de l'autre, où encores il y a des planches pour les gens de pied, qui, venans d'Oleron, veullent passer par le Gave. L'abbé fut bien aise qu'ilz faisoient ceste despence, à fin que le nombre des pelerins et presens augmentast; les fournyt d'ouvriers; mais il n'y meist pas ung denier, car son avarice ne le permectoyt. Et pour ce que les ouvriers dirent qu'ilz ne sçauroient avoir faict le pont de dix ou douze jours, la compaignie tant d'hommes que de femmes commença fort à s'ennuyer; mais Parlamente, qui estoit femme de Hircan, laquelle n'estoit jamays oisifve ne melancolique, aiant demandé congé à son mary de parler, dist à l'ancienne dame Oisille : « Ma dame, je m'esbahys que vous qui avez tant d'experience, et qui maintenant à nous femmes tenez lieu de mere, ne regardez quelque passetemps pour adoulcir l'ennuy que nous porterons durant nostre longue demeure[1]; car, si nous n'avons quelque occupation plaisante et vertueuse, nous sommes en dangier de devenir malades. » La jeune vefve Longarine adjousta à ce propos : « Mais, qui pis est, nous deviendrons fascheuses, qui est une maladie incurable; car il n'y a nul ne nulle de nous, si regarde à sa perte, qu'il n'ayt occasion d'extreme tristesse. » Ennasuite, tout en ryant, lui respondit : « Chascune n'a pas perdu son mary comme vous, et pour perte de serviteurs ne se fault desesperer, car l'on en recouvre assez; toutesfoys, je suis bien d'opinion que nous aions quelque plaisant exercice pour passer le temps; autrement, nous serions mortes le lendemain. » Tous les gentilz hommes s'accorderent à leur advis, et prierent la dame Oisille qu'elle voulsist ordonner ce qu'ilz avoient à faire, laquelle leur respondit : « Mes enfans, vous me deanmdez une chose que je trouve fort difficile de vous enseigner, ung passetemps qui vous puisse delivrer de vos ennuictz; car, aïant cherché le remede toute ma vye, n'en ay jamais trouvé que ung, qui est la lecture des sainctes Lectres[2], en laquelle se trouve la vraie et parfaicte joie de l'esprit, dont procede le repos et la santé du corps. Et si vous me demandez quelle recepte me tient si joyeuse et si saine sur ma vieillesse, c'est que, incontinant que je suys levée, je prens la

---

[1] Résidence, séjour.
[2] Les livres saints.

saincte Escripture et la lys[1]; et, en voiant et contemplant la bonté de Dieu, qui pour nous a envoié son Fils en terre annoncer cette saincte parolle et bonne nouvelle par laquelle il promect remission de tous pechez, satisfaction de toutes debtes, par le don qu'il nous faict de son amour, passion et merites; ceste consideration me donne tant de joye, que je prends mon psaultier, et le plus humblement qu'il m'est possible chante de cueur et prononce de bouche les beaulx psealmes et cantiques que le Sainct Esperit a composé au cueur de David et des autres aucteurs. Et ce contentement-là, que je en ay, me faict tant de bien, que tous les maulx, qui le jour me peuvent advenir, me semblent estre benedictions, veu que j'ay en mon cueur par foy Celluy qui les a portez pour moy. Pareillement, avant souper, je me retire pour donner pasture à mon âme de quelque leçon; et puis, au soir, fais une recollection de tout ce que j'ai faict la journée passée, pour demander pardon à Dieu de mes faultes, le remercier de ses graces; et en son amour, craincte et paix, prends mon repos asseuré de tous maulx. Parquoy, mes enfants, voylà le passetemps auquel me suis arresté, long temps a, après avoir cherché en tous autres, et non trouvé contentement de mon esprit. Il me semble que, si tous les matins vous voulez donner une heure à la lecture, et puis durant la messe faire voz devotes oraisons, vous trouverez en ce desert la beaulté qui peut estre en toutes les villes; car qui congnoist Dieu veoit toutes choses belles en luy, et sans luy tout laid; parquoy, je vous prie recepvez mon conseil, si vous voulez vivre joyeusement. » Hircan print la parolle et dist: « Ma dame, ceulx qui ont leu la saincte Escripture, comme je croy que nous avons tous faict, confessent que vostre dict est tout veritable; mais si fault-il que vous regardez que nous ne sommes encores si mortifiiez qu'il nous fault quelque passetemps et exercice corporel; car, si nous sommes en noz maisons, il nous fault la chasse et la vollerye[2],

[1] Les commentateurs, qui ont cru reconnaître dans la dame Oisille Marguerite de Navarre elle-même, se fondaient sans doute sur les analogies que présente ce passage avec le fait consigné dans l'*Histoire de Foix, Bearn et Navarre*, etc., par Pierre Olhagaray (Paris, 1609, in-4°, p. 502) : « Ceste sçavante Reyne, la première du monde, cest outil si parfait qui retira le Roy François, son frère, de la prison, tousjours attentive à la lecture, notamment à celle de l'Escriture Sainte ; ce que nostre Elias, en son recueil, tesmoigne avoir marqué d'elle estant en sa ville d'Appaniyers, où il receut ceste grave exhortation de ceste brave et sage princesse : qu'il ne laissast aucun jour sans avoir attentivement vaqué à la lecture de quelques pages de ce livre sacré qui, arrousant nos ames de la liqueur céleste, nous sert, disoit-elle, de fidelles préservatifs contre toutes sortes de maux et tentations diaboliques. »

[2] La chasse au vol ou la fauconnerie.

qui nous faict oblier mil folles pensées; et les dames ont leur mesnaige, leur ouvraige, et quelques fois les dances où elles prennent honneste exercice : qui me faict dire (parlant pour la part des hommes) que vous, qui estes la plus ancienne, nous lirez, au matin, de la vie que tenoit nostre Seigneur Jesus Christ, et les grandes et admirables euvres qu'il a faictes pour nous; pour après disner jusques à vespres, fault choisir quelque passetemps qui ne soit dommageable à l'ame et soit plaisant au corps; et ainsy passerons la journée joyeusement. »

La dame Oisille leur dist qu'elle avoyt tant de peyne de oblier toutes les vanitez, qu'elle avoit paour de faire mauvaise election à tel passetemps, mais qu'il falloit remectre ceste affaire à la pluralité d'opinions, priant Hircan d'estre le premier opinant : « Quant à moy, dist-il, si je pensois que le passetemps que je vouldrois choisir fust aussy agreable à quelcun de la compaignie comme à moy, mon opinion seroit bien tost dicte; dont pour ceste heure je me tairay, et en croiray ce que les aultres diront. » Sa femme Parlamente commença à rougir, pensant qu'il parlast pour elle, et ung peu en collere, et demy en riant, luy dist : « Hircan, peut estre que celle que vous pensez qui en debvroit estre la plus marrye auroit bien de quoy se recompenser, s'il luy plaisoit; mais laissons là les passetemps où deux seullement peuvent avoir part, et parlons de celluy qui doibt estre commun à tous. » Hircan dist à toutes les dames : « Puisque ma femme a si bien entendu la glose de mon propos, et que ung passetemps particulier ne lui plaist pas, je croy qu'elle sçaura mieulx que nul autre dire celluy où chascun prendra plaisir; et de ceste heure, je m'en tiens à son oppinion, comme celluy qui n'en a nule autre que la sienne. » A quoy toute la compaignie s'accorda. Parlamente, voiant que le sort du jeu estoit tombé sur elle, leur dist ainsy : « Si je me sentois aussy suffisante que les anciens qui ont trouvé les artz, je inventerois quelque passetemps ou jeu pour satisfaire à la charge que me donnez; mais, cognoissant mon sçavoir et ma puissance, qui à peine peult remermorer les choses bien faictes, je me tiendrois bien heureuse d'ensuivre de près ceulx qui ont desja satisfaict à vostre demande. Entro autres, je croy qu'il n'y a nul de vous qui n'ait leu les cent Nouvelles de Bocace, nouvellement traduictes d'ytalien en françois [1], que le roy

---

[1] Ce passage nous donne d'une manière presque certaine la date de la composition de l'*Heptameron*, car la nouvelle traduction du *Decameron*, de Boccace, destinée à remplacer l'ancienne version française de Laurens du Premier Faict, ne fut publiée qu'en 1545. Voici le titre de cette traduction:

« Le Decameron de missire Jehan Bocace Florentin, nouvellement traduict d'italien en françoys par maistre Anthoine Le Maçon, conseiller du Roy et trésorier de

François, premier de son nom, monseigneur le Daulphin [1], madame la Daulphine [2], madame Marguerite [3], font tant de cas, que si Bocace, du lieu où il estoit, les eut peu oyr, il debvoit ressusciter à la louange de telles personnes. Et à l'heure, j'oye les deux dames dessus nommées, avecq plusieurs autres de la court, qui se delibererent d'en faire autant, sinon en une chose differente de Bocace : c'est de n'escripre nulle nouvelle qui ne soit veritable histoire. Et promirent les dictes dames, et monseigneur le Daulphin avecq, d'en faire chascun dix, et d'assembler jusques à dix personnes qu'ilz pensoient plus dignes de racompter quelque chose, sauf ceulx qui avoient estudié et estoient gens de lettres; car monseigneur le Daulphin ne voulloyt que leur art y fut meslé; et aussy, de paour que la beaulté de la rethoricque feit tort en quelque partye à la verité de l'histoire. Mais les grandz affaires survenuz au Roy depuis [4], aussy la paix d'entre luy et le Roy d'Angleterre [5], l'accouchement [6] de madame la Daulphine, et plusieurs aul-

---

l'extraordinaire de ses guerres. » *Paris, Estienne Roffet*, 1545, in-fol.; *ibid*, 1548, in-8°.

L'ouvrage est dédié « à très haulte et très illustre princesse Marguerite de France, seur unique du Roy, Royne de Navarre, duchesse d'Alençon et de Berry, par Anthoine Le Maçon, conseiller du Roy, receveur general de ses finances en Bourgoigne, tresorier de l'extraordinaire de ses guerres, et très humble secretaire de cette Royne. »

Le traducteur commence ainsi son prologue : « S'il vous souvient (ma Dame) du temps que vous fistes sejour de quatre ou cinq moys à Paris, durant lequel vous me commandastes (me voyant venu nouvellement de Florence, où j'avois sejourné un an entier) vous faire lecture d'aucunes nouvelles du Decameron de Bocace, après laquelle il vous pleut me commander de traduire tout le livre en nostre langue françoyse, m'asseurant qu'il seroit trouvé beau et plaisant, etc. »

[1] La date de la première édition des *Cent nouvelles* de Bocace, *nouvellement traduites*, prouve que le Dauphin dont il est question ici ne peut être que Henri, duc d'Orléans, qui devint Dauphin par suite de la mort de son frère aîné, François, au mois d'août 1536, et qui fut depuis roi de France.

[2] Catherine de Médicis, mariée, le 27 octobre 1533, à Henri, duc d'Orléans, second fils de François I*er*.

[3] C'est la reine de Navarre elle-même, qu'on nommait ainsi à la cour du roi son frère.

[4] Ce fut en 1542 que la guerre recommença entre François I*er* et Charles-Quint, à l'occasion du meurtre de deux ambassadeurs du roi, assassinés par ordre du seigneur du Guast, gouverneur de Milan pour l'empereur. Le *Décameron* de la traduction d'Antoine Le Maçon n'était pas encore publié à cette époque, mais on le lisait à la cour sur des copies manuscrites. Ce fut donc avant l'année 1542 que le projet de l'*Heptameron* paraît avoir été conçu à la cour de France, sinon exécuté.

[5] En 1543, Henri VIII, s'étant brouillé avec François I*er*, entra dans la ligue de Charles-Quint contre son ancien allié, qui soutint vigoureusement la guerre et ne songea plus à faire des contes ni à en entendre.

[6] Le 3 janvier 1543, Catherine de Médicis, qui était restée stérile pendant près de dix ans, accoucha d'un fils, qui fut François II.

tres choses dignes d'empescher toute la court, a faict mectre en obly du tout ceste entreprinse, que par nostre long loisir pourra en dix jours estre mise à fin, actendant que nostre pont soit parfaict. Et s'il vous plaist que tous les jours, depuis midy jusques à quatre heures, nous allions dedans ce beau pré, le long de la riviere du Gave, où les arbres sont si foeillez que le soleil ne sçauroit percer l'ombre ny eschauffer la frescheur; là assiz à noz aises, dira chascun quelque histoire qu'il aura veue ou bien oy dire à quelque homme digne de foy. Au bout de dix jours, aurons parachevé la centaine; et si Dieu faict que nostre labeur soit trouvé digne des oeilz des seigneurs et dames dessus nommez, nous leur en ferons present au retour de ce voiage, en lieu d'ymaiges ou de patenostres[1], estant asseurée qu'ilz auront ce present ici plus agreable. Que si quelcun trouve quelque chose plus plaisante que ce que je dis, je m'accorderay à son oppinion. » Mais toute la compaignie respondit qu'il n'estoit possible d'avoir mieulx advisé, et qu'il leur tardoit que le lendemain fut venu, pour commencer.

Ainsy passerent joyeusement ceste journée, ramentevant les ungs aux autres ce qu'ilz avoient veu de leur temps. Si tost que le matin fut venu, s'en allerent en la chambre de madame Oisille, laquelle trouverent desja en ses oraisons. Et quant ilz eurent oy une bonne heure sa leçon, et puis devotement la messe, s'en allerent disner à dix heures[2], et après se retira chascun en sa chambre pour faire ce qu'il avoit à faire. Et ne faillirent pas à midy de s'en retourner au pré, selon leur deliberation, qui estoit si beau et plaisant qu'il auroyt besoin d'un Bocace pour le depaindre à la verité; mais vous vous contenterez que jamais n'en fut veu un plus beau. Quant l'assemblée fut toute assise sur l'herbe verte, si noble et delicate qu'il ne leur falloit carreau ne tappis, Simontault commencea à dire : « Qui sera celluy de nous, qui aura commencement sur les autres? » Hircan luy respondit : « Puisque vous avez commencé la parolle, c'est raison que vous commandiez; car, au jeu, nous sommes tous esgaulx. — Pleut à Dieu, dist Simontault, que je n'eusse bien en ce monde que de povoir

---

[1] Images de sainteté, médailles bénites et chapelets, qu'on rapporte d'un pèlerinage.
[2] C'était à cette époque l'heure du dîner à la cour. Cinquante ans auparavant, on dînait à huit heures du matin. « Le bon Roy, dit l'historien du chevalier Bayard, en parlant de Louis XII, avoit changé, à cause de sa femme, toute sa manière de vivre, car où il souloit disner à huit heures, il convenoit qu'il disnast à midy. »

commander à toute ceste compaignye! » A ceste parolle, Parlamente l'entendit très bien, qui se print à tousser; parquoy Hircan ne s'apperceut de la couleur qui luy venoit aux joues, mais dist à Simontault qu'il commençast : ce qu'il feit.

LA PREMIERE JOURNÉE.

EN LA PREMIERE JOURNÉE EST UN RECUEIL DES MAUVAIS TOURS QUE LES FEMMES ONT FAICTZ AUX HOMMES ET LES HOMMES AUX FEMMES.

PREMIERE NOUVELLE.

La femme d'un procureur, après avoir esté fort sollicitée de l'Evesque de Sées, le print pour son profit, et, non plus contente de luy que de son mary, trouva façon d'avoir pour son plaisir le filz du lieutenant general d'Alençon, qu'elle feit quelque temps après miserablement massacrer par son mary, lequel depuis (non obstant qu'il eut obtenu remission de ce meurtre) fut envoyé aux galeres avec un invocateur[1] nommé Galery, et le tout par la meschanceté de sa femme[2].

Mes dames, j'ay esté si mal recompensé de mes longs services, que, pour me venger d'Amour et de celle qui m'est si cruelle, je mectray peine de faire un recueil de tous les mauvais tours que les femmes ont faict aux pauvres hommes, et si ne diray rien que pure verité.

En la ville d'Alençon[3], du vivant du duc Charles, dernier duc[4], y avoit un procureur nommé Sainct Aignan[5], qui avoit espousé une gentil-

---

[1] Invocateur des démons, nécromancien.

[2] Cette nouvelle repose sur un fait véritable, qui a dû se passer avant l'année 1526 ; car les lettres de rémission, accordées au seigneur de Saint-Vignan, dans lesquelles on retrouve une partie des circonstances du récit de l'*Heptameron* sont datées du mois de juillet 1526. Ces lettres de rémission, que M. Leroux de Lincy a publiées pour la première fois dans son édition, font partie du *Trésor des Chartes*. Voy., aux Archives de l'Empire, le registre J, 234, n° 191.

[3] Un manuscrit contemporain porte : en la ville d'Angoulesme.

[4] Charles IV, duc d'Alençon, premier mari de Marguerite d'Angoulême ; il mourut le 11 avril 1525, à l'âge de trente-cinq ans et demi.

[5] Dans les lettres de rémission qui lui furent accordées, il est qualifié : Michel de Saint Vignen, seigneur du dit lieu. On y lit ensuite que « par ci devant il avoit résidé et demouré en la ville d'Allençon par long temps en bonne et bonne reputation ; et pour sa bonne prosperité, vie et gouvernement, y avoit eu plusieurs malveillans et envieulx qui se seroient esforcez luy pourchasser par moyens sinistres, fins et dissimulez, tous les maulx, finesses et tromperies qu'il seroit possible

femme du païs, plus belle que vertueuse, laquelle, pour sa beaulté et
legiereté, fut fort poursuivye de l'Evesque de Séés¹, qui, pour parvenir à ses fins, entretint si bien le mary, que non seullement il ne s'apparceut du vice de sa femme et de l'Evesque, mais, qui plus est, luy
feit oblier l'affection qu'il avoit tousjours eue au service de ses maistre
et maistresse, en sorte que, d'un loial serviteur, devint si contraire à
eulx, qu'il sercha à la fin des invocateurs pour faire mourir la du-
chesse². Or vesquit longuement cest Evesque avec ceste malheureuse
femme, laquelle luy obeissoit plus par avarice que par amour, et aussi
que son mary la sollicitoyt de l'entretenir. Mais si est ce qu'il y avoyt
ung jeune homme en la ville d'Alençon, filz du lieutenant general³,
lequel elle aymoit si fort, qu'elle en estoit demye enragée ; et souvent
s'aidoyt de l'Evesque pour faire donner commission à son mary, à fin
de pouvoir veoir à son aise le filz du lieutenant, nommé du Mesnil⁴.
Ceste façon de vivre dura long temps, qu'elle avoit pour son proffict
l'Evesque et pour son plaisir ledict du Mesnil, auquel elle juroit que
toute la bonne chere qu'elle faysoyt à l'Evesque n'estoit que pour continuer la leur plus librement; et que, quelque chose qu'il y eut, l'Evesque n'en avoyt eu que la parolle, et qu'il pouvoit estre asseuré que jamais homme que luy n'en auroyt autre chose.

Ung jour que son mary s'en estoit allé devers l'Evesque, elle luy
demanda congé d'aller aux champs, disant que l'air de la ville luy estoit contraire ; et quant elle fut en sa mestairye, escripvit incontinant

penser, combien que led. suppliant ne leur auroit oncques pourchassé desplaisir,
injure ne dommaige, etc. »

¹ Jacques de Silly, second fils de Jacques, chambellan du roi et maître de l'artillerie de France, fut nommé évêque de Séez le 26 février 1511. Ce fut lui qui fit
la dédicace d'un monastère de filles, que le duc d'Alençon et sa femme avaient
fondé en 1519, à Essei. Il consacra trois autres couvents de religieuses dans le
duché d'Alençon. Il mourut en 1539. Son nom ne figure pas, bien entendu, dans
les lettres de rémission octroyées à Michel de Saint-Aignan.
² C'est Marguerite d'Angoulême, qui était alors duchesse d'Alençon.
³ Le lieutenant général du présidial, bailliage et sénéchaussée d'Alençon était
Gilles du Mesnil.
⁴ Les lettres de rémission ne font pas un portrait trop favorable du rival de l'é-
vêque de Séez, de ce « nommé Jacques Dumesnil, jeune homme auquel led. suppliant auroit faict tous les plaisirs et avantaiges qu'il luy auroit esté possibles,
donné accès et habitude en sa maison ; pensant que led. Dumesnil feust son loyal
amy, chargea à sa femme et serviteurs le traicter comme son frere, quant il viendroit, esperant led. suppliant Aignen estre moyen qu'il espouseroit l'une de ses
parentes ; lesquelz bons tours et humanitez led. Dumesnil auroit mal recongneuz;
mais, faisant le mal contre le bien, suyvant la voye de iniquité auroit mis et
efforcé mettre division, entre led. de Sainct Aignen et sad. femme, qui tousjours auroient vescu en bonne grande et parfaicte amour. »

à du Mesnil qu'il ne faillist de la venir trouver environ dix heures du soir. Ce que feyt le pauvre jeune homme; mais à l'entrée de la porte trouva la chamberiere qui avoyt accoustumé de le faire entrer, laquelle luy dist : « Mon amy, allez ailleurs, car vostre place est prinse. » Et luy, pensant que le mary fut venu, luy demanda comme le tout alloyt. La pauvre femme aiant pitié de luy, le voiant tant beau, jeune et honneste homme, aymer si fort, et estre si peu aymé, luy declaira la folye de sa maistresse, pensant que, quand il l'entendroit, cela le chastieroit d'aymer tant. Et luy compta comme l'Evesque de Sées ne faisoyt que de y arriver, et estoit couché avec elle, chose à quoy elle ne se actendoyt pas; car il n'y devoit venir jusques au lendemain; mais, ayant retenu chez luy son mary, s'estoit desrobé de nuict pour la venir veoir secretement. Qui fut bien desesperé, ce fut du Mesnil, qui encores ne le povoyt du tout croyre; et se cacha en une maison auprès, et veilla jusques à trois heures après minuict, tant qu'il veit saillir l'Evesque de là dedans, non si bien desguisé qu'il ne le cogneust plus qu'il ne le vouloyt.

Et, en ce desespoir, s'en retourna à Alençon, où bien tost sa meschante amye alla, qui, le cuydant abbuser comme elle avoit accoustumé, vint parler à luy. Mais il luy dist qu'elle estoit trop saincte, aiant touché aux choses sacrées, pour parler à ung pecheur comme luy, duquel la repentance estoit si grande qu'il esperoit bien tost que le peché luy seroit pardonné. Quant elle entendit que son cas estoit descouvert, et que excuse, jurement et promesse de plus n'y retourner, n'y servoyt de rien, en feit la plaincte à son Evesque. Et, après avoir bien consulté la matiere, vint ceste femme dire à son mary qu'elle ne povoyt plus demorer dans la ville d'Alençon, pour ce que le filz du lieutenant, qu'il avoyt tant estimé de ses amys, la pourchassoit incessamment de son honneur; et le pria de se tenir à Argentan, pour oster toute suspection [1]. Le mary, qui se laissoyt gouverner par elle, s'y accorda. Mais ilz ne furent pas longuement audict Argentan, que ceste malheureuse manda audict du Mesnil, qu'il estoit le plus meschant homme du monde, et qu'elle avoyt bien sceu que publiquement il avoit dict mal d'elle et de l'Evesque de Sées, dont elle mectroit peyne de le faire repentir.

Ce jeune homme, qui n'en avoyt jamais parlé que à elle mesme, et qui craingnoit d'estre mis en la malle grace de l'Evesque, s'en

---

[1] Ou *suspicion*, comme on lit dans un bon manuscrit et dans les éditions.

alla à Argentan avecq deux de ses serviteurs, et trouva sa damoiselle
à vespres aux Jacobins ¹. Il s'en vint agenoiller auprès d'elle, et luy
dist : « Ma dame, je viens icy pour vous jurer devant Dieu, que je
ne parlay jamais de vostre honneur à personne du monde que à vous
mesme ; et vous m'avez faict un si meschant tour, que je ne vous ay pas
dict la moictyé des injures que vous meritez. Et s'il y a homme ou
femme qui veuille dire que jamais j'en aye parlé, je suis icy venu
pour l'en dementir devant vous. » Elle, voiant que beaucoup de peuple
estoit en l'eglise, et qu'il estoit accompaigné de deux bons serviteurs,
se contraingnit de parler le plus gratieusement qu'elle peut, luy disant
qu'elle ne faisoit nulle doubte qu'il ne dist verité, et qu'elle l'estimoit
trop homme de bien pour dire mal de personne du monde, et encores
moins d'elle qui luy portoit tant d'amityé ; mais que son mary en
avoyt entendu des propos, parquoy elle le prioyt qu'il voulust dire
devant luy qu'il n'en avoyt point parlé, et qu'il n'en croyoit riens.
Ce que luy accorda voluntiers ; et, pensant l'accompaigner à son logis,
la print par dessoubz le bras ; mais elle luy dist qu'il ne seroit pas
bon qu'il vint avecq elle, et que son mary penseroit qu'elle luy feit
porter ces parolles ; et, en prenant ung de ses serviteurs par la manche
de sa robbe, luy dist : « Laissez-moi cestuy-cy, et incontinant qu'il
sera temps, je vous envoiray querir par luy ; mais, en actendant, allez
vous reposer en vostre logis. » Luy, qui ne se doubtoit point de sa
conspiration, s'y en alla.

Elle donna à soupper au serviteur qu'elle avoit retenu, qui luy demandoit souvent quant il seroit temps d'aller querir son maistre ; elle
luy respondoit tousjours qu'il viendroyt assez tost. Et quant il fut
nuict, envoia ung de ses serviteurs secretement querir du Mesnil, qui,
ne se doubtant du mal que en luy preparoyt, s'en alla hardiment à
la maison du dict Sainct Aignan, auquel lieu la damoiselle entretenoit son serviteur, de sorte qu'il n'en avoyt que ung avecq luy. Et
quant il fut à l'entrée de la maison, le serviteur qui le menoit luy
dist que la damoiselle vouloyt bien parler à luy avant son mary, et
qu'elle l'actendoyt en une chambre où il n'y avoit que ung de ses
serviteurs avecq elle, et qu'il feroyt bien de renvoier l'autre par la
porte de devant. Ce qu'il feit ; et, en montant un petit degré obscur,
le procureur Sainct Aignan, qui avoit mis des gens en embusches
dans une garderobbe, commencea à oyr le bruict, et en demandant :

---

¹ Le couvent des Jacobins ou Dominicains était dans le faubourg d'Argentan.

« Qu'est-ce? » luy fut dist que c'estoit ung homme qui vouloit secretement entrer en sa maison. A l'heure, ung nommé Thomas Guerin, qui faisoyt mestier d'estre meurdrier, lequel pour ceste execution estoit loué du procureur [1], vint donner tant de coups d'espée à ce pauvre jeune homme, que, quelque deffence qu'il peust faire, ne se peut garder qu'il ne tombast mort entre leurs mains [2]. Le serviteur qui parloit à la damoiselle luy dist : « J'oy mon maistre qui parle en ce degré, je m'en voys à luy. » La damoiselle le retint et luy dist : « Ne vous soulciez, il viendra assez tost. » Et peu après, oiant que son maistre disoyt : « Je meurs et recommande à Dieu mon esprit! » le voulut aller secourir; mais elle le retint, luy disant : « Ne vous soulciez; mon mary le chastie de ses jeunesses; allons veoir que c'est. » Et en s'appuyant dessus le bout du degré, demanda à son mary : « Et puys, est-il faict? » Lequel luy dist : « Venez le veoir; à ceste heure, vous ay-je vengée de cestuy-là qui vous a tant faict de honte. » Et en disant cela, donna, d'un poignard qu'il avoit, dix ou douze coups dedans le ventre de celluy que vivant il n'eust osé assaillir.

Après que l'homicide fut faict, et que les deux serviteurs du trespassé s'en furent fouyz pour en dire les nouvelles au pauvre pere, pensant ledict Sainct Aignan que la chose ne povoyt estre tenue secrette, regarda que les serviteurs du mort ne debvoient point estre creuz en tesmoignage, et que nul en sa maison n'avoit veu le faict, sinon les meurdriers, une vieille chamberiere et une jeune fille de quinze ans. Voulut secretement prendre la vieille, mais elle trouva façon d'eschapper hors de ses mains, et s'en alla en franchise aux Jacobins [3]; qui fut le plus seur tesmoing que l'on eut de ce meurdre. La jeune chamberiere demora quelques jours en sa maison; mais il trouva façon de la faire suborner par un des meurdriers, et la mena à Paris en lieu publicq, affin qu'elle ne fust plus creue en tesmoignage [4]. Et, pour

---

[1] Il est dit, dans les lettres de rémission, que ce Thomas Guerin, qui se trouvait dans la salle avec le seigneur de Saint-Aignan, « estoit venu pour ses affaires. »

[2] D'après les lettres de rémission, ce n'est pas Thomas Guerin qui aurait frappé Jacques du Mesnil, mais un serviteur de Saint-Aignan, nommé Colas, et Saint-Aignan auroit ensuite achevé le malheureux jeune homme, qu'il trouva « en sa gar le-robe embastonné, c'est-à-dire armé. »

[3] Le droit d'asile ou de *franchise* dans les églises, les couvents et les demeures royales existait encore au seizième siècle, en principe sinon de fait; car on le rendait illusoire en cernant la retraite du fugitif, qui était bientôt obligé de sortir pour ne pas mourir de faim, et qui tombait alors dans les mains de la justice.

[4] Les femmes dissolues ou de mauvaise vie n'avaient plus le droit de tester en justice.

celer son meurdre, feit brusler le corps du pauvre trespassé. Les os, qui ne furent consommez par le feu, les feit mectre dans du mortier là où il faisoit bastir en sa maison, et envoia à la court en dilligence demander sa grace, donnant à entendre qu'il avoyt plusieurs fois deffendu sa maison à ung personnaige dont il avoyt suspition, qui pourchassoyt le deshonneur de sa femme, lequel, nonobstant sa deffense, estoit venu de nuict en lieu suspect pour parler à elle ; parquoy, le trouvant à l'entrée de sa chambre, plus remply de collere que de raison, l'auroit tué. Mais il ne peut si tost faire despescher sa lettre à la chancellerie, que le duc et la duchesse ne fussent par le pauvre pere advertiz du cas, lesquelz, pour empescher ceste grace, envoierent au chancelier [1]. Ce malheureux, voiant qu'il ne la povoit obtenir, s'enfuyt en Angleterre, et sa femme avecq luy, et plusieurs de ses parens. Mais avant partir, dist au meurdrier qui à sa requeste avoit faict le coup, qu'il avoit veu lectres expresses du Roy pour le prendre et faire mourir ; mais, à cause des services qu'il luy avoit faictz, il luy vouloit saulver la vye ; et luy donna dix escuz pour s'en aller hors du royaulme. Ce qu'il feit, et oncques puis ne fut trouvé.

Ce meurdre icy fut si bien parveriffié par les serviteurs du trespassé, que par la chamberiere qui s'estoit retirée aux Jacobins, et par les oz qui furent trouvez dedans le mortier, que le procès fut faict et parfaict en l'absence de Sainct Aignan et de sa femme. Ils furent jugez par contumace, et condemnez tous deux à la mort, leurs biens confisquez au prince, et quinze cens escuz au pere pour les fraiz du procès. Ledict Sainct Aignan estant en Angleterre, voiant que par la justice il estoyt mort en France, feit tant, par son service envers plusieurs grands seigneurs, et par la faveur des parens de sa femme, que le Roy d'Angleterre feit requeste au Roy de luy vouloir donner sa grace, et le remectre en ses biens et honneurs. Mais le Roy, ayant entendu le villain et enorme cas, envoya le procès au Roy d'Angleterre, le priant de regarder si c'estoit cas qui meritast grace ; luy disant que le duc d'Alençon avoit seul ce privilleige en son Roiaulme de donner grace en sa duché. Mais, pour toutes ses excuses, n'appaisa point le Roy d'Angleterre, lequel le prochassa si très instamment que à la fin le procureur l'eust à sa requeste [2] ; et retourna en sa maison, où, pour

---

[1] On ne sait s'il s'agit ici du chancelier de France ou du chancelier d'Alençon ; le premier était Antoine du Prat ; le second, Jean Brinon, qui est nommé plus loin.

[2] Ce sont les lettres de rémission, données par le roi, à Châtellerault, au mois de juillet 1526.

parachever sa meschanceté, s'accoincta d'un invocateur, nommé Gallery; esperant que par son art il seroit exempt de paier les quinze cens escuz au pere du trespassé.

Et, pour à ceste fin, s'en allerent à Paris desguisés, sa femme et luy. Et, voiant sa dicte femme qu'il estoyt si longuement enfermé en une chambre avec le dict Gallery, et qu'il ne luy disoit point la raison pourquoy, ung matin elle l'espia, et veid que le dict Gallery luy monstroit cinq ymaiges de boys, dont les trois avoient les mains pendantes, et les deux levées contremont[1]. Et parlant au procureur : « Il nous fault faire de telles ymaiges de cire que celles-cy; et celles qui auront les bras pendans, ce seront ceulx que nous ferons mourir, et ceulx qui les ont eslevés seront ceulx dont vous vouldrez avoir la bonne grace et amour. » Et le procureur disoit : « Ceste cy sera pour le Roy, de qui je veulx estre aymé, et ceste cy, pour mon seigneur le chancellier d'Alençon, Brinon[2]. » Gallery luy dist : « Il fault mectre ces ymaiges soubz l'autel où ilz orront leur messe, avecq des parolles que je vous feray dire à l'heure. » Et, en parlant de ceulx qui avoyent les bras baissez, dist le procureur, que l'une estoit maistre Gilles du Mesnil, pere du trespassé; car il sçavoit bien que tant qu'il vivroit il ne cesseroyt de le poursuivre. Et une des femmes qui avoyt les mains pendantes estoyt ma dame la duchesse d'Alençon, sœur du Roy, parce qu'elle aymoit tant ce viel serviteur du Mesnil, et avoit en tant d'autres choses congneu la meschanceté du procureur, que, si elle ne mouroyt, il ne pouvoit vivre. La seconde femme aiant les bras pendans estoit sa femme, laquelle estoit cause de tout son mal; et se tenoit seur, que jamays ne s'amenderoit de sa meschante vie. Quant sa femme, qui

---

[1] En haut. Cette manière occulte de jeter des sorts funestes sur les personnes dont on voulait abréger la vie était encore fréquente sous François Ier, et la justice la punissait de mort, comme du temps de Charles VI. Les pratiques superstitieuses qui l'accompagnaient, telles que les images de cire, la messe nocturne, etc., composaient ce qu'on nommait un *enroûlement*.

[2] Jean Brinon, issu d'une ancienne famille de Paris, s'était d'abord distingué comme orateur et négociateur habile au service du roi, qui le fit premier président du parlement de Rouen. Jean Brinon, que la *Bibliothèque françoise* de la Croix du Maine range parmi les écrivains, comme auteur d'un poëme intitulé : *Les Amours de Sydire*, était dans les bonnes grâces de Marguerite, qui lui adressa plusieurs lettres. (Voy. les *Lettres de Marguerite d'Angoulême*, publiées par F. Génin.) Dans le contrat de mariage de cette princesse avec Henri, roi de Navarre, il prend les qualités suivantes : « Jehan Brinon, chancellier, seigneur de Villaines, de Remy et Autheuil, conseiller du Roy et premier president de sa Court seant à Rouen, chancellier d'Alençon et de Berry. » On apprend du *Journal d'un Bourgeois de Paris*, sous François Ier, qu'il mourut à Paris le 4 avril 1528 : « Il estoit, dit ce Journal, fort homme de bien et bon justicier, et estimé en science et eglise. »

voyoit tout par le pertuis de la porte, entendit qu'il la mectoit au rang des trespassez, se pensa qu'elle le y envoiroit le premier. Et, faingnant d'aller empruncter de l'argent à ung sien oncle, nommé Neaufle, maistre des requestes du duc d'Allençon, luy va compter ce qu'elle avoyt veu et oy de son mary. Le dict Neaufle, comme bon vieillard serviteur, s'en alla au chancellier d'Alençon, et luy racompta toute l'histoire. Et, pour ce que le duc et la duchesse d'Alençon n'estoient pour le jour à la cour, le dict chancellier alla compter ce cas estrange à ma dame la Regente [1], mere du Roy et de la dicte duchesse, qui soubdainement envoya querir le prevost de Paris [2], nommé La Barre, lequel feit si bonne dilligence, qu'il print le procureur et Gallery son invocateur, lesquelz, sans genne [3] ne contraincte, confesserent librement le debte. Et fut leur procès faict et rapporté au Roy; quelques uns, voulans saulver leurs vies, luy dirent qu'ilz ne serchoient que sa bonne grace par leurs enchantemens. Mais le Roy, ayant la vie de sa seur aussy chere que la sienne, commanda que l'on donnast la sentence telle que s'ilz eussent attempté à sa personne propre. Toutesfois, sa seur, la duchesse d'Alençon, le supplia que la vie fut saulve audict procureur, et commuer la mort en quelque peyne corporelle; ce que luy fut octroyé, et furent envoiez, luy et Gallery, à Marseilles, aux galleres de Sainct Blancart [4], où ilz finerent leurs jours en grande captivité, et eurent loisir de recognoistre la gravité de leurs pechez; et la mauvaise femme, en l'absence de son mary, continua son péché plus que jamais, et mourut miserablement.

« Je vous suplie, mes dames, regardez quel mal il vient d'une meschante femme, et combien de maulx se feirent pour le péché de ceste-cy. Vous trouverez que, depuis que Eve feit pecher Adam,

---

[1] Louise de Savoie, qui fut régente de France après le départ de François Ier pour son armée d'Italie, en 1524, et aussi pendant la prison du roi en Espagne. Elle conserva jusqu'à sa mort, arrivée en 1531, le titre honorifique de *madame la Régente*.

[2] Jean de la Barre, qui était en 1522 bailli de Paris, devint prévôt et gouverneur de Paris, lorsque la charge de bailli fut réunie à celle de prévôt, par l'édit du mois de mai 1526. Il conserva cette double charge jusqu'à sa mort, qui eut lieu en 1533. Fait prisonnier avec François Ier, à la bataille de Pavie, il jouissait d'une grande faveur auprès du roi, qui l'avait attaché à sa personne comme un de ses plus fidèles serviteurs.

[3] Torture, question.

[4] Bernard d'Ormezan, baron de Saint-Blancart, amiral des mers du Levant, conservateur des port et tour d'Aiguemortes, était général des galères du roi en 1521. Il mourut vers 1558.

toutes les femmes ont prins possession de tormenter, tuer et damner les hommes. Quant est de moy, j'en ay tant experimenté la cruaulté, que je ne pense jamais mourir ny estre damné que par le desespoir en quoy une m'a mys. Et suis encores si fol, qu'il fault que je confesse que cest enfer-là m'est plus plaisant, venant de sa main, que le paradis donné de celle d'une autre. » Parlamente, faignant de n'entendre point que ce fut pour elle qu'il tenoyt tel propos, luy dist : « Puisque l'enfer est aussy plaisant que vous dictes, vous ne debvez craindre le diable qui vous y a mis. » Mais il luy respondit en collere : « Si mon diable devenoit aussi noir qu'il m'a esté mauvays, il feroit autant de paour à la compaignie, que je prends de plaisir à le regarder; mais le feu de l'amour me faict oblier celluy de cest enfer. Et, pour n'en parler plus avant, je donne ma voix à madame Oisille, pour dire la seconde nouvelle; et suis seur que, si elle vouloyt dire des femmes ce qu'elle en sçait, elle favoriseroit mon opinion. » A l'heure, toute la compaignye se tourna vers elle, la priant vouloir commencer. Ce qu'elle accepta, et, en riant, commencea à dire :

« Il me semble, mes dames, que celluy qui m'a donné sa voix a tant dict de mal des femmes par une histoire veritable d'une malheureuse, que je doibz rememorer tous mes vielz ans, pour en trouver une dont la vertu puisse desmentir sa mauvaise opinion; et, pour ce qu'il m'en est venu une au devant digne de n'estre mise en obly, je la vous vois compter. »

DEUXIESME NOUVELLE.

Une muletiere d'Amboyse ayma mieux cruellement mourir de la main de son valet, que de consentir à sa mechante volonté.

EN la ville d'Amboise y avoyt ung mulletier qui servoit la Royne de Navarre, seur du Roy François premier de ce nom, laquelle estoyt à Bloys accouchée d'un filz [1]. Auquel lieu estoit allé le dict mulletier pour estre paié de son quartier; et sa femme demoura au

---

[1] Marguerite avait eu, de son second mariage avec le roi de Navarre, un fils, nommé Jean, qui mourut en 1530, à l'âge de deux ans.

dict Amboise logée delà les pontz. Or, y avoit-il long temps que ung
varlet de son mary l'aymoit si desesperement, que ung jour il ne se
peut tenir de luy en parler; mais, elle, qui estoit si vraie femme de
bien, le reprint si aigrement, le menassant de le faire battre et chasser à son mary, que depuis il ne luy osa tenir propos ne faire semblant. Et garda ce feu couvert en son cueur jusques au jour que son
maistre estoit allé dehors, et sa maistresse à vespres à Sainct Florentin, eglise du chasteau[1], fort loing de leur maison. Estant demoré
seul, luy vint en fantaisye, qu'il pourroit avoir par force ce que par
nulle priere ne service n'avoit peu acquerir. Et rompit ung ais qui estoit
entre la chambre où il couchoit et celle de sa maistresse. Mais, à cause
que le rideau, tant du lict de son maistre et d'elle que des serviteurs
de l'autre cousté, couvroyt les murailles si bien que l'on ne povoit
veoir l'ouverture qu'il avoyt faicte, ne fust point sa malice apparceue,
jusques ad ce que sa maistresse fut couchée avecq une petite garse[2]
de unze à douze ans. Ainsy que la pauvre femme estoit à son premier
sommeil, entra le varlet, par l'ais qu'il avoit rompu, dedans son lict,
tout en chemise, l'espée nue en sa main. Mais, aussy tost qu'elle le
sentit près d'elle, saillit dehors du lict, en luy faisant toutes les remonstrances qu'il fut possible à femme de bien. Et luy, qui n'avoit
amour que bestialle, qui eut mieulx entendu le langaige des mulletz
que ses honnestes raisons, se monstra plus bestial que les bestes avecq
lesquelles il avoyt esté long temps; car, en voyant qu'elle couroyt si
tost à l'entour d'une table, et qu'il ne la povoit prendre, et qu'elle
estoit si forte que par deux fois elle s'estoit defaicte de luy, desesperé
de jamais ne la povoir ravoir vive, lui donna si grand coup d'espée par
les reins, pensant que, si la paour et la force ne l'avoyt peu faire
rendre, la douleur le feroit. Mais ce fut au contraire : car, tout ainsy
que ung bon gendarme, quant il veoit son sang, est plus eschauffé à
se venger de ses ennemys et acquerir honneur, ainsy son chaste cueur
se renforcea doublement à courir et fuyr des mains de ce malheureux,
en luy tenant les meilleurs propos qu'elle povoyt, pour cuyder par
quelque moien le reduire à congnoistre ses faultes; mais il estoit si
embrasé de fureur, qu'il n'y avoit en luy lieu pour recepvoir nul bon

[1] L'église collégiale de Saint-Florentin fut fondée, au dixième siècle, par Foul-
ques, dit *Nera*, comte d'Anjou. C'était la paroisse des bourgeois et du peuple, qui
ne se mêlaient pas, même à la messe, avec les gentilshommes.

[2] Cette expression ne se prenait pas encore en mauvaise part; mais on l'employait seulement pour désigner une fille de basse condition.

cousté; et luy redonna encores plusieurs coups, pour lesquelz eviter, tant que les jambes la peurent porter, couroit tousjours. Et quant, à force de perdre son sang, elle sentit qu'elle approchoit de la mort, levant les oeilz au ciel et joingnant les mains, rendit graces à son Dieu, lequel elle nommoyt sa force, sa vertu, sa patience et chasteté, luy supplyant prendre en gré le sang qui, pour garder son commandement, estoit respendu en la reverence de celluy de son Filz, auquel elle croyoit fermement tous ses pechez estre lavez et effacez de la memoire de son ire. Et, en disant : « Seigneur, recepvez l'ame qui, par vostre bonté, a esté racheptée! » tumba en terre sur le visaige, où ce meschant luy donna plusieurs coups; et, après qu'elle eut perdu la parolle et la force du corps, ce malheureux print par force celle qui n'avoit plus de deffense en elle.

Et quant il eut satisfaict à sa meschante concupiscence, s'en fouyt si hastivement, que jamais depuis, quelque poursuicte que on en ayt faicte, n'a peu estre retrouvé. La jeune fille qui estoit couchée avecq la mulletiere, pour la paour qu'elle avoit eue, s'estoyt cachée soubz le lict; mais, voiant que l'homme estoit dehors, vint à sa maistresse, et la trouva sans parolle ne mouvement; crya par la fenestre aux voisins, pour la venir secourir. Et ceulx qui l'aymoient et estimoient autant que femme de la ville, vindrent incontinant à elle, et amenerent avecq eulx des cirurgiens, lesquelz trouverent qu'elle avoyt vingt cinq plaies mortelles sur son corps; et feirent ce qu'ilz peurent pour luy ayder, mais il leur fut impossible. Toutesfois, elle languit encores une heure sans parler, faisant signe des oeilz et des mains; en quoy elle monstroit n'avoir perdu l'entendement. Estant interrogée, par ung homme d'esglise, de la foy en quoy elle mouroit, de l'esperance de son salut par Jhesucrist seul, respondoit par signes si evidens, que la parolle n'eut sceu mieulx monstrer son intention; et ainsy, avecq un visaige joyeulx, les oeilz eslevez au ciel, rendit ce chaste corps son ame à son Créateur. Et si tost qu'elle fut levée et ensevelye, le corps mis à sa porte, actendant la compaignie pour son enterrement, arriva son pauvre mary, qui veid premier le corps de sa femme mort devant sa maison, qu'il n'en avoit sceu les nouvelles[1]; et, s'enquerant de l'occasion, eut double raison de faire deuil, ce qu'il feit de telle sorte qu'il y cuyda laysser la vye. Ainsy fut enterrée ceste martire de chasteté en l'eglise

---

[1] Cette phrase assez obscure doit se lire ainsi : « Qui veid le corps mort de sa femme devant sa maison, premier qu'il n'en avoit sceu les nouvelles. » *Premier que* se disoit pour *avant que*.

de Sainct Florentin, où toutes les femmes de bien de la ville ne faillirent à faire leur debvoir de l'honorer autant qu'il estoit possible, se tenans bien heureuses d'estre de la ville où une femme si vertueuse avoyt esté trouvée. Les folles et legieres, voyans l'honneur que l'on faisoit à ce corps, se delibererent de changer leur vye en mieulx.

« Voyla, mes dames, une histoire veritable qui doibt bien augmenter le cueur à garder ceste belle vertu de chasteté. Et, nous, qui sommes de bonnes maisons, devrions morir de honte de sentir en nostre cueur la mondanité, pour laquelle eviter, une pauvre mulletiere n'a point crainct une si cruelle mort. Et telle s'estime femme de bien, qui n'a pas encores sceu comme ceste-cy resister jusques au sang. Parquoy se fault humillier, car les graces de Dieu ne se donnent point aux hommes pour leurs noblesses et richesses, mais selon qu'il plaist à sa bonté : qui n'est point accepteur de personne, lequel eslit ce qu'il veult; car ce qu'il a esleu l'honore de ses vertuz. Et souvent eslit les choses basses, pour confondre celles que le monde estime haultes et honnorables, comme luy mesmes dict : « Ne nous resjouissons de noz vertuz, mais en ce que nous sommes escriptz au livre de Vie, duquel ne nous peult effacer mort, enfer ne peché [1]. »

Il n'y eut dame en la compaignye, qui n'eut la larme à l'œil pour la compassion de la piteuse et glorieuse mort de ceste mulletiere. Chascune pensa en elle-mesme, que si la fortune leur advenoit pareille, mectroit peyne de l'ensuivre en son martire. Et voiant ma dame Oisille que le temps se perdoit parmy les louanges de cette trespassée, dist à Saffredent : « Si vous ne dictes quelque chose pour faire rire la compaignye, je ne sçay nulle d'entre vous qui peust rabiller à la faulte que j'ay faicte de la faire pleurer. Parquoy je vous donne ma voix pour dire la tierce Nouvelle. » Saffredent, qui eut bien desiré pouvoir dire quelque chose qui bien eut esté agreable à la compaignye, et sur toutes à une [2], dist qu'on luy tenoit tort, veu qu'il y en avoit de plus anciens experimentez que luy, qui devoient parler premier que luy; mais, puisque son sort estoit tel, il en aymoyt mieulx s'en despescher; car plus il y en avoyt de bien parlans, et plus son compte seroyt trouvé mauvays.

[1] Citation de l'Évangile.
[2] C'est-à-dire à Ennasuitte, qu'il aimait secrètement.

TROISIESME NOUVELLE

La Royne de Naples joua la vengence du tort que luy tenoit le roy Alphonse, son mary avec un gentil homme duquel il entretenoit la femme, et dura ceste amityé toute leur vie, sans que jamais le Roy en eut aucun soupson.

Pour ce, mes dames, que je me suis souvent soubzhaicté compaignon de la fortune de celuy dont je vois faire le compte, je vous diray que, en la ville de Naples, du temps du roy Alphonse [1], duquel la lasciveté estoit le sceptre de son Royaulme, y avoit ung gentil homme tant honneste, beau et agreable, que pour ses perfections ung viel gentil homme luy donna sa fille, laquelle en beaulté et bonne grace ne debvoit rien à son mary. L'amitié fut grande entre eulx deux jusques à ung carneval que le Roy alla en masque parmy les maisons, où chascun s'efforçoit de luy faire le meilleur racueil [2], qu'il estoit possible. Et quand il vint en celle de ce gentil homme, fut traicté trop mieulx que en nul autre lieu, tant de confitures, de chantres, de musicque, et de la plus belle femme que le Roy avoit point à son gré veue. Et, à la fin du festin, avecq son mary, dist une chanson de si bonne grace que sa beaulté en augmentoit. Le Roy, voiant tant de perfections en ung corps, ne print pas tant de plaisir au doux accord de son mary et d'elle, qu'il feit à penser comme il le pourroit rompre. Et la difficulté qu'il en faisoit estoit la grande amytié qu'il voioyt entre eulx deux : parquoy il porta en son cueur ceste passion la plus couverte qu'il luy fust possible. Mais, pour la soulaiger en partie, faisoit force festins à tous les seigneurs et dames de Naples, où le gentil homme et sa femme n'estoient pas obliez. Pource que l'homme croit voluntiers ce qu'il veut, il luy sembloit que les oeilz de ceste dame luy

---

[1] C'est Alphonse V, roi d'Aragon, surnommé le *Sage* et le *Magnanime*, malgré sa passion immodérée pour les femmes. Après la mort de la reine Jeanne, il disputa le royaume de Naples à René d'Anjou, et finit par s'en rendre maitre l'an 1443. Il aimait les lettres, il était poëte; mais il était surtout amoureux aux dépens de ses sujets. Il vivait en assez mauvaise intelligence avec sa femme Marie, fille de Henri III, roi de Castille; il l'avait épousée en 1415, et il se garda bien de la faire venir à Naples, ce qui permet de croire que l'aventure qui la concerne s'est passée bien avant que son mari fût devenu roi de Naples.

[2] Pour *racueil*, synonyme d'*accueil*.

promectoient quelque bien advenir, si la presence du mary n'y donnoit empeschement. Et, pour essayer si sa pensée estoit veritable, donna la commission au mary de faire ung voyage à Rome pour quinze jours ou trois sepmaines. Et si tost qu'il fut dehors, sa femme, qui ne l'avoit encores loing perdu de veue, en feit ung fort grand deuil, dont elle fut reconfortée par le Roy le plus souvent qu'il luy fut possible, par ses doulces persuasions, par presens et par dons; de sorte qu'elle fut non seulement consolée, mais contente de l'absence de son mary. Et, avant les trois sepmaines qu'il devoit retourner, fut si amoreuse du Roy, qu'elle estoit aussy ennuyée du retour de son mary qu'elle avoit esté de son allée. Et, pour ne perdre la presence du Roy, accorderent ensemble que, quant le mary iroyt en ses maisons aux champs, elle le feroit sçavoir au Roy, lequel la pourroit seurement aller veoir, et si secretement, que l'honneur, qu'elle craingnoit plus que la conscience, n'en seroit point blessé.

En ceste esperance-là se tint fort joyeuse ceste dame; et, quant son mary arriva, luy feit si bon recueil, que, combien qu'il eust entendu que en son absence le Roy la serchoit, si ne peut avoir soupson. Mais, par longueur de temps, ce feu, tant difficile à couvrir, se commença puis après à monstrer, en sorte que le mary se doubta bien fort de la verité, et feit si bon guet qu'il en fut presque asseuré. Mais, pour la craincte qu'il avoit que celuy qui luy faisoit injure luy feist pis, s'il en faisoit semblant, se delibera de le dissimuler; car il estimoit meilleur vivre avecq quelque fascherie, que de hazarder sa vie pour une femme qui n'avoyt point d'amour. Toutesfois, en ce despit, delibera rendre la pareille au Roy, s'il luy estoit possible; et sçachant que souvent le despit faict faire à une femme plus que l'amour, principallement à celles qui ont le cueur grand et honorable, print la hardiesse, ung jour, en parlant à la Royne, de luy dire qu'il avoit grande pitié dont elle n'estoit autrement aymée du Roy son mary. La Royne, qui avoit oy parler de l'amour du Roy et de sa femme, luy dist : « Je ne puis pas avoir l'honneur et le plaisir ensemble. Je sçay bien que j'ai l'honneur dont une aultre reçoit le plaisir; aussi, celle qui a le plaisir n'a pas l'honneur que j'ay. » Luy, qui entendoyt bien pour qui ces parolles estoient dictes, luy respondit : « Ma dame, l'honneur est né avecq vous; car vous estes de si bonne maison, que, pour estre Royne ou Emperiere [1], ne sçauriez augmenter vostre noblesse; mais vostre

---

[1] Pour *impératrice*, c'est le vieux mot du quinzième siècle.

beaulté, grace et honnesteté, a tant merité de plaisir, que celle qui
vous en oste ce qui vous appartient se faict plus de tort que à vous; car,
pour une gloire qui luy tourne à honte, elle pert autant de plaisir
que vous ne dame de ce Royaulme ne sçauriez avoir. Et vous puis dire,
ma dame, que si le Roy avoyt mis sa couronne hors de dessus sa teste,
qu'il n'auroit nul adveantaige sur moy de contenter une dame. Estant
seur que, pour satisfaire à une si honneste personne que vous, il devroyt vouloir avoir changé sa complexion à la myenne. » La Royne,
en riant, luy respondit : « Combien que le Roy soyt de plus delicate
complexion que vous, si est-ce que l'amour qu'il me porte me contente tant, que je la prefere à toute aultre chose. » Le gentil homme
luy dist : « Ma dame, s'il estoit ainsy, vous ne me feriez point de
pitié; car je sçay bien que l'honneste amour de vostre cueur vous
rendroit très contante, s'il trouvoyt en celuy du Roy pareil amour;
mais Dieu vous en a bien gardée, à fin que, ne trouvant en luy ce
que vous demandez, vous n'en fissiez vostre Dieu en terre. — Je
vous confesse, dist la Royne, que l'amour que je luy porte est si
grande, que en nul aultre cueur que au mien ne se peult trouver la
semblable. — Pardonnez-moy, ma dame, luy dist le gentil homme;
vous n'avez pas bien sondé l'amour de tous les cueurs; car je vous
ose bien dire que tel vous ayme, de qui l'amour est si grande et
importable [1], que la vostre auprès de la sienne ne se monstreroit rien.
Et d'autant qu'il veoit l'amour du Roy faillye en vous, la sienne croist
et augmente de telle sorte que, si vous l'avez pour agreable, vous serez
recompensée de toutes vos pertes. »

La Royne commencea, tant par ces parolles que par sa contenance,
à congnoistre que ce qu'il disoit proceddoit du profond du cueur; et
va rememorer que, longtemps avoit, il serchoit de luy faire service
par telle affection, qu'il en estoyt devenu melencolicque, ce qu'elle
avoyt paravant pensé venir à l'occasion de sa femme; mais maintenant croioit-elle fermement que c'estoit pour l'amour d'elle. Et aussy
la vertu d'amour, qui se faict sentir quant elle n'est point faincte, la
rendit certaine de ce qui estoit caché à tout le monde. Et, en regardant le gentil homme, qui estoyt trop plus amyable que son
mary, voyant qu'il estoyt delaissé de sa femme comme elle du Roy,
pressée du despit et jalousie de son mary, et incitée de l'amour du
gentil homme, commença à dire, la larme à l'œil, en souspirant :

[1] Insupportable, c'est le mot italien *importabile*.

« O mon Dieu! faut-il que la vengeance gaigne sur moy ce que nul amour n'a sceu faire! » Le gentil homme, bien entendant ce propos, luy respondit : « Ma dame, la vengeance est doulce qui, en lieu de tuer l'ennemy, donne vie à un parfaict amy. Il me semble qu'il est temps que la vérité vous oste la sotte amour que vous portez à celluy qui ne vous aime point ; et l'amour juste et raisonnable chasse hors de vous la craincte, qui jamais ne peut demeurer en un cueur grand et vertueux. Or sus, ma dame, mectons à part la grandeur de vostre estat, et regardons que nous sommes l'homme et la femme de ce monde les plus trompez, trahis et mocquez de ceulx que nous avons plus parfaictement aimez. Revenchons nous, ma dame, non tant pour leur rendre ce qu'ilz meritent, que pour satisfaire à l'amour qui, de mon costé, ne se peut plus porter sans morir. Et je pense que, si vous n'avez le cueur plus dur que nul caillou ou dyamant, il est impossible que vous ne sentiez quelque estincelle du feu qui croist tant plus que je le veulx dissimuler. Et si la pitié de moy, qui meurs pour l'amour de vous, ne vous incite à m'aimer, au moins celle de vous-mesme vous y doit contraindre, qui, estant si parfaicte que vous, meritez avoir les cueurs de tous les honnestes hommes du monde ; et estes desprisée et delaissée de celuy pour qui vous avez dedaigné tous les aultres. »

La Royne, oyant ces parolles, fut si transportée, que, de paour de monstrer par sa contenance le troublement de son esprit, s'appuyant sur le bras du gentil homme, s'en alla en ung jardin de sa chambre, où longuement se promena, sans luy povoir dire mot. Mais le gentil homme, la voyant demy vaincue, quand il fut au bout de l'allée, où nul ne les povoit veoir, luy declara par effect l'amour que si long temps il luy avoit cellée, et se trouvans tous deux d'un consentement, jouerent la vengeance dont la passion avoyt esté importable[1]. Et là delibererent que toutes les foys que le mary iroyt en son villaige, et le Roy de son chasteau en la ville, il retourneroit au chasteau vers la Royne : ainsi, trompans les trompeurs, ilz seroient quatre participans au plaisir

---

[1] « Cette phrase, dit M. Leroux de Lincy, est une allusion aux mystères ou pièces de théâtre religieuses, dont les representations étaient si fréquentes aux quinzième et seizième siècles. Le mystère de la *Vengeance* vient, dans l'ordre chronologique des faits, après les mystères de la *Passion* et de la *Résurrection*. Il contient la représentation des malheurs qui ont frappé les auteurs de la mort de Jésus-Christ, Ponce Pilate entre autres. Il se termine par la prise de Jérusalem et la destruction de cette ville. » (Voy. t. II, p. 332 et suiv. de l'*Histoire du Théâtre-François*, des frères Parfaict.)

que deux cuydoient avoir tous seuls. L'accord faict, s'en retournerent, la dame en sa chambre et le gentil homme en sa maison, avecq tel contentement qu'ils avoient obliez tous leurs ennuiz passez. Et la craincte que chascun avoit de l'assemblée [1] du Roy et de la damoiselle estoit tournée en desir, qui faisoit aller le gentil homme plus souvent qu'il n'avoit accoustumé en son villaige, lequel n'estoit que à demye lieue. Et si tost que le Roy le sçavoit, ne failloit d'aller veoir la damoiselle; et le gentil homme, quant la nuict estoyt venue, alloit au chasteau, devers la Royne, faire l'office de lieutenant de Roy, si secrettement que jamais personne ne s'en apperceut. Ceste vie dura bien longuement; mais le Roy, pour estre personne publique, ne pouvoit si bien dissimuler son amour, que tout le monde ne s'en apperceust; et avoient tous les gens de bien grand pitié du gentil homme, car plusieurs mauvais garsons luy faisoient des cornes par derriere, en signe de mocquerie, dont il s'appercevoyt bien. Mais ceste mocquerie luy plaisoit tant, qu'il estimoit autant ses cornes que la couronne du Roy: lequel, avec la femme du gentil homme, ne se peut un jour tenir, voyant une teste de cerf qui estoit eslevée en la maison du gentil homme [2], de se prendre à rire devant luy mesmes, en disant que ceste teste estoit bien seante en ceste maison. Le gentil homme, qui n'avoit le cueur moins bon que luy, va faire escrire sur ceste teste: *Io porto le corna, ciascun lo vede; ma tal le porta, che no lo crede.* Le Roy, retournant en sa maison, qui trouva cest escriteau nouvellement mis, demanda au gentil homme la signification, lequel lui dist : « Si le secret du Roy est caché au serf, ce n'est pas raison que celluy du serf soit declaré au Roy; mais contentez-vous que tous ceulx qui portent cornes n'ont pas le bonnet hors de la teste, car elles sont si doulces, qu'elles ne descoiffent personne; et celluy les porte plus legierement, qui ne les cuyde pas avoir. » Le Roy congneut bien par ces parolles, qu'il sçavoit quelque chose de son affaire, mais jamais n'eust soupsonné l'amitié de la Royne et de luy; car, tant plus la Royne estoit contente de la vie que son mary menoit, et plus fain-

---

[1] Rendez-vous, tête-à-tête.

[2] Autrefois il y avait dans tous les châteaux une galerie ornée de bois de cerfs et d'autres trophées de chasse. Mais, à Naples, il est d'usage de placer à l'entrée des maisons un bois de cerf ou bien une corne d'élan, pour crever le *mauvais œil* ou détourner la fâcheuse influence du regard de certaines personnes qu'on accuse d'être messagères de malheur. Les préservatifs du *mauvais œil* sont l'index et le petit doigt de la main étendus, les cornes, les poignards, les pointes de toutes sortes, etc.

gnoit d'en estre marrye. Parquoy vesquirent longuement, d un costé
et d'autre, en ceste amityé, jusques à ce que la vieillesse y meist ordre.

« Voylà, mes dames, une histoire que voluntiers je vous monstre
icy pour exemple, à fin que, quand vos mariz vous donneront des cornes
de chevreul, vous leur en donniez de cerf. » Ennasuitte commença à
dire, en riant : « Saffredent, je suis toute asseurée que, si vous aimez
autant que autres fois vous avez faict, vous endureriez cornes aussi
grandes que ung chesne, pour en rendre une à vostre fantaisye;
mais, maintenant que les cheveulx vous blanchissent, il est temps de
donner treves à voz desirs. — Ma damoiselle, dist Saffredent, combien
que l'esperance m'en soyt ostée par celle que j'ayme, et la fureur par
l'aage, si n'en sçaurois diminuer la volunté. Mais, puis que vous m'avez
reprins d'un si honneste desir, je vous donne ma voix à dire la qua-
riesme Nouvelle, à ceste fin que nous voyons si par quelque exemple
vous m'en pourriez desmentir. » Il est vray que, durant ce propos, ung
de la compaignye se print bien fort à rire, sachant que celle qui prenoit les parolles de Saffredent à son advantaige, n'estoit pas tant aymée
de luy, qu'il en eust voulu souffrir cornes, honte ou dommaige. Et
quand Saffredent apperceut que celle qui ryoit l'entendoit, il s'en tint
très content, et se teut pour laisser dire Ennasuitte, laquelle commença
ainsy :

« Mes dames, affin que Saffredent et toute la compaignye congnoisse
que toutes dames ne sont pas semblables à la Royne de laquelle il a
parlé, et que tous les folz et hazardeurs ne viennent pas à leur fin, et
aussi, pour ne celler l'opinion d'une dame qui jugea le despit d'avoir
failly à son entreprinse pire à porter que la mort, je vous racompteray
une histoire, en laquelle je ne nommeray les personnes, pour ce que
c'est de si fresche memoire, que j'aurois paour de desplaire à quelcuns
des parens bien proches. »

QUATRIESME NOUVELLE.

Un jeune gentil homme, voyant une dame de la meilleure maison de Flandres,
seur de son maistre, vefve de son premier et second mary, et femme fort deliberée, voulut sonder si les propos d'une honneste amytié luy desplairoyent;

QUATRIESME NOUVELLE.   35

mais, ayant trouvé repouse contraire à sa contenance, essaya la prendre par force, à laquelle resista fort bien. Et sans jamais faire semblant des dessins et effors du gentil homme, par le conseil de sa dame d'honneur, s'esloigna petit à petit de la bonne chere[1] qu'elle avoit accoutumé luy faire. Ainsy, par sa folle outrecuydance, perdit l'honneste et commune frequentation qu'il avoit plus que nul autre avec elle[2].

Il y avoyt au païs de Flandres une dame de si bonne maison, qu'il n'en estoit point de meilleure, vefve de son premier et second mary, desquelz n'avoyt eu nulz enfans vivans. Durant sa viduité, se retira avecq ung sien frere dont elle estoit fort aymée, lequel estoit fort grand seigneur, et mary d'une fille de Roy. Ce jeune prince estoit homme fort subgect à son plaisir, aymant chasse, passetemps et dames, comme la jeunesse le requeroyt; et avoyt une femme fort fascheuse, à laquelle les passetemps du mary ne plaisoient point; parquoy le seigneur menoit tousjours, avecq sa femme, sa seur, qui estoyt la plus joyeuse et meilleure compaignie qu'il estoit possible[3], toutesfois saige et femme

---

[1] Bon visage, bon accueil; c'est la locution italienne : *buona ciera*.

[2] La chronique scandaleuse nous apprend que le sujet de cette nouvelle est véritable et que Marguerite de Valois en a été l'héroïne. L'amiral Bonnivet, favori de François Ier et un des plus séduisants seigneurs de sa cour, s'introduisit, au milieu de la nuit, dans la chambre de cette princesse et voulut devoir à la violence ce qu'il n'avait pu obtenir de l'amour; mais il trouva une résistance à laquelle il ne s'attendait pas et fut forcé de se retirer honteusement. Cette aventure se serait passée au château de Bonnivet, en Poitou, dans lequel l'amiral recevait souvent le roi et la cour. Bayle, dans son *Dictionnaire historique*, ne revoque pas en doute le fait qui n'a rien de romanesque et qui se trouve appuyé par une constante tradition. Brantôme, qui était si bien instruit des affaires galantes de la cour de France, dit, dans les *Vies des Hommes illustres et grands Capitaines françois*, en parlant de l'amiral de Bonnivet : « Il y a un conte, dans les *Nouvelles de la Reyne de Navarre*, qui parle d'un seigneur favory d'un Roy, qui, l'ayant convié en une de ses maisons, et toute sa court, avoit faict une trappelle en sa chambre, qui alloit en la ruelle du lict d'une grande princesse, pour coucher avec elle, comme il list et y coucha; mais, comme dict le conte, il n'en tira que des esgratignures. Toutesfois c'est assavoir : ce conte est de luy, mais je ne nommeray point la princesse. »

« L'assertion de Brantôme est généralement regardée comme vraie, dit M. Leroux de Lincy. Il faut observer cependant que Marguerite a eu le soin de mettre dans son récit plusieurs circonstances de nature à dérouter les curieux : ainsi Marguerite n'était pas vefve de deux époux, puisque le Roi de Navarre lui a survécu; elle avait une fille de son second mariage, tandis que la princesse de Flandre mise en scène n'avait pas d'enfants vivants de ses deux époux. La tentative de l'amiral de Bonnivet ne peut avoir eu lieu qu'avant la bataille de Pavie (mars 1525), puisque ce beau et hardi séducteur y fut tué. En représentant la princesse comme veuve, Marguerite a eu sans doute la pensée de rendre moins criminelle la conduite du gentilhomme. »

[3] Marguerite de Valois était entourée d'une cour de savants, de poëtes et d'artistes qu'elle pensionnait, et qui se montraient peu sévères dans leurs mœurs ainsi que dans leurs ouvrages. Bonaventure Des Periers, Antoine Le Maçon, Gabriel

de bien. Il y avoyt, en la maison de ce seigneur, ung gentil homme, dont la grandeur, beaulté et bonne grace passoit celle de tous ses compaignons. Ce gentil homme, voyant la seur de son maistre femme joyeuse et qui ryoit voluntiers, pensa qu'il essaieroyt pour veoir si les propos d'une honneste amityé luy desplairoient; ce qu'il feit. Mais il trouva en elle responce contraire à sa contenance. Et combien que sa responce fust telle qu'il appartenoyt à une princesse et vraye femme de bien, si est-ce que, le voyant tant beau et honneste comme il estoit, elle luy pardonna aisement sa grande audace. Et monstroit bien qu'elle ne prenoit point desplaisir, quand il parloit à elle, en luy disant souvent qu'il ne tint plus de tels propos; ce qu'il lui promist, pour ne perdre l'aise et honneur qu'il avoyt de l'entretenir. Toutesfois, à la longue augmenta si fort son affection, qu'il oblia la promesse qu'il luy avoit faicte; non qu'il entreprint de se hazarder par parolles, car il avoit trop contre son gré experimenté les saiges responces qu'elle sçavoit faire. Mais il pensa que, s'il la povoit trouver en lieu à son advantaige, elle qui estoit vefve, jeune, et en bon poinct, et de fort bonne complexion, prandroyt peult-estre pitié de luy et d'elle ensemble.

Pour venir à ses fins, dist à son maistre qu'il avoyt auprès de sa maison fort belle chasse, et que, si luy plaisoit y aller prandre trois ou quatre cerfs au mois de may, il n'avoit point veu plus beau passetemps. Le seigneur, tant pour l'amour qu'il portoit à ce gentil homme que pour le plaisir de la chasse, luy octroya sa requeste, et alla en sa maison, qui estoit belle et bien en ordre, comme du plus riche gentil homme qui fust au pays. Et logea le seigneur et la dame en ung corps de maison, et, en l'autre vis à vis, celle qu'il aymoit plus que luy-mesmes. La chambre de laquelle il avoit si bien accoustrée, tapissée par le hault, et si bien nattée ¹, qu'il estoit impossible de s'appercevoir d'une trappe qui estoit en la ruelle de son lict, laquelle descendoit en celle ou logeoit sa mere, qui estoit une vieille dame ung peu catterreuse;

Chapuis, Clément Marot, n'étaient pas ennemis de la *joyeuseté*; ce dernier même, qui a composé des épigrammes fort érotiques, passait pour l'amant de *sa bonne maitresse*, comme il la nomme dans ses vers. Cependant la plupart des biographes de Marguerite l'ont défendue contre ces imputations, qu'on peut attribuer en effet à la haine des catholiques contre cette grande princesse, protectrice de la Réforme et des réformateurs de son temps.

¹ Le luxe des appartements consistait alors dans les tapisseries de laine, qui cachaient les parois des murs, et dans les tapis de paille nattée qui couvraient le plancher où l'on ne voyait autrefois que de la paille fraiche ou de l'herbe en litière. Villon nous représente, dans une ballade, un gros chanoine, caressant la paresse (*dame Sydoine*) *en chambre bien nattée*.

QUATRIESME NOUVELLE.

et pource qu'elle avoit la toux, craignant faire bruit à la princesse qui logeoyt sur elle, changea de chambre à celle de son filz. Et, les soirs, cette vieille dame portoit des confitures à cette princesse pour sa collation[1]; à quoy assistoyt le gentil homme, qui, pour estre fort aymé et privé de son frere, n'estoit refusé d'estre à son habiller et deshabiller, où tousjours il voyoit occasion d'augmenter son affection. En sorte que, ung soir, après qu'il eut faict veiller cette princesse si tard que le sommeil qu'elle avoit le chassa de la chambre, s'en alla à la sienne. Et quand il eut prins la plus gorgiase[2] et mieulx parfumée de toutes ses chemises, et ung bonnet de nuict tant bien accoustré qu'il n'y failloit rien, luy sembla bien, en soy mirant, qu'il n'y avoit dame en ce monde qui sceut refuser sa beaulté et bonne grace. Par quoy, se promectant à luy mesmes heureuse yssue de son entreprinse, s'en alla mettre en son lict, où il n'esperoit faire long sejour, pour le desir et seur espoir qu'il avoit d'en acquerir ung plus honorable et plaisant. Et, si tost qu'il eut envoyé tous ses gens dehors, se leva pour fermer la porte après eulx. Et longuement escouta si en la chambre de la princesse, qui estoit dessus, y avoit aucun bruit; et quand il se peut asseurer que tout estoit en repos, il voulut commencer son doulx travail : et peu à peu abbatit la trappe qui estoit si bien faicte et accoustrée de drap, qu'il ne feit un seul bruict; et par là monta à la chambre et ruelle du lict de sa dame, qui commençoit à dormyr. A l'heure, sans avoir regard à l'obligation qu'il avoit à sa maistresse, ny à la maison d'où estoit la dame, sans luy demander congié ne faire la reverence, se coucha auprès d'elle, qui le sentit plus tost entre ses bras qu'elle n'apparceut sa venue. Mais, elle, qui estoit forte, se desfit de ses mains, en luy demandant qui il estoit, se meit à le frapper, mordre et esgratigner, de sorte qu'il fut contraint, pour la paour qu'il eut qu'elle appellast, lui fermer la bouche de la couverture; ce que luy fut impossible de faire, car, quand elle veid qu'il n'espargnoit riens de toutes ses forces pour luy faire une honte, elle n'espargna rien des siennes pour l'en engarder; et appella tant qu'elle peut sa dame d'honneur, qui couchoit en sa chambre, ancienne et saige femme, autant qu'il en estoit point, laquelle tout en chemise courut à sa maistresse.

Et, quand le gentil homme veid qu'il estoit descouvert, eut si grand

[1] La collation ou souper avait lieu à sept heures, avant le couvre-feu.
[2] La plus belle, la plus magnifique. L'adjectif *gorgius, gorgiase*, dérivait du vieux mot *gorgias*, qui se dit d'abord du vêtement que les femmes portaient sur la gorge, et qui fut remplacé par le *gorgeret*, tour de gorge, collerette.

paour d'estre cogneu de sa dame, que le plustost qu'il peut descendit par sa trappe; et, autant qu'il avoit eu de desir et d'assurance d'estre bien venu, autant estoit-il desesperé de s'en retourner en si mauvais estat. Il trouva son mirouer et sa chandelle sur sa table; et regardant son visaige tout sanglant d'esgraligneures et morsures qu'elle luy avoyt faictes, dont le sang sailloit sur sa belle chemise, qui estoit plus sanglante que dorée, commença à dire : « Beaulté! tu as maintenant loyer de ton mérite, car, par ta vaine promesse, j'entreprins une chose impossible, et qui peut-estre, en lieu d'augmenter mon contentement, est redoublement de mon malheur, estant asseuré que, si elle sçait que, contre la promesse que je luy ay faicte, j'ay entreprins cette follie, je perderay l'honneste et commune frequentation que j'ay plus que nul autre avecq elle; ce que ma gloire a bien deservy; car, pour faire valoir ma beaulté et bonne grace, je ne la devois pas cacher en tenebres pour gaingner l'amour de son cueur; je ne devois pas essayer à prendre par force son chaste corps, mais debvois, par long service et humble patience, attendre que amour en fut victorieux, pour ce que sans luy n'ont pouvoir toute la vertu et puissance de l'homme. » Ainsi passa la nuict en tels pleurs, regretz et douleurs, qui ne se peuvent racompter. Et, au matin, voyant son visaige si deschiré, fait semblant d'estre fort mallade et de ne pouvoir veoir la lumiere, jusques ad ce que la compaignie feust hors de sa maison.

La dame, qui estoit demorée victorieuse, sachant qu'il n'y avoit homme, en la court de son frere, qui eut osé faire une si estrange entreprinse, que celluy qui avoit eu la hardiesse de luy declairer son amour, se asseura que c'estoit son hoste. Et quand elle eut cherché avecq sa dame d'honneur les endroitz de la chambre pour trouver qui ce povoit estre, ce qui ne fut possible, elle luy dist par grande collere : « Asseurez-vous que ce ne peult estre nul aultre que le seigneur de ceans; et que le matin je feray en sorte vers mon frere, que sa teste sera tesmoing de ma chasteté. » La dame d'honneur[1], la voyant ainsi courroucée, luy dist : « Ma dame, je suis très aise de l'amour que

---

[1] Brantôme nous fait connaitre le nom de cette dame d'honneur qui était de si bon conseil : « Ce fut celle-là, dit-il dans les *Dames galantes* (discours IV), en parlant de madame de Chastillon : « Ce fut celle-là, qui bailla ce beau conseil à cette dame et grande princesse, qui est escrit dans les *Cent Nouvelles* de la dite Reyne, d'elle et d'un gentilhomme qui avoit coulé la nuict dans son lict par une trapelle dans la ruelle, et en vouloit jouir; mais il n'y gagna que de belles esgratigneures dans son beau visage; et elle s'en voulant plaindre à son frere, elle lui fit cette belle remonstrance qu'on verra dans cette nouvelle, etc... Et si vous

vous avez de vostre honneur, pour lequel augmenter ne voulez espargner la vie d'un qui l'a trop hazardée pour la force de l'amour qu'il vous porte. Mais bien souvent tel la cuyde croistre, qui la diminue. Parquoy je vous supplye, ma dame, me vouloir dire la verité du faict. » Et quand la dame luy eut compté tout au long, la dame d'honneur luy dist : « Vous m'asseurez qu'il n'a eu aultre chose de vous, que les esgratigneures et coups de poing? — Je vous asseure, dist la dame, que non ; et que, s'il ne trouve ung bon cirurgien, je pense que demain les marques y paroistront. — Or, puis que ainsy est, ma dame, dist la dame d'honneur, il me semble que vous avez plus d'occasion de louer Dieu, que de penser à vous venger de luy; car vous pouvez croire que, puis qu'il a eu le cueur si grand que d'entreprendre une telle chose, et le despit qu'il a de y avoir failly, que vous ne luy sçauriez donner mort qui ne luy fust plus aisée à porter. Si vous desirez estre vengée de luy, laissez faire à l'amour et à la honte, qui le sçauront mieulx tormenter que vous. Si vous le faictes pour votre honneur, gardez-vous, ma dame, de tumber en pareil inconvenient que le sien ; car, en lieu d'acquerir le plus grand plaisir qu'il ait sceu avoir, il a receu le plus extreme ennuy que gentil homme sçauroit porter. Aussy, vous, ma dame, cuydant augmenter vostre honneur, le pourriez bien diminuer; et, si vous en faictes la plaincte, vous ferez sçavoir ce que nul ne sçait; car, de son costé, vous estes asseurée que jamais il n'en sera rien revelé. Et quand Monseigneur vostre frere en feroit la justice que en demandez, et que le pauvre gentil homme en vint à mourir, si courra le bruict partout qu'il aura faict de vous à sa volunté; et la plus part diront qu'il a esté bien difficile que ung gentil homme ait faict une telle entreprinse, si la dame ne luy en donne grande occasion. Vous estes belle et jeune, vivant en toute compaignye bien joieusement; il n'y a nul en ceste court, qui ne voye la bonne chere que vous faictes au gentil homme dont vous avez soupson : qui fera juger chascun que s'il a faict ceste entreprinse, ce n'a esté sans quelque faulte de vostre costé. Et vostre honneur, qui jusques icy vous a faict aller la teste levée, sera mis en dispute en tous les lieux là où ceste histoire sera racomptée. »

La princesse, entendant les bonnes raisons de sa dame d'honneur, congneut qu'elle luy disoit verité, et que à très juste cause elle seroit blasmée, veue la bonne et privée chere qu'elle avoit tousjours faicte

voulez sçavoir de qui la nouvelle s'entend. c'estoit de la Reyne mesme de Navarre et de l'admiral de Bonnivet, ainsi que je le tiens de ma feue grande mère : dont pourtant me semble que la dite Reyne n'en devoit celer son nom, puisque l'autre ne peut rien gagner sur sa chasteté. »

PREMIERE JOURNÉE.

au gentil homme ; et demanda à sa dame d'honneur ce qu'elle avoit à faire, laquelle luy dist : « Ma dame, puis qu'il vous plaist recepvoir mon conseil, voiant l'affection dont il procedde, me semble que vous devez en vostre cueur avoir joye d'avoir veu que le plus beau et le plus honneste gentil homme que j'aye veu en ma vie, n'a sceu, par amour ne par force, vous mestre hors du chemyn de vraye honnesteté. Et en cela, ma dame, devez vous humillier devant Dieu, recongnoistre que ce n'a pas esté par vostre vertu ; car mainctes femmes, ayans mené vie plus austere que vous, ont esté humiliées par hommes moins dignes d'estre aimez que luy. Et devez plus que jamais craindre de recepvoir propos d'amityé, pource qu'il y en a assez qui sont tombez la seconde fois aux dangiers qu'elles ont evité la premiere. Ayez memoire, ma dame, que Amour est aveugle, lequel aveuglit de sorte que, où l'on pense le chemin plus seur, c'est à l'heure qu'il est le plus glissant. Et me semble, ma dame, que vous ne debvez à luy ne à aultre faire semblant du cas qui vous est advenu ; et, encores qu'il en voulust dire quelque chose, faindrez du tout de ne l'entendre, pour eviter deux dangiers, l'un de la vaine gloire de la victoire que vous en avez eue, l'aultre de prendre plaisir en ramentevant[1] choses qui sont si plaisantes à la chair, que les plus chastes ont bien affaire à se garder d'en sentir quelques estincelles, encores qu'elles la fuyent le plus qu'elles peuvent. Mais, aussi, ma dame, affin qu'il ne pense par tel hazard avoir faict chose qui vous ait esté agreable, je suis bien d'advis que peu à peu vous vous esloingniez de la bonne chere que vous avez accoustumé de luy faire, afin qu'il congnoisse de combien vous desprisez sa folie, et combien vostre bonté est grande, qui s'est contentée de la victoire que Dieu vous a donnée, sans demander autre vengeance de luy. Et Dieu vous doint grace, ma dame, de continuer l'honnesteté qu'il a mise en vostre cueur ; et congnoissant que tout bien vient de luy, vous l'aymiez et serviez mieulx que vous n'avez accoustumé. » La princesse, deliberée de croire le conseil de sa dame d'honneur, s'endormit aussy joieusement que le gentil homme veilla de tristesse.

Le lendemain, le seigneur s'en voulut aller, et demanda son hoste ; auquel on dit qu'il estoit si mallade qu'il ne povoit voir la clairté, ne oyr parler personne ; dont le prince fut fort esbahy, et le voulut aller veoir ; mais, sçachant qu'il dormoyt, ne le voulut esveiller, et s'en alla ainsy de sa maison sans luy dire à Dieu, emmenant avecq luy sa femme et sa sœur ; laquelle, entendant les excuses du gentil homme,

---

[1] Rappelant, remettant en mémoire.

QUATRIESME NOUVELLE.

qui n'avoit voulu veoir le prince ne la compaignie au partir, se tint asseurée que c'estoit celuy qui luy avoit fait tant de torment, lequel n'osoit montrer les marques qu'elle luy avoit faictes au visaige. Et combien que son maistre l'envoyast souvent querir, si ne retourna point à la court, qu'il ne fust bien guery de toutes ses playes, hors une, celle que l'amour et le despit luy avoient faict au cueur. Quand il fut retourné devers luy, et qu'il se retrouva devant sa victorieuse ennemye, ce ne fut sans rougir; et luy, qui estoit le plus audacieux de toute la compaignye, fut si estonné, que souvent devant elle perdoit toute contenance. Parquoy fut toute asseurée que son soupson estoit vray; et peu à peu s'en estrangea[1], non pas si finement qu'il ne s'en apparceust très bien; mais il n'en osa faire semblant, de paour d'avoir encores pis; et garda cest amour en son cueur, avecq la patience de l'esloingnement qu'il avoyt merité.

« Voylà, mes dames, qui devroyt donner grande craincte à ceulx qui presument ce qui ne leur appartient. Et doibt bien augmenter le cueur aux dames, voyans la vertu de ceste jeune princesse et le bon sens de sa dame d'honneur. Si à quelqu'une de vous advenoit pareil cas, le remede y est ja donné. — Il me semble, dist Hircan, que le grand gentil homme, dont vous avez parlé, estoit si despourveu de cueur, qu'il n'estoit digne d'être ramentu[2]; car, ayant une telle occasion, ne debvoit, ne pour vieille ne pour jeune, laisser son entreprinse. Et fault bien dire que son cueur n'estoit pas tout plein d'amour, veu que la craincte de mort et de honte y trouva encores place. » Nomerfide respondit à Hircan : « Et que eust faict le pauvre gentil homme, veu qu'il avoyt deux femmes contre luy? — Il debvoit tuer la vieille, dist Hircan; et quand la jeune se feut veue sans secours, eust esté demy vaincue. — Tuer! dit Nomerfide; vous vouldriez doncques faire d'un amoureux ung meurdrier? Puis que vous avez ceste opinion, on doibt bien craindre de tumber en voz mains. — Si j'en estois jusques là, dist Hircan, je me tiendrois pour deshonoré si je ne venois à fin de mon intention. » A l'heure Geburon dist : « Trouvez-vous estrange que une princesse, nourrie en tout honneur, soit difficile à prendre d'un seul homme? Vous devriez doncques beaucoup plus vous esmerveiller d'une pauvre femme qui eschappa de la main de deux. — Geburon, dist Ennasuitte, je vous donne ma voix à dire la cinquiesme Nouvelle; car je

---

[1] S'en éloigna, s'en écarta.
[2] Rappelé, remis en mémoire.

pense que vous en sçavez quelqu'une de ceste pauvre femme, qui ne sera point fascheuse. — Puis que vous m'avez esleu à partie, dist Geburon, je vous diray une histoire que je sçay, pour en avoir faict inquisition veritable sur le lieu ; et par là vous verrez que tout le sens et la vertu des femmes n'est pas au cueur et teste des princesses, ny toute l'amour et finesse en ceulx où le plus souvent on estime qu'ilz soyent. »

CINQUIESME NOUVELLE.

Deus cordeliers de Nyort, passans la riviere au port de Coullon, voulurent prendre par force la bateliere qui les passoit. Mais elle, sage et fine, les endormit si bien de paroles, que, leur accordant ce qu'ilz demandoyent, les trompa et meit entre les mains de la justice, qui les rendit à leur gardien pour en faire telle punition qu'ilz meritoyent.

Au port de Coullon, près de Nyort[1], y avoit une bastelière qui jour et nuict ne faisoit que passer ung chacun. Advint que deux cordeliers du dict Nyort passerent la riviere tous seulz avecq elle. Et, pour ce que le passaige est ung des plus longs qui soit en France, pour la garder d'ennuyer, vindrent à la prier d'amours ; à quoy elle leur feit la response qu'elle devoyt. Mais, eux, qui pour le travail[2] du chemyn n'estoient lassez, ne pour froideur de l'eaue refroidiz, ne aussi pour le refuz de la femme honteux, se delibererent tous deux la prendre par force ; ou, si elle se plaingnoit, la jecter dans la riviere. Elle, aussi sage et fine qu'ils estoient folz et malitieux, leur dist : « Je ne suis pas si mal gratieuse que j'en fais le semblant, mais je vous veulx prier de m'octroyer deux choses, et puis vous cognoistrez que j'ay meilleure envye de vous obeyr, que vous n'avez de me prier. » Les cordeliers lui jurerent par leur bon Sainct Françoys, qu'elle ne leur sçauroit demander chose qu'ils n'octroiassent pour avoir ce qu'ilz desiroient d'elle. « Je vous requiers premierement, dist-elle, que me juriez et promettiez que jamais à homme vivant nul de vous ne declarera nostre affaire. » Ce que luy promisrent tres-voluntiers. Et aussy, elle leur dist :

---

[1] Le bourg de Coulon, situé sur la Sèvre Niortaise, qui a beaucoup de largeur en cet endroit, est dans l'ancien Poitou (département des Deux-Sèvres), à onze kilomètres de Niort.

[2] Fatigue, dans le vrai sens du mot latin *labor*.

« Que l'un après l'autre vueille prendre son plaisir de moy, car j'auroys trop de honte que tous deux me veissent ensemble. Regardez lequel me vouldra avoir le premier. » Ilz trouverent sa requeste très-juste, et accorda le jeune que le plus vieil commenceroit. Et en approchant d'une petite isle, elle dist au jeune : « Beau pere, dictes là vos oraisons jusques ad ce que j'aye mené vostre compaignon ici devant en une austre isle ; et si, à son retour, il se loue de moy, nous le lairrons icy et nous en irons ensemble. » Le jeune saulta dedans l'isle, attendant le retour de son compaignon, lequel la basteliere mena en un aultre. Et quand ilz furent au bort, faignant d'attacher son basteau à ung arbre, luy dist : « Mon amy, regardez en quel lieu nous nous mectrons. » Le beau pere entra en l'isle pour sercher l'endroict qui luy seroit plus à propos : mais, si tost qu'elle le veid à terre, donna ung coup de pied contre l'arbre et se retira avecq son basteau dedans la riviere, laissant ces deux bons peres aux desertz, ausquels elle cria tant qu'elle peut : « Actendez, messieurs, que l'ange de Dieu vous vienne consoler, car de moy n'aurez aujourd'huy chose qui vous puisse plaire. »

Ces deux pauvres religieux, congnoissans la tromperie, se mirent à genoulx sur le bord de l'eaue, la priant ne leur faire cette honte, et que, si elle les vouloyt doulcement mener au port, ilz luy promectoient de ne luy demander rien. Mais, en s'en allant tousjours, leur disoit : « Je serois doublement folle, après avoir eschappé de voz mains, si je m'y remectoys. » Et, en entrant au villaige, va appeller son mary et ceulx de la justice, pour venir prendre ces deux loups enraigez, dont, par la grace de Dieu, elle avoit eschappé de leurs dents : qui y allerent si bien accompaignez, qu'il ne demora grand ne petit, qui ne voulsist avoir part au plaisir de ceste chasse. Ces pauvres freres, voyans venir si grande compaignye, se cachoient chacun en son isle, comme Adam quand il se veid nud devant la face de Dieu. La honte meit leur peché devant leurs oeilz, et la craincte d'estre puguiz les faisoit trembler si fort, qu'ilz estoient demy mortz. Mais cela ne les garda d'estre prins et mis prisonniers, qui ne fut sans estre mocquez et huez d'hommes et de femmes. Les ungs disoient : « Ces beaux peres qui nous preschent chasteté, et puis la veulent oster à noz femmes[1] ! » Et les aultres disoient : « Sont sepulchres par dehors blanchiz, et par dedans pleins de morts et pourriture[2]. » Et puis une autre voix cryoit : « Par les

---

[1] Les éditions de 1558 et de 1560 ajoutent cette phrase, qui est sans doute une gaillardise de l'éditeur : *Le mary disoit : Ils n'osent toucher l'argent la main nue, et veulent bien manier les cuisses des femmes, qui sont plus dangereuses.*

[2] Allusion à la parabole de l'Évangile.

fruicts, congnoissez vous quels arbres sont[1]. » Croyez que tous les passaiges que l'Evangile dict contre les hypocrites furent alleguez contre ces pauvres prisonniers, lesquels, par le moyen du gardien[2], furent recoux[3] et delivrez, qui en grand diligence les vint demander, asseurant ceulx de la justice qu'il en feroyt plus grande pugnition que les seculiers n'oseroient faire; et, pour satisfaire à partie, ils diroient tant de messes et prières, qu'on les en vouldroit charger. Le juge accorda sa requeste, et luy donna les prisonniers, qui furent si bien chapitrez du gardien, qui estoit homme de bien, que oncques puis ne passerent riviere sans faire le signe de la croix et se recommander à Dieu.

« Je vous prie, mes dames, pensez, si ceste pauvre bastelière a eu l'esprit de tromper deux si malitieux hommes, que doivent faire celles qui ont tant leu et veu de beaux exemples, quand il n'y auroit que la bonté des vertueuses dames qui ont passé devant leurs oeilz, en sorte que la vertu des femmes bien nourryes se doit autant appeler coustume que vertu? Mais de celles qui ne sçavent rien, qui n'oyent quasi en tout l'an deux bons sermons, qui n'ont le loisir que de penser à gaingner leur pauvre vie, et qui, si fort pressées, gardent soigneusement leur chasteté; c'est là où on congnoist la vertu, qui est naïvement dedans le cueur, car où le sens et la force de l'homme est estimée moindre, c'est où l'esperit de Dieu faict de plus grandes oeuvres. Et bien malheureuse est la dame qui ne garde bien soigneusement le tresor qui luy apporte tant d'honneur, estans bien gardé, et tant de deshonneur au contraire. » Longarine lui dist : « Il me semble, Geburon, que ce n'est pas grand vertu de refuser ung cordelier, mais que plus tost seroit chose impossible de les aymer. — Longarine, lui respondit Geburon, celles qui n'ont point accoustumé d'avoir de tels serviteurs que vous, ne tiennent point fascheux les cordeliers; car ils sont hommes aussy beaulx, aussi fortz et plus reposez que nous autres, qui sommes tous cassez du harnoys; et si parlent comme anges, et sont importuns comme diables; pourquoy celles qui n'ont veu robbes que de bureau[4] sont bien vertueuses, quand elles eschappent de leurs mains. » Nomerfide dist tout hault : « Ha, par ma foy, vous en direz ce que vous vouldrez, mais j'eusse mieulx aymé estre jectée en la ri-

---

[1] Autre parabole de l'Évangile, que la reine de Navarre cite textuellement à tout propos, comme faisaient alors les réformés.
[2] Le supérieur d'un couvent de cordeliers se nommait le père *gardien*.
[3] Secourus.
[4] Espèce de grosse *bure*.

viere que de coucher avec ung cordelier. » Oisille luy dist, en riant :
« Vous sçavez doncques bien nouer¹ ? » Ce que Nomerfide trouva bien
mauvais, pensant qu'Oisille n'eust telle estime d'elle qu'elle desiroit;
parquoy luy dist en colere : « Il y en a qui ont refusé des personnes
plus agreables que ung cordelier, et n'en ont point fait sonner la trompette. » Oisille, se prenant à rire de la voir courroussée, luy dist :
« Encores moins ont-elles fait sonner le tabourin de ce qu'elles ont faict
et accordé. » Geburon dist : « Je voy bien que Nomerfide a envye de
parler; parquoy je luy donne ma voix, affin qu'elle descharge son cueur
sur quelque bonne Nouvelle. — Les propos passez, dist Nomerfide, me
touchent si peu, que je n'en puis avoir ne joye ne ennuy. Mais, puisque j'ay vostre voix, je vous prie oyr la myenne pour vous monstrer
que, si une femme a esté seduicte en bien, il y en a qui le sont en
mal. Et pour ce que nous avons juré de dire verité, je ne la veulx
celer ; car, tout ainsy que la vertu de la basteliere ne honnore point
les aultres femmes, si elles ne l'ensuyvent, aussi le vice d'une aultre
ne les peut deshonorer. Escoutez doncques. »

SIXIESME NOUVELLE.

*Un viel borgne, valet de chambre du duc d'Alençon, averty que sa femme s'estoit
amourachée d'un jeune homme, desirant en sçavoir la verité, findit² s'en aler
pour quelques jours aux champs, dont il retourna si soudain que sa femme, sur
laquelle il faisoit le guet, s'en apparceut, qui, la cuydant tromper, le trompa luy
mesme³.*

Il y avoyt ung viel varlet de chambre de Charles, dernier duc d'Alençon⁴; lequel avoit perdu ung œil, et estoit marié avecq une

---

¹ Nager; on disait *nouer* en le faisant dériver de l'italien *nuotare*.
² Pour *feignit*.
³ Quoiqu'un valet de chambre du duc d'Alençon soit le héros de cette Nouvelle, l'aventure qui en fait le sujet se retrouve dans les anciens conteurs, en France et en Italie. Voici les principaux que M. Leroux de Lincy a signalés : Pierre-Alphonse, *Discipline de Clergie*, chap. x. sect. vii, p 48 et 123. — *Gesta Romanorum*, cap. cxvii. — *De la mauvaise Femme*. Fabliaux de Legrand d'Aussy, t. IV, p 188. — Boccace, *Décaméron*, journ. VII, nouv. vi. — *Cent Nouvelles Nouvelles*, nouv. xvi, intitulée: *le Borgne aveugle*. — Les imitations en langues italienne, latine ou française, ont été nombreuses depuis la Reine de Navarre.
⁴ Le premier mari de Marguerite d'Angoulême, mort en 1525.

femme beaucoup plus jeune que luy. Et pour ce que ses maistre et maistresse l'aymoient autant que homme de son estat qui fust en leur maison, ne pouvoit si souvent aller veoir sa femme qu'il eust bien voulu : qui fut occasion dont elle oblya tellement son honneur et conscience, qu'elle alla aimer ung jeune homme, dont à la longue le bruict fut si grand et mauvais que le mary en fut adverty. Lequel ne le pouvoyt croire, pour les grands signes d'amityé que luy monstroit sa femme. Toutesfois, ung jour, il pensa d'en faire l'experience, et de se venger, s'il pouvoit, de celle qui luy faisoit ceste honte. Et, pour ce faire, faignist s'en aller en quelque lieu auprès de là pour deux ou trois jours. Et incontinant qu'il fut party, sa femme envoya querir son homme, lequel ne fut pas demie heure avecq elle que voicy venir le mary qui frappa bien fort à la porte. Mais elle, qui le congneut, le dist à son amy, qui fut si estonné qu'il eut voulu estre au ventre de sa mere, mauldissant elle et l'amour qui l'avoient mis en tel danger. Elle luy dist qu'il ne se souciast point, et qu'elle trouveroit bien moien de l'en faire saillir sans mal ne honte ; et qu'il s'habillast le plus tost qu'il pourroit. Ce temps pendant, frappoit le mary à la porte, appellant le plus hault qu'il povoyt sa femme. Mais elle faingnoit de ne le congnoistre point, et disoit tout hault aux gens de leans : « Que ne vous levez-vous, et allez faire taire ceux qui font ce bruict à la porte? Est-ce maintenant l'heure de venir aux maisons des gens de bien? Si mon mary estoit icy, il vous en garderoyt! » Le mary, oyant la voix de sa femme, l'appella le plus hault qu'il peut : « Ma femme, ouvrez-moy ! Me ferez-vous demorer icy jusques au jour? » Et quand elle veit que son amy estoit tout prest de saillir[1], en ouvrant sa porte, commença à dire à son mary : « O mon mary! que je suis bien aise de vostre venue! car je faisois ung merveilleux songe ; et estois tant aise, que jamais je ne receuz ung tel contentement, pource qu'il me sembloit que vous aviez recouvert[2] la veue de vostre œil. » Et, en l'embrassant et le baisant, le print par la teste, et luy bouchoit d'une main son bon œil, et luy demandant : « Voiez-vous point mieulx que vous n'avez accoustumé? » En ce temps, pendant qu'il ne veoyt goutte, feit sortir son amy dehors, dont le mary se doubta incontinant, et luy dist : « Par Dieu, ma femme, je ne feray jamais le guet sur vous ; car, en vous cuydant tromper, j'ay receu la plus fine tromperie qui fut oncques inventée. Dieu vous veuille amender ; car il n'est en la

---

[1] Sortir, s'élancer dehors.
[2] Pour *recouvré*.

puissance d'homme du monde de donner ordre en la malice d'une femme, qui du tout ne la tuera. Mais, puis que le bon traictement que je vous ay faict n'a rien servy à vostre amendement, peult-estre que le despris¹ que doresnavant j'en feray vous chastira. » Et en ce disant, s'en alla et laissa sa femme bien desolée, qui, par le moyen de ses amis, excuses et larmes, retourna encores avecq luy.

« Par cecy, voyez-vous, mes dames, combien est prompte et subtille une femme à eschapper d'un dangier. Et, si pour couvrir ung mal son esperit a promptement trouvé remede, je pense que, pour en eviter ung, ou pour faire quelque bien, son esperit seroit encores plus subtil; car le bon esperit, comme j'ay tousjours oy dire, est le plus fort. » Hircan luy dist : « Vous parlerez tant de finesses qu'il vous plaira, mais si ay-je telle oppinion de vous, que, si le cas vous estoit advenu, vous ne le sçauriez celer. — J'aymerois autant, ce luy dist elle, que vous m'estimissiez la plus sotte femme du monde. — Je ne le dis pas, respondit Hircan; mais je vous estime bien celle qui plus tost s'estonneroit d'un bruict, que finement ne le feroit taire. — Il vous semble, dist Nomerfide, que chacun est comme vous, qui par ung bruict en veult couvrir ung autre. Mais il y a dangier que à la fin une couverture ruyne sa compaigne, et que le fondement soit tant chargé pour soustenir les couvertures, qu'il ruyne l'edifice. Mais, si vous pensez que les finesses dont chacun vous pense bien remply soient plus grandes que celles des femmes, je vous laisse mon rang pour nous racompter la septiesme histoire. Et, si vous voulez vous proposer pour exemple, je croys que vous nous apprendrez bien de la malice. — Je ne suis pas icy, respondit Hircan, pour me faire pire que je suis; car encores y en a-il qui plus que je ne veulx en dient. » Et en ce disant, regarda sa femme qui luy dist souldain : « Ne craingnez point pour moy à dire la verité; car il me sera plus facile de ouyr racompter voz finesses, que de les avoir veu faire devant moy, combien qu'il n'y en ait nulle qui sceut diminuer l'amour que je vous porte. » Hircan luy respondit : « Aussy, ne me plains-je pas de toutes les faulses opinions que vous avez eues de moy. Parquoy, puis que nous congnoissons l'un l'autre, c'est occasion de plus grande seureté pour l'advenir. Mais si ne suis-je si sot de racompter histoire de moy, dont la verité vous puisse porter ennuy : toutesfois, j'en diray une d'un personnaige qui estoit bien de mes amys. »

¹ Pour *mépris*.

SEPTIESME NOUVELLE.

Par la finesse et subtilité d'un marchant une vielle est trompée et l'honneur de sa fille sauvé.

En la ville de Paris y avoyt ung marchant amoureux d'une fille sa voisine, ou, pour mieulx dire, plus aymé d'elle qu'elle n'estoit de luy; car le semblant qu'il luy faisoit de l'aymer et cherir n'estoit que pour couvrir ung amour plus hault et honnorable : mais elle, qui se consentoit d'estre trompée, l'aymoit tant, qu'elle avoyt oblié la façon dont les femmes ont accoustumé de refuser les hommes. Ce marchant icy, après avoir esté long temps à prandre la peyne d'aller où il la pouvoit trouver, la faisoit venir où il luy plaisoit, dont sa mere s'apperceut, qui estoit une très honneste femme ; et luy desfendit que jamais elle ne parlast à ce marchant, ou qu'elle la mectroyt en religion[1]. Mais ceste fille, qui plus aymoit ce marchant qu'elle ne craignoit sa mere, le cherchoit plus que paravant. Et, ung jour, advint que, estant toute seulle en une garde robbe, ce marchant y entra, lequel, se trouvant en lieu commode, se print à parler à elle le plus privement qu'il estoit possible. Mais quelque chambriere, qui le veyt entrer dedans, le courut dire à la mere, laquelle avecq une très grande collere se y en alla. Et, quand la fille l'oyt venir, dist en pleurant à ce marchant : « Helas ! mon amy, à ceste heure me sera bien cher vendue l'amour que je vous porte. Voicy ma mere qui congnoistra ce qu'elle a tousjours crainct et doubté[2]. » Le marchant, qui d'un tel cas ne fut point estonné, la laissa incontinant, et s'en alla au devant de la mere; et, en estendant les bras, l'embrassa le plus fort qu'il luy fut possible; et avecq ceste fureur dont il commençoit d'entretenir sa fille, gecta la pauvre femme vielle sur une couchette. Laquelle trouva si estrange cette façon, qu'elle ne sçavoit que luy dire, sinon : « Que voulez-vous? Resvez-vous? » Mais, pour cela, il ne laissoit de la poursuivre d'aussi près que si ce eust esté la plus belle fille du monde. Et n'eust esté qu'elle crya si fort que ses varletz et chamberieres

---

[1] C'est-à-dire, dans un couvent.
[2] Pour redouté.

vindrent à son secours, elle eust passé le chemyn qu'elle craingnoyt que sa fille marchast. Parquoy, à force de bras, osterent ceste pauvre vielle d'entre les mains du marchant, sans que jamais elle peust sçavoir l'occasion pourquoy il l'avoyt ainsy tourmentée. Et, durant cela, se sauva sa fille en une maison auprès où il y avoit des nopces, dont le marchant et elle ont maintesfois ri ensemble depuis aux despens de la femme vielle, qui jamais ne s'en apparceut.

« Par cecy, voyez-vous, mes dames, que la finesse d'un homme a trompé une vielle et saulvé l'honneur d'une jeune. Mais qui vous nommeroyt les personnes, ou qui eust vu la contenance de ce marchant et l'estonnement de ceste vielle, eust eu grand paour de sa conscience, s'il se fust gardé de rire. Il me suffit que je vous preuve[1], par ceste histoire, que la finesse des hommes est aussi prompte et secourable au besoing que celle des femmes, à fin, mes dames, que vous ne craigniez point de tumber entre leurs mains ; car, quand vostre esperit vous defauldra, vous trouverez le leur prest à couvrir vostre honneur. » Longarine luy dist : « Vrayement, Hircan, je confesse que le compte est trop plaisant et la finesse grande, mais si n'est-ce pas un exemple que les filles doyvent ensuivre. Je croy bien qu'il y en a à qui vous vouldriez le faire trouver bon : mais si n'estes-vous pas si sot de vouloir que vostre femme, ne celle dont vous aymez mieulx l'honneur que le plaisir, voulussent jouer à tel jeu. Je croy qu'il n'y en a point ung qui de plus près les regardast, ne qui mieulx les engardast que vous. — Par ma foy, dist Hircan, si celle que vous dictes avoyt faict un pareil cas, et que je n'en eusse rien sceu, je ne l'en estimerois pas moins. Et si je ne sçay si quelcun en a point faict d'aussy bons, dont le celer meet hors de peine. » Parlamente ne se peut garder de dire : « Il est impossible que l'homme mal faisant ne soit soupsonneux ; mais bien heureux celluy sur lequel on ne peult avoir soupson par occasion donnée. » Longarine dit : « Je n'ay gueres veu grand feu de quoy ne vint quelque fumée ; mais j'ay bien veu la fumée où il n'y avoit point de feu. Car aussi souvent est soupsonné par les mauvais le mal où il n'est point, que congneu là où il est. » A l'heure, Hircan luy dist : « Vrayement, Longarine, vous en avez si bien parlé en soustenant l'honneur des dames à tort soupsonnées, que je vous donne ma voix pour dire la huictiesme Nouvelle ; par ainsy que vous ne nous faciez point pleurer, comme a faict ma dame Oisille, par trop

[1] Pour *prouve*. On a dit *treuve* pour *trouve*, jusqu'au dix-septième siècle.

louer les femmes de bien. » Longarine, en se prenant bien fort à rire, commencea à dire : « Puisque vous avez envye que je vous face rire, selon ma coustume, si ne sera-ce pas aux despens des femmes ; et si diray chose pour monstrer combien elles sont aisées à tromper, quand elles mettent leur fantaisye à la jalousye, avecq une estime de leur bon sens de vouloir tromper leurs mariz. »

HUICTIESME NOUVELLE.

Bornet, ne gardant telle loyauté à sa femme qu'elle à luy, eut envie de coucher avec sa chamberiere, et declara son entreprinse à un sien compagnon, qui soubz espoir d'avoir part au butin, luy porta telle faveur et ayde, que, pensant coucher avec sa chamberiere, il coucha avec sa femme au desceu de laquelle il feit participer son compagnon au plaisir qui n'appartenoit qu'à luy seul, et se feit coqu soy-mesme, sans la honte de sa femme [1].

En la comté d'Alletz [2], y avoit ung homme, nommé Bornet, qui avoit espouzé une honneste femme de bien, de laquelle il aymoit l'honneur et la reputation, comme je croy que tous les maryz qui sont icy font de leurs femmes. Et combien qu'il voulust que la sienne luy gardast loyaulté, si ne vouloit-il pas que la loy fust esgale à tous deux ; car il alla estre amoureux de sa chamberiere, auquel change il ne gaignoit que le plaisir qu'apporte quelquefois la diversité des viandes. Il y avoit ung voisin, de pareille condition que luy, nommé Sandras, tabourin et cousturier [3] ; et y avoit entre eulx telle amytié, que, horsmis la femme, n'avoient rien party ensemble [4]. Parquoy il declara à

---

[1] Le sujet de cette nouvelle a été souvent traité par les vieux conteurs français et italiens. M. Leroux de Lincy nous fait connaître ces différentes sources, auxquelles la reine de Navarre n'a peut-être pas puisé, à l'exception du *Décaméron*, qu'elle savait par cœur :

Le Meunier d'Aleu, fabliau, par Enguerrand d'Oisy. Fabliaux de Legrand d'Aussy t. III, p. 256. — Boccace, *Décaméron*, journ. VIII, nouv. IV. — Poggii *Facetiæ : Vir sibi cornua promovens*, p. 248. — *Novelle di Francesco Sacchetti*, t. II, nov. CCVI. — *Les Cent Nouvelles nouvelles*, nouv. IX. — Malespini, *Ducento Novelle*, part. II, nov. XCVI.

[2] Le comté d'Alet ou Aleth, en Gascogne, aujourd'hui dans le département de l'Aude.

[3] Tambourineur et tailleur.

[4] Cette phrase est altérée dans les manuscrits comme dans les éditions : il faut lire : « n'avoient rien qu'ils n'eussent party (*partagé*) ensemble. »

HUICTIESME NOUVELLE.

son amy l'entreprinse qu'il avoyt sur sa chamberiere, lequel non seullement le trouva bon, mais ayda de tout son pouvoir à la parachever, esperant avoir part au butin. La chamberiere, qui ne s'y voulut consentir, se voyant pressée de tous costez, le alla dire à sa maistresse, la priant de luy donner congé de s'en aller chez ses parens; car elle ne pouvoit plus vivre en ce torment. La maistresse, qui aymoit bien fort son mary, duquel souvent elle avoyt eu soupson, fut bien aise d'avoir gaigné ce poinct sur luy, et de luy povoir monstrer justement qu'elle en avoyt eu doubte. Dist à sa chamberiere : « Tenez bon, m'amye; tenez peu à peu bons propos à mon mary, et puis après luy donnez assignation[1] de coucher avecq vous en ma garderobbe ; et ne faillez à me dire la nuict qu'il devra venir, et gardez que nul n'en sçache rien. » La chamberiere feit tout ainsy que sa maistresse luy avoit commandé, dont le maistre fut si ayse, qu'il en alla faire la feste à son compaignon, lequel le pria, veu qu'il avoyt esté du marché, d'en avoir le demorant[2]. La promesse faicte et l'heure venue, s'en alla coucher le maistre, comme il cuydoit[3], avec sa chamberiere. Mais sa femme, qui avoit renoncé à l'auctorité de commander, pour le plaisir de servir, s'estoit mise en la place de sa chamberiere; et receut son mary non comme femme, mais feignant la contenance d'une fille estonnée, si bien que son mary ne s'en apperceut point.

Je ne vous sçaurois dire lequel estoit plus aise des deux, ou luy de penser tromper sa femme, ou elle de tromper son mary. Et quand il eut demouré avecq elle, non selon son vouloir, mais selon sa puissance, qui sentoit le viel marié, s'en alla hors de la maison, où il trouva son compaignon, beaucoup plus jeune et plus fort que luy; et luy feit la feste d'avoir trouvé la meilleure robbe[4] qu'il avoyt point veue. Son compaignon luy dist : « Vous sçavez que vous m'avez promis? — Allez doncques vistement, dist le maistre, de paour qu'elle ne se lieve, ou que ma femme ayt affaire d'elle. » Le compaignon s'y en alla, et trouva encores ceste mesme chamberiere que le mary avoyt mescongneue[5], laquelle, cuydant que ce fust son mary, ne le refusa de chose que luy demandast (j'entends *demander* pour *prandre*, car il n'osoit parler). Il y demoura bien plus longuement que non pas le mary; dont la femme s'esmerveilla fort, car elle n'avoyt point accoustumé d'avoir telles nuictées[6] : toutesfoys, elle eut patience, se reconfor-

[1] Rendez-vous.
[2] Le restant, les restes.
[3] *Cuyder*, qui vient du latin *cogitare*, signifie *penser*.
[4] Fille de plaisir, femme galante, au figuré; de l'italien *roba*, richesse, butin.
[5] C'est-à-dire : n'avait pas reconnue.
[6] Nuits. *Nuitée* signifie surtout l'emploi qu'on fait de la nuit.

tant aux propos qu'elle avoit deliberé de luy tenir le lendemain, et à la mocquerie qu'elle luy feroyt recepvoir. Sur le poinct de l'aube du jour, cest homme se leva d'auprès d'elle, et en se jouant à elle, au partir du lict, luy arracha ung anneau qu'elle avoit au doigt, duquel son mary l'avoyt espousée; chose que les femmes de ce païs gardent en grande superstition, et honorent fort une femme qui garde tel anneau jusques à la mort. Et, au contraire, si par fortune le perd, elle est desestimée, comme ayant donné sa foy à aultre que à son mary. Elle fut très contante qu'il luy ostast, pensant qu'il seroit seur tesmoignage de sa tromperie qu'elle luy avoit faicte.

Quand le compaignon fut retourné devers le maistre, il luy demanda : « Et puis ? » Il luy respondit qu'il estoit de son opinion, et que, s'il n'eust crainct le jour, encores y fust-il demouré. Ilz se vont tous deux reposer le plus longuement qu'ilz peurent. Et, au matin, en s'habillant, apperceut le mary l'anneau que son compaignon avoyt au doigt, tout pareil de celuy qu'il avoit donné à sa femme en mariaige, et demanda, à son compaignon, qui le luy avoit donné. Mais, quand il entendit qu'il l'avoyt arraché du doigt de la chamberiere, fust fort estonné; et commença à donner de la teste contre la muraille, disant : « Ha, vertu Dieu ! me serois-je bien faict coqu moy-mesme, sans que ma femme en sceut rien ? » Son compaignon, pour le reconforter, luy dist : « Peult-estre que vostre femme baille son anneau en garde au soir à sa chamberiere ? » Mais, sans rien respondre, le mary s'en va à sa maison, là où il trouva sa femme plus belle, plus gorgiasse[1] et plus joieuse qu'elle n'avoyt accoustumé, comme celle qui se resjouyssoit d'avoir saulvé la conscience de sa chamberiere, et d'avoir experimenté jusques au bout son mary, sans rien y perdre que le dormir d'une nuict. Le mary, la voyant avecq ce bon visaige, dist en soymesmes : « Si elle sçavoyt ma bonne fortune, elle ne me feroyt pas si bonne chere. » Et, en parlant à elle plusieurs propos, la print par la main, et advisa qu'elle n'avoit point l'anneau, qui jamais ne luy partoit du doigt; dont il devint tout transy, et luy demanda en voix tremblante : « Qu'avez-vous faict de vostre anneau ? » Mais elle, qui fut bien aise qu'il la mectoit au propos qu'elle avoit envye de luy tenir, luy dist : « O le plus meschant de tous les hommes ! A qui est-ce que vous le cuydez avoir osté ? Vous pensiez bien que ce fut à ma chamberiere, pour l'amour de laquelle avez despendu[2] plus de deux pars de voz biens, que jamays vous ne feistes pour moy; car,

---

[1] Gaillarde, qui montre son *gorgias* et sa gorge.
[2] Dépensé.

à la premiere fois que vous y estes venu coucher, je vous ay jugé tant
amoureux d'elle qu'il n'estoit possible de plus. Mais, après que vous
fustes sailly dehors et puis encores retourné, sembloit que vous fussiez ung diable sans ordre ne mesure. O malheureux! pensez quel
aveuglement vous a prins de louer tant mon corps et mon embonpoinct, dont par si longtemps avez esté jouyssant, sans en faire grande
estime? Ce n'est doncques pas la beaulté ne l'embonpoinct de vostre
chamberiere qui vous a faict trouver ce plaisir si agreable, mais c'est
le peché infame de la vilaine concupiscence qui brusle vostre cueur, et
vous rend tous les sens si hebestez, que, par la fureur en quoy vous
mectoit l'amour de vostre chamberiere, je croy que vous eussiez prins
une chevre coiffée pour une belle fille. Or il est temps, mon mary,
de vous corriger, et de vous contanter autant de moy, en me cognoissant vostre et femme de bien, que vous avez faict, pensant que je fusse
une pauvre meschante. Ce que j'ay faict a esté pour vous retirer de
vostre malheurté [1], afin que, sur vostre viellesse, nous vivions en
bonne amitvé et repos de conscience. Car, si vous voulez continuer la
vie passée, j'ayme mieulx me separer de vous, que de veoir de jour en
jour la ruyne de vostre ame, de vostre corps et de voz biens, devant
mes oeils. Mais, s'il vous plaist congnoistre vostre faulce oppinion, et
vous deliberer de vivre selon Dieu, gardant ses commandemens, j'o-
blieray toutes les faultes passées, comme je veulx que Dieu oblye l'ingratitude à ne l'aimer comme je doibz. » Qui fut bien desesperé, ce
fut ce pauvre mary, voyant sa femme tant saige, belle et chaste, avoir
esté delaissée de luy pour une qui ne l'aymoit pas ; et qui, pis est,
avoit esté si malheureux, que de la faire meschante sans son sceu,
et que faire participant ung aultre au plaisir qui n'estoit que pour
luy seul ; se forgea en luy-mesme les cornes de perpetuelle mocq-
querie. Mais, voyant sa femme assez courroucée de l'amour qu'il avoit
portée à sa chamberiere, se garda bien de luy dire le meschant tour
qu'il luy avoit faict; et, en luy demandant pardon, avecq promesse de
changer entierement sa mauvaise vie, luy rendit l'anneau qu'il avoyt
reprins de son compaignon, auquel il pria de ne reveler sa honte. Mais,
comme toutes choses dictes à l'oreille sont preschées sur le toict quelque temps après, la verité fut congneue, et l'appelloit-on *coqu*, sans
honte de sa femme.

« Il me semble, mes dames, que, si tous ceulx qui ont faict de pa-

[1] Mauvais pas, malencontre.

reilles offences à leurs femmes estoient pugniz de pareille pugnition, Hircan et Saffredent devroient avoir belle paour. Saffredent luy dist : « Et dea, Longarine, n'y en a-il point d'autre en la compaignye mariez, que Hircan et moy ? — Si a bien, dist-elle, mais non pas qui voulsissent jouer ung tel tour. — Où avez-vous veu, dist Saffredent, que nous ayons pourchassé les chamberieres de noz femmes ? — Si celles à qui touche, dit Longarine, vouloient dire la verité, l'on trouveroit bien chamberiere à qui l'on a donné congé avant son quartier. — Vrayement, ce dist Geburon, vous estes une bonne dame, qui, en lieu de faire rire la compaignye, comme vous aviez promis, mectez ces deux pauvres gens en collere. — C'est tout ung, dist Longarine ; mais qu'ilz ne viennent point à tirer leurs espées, leur collere ne fera que redoubler nostre rire. — Mais il est bon, dist Hircan, que, si nos femmes vouloient croire ceste dame, elle brouilleroit le meilleur mesnaige qui soyt en la compaignye. — Je sçay bien devant qui je parle, dist Longarine ; car vos femmes sont si saiges et vous ayment tant, que, quand vous leur feriez des cornes aussi puissantes que celles d'un daim, encores voudroient-elles persuader elles et tout le monde, que ce sont chappeaulx de roses. » La compaignye et mesmes ceulx à qui il touchoit se prindrent tant à rire, qu'ilz meirent fin à leur propos. Mais Dagoucin, qui encores n'avoyt sonné mot, ne se peut tenir de dire : « L'homme est bien desraisonnable, quand il a de quoy se contanter, et veult chercher autre chose. Car j'ay veu souvent, pour cuyder mieulx avoir et ne se contanter de la suffisance, que l'on tombe au pis ; et si n'est l'on point plainct, car l'inconstance est toujours blasmée. » Symontault luy dist : « Mais que ferez-vous à ceulx qui n'ont pas trouvé leur moictyé ? Appellez-vous inconstance, de la chercher en tous les lieux où l'on peut la trouver ? — Pour ce que l'homme ne peult sçavoir, dist Dagoucin, où est ceste moictyé dont l'unyon est si esgale que l'un ne differe de l'autre, il fault qu'il s'arreste où l'amour le contrainct ; et que, pour quelque occasion qu'il puisse advenir, ne change le cueur ne la volunté : car, si celle que vous aymez est tellement semblable à vous et d'une mesme volunté, ce sera vous que vous aymerez, et non pas elle. — Dagoucin, dist Hircan, vous voulez tomber en une faulse opinion ; comme si nous devions aymer les femmes sans estre aymés ! — Hircan, dist Dagoucin, je veulx dire que, si nostre amour est fondé sur la beaulté, bonne grace, amour et faveur d'une femme, et nostre fin soit plaisir, honneur ou proffict, l'amour ne peult longuement durer ; car, si la chose sur quoy nous la fondons default, nostre amour s'envolle hors de nous. Mais je suis ferme à mon oppinion, que celluy qui ayme, n'ayant aultre fin ne desir que bien aymer, laissera plus tost son ame par la mort, que ceste forte amour saille de son cueur. — Par ma foy, dist Symontault, je ne croys pas que jamais vous ayez esté amoureux ; car, si vous aviez senty le feu comme les aultres, vous ne nous paindriez icy la chose publicque[1] de Platon, qui s'escript et ne s'experimente poinct. — Si j'ay aymé, dist Dagoucin, j'ayme encores, et aymeray tant que vivray. Mais j'ay si grand paour que la demonstration face tort à la perfection de mon amour, que je crains que celle de qui je debvrois desirer l'amityé semblable, l'entende : et mesmes je n'ose penser ma pensée, de paour que mes oeils en revelent quelque chose ; car, tant plus je tiens ce feu celé et couvert, et plus en moy croist le plaisir de sçavoir que j'ayme perfaictement. — Ha, par ma foy, dist Geburon, si ne croys-je pas que vous ne fussiez bien ayse d'estre aymé. — Je ne dis pas le contraire, dist Dagoucin ; mais, quand je seroys tant aymé que j'ayme, si n'en sçauroyt croistre mon amour, comme elle ne sçauroyt diminuer pour n'estre si très aymé que j'ayme fort. » A l'heure, Parlamente, qui soupsonnoit ceste fantaisie, luy dist : « Donnez-vous garde, Dagoucin ; car j'en ay veu d'aultres que vous, qui ont mieulx aymé mourir que parler. — Ceulx-là, ma dame, dist Dagoucin, estimay-je très heureux. — Voire, dist Saffredent, et dignes d'estres mis au rang des innocens, desquels l'Eglise chante : *Non loquendo, sed moriendo confessi sunt*[2]. J'en ay ouy tant parler de ces transiz d'amours, mais encores jamays je n'en veis mourir ung. Et puis que je suis eschappé, veu les ennuiz que j'en ay porté, je ne pensay jamais que autre en puisse mourir. — Ha, Saffredent ! dist Dagoucin, où voulez-vous doncques estre aymé ? Et ceulx de vostre oppinion ne meurent jamais. Mais j'en sçay assez bon nombre qui ne sont mortz d'autre maladye que d'aymer parfaictement. — Or, puisque en sçavez des histoires, dist Longarine, je vous donne ma voix pour nous en racompter quelque belle, qui sera la neufviesme de ceste Journée. — A fin, dist Dagoucin, que les signes et miracles, suyvant ma veritable parole, vous puissent induire à y adjouster foy, je vous allegueray ce qui advint il n'y a pas trois ans. »

---

[1] La République de Platon, utopie philosophique qui n'a pas été faite pour recevoir une application expérimentale.

[2] La fête des saints Innocents se célébrait autrefois avec beaucoup de pompe et de gaieté dans l'Eglise catholique le 28 décembre. Cette fête était analogue à celle des Fous, qui fut interdite à cause de ses excès.

NEUFVIESME NOUVELLE.

La parfaicte amour qu'un gentil homme portoit à une damoyselle, par estre trop celée et meconnue, le mena à la mort, au grand regret de s'amye[1].

ENTRE Daulphiné et Provence, y avoit ung gentil homme beaucoup plus riche de vertu, beaulté et honnesteté, que d'autres biens, lequel ayma fort une damoyselle, dont je ne diray le nom, pour l'amour de ses parens qui sont venuz de bonnes et grandes maisons; mais asseurez-vous que la chose est veritable. Et, à cause qu'il n'estoit de maison de mesme qu'elle, il n'osoyt descouvrir son affection; car l'amour qu'il luy portoit estoyt si grande et parfaicte, qu'il eut mieulx aymé mourir que desirer une chose qui eust esté à son deshonneur. Et se voiant de si bas lieu au pris d'elle, n'avoyt nul espoir de l'espouser. Parquoy son amour n'estoit fondée sur nulle fin, synon de l'aymer de tout son pouvoir le plus parfaictement qu'il luy estoit possible; ce qu'il feyt si longuement que à la fin elle en eut quelque congnoissance. Et, voiant l'honneste amityé qu'il luy portoit tant pleine de vertu et bon propos, se sentoit honorée d'estre aymée d'un si vertueux personnaige; et luy faisoit tant de bonne chere, que celuy, qui n'avoit nulle pretente[2] à mieulx, se contentoit toutesfois. Mais la malice, ennemye de tout repos, ne peut souffrir ceste vie honneste et heureuse; car quelques ungs allerent dire à la mere de la fille, qu'ilz s'esbahissoient que ce gentil homme pouvoyt tant faire en sa maison, et que l'on soupsonnoit que la fille le y tenoit plus que aultre chose; avecq laquelle on le voyoit souvent parler. La mere, qui ne doubtoit en nulle façon de l'honnes-

---

[1] Quoique la reine de Navarre nous présente cette Nouvelle comme reproduisant une aventure véritable qui s'était passée trois ans auparavant, la même aventure se retrouve dans l'histoire d'un de nos premiers troubadours, Geoffroi Rudel de Blaye, qui vivait à la fin du douzième siècle. Il devint amoureux de la comtesse de Tripoli sans l'avoir vue et il s'embarqua pour aller la voir. Mais l'amour l'avait rendu tellement malade, qu'il n'eut pas la force de descendre à terre en arrivant à Tripoli La comtesse vint elle-même le visiter sur le vaisseau qui l'avait amené et lui adressa quelques paroles bienveillantes. Le troubadour en éprouva une si grande émotion, qu'il expira sous les yeux de sa dame. Voy. le récit de cette mort touchante dans les *Vies des plus célèbres et anciens poetes provençaux*, de Jean de Nostredame (Lyon, 1575, in-12).

[2] Pour *prétention*.

teté du gentil homme, dont elle se tenoit aussi asseurée que nul de
ses enffans, fut fort marrye d'entendre que on le prenoit en mauvaise
part; tant que à la fin, craingnant le scandale par la malice des hommes, le pria pour quelque temps de ne hanter pas sa maison, comme
il avoit accoustumé, chose qu'il trouva de dure digestion, sachant que
les honnestes propos qu'il tenoyt à sa fille ne meritoient point tel
eslongnement. Toute-fois, pour faire taire les mauvaises langues, se
retira tant de temps, que le bruict cessa; et y retourna comme il avoyt
accoustumé; l'absence duquel n'avoit amoindry sa bonne volunté. Mais,
estant en sa maison, entendit que l'on parloyt de marier ceste fille
avecq un gentil homme qui luy sembla n'estre point si riche, qu'il luy
deust tenir ce tort d'avoir s'amie plus tost que luy. Et commança à
prandre cueur et employer ses amys pour parler de sa part, pensant
que, si le choix estoit baillé à la damoiselle, qu'elle le prefereroit à l'autre. Toutesfois, la mere de la fille et les parens, pource que l'autre estoyt beaucoup plus riche, l'esleurent; dont le pauvre gentil homme
print tel desplaisir, sachant que s'amye perdoit autant de contentement que luy, que peu à peu, sans autre maladye, commença à diminuer, et en peu de temps changea de telle sorte qu'il sembloyt qu'il
couvrist la beaulté de son visaige du masque de la mort, où d'heure
en heure il alloyt joyeusement.

Si est-ce qu'il ne se peut garder le plus souvent d'aller parler à celle
qu'il aymoit tant. Mais, à la fin, que la force luy defailloyt, il fut contrainct de garder le lict, dont il ne voulut advertir celle qu'il aymoit,
pour ne luy donner part de son ennuy. Et, se laissant ainsy aller au
desespoir et à la tristesse, perdit le boire et le manger, le dormir et
le repos, en sorte qu'il n'estoit possible de le recongnoistre, pour la
meigreur et estrange visaige qu'il avoyt. Quelcun en advertit la mere
de s'amye, qui estoit dame fort charitable, et d'autre part aymoit tant
le gentil homme, que, si tous les parens eussent esté de l'oppinion d'elle
et de sa fille, ilz eussent preferé l'honnesteté de luy à tous les biens
de l'autre; mais les parens du costé du pere n'y vouloient entendre.
Toutesfois, avecq sa fille, alla visiter le pauvre malheureux, qu'elle
trouva plus mort que vif. Et, congnoissant la fin de sa vye approcher,
s'estoyt le matin confessé et receu le sainct sacrement, pensant mourir
sans plus veoir personne. Mais, luy, à deux doigtz de la mort, voyant
entrer celle qui estoit sa vie et resurrection, se sentit si fortiffié,
qu'il se gecta en sursault sur son lict, disant à la dame : « Quelle occasion vous a esmeue, ma dame, de venir visiter celluy qui a desja le

pied en la fosse, et de la mort duquel vous estes la cause? — Comment, ce dist la dame, seroyt-il bien possible que celluy que nous aymons tant peust recevoir la mort par nostre faulte? Je vous prie, dictes-moy pour quelle raison vous tenez ces propos? — Ma dame, ce dist-il, combien que tant qu'il m'a esté possible j'ay dissimulé l'amour que j'ay porté à ma damoyselle vostre fille, si est-ce que mes parens, parlans du mariage d'elle et de moy, en ont plus declaré que je ne voulois, veu le malheur qui m'est advenu d'en perdre l'esperance, non pour mon plaisir particulier, mais pour ce que je sçay que avecq nul aultre ne sera jamais si bien traictée ne tant aymée qu'elle eust esté avecq moy. Le bien que je voys qu'elle pert du meilleur et plus affectionné amy qu'elle ayt en ce monde, me faict plus de mal que la perte de ma vie, que pour elle seule je voulois conserver : toutesfois, puis qu'elle ne luy peult de rien servir, ce n'est grand gain de la perdre. » La mere et la fille, oyans ces propos, meirent peyne de le reconforter; et luy dit la mere : « Prenez bon couraige, mon amy, et je vous promectz ma foy, que, si Dieu vous redonne santé, jamais ma fille n'aura autre mary que vous. Et voyla cy presente à laquelle je commande de vous en faire la promesse. » La fille, en pleurant, meit peyne de luy donner seurté de ce que sa mere promectoyt. Mais luy, congnoissant bien que quant il auroyt la santé, il n'auroyt pas s'amye, et que les bons propos qu'elle tenoyt n'estoient seulement que pour essaier à le faire ung peu revenir, leur dist que, si ce langaige luy eust esté tenu il y avoyt trois mois, il eust esté le plus sain et le plus heureux gentilhomme de France; mais que le secours venoit si tard qu'il ne povoit plus estre creu ne esperé. Et quant il veid qu'elles s'esforçoient de le faire croyre, il leur dist : « Or, puis que je voy que vous me promectez le bien que jamais ne peut advenir, encores que vous le voulsissiez [1], pour la foiblesse où je suys, je vous en demande ung beaucoup moindre que jamays je n'euz la hardiesse de requerir. » A l'heure toutes deux le luy jurerent, et qu'il demandast hardiment : « Je vous supplie, dist-il, que vous me donniez entre mes bras celle que vous me promectez pour femme; et luy commandiez qu'elle m'embrasse et baise. » La fille, qui n'avoyt accoustumé telles privaultez, en cuyda faire difficulté; mais la mere le luy commanda expressement, voiant qu'il n'y avoit plus en luy sentiment ne force d'homme vif. La fille doncques, par ce commandement, s'advança sur le lict du pauvre malade, luy disant : « Mon amy, je vous prie, resjouyssez-vous ! » Le

---

[1] On dit, depuis le dix-septième siècle : *voulussiez*.

pauvre languissant, le plus fortement qu'il peut, estendit ses bras tous desnuez de chair et de sang, et avecq toute la force de ses os embrassa la cause de sa mort; et, en la baisant de sa froide et pasle bouche, la tint le plus longuement qu'il luy fut possible; et puis luy dist : « L'amour que je vous ay portée a esté si grande et honneste, que jamais, hors mariaige, ne souhzhaitay de vous que le bien que j'en ay maintenant; par faulte duquel et avecq lequel je rendray joyeusement mon esprit à Dieu, qui est parfaicte amour et charité, qui congnoist la grandeur de mon amour et honnesteté de mon desir; le suppliant, ayant mon desir entre mes bras, recepvoir entre les siens mon esperit. » Et, en ce disant, la reprint entre ses bras par une telle vehemence que, le cueur affoibly ne pouvant porter cest esfort, fut abandonné de toutes ses vertuz et esperitz; car la joye les fait tellement dilater que le siege de l'ame luy faillyt, et s'envolla à son Createur. Et combien que le pauvre corps demorast sans vie longuement, et, par ceste occasion, ne pouvart plus tenir sa prinse; l'amour que la demoiselle avoyt tousjours celée se declaira à l'heure si fort que la mere et les serviteurs du mort eurent bien affaire à separer ceste union; mais à force osterent la vive, pire que morte, d'entre les bras du mort, lequel ilz feirent honnorablement enterrer. Et le triomphe des obseques furent les larmes, les pleurs et les crys de ceste pauvre damoiselle, qui d'autant plus se declaira après la mort, qu'elle s'estoyt dissimulée durant la vie, quasi comme satisfaisant au tort qu'elle luy avoyt tenu. Et depuis (comme j'ay oy dire), quelque mary qu'on luy donnast pour l'appaiser, n'a jamays eu joye en son cueur.

« Que vous semble-t-il, Messieurs, qui n'avez voulu croyre à ma parole, que cest exemple ne soyt pas suffisant pour vous faire confesser que parfaicte amour mene les gens à la mort, par trop estre celée et mescongneue? Il n'y a nul de vous, qui ne congnoisse les parens d'un cousté et d'autre; parquoy n'en pouvez plus doubter, et nul qui ne l'a expérimenté ne le peult croire. » Les dames, oyans cela, eurent toutes la larme à l'oeil; mais Hircan leur dit : « Voyla le plus grand fol dont je ouys jamais parler! Est-il raisonnable, par vostre foy, que nous mourions pour les femmes, qui ne sont faictes que pour nous, et que nous craignions leur demander ce que Dieu leur commande de nous donner? Je n'en parle pour moy ne pour tous les mariez; car j'ay autant ou plus de femmes qu'il m'en fault : mais je diz cecy pour ceulx qui en ont necessité, lesquelz il me semble estre sotz de craindre celles à qui ilz doyvent faire paour. Et ne voyez-vous pas bien le regret que ceste pauvre damoiselle avoyt de sa sottise? Car, puis qu'elle embrassoyt le corps mort (chose repugnante à nature), elle n'eust point refusé le corps vivant, s'il eust usé d'aussi grande audace qu'il feit de pitié en mourant. — Toutesfoys, dist Oisille, si monstra bien le gentil homme l'honneste amityé qu'il luy portoit, dont il sera à jamais louable devant tout le monde; car trouver chasteté en un cueur amoureux, c'est chose plus divine que humaine. — Ma dame, dit Saffredent, pour confirmer le dire de Hircan, auquel je me tiens, je vous supplye croire que Fortune ayde aux audacieux, et qu'il n'y a homme, s'il est aymé d'une dame (mais qu'il le sçache poursuivre saigement et affectionnement), qu'à la fin n'en ait tout ce qu'il demande ou partye; mais l'ignorance et la folle craincte faict perdre aux hommes beaucoup de bonnes advantures, et fondent leur perte sur la vertu de leur amye, laquelle n'ont jamais experimentée du bout du doigt seullement; car oncques place bien assaillye ne fust, qu'elle ne fust prinse. — Mais, dist Parlamente, je m'esbahys de vous deux comme vous osez tenir telz propos! Celles que vous avez aymées ne vous sont gueres tenues[1], ou vostre adresse a esté en si meschant lieu que vous estimez les femmes toutes pareilles? — Ma dame, dist Saffredent, quant est de moy, je suis si malheureux que je n'ay de quoy me vanter; mais si ne puis-je tant attribuer mon malheur à la vertu des dames, que à la faulte de n'avoir assez saigement entreprins ou bien prudemment conduict mon affaire; et n'allegue pour tous docteurs, que la vielle du *Roman de la Rose*, laquelle dit :

> Nous sommes faictz, beaulx fils, sans doubtes,
> Toutes pour tous, et tous pour toutes.

Parquoy je ne croiray jamais que, si l'amour est une fois au cueur d'une femme, l'homme n'en ait bonne yssue, s'il ne tient à sa besterie. » Parlamente dit : « Et si je vous en nommois une, bien aimante, bien requise, pressée et importunée, et toutesfoys femme de bien, victorieuse de son cueur, de son corps, d'amour et de son amy, advoueriez-vous que la chose veritable seroyt possible? — Vrayement, dist-il, ouy. — Lors, dist Parlamente, vous seriez tous de dure foy, si vous ne croyez cest exemple. » Dagoucin luy dist : « Ma dame, puis que j'ay prouvé par exemple l'amour vertueuse d'un gentil homme jusques à la mort, je vous supplie, si vous en sçavez quelqu'une autant à l'honneur de

---

[1] Attachées.

quelque dame, que vous la nous veullez dire pour la fin de ceste Journée; et ne craignez point à parler longuement, car il y a encores assez de temps pour dire beaucoup de bonnes choses. — Et puis que le dernier reste m'est donné, dist Parlamente, je ne vous tiendray point longuement en parolles; car mon histoire est si belle et si veritable, qu'il me tarde que vous la sachiez comme moy. Et combien que je ne l'aye veue, si m'a-elle esté racomptée par ung de mes plus grands et entiers amys, à la louange de l'homme du monde qu'il avoyt le plus aymé. Et me conjura que si jamais je venois à la racompter, je voulusse changer le nom des personnes; parquoy tout cela est veritable, horsmis les noms, les lieux et le pays. »

DIXIESME NOUVELLE.

Floride, après le decès de son mary, et avoir vertueusement resisté à Amadour, qui l'avoit pressée de son honneur jusques au bout, s'en ala rendre religieuse au monastere de Jesus[1].

EN la comté d'Arande en Arragon[2], y avoit une dame, qui, en sa grande jeunesse, demeura vefve du comte d'Arande avecq ung fils,

[1] « Nous avons tout lieu de croire, dit M. Leroux de Lincy, que cette Nouvelle a été inspirée à la reine de Navarre par quelque aventure advenue à la cour de Charles VIII et de Louis XII. La princesse, en déguisant les noms des acteurs principaux, a cependant mêlé à son récit des événements réels. Le début de cette Nouvelle pourrait même donner à penser que Marguerite a fait allusion à une aventure qui lui était personnelle. Cette comtesse d'Arande restée veuve, toute jeune encore, avec un fils et une fille, cela ressemble beaucoup à Louise de Savoye et à ses deux enfants. » La reine de Navarre semble avoir voulu placer le sujet de sa Nouvelle sous le règne de Ferdinand d'Aragon et d'Isabelle de Castille, c'est-à-dire entre les années 1490 et 1505; mais elle a quelquefois confondu les événements et les dates, de sorte qu'on pourrait lui reprocher de graves anachronismes. Mais, comme M. Leroux de Lincy l'a très-bien remarqué, elle semble avoir raconté sous des noms supposés une aventure toute personnelle, et nous croyons qu'Amadour n'est autre que l'amiral Bonnivet, qui fut toute sa vie amoureux de la reine de Navarre, et qui en fut aimé, jusqu'à ce que cet amour *honnête* eût été bien refroidi, sinon détruit, par une tentative de viol. Voy. ci dessus la IV° Nouvelle. La mort de Bonnivet, à la bataille de Pavie, où le duc d'Alençon, mari de Marguerite, faillit périr aussi, ressemble beaucoup à la mort d'Amadour. On pourrait étudier à fond cette Nouvelle au point de vue de nos conjectures, qui sont au moins très-plausibles.

[2] Le comté d'Aranda était alors possédé par la maison d'Urrea; mais cela im-

et une fille, laquelle fille se nommoit Floride. La dicte dame meyt peine de nourrir ses enfans en toutes les vertuz et honestetez qui appartiennent à seigneurs et gentilz hommes ; en sorte que sa maison eut le bruict d'une des honnorables qui fust point en toutes les Espaignes. Elle alloyt souvent à Tollette[1], où se tenoit le Roy d'Espaigne ; et quand elle venoyt à Sarragosse, qui estoit près de sa maison, demoroit longuement avecq la Royne et à la cour, où elle estoit autant estimée que dame pourroit estre. Une fois, allant devers le Roy, selon sa coustume, lequel estoit à Sarragosse, en son chasteau de la Jasserye, ceste dame passa par ung villaige qui estoit au viceroy de Cathaloigne[2], lequel ne bougeoyt point de dessus la frontiere de Parpignan, à cause des grandes guerres qui estoient entre les Roys de France et d'Espaigne ; mais, à ceste heure-là, y estoit la paix, en sorte que le viceroy avec tous les cappitaines estoient venuz faire la reverence au Roy. Sçachant ce viceroy que la comtesse d'Arande passoit par sa terre, alla au devant d'elle, tant pour l'amitié ancienne qu'il luy portoit que pour l'honorer comme parente du Roy. Or, il avoit en sa compaignie plusieurs honnestes gentilz hommes qui, par la frequentation des longues guerres, avoient acquis tant d'honneur et bon bruict, que chascun qui les pouvoit veoir et hanter se tenoit heureux. Et, entre les autres, y en avoit ung nommé Amadour, lequel combien qu'il n'eust que dix huict ou dix neuf ans, si avoit-il la grace tant asseurée et le sens si bon, que on l'eust jugé entre mil digne de gouverner une chose publique. Il est vray que ce bon sens là estoit accompaigné d'une si grande et naïfve beaulté, qu'il n'y avoyt oeil qui ne se tint contant de le regarder ; et si la beaulté estoit tant exquise, la parolle la suyvoit de si près que l'on ne sçavoit à qui donner l'honneur, ou à la grace, ou à la beaulté, ou au bien parler. Mais ce qui le faisoit encores plus estimer, c'estoit sa grande hardiesse, dont le bruict n'estoit empesché pour sa jeunesse ; car en tant de lieux avoit deja monstré ce qu'il sçavoit faire, que non seulement les Espaignes, mais la France et l'Italie estimoient grandement

porte peu ici, puisque la reine de Navarre dit avoir changé, dans son récit, *les noms, les lieux et le pays*. Il y eut, sous le règne de Ferdinand le Catholique, une longue querelle entre le comte d'Aranda et le comte de Ribagorce. Le roi, pour apaiser cette querelle, chargea le P. Jean d'Estuniga, provincial de l'ordre de Saint-François, de ménager un accommodement entre eux, au moyen du mariage de la fille aînée du comte d'Aranda avec le fils aîné du comte de Ribagorce. Ce dernier, ayant refusé d'y consentir, fut banni du royaume.

[1] Tolède, en latin *Toletum*.

[2] Ce vice-roi ou gouverneur de la Catalogne était, en 1496, Henri d'Aragon, comte de Ribagorce, duc de Ségorbe, dit l'*Infant fortuné* ou *de la Fortune*.

ses vertuz, pource que, à toutes les guerres qui avoyent esté, il ne se estoit point espargné ; et, quand son païs estoit en repos, il alloit chercher la guerre aux lieux estranges¹, où il estoit aymé et estimé d'amis et d'ennemis.

Ce gentil homme, pour l'amour de son cappitaine, se trouva en ceste terre où estoit arrivée la comtesse d'Arande ; et en regardant la beauté et bonne grace de sa fille Floride, qui pour l'heure n'avoit que douze ans, se pensa en luy-mesme que c'estoit bien la plus honneste personne qu'il avoyt jamais veue, et que, s'il povoit avoir sa bonne grace, il en seroit plus satisfaict que de tous les biens et plaisirs qu'il pourroit avoir d'une autre. Et après l'avoir longuement regardée, se delibera de l'aymer, quelque impossibilité que la raison luy meist au devant, tant pour la maison dont elle estoit, que pour l'aage, qui ne povoit encores entendre telz propos. Mais contre ceste craincte se fortisfioit d'une bonne esperance, se promectant à luy-mesmes que le temps et la patience apporteroient heureuse fin à ses labeurs. Et dès ce temps, l'amour gentil qui, sans autre occasion que par sa force mesme, estoit entré dans le cueur d'Amadour, luy promist de luy donner toute faveur et moyen pour y atteindre. Et, pour parvenir à la plus grande dificulté, qui estoit la loingtaineté du païs où il demouroit, et le peu d'occasion qu'il avoit de revoir Floride, se pensa de se marier, contre la deliberation qu'il avoit faicte avecq les dames de Barselonne et de Parpignan, où il avoit tel credit que peu ou riens luy estoit refusé ; et avoit tellement hanté ceste frontiere, à cause des guerres, qu'il sembloit mieulx Cathelan² que Castillan, combien qu'il fust natif d'auprès de Tollette, d'une maison riche et honorable ; mais, à cause qu'il estoit puisné, n'avoit rien de son patrimoine. Si est-ce qu'amour et fortune, le voyans delaissé de ses parens, délibererent d'en faire leur chef d'euvre, et luy donnerent par le moyen de la vertu ce que les lois du païs luy refusoient. Il estoit fort adonné en l'estat de la guerre, et tant aymé de tous seigneurs et princes, qu'il refusoit plus souvent leurs biens, qu'il n'avoit souley de leur en demander.

La comtesse, dont je vous parle, arriva aussi en Sarragosse, et fut très bien receue du Roy et de toute sa court. Le gouverneur de Cathaloigne la venoit souvent visiter, et Amadour n'avoit garde de faillir à l'accompaigner, pour avoir seulement le plaisir de regarder Floride,

---

¹ Étrangers, éloignés
² Pour *Catal*

car il n'avoit nul moyen de parler à elle. Et, pour se donner à congnoistre en telle compaignie, s'adressa à la fille d'un viel chevalier, voisin de sa maison, nommée Avanturade, laquelle avoit avecq Floride tellement conversé, qu'elle sçavoit tout ce qui estoit caché en son cueur. Amadour, tant pour l'honnesteté qu'il trouva en elle que pour ce qu'elle avoit trois mille ducats de rente en mariage, delibera de l'entretenir comme celuy qui la vouloit espouser. A quoy voluntiers elle presta l'oreille; et, pour ce qu'il estoit pauvre et le pere de la damoiselle riche, pensa que jamais il ne s'accorderoit à ce mariage, sinon par le moyen de la comtesse d'Arande. Dont s'adressa à madame Floride, et luy dist : « Ma dame, vous voyez ce gentil homme castillan qui souvent parle à moy; je croy que toute sa pretente n'est que de m'avoir en mariage. Vous sçavez quel pere j'ay, lequel jamais ne s'y consentira, si, par la comtesse et par vous, il n'en est bien fort prié. » Floride, qui aymoit la damoiselle comme elle-mesme, l'asseura de prendre ceste affaire à cueur comme son bien propre. Et feit tant Avanturade, qu'elle lui presenta Amadour, lequel, luy baisant la main, cuyda s'esvanouyr d'aise; là où il estoit estimé le mieulx parlant qui fust en Espaigne, devint muet devant Floride, dont elle fust fort estonnée ; car, combien qu'elle n'eust que douze ans, si avoit-elle desja bien entendu qu'il n'y avoit homme en l'Espaigne mieulx disant ce qu'il vouloit et de meilleure grace. Et, voyant qu'il ne luy tenoit nul propos, commença à luy dire : « La renommée que vous avez, seigneur Amadour, par toutes les Espaignes, est telle, qu'elle vous rend congneu en toute ceste compagnie, et donne desir à ceulx qui vous congnoissent de s'employer à vous faire plaisir : parquoy, si en quelque endroict je vous en puis faire, vous me y pouvez employer. » Amadour, qui regardoit la beaulté de sa dame, estoit si tres-ravy, que à peyne luy peut-il dire grand mercy; et combien que Floride s'estonnast de le veoir sans response, si est-ce qu'elle l'attribua plustost à quelque sottise, que à la force d'amour; et passa oultre, sans parler davantaige.

Amadour, cognoissant la vertu qui en si grande jeunesse commençoit à se monstrer en Floride, dist à celle qu'il vouloit espouser : « Ne vous esmerveillez point si j'ay perdu la parole devant madame Floride; car les vertus et la saige parolle qui sont cachez soubs ceste grande jeunesse m'ont tellement estonné que je ne luy ay sceu que dire. Mais je vous prie, Avanturade, comme celle qui sçavez ses secrets, me dire s'il est possible que en ceste court elle n'ayt tous les cueurs des gentils hommes; car ceulx qui la congnoistront, et ne l'aymeront, sont pierres ou bestes. » Avanturade, qui desja aymoit Amadour plus que tous les hommes du monde, ne luy voulut rien celer, et luy dist que madame Floride estoit aymée de tout le monde ; mais, à cause de la coustume du pays, peu de gens parloient à elle ; et n'en avoit point encores veu nul qui en feist grand semblant, sinon deux princes d'Espaigne qui desiroient l'espouser, l'un desquels estoit le fils de l'Infant Fortuné[1], l'aultre estoit le jeune duc de Cardonne[2]. « Je vous prie, dist Amadour, dictes-moy lequel vous pensez qu'elle ayme le mieulx ? — Elle est si saige, dist Avanturade, que pour riens ne confesseroit avoir autre volunté que celle de sa mere : toutesfois, à ce que nous en pouvons juger, elle ayme trop mieulx le filz de l'Infant Fortuné, que le jeune duc de Cardonne. Mais sa mere, pour l'avoir plus près d'elle, l'aymeroit mieulx à Cardonne. Et je vous tiens homme de si bon jugement, que, si vous vouliez, dès aujourd'hui vous en pourriez juger la verité ; car le filz de l'Infant Fortuné est nourry en ceste court, qui est un des plus beaulx et parfaicts jeunes princes qui soit en la chrestienté. Et si le mariaige se faisoyt, par l'opinion d'entre nous filles, il seroit asseuré d'avoir madame Floride, pour veoir ensemble le plus beau couple de toute l'Espaigne. Il fault que vous entendiez que, combien qu'ilz soient tous deux jeunes, elle, de douze, et luy, de quinze ans, si a-il desja trois ans que l'amour est commencée ; et, si vous voulez avoir la bonne grace d'elle, je vous conseille de vous faire amy et serviteur de luy. »

Amadour fut fort ayse de veoir que sa dame aymoit quelque chose, esperant qu'à la longue il gaigneroit le lieu, non de mary, mais de serviteur ; car il ne craingnoit, en sa vertu, sinon qu'elle ne voulsist aymer. Et après ces propos, s'en alla Amadour hanter le filz de l'Infant Fortuné, duquel il eut aysement la bonne grace ; car tous les passetemps que le jeune prince aymoit, Amadour les sçavoit faire ; et sur

---

[1] C'est Henri d'Aragon, duc de Ségorbe, surnommé l'*Infant de la Fortune*, parce qu'il naquit, en 1445, après la mort de son père, Henri d'Aragon, troisième fils de Ferdinand IV, roi d'Aragon. Mais le jeune prince, que Marguerite de Navarre donne pour fils à l'*Infant fortuné*, n'aurait pu qu'être un bâtard, car Henri d'Aragon ne laissa pas d'enfant de sa femme Guyomare de Castro et de Norogna. Tel est du moins le témoignage de tous les historiens et généalogistes espagnols que Moreri a consultés ; cependant M. Leroux de Lincy dit que « le fils de l'*Infant fortuné* doit être Alphonse d'Aragon, comte de Ribagorre, duc de Ségorbe, seul héritier mâle de la maison de Castille, proposé, en 1506, comme mari de Jeanne la Folle. »

[2] Les éditions de Gruget portent *Cadouce*, ce qui est une faute évidente. Ce duc de Cardonne doit être le fils de Remon Folch V, en faveur de qui le comté de Cardonne fut érigé en duché par Ferdinand et Isabelle.

4.

tout estoit fort adroict à manier les chevaulx, et s'aider de toutes sortes d'armes, et à tous les passetemps et jeux qu'un jeune homme doibt sçavoir. La guerre recommença en Languedoc[1], et fallut qu'Amadour retournast avec le gouverneur; ce qui ne fut sans grand regret, car il n'y avoit moyen par lequel il peust retourner en lieu où il peust veoir Floride; et pour ceste occasion, à son partement[2], parla à ung sien frere qui estoit majordome de la Royne d'Espagne, et luy dist le bon party, qu'il avoit trouvé en la maison de la comtesse d'Arande, de la damoiselle Avanturade, luy priant que en son absence feist tout son possible que le mariaige vint à execution, et qu'il y employast le credit de la Royne, et du Roy, et de tous ses amys. Le gentil homme, qui aymoit son frere, tant pour le lignaige que pour ses grandes vertus, luy promist y faire son debvoir; ce qu'il feit: en sorte que le pere, vieulx et avaritieux, oblia son naturel pour regarder les vertus d'Amadour, lesquelles la comtesse d'Arande, et sur toutes la belle Floride, luy paingnoient devant les œilz; pareillement le jeune comte d'Arande, qui commençoit à croistre, et, en croissant, à aymer les gens vertueux. Quant le mariaige fut accordé entre les parens, le majordome de la Royne envoya querir son frere, tandis que les trefves duroient entre les deux Roys[3].

Durant ce temps, le Roy d'Espaigne se retira à Madric, pour eviter le maulvais air qui estoit en plusieurs lieux; et, par l'advis de ceulx de son conseil, à la requeste aussi de la comtesse d'Arande, feit le mariaige de l'heritiere duchesse de Medinaceli[4] avec le petit comte d'Arande, tant pour le bien et union de leur maison, que pour l'amour qu'il portoit à la comtesse d'Arande; et voulut faire les nopces au

---

[1] Le Languedoc, ou plutôt le Roussillon, étoit souvent le théâtre d'une guerre acharnée entre la France et l'Espagne sous les règnes de Charles VIII et de Louis XII, après que Charles VIII eut rendu cette province à Ferdinand d'Aragon, en lui imposant la condition de ne pas se mêler des affaires du royaume de Naples. Cette guerre de Roussillon fut très-animée en 1503, pendant que l'armée du Roi Catholique tenait tête à l'armée française en Italie. Les maréchaux de Rieux et de Gié commandaient les troupes de Louis XII et assiégeaient la ville de Salces, qui avait été déjà prise et saccagée par les Français en 1496.

[2] Départ.

[3] Il y eut une trêve entre la France et l'Espagne pendant l'année 1497; mais la reine de Navarre veut parler sans doute ici de la trêve de quatre mois, qui fut conclue à la fin de l'année 1503.

[4] La famille de Medina-Celi, du nom de la Cerda, était issue de la maison royale de Castille. Après la mort de Louis-François de la Cerda, neuvième du nom, duc de Medina-Celi, sa sœur aînée, Félix-Marie, veuve du marquis de Priego, duc de Feria, fut héritière des biens et titres du dernier duc de Medina-Celi.

chasteau de Madric. A ces nopces se trouva Amadour, qui poursuivit si bien les siennes qu'il espousa celle dont il estoit plus aymé qu'il n'y avoit d'affection, sinon d'autant que ce mariage luy estoit très heureuse couverture et moyen de hanter le lieu où son esperit demoroit incessamment. Après qu'il fut maryé, print telle hardiesse et privaulté en la maison de la comtesse d'Arande, que l'on ne se gardoit de luy non plus que d'une femme. Et combien que à l'heure il n'eust que vingt deux ans, si estoit si saige que la comtesse d'Arande luy communicquoyt toutes ses affaires, et commandoit à son fils de l'entretenir et croire ce qu'il leur conseilleroit. Ayant gaingné ce poinct-là de ceste grande estime, se conduisoit si sagement et froidement, que mesmes celle qu'il aymoit ne congnoissoit point son affection. Mais, pour l'amour de sa femme, qu'elle aymoit plus que nulle autre, elle estoit si privée de luy, qu'elle ne luy dissimuloit chose qu'elle pensast; et eut cest heur qu'elle luy declaira toute l'amour qu'elle portoit au filz de l'Infant Fortuné. Et luy, qui ne taschoit que à la gaingnier entierement, luy en parloyt incessamment; car il ne luy challoyt[1] quel propos il luy tint, mais qu'il eut moyen de l'entretenir longuement. Il ne demoura point ung mois en la compagnye après ses nopces, qu'il fust contrainct de retourner à la guerre, où il demoura plus de deux ans, sans revenir veoir sa femme, laquelle se tenoyt tousjours où elle avoit esté nourrie.

Durant ce temps, luy escripvoit souvent Amadour; mais le plus de la lettre estoit des recommandations à Floride, qui de son costé ne failloit à luy en rendre, et mectoyt quelque bon mot de sa main en la lettre qu'Avanturade escripvoit, qui estoit l'occasion de rendre son mary très soigneux de luy rescrire. Mays, en tout cecy, ne congnoissoit riens Floride, sinon qu'elle l'aymoit comme si c'eust esté son propre frere. Plusieurs fois alla et vint Amadour, en sorte qu'en cinq ans ne veid pas Floride deux mois durant; et toutesfois l'amour, en despit de l'esloignement et de la longueur de l'absence, ne laissoit pas de croistre. Et advint qu'il feit un voiage pour venir veoir sa femme; et trouva la comtesse bien loing de la court, car le Roy d'Espaigne s'en estoit allé à l'Andalousie, et avoit mené avecq luy le jeune comte d'Arande, qui desja commençoit à porter les armes. La comtesse d'Arande s'estoit retirée en une maison de plaisance, qu'elle avoit sur la frontiere d'Arragon et de Navarre; et fut fort aise, quand elle

[1] C'est-à-dire : « peu lui importait. »

veid revenir Amadour, lequel près de trois ans avoit été absent. Il fut bien venu d'un chascun, et commanda la comtesse qu'il fust traicté comme son propre filz. Tandis qu'il fut avecq elle, elle luy communiqua toutes les affaires de sa maison, et en remettoit la plus part à son oppinion; et gaigna ung si grand credit en ceste maison, que, en tous les lieux où il vouloit venir, on luy ouvroit tousjours la porte, estimant sa preud'hommie si grande, que l'on se fioit en luy de toutes choses comme ung sainct ou ung ange. Floride, pour l'amitié qu'elle portoit à sa femme Avanturade et à luy, le cherchoit en tous lieux où elle le voioyt; et ne se doubtoit en riens de son intention : parquoy elle ne se gardoit de nulle contenance, pour ce que son cueur ne souffroyt nulle passion, sinon qu'elle sentoit ung très grand contentement, quand elle estoit auprès de luy, mais aultre chose n'y pensoit. Amadour, pour eviter le jugement de ceulx qui ont experimenté la difference du regard des amans au pris des aultres, fut en grande peyne. Car quant Floride venoit parler à luy priveement, comme celle qui n'y pensoit en nul mal, le feu caché en son cueur le brusloyt si fort qu'il ne pouvoit empescher que la couleur ne luy montast au visaige, et que les estincelles saillissent par ses oeilz. Et à fin que, par frequentation, nul ne s'en peust apparcevoir, se meit à entretenir une fort belle dame, nommée Poline, femme qui en son temps fut estimée si belle, que peu d'hommes qui la veoyent eschappoient de ses lyens. Ceste Poline, ayant entendu comme Amadour avoit mené l'amour à Barselonne et à Parpignan, en sorte qu'il estoit aimé des plus belles et honnestes dames du païs, et, sur toutes, d'une comtesse de Palamos[1], que l'on estimoit la premiere en beauté de toutes les dames d'Espaigne et de plusieurs aultres, luy dist qu'elle avoit grande pitié de luy, veu qu'après tant de bonnes fortunes, il avoit espousé une femme si layde que la sienne. Amadour, entendant bien par ces parolles qu'elle avoyt envye de remedier à sa necessité, luy en tint les meilleurs propos qu'il fut possible, pensant que, en luy faisant accroire ung mensonge, il luy couvriroit une verité. Mais, elle, fine, experimentée en amour, ne se contenta de parolles; toutesfois, sentant très bien que son cueur n'estoit satisfaict de cest amour, se doubta qu'il la voulsist faire servir de couverture, et, pour ceste occasion, le regardoit de si près qu'elle avoit tousjours le regard à ses oeilz, qui sça-

---

[1] Les manuscrits portent *Pallanos*, et les éditions *Pallamous*, mais il faut lire certainement *Palamos*, quoique ce comté ne soit pas cité parmi ceux qui appartenaient à la Grandesse d'Espagne au seizième siècle.

voyent si bien faindre qu'elle ne pouvoit juger que par bien obscur soupson ; mais ce n'estoit sans grande peine au gentilhomme, auquel Floride, ignorant toutes ces malices, s'adressoit souvent devant Poline si priveement qu'il avoit une merveilleuse peine à contraindre son regard contre son cueur ; et, pour eviter qu'il n'en vint inconvénient, un jour, parlant à Floride, appuyé sur une fenestre, luy tint tels propos : « M'amye, je vous supplie me conseiller lequel vault mieulx parler ou morir? » Floride lui respondit promptement : « Je conseilleray tousjours à mes amis de parler, et non de morir ; car il y a peu de paroles qui ne se puissent amander, mais la vie perdue ne se peult recouvrer. — Vous me promectrez doncques, dist Amadour, que vous ne serez non seulement marrye des propos que je vous veulx dire, mais estonnée jusques à temps que vous entendiez la fin ? » Elle lui respondit : « Dictes ce qu'il vous plaira ; car, si vous m'estonnez, nul autre ne m'asseurera. » Il commença à luy dire : « Ma dame, je ne vous ay encores voulu dire la très grande affection que je vous porte, pour deux raisons : l'une, que j'entendois par long service vous en donner l'experience ; l'aultre, que je doubtois que vous estimissiez gloire en moy, qui suis ung simple gentil homme, de m'adresser en lieu qu'il ne m'appartient de regarder. Et encores, quant je serois prince comme vous, la loyaulté de vostre cueur ne permectroyt que ung aultre que celluy qui en a prins la possession, filz de l'Infant Fortuné, vous tienne propos d'amityé. Mais, ma dame, tout ainsy que la nécessité en une forte guerre contrainct faire le degast de son propre bien, et ruiner le bled en herbe, de paour que l'ennemy n'en puisse faire son proffict, ainsi prens-je le hazard de advancer le fruict que avecq le temps j'esperois cueillir, pour garder que les ennemis de vous et de moy n'en peussent faire leur proffit à vostre dommaige. Entendez, ma dame, que, des l'heure de vostre grande jeunesse, je me suis tellement dedié à vostre service, que je n'ay cessé chercher les moyens pour acquerir vostre bonne grace ; et, pour ceste occasion seulle, me suis marié à celle que je pensois que vous aymiez le mieulx Et sçachant l'amour que vous portiez au filz de l'Infant Fortuné, ay mis peine de le servir et hanter comme vous sçavez ; et tout ce que j'ay pensé vous plaire, je l'ay cherché de tout mon pouvoir. Vous voyez que j'ay acquis la grace de la comtesse vostre mere, et du comte vostre frere, et de tous ceulx que vous aymez, tellement que je suys en ceste maison tenu non comme serviteur, mais comme enffant ; et tout le travail que j'ay prins, il y a cinq ans, n'a esté que pour vivre toute ma vie avecq vous. Entendez, ma dame, que je ne suis point de ceulx qui pretendent par ce moyen avoir de vous ne bien ne plaisir aultre que vertueux. Je sçay que je ne vous puis espouser ; et, quand je le pourrois, je ne le vouldrois contre l'amour que vous portez à celluy que je desire vous veoir pour mary. Et, aussy, de vous aimer d'une amour vicieuse, comme ceulx qui esperent de leur long service une recompense au deshonneur des dames, je suis si loing de ceste affection, que j'aimerois mieulx vous veoir morte, que de vous sçavoir moins digne d'estre aymée, et que la vertu fust amoindrie en vous, pour quelque plaisir qui m'en sceult advenir. Je ne pretends, pour la fin et recompense de mon service, que une chose ; c'est que vous me voulliez estre maistresse si loyalle que jamais vous ne m'esloigniez de vostre bonne grace, que vous me continuiez au degré où je suis, vous fiant en moy plus qu'en nul aultre, prenant ceste seurté de moy, que, si, pour vostre honneur ou chose qui vous touchast, vous avez besoing de la vie d'un gentil homme, la mienne y sera de très bon cueur employée, et en pouvez faire estat. Pareillement, que toutes les choses honnestes et vertueuses que je feray seront faictes seulement pour l'amour de vous. Et si j'ay faict, pour dames moindres que vous, chose dont on ayt faict estime, soiez seure que, pour une telle maistresse, mes entreprinses croistront de telle sorte que les choses que je trouvois impossibles me seront très faciles. Mais, si vous ne m'acceptez pour du tout vostre, je delibere de laisser les armes, et renoncer à la vertu qui ne m'aura secouru à mon besoing. Parquoy, ma dame, je vous supplie que ma juste requeste me soyt octroyée, puisque vostre honneur et conscience ne me la peuvent refuser. »

La jeune dame, oyant ung propos non accoustumé, commença à changer de couleur et baisser les ocils comme femme estonnée. Toutesfoys, elle, qui estoit saige, luy dist : « Puis que ainsy est, Amadour, que vous demandez de moy ce que vous en avez, pourquoy est-ce que vous me faictes une si grande et longue harangue? J'ay si grand paour que, soubz voz honnestes propos, il y ayt quelque malice cachée pour decepvoir l'ignorance joincte à ma jeunesse, que je suis en grande perplexité de vous respondre. Car de refuser l'honneste amytyé que vous m'offrez, je ferois le contraire de ce que j'ay faict jusques icy, que je me suis plus fiée en vous que en tous les hommes du monde. Ma conscience ny mon honneur ne contreviennent point à vostre demande, ny l'amour que je porte au filz de l'Infant Fortuné ; car elle est fondée sur mariaige, où vous ne pretendez rien. Je ne

sçaiche chose qui me doibve empescher de faire response selon vostre
desir, sinon une craincte que j'ay en mon cueur, fondée sur le peu
d'occasion que vous avez de me tenir telz propos; car, si vous avez ce
que vous demandez, qui vous contrainct d'en parler si affectionnement? » Amadour, qui n'estoit sans response, luy dist : « Ma dame,
vous parlez très prudemment, et me faictes tant d'honneur de la
fiance que vous dictes avoir en moy, que, si je ne me contente d'un tel
bien, je suis indigne de tous les autres. Mais entendez, ma dame, que
celuy qui veult bastir ung édifice perpetuel, il doibt regarder à prendre
ung seur et ferme fondement : parquoy, moy qui desire perpetuellement demorer en vostre service, je doibs regarder non seulement les
moyens pour me tenir près de vous, mais empescher qu'on ne puisse
congnoistre la très grande affection que je vous porte; car, combien
qu'elle soit tant honneste qu'elle se puisse prescher partout, si est-ce
que ceulx qui ignorent le cueur des amans ont souvent jugé contre
vérité. Et de cela vient autant mauvais bruict, que si les effects estoient meschans. Ce qui me faict dire cecy, et ce qui m'a faict advancer
de le vous declairer, c'est Poline, laquelle a prins un si grand soupson
sur moy, sentant bien en son cueur que je ne la puis aymer, qu'elle
ne faict en tous lieux que espier ma contenance. Et quand vous venez
parler à moy devant elle si privement, j'ay si grand paour de faire
quelque signe où elle fonde jugement, que je tumbe en inconvenient
dont je me veulz garder : en sorte que j'ay pensé vous supplier que,
devant elle et devant celles que vous congnoissez aussi malitieuses, ne
veniez parler à moy ainsy soubdainement; car j'aymerois mieulx estre
mort, que creature vivante en eust la congnoissance. Et n'eust esté
l'amour que j'ai à vostre honneur, je n'avois point proposé de vous tenir
ces propos, d'autant que je me tiens assez heureux de l'amour et fiance
que vous me portez, où je ne demande rien davantaige que perseverance. »

Floride, tant contente qu'elle n'en pouvoit plus porter, commença
à sentir en son cueur quelque chose plus qu'elle n'avoit accoustumé;
et, voyant les honnestes raisons qu'il luy alleguoit, luy dist que la
vertu et honnesteté respondroient pour elle, et luy accordoit ce qu'il
demandoit. Dont si Amadour fut joyeulx, nul qui aime ne le peut
doubter. Mais Floride creut trop plus son conseil, qu'il ne vouloit;
car, elle, qui estoyt crainctifve non seulement devant Poline, mais en
tous aultres lieux, commencea à ne le chercher pas, comme elle avoit
accoustumé; et, en cest esloignement, trouva mauvais la grande fre-

quentation qu'Amadour avoit avec Poline, laquelle elle voyoit tant belle qu'elle ne pouvoit croyre qu'il ne l'aimast. Et, pour passer sa grande tristesse, entretenoit tousjours Avanturade, laquelle commençoit fort à estre jalouse de son mary et de Poline; et s'en plaignoit souvent à Floride, qui la consoloit le mieulx qu'il luy estoit possible, comme celle qui estoit frappée d'une mesme peste. Amadour s'apparceut bien tost de la contenance de Floride, et non seulement pensa qu'elle s'esloignoit de luy par son conseil, mais qu'il y avoit quelque fascheuse oppinion meslée. Et ung jour, venant de vespres d'un monastere, luy dist : « Ma dame, quelle contenance me faictes-vous ? — Telle que je pense que vous la voulez, » respondit Floride. A l'heure, soupsonnant la verité, pour sçavoir s'il estoit vray, va dire : « Ma dame, j'ay tant faict par mes journées, que Poline n'a plus d'opinion[1] de vous. » Elle luy respondit : « Vous ne sçauriez mieux faire, et pour vous, et pour moy; car, en faisant plaisir à vous-mesmes, vous me faites honneur. » Amadour estima, par ceste parole, qu'elle estimoit qu'il prenoit plaisir à parler à Poline, dont il fut si desesperé qu'il ne se peut tenir de luy dire en collere : « Ha ! ma dame, c'est bien tost commencé de tormenter ung serviteur, et le lapider de bonne heure; car je ne pense point avoir porté peine qui m'ait esté plus ennuyeuse que la contraincte de parler à celle que je n'ayme point. Et puis que ce que je faiz pour vostre service est prins de vous en aultre part, je ne parleray jamais à elle; et en advienne ce qu'il en pourra advenir ! Et à fin de dissimuller mon courroux, comme j'ay faict mon contentement, je m'en voys en quelque lieu icy auprès, en actendant que vostre fantaisie soit passée. Mais j'espere que là j'auray quelques nouvelles de mon cappitaine de retourner à la guerre, où je demoreray si long temps, que vous congnoistrez que aultre chose que vous ne me tient en ce lieu. » Et, en ce disant, sans actendre aultre responce d'elle, partit incontinant. Floride demora tant ennuyée et triste, qu'il n'estoit possible de plus. Et commença l'amour, poulsé de son contraire, à monstrer sa très grande force, tellement que elle, congnoissant son tort, escripvoit incessamment à Amadour, le priant de vouloir retourner; ce qu'il feit après quelques jours que sa grande collere luy estoit diminuée.

Je ne sçaurois entreprendre de vous compter par le menu les propos qu'ilz eurent pour rompre ceste jalousie. Toutesfoys, il gaingna la bataille, tant qu'elle luy promist que jamais elle ne croyroit non

---

[1] Ce mot est pris dans le sens de *soupçon, jalousie*.

seullement qu il aimast Poline, mais qu'elle seroit toute asseurée que celuy estoit ung martire trop importable de parler à elle ou à aultre, sinon pour luy faire service.

Après que l'amour eust vaincu ce premier soupson, et que les deux amans commancerent à prendre plus de plaisir que jamais à parler ensemble, les nouvelles vindrent que le Roy d'Espaigne envoyoit toute son armée à Saulce[1]. Parquoy, celuy qui avoit accoustumé d'estre le premier, n'avoit garde de faillir à pourchasser son honneur : mais il est vray que c'estoit avecq ung aultre regret qu'il n'avoyt accoustumé, tant de perdre son plaisir, qu'il avoit de paour de trouver mutation à son retour, pource qu'il voyoit Floride pourchassée de grands princes et seigneurs, et desja parvenue à l'aage de quinze à seize ans; parquoy pensa que, si elle estoit en son absence mariée, il n'auroit plus occasion de la veoir, sinon que la comtesse d'Arande luy donnast Avanturade, sa femme, pour compaignye. Et mena si bien son affaire envers ses amis, que la comtesse et Floride luy promirent que, en quelque lieu qu'elle fust mariée, sa femme Avanturade yroit. Et combien qu'il fust question de marier Floride en Portugal, si estoit-il deliberé qu'elle ne l'abandonneroit jamais; et, sur ceste asseurance, non sans ung regret indicible, s'en partit Amadour, et laissa sa femme avecq la comtesse. Quand Floride se veid seule, après le departement[2] de son bon serviteur, elle se meit à faire toutes choses si bonnes et vertueuses, qu'elle esperoit par cela actaindre le bruict des plus perfaictes dames, et d'estre reputée digne d'avoir ung tel serviteur que Amadour. Lequel, estant arrivé à Barselonne, fut festoyé des dames comme il avoyt accoustumé, mais elles le trouverent tant changé, qu'elles n'eussent jamais pensé que mariage eust telle puissance sur ung homme comme il avoit sur luy; car il sembloit qu'il se faschoit de veoir les choses que autresfois il avoyt desirées; et mesme la comtesse de Palamos, qu'il avoit tant aymée, ne sceut trouver moyen de le faire aller seullement jusques à son logis : qui fut cause qu'il arresta à Barselonne le moins qu'il luy fut possible, comme celuy à qui l'heure tardoit d'estre au lieu où l'on n'esperoit que luy. Et quand il fut arrivé à Saulce, commença la guerre

---

[1] Cette ville de Roussillon, à six lieues de Perpignan, se nomme aujourd'hui Salces. Elle a été assiégée plusieurs fois par les Français, quand elle appartenait à l'Espagne. Le siége le plus mémorable eut lieu en 1503. La place, bloquée par toute une armée pendant deux mois, se défendit vigoureusement avec une garnison de douze cents hommes. Voy. l'*Hist. du seizieme siecle*, par le Bibl. Jacob, t. II, p. 356 et suiv.

[2] On disait *partement* ou *departement*, pour *départ*.

grande et cruelle entre les deux Roys, laquelle ne suis deliberée de racompter, ne aussi les beaulx faicts que feit Amadour, car mon compte seroit assez long pour employer toute une journée. Mais sçachez qu'il emportoit le bruict[1] par dessus tous ses compaignons. Le duc de Nageres[2] arriva à Parpignan, ayant charge de deux mil hommes ; et pria Amadour d'estre son lieutenant, lequel avecq ceste bande feit tant bien son debvoir, que l'on n'oyoit en toutes les escarmouches crier que *Nageres*[3] !

Or advint que le Roy de Thunis, qui de long temps faisoit la guerre aux Espaignols, entendant comme les Roys de France et d'Espaigne faisoient la guerre l'un contre l'autre sur les frontieres de Parpignan et Narbonne, se pensa que en meilleure saison ne pourroit-il faire desplaisir au Roy d'Espaigne, et envoya un grand nombre de fustes[4] et autres vaisseaux, pour piller et destruire tout ce qu'ils pouroient trouver mal gardé sur les frontieres d'Espagne. Ceulx de Barselonne, voyans passer devant eulx une grande quantité de voiles, en advertirent le vice roy, qui estoit à Saulce, lequel incontinant envoya le duc de Nageres à Palamos. Et quand les Maures veirent que le lieu estoit si bien gardé, fainguirent de passer oultre ; mais, sur l'heure de minuict, retournerent, et meirent tant de gens en terre, que le duc de Nageres, surprins de ses ennemis, fut emmené prisonnier. Amadour, qui estoit fort vigillant, entendit le bruict, assembla incontinant le plus grand nombre qu'il peut de ses gens, et se defendit si bien que la force de ses ennemis fut long temps sans luy pouvoir nuyre. Mais, à la fin, sçachant que le duc de Nageres estoit prins, et que les Turcs estoient deliberez de mettre le feu à Palamos, et le brusler en la maison, qu'il tenoit forte contre eulx, ayma mieulx se rendre que d'estre cause de la perdition des gens de bien qui estoient en sa compaignie ;

---

[1] Renommée, réputation, gloire.

[2] Le duché de Nagera fut créé, par les rois Ferdinand et Isabelle, en faveur de Pierre Maurique de Lara, comte de Trevigno. Son petit-fils, Maurique de Lara, qui vivait en 1543, a été le troisième duc de Nagera. En 1501, Pierre de Nagera fut envoyé contre les Maures qui s'étaient révoltés dans les Alpujares et qui avaient defait un corps d'armée espagnole.

[3] Les *cris d'armes* étaient souvent les noms mêmes des seigneurs nobles, qui combattaient sous la bannière ou le pennon de leur maison. Cet usage militaire devait être commun à tous les pays où la chevalerie fut établie, et la chevalerie a subsisté en Espagne plus longtemps qu'en France.

[4] *Flûtes*, bâtiments légers qui étaient alors en usage dans la Méditerranée. Le mot *fuste* vient du latin *fustis*, bois rond ; nous avons encore dans la langue *fût*, *futaille*. En 1503, une flotte mauresque, composée de dix flûtes, ravagea, en effet, les côtes de Catalogne.

et aussi, que, se mectant à rançon, esperoit encore revoir Floride. A l'heure, se rendit à un Turc, nommé Dorlin, gouverneur du Roy de Thunis, lequel le mena à son maistre, où il fut le très bien receu et encores mieux gardé; car il pensoit bien, l'ayant entre ses mains, avoir l'Achilles de toutes les Espaignes.

Ainsi demoura Amadour près de deux ans au service du Roy de Thunis. Les nouvelles vindrent en Espaigne de ceste prinse, dont les parens du duc de Nageres feirent un grand dueil; mais ceulx qui aimoient l'honneur du pays estimerent plus grande la perte de Amadour. Le bruict en vint dans la maison de la comtesse d'Arande, où pour l'heure estoit la pauvre Avanturade griefvement malade. La comtesse, qui se doubtoit bien fort de l'affection que Amadour portoit à sa fille, laquelle elle souffroit et dissimuloit pour les vertuz qu'elle congnoissoit en luy, appella sa fille à part et luy dist les piteuses nouvelles. Floride, qui sçavoit bien dissimuler, luy dist que c'estoit grande perte pour toute leur maison, et que surtout elle avoit pitié de sa pauvre femme, veu mesmement la maladie où elle estoit. Mais, voyant sa mere pleurer très fort, laissa aller quelques larmes pour luy tenir compaignie, de paour que, par trop feindre, sa faincte ne fust descouverte. Depuis ceste heure-là, la comtesse luy en parloit souvent, mais jamais ne sceut tirer de sa contenance chose où elle peut asseoir jugement. Je laisseray à dire les voiages, prieres, oraisons et jeusnes, que faisoyt ordinairement Floride pour le salut de Amadour; lequel, incontinant qu'il fut à Thunis, ne faillit d'envoyer de ses nouvelles à ses amis, et, par homme fort seur, advertir Floride qu'il estoit en bonne santé et espoir de la revoir : qui fut à la pauvre dame le seul moyen de soustenir son ennuy. Et ne doubtez, puisqu'il luy estoit permis d'escrire, qu'elle s'en acquita si dilligemment, que Amadour n'eut point faulte de la consolation de ses lettres et epistres.

Et fut mandée la comtesse d'Arande, pour aller à Sarragosse, où le Roy estoit arrivé; et là se trouva le jeune duc de Cardonne, qui feit poursuicte si grande envers le Roy et la Royne, qu'ils prierent la comtesse de faire le mariaige de luy et de sa fille. La comtesse, comme celle qui en riens ne leur voulloit desobeir, l'accorda, estimant qu'en sa fille, qui estoit si jeune, n'y avoit volunté que la sienne. Quand tout l'accord fut faict, elle dist à sa fille, comme elle luy avoit choisy le party qui luy sembloit le plus necessaire. La fille, sçachant que en une chose faicte ne falloyt point de conseil, luy dist que Dieu fust loué du tout; et, voyant sa mere si estrange envers elle, ayma mieulx luy obeir, que d'avoir pitié de soy mesmes. Et, pour la resjouyr de tant de malheurs, entendit que l'Infant Fortuné estoit malade à la mort; mais jamais, devant sa mere ne nul autre, n'en feit ung seul semblant, et se contraingnit si fort, que les larmes, par force retirées en son cueur, feirent sortir le sang par le nez en telle abondance, que la vie fut en dangier de s'en aller quant et quant; et, pour la restaurer, espouza celuy qu'elle eut voluntiers changé à la mort. Après les nopces faictes, s'en alla Floride avecq son mary en la duché de Cardonne, et mena avecq elle Avanturade, à laquelle elle faisoit privement ses complainctes, tant de la rigueur que sa mere luy avoit tenue, que du regret d'avoir perdu le filz de l'Infant Fortuné; mais du regret d'Amadour, ne luy en parloit que par maniere de la consoler. Ceste jeune dame doncques se delibera de mectre Dieu et l'honneur devant ses oeilz, et dissimula si bien ses ennuyz, que jamais nul des siens ne s'apparceut que son mary luy despleut.

Ainsi passa ung long temps Floride, vivant d'une vie moins belle que la mort; ce qu'elle ne faillyt de mander à son serviteur Amadour, lequel, congnoissant son grand et honneste cueur, et l'amour qu'elle portoit au filz de l'Infant Fortuné, pensa qu'il estoit impossible qu'elle sceust vivre longuement, et la regretta comme celle qu'il tenoyt pis que morte. Ceste peyne augmenta celle qu'il avoit; et eust voulu demourer toute sa vie esclave comme il estoit, et que Floride eust eu ung mary selon son desir, oubliant son mal pour celluy qu'il sentoyt que portoit s'amye. Et, pour ce qu'il entendit, par ung amy qu'il avoit acquis à la court du Roy de Thunis, que le Roy estoit deliberé de luy faire presenter le pal [1], ou qu'il eust à renoncer sa foy, pour l'envie qu'il avoit, s'il le pouvoit rendre bon Turc, de le tenir avecq luy, il feit tant avecq le maistre qui l'avoit prins, qu'il le laissa aller sur sa foy, le mettant à si grande rançon qu'il ne pensoit point que ung homme de si peu de biens la peust trouver. Et ainsy, sans en parler au Roy, le laissa son maistre aller sur sa foy. Luy, venu à la court devers le Roy d'Espaigne, s'en partist bien tost pour aller chercher sa rançon à tous ses amys; et s'en alla tout droict à Barselonne, où le jeune duc de Cardonne, sa mere et Floride, estoient allez pour quelque affaire. Sa femme Avanturade, si tost qu'elle ouyt les nouvelles que son mary estoit revenu, le dist à Floride, laquelle s'en resjouyt comme

---

[1] Le P. Dan raconte, en effet, dans son *Histoire de Barbarie et de ses corsaires* (Paris, 1637, in-4), que les esclaves chrétiens qui refusaient d'embrasser l'islamisme étaient souvent condamnés au supplice du pal.

pour l'amour d'elle. Mais, craingnant que la joye qu'elle avoyt de le veoir luy feit changer de visaige, et que ceulx qui ne la congnoissoient point en prinssent mauvaise opinion, se tint à une fenestre, pour le veoir venir de loing. Et, si tost qu'elle l'advisa, descendit par un escallier tant obscur que nul ne pouvoit congnoistre si elle changeoit de couleur; et ainsy, embrassant Amadour, le mena en sa chambre, et de là à sa belle mere, qui ne l'avoit jamais veu. Mais il n'y demoura point deux jours, qu'il se feit autant aymer dans leur maison, qu'il estoit en celle de la comtesse d'Arande.

Je vous laisseray à penser les propos que Floride et luy peurent avoir ensemble, et les complainctes qu'elle luy feit des maulx qu'elle avoit receuz en son absence. Après plusieurs larmes gectées du regrect qu'elle avoit, tant d'estre mariée contre son cueur, que d'avoir perdu celuy qu'elle aymoit tant, lequel jamais n'esperoit de reveoir, se delibera de prendre sa consolation en l'amour et seurté qu'elle portoit à Amadour, ce que toutesfois elle ne luy osoit declarer : mais, luy, qui s'en doubtoit bien, ne perdoit occasion ne temps pour luy faire congnoistre la grande amour qu'il luy portoit. Sur le point qu'elle estoit presque toute gaingnée de le recepvoir, non à serviteur, mais à seur et parfaict amy, arriva une malheureuse fortune; car le Roy, pour quelque affaire d'importance, manda incontinant Amadour; dont sa femme eut si grand regret, que, en oyant ces nouvelles, elle s'esvanouit, et tumba d'un degré où elle estoit, dont elle se blessa si fort que oncques puis n'en releva. Floride, qui, par ceste mort, perdoit toute consolation, feit tel dueil que peult faire celle qui se sent destituée de ses parens et amys. Mais encores le print plus mal en gré Amadour; car, d'un costé, il perdoit l'une des femmes de bien qui oncques fut, et de l'autre, le moyen de pouvoir jamais reveoir Floride; dont il tomba en telle tristesse, qu'il cuida soubdainement mourir. La vieille duchesse de Cardonne incessamment le visitoit, luy alleguant les raisons des philosophes, pour luy faire porter ceste mort patiemment. Mais rien ne servoyt; car, si la mort d'un costé le tourmentoit, l'amour de l'aultre costé augmentoit le martyre. Voiant Amadour que sa femme estoit enterrée, et que son maistre le mandoit, parquoy il n'avoit plus occasion de demourer, eut tel desespoir en son cueur, qu'il cuyda perdre l'entendement. Floride, qui, en le cuydant consoler, estoit sa desolation, fut toute une après disnée à luy tenir les plus honnestes propos qu'il luy fut possible, pour luy cuyder diminuer la grandeur de son dueil, l'asseurant qu'elle trouveroit moyen de le pouvoir veoir plus souvent qu'il ne cuydoit. Et, pour ce que le matin debvoit partir, et qu'il estoit si foible qu'il ne se pouvoit bouger de dessus son lict, la supplia de le venir veoir au soir, après que chascun y avoit esté; ce qu'elle luy promit, ignorant que l'extremité de l'amour ne congnoit nulle raison. Luy, qui se voyoit du tout desespéré de jamais la pouvoir recepvoir, que si longuement l'avoit servie, et n'en avoit jamais eu nul autre traictement que vous avez oy, fut tant combattu de l'amour dissimulé et du desespoir qui luy monstroit tous les moyens de la hanter perduz, qu'il se delibera de jouer à quicte ou à double, pour du tout la perdre ou du tout la gaigner, et se payer en une heure du bien qu'il pensoit avoir merité. Il feit encourtiner son lict, de sorte que ceulx qui venoient à la chambre ne le povoient veoir, et se plaingnoit beaucoup plus que il n'avoit accoustumé, tant que tous ceulx de ceste maison ne pensoient pas que il deust vivre vingt quatre heures.

Après que chascun l'eust visité, au soir, Floride, à la requeste mesmes de son mary, y alla, esperant, pour le consoler, luy declarer son affection, et que du tout elle le vouloit aymer, ainsy que l'honneur le peult permettre. Et se vint seoir en une chaire qui estoit au chevet de son lict[1], et commença son reconfort[2] par pleurer avecq luy. Amadour, la voyant remplie de tel regret, pensa que en ce grand tourment pourroit plus facilement venir à bout de son intention; et se leva de dessus son lict: dont Floride, pensant qu'il fust trop foible, le voulut engarder. Et se meit à deux genoulx devant elle, luy disant : « Faut-il que pour jamais je vous perde de veue? » Se laissa tumber entre ses bras, comme ung homme à qui force default. La pauvre Floride l'embrassa et le soustint longuement, faisant tout ce qui luy estoit possible pour le consoler; mais la medecine qu'elle luy bailloit, pour amander sa douleur, la luy rendoit beaucoup plus forte; car, en faisant le demy mort et sans parler, s'essaya à chercher ce que l'honneur des dames deffend. Quant Floride s'apperceut de sa mauvaise volunté, ne la pouvant croire, veu les honnestes propos que tousjours luy avoit tenuz, luy demanda que c'estoit qu'il vouloit : mais Amadour, craignant d'ouyr sa response, qu'il sçavoit bien ne pouvoir estre que chaste et honneste, sans luy dire riens, poursuivyt, avec toute la force qu'il luy fut possi-

---

[1] Il y avait toujours une *chaire à dorseret* au chevet du lit d'honneur. Voyez les *Honneurs de la cour*, publiés par Lacurne de Sainte-Palaye, à la suite des *Mémoires sur l'ancienne chevalerie*.

[2] Consolation.

ble, ce qu'il cherchoit ; dont Floride, bien estonnée, soupsonna plus tost qu'il fust hors de son sens, que de croire qu'il pretendist à son deshonneur. Parquoy elle appella tout hault ung gentil homme qu'elle sçavoit bien estre en la chambre avecq elle; dont Amadour, desesperé jusques au bout, se regecta dessus son lict si soubdainement, que le gentil homme cuydoyt qu'il fust trespassé. Floride, qui s'estoit levée de sa chaise, luy dist : « Allez, et apportez vistement quelque bon vinaigre. » Ce que le gentil homme feit. A l'heure, Floride commença à dire : « Amadour, quelle follie est montée en vostre entendement? et qu'est-ce qu'avez pensé et voulu faire? » Amadour, qui avoit perdu toute raison par la force d'amour, luy dist : « Un si long service merite-il recompense de telle cruaulté ? — Et où est l'honneur, dist Floride, que tant de fois vous m'avez presché? — Ha ! ma dame, dist Amadour, il n'est possible de plus aymer vostre honneur que je fais; car, avant que fussiez mariée, j'ay sceu si bien vaincre mon cueur, que vous n'avez sceu congnoistre ma volunté; mais, maintenant que vous l'estes, et que vostre honneur peut estre couvert, quel tort vous tiens je de demander ce qui est mien ? Car, par la force d'amour, je vous ay gaignée. Celuy, qui premier a eu vostre cueur, a si mal poursuivy le corps, qu'il a merité perdre le tout ensemble. Celuy, qui possede vostre corps, n'est pas digne d'avoir vostre cueur : parquoy, mesmes le corps ne luy appartient. Mais, moy, ma dame, durant cinq ou six ans, j'ay porté tant de peines et de maulx pour vous, que vous ne pouvez ignorer que à moy seul appartiennent le corps et le cueur, pour lequel j'ay oublié le mien. Et si vous vous cuydez deffendre par la conscience, ne doubtez point que, quant l'amour force le corps et le cueur, le peché soit jamais imputé. Ceulx qui par fureur mesme viennent à se tuer, ne peuvent pecher quoy qu'ils fassent; car la passion ne donne lieu à la raison. Et si la passion d'amour est la plus importable de tous les aultres, et celle qui plus aveugle tous les sens, quel peché vouldriez-vous attribuer à celuy qui se laisse conduire par une invincible puissance? Je m'en vas, et n'espere jamais de vous veoir. Mais, si j'avois avant mon partement la seureté de vous, que ma grande amour merite, je serois assez fort pour soustenir en patience les ennuictz de ceste longue absence. Et s'il ne vous plaist m'ottroyer ma requeste, vous orrez bien tost dire que vostre rigueur m'aura donné une malheureuse et cruelle mort »

Floride, non moins marrye que estonnée d'oyr tenir tels propos à celuy duquel jamais n'eust eu soupçon de chose semblable, luy dist en pleurant : « Helas! Amadour, sont-ce icy les vertueux propos que durant ma jeunesse m'avez tenuz? Est-ce cy l'honneur et la conscience, que vous m'avez maintesfois conseillé plustost mourir, que de perdre? Avez-vous oblié les bons exemples que vous m'avez donnez des vertueuses dames qui ont resisté à la folle amour, et le despris que vous avez tousjours faict des folles[1]? Je ne puis croire, Amadour, que vous soyez si loing de vous-mesmes, que Dieu, vostre conscience et mon honneur soient du tout mortz en vous. Mais, si ainsi est que vous le dictes, je loue la Bonté divine, qui a prevenu le malheur où maintenant je m'alloys precipiter, en me monstrant par vostre parole le cueur que j'ay tant ignoré. Car, ayant perdu le fils de l'Infant Fortuné, non seulement pour estre marié ailleurs, mais pour ce que je sçay qu'il en aime une aultre, et, me voyant mariée à celuy que je ne puis, quelque peine que je y mette, aymer et avoir agreable, j'avois pensé et deliberé de entierement et du tout mettre mon cueur et mon affection à vous aymer, fondant ceste amitié sur la vertu que j'ay tant congneue en vous, et en laquelle, par vostre moyen, je pense avoir attaincte : c'est d'aymer plus mon honneur et ma conscience, que ma propre vie. Sur ceste pierre d'honnesteté, j'estois venue ici, deliberée de y prendre ung très seur fondement; mais, Amadour, en un moment, vous m'avez monstré qu'en lieu d'une pierre necte et pure, le fondement de cet edifice seroit sur sablon legier ou sur la fange infame. Et combien que desja j'avois commencé grande partie du logis où j'esperois faire perpetuelle demeure, vous l'avez soubdain du tout ruyné. Parquoy, il fault que vous vous deportiez de l'esperance que avez jamais eue en moy, et vous deliberiez, en quelque lieu que je sois, ne me chercher ne par parole ne par contenance, ny esperer que je puisse ou vueille jamais changer ceste opinion. Je le vous dis avecq tel regret, qu'il ne peut estre plus grand; mais, si je fusse venue jusque à avoir juré parfaicte amitié avecq vous, je sens bien mon cueur tel, qu'il fust mort en ceste rencontre; combien que l'estonnement que j'ay de me veoir deceue est si grand, que je suis seure qu'il rendra ma vie ou briefve ou douloureuse. Et sur ce mot, je vous dy à Dieu, mais c'est pour jamais! »

Je n'entreprends point de vous dire la douleur que sentoyt Amadour escoutant ces paroles; car elle n'est seulement impossible à

---

[1] *Folles*, dans le sens de *galantes*, *libertines*, etc. On appelait les femmes de mauvaise vie *folles de leur corps*.

escripre, mais à penser, sinon à ceux qui ont experimenté la pareille. Et, voiant que sur ceste cruelle conclusion elle s'en alloyt, l'arresta par le bras, sçachant très bien que, s'il ne luy ostoit la mauvaise opinion qu'il luy avoit donnée, à jamais il la perdroit. Parquoy, il luy dist avec le plus fainct visaige qu'il peut prendre : « Ma dame, j'ay toute ma vie desiré d'aymer une femme de bien ; et pour ce que je en ay trouvé si peu, j'ay bien voulu vous experimenter, pour veoir si vous estiez, par vostre vertu, digne d'estre tant estimée que aymée. Ce que maintenant je sçay certainement, dont je loue Dieu, qui adresse mon cueur à aymer tant de perfection ; vous suppliant me pardonner ceste folle et audatieuse entreprinse, puis que vous voyez que la fin en tourne à vostre honneur et à mon grand contentement. » Floride, qui commençoit à congnoistre la malice des hommes par luy, tout ainsi qu'elle avoit esté difficile à croire le mal où il estoit, aussi fut-elle encores plus à croire le bien où il n'estoit pas, et luy dist : « Pleust à Dieu que eussiez dict la verité ! Mais je ne puis estre si ignorante, que l'estat de mariage où je suis ne me face bien congnoistre clairement que forte passion et aveuglement vous a faict faire ce que vous avez faict. Car, si Dieu m'eust lasché la main, je suis seure que vous ne m'eussiez pas retiré la bride. Ceulx qui tentent pour chercher la vertu n'ont accoustumé prendre le chemin que vous avez prins. Mais c'est assez : si j'ay creu legierement quelque bien en vous, il est temps que j'en congnoisse la verité, laquelle maintenant me delivre de vos mains : » Et, en ce disant, se partit Floride de la chambre, et tant que la nuict dura, ne feit que pleurer, sentant si grande douleur en ceste mutation, que son cueur avoit bien à faire à soutenir les assaults du regret que amour luy donnoit. Car, combien que, selon la raison, elle estoit deliberée de jamais plus l'aymer, si est-ce que le cueur, qui n'est point subject à nous, ne s'y voulut oncques accorder : parquoy, ne le pouvant moins aymer qu'elle avoit accoustumé, sçachant qu'amour estoit cause de ceste faulte, se delibera, satisfaisant à l'amour, de l'aymer de tout son cueur, et, obeissant à l'honneur, n'en faire jamais à luy ne à aultre semblant.

Le matin, s'en partit Amadour, ainsy fasché que vous avez oy : toutesfois, son cueur, qui estoit si grand qu'il n'avoit au monde son pareil, ne le souffrit desesperer, mais luy bailla nouvelle invention de pouvoir encores reveoir Floride et avoir sa bonne grace Doncques, en s'en allant devers le roy d'Espaigne, lequel estoit à Tollette, print son chemin par la comté d'Arande, où, un soir, bien tard, il arriva ; et trouva la comtesse fort malade d'une tristesse qu'elle avoit de l'absence de sa fille Floride. Quand elle veid Amadour, elle le baisa et embrassa, comme si c'eust esté son propre enfant, tant pour l'amour qu'elle luy portoit, que pour celle qu'elle doubtoit qu'il avoit à Floride, de laquelle elle luy demanda bien soingneusement des nouvelles : qui luy en dist le mieux qu'il luy fut possible, mais non toute la verité ; et luy confessa l'amitié d'eulx, ce que Floride avoit toujours celé, la priant luy vouloir ayder d'avoir souvent de ses nouvelles, et de retirer bien tost Floride avecq elle. Et dès le matin s'en partit ; et, après avoir faict ses affaires avecq le Roy, s'en alla à la guerre, si triste et si changé de toutes conditions, que dames, cappitaines, et tous ceulx qu'il avoit accoustumé de hanter, ne le congnoissoient plus : et ne se habilloit plus que de noir, mais c'estoit d'une frise[1] beaucoup plus grosse qu'il ne la falloyt pour porter le dueil de sa femme, duquel il couvroit celuy qu'il avoit au cueur. Et ainsy passa Amadour trois ou quatre années, sans revenir à la court. Et la comtesse d'Arande, qui ouyt dire que Floride estoit changée, et que c'estoit pitié de la veoir, l'envoya querir, esperant qu'elle reviendroit auprès d'elle. Mais ce fut le contraire ; car, quand Floride sceut que Amadour avoyt declaré à sa mere leur amitié, et que sa mere, tant saige et vertueuse, se confiant en Amadour, la trouva bonne, fut en une merveilleuse perplexité, pour ce que d'un cousté elle voyoit que sa mere l'estimoit tant, que, si elle luy disoit la verité, Amadour en pourroit recepvoir mal, ce que pour morir n'eust voulu, veu qu'elle se sentoit assez forte, pour le pugnir de sa follie, sans y appeller ses parens ; d'autre costé, elle voyoit que, dissimulant le mal que elle y sçavoit, elle seroit contraincte de sa mere et de tous ses amis de parler à luy et luy faire bonne chere[2], par laquelle elle craignoit fortifier sa mauvaise oppinion[3]. Mais, voyant qu'il estoit loing, n'en feit grand semblant, et luy escrivoit, quand la comtesse le luy commandoit ; toutesfois, c'estoient lettres qu'il pouvoit bien congnoistre venir plus d'obeissance que de bonne volunté ; dont il estoit autant ennuyé en les lisant, qu'il avoit accoustumé se resjouyr des premieres.

Au bout de deux ou trois ans, après avoir faict tant de belles choses que tout le papier d'Espaigne ne les sçauroit contenir, imagina une invention très grande, non pour gaingner le cueur de Floride,

---

[1] Drap de Frise, grosse étoffe de laine noire ou grise.
[2] Bon visage.
[3] C'est-à-dire l'espoir qu'il avait de triompher de sa résistance.

car il le tenoit pour perdu, mais pour avoir la victoire de son ennemi puis que telle se faisoit contre luy. Il meit arriere tout le conseil de raison, et mesme la paour de la mort, dont il se mettoit au hazard ; delibera et conclud d'ainsy faire. Or feit tant envers le grand gouverneur[1], qu'il fut par luy deputé pour venir parler au Roy de quelque entreprinse secrette qui se faisoit sur Locatte[2] ; et se feit commander de communiquer son entreprinse à la comtesse d'Arande, avant que la declairer au Roy, pour en prendre son bon conseil. Et vint en poste tout droict en la comté d'Arande, où il sçavoit qu'estoit Floride, et envoya secretement à la comtesse ung sien amy luy declairer sa venue, luy priant la tenir secrette, et qu'il peust parler à elle la nuict, sans que personne en sceust rien. La comtesse, fort joyeuse de sa venue, le dist à Floride, et l'envoya deshabiller en la chambre de son mary, afin qu'elle fust preste, quand elle la manderoit et que chacun fut retiré. Floride, qui n'estoit pas encore asseurée de sa premiere paour, n'en feit semblant à sa mere, mais s'en alla en ung oratoire se recommander à Nostre Seigneur, et luy priant de vouloir conserver son cueur de toute meschante affection, pensa que souvent Amadour l'avoit louée de sa beauté, laquelle n'estoit point diminuée, nonobstant qu'elle eust esté longuement malade ; parquoy, aimant mieulx faire tort à sa beaulté, en la diminuant, que de souffrir par elle le cueur d'un si honneste homme brusler d'un si meschant feu, print une pierre qui estoit en la chapelle, et s'en donna par le visaige un si grand coup, que la bouche, le nez et les yeulx en estoient tout difformez. Et, à fin que l'on ne soupçonnast qu'elle l'eut faict, quand la comtesse l'envoya querir, se laissa tumber en sortant de la chapelle le visaige contre terre et en criant bien hault. Arriva la comtesse, qui la trouva en ce piteux estat ; et incontinant fut pansée et bandée par tout le visaige.

Après, la comtesse la mena en sa chambre, et luy dist qu'elle la prioit d'aller en son cabinet entretenir Amadour, jusques à ce qu'elle se fust deffaicte de sa compagnie ; ce que feit Floride, pensant qu'il y eust quelques gens avecq luy. Mais, se trouvant toute seule, la porte fermée sur elle, fut autant marrye qu'Amadour content, pensant que, par amour ou par force, il auroit ce qu'il avoit desiré. Et, après avoir parlé à elle, et l'avoir trouvée en mesme propos en quoy il l'avoit

---

[1] Le gouverneur ou vice-roi de Catalogne.
[2] En octobre 1503, l'armée espagnole, commandée par le duc d'Albe, après avoir fait lever le siége de Salces, brûla plusieurs villes voisines, entre autres Leucate, qui était occupée par les Français.

laissée, et que pour mourir elle ne changeroit son opinion, luy dist, tout oultré de desespoir : « Par Dieu! Floride, le fruict de mon labeur ne me sera point osté par vos scrupules ; car, puis que amour, patience et humble priere ne servent de riens, je n'espargneray point ma force pour acquerir le bien qui, sans l'avoir, me la feroit perdre. » Et quand Floride veit son visaige et ses yeulx tant alterez, que le plus beau teint du monde estoit rouge comme feu, et le plus doux et plaisant regard si horrible et furieux qu'il sembloit que ung feu très ardent estincelast dans son cueur et son visaige ; et en ceste fureur, d'une de ses fortes et puissantes mains, print les deux delicates et foibles de Floride. Elle, voyant que toutes deffenses luy failloient, et que pieds et mains estoient tenuz en telle captivité, qu'elle ne pouvoyt fuyr, encores moins se defendre, ne sceut quel meilleur remede trouver, sinon chercher s'il n'y avoit point encores en luy quelques racines de la premiere amour, pour l'honneur de laquelle il obliast sa cruaulté : parquoy, elle luy dist : « Amadour, si maintenant vous m'estimez comme ennemye, je vous supplie, par l'honneste amour que j'ay autresfois pensé estre en vostre cueur, me vouloir escouter avant que me tourmenter! » Et quand elle veid qu'il luy prestoit l'oreille, poursuivyt son propos, disant : « Hélas! Amadour quelle occasion vous meut de chercher une chose dont vous ne povez avoir contentement, et me donner ennuy le plus grand que je sçaurois recevoir? Vous avez tant experimenté ma volunté, du temps de ma jeunesse et de ma plus grande beaulté, sur quoy vostre passion pouvoit prendre excuse, que je m'esbahis que l'aage et grande laydeur où je suys, oultrée d'extreme ennuy, vous cherchez ce que vous sçavez ne povoir trouver. Je suis seure que vous ne doubtez point que ma volunté ne soit telle qu'elle a accoustumé ; parquoy ne povez avoir par force ce que demandez. Et, si vous regardez comme mon visaige est accoustré, en obliant la memoire du bien que vous y avez veu, vous n'aurez point d'envie d'en approcher de plus près. Et s'il y a encores en vous quelques reliques de l'amour passé, il est impossible que la pitié ne vainque vostre fureur. Et, à icelle pitié, que j'ay tant experimenté en vous, je fais ma plaincte et demande grace, à fin que vous me laissiez vivre en paix et en l'honnesteté que, selon vostre conseil, j'ay deliberé garder. Et, si l'amour que vous m'avez portée est convertie en haine, et que, plus par vengeance que par affection, vous vueillez me faire la plus malheureuse femme du monde, je vous asseure qu'il n'en sera pas ainsy : et me contraindrez, contre ma deliberation, de declairer vostre meschante volunté à celle qui croyt tant de bien de vous; et, en ceste congnoissance, pouvez penser que vostre vie ne seroit pas en seureté. » Amadour, rompant son propos, luy dist : « S'il me fault mourir, le ferai plustost, quicte de mon tourment; mais la difformité de vostre visaige, que je pense estre faicte de vostre volunté, ne m'empeschera point de faire la mienne; car que je ne pourrois avoir de vous que les oz, si les voudrois-je tenir auprès de moy. » Et quand Floride veid que prieres, raison ne larmes ne luy servoient de riens, et qu'en telle cruaulté poursuivoit son meschant desir, qu'elle n'avoit enfin force d'y resister, se ayda du secours qu'elle craingnoyt autant que perdre sa vie, et, d'une voix triste et piteuse, appella sa mere le plus hault qu'il luy fut possible. Laquelle, oyant sa fille l'appeler d'une telle voix, eut merveilleusement grand paour de ce qui estoit veritable, et courut le plus tost qu'il luy fut possible, en la garde-robbe. Amadour, qui n'estoit pas si prest à morir qu'il disoit, laissa de si bonne heure son entreprinse, que la dame, ouvrant le cabinet, le trouva à la porte, et Floride assez loin de là. La comtesse luy demanda : « Amadour, qui a-il? Dictes-moy la vérité. » Et comme celluy qui n'estoit jamais despourveu d'inventions, avecq un visaige pasle et transi, luy dist : « Hélas! ma dame, de quelle condition est devenue madame Floride? Je ne fuz jamais si estonné que je suis; car, comme je vous ay dict, je pensois avoir part dans sa bonne grâce; mais je congnois bien que je n'y ay plus riens. Il me semble, ma dame, que du temps qu'elle estoit nourrie avecq vous, elle n'estoit moins sage ne vertueuse qu'elle est; mais elle ne faisoit point de conscience de parler et veoir ung chascun; et, maintenant que je l'ay voulu regarder, elle ne l'a voulu souffrir. Et quant j'ay veu ceste contenance, pensant que ce fust ung songe ou une resverie, luy ay demandé sa main pour la baiser à la façon du païs, ce qu'elle m'a du tout refusé. Il est vray, ma dame, que j'aye eu tort, dont je vous demande pardon; c'est que je luy ay prins la main quasi par force, et la luy ay baisée, ne luy demandant autre contentement; mais elle, qui a, comme je croy, deliberé ma mort, vous a appellée, ainsy comme vous avez veu. Je ne sçaurois dire pourquoy, sinon qu'elle ayt eu paour, que j'eusse autre volunté que je n'ay. Toutesfois, ma dame, en quelque sorte que ce soit, j'advoue le tort estre mien; car, combien qu'elle devroit aymer tous voz bons serviteurs, la fortune veult que, moy seul plus affectionné, soit mis hors de sa bonne grace. Si est-ce que je demoureray tousjours tel envers vous et elle, que je suis tenu, vous suppliant me vouloir tenir en la vostre, puis que sans mon demerite j'ay perdu la sienne. »

La comtesse, qui en partie le croyoit et en partie doubtoit, s'en alla à sa fille et luy dist : « Pourquoy m'avez-vous appellée si haut? » Floride respondit qu'elle avoit eu paour. Et combien que la comtesse l'interrogea de plusieurs choses par le menu, si est-ce que jamais ne luy feit aultre response; car, voyant qu'elle estoit eschappée d'entre les mains de son ennemy, le tenoit assez puni de luy avoir rompu son entreprinse.

Après que la comtesse eut longuement parlé à Amadour, le laissa encores devant elle parler à Floride, pour veoir quelle contenance il tiendroit. A laquelle il ne tint pas grand propos, sinon qu'il la mercia de ce qu'elle n'avoit confessé verité à sa mere, et la pria que au moins, puis qu'il estoit hors de son cueur, ung aultre ne tinst point sa place. Elle luy respondit quant au premier propos : « Si j'eusse eu aultre moyen de me defendre de vous que par la voix, elle n'eust jamais esté oye; mais, par moy, vous n'aurez pis, si vous ne m'y contraingnez comme vous avez foict. Et n'ayez pas paour que j'en sceusse aymer d'aultre; car, puisque je n'ay trouvé, au cueur que je sçavois le plus vertueux du monde, le bien que je desirois, je ne croiray point qu'il soit en nul homme. Ce malheur sera cause que je seray, pour l'advenir, en liberté des passions que l'amour peult donner. » En ce disant, print congé d'elle. La mere, qui regardoit sa contenance, n'y sceut rien juger, sinon que depuis ce temps-là congneust très bien que sa fille n'avoit plus d'affection à Amadour, et pensa pour certain qu'elle fust si desraisonnable qu'elle hayst toutes les choses qu'elle aimoit. Et, dès ceste heure-là, luy mena la guerre si estrange, qu'elle fut sept ans sans parler à elle, si elle ne s'y courroussoit, et tout à la requeste d'Amadour. Durant ce temps-là, Floride tourna la craincte qu'elle avoit d'estre avecq son mary en volunté de n'en bouger, pour les rigueurs que luy tenoit sa mere. Mais, voyant que riens ne luy servoit, delibera de tromper Amadour; et, laissant pour ung jour ou deux son visaige estrange, luy conseilla de tenir propos d'amitié à une femme qu'elle disoit avoir parlé de leur amour. Ceste dame demoroit avecq la Royne d'Espaigne, et avoit nom Lorette. Amadour la creut, et, pensant par ce moyen retourner encores en sa bonne grace, feit l'amour à Lorette, qui estoit femme d'un cappitaine, lequel estoit des grands gouverneurs du Roy d'Espaigne. Lorette, bien aise d'avoir gaingné un tel serviteur, en feit tant de mines, que le bruict en courut partout; et mesme la comtesse d'Arande, estant à la cour, s'en apperceut : parquoy depuis ne tourmentoit tant Floride, qu'elle avoit accoustumé.

Floride ouyt ung jour dire, que le cappitaine mary de Lorette estoit entré en une si grande jalousie, qu'il avoit deliberé, en quelque sorte que ce fust, de tuer Amadour; et elle, qui, nonobstant son dissimulé visage, ne pouvoit vouloir mal à Amadour, l'en avertit incontinent. Mais, luy, qui facilement fut retourné à ses premieres brisées, luy respondit s'il luy plaisoit l'entretenir trois heures tous les jours, que jamais il ne parleroit à Lorette; ce qu'elle ne voulut accorder. « Doncques, ce luy dist Amadour, puisque ne me voulez faire vivre, pourquoy me voulez-vous garder de mourir? Sinon que vous esperez me tormenter plus en vivant que mille morts ne sçauroyent faire. Mais combien que la mort me fuye, si la chercheray-je tant, que je la trouveray; car, en ce jour-là seulement, j'auray repos. »

Durant qu'ils estoient en ces termes, vint nouvelle que le Roy de Grenade[1] commençoit une grande guerre contre le Roy d'Espaigne, tellement que le Roy y envoya le prince son fils[2], et avecq luy le connestable de Castille et le duc d'Albe[3], deux vieils et saiges seigneurs. Le duc de Cardonne et le comte d'Arande ne voulurent pas demorer et supplierent au Roy leur donner quelque charge; ce qu'il feit selon leurs maisons, et leur bailla, pour les conduire seurement, Amadour, lequel, durant la guerre, feit des actes si estranges, que sembloient autant de desespoir que de hardiesse. Et, pour venir à l'intention de

---

[1] Il y a évidemment confusion dans les faits. Le dernier roi de Grenade fut Mahomet-Boabdil, chassé de ses Etats par Ferdinand et Isabelle, qui mirent fin à la domination des Maures en Espagne, l'an 1493. Il est vrai aussi que les Maures se maintinrent, avec leurs mœurs et leur religion, dans les provinces qu'ils occupaient, jusqu'en 1610, où ils furent définitivement expulsés de la Péninsule. Ils s'étaient révoltés plus d'une fois contre les rois d'Espagne, et c'est sans doute à une de ces révoltes, celle de 1500, que le récit de la reine de Navarre fait allusion. Quant à ce *roi de Grenade*, c'était un chef qui prétendait à la succession des rois maures. La révolte, qui eut lieu en 1500 et 1501, fut si redoutable, que Ferdinand marcha en personne dans les Alpujares. Au reste, la reine de Navarre, qui ne connaissait qu'imparfaitement cet épisode de l'histoire d'Espagne, devait confondre les faits et les personnages.

[2] C'est son gendre, Philippe d'Autriche, dit le Beau, fils de l'empereur Maximilien, souverain des Pays-Bas, héritier présomptif de la couronne d'Espagne, par suite de son mariage avec Jeanne, fille de Ferdinand et d'Isabelle, qui n'avaient pas eu de fils. Ce jeune prince, de brillante espérance, mourut en 1506, âgé de vingt-sept ans.

[3] Frédéric de Tolède, duc d'Albe, marquis de Coria, rendit de si grands services à son maître dans la guerre de Roussillon contre le roi de France, que Ferdinand le Catholique lui donna la ville de Huesca. Ce grand capitaine, qui ne mourut qu'en 1527, était désigné sous le nom du *vieux duc d'Albe*, pour le distinguer de son fils Garcias de Tolède, capitaine général des côtes d'Afrique, qui mourut, en 1510, dans une bataille contre les Maures.

mon compte, je vous diray que sa trop grande hardiesse fut esprouvée
par la mort ; car, ayans les Maures faict demonstrance de donner la bataille, voyans l'armée des Chrestiens si grande, feirent semblant de
fuir. Les Espaignols se meirent à la chasse ; mais le vieil connestable
et le duc d'Albe, se doubtans de leur finesse, retindrent contre sa
volunté le prince d'Espaigne, qu'il ne passast la riviere ; ce que feirent,
nonobstant la desfense, le comte d'Arande et le duc de Cardonne. Et
quand les Maures veirent qu'ils n'estoient suivis que de peu de gens,
se retournerent, et d'un coup de symeterre abbatirent tout mort le
duc de Cardonne, et fut le comte d'Arande si fort blessé, que l'on le
laissa comme mort en la place. Amadour arriva, sur ceste desfaicte,
tant enraigé et furieux, qu'il rompit toute la presse ; et feit prendre les
deux corps qui estoient mortz et porter au camp du prince, lequel en
eut autant de regret que de ses propres freres. Mais, en visitant leurs
playes, se trouva le comte d'Arande encores vivant, lequel fut envoyé
en une lictiere en sa maison, où il fut longuement malade. De l'autre
costé, renvoya à Cardonne le corps du mort. Amadour, ayant faict son
effort de retirer ces deux corps, pensa si peu pour luy, qu'il se trouva
environné d'un grand nombre de Maures ; et luy, qui ne vouloit non
plus estre prins qu'il n'avoit sceu prendre s'amie, ne faulser sa foy
envers Dieu, qu'il avoit faulsée envers elle, sçachant que, s'il estoit
mené au Roy de Grenade, il mourroit cruellement ou renonceroit
la chrestienté, delibera ne donner la gloire ne de sa mort ne sa prinse
à ses ennemis ; et, en baisant la croix de son espée, rendant corps et
ame à Dieu, s'en donna un tel coup, qu'il ne luy en fallut point de
secours. Ainsy mourut le pauvre Amadour, autant regretté que ses
vertuz le meritoient. Les nouvelles en coururent par toute l'Espaigne,
tant que Floride, laquelle estoit à Barselonne, où son mary avoit
autresfois ordonné estre enterré, en oyt le bruict. Et, après qu'elle
eut faict ses obseques honorablement, sans en parler à mere ny à
belle mere, s'en alla rendre religieuse au monastere de Jesus, prenant
pour mary et amy Celuy qui l'avoit delivrée d'une amour si vehemente
que celle d'Amadour, et de l'ennuy si grand que de la compaignie d'un
tel mary. Ainsi tourna toutes ses affections à aymer Dieu si parfaictement, qu'après avoir vescu longuement religieuse, luy rendit son ame
en telle joye, que l'espouse a d'aller veoir son espoux.

« Je sçay bien, mes dames, que ceste longue nouvelle pourra estre à
aucunes fascheuse ; mais, si j'eusse voulu satisfaire à celuy qui la m'a

comptée, elle eust esté trop plus que longue. Vous suppliant, en prenant exemple de la vertu de Floride, diminuer un peu de sa cruaulté, et ne croire point tant de bien aux hommes, qu'il ne faille, par la congnoissance du contraire, leur donner cruelle mort et à vous une triste vie. »

Et après que Parlamente eut eu bonne et longue audience, elle dist à Hircan : « Vous semble-il pas que ceste femme ait esté pressée jusques au bout, et qu'elle ait vertueusement resisté? — Non, dist Hircan; car une femme ne peut faire moindre resistance, que de crier : mais, si elle eust esté en lieu où on ne l'eust peu oyr, je ne sçay qu'elle eust faict; et si Amadour eust esté plus amoureux que crainctif, il n'eust pas laissé pour si peu son entreprinse. Et, pour cest exemple icy, je ne me departiray de la forte opinion que j'ay, que oncques homme qui aimast parfaictement, ou qui fust aimé d'une dame, ne faillit d'en avoir bonne yssue, s'il a faict la poursuitte comme il appartient. Mais encores fault-il que je loue Amadour, de ce qu'il feit une partie de son debvoir. — Quel debvoir? ce dist Oisille. Appellez-vous faire son debvoir à ung serviteur qui veult avoir par force sa maistresse, à laquelle il doibt toute reverence et obeissance? » Saffredent print la parole et dist : « Ma dame, quand noz maistresses tiennent leur rang en chambres ou en salles, assises à leur ayse comme noz juges, nous sommes à genoulx devant elles; nous les menons dancer en craincte; nous les servons si diligemment, que nous prevenons leurs demandes; nous semblons estre tant crainctifs de les offenser et tant desirans de les servir, que ceux qui nous voyent ont pitié de nous, et bien souvent nous estiment plus sots que bestes, transportez d'entendement ou transiz, et donnent la gloire à noz dames, desquelles les contenances sont tant audatieuses et les paroles tant honnestes, qu'elles se font craindre, aimer et estimer de ceulx qui n'en voient que le dehors. Mais, quand nous sommes à part, où amour seul est juge de noz contenances, nous sçavons très bien qu'elles sont femmes et nous hommes; et à l'heure, le nom de *maistresse* est converti en *amye*, et le nom de *serviteur* en *amy*. C'est là où le proverbe dist :

De bien servir et loyal estre,
De serviteur on devient maistre.

Elles ont l'honneur autant que les hommes, qui le leur peuvent donner et oster, et voient ce que nous endurons patiemment; mais c'est raison aussy, que nostre souffrance soit recompensée, quand l'honneur ne peut estre blessé. — Vous ne parlez pas du vray honneur, dist Longarine, qui est le contentement de ce monde; car, quand tout le monde me diroit femme de bien, et je sçaurois seule le contraire, la louange augmenteroit ma honte et me rendroit en moy-mesme plus confuse; et aussi, quand il me blasmeroit et je sentisse mon innocence, son blasme tourneroit à mon contentement; car nul n'est content de soy-mesme. — Or, quoy que vous ayez tous dict, se dist Geburon, il me semble qu'Amadour estoit ung aussy honneste et vertueux chevalier, qu'il en soit point; et, veu que les noms sont supposez, je pense le congnoistre. Mais, puis que Parlamente ne l'a voulu nommer, aussy ne feray-je. Et contentez-vous que, si c'est celuy que je pense, son cueur ne sentit jamais nulle paour, ny ne fut jamais vuide d'amour ny de hardiesse. »

Oisille leur dist : « Il me semble que ceste Journée s'est passée si joyeusement, que, si nous continuons ainsi les aultres, nous accoursirons le temps à faire d'honnestes propos. Mais voyez où est le soleil, et oyez la cloche de l'abbaye, qui, long temps a, nous appelle à vespres, dont je ne vous ay point adverty; car la devotion d'ouyr la fin du compte estoit plus grande que celle d'oyr vespres. » Et, en ce disant, se leverent tous, et arrivans à l'abbaye, trouverent les religieux qui les avoient attenduz plus d'une grosse heure. Vespres ouyes, allerent soupper, qui ne fut tout le soir sans parler des comptes qu'ils avoient ouyz, et sans chercher par tous les endroictz de leur memoire, pour veoir s'ils pourroient faire la Journée ensuyvante aussi plaisante que la premiere. Et, après avoir joué de mille jeux dedans le pré, s'en allerent coucher, donnans fin très joyeuse et contente à leur premiere Journée.

FIN DE LA PREMIERE JOURNÉE.

LA DEUXIESME JOURNÉE.

EN LA DEUXIESME JOURNÉE, ON DEVISE DE CE QUI PROMPTEMENT TOMBE EN LA FANTAISIE DE CHASCUN.

PROLOGUE.

Le lendemain se leverent en grand desir de retourner au lieu où le jour precedent avoyent eu tant de plaisir; car chascun avoyt son compte si prest, qu'il leur tardoyt qu'il ne fust mis en lumiere. Après qu'ilz eurent ouy la leçon [1] de madame Oisille, et la messe où chascun recommanda à Dieu son esperit, afin qu'il leur donnast parolle et grace de continuer l'assemblée, s'en allerent disner, ramentevans les uns aux autres plusieurs histoires passées.

Et, après disner, qu'ilz se furent reposez en leurs chambres, s'en retournerent, à l'heure ordonnée, dedans le pré, où il sembloyt que le jour et le temps favorisast leur entreprinse. Et après qu'ilz se furent tous assis sur le siege naturel de l'herbe verte, Parlamente dist : « Puis que je donnay hier soir fin à la dixiesme, c'est à moy à eslire celle qui doibt commancer aujourd'huy. Et, pour ce que madame Oisille fut la premiere des femmes qui parla, comme la plus saige et ancienne, je donne ma voix à la plus jeune, je ne dis pas à la plus folle, estant asseurée que, si nous la suyvons toutes, ne ferons pas attendre vespres si longuement que nous feismes hier. Parquoy, Nomerfide, vous tiendrez aujourd'huy les rangs de bien dire. Mais, je vous prie, ne nous faictes point recommancer nostre Journée par larmes? — Il ne m'en falloit pas prier, dist Nomerfide; car une de noz compaignes m'a faict choisir un conte que j'ay si bien mis en ma teste que je n'en puis dire d'aultre ; et, s'il vous engendre tristesse, vostre naturel sera bien melancolicque. »

[1] Lecture de la Bible ou de l'Évangile.

ONZIESME NOUVELLE.

Madame de Roncex[1], estant aux Cordeliers de Thouars, fut si pressée d'aler à ses affaires, que, sans regarder si les anneaux du retraict estoyent netz, s'ala seoir en lieu si ord, que ses fesses et habillements en furent souillés, de sorte que, cryant à l'ayde et desirant recouvrer quelque femme pour la nectoier, fut servye d'hommes qui la veirent nue et au pire estat que femme se sçauroit monstrer[2].

En la maison de madame de La Tremoille[3], y avoit une dame nommée Roncex, laquelle, ung jour que sa maistresse estoit allée aux Cordeliers de Thouars, eust une grande necessité d'aller au lieu où on ne peut envoier sa chamberiere. Et appella avecq elle une fille, nommée La Mothe, pour luy tenir compaignie ; mais, pour estre honteuse et secrette, laissa ladite Mothe en la chambre, et entra toute seule en un retraict assez obscur, lequel estoit commung à tous les Cordeliers, qui avoient si bien rendu compte en ce lieu de toutes leurs viandes, que tout le retraict, l'anneau et la place estoient tout couverts de moust de Bacchus et de la deesse Cerès, passé par le ventre des Cordeliers. Ceste pauvre femme, qui estoyt si pressée, que à peine eut-elle le loisir de lever sa robbe pour se mettre sur l'anneau ; de fortune, s'alla asseoir sur le plus ord[4] et salle endroict qui fut en tout le re-

---

[1] Plusieurs manuscrits la nomment *Roubex;* d'autres : *Roncei;* l'édition de 1558 : *Roncey.*

[2] Cette Nouvelle, qui se trouve placée ici dans tous les manuscrits, est imprimée la dix-neuvième dans l'édition de 1558. Mais, dans l'édition de 1559, comme dans toutes les éditions suivantes, elle fut supprimée, sans doute parce qu'elle blessait la susceptibilité de quelque personne influente, et Gruget la remplaça par une autre nouvelle intitulée : *Propos facetieux d'un Cordelier en ses sermons,* que nous croyons devoir reproduire, en appendice, à la fin de la nouvelle primitive qui reprend son rang dans notre texte. Il est très-possible, du reste, que la reine de Navarre soit l'auteur des deux nouvelles, et qu'on les ait trouvées l'une et l'autre dans ses papiers.

[3] Comme la reine de Navarre n'assigne pas d'époque au fait raconté dans cette Nouvelle, il est bien difficile de savoir au juste quelle est la dame de la Tremoille dont il est ici question; car Marguerite d'Angoulême a eu pour contemporaines et pour amies plusieurs dames qui portaient, par alliance, l'illustre nom de La Tremoille. Cependant on peut supposer qu'elle a voulu parler de sa cousine Anne de Laval, fille de Guy XV, comte de Laval, et de Charlotte d'Aragon, princesse de Tarente ; qui avait épousé, en 1521, François, seigneur de La Tremoille, vicomte de Thouars, prince de Talmont, etc.

[4] La langue a perdu cet adjectif, qu'aucun autre mot ne remplace en conservant le substantif *ordure.*

traict. Où elle se trouva prinse mieulx que à la gluz, et toutes ses pauvres fesses, habillemens et piedz si merveilleusement gastez, qu'elle n'osoit marcher ne se tourner de nul cousté, de paour d'avoir encore pis. Dont elle se print à crier tant qu'il luy fut possible : « La Mothe, m'amie, je suis perdue et deshonorée! » La pauvre fille, qui avoyt oy autresfois faire des comptes de la malice des Cordeliers, soupsonnant que quelques uns fussent cachez là dedans, qui la voulsissent prendre par force, courut tant qu'elle peut, disant à tous ceulx qu'elle trouvoit : « Venez secourir madame de Roncex, que les Cordeliers veulent prendre par force en ce retraict. » Lesquelz y coururent en grande diligence; et trouverent la pauvre dame de Roncex, qui cryoit à l'ayde, desirant avoir quelque femme qui la peust nectoier. Et avoit le derriere tout descouvert, craingnant en approcher ses habillemens, de paour de les gaster. A ce cry-là, entrerent les gentilz hommes qui veirent ce beau spectacle, et ne trouverent autre Cordelier qui la tourmentast, sinon l'ordure dont elle avoit toutes les fesses engluées Qui ne fut pas sans rire de leur costé, ni sans grande honte du cousté d'elle; car, en lieu d'avoir des femmes pour la nectoier, fut servie d'hommes qui la veirent nue au pire estat que une femme se povoit monstrer. Parquoy, les voiant, acheva de souiller ce qui estoit net et abaissa ses habillemens, pour se couvrir, obliant l'ordure où elle estoit pour la honte qu'elle avoyt de veoir les hommes. Et quand elle fut hors de ce villain lieu, la fallut despouiller toute nue et changer de tous habillemens, avant qu'elle partist du couvent. Elle se fust voluntiers corroucée du secours que luy amena La Mothe; mais, entendant que la pauvre fille cuydoit qu'elle eust beaucoup pis, changea sa collere à rire comme les autres.

« Il me semble, mes dames, que ce compte n'a esté ne long, ne melencolicque, et que vous avez eu de moy ce que vous en avez esperé? » Dont la compaignie se print bien fort à rire. Et luy dist Oisille : « Combien que le compte soit ord et salle, congnoissant les personnes à qui il est advenu, on ne le sçauroit trouver fascheux. Mais j'eusse bien voulu veoir la myne de La Mothe et de celle à qui elle avoyt amené si bon secours? Mais, puis que vous avez si tost finy, ce dit-elle à Nomerfide, donnez vostre voix à quelqu'un qui ne pense pas si legierement. » Nomerfide respondit : « Si vous voulez que ma faulte soyt rabillée, je donne ma voix à Dagoucin, lequel est si saige, que, pour mourir, ne diroit une follye. » Dagoucin la remercia de la bonne estime qu'elle avoyt de son bon sens et commencea à dire : « L'histoire que j'ay deliberé de vous racompter, c'est pour vous faire veoir comme amour aveuglist les plus grands et honnestes cueurs, et comme meschanceté est difficile à vaincre par quelque benefice ne biens que ce soit [1]. »

[1] Voici la Nouvelle qui figure à la place de la précédente, dans toutes les éditions, à partir de celle de 1559.

PROPOS FACETIEUX D'UN CORDELIER EN SES SERMONS.

Près la ville de Bleré en Touraine, y a un village nommé Sainct Martin le Beau [1], où fut appellé un cordelier du couvent de Tours, pour prescher les avents, et le caresme ensuyvant. Ce cordelier plus enlangagé [2] que docte, n'ayant quelquesfois de quoy parler pour achever son heure, s'amusoit à faire des comptes qui satisfaisoient aucunement [3] à ces bonnes gens de village. Un jour de jeudy absolut [4], preschant de l'aigneau pascal, quand ce vint à parler de le manger de nuict, et qu'il veit, à sa predication, de belles jeunes dames d'Amboise, qui estoient là freschement arrivées pour y faire leurs Pasques, et y sejourner quelques jours après, il se voulut mettre sur le beau bout. Et demanda à toute l'assistence des femmes, si elles ne sçavoient que c'estoit de manger de la chair crue de nuict : « Je le vous veux apprendre, mes dames ! » ce dist-il. Les jeunes hommes d'Amboise là presens, qui ne faisoient que d'y arriver avec leurs femmes, sœurs et niepces, et qui ne cognoissoient l'humeur du pelerin, commencerent à s'en scandaliser. Mais, après qu'ils l'eurent escouté davantage, ils convertirent le scandale en risée, mesmement quand il dist que, pour manger l'aigneau, il falloit avoir les reins ceints, des pieds en ses souliers, et une main à son baston. Le cordelier les voyant rire, et se doutant pourquoy, se reprint incontinent : « Eh bien ! dit il, des souliers en ses pieds et un baston en sa main : blanc chapeau, et chapeau blanc, est-ce pas tout un ? » Si ce fut lors à rire, je croy que vous n'en doubtez point. Les dames mesmes ne s'en peurent garder, auxquelles il s'attacha d'autres propos recreatifs. Et, se sentant près de son heure, ne voulant pas que ces dames s'en allassent mal contentes de luy, il leur dist : « Or ça, mes belles dames, mais que vous soyez tantost à caequeter parmy les commeres, vous demanderez : « Mais qui est ce maistre frere, « qui parle si hardiment ? C'est quelque bon compaignon. » Je vous diray, mes dames, je vous diray, ne vous en estonnez pas, non, si je parle hardiment : car je suis d'Anjou, à vostre commandement. » Et en disant ces mots, mit fin à sa predication, par laquelle il laissa ses auditeurs plus prompts à rire de ses sots propos, qu'à pleurer en la memoire de la passion de Nostre Seigneur, dont la commemoration se faisoit en ces jours-là. Ses autres sermons, durant les festes, furent quasi de pareille efficace. Et comme vous sçavez, que tels freres n'oublient pas à se faire quester, pour avoir leurs oeufs de Pasques, en quoy faisant on leur donne, non seulement des oeufs, mais plusieurs autres choses, comme du linge, de la filace, des andouilles, des jambons, des eschinées [5], et autres menues chosettes.

[1] Saint-Martin-le-Bel, à deux lieues d'Amboise.
[2] Beau parleur, orateur.
[3] Tout à fait, entièrement.
[4] Le jeudi saint.
[5] On estimait beaucoup en cuisine les *échinées* aux pois. C'étaient des languettes de chair et de lard, découpées sur le dos d'un porc frais.

Quand ce vint le mardy d'après Pasques, en faisant ses recommendations, dont telles gens ne sont point chiches, il dist : « Mes dames, je suis tenu à vous rendre graces de la liberalité dont vous avez usé envers nostre pauvre convent, mais si fault-il que je vous die, que vous n'avez pas consideré les necessitez que nous avons : car la plus part de ce que nous avez donné, ce sont andouilles, et nous n'en avons point de faulte, Dieu mercy ; nostre convent en est tout farcy. Qu'en ferons-nous donc de tant? Sçavez vous quoy? mes dames, je suis d'avis que vous mestiez vos jambons parmy nos andouilles, vous ferez belle aumosne ! » Puis, en continuant son sermon, il feit venir le scandale à propos, et en discourant assez brusquement par dessus, avec quelques exemples, il se meit en grande admiration, disant : « Eh dea, messieurs et mes dames de Sainct-Martin, je m'estonne fort de vous, qui vous scandalisez pour moins que rien, et sans propos, et tenez vos comptes de moy partout, en disant : « C'est un grand cas : mais qui l'eust cuydé, que le beau pere eust engrossy la fille de son hostesse? » Vrayment, dist-il, voilà bien de quoy s'esbahir qu'un moyne ait engrossy une fille ! Mais venez çà, belles dames : ne devriez-vous pas bien vous estonner davantage, si la fille avoit engrossy le moyne? »

Voilà, mes dames, les belles viandes, de quoy ce gentil pasteur nourrissoit le troupeau de Dieu. Encores estoit-il si effronté, que, après son peché, il en tenoit ses comptes en pleine chaire, où ne se doit tenir propos qui ne soit totalement à l'érudition[1] de son prochain, et à l'honneur de Dieu premierement. — Vrayement, dist Saffredent, voilà un maistre moyne. J'aymerois quasi autant frere Anjibaut, sur le dos duquel on mettoit tous les propos facetieux qui se peuvent rencontrer en bonne compagnie. — Si ne trouvay-je point de risées en telles derisions, dist Oisille, principalement en tel endroict. — Vous ne dictes pas, ma dame, dist Nomerfide, qu'en ce temps-là, encore qu'il n'y ait pas fort longtemps, les bonnes gens de village, voire la plus part de ceux des bonnes villes, qui se pensent bien plus habiles que les autres, avoient tels predicateurs en plus grande reverence, que ceux qui les preschoient purement et simplement le sainct Evangile[2]. — En quelque sorte que ce fust, dist lors Hircan, si n'avoit-il pas tort de demander des jambons pour des andouilles : car il y a plus à manger. Voire, et si quelque devotieuse creature l'eust entendu par amphibologie, comme je croirois bien que luy-mesme l'entendit, luy ny ses compagnons ne s'en feussent point mal trouvez, non plus que la jeune garse qui en eut plein son sac. — Mais voyez-vous quel effronté c'estoit, dist Oisille, qui renversoit le sens du texte à son plaisir, pensant avoir affaire à bestes comme luy, et, en ce faisant, chercher impudemment à suborner les pauvres femmelettes, à fin de leur apprendre à manger de la chair crue de nuict? — Voire mais vous ne dictes pas, dist Simontault, qu'il voyoit devant luy ces jeunes tripieres d'Amboise, dans le baquet desquelles il eust volontiers lavé son. . Nommeray-je? Non, mais vous m'entendez bien : et leur en faire gouster, non pas roty, ains tout groulant et fretillant, pour leur donner plus de plaisir. — Tout beau, tout beau, seigneur Simontault, dist Parlamente; vous vous obliez : avez-vous mis en reserve vostre accoustumée modestie, pour ne vous en plus servir qu'au besoing? — Non, ma dame, non, dist-il : mais le moyne peu honneste m'a ainsi faict esgarer. Parquoy, à fin que nous rentrions en noz premieres erres, je prie Nomerfide, qui est cause de mon esgarement, donner sa voix à quelqu'un,

---

[1] Instruction, enseignement.
[2] C'est ici une critique évidente des prédicateurs catholiques de ce temps-là, qui, comme Menot et Maillard, ne craignoient pas de mêler des plaisanteries et même des obscénités aux plus saints mystères de la religion, dans le seul but de retenir leur auditoire, composé surtout de gens grossiers et ignorants. La reine de Navarre oppose à ces débauches de la chaire romaine la parole simple et sévère des ministres de Genève.

qui face oublier à la compaignie nostre commune faulte. — Puis que me faictes participer à vostre coulpe, dist Nomerfide, je m'adresseray à tel qui reparera nostre imperfection presente. Ce sera Dagoucin, qui est si sage, que, pour mourir, ne vouldroit dire une follie. »

DOUZIESME NOUVELLE

Le duc de Florence, n'ayant jamais peu faire entendre à une dame l'affection qu'il luy portoit, se decouvrit à un gentil homme frere de la dame, et le pria l'en faire jouyr : ce qu'après plusieurs remontrances au contraire, luy accorda de bouche seulement ; car il le tua dedans son lit, à l'heure qu'il esperoit avoir victoire de celle qu'il avoit estimée invincible. Et ainsi, delivrant sa patrie d'un tel tyran, sauva sa vie et l'honneur de sa maison[1].

Depuis dix ans en ça, en la ville de Florence, y avoit un duc de la maison de Medicis, lequel avoyt espousé madame Marguerite, fille bastarde de l'Empereur[2]. Et, pour ce qu'elle estoit encores si jeune, qu'il ne luy estoit licite de coucher avecq elle, attendant son aage plus meur, la traicta fort doulcement ; car, pour l'espargner, fut amoureux de quelques autres dames de la ville, que la nuict il alloit veoir, tandis que sa femme dormoit. Entre autres, le fut d'une fort belle, saige et honneste dame, laquelle estoit seur d'un gentil homme que le duc aimoit comme luy-mesmes[3], et auquel il donnoit tant d'autorité en sa

---

[1] Cette Nouvelle roule sur un des faits les plus célèbres de l'histoire de Florence. Alexandre de Médicis, fils naturel de Laurent, duc d'Urbin, fut créé premier duc de Toscane en 1531 par Charles-Quint, qui lui fit épouser, quatre ans après, sa fille naturelle Marguerite d'Autriche. Il se rendit odieux à ses sujets, et surtout à sa famille, qu'il voulut opprimer ; son cousin Lorenzino de Médicis le tua, le 6 janvier 1537, dans le palais Médicis, où il l'avait attiré pendant la nuit sous prétexte d'un rendez-vous d'amour. Il ne laissa pas de postérité, mais Charles-Quint lui donna pour successeur son parent, Cosme de Médicis.

[2] Charles-Quint l'avait eue, avant son mariage, de Marguerite Vangest, et il lui fit épouser, en 1535, Alexandre de Médicis, qu'elle perdit deux ans après. Elle se remaria, l'année suivante, avec Octave Farnèse, duc de Parme, et vécut jusqu'en 1586.

[3] La reine de Navarre indique ici une circonstance que les historiens de Florence n'ont pas signalée ; c'est que la dame, dont le duc Alexandre fut épris, était la propre sœur de Lorenzino, fils de Pierre-François de Médicis, II du nom, gonfalonnier de Florence. Ce serait donc alors Laudamine, qui fut mariée plus tard à Pierre Strozzi, maréchal de France, ou bien Magdeleine, qui épousa Robert Strozzi, frère du maréchal ?

maison, que sa parolle estoit obeye et craincte comme celle du duc. Et n'y avoit secret en son cueur, qu'il ne luy déclairast, en sorte que l'on le pouvoit nommer le second luy-mesmes.

Et voyant le duc sa seur estre tant femme de bien, qu'il n'avoit moien de luy declairer l'amour qu'il luy portoit, après avoir cherché toutes occasions à luy possibles, vint à ce gentil homme qu'il aimoit tant, en luy disant : « S'il y avoit chose en ce monde, mon amy, que je ne voulsisse faire pour vous, je craindrois à vous declairer ma fantaisye, et encores plus à vous prier m'y estre aidant. Mais je vous porte tant d'amour, que, si j'avois femme, mere ou fille qui peust servir à sauver vostre vie, je les y employerois, plustost que de vous laisser mourir en torment; et j'estime que l'amour que vous me portez est reciproque à la mienne; et que si moy, qui suis vostre maistre, vous porte telle affection, que pour le moins ne me la sçauriez porter moindre. Parquoy, je vous declaireray un secret, dont le taire me met en l'estat que vous voyez, duquel je n'espere amandement que par la mort ou par le service que vous me pouvez faire. »

Le gentil homme, oyant les raisons de son maistre, et voyant son visaige non sainct, tout baigné de larmes, en eut si grande compassion, qu'il luy dist : « Monsieur, je suis vostre creature; tout le bien et l'honneur que j'ay en ce monde vient de vous : vous pouvez parler à moy comme à vostre ame, estant seur que ce qui sera en ma puissance est en vos mains. » A l'heure, le duc commença à luy declairer l'amour qu'il portoit à sa seur, qui estoit si grande et si forte, que, si par son moyen n'en avoit la jouissance, il ne voioit pas qu'il peust vivre longuement. Car il sçavoit bien qu'envers elle prieres ne presens ne servoient de riens. Parquoy, il le pria que, s'il aimoit sa vie autant que luy la sienne, luy trouvast moyen de luy faire recouvrer le bien, que sans luy il n'esperoit jamais d'avoir. Le frere, qui aimoit sa seur et l'honneur de sa maison, plus que le plaisir du duc, luy voulut faire quelque remonstrance, luy suppliant en tous autres endroicts l'employer, horsmis en une chose si cruelle à luy, que de pourchasser le deshonneur de son sang; et que son cueur et son honneur ne se pouvoient accommoder à luy faire ce service. Le duc, enflambé d'un courroux importable, meit le doigt entre ses dents, se mordant l'ongle, et luy respondit par une grande fureur : « Or bien, puisque je ne trouve en vous nulle amitié, je sçay que j'ay à faire » Le gentil homme, congnoissant la cruauté de son maistre, eut craincte et luy dist : « Mon seigneur, puis qu'il vous plaist, je parleray à elle et vous diray sa reponse. » Le duc luy respondit, en se departant de luy : « Si vous aimez ma vie, aussi feray-je la vostre. »

Le gentil homme entendit bien que ceste parole vouloit dire. Et fut, ung jour ou deux, sans veoir le duc, pensant à ce qu'il avoit à faire. D'un costé, luy venoit au devant l'obligation qu'il devoyt à son maistre, les biens et les honneurs qu'il avoyt receuz de luy ; de l'autre costé, l'honneur de sa maison, l'honnesteté et chasteté de sa seur, qu'il sçavoit bien jamais ne se consentir à telle meschanceté, si par sa tromperie elle n'estoit prinse par force ; chose si estrange que à jamais luy et les siens en seroient diffamez. Si print conclusion en ce different, qu'il aimoit mieux mourir, que de faire un si meschant tour à sa seur, l'une des plus femines de bien qui fust en toute l'Italie ; mais que plustost debvroyt delivrer sa patrie d'un tel tyran, qui par force vouloit mettre une telle tache en sa maison ; car il tenoit tout asseuré que, sans faire mourir le duc, la vie de luy et des siens n'estoit pas asseurée. Parquoy, sans en parler à sa seur, ni à creature du monde, delibera de saulver sa vie et venger sa honte par un mesme moyen. Et, au bout de deux jours, s'en vint au duc et luy dist comme il avoit tant bien practiqué sa seur, non sans grande peine, que à la fin elle s'estoit consentie à faire à sa volunté, pourveu qu'il luy pleust tenir la chose si secrette, que nul que son frere n'en eust congnoissance.

Le duc, qui desiroit ceste nouvelle, la creut facilement. Et, en embrassant le messaiger, luy promectoit tout ce qu'il luy sçauroit demander ; le pria de bien tost executer son entreprinse, et prindrent le jour ensemble. Si le duc fut aise, il ne le fault point demander. Et quand il veid approcher la nuict tant desirée où il esperoit avoir la victoire de celle qu'il avoit estimée invincible, se retira de bonne heure avecq ce gentil homme tout seul ; et n'oblia pas de s'accostrer de coeffes et chemises perfumées le mieulx qu'il luy fust possible. Et quand chascun fut retiré, s'en alla avecq ce gentil homme au logis de sa dame, où il arriva en une chambre bien fort en ordre. Le gentil homme le despouilla de sa robbe de nuict et le meit dedans le lict, en luy disant : « Mon seigneur, je vous vois querir celle qui n'entrera pas en ceste chambre sans rougir ; mais j'espere que avant le matin elle sera asseurée de vous. » Il laissa le duc et s'en alla en sa chambre, où il ne trouva qu'un seul homme de ses gens, auquel il dist : « Auroys-tu bien le cueur de me suyvre en ung lieu où je me veux venger du plus grand ennemy que j'aye en ce monde ? » L'autre, ignorant ce qu'il vouloit faire, luy respondit : « Ouy, Monsieur, fust-ce contre le duc mesme. » A l'heure le gentil homme le mena si soubdain, qu'il n'eut loisir de prendre autres armes que ung poignart qu'il avoit. Et quand le duc l'ouyt revenir, pensant qu'il luy amenast celle qu'il aimoit tant, ouvrit son rideau et ses oeils, pour regarder et recepvoir le bien qu'il avoit tant attendu ; mais, en lieu de veoir celle dont il esperoit la conservation de sa vie, va veoir la precipitation de sa mort, qui estoit une espée toute nue que le gentil homme avoit tirée, de laquelle il frappa le duc qui estoit tout en chemise : lequel, desnué d'armes et non de cueur, se meit en son seant, dedans le lict, et print le gentil homme à travers le corps, en luy disant : « Est-ce cy la promesse que vous me tenez ? » Et, voiant qu'il n'avoit autres armes que les dents et les ongles, mordit le gentil homme au poulce, et à force de bras se deffendit, tant que tous deux tomberent en la ruelle du lict. Le gentil homme, qui n'estoit trop asseuré, appella son serviteur ; lequel, trouvant le duc et son maistre si liez ensemble qu'il ne sçavoit lequel choisir, les tira tous deux par les piedz, au milieu de la place, et avecq son poignard s'essaya à couper la gorge au duc, lequel se defendit jusques ad ce que la perte de son sang le rendist si foible qu'il n'en pouvoit plus. Alors le gentil homme et son serviteur le meirent dans son lict, ou à coups de poignart le paracheverent de tuer. Puis, tirans le rideau, s'en allerent et enfermerent le corps mort en la chambre.

Et quand il se veid victorieux de son grand ennemy, par la mort duquel il pensoit mettre en liberté la chose publicque, se pensa que son euvre seroit imparfaict, s'il n'en faisoit autant à cinq ou six de ceulx qui estoient les prochains du duc. Or, pour en venir à fin, dist à son serviteur, qu'il les allast querir l'un après l'autre, pour en faire comme il avoit faict au duc. Mais le serviteur, qui n'estoit ne hardy ne fol, luy dist : « Il me semble, Monsieur, que vous en avez assez faict pour ceste heure, et que vous ferez mieulx de penser à saulver vostre vie, que de la vouloir oster à aultres. Car, si nous demeurions autant à deffaire chascun d'eulx, que nous avons faict à deffaire le duc, le jour descouvriroit plus tost nostre entreprinse, que ne l'aurions mise à fin, encores que nous trouvassions noz ennemis sans defense. » Le gentil homme, que la mauvaise conscience rendoit crainctif, creut son serviteur, et, le menant seul avecq luy, s'en alla à ung evesque qui avoit la charge de faire ouvrir les portes de la ville et commander aux postes. Ce gentil homme luy dist : « J'ay eu ce soir des nouvelles que ung mien frere est à l'article de la mort; je viens de demander mon congé au duc, lequel le m'a donné : parquoy, je vous prie mander aux postes me bailler deux bons chevaulx, et au portier de la ville m'ouvrir. » L'evesque, qui n'estimoit moins sa priere que le commandement du duc son maistre, luy bailla incontinant un bulletin, par la vertu duquel la porte luy fut ouverte et les chevaulx baillez, ainsi qu'il demandoit. Et en lieu d'aller voir son frere, s'en alla droit à Venise, où il se feit guerir des morsures que le duc luy avoit faictes, puis s'en alla en Turquie.

Le matin, tous les serviteurs du duc, qui le voyoient si tard demourer à revenir, soupsonnerent bien qu'il estoit allé veoir quelque dame; mais, voyans qu'il demeuroit tant, commencerent à le chercher par tous costez. La pauvre duchesse, qui commençoit fort à l'aymer, sçachant qu'on ne le trouvoit point, fut en grande peine. Mais, quand le gentil homme, qu'il aimoit tant, ne fut veu non plus que luy, on alla en sa maison le chercher. Et trouvant du sang à la porte de sa chambre, l'on entra dedans; mais il n'y eut homme, ne serviteur, qui en sceust dire nouvelles. Et, suivant les traces du sang, vindrent les pauvres serviteurs du duc, à la porte de la chambre où il estoit, qu'ilz trouverent fermée; mais bien tost eurent rompu l'huis. Et voyans la place toute pleine de sang, tirerent le rideau du lict et trouverent le pauvre corps, endormy, en son lict, du dormir sans fin. Vous pouvez penser quel deuil menerent ces pauvres serviteurs, qui apporterent le corps en son palais, où arriva l'evesque, qui leur compta comme le gentil homme estoit party la nuit en diligence, soubz couleur d'aller veoir son frere. Parquoy fut congneu clairement que c'estoit luy qui avoit faict ce meurdre. Et fut aussi prouvé que sa pauvre seur jamais n'en avoit oy parler : laquelle, combien qu'elle fust estonnée du cas advenu, si est-ce qu'elle en ayma davantaige son frere, qui n'avoit point espargné le hazard de sa vie, pour la delivrer d'un si cruel prince ennemy. Et continua de plus en plus sa vie honneste en ses vertuz tellement que, combien qu'elle fust pauvre, pour ce que leur maison fut confisquée, si trouverent sa seur et elle des mariz autant honnestes hommes et riches, qu'il y en eust point en Italie; et ont toujours depuis vescu en grande et bonne reputation.

« Voylà, mes dames, qui vous doibt bien faire craindre ce petit Dieu, qui prend plaisir à tormenter autant les princes que les pauvres, et les fortz que les foibles, et qui les aveuglit jusques là d'oblier Dieu et leur conscience, et à la fin leur propre vie. Et doibvent bien craindre les princes et ceulx qui sont en auctorité, de faire desplaisir à moindre que eulx. Car il n'y a nul qui ne puisse nuyre, quand Dieu se veult venger du pecheur, ne si grand qui sceult mal faire à celuy qui est en sa garde. »

Ceste histoire fut bien escoutée de toute la campaignie, mais elle y engendra diverses oppinions : car les ungs soustenoient que le gentil homme avoit faict son debvoir de saulver sa vie et l'honneur de sa seur, ensemble d'avoir delivré sa patrie d'un tel tyran; les autres disoient que non; mais que c'estoit une trop grande ingratitude de mettre à mort celuy qui luy avoit faict tant de bien et d'honneur. Les dames disoient qu'il estoit bon frere et vertueux citoyen; les hommes, au contraire, qu'il estoit traistre et meschant serviteur; et faisoit bon oyr les raisons alleguées des deux costez. Mais les dames, selon leur coustume, parloient autant par passion que par raison, disans que le duc estoit si digne de mort, que bien heureux estoit celuy qui avoit faict le coup. Parquoy, voyant Dagoucin le grand debat qu'il avoit esmeu, leur dist : « Pour Dieu, mes dames, ne prenez point querelle d'une chose desja passée; mais gardez que voz beaultez ne facent point faire de plus cruels meurdres que celuy que j'ay compté. » Parlamente luy dist : « La *Belle dame sans mercy*[1] nous a appris à dire que si gracieuse maladie ne met gueres de gens à mort. — Pleust à Dieu, ma dame, ce luy dist Dagoucin, que toutes celles qui sont en ceste compaignie sceussent combien ceste opinion est faulse! Et je croy qu'elles ne vouldroient point avoir le nom d'estre sans mercy, ne ressembler à ceste incredule, qui laissa mourir un bon serviteur par faulte d'une gracieuse response. — Vous vouldriez donc, dist Parlamente, pour saulver

---

[1] C'est le titre d'un poëme, composé par Alain Chartier, sous le règne de Charles VII, et imprimé plusieurs fois à la fin du quinzième siècle, éditions gothiques sans date. Ce poëme de métaphysique amoureuse n'est qu'un long dialogue entre une dame et son amant. La dame, ayant refusé obstinément de partager la passion qu'elle avait inspirée, l'amant mourut de désespoir. Voici les vers auxquels fait allusion la Reine de Navarre :

    Si gracieuse maladie
    Ne met gueres de gens à mort,
    Mais il siet bien que l'on le die,
    Pour plustost attraire confort.
    Tel se plaint et tourmente fort,
    Qui n'a pas les plus aspres deulx;
    Et s'amours griefve tant au fort,
    Mieulx en vault ung dolent que deux.

la vie d'un qui dict nous aymer, que nous meissions nostre honneur et nostre conscience en dangier? — Ce n'est pas ce que je vous dy, respondit Dagoucin, car celuy qui ayme parfaictement craindroit plus de blesser l'honneur de sa dame, qu'elle-mesme. Parquoy il me semble bien que une response honneste et gracieuse, telle que parfaicte et honneste amitié requiert, ne pourroit qu'accroistre l'honneur et amender la conscience ; car il n'est pas vray serviteur, qui cherche le contraire. — Toutesfois, dist Ennasuitte, si est-ce tousjours la fin de voz oraisons, qui commencent par l'honneur et finissent par le contraire. Et si tous ceulx qui sont icy en veulent dire la verité, je les en croy à leur serment » Hircan jura, quant à luy qu'il n'avoit jamais aymé femme, hors mise la sienne, à qui il ne desirast faire offenser Dieu bien lourdement. Autant en dist Simontault, et adjousta qu'il avoit souvent souhaité toutes les femmes meschantes, hors mise la sienne. Geburon luy dist : « Vrayment, vous meritez que la vostre soit telle que vous desirez les autres ; mais, quant à moy, je puis bien vous jurer que j'ay tant aymé une femme, que j'eusse mieulx aymé mourir, que pour moy elle eust faict chose dont je l'eusse moins estimée. Car mon amour estoit tant fondée en ses vertuz, que, pour quelque bien que j'en eusse sceu avoir, je n'y eusse voulu veoir une tache. » Saffredent se print à rire, en luy disant : « Je pensois, Geburon, que l'amour de vostre femme et le bon sens que vous avez, vous eussent mis hors du dangier d'estre amoureux, mais je vois bien que non ; car vous usez encores des termes, dont nous avons accoustumé de tromper les plus fines et d'estre escoutez des plus saiges. Car qui est celle qui nous fermera les aureilles, quand nous commencerons nostre propos par l'honneur et par la vertu? Mais, si nous leur monstrions nostre cueur tel qu'il est, il y en a beaucoup de bien venuz entre les dames, de qui elles ne tiendroient compte. Mais nous couvrons nostre diable du plus bel ange que nous pouvons trouver. Et, soubz ceste couverture, avant que d'estre congneuz, recevons beaucoup de bonnes cheres[1]. Et peut-estre tirons les cueurs des dames si avant, que, pensant aller droict à la vertu, quand elles congnoissent le vice, elles n'ont le moyen ny le loisir de retirer leurs pieds. — Vrayement, dist Geburon, je vous pensois autre que vous ne dictes, et que la vertu vous feust plus plaisante que le plaisir. — Comment ? dist Saffredent : est-il plus grande vertu, que d'aymer comme Dieu le commande ? Il me semble que c'est beau-

---

[1] Bonnes mines, bon accueil, de l'italien *ciera*.

coup mieulx faict d'aymer une femme comme femme, que d'en idolatrer plusieurs comme on fait d'une ymaige. Et quant à moy, je tiens ceste oppinion ferme, qu'il vault mieulx en user que d'en abuser. »
Les dames furent toutes du costé de Geburon, et contraignirent Saffredent de se taire; lequel dist : « Il m'est bien aisé de n'en plus parler, car j'en ay esté si mal traicté, que je n'y veulx plus retourner. — Vostre malice, ce luy dist Longarine, est cause de vostre mauvais traictement ; car qui est l'honneste femme, qui vous vouldroit pour serviteur, après les propos que nous avez tenuz ? — Celles qui ne m'ont point trouvé fascheux, dist Saffredent, ne changeroient pas leur honnesteté à la vostre; mais n'en parlons plus, afin que ma colere ne face desplaisir, ny à moy, ny à autre. Regardons à qui Dagoucin donnera sa voix. » Le quel dist : « Je la donne à Parlamente; car je pense qu'elle doit sçavoir, plus que nul aultre, que c'est que d'honneste et parfaicte amitié. — Puis que je suis choisie, dist Parlamente, pour dire la tierce histoire, je vous en diray une advenue à une dame, qui a esté tousjours bien fort de mes amies et de laquelle la pensée ne me fut jamais celée. »

TREIZIESME NOUVELLE.

Un capitaine de galeres, fort serviteur d'une dame, luy envoya un dyamant qu'elle renvoya à sa femme, et le feit si bien profiter à la decharge de la conscience du capitaine, que, par son moyen, le mary et la femme furent reunis en bonne amitié.

EN la maison de madame la Regente, mere du Roy François, y avoit une dame fort devote, mariée à un gentil homme de pareille volunté. Et combien que son mary fust viel, et elle, belle et jeune, si est-ce qu'elle le servoit et aymoit comme le plus beau et le plus jeune homme du monde. Et, pour luy oster toute occasion d'ennuy, se meit à vivre comme une femme de l'aage dont il estoit, fuyant toutes compaignies, accoustremens, danses et jeuz, que les jeunes femmes ont accoustumé d'aymer; mettant tout son plaisir et recreation au service de Dieu. Parquoy, le mary meist en elle une si grande amour et seureté, qu'elle gouvernoit luy et sa maison, comme elle vouloit. Et advint, un jour, que le gentil homme luy dist que dès sa jeunesse il avoit eu desir de faire le voyage de Jerusalem, luy demandant ce qu'il luy en sembloit. Elle, qui ne demandoit qu'à luy complaire, luy dist : « Mon amy, puisque Dieu nous a privez d'enfans et donné assez de biens, je voudrois que nous en meissions une partie à faire ce sainct voyage; car, là ny ailleurs que vous alliez, je ne suis pas deliberée de jamais vous abandonner. » Le bon homme en fut si aise, qu'il luy sembloit desja estre sur le mont de Calvaire.

Et, en ceste deliberation, vint à la court un gentil homme, qui souvent avoit esté à la guerre sur les Turcs, et pourchassoit envers le Roy de France une entreprinse sur une de leurs villes, dont il pouvoit venir grand proffict à la chrestienté. Ce viel gentil homme luy demanda de son voyage. Et, après qu'il eut entendu ce qu'il estoit deliberé de faire, luy demanda si après son voyage il en vouldroit bien faire un aultre en Jerusalem, où sa femme et luy avoient grand desir d'aller. Ce capitaine fut fort aise d'oyr ce bon desir et luy promit de l'y mener et de tenir l'affaire secrete. Il luy tarda bien qu'il ne trouvast sa bonne femme, pour luy compter ce qu'il avoit faict; laquelle n'avoit gueres moins d'envie que le voyage se parachevast, que son mary. Et, pour ceste occasion, parloit souvent au capitaine, lequel, regardant plus à elle qu'à sa parole, fut si fort amoureux, que souvent, en luy parlant des voyages qu'il avoit faicts sur mer, mesloit l'embarquement de Marseille avec l'Archipelle, et, en voulant parler d'un navire, parloit d'un cheval, comme celuy qui estoit ravy et hors de son sens; mais il la trouva telle, qu'il ne luy en osoit faire semblant. Et sa dissimulation luy engendra un tel feu dans le cueur, que souvent il tomboit malade, dont la dicte dame estoit aussi soigneuse comme de la croix [1] et de la guide de son chemin; et l'envoyoit visiter si souvent, que, congnoissant qu'elle avoit soing de luy, il guerissoit sans aultre medecine. Mais plusieurs personnes, voyans ce capitaine qui avoit eu le bruict d'estre plus hardy et gentil compaignon que bon chrestien, s'emerveillerent comme ceste dame l'accointoit [2] si fort. Et, voyans qu'il avoit changé de toutes conditions, qu'il fre-

---

[1] Cette image fait allusion aux croix plantées au bord des chemins pour servir de guide aux voyageurs. Le mot *guide* était encore féminin, à cause de son origine italienne *guida*.

[2] *Accointer quelqu'un*, c'est-à-dire le fréquenter, le cultiver, se familiariser avec lui. Ce mot n'a pas une origine celtique, comme l'ont cru quelques étymologistes. *Coint*, qui signifiait *joli, paré, orné*, dérive du latin *comptus*, qui devint *contus* et *cointus* au moyen âge.

quentoit les eglises, les sermons et confessions, se douterent que c'estoit pour avoir la bonne grace de la dame; ne se peurent tenir de luy en dire quelques paroles. Ce capitaine, craignant que, si la dame en entendoit quelque chose, cela le separast de sa presence, dist à son mary et à elle, comme il estoit prest d'estre despesché du Roy et de s'en aller, et qu'il avoit plusieurs choses à luy dire; mais, à fin que son affaire fust tenu plus secret, il ne vouloit plus parler à luy et à sa femme devant les gens, mais les pria de l'envoyer querir, quand ils seroient retirez tous deux. Le gentil homme trouva son opinion bonne, et ne failloit tous les soirs de se coucher de bonne heure et faire deshabiller sa femme.

Et, quand tous leurs gens estoient retirez, envoyoient querir le capitaine, et devisoient là du voyage de Jerusalem, où souvent le bon homme en grande devotion s'endormoit. Le capitaine, voyant ce gentil homme viel endormy dedans un lict, et luy dans une chaise auprès de celle qu'il trouvoit la plus belle et la plus honneste du monde, avoit le cueur si serré entre craincte de parler et desir, que souvent il perdoit la parole. Mais, à fin qu'elle ne s'en apparceust, se mettoit à parler des saincts lieux de Jerusalem, où estoient les signes de la grande amour que Jesus Christ nous a portée. Et, en parlant de ceste amour, couvroit la sienne, regardant ceste dame avecq larmes et souspirs, dont elle ne s'apparceust jamais. Mais, voyant sa devote contenance, l'estimoit si sainct homme, qu'elle le pria de luy dire quelle vie il avoit menée, et comme il estoit venu à ceste amour de Dieu. Il luy declaira « comme il estoit un pauvre gentil homme, qui, pour parvenir à la richesse et honneur, avoit oublié sa conscience et avoit espousé une femme, trop proche, son alliée, pource qu'elle estoit riche, combien qu'elle fust laide et vielle et qu'il ne l'aymast point; et, après avoir tiré tout son argent, s'en estoit allé sur la marine[1] chercher ses advantures et avoit tant faict par son labeur, qu'il estoit venu en estat honorable. Mais, depuis qu'il avoit eu congnoissance d'elle, elle estoit cause, par ses sainctes paroles et bon exemple, de luy avoir faict changer sa vie. Et que du tout se deliberoit s'il pouvoit retourner de son entreprinse, de mener son mary et elle en Jerusalem, pour satisfaire en partie à ses grands pechez où il avoit mis fin, sinon qu'encores n'avoit satisfaict à sa femme à laquelle il esperoit bientost se reconcilier. » Tous ces propos pleurent à ceste dame, et surtout

---

[1] La mer; c'est le mot italien *marina*.

se resjouit d'avoir tiré un tel homme à l'amour et craincte de Dieu.
Et, jusques ad ce qu'il partist de la court, continuerent tous les soirs
ces longs parlemens, sans que jamais il osast declairer son intention.
Et luy feit present de quelque crucifix de Nostre Dame de pitié[1], la priant
qu'en le voyant elle eust tous les jours memoire de luy.

L'heure de son partement vint, et, quand il eut prins congé du
mary, lequel s'endormit, il vint dire adieu à sa dame, à laquelle il veid
es larmes aux oeilz pour l'honneste amitié qu'elle luy portoit, qui luy
rendoit sa passion si importable, que, pour ne l'oser declarer, tomba
quasi esvanouy, en luy disant adieu, en une si grande sueur univer-
selle, que non ses oeilz seulement, mais tout son corps, jectoient
larmes. Et, ainsi, sans parler, se departist, dont la dame demora fort
estonnée ; car elle n'avoit jamais veu un tel signe de regret. Toutesfois, point ne changea son bon jugement envers luy et l'accompaigna
de prieres et oraisons. Au bout d'un mois, ainsi que la dame retournoit à son logis, trouva un gentil homme qui luy presenta une lettre
de par le capitaine, la priant qu'elle la voulust veoir à part ; et luy
dist comme il l'avoit veu embarqué, bien déliberé de faire chose
agreable au Roy et à l'augmentation de la chrestienté ; et que, de luy,
il s'en retournoit à Marseille, pour donner ordre aux affaires du dict
capitaine. La dame se retira à une fenestre à part, et ouvrit sa lettre
de deux feuilles de papier escriptes de tous costez, en laquelle y avoit
l'epistre qui s'ensuict :

> Mon long celer, ma taciturnité
> Apporté m'a telle necessité,
> Que je ne puis trouver nul reconfort,
> Fors de parler ou de souffrir la mort.
> Ce Parler-là, auquel j'ay defendu
> De se monstrer à toy, a attendu
> De me veoir seul et de mon secours loing ;
> Et lors m'a dict qu'il estoit de besoing
> De le laisser aller s'esvertuer,
> De se monstrer ou bien de me tuer.
> Et a plus faict, car il s'est venu mettre
> Au beau milieu de ceste mienne lettre,
> Et dist que, puis que mon oeil ne peut veoir
> Celle qui tient ma vie en son pouvoir,
> Dont le regard sans plus me contantoit,
> Quand son parler mon oreille escoutoit,
> Que maintenant par force il saillira

---

[1] On appelait ainsi la Vierge représentée tenant sur ses genoux le corps du Christ.

Devant tes yeulx, où point ne faillira
De te monstrer mes plaincts et mes clameurs,
Dont le celer est cause que je meurs.
Je l'ay voulu de ce papier oster,
Craingnant que point ne voulusse escouter
Ce sot Parler, qui se monstre en absence,
Qui trop estoit craintif en ta presence;
Disant : « Mieulx vault en me taisant mourir,
Que de vouloir ma vie secourir
Pour ennuyer celle que j'aime tant,
Que de mourir pour son bien suis content! »
D'autre costé, ma mort pourroit porter
Occasion de trop desconforter
Celle pour qui seulement j'ay envie
De conserver ma santé et ma vie.
Ne t'ay-je pas, o ma dame, promis
Que, mon voiage à fin heureuse mis,
Tu me verrois devers toy retourner,
Pour ton mary avec toy emmener
Au lieu où tant a de devotion,
Pour prier Dieu sur le mont de Syon?
Si je me meurs, nul ne t'y menera,
Trop de regret ma mort ramenera,
Voyant à riens tourner nostre entreprinse,
Qu'avecques tant d'affection as prinse.
Je vivray doncq, et lors t'y meneray
Et en brief temps à toy retourneray.
La mort pour moy est bonne, à mon advis,
Mais seulement pour toy seule je vis.
Pour vivre donc, il me fault alleger
Mon pauvre cueur, et du faiz soulager,
Qui est à luy et à moy importable.
De te monstrer mon amour veritable
Qui est si grande et si bonne et si forte,
Qu'il n'y en eut oncques de telle sorte.
Que diras-tu? O Parler trop hardy,
Que diras-tu? Je te laisse aller, dy?
Pourras-tu bien luy donner congnoissance
De mon amour? Las! tu n'as la puissance
D'en demonstrer la milliesme part :
Diras-tu point, au moins, que son regard
A retiré mon cueur de telle force,
Que mon corps n'est plus qu'une morte escorce,
Si par le sien je n'ay vie et vigueur?
Las! mon Parler foible et plein de langueur,
Tu n'as pouvoir de bien au vray luy peindre
Comment son oeil peut un bon cueur contraindre?
Encores moins à louer sa parole
Ta puissance est pauvre, debile et molle.
Si tu pouvois au moins luy dire ung mot,
Que bien souvent, comme muet et sot,
Sa bonne grace et vertu me rendoit,
Et, à mon oeil qui tant la regardoit,

Faisoit jetter par grand amour les larmes,
Et à ma bouche aussi changer ses termes ;
Voire et en lieu dire que je l'aymois,
Je luy parlois des signes et des mois
Et de l'estoille Arctique et Antarctique.
O mon Parler ! tu n'as pas la practique
De luy compter en quel estonnement
Me mettoit lors mon amoureux tourment,
De dire aussi mes maulx et mes douleurs?
Il n'y a pas en toy tant de valeurs,
De declairer ma grande et forte amour,
Tu ne sçaurois me faire ung si bon tour?
A tout le moins, si tu ne peux le tout
Luy racompter, prens-toy à quelque bout,
Et dy ainsi : « Crainte de te desplaire
M'a faict longtemps, maulgré mon vouloir, taire
Ma grande amour qui devant toi merite
Et devant Dieu et le ciel estre dicte.
Car la vertu en est le fondement,
Qui me rend doulx mon trop cruel tourment,
Veu que l'on doit un tel tresor ouvrir
Devant chascun et son cueur descouvrir.
Car qui pourroit un tel amant reprendre
D'avoir osé et voulu entreprendre
D'acquerir dame, en qui la vertu toute
Voire et l'honneur faict son sejour sans doubte?
Mais, au contraire, on doit bien fort blasmer
Celuy qui voit un tel bien, sans l'aymer.
Or, l'ay-je veu et l'ayme d'un tel cueur,
Qu'amour sans plus en a esté vainqueur.
Las ! ce n'est point amour legier ou fainct
Sur fondement de beauté fol et painct :
Encores moins cest amour qui me lie
Regarde en rien la villaine follie.
Point n'est fondé en villaine esperance
D'avoir de toy aucune jouissance :
Car rien n'y a au fond de mon desir,
Qui contre toy souhaitte nul plaisir.
J'aymerois mieulx mourir en ce voyaige,
Que te sçavoir moins vertueuse ou saige,
Ne que pour moy fust moindre la vertu
Dont ton corps est en ton cueur revestu.
Aimer te veulx comme la plus parfaicte
Qui oncques fut ; parquoy, rien ne souhaitte
Qui puisse oster ceste perfection,
La cause et fin de mon affection ;
Car plus de moy tu es saige estimée,
Et plus aussi parfaictement aimée.
Je ne suis pas celuy qui se console
En son amour et en sa dame folle.
Mon amour est très saige et raisonnable ;
Car je l'ay mis en dame tant aimable,
Qu'il n'y a Dieu, ny ange en paradis,

Qu'en te voyant ne dist ce que je dis.
Et si de toy je ne puis estre aymé
Il me suffist au moins d'estre estimé
Le serviteur plus parfaict qui fut oncques :
Ce que croiras, j'en suis très seur, adoncques
Que la longueur du temps te fera veoir
Que de t'aymer je fais loyal debvoir :
Et si de toy je n'en reçois autant,
A tout le moins de t'aymer suis contant,
En t'asseurant que rien ne te demande,
Fors seulement que je te recommande
Le cueur et corps bruslant pour ton service
Dessus l'autel d'amour pour sacrifice.
Croy hardiment que, si je reviens vif,
Tu reverras ton serviteur naïf :
Et, si je meurs, ton serviteur mourra,
Que jamais dame un tel n'en trouvera.
Ainsi, de toy s'en va emporter l'onde
Le plus parfaict serviteur de ce monde.
La mer peut bien ce mien corps emporter,
Mais non le cueur que nul ne peut oster
D'avecques toy, où il faict sa demeure,
Sans plus vouloir à moy venir une heure.
Si je pouvois avoir, par juste eschange,
Un peu du tien, clair et pur comme un ange,
Je ne craindrois d'emporter la victoire,
Dont ton seul cueur en gagneroit la gloire.
Or vienne doncq ce qu'il en adviendra!
J'en ay jecté le dé, là se tiendra
Ma volunté sans aucun changement.
Et pour mieulx peindre au tien entendement
Ma loyauté, ma ferme seureté,
Ce diamant, pierre de fermeté,
En ton doigt blanc, te supplie prendre :
Par qui pourras trop plus qu'heureux me rendre.
O diamant, dy : « Amant cy m'envoye,
Qui entreprend ceste doubteuse voye,
Pour meriter, par ses oeuvres et faicts,
D'estre du rang des vertueux parfaicts;
A fin qu'un jour il puisse avoir sa place
Au desiré lieu de ta bonne grace. »

La dame leut l'epistre tout du long, et de tant plus s'esmerveilloit de l'affection du capitaine, que moins elle en avoit eu de soupson. Et, en regardant la table du diamant grande et belle, dont l'anneau estoit esmaillé de noir, fut en grande peine de ce qu'elle en avoit à faire. Et, après avoir resvé toute la nuict sur ces propos, fut très aise d'avoir occasion de ne luy faire response par faulte de messaigier, pen-

Adoncques, suivi de la conjonction *que*, est employé ici dans le sens de : *alors que*.

sant en elle-mesme, qu'avecq les peines qu'il portoit pour le service de
son maistre, il n'avoit besoing d'estre fasché de la mauvaise response
qu'elle estoit deliberée de luy faire, laquelle elle remeit à son retour.
Mais elle se trouva fort empeschée du diamant; car elle n'avoit point
accoustumé de se parer aux despens d'aultres que de son mary. Parquoy, elle, qui estoit de bon entendement, pensa de faire proficter
cest anneau à la conscience du capitaine. Elle despescha un sien serviteur, qu'elle envoya à la damoiselle femme du capitaine, en feignant
que ce fust une religieuse de Tarascon qui luy escripvit une telle
lettre :

« Madame, monsieur vostre mary est passé par icy, bien peu avant
son embarquement, et, après s'estre confessé et receu son Createur
comme bon chrestien, m'a declaré ung faict qu'il avoit sur sa conscience, c'est le regret de ne vous avoir tant aymée comme il debvoit.
Et me pria et conjura, à son partement[1], de vous envoyer ceste lettre avec ce diamant, lequel il vous prie garder pour l'amour de luy,
vous asseurant que, si Dieu le faict retourner en santé, jamais femme
ne fut mieulx traictée que vous serez; et ceste pierre de fermeté vous
en fera foy pour luy. Je vous prie l'avoir pour recommandé en vos
bonnes prieres, car aux miennes il aura part toute ma vie. »

Ceste lettre, parfaicte et signée au nom d'une religieuse, fut envoyée par la dame à la femme du capitaine. Et quand la bonne vieille
veid la lettre et l'anneau, il ne fault demander combien elle pleura de
joye et de regret d'estre aymée et estimée de son bon mary, de la vue
duquel elle se voyoit estre privée. Et, en baisant l'anneau plus de mille
fois, l'arrousoit de ses larmes, benissant Dieu qui sur la fin de ses
jours luy avoit redonné l'amitié de son mary, laquelle elle avoit tenue
longtemps pour perdue; et remerciant la religieuse qui estoit cause
de tant de bien, à laquelle feit la meilleure response qu'elle peut, que
le messaigier rapporta en bonne diligence à sa maistresse, qui ne la
leut, ny n'entendit ce que luy dist son serviteur, sans en rire bien
fort. Et se contenta d'estre deffaicte de son diamant par si profitable
moyen, que de reunir le mary et la femme en bonne amitié, dont luy
sembla avoir gaigné ung royaulme.

Ung peu de temps après, vindrent nouvelles de la deffaicte et mort
du pauvre capitaine, et comme il fut abandonné de ceulx qui le

[1] La vieille langue avait cinq mots pour exprimer la même chose, mais sans
doute avec des nuances qui nous échappent : *partement, département, départie,
départir, départ.*

devoient secourir, et son entreprinse revelée par les Rhodiens, qui la
debvoient tenir secrette; en telle sorte que luy avecq tous ceulx qui
descendirent en terre, qui estoient en nombre de quatre vingts, furent
tous tuez : entre lesquels estoit un gentil homme, nommé Jehan [1], et
un Turc, tenu sur les fons par la dicte dame, lesquels deux elle avoit
donnez au capitaine, pour faire le voyage avecq luy. Dont l'un mourut
auprès de luy, et le Turc, avec quinze coups de fleches, se saulva à
nouer [2] jusques dedans les vaisseaulx françois. Et par luy seul fut entendue la verité de toute ceste affaire; car ung gentil homme, que
le pauvre capitaine avoit prins pour amy et compaignon, et l'avoit
advancé envers le Roy et les plus grands de France, si tost qu'il veid
mettre pied à terre au dict capitaine, retira bien avant en la mer ses
vaisseaulx. Et quand le capitaine veid son entreprinse descouverte et
plus de quatre mil Turcs, se voulut retirer comme il debvoit. Mais le
gentil homme, en qui il avoit eu si grande fiance, voyant que par sa
mort la charge luy demouroit seule de ceste grande armée et le profict, meit en avant à tous les gentils hommes, qu'il ne falloit pas
hazarder les vaisseaulx du Roy, ne tant de gens de bien qui estoient
dedans, pour saulver cent personnes seulement; et ceulx qui n'avoient
pas trop de hardiesse furent de son opinion. Et, voyant le dict capitaine que plus il les appelloit et plus ils s'eslongnoient de son secours,
se retourna devers les Turcs, estant au sablon jusques au genoil [3],
où il feit tant de faicts d'armes et de vaillances, qu'il sembloit que
luy seul deust deffaire tous ses ennemis, dont son traistre compaignon avoit plus de paour que desir de sa victoire. A la fin, quelques
armes qu'il sceut faire, receut tant de coups de fleches de ceulx qui
ne pouvoient approcher de luy, que de la portée de leurs arcs, qu'il
commencea à perdre tout son sang. Et lors les Turcs, voyans la foiblesse
de ces vrais chrestiens, les vindrent charger à grands coups de cyme-
terre : lesquels, tant que Dieu leur donna force et vie, se deffendirent
jusques au bout. Le capitaine appella ce gentil homme, nommé Jehan,
que sa dame luy avoit donné, et le Turc aussi, et en mettant la poincte
de son espée en terre, tombant à genoux auprès, baisa et embrassa la

[1] Nous croyons qu'il s'agit ici du baron de Malleville, Parisien, qui périt sur la
côte de Syrie, près de Beyrouth (qu'on appelait alors *Baruth* en françois), dans
une expédition contre les Turcs, et dont Clément Marot a composé l'éloge funèbre dans ses *Complaintes*. Voyez cette pièce de vers où l'on trouve quelques détails
analogues à ceux que la Reine de Navarre rapporte dans cette Nouvelle.
[2] Nager.
[3] C'est-à-dire : enfoncé dans le sable jusqu'aux genoux.

Croix, disant : « Seigneur, prens l'ame en tes mains, de celuy qui n'a espargné sa vie pour exalter ton nom! » Le gentil homme, nommé Jehan, voyant qu'avec ses parolles la vie luy deffailloit, embrassa, luy, la croix de l'espée qu'il tenoit, pour le cuyder secourir; mais un Turc, par derriere, luy coupa les deux cuisses, et en criant tout haut : « Allons, capitaine, allons en paradis veoir Celuy pour qui nous mourons! » fut compaignon à la mort, comme il avoit esté à la vie du pauvre capitaine. Le Turc, voyant qu'il ne pouvoit servir à l'un ny à l'aultre, estant frappé de quinze fleches, se retira vers ses navires, et, en demandant y estre receu, combien qu'il fust seul eschappé des quatre vingts, fut refusé par le traistre compaignon. Mais, luy, qui sçavoit fort bien nager, se jetta dedans la mer, et feit tant, qu'il fut receu en ung petit vaisseau, et, au bout de quelque temps, guery de ses playes. Et, par ce pauvre estranger, fut la verité congneu entierement à l'honneur du capitaine et à la honte de son compaignon, duquel le Roy et tous les gens de bien, qui oyrent le bruict, jugerent la meschanceté si grande envers Dieu et les hommes, qu'il n'y avoit mort dont il ne fut digne. Mais, à sa venue, donna tant de choses faulses à entendre, avecq force presens, que non seulement se saulva de pugnition, mais eut la charge de celuy qu'il n'estoit digne de servir de varlet.

Quand ceste piteuse nouvelle vint à la court, madame la Regente, qui l'estimoit fort, le regretta merveilleusement; aussi feit le Roy et tous les gens de bien qui le congnoissoient[1]. Et celle qu'il aymoit le mieulx, oyant une si estrange, piteuse et chrestienne mort, changea la dureté du propos qu'elle avoit deliberé luy tenir, en larmes et lamentations; à quoy son mary luy tint compaignie, se voyans frustrez de l'espoir de leur voyage. Je ne veulx oblier que une damoiselle qui estoit à ceste dame, laquelle aymoit ce gentil homme nommé Jehan, plus que soy-mesmes, le propre jour que les deux gentils hommes furent tuez, vint dire à sa maistresse, qu'elle avoit veu en songe celuy qu'elle aymoit tant, vestu de blanc, lequel luy estoit venu dire adieu, et qu'il s'en alloit en paradis avecq son capitaine. Mais, quand elle sceut que son songe estoit veritable, elle feit un tel dueil, que sa mais-

---

[1] Il fallait que le triste sort du Laron de Malleville et de ses compagnons d'armes eût éveillé au plus haut degré la sympathie de la cour de France, pour que Clément Marot consacrât à la memoire de ce brave chevalier de Malte une *complainte*, qui fut probablement composée par ordre du roi ou de madame Marguerite, car cette princesse pourrait bien être l'héroïne de la Nouvelle racontée par elle-même sous le nom de Parlamente.

tresse avoit assez à faire à la consoler. Au bout de quelque temps, la court alla en Normandie, d'où estoit le gentil homme, la femme duquel ne faillit à venir faire la reverence à madame la Regente. Et, pour y estre presentée, s'adressa à la dame que son mary avoit tant aymée. Et, en attendant l'heure propre en une eglise, commencea à regretter et louer son mary, et, entre aultres choses, luy dist : « Helas, ma dame ! mon malheur est le plus grand qu'il n'advint oncques à femme, car, à l'heure qu'il m'aymoit plus qu'il n'avoit jamais faict, Dieu me l'a osté. » Et, en ce disant, luy monstra l'anneau qu'elle avoit au doigt comme le signe de sa parfaicte amitié, qui ne fut sans grandes larmes : dont la dame, quelque regret qu'elle en eust, avoit tant d'envie de rire, veu que de sa tromperie estoit sailly un tel bien, qu'elle ne la voulut presenter à madame la Regente, mais la bailla à une aultre et se retira en une chapelle, où elle passa l'envie qu'elle avoit de rire.

« Il me semble, mes dames, que celles à qui on presente de telles choses, debvroient desirer en faire oeuvre, qui vint à aussi bonne fin, que feyt ceste bonne dame; car elles trouveroient que les bienfaicts sont les joyes des bien faisans. Et ne fault point accuser ceste dame de tromperie, mais estimer de son bon sens, qui convertit en bien ce qui de soy ne valoit riens. — Voulez-vous dire, ce dist Nomerfide, qu'un beau diamant de deux cens escus ne vault riens? Je vous asseure que, s'il fust tumbé entre mes mains, sa femme ne ses parens n'en eussent riens veu. Il n'est rien mieulx à soy, que ce qui est donné. Le gentil homme estoit mort, personne n'en sçavoit rien : elle se fust bien passée de faire tant plorer ceste pauvre vielle. — En bonne foy, ce dist Hircan, vous avez raison, car il y a des femmes qui, pour se monstrer plus excellentes que les aultres, font des oeuvres apparantes contre leur naturel, car nous sçavons bien tous, qu'il n'est riens si avaricieux que une femme. Toutesfois, leur gloire[1] passe souvent leur avarice, qui force leurs cueurs à faire ce qu'elles ne veulent. Et croy que celle qui laissa ainsi le diamant n'estoit pas digne de le porter. — Hola! hola! ce dist Oisille, je me doubte bien qui elle est; parquoy, je vous prie, ne la condamnez point sans l'oyr. — Ma dame, dist Hircan, je ne la condamne point, mais, si le gentil homme estoit autant vertueux que vous dictes, elle estoit honorée d'avoir ung tel serviteur et de porter son anneau; mais peut-estre que ung moins digne d'estre

---

[1] Orgueil, vanité.

aymé la tenoit si bien par le doigt, que l'anneau n'y pouvoit entrer.
— Vrayement, ce dist Ennasuitte, elle le pouvoit bien garder, puisque
personne n'en sçavoit rien. — Comment? cedist Geburon : toutes
choses à ceulx qui ayment sont-elles licites, mais que l'on n'en sache
riens? — Par ma foy, ce dist Saffredent, je ne vois oncques meffaict
pugny, sinon la sottise; car il n'y a meurdrier, larron, ny adultere
mais qu'il soit aussi fin que maulvais, qui soit jamais reprins par
justice, ny blasmé entre les hommes. Mais souvent la malice est si
grande, qu'elle les aveugle ; de sorte qu'ilz deviennent sots, et comme
j'ay dict : Seulement les sots sont punis, et non les vicieux. — Vous en
direz ce qu'il vous plaira, ce dist Oisille; Dieu peut juger le cueur
de ceste dame ; mais, quant à moy, je treuve le faict très honneste
et vertueux. Pour n'en debattre plus, je vous prie, Parlamente, donner
vostre voix à quelqu'un. — Je la donne très volontiers, ce dist-elle, à
Simontault ; car, après ces deux tristes nouvelles, il ne fauldra de
nous en dire une, qui ne nous fera point plorer. — Je vous remercie,
dist Simontault, en me donnant vostre voix, il ne s'en fault gueres
que ne me nommiez plaisant, qui est un nom que je trouve fort
fascheux : et pour m'en venger, je vous monstreray qu'il y a des
femmes qui font bien semblant d'estre chastes envers quelques
uns, ou pour quelque temps ; mais la fin les monstre telles qu'elles
sont, comme vous verrez par une histoire très veritable. »

QUATORZIESME NOUVELLE.

Le seigneur de Bonnivet, pour se venger de la cruauté d'une dame milanoyse, s'accointa d'un gentil homme italian, qu'elle aymoit, sans qu'il en eut encores rien eu que bonnes paroles et asseurance d'estre aymé. Et, pour parvenir à son intention, luy conseilla si bien, que sa dame luy accorda ce que tant il avoit pourchassé. Dont le gentil homme avertit Bonnyvet, qui, après s'estre fait couper les cheveux et la barbe, vestu d'habillemens semblables à ceux du gentil homme, s'en ala sur le my-nuyt mettre sa vengeance à execution : qui fut cause que la dame, après avoir entendu de luy l'invention qu'il avoit trouvée pour la gaigner, luy promit se departir de l'amytié de ceux de sa nation et s'arrester à luy.

En la duché de Milan, du temps que le grand-maistre de Chaumont[1] en estoit gouverneur, y avoit un gentil homme, nommé le seigneur

[1] Charles d'Amboise, seigneur de Chaumont, neveu du cardinal d'Amboise,

de Bonnivet, qui depuis par ses merites fut admiral de France[1]. Estant à Milan, fort aymé du dict grand-maistre et de tout le monde pour les vertuz qui estoient en luy, se trouvoit voluntiers aux festins où toutes les dames se assembloient, desquelles il estoit mieulx voulu que ne fut oncques François, tant pour sa beaulté, bonne grace et bonne parole, que pour le bruict que chascun luy donnoit d'estre un des plus adroicts et hardys aux armes qui fust point de son temps. Ung jour, en masque, à ung carneval, mena dancer une des plus braves et belles dames qui fust point en la ville[2] : et quand les hautsbois faisoient pause, ne failloit à luy tenir les propos d'amour qu'il sçavoit mieux que nul aultre dire. Mais, elle, qui ne luy debvoit rien de respondre, luy voulut soubdain mettre la paille au devant et l'arrester[3], en l'asseurant qu'elle n'aymoit ni n'aymeroit jamais que son mary, et qu'il ne s'y actendist en aucune maniere. Pour ceste response, ne se tint le gentil homme refusé, et la pourchassa vivement jusques à la my caresme. Pour toute resolution, il la trouva ferme en propos de n'aymer ne luy ne aultre : ce qu'il ne peut croire, veu la mauvaise grace que son mary avoit et la grande beaulté d'elle. Il se delibera, puisqu'elle usoit de dissimulation, d'user aussi de trom-

était gouverneur de Milan en 1506; il fut successivement amiral, maréchal et grand-maître de France; il mourut en 1511, et sa mort fut attribuée au poison. Il eut une grande part, comme général d'armée, aux guerres d'Italie sous le règne de Louis XII. Voyez sa vie dans les *Capitaines françois*, de Brantôme.

[1] Guillaume Gouffier, connu sous le nom de l'*Amiral de Bonnivet*, parce qu'il était seigneur de Bonnivet et qu'il fut nommé amiral de France par François I*er*, qui le prit en affection particulière, se distingua d'abord dans les guerres d'Italie, sous Louis XII, notamment au siége de Gênes, en 1507. Il n'avait pas plus de trente ans à cette époque : « Il estoit de fort gentil et subtil esprit, dit Brantôme, qui l'a placé parmi ses *Capitaines françois*, et très habile, fort bien disant, fort beau et agréable. » Il fut tué à la bataille de Pavie, en 1525.

[2] M. Leroux de Lincy a pensé que l'héroïne de cette nouvelle pouvait bien être la fameuse *sennora Clerice*, dont Brantôme a parlé. « Ce fut luy seul, dit-il dans la Vie de Bonnivet (*Capitaines françois*), qui conseilla au Roi François de passer les monts et de suivre M. de Bourbon, ayant laissé Marseille, non tant pour le bien et le service de son maistre, que pour aller revoir une grande dame de Milan, et des plus belles qu'il avoit faicte pour maistresse quelques années de devant; et en avoit tiré plaisir et en vouloit retaster. On dit que c'estoit la *sennora Clerice*, pour lors estimée des plus belles dames de l'Italie; voylà qui le menoit. J'ay ouy dire ce conte à une grande dame de ce temps-là, et qu'il en avoit fait cas au Roy de ceste dame, et luy en avoit faict venir l'envye de la voir et coucher avec elle : et voylà la principale cause de ce passage du Roy, qui n'est à tous cogneue. »

[3] Cette expression proverbiale vient de ce qu'on arrête un cheval en lui présentant un râtelier bien garni de fourrages.

perie ; et dès l'heure, laissa la poursuitte qu'il luy faisoit, et s'enquist si bien de sa vie, qu'il trouva qu'elle aymoit un gentil homme italien, bien saige et honneste.

Le dict seigneur de Bonnivet accointa[1] peu à peu ce gentil homme, par telle doulceur et finesse, qu'il ne s'apperceut de l'occasion[2], mais l'ayma si parfaictement, qu'après sa dame c'estoit la creature du monde qu'il aymoit le plus. Le seigneur de Bonnivet, pour luy arracher son secret du cueur, faingnit de luy dire le sien, et qu'il aymoit une dame où jamais n'avoit pensé, le priant le tenir secret, et qu'ils n'eussent tous deux que ung cueur et une pensée. Le pauvre gentil homme, pour luy monstrer l'amour reciproque, luy va declairer tout du long celle qu'il portoit à la dame, dont Bonnivet se vouloit venger ; et une fois le jour, s'assembloient en quelque lieu tous deux, pour rendre compte des bonnes fortunes advenues le long de la journée, ce que l'un faisoit en mensonge, et l'autre en verité. Et confessa le gentil homme avoir aymé trois ans ceste dame, sans en avoir riens eu, sinon bonnes paroles et asseurance d'estre aymé. Le dict de Bonnivet luy conseilla tous les moyens qu'il luy fut possible pour parvenir à son intention ; dont il se trouva si bien, que en peu de jours elle luy accorda tout ce qu'il demandoit ; il ne restoit que de trouver le moyen : ce que bien tost, par le conseil du seigneur de Bonnivet, fut trouvé. Et, ung jour, avant souper, luy dist le gentil homme : « Monsieur, je suis plus tenu à vous qu'à tous les hommes du monde, car par vostre bon conseil j'espere avoir ceste nuict ce que tant d'années j'ay desiré. Je te prie, mon amy, ce luy dist Bonnivet, compte-moy la sorte de ton entreprinse, pour veoir s'il y a tromperie ou hazard, pour te y servir de bon amy. » Le gentil homme luy va compter comme elle avoit moyenné de faire laisser la grande porte de la maison ouverte, soubz couleur de quelque maladie qu'avoit un de ses freres, pour laquelle à toute heure falloit envoyer à la ville querir ses necessitez ; et qu'il pourroit entrer seurement dedans la court, mais qu'il se gardast de monter par l'escallier, et qu'il passast par ung petit degré qui estoit à main droicte, et entrast en la premiere gallerie qu'il trouveroit, où toutes les portes des chambres de son beau pere et de ses beaulx freres se rendoient ; et qu'il choisist bien la troisiesme plus près du dict degré, et, si en la poussant doulcement il la trouvoit

---

[1] Fréquenta.
[2] Dans le sens de *motif*, *intention*.

fermée, qu'il s'en allast, estant asseuré que son mary estoit revenu, lequel toutesfois ne devoit revenir de deux jours; et que, s'il la trouvoit ouverte, il entrast doucement, et qu'il la refermast hardiment au coureil[1], sachant qu'il n'y avoit qu'elle seule en la chambre, et que surtout il n'oubliast à faire faire des soulliers de feutre, de paour de faire bruict: et qu'il se gardast bien de venir plus tost que deux heures après minuict ne fussent passées, pource que ses beaulx freres qui aymoient fort le jeu ne s'alloient jamais coucher, qu'il ne fust plus d'une heure. Le dict de Bonnivet luy respondit : « Va, mon amy, Dieu te conduise; je le prie qu'il te garde d'inconvenient: si ma compaignie y sert de quelque chose, je n'espargneray rien qui soit en ma puissance. » Le gentil homme le mercia bien fort, et luy dist qu'en ceste affaire il ne pouvoit estre trop seul; et s'en alla pour y donner ordre.

Le seigneur de Bonnivet ne dormit pas de son costé; et, voyant qu'il estoit heure de se venger de sa cruelle dame, se retira de bonne heure en son logis, et se feit coupper la barbe de la longueur et largeur que l'avoit le gentil homme; aussi, se feit coupper les cheveux, à fin qu'à le toucher on ne peust congnoistre leur difference. Il n'oblia pas les escarpins de feutre et le demorant des habillemens semblables au gentil homme. Et, pource qu'il estoit fort aymé du beau pere de ceste femme, ne craignit d'y aller de bonne heure, pensant que s'il estoit apperceu il iroit tout droict à la chambre du bon homme avec lequel il avoit quelque affaire. Et, sur l'heure de minuict, entra en la maison de ceste dame, où il trouva assez d'allans et de venans; mais, parmy eulx, passa sans estre congneu et arriva en la gallerie. Et, touchant les deux premieres portes, les trouva fermées, et la troisiesme non, laquelle doucement il poussa. Et, entré qu'il fut en la chambre de la dame, la referma au coureil, et veid toute ceste chambre tendue de linge blanc, le pavement et le dessus[2] de mesmes, et un lict, de toille fort deliée, tant bien ouvré de blanc qu'il n'estoit possible de plus; et la dame seule dedans avecq son scofion[3] et la chemise toute couverte de perles et de pierreries : ce qu'il veid par ung coing du rideau, avant que d'estre apperceu d'elle; car il y avoit un grand flambeau de cire blanche, qui rendoit la chambre claire comme le jour. Et,

---

[1] Ce mot, qui manque dans les dictionnaires anciens et nouveaux, équivaut à *verrou*, qu'on écrivait *verrouil*. Les paysans du Berri disent encore *courail*.
[2] Le plancher et le plafond.
[3] Coiffe, bonnet de femme. On dit encore *escoffion* dans les campagnes.

7.

de paour d'estre congneu d'elle, alla premierement tuer le flambeau, puis se despouilla, et s'alla coucher auprès d'elle. Elle, qui cuydoit que ce fust celuy qui si longuement l'avoit aymée, luy feit la meilleure chere qui luy fut possible. Mais, luy, qui sçavoit bien que c'estoit au nom d'un aultre, se garda de luy dire un seul mot, et ne pensa qu'à mettre sa vengeance à execution ; c'est de luy oster son honneur et sa chasteté, sans luy en sçavoir gré ni grace. Mais, contre sa volunté et de liberation, la dame se tenoit si contente de ceste vengeance, qu'elle l'estimoit recompensé de tous ses labeurs jusques à ce que une heure après minuict sonna qu'il estoit temps de dire adieu. Et, à l'heure, le plus bas qu'il luy fut possible, luy demanda si elle estoit aussi contente de luy que luy d'elle. Elle, qui cuydoit que ce fust son amy, luy dist que non seullement elle estoit contente, mais esmerveillée de la grandeur de son amour, qui l'avoit gardé une heure, sans luy pouvoir respondre. A l'heure, il se print à rire bien fort, luy disant : « Or sus, ma dame, me refuserez vous une aultre fois, comme vous avez accoustumé de faire jusques icy ? » Elle, qui le congneut à la parole et au ris, fut si desesperée d'ennuy, de honte, qu'elle l'appella plus de mille fois *meschant, traistre* et *trompeur*, se voulant jetter du lict à bas pour chercher un cousteau, à fin de se tuer, veu qu'elle estoit si malheureuse qu'elle avoit perdu son honneur pour un homme qu'elle n'aymoit point et qui, pour se venger d'elle, pourroit divulguer ceste affaire par tout le monde. Mais il la retint entre ses bras, et, par bonnes et doulces paroles, l'asseura de l'aymer plus que celuy qui l'aymoit et de celer ce qui touchoit son honneur, si bien qu'elle n'en auroit jamais blasme. Ce que la pauvre sotte creut; et, entendant de luy l'invention qu'il avoit trouvée et la peine qu'il avoit prinse pour la gaingner, luy jura qu'elle l'aymeroit mieulx que l'aultre, qui n'avoit sceu celer son secret ; et qu'elle congnoissoit bien le contraire du faulx bruict que l'on donnoit aux François; car ilz estoient plus saiges, perseverans et secrets que les Italiens. Parquoy, doresnavant elle se departoit de l'opinion de ceulx de sa nation, pour se arrester à luy. Mais elle le pria bien fort, que pour quelque temps il ne se trouvast en lieu ne festin où elle fust, sinon en masque; car elle sçavoit bien qu'elle auroit si grande honte, que sa contenance la declaireroit à tout le monde. Il luy en feit promesse, et aussi la pria que, quand son amy viendroit à deux heures, elle luy feit bonne chere, et puis peu à peu elle s'en pourroit deffaire. Dont elle feit si grande difficulté, que, sans l'amour qu'elle luy portoit, pour rien ne l'eust accordé. Toutesfois, en luy disant adieu, la rendit si satisfaicte qu'elle eust bien voulu qu'il y fust demouré plus longuement.

Après qu'il fut levé et qu'il eut reprins ses habillemens, saillit hors de la chambre, et laissa la porte entr'ouverte comme il l'avoit trouvée. Et, pour ce qu'il estoit près de deux heures, et qu'il avoit paour de trouver le gentil homme en son chemin, se retira au hault du degré, où bientost après il le veid passer et entrer en la chambre de sa dame. Et, luy, s'en alla en son logis, pour reposer son travail; ce qu'il feit de sorte que neuf heures du matin le trouverent au lict : où, à son lever, arriva le gentil homme, qui ne faillit à luy compter sa fortune, non si bonne comme il l'avoit esperée, car il dist que, quand il entra en la chambre de sa dame, il la trouva levée en son manteau de nuict, avecques une bien grosse fiebvre, le pouls fort esmeu, le visaige en feu et la sueur qui commençoit à luy prendre, de sorte qu'elle le pria s'en retourner incontinant; car, de paour d'inconvénient, n'avoit osé appeler ses femmes, dont elle estoit si mal, qu'elle avoit plus besoin de penser à la mort qu'à l'amour, et d'oyr parler de Dieu que de Cupido; estant marrye du hazard où il s'estoit mis pour elle, veu qu'elle n'avoit puissance en ce monde de luy rendre ce qu'elle esperoit faire en l'autre bientost. Dont il fust si estonné et marry, que son feu et sa joye s'estoient convertis en glace et en tristesse, et s'en estoit incontinent departy. Et, au matin, au poinct du jour, avoit envoyé sçavoir de ses nouvelles, et que pour vray elle estoit très mal. Et, en racomptant ses douleurs, ploroit si très fort, qu'il sembloit que l'ame s'en deust aller par ses larmes. Bonnivet, qui avoit tant envie de rire que l'autre de plorer, le consola le mieulx qu'il luy fut possible, luy disant que les amours de longue durée ont tousjours un commencement difficile, et qu'amour lui faisoit ce retardement pour luy faire trouver la jouissance meilleure; et en ces propos, se departirent. La dame garda quelques jours le lict; et, en recouvrant sa santé, donna congié à son premier serviteur, le fondant sur la craincte qu'elle avoit eu de la mort et le remords de sa conscience, et s'arresta au seigneur Bonnivet, dont l'amitié dura, selon la coustume, comme la beauté des fleurs des champs[1].

« Il me semble, mes dames, que les finesses du gentil homme valen

---

[1] Il y a dans ce dernier trait une sorte de reproche adressé à l'inconstance de Bonnivet. La tradition veut qu'il ait été très-assidu auprès de Marguerite d'Angou-

bien l'hypocrisie de cette dame, qui, après avoir tant contrefaict la femme de bien, se declaira si folle. — Vous direz ce qu'il vous plaira des femmes, dist Ennasuitte, mais ce gentil homme feit un tour meschant. Est-il dict que si une dame en aymoit un, l'autre la doive avoir par finesse? — Croyez, ce dist Geburon, que telles marchandises ne se peuvent mettre en vente, qu'elles ne soient emportées par les plus offrans et derniers encherisseurs. Ne pensez pas que ceulx qui poursuivent les dames prennent tant de peine pour l'amour d'elles; car c'est seulement pour l'amour d'eulx et de leur plaisir. — Par ma foy, ce dist Longarine, je vous croy; car, pour vous en dire la verité, tous les serviteurs que j'ay jamais eu, m'ont tousjours commencé leurs propos par moy, monstrans desirer ma vie, mon bien, mon honneur; mais la fin en a esté pour eulx, desirans leur plaisir et leur gloire. Parquoy, le meilleur est de leur donner congié dès la premiere partie de leur sermon; car, quand on vient à la seconde, on n'a pas tant d'honneur à les refuser, veu que le vice de soy, quand il est congneu, est refusable. — Il fauldroit doncques, ce dist Ennasuitte, que, dès que ung homme ouvre la bouche, on le refusast sans sçavoir qu'il veult dire? » Parlamente luy respondit : « Ma compaigne ne l'entend pas ainsi; car on sçait bien que au commencement une femme ne doibt jamais faire semblant d'entendre où l'homme veult venir, ny encores, quand il le declare, de le pouvoir croire; mais, quand il vient à en jurer bien fort, il me semble qu'il est plus honneste aux dames de le laisser en ce beau chemin, que d'aller jusques à la vallée. — Voire mais, ce dist Nomerfide, devons-nous croire par là, qu'ils nous aiment par mal? Est-ce pas peché de juger son prochain? — Vous en croirez ce qu'il vous plaira, dist Oisille; mais il fault tant craindre qu'il soit vray, que, dès que vous en appercevez quelque estincelle, vous devez fuir ce feu, qui a plus tost bruslé un cueur, qu'il ne s'en est apparceu. — Vrayement, ce dist Hircan, voz loix sont trop dures. Et si les femmes vouloient, selon vostre advis, estre si rigoureuses, auxquelles la doulceur est tant scante, nous changerions aussy nos doulces supplications en finesses et forces. — Le mieux que je y voye, dist Simontault, c'est que chacun suive son naturel : Qui aime ou qui n'aime point le monstre sans dissimulation! — Pleust à Dieu, ce dist Saffredent, que ceste loy apportast autant d'honneur qu'elle feroit de plaisir! » Mais Dagoucin ne se sceut tenir de dire: « Ceulx qui aymeroient

lème, à laquelle il n'était pas indifférent, quoiqu'elle ait eu, dit-on, le courage de lui résister dans une circonstance bien délicate. Voyez la Nouvelle IV.

mieulx mourir, que leur volonté fust congneue, ne se pourroient accorder à vostre ordonnance? — Mourir! ce dist Hircan; encor est-il à naistre le bon chevalier, qui pour telle chose publique vouldroit mourir. Mais laissons ces propos d'impossibilité, et regardons à qui Simontault donnera sa voix. — Je la donne, dist Simontault, à Longarine, car je la regardois tantost, qu'elle parloit toute seule; je pense qu'elle recordoit quelque bon roole, et si n'a point accoustumé de celer la verité soit contre homme ou contre femme. — Puis que vous m'estimez si veritable, repondist Longarine, je vous racompteray une histoire, que, nonobstant qu'elle ne soit tant à la louange des femmes que je vouldrois, si verrez-vous qu'il y en a ayans aussi bon cueur, aussi bon esprit, et aussi pleines de finesses, que les hommes. Si mon compte est un peu long, vous aurez patience. »

QUINZIESME NOUVELLE.

Par la faveur du Roy Françoys, un simple gentil homme de sa court espousa une femme fort riche, de laquelle toutesfois, tant pour sa grande jeunesse que pour ce qu'il avoit son cueur ailleurs, il teint si peu de conte, que, elle, meue de depit et vaincue de desespoir, après avoir serché tous moyens de luy complaire, avisa de se reconforter autre part des ennuys qu'elle enduroit avec son mary.

EN la court du Roy François premier, y avoit ung gentil homme [1], duquel je congnois si bien le nom que je ne le veulx point nommer. Il estoit pauvre, n'ayant point cinq cens livres de rente, mais il estoit tant aymé du Roy pour les vertus dont il estoit plein, qu'il vint à espouser une femme si riche, qu'un grand seigneur s'en fust bien

---

[1] Brantôme, dans ses *Dames Galantes* (Disc. I), rapporte une aventure à peu près pareille à celle qui fait le sujet de cette Nouvelle. « J'ay congneu, dit-il, deux dames de la cour toutes deux belles soeurs; l'une avoit espousé un mary, favory, courtisan et fort habile, et qui pourtant ne faisoit cas de sa femme comme il devoit, veu le lieu d'où elle estoit; et parloit à elle devant le monde comme à une sauvage et la rudoyoit fort. Elle, patiente, l'endura pour quelque temps jusques à ce que son mary vint un peu defavorisé; elle, espiant et prenant l'occasion au poil et à propos, la luy ayant gardé bonne, luy rendit aussitost le desdain passé qu'il luy avoit donné... Comme fist aussy sa belle soeur, prenant exemple à elle, qui, ayant esté mariée fort jeune et en tendre âge, son mary, n'en faisant cas comme d'une petite fillaude, ne l'aymoit comme il devoit. Mais, elle, se venant advancer sur l'age et à sentir son cueur, en reconnoissant sa beauté, le paya de mesme monnoye et luy fit present de belles cornes pour l'interest du passé. »

contenté. Et, pour ce qu'elle estoit encores bien jeune, pria une des plus grandes dames de la court de la vouloir tenir avecq elle : ce qu'elle feit très voluntiers. Or, estoit ce gentil homme tant honneste, beau et plein de toute grace, que toutes les dames de la court en faisoient bien grand cas. Et, entre aultres, une que le Roy aymoit, qui n'estoit si jeune ne si belle que la sienne. Et, pour la grande amour qu'il luy portoit, tenoit si peu de compte de sa femme, que à peine en ung an couchoit-il une nuict avec elle. Et ce qui plus luy estoit importable, c'est que jamais il ne parloit à elle, ne luy faisoit signe d'amitié. Et, combien qu'il jouist de son bien, il luy en faisoit si petite part, qu'elle n'estoit pas habillée comme il luy appartenoit, ne comme elle desiroit. Dont la dame, avecq qui elle estoit, reprenoit souvent le gentil homme, en luy disant : « Vostre femme est belle, riche et de bonne maison, et vous ne tenez non plus compte d'elle, que si elle estoit tout le contraire : ce que son enfance et jeunesse a supporté jusques icy ; mais j'ay paour, quand elle se verra grande et belle, que son mirouer et quelcun qui ne vous aymera pas, luy remonstre sa beaulté si peu de vous prisée ; et que, par despit, elle face ce que, estant de vous bien traictée, n'oseroit jamais penser. » Le gentil homme, qui avoit son cueur ailleurs, se mocqua très bien d'elle et ne laissa, pour ses enseignemens, à continuer la vie qu'il menoit. Mais, deux ou trois ans passez, sa femme commença à devenir une des plus belles femmes qui fust point en France, tant qu'elle eut le bruict de n'avoir à la court sa pareille. Et plus elle se sentoit digne d'estre aymée, plus s'ennuya de veoir que son mary n'en tenoit compte : tellement, qu'elle en print ung si grand desplaisir que, sans la consolation de sa maistresse[1], elle estoit quasi au desespoir. Et, après avoir cherché tous les moyens de complaire à son mary qu'elle pouvoit, pensa en elle-mesme qu'il estoit impossible qu'il l'aymast, veu la grande amour qu'elle luy portoit, sinon qu'il eust quelque autre fantaisie en son entendement : ce qu'elle chercha si subtilement, qu'elle trouva la verité, et qu'il estoit toutes les nuicts si empesché ailleurs, qu'il oublioit sa femme et sa conscience.

Et, après qu'elle fut certaine de la vie qu'il menoit, print une telle melencolie, qu'elle ne se vouloit plus habiller que de noir, ne se trouver en lieu où l'on feist bonne chere. Dont sa maistresse, qui s'en apperceut, feit tout ce qui luy fust possible pour la retirer de ceste

---

[1] C'est la princesse, la *dame avec qui elle étoit*, la *maistresse* dont elle dépendait, comme étant attachée à sa maison en qualité de dame d'honneur. Ne serait-ce pas Marguerite elle-même ?

oppinion, mais elle ne peut. Et, combien que son mary en fust assez adverty, il fut plus prest à s'en mocquer, que de y donner remede. Vous sçavez, mes dames, que ainsi que extreme joye est occupée par pleurs, aussi extreme ennuy prend fin par quelque joye? Parquoy, ung jour, advint que ung grand seigneur, parent proche de la maistresse de ceste dame et qui souvent la frequentoit, entendant l'estrange façon dont le mary la traictoit, en eut tant de pitié qu'il se voulut essayer à la consoler; et, en parlant avecq elle, la trouva si belle, si saige et si vertueuse, qu'il desira beaucoup plus d'estre en sa bonne grace, que de luy parler de son mary, sinon pour luy monstrer le peu d'occasion qu'elle avoit de l'aymer.

Ceste dame, se voyant delaissée de celuy qui la debvoit aymer, et d'autre costé aymée et requise d'un si beau prince, se tint bien heureuse d'estre en sa bonne grace. Et, combien qu'elle eust tousjours desir de conserver son honneur, si prenoit-elle grand plaisir de parler à luy et de se veoir aymée et estimée; chose dont quasi elle estoit affamée. Ceste amitié dura quelque temps, jusques à ce que le Roy s'en apparceut, qui portoit tant d'amour au gentil homme, qu'il ne vouloit souffrir que nul luy feist honte ou desplaisir. Parquoy, il pria bien fort ce prince d'en vouloir oster sa fantaisie, et que, s'il continuoit, il seroit très mal content de luy. Ce prince, qui aymoit trop mieulx la bonne grace du Roy que toutes les dames du monde, luy promist, pour l'amour de luy, d'abandonner son entreprinse, et que dès le soir il iroit prendre congé d'elle. Ce qu'il feit, si tost qu'il sceut qu'elle estoit retirée en son logis, où logeoit le gentil homme en une chambre sur la sienne. Et, estant au soir à la fenestre, veid entrer ce prince en la chambre de sa femme, qui estoit soubs la sienne; mais le prince, qui bien l'advisa, ne laissa d'y entrer. Et, en disant adieu à celle dont l'amour ne faisoit que commencer, luy allegua pour toutes raisons le commandement du Roy.

Après plusieurs larmes et regrets qui durerent jusques à une heure après minuict, la dame luy dist pour conclusion : « Je loue Dieu, Monseigneur, dont il luy plaist que vous perdiez ceste oppinion, puisqu'elle est si petite et foible, que vous la pouvez prendre et laisser par le commandement des hommes. Car, quant à moy, je n'ay point demandé congé ny à maistresse, ny à mary, ny à moy-mesmes, pour vous aymer: car Amour, s'aidant de vostre beaulté et de vostre honnesteté, a eu telle puissance sur moy, que je n'ay congneu aultre Dieu ne aultre Roy que luy. Mais, puis que vostre cueur n'est pas si remply de vray amour, que craincte n'y trouve encores place, vous ne pouvez estre amy parfaict; et d'un imparfaict, je ne veulx poinct faire amy aymé parfaictement, comme j'avois deliberé faire de vous. Or adieu, Monseigneur, duquel la craincte ne merite la franchise de mon amitié! » Ainsi s'en alla pleurant ce seigneur, et, en se retournan', advisa encores le mary estant à la fenestre, qui l'avoit vu entrer et saillir. Parquoy, le lendemain, luy compta l'occasion pourquoy il estoit allé veoir sa femme et le commandement que le Roy luy avoit faict : dont le gentil homme en fut fort content et en remercia le Roy. Mais, voyant que sa femme tous les jours embellissoit, et, luy, devenoit viel et amoindrissoit sa beaulté, commença à changer de roole, prenant celuy que long temps il avoit faict jouer à sa femme ; car il la cherchoit plus que de coustume, et prenoit garde sur elle. Mais, de tant plus elle le fuyoit, qu'elle se voyoit cherchée de luy, desirant luy rendre partie des ennuiz qu'elle avoit euz pour estre de luy peu aymé. Et, pour ne perdre si tost le plaisir que l'amour luy commençoit à donner, se va adresser à un jeune gentil homme, tant si très beau, bien parlant, et de si bonne grace, qu'il estoit aymé de toutes les dames de la court. Et, en luy faisant ses complainctes de la façon comme elle avoit esté traictée, l'incita d'avoir pitié d'elle, de sorte que le gentil homme n'oublia rien pour essayer à la reconforter. Et, elle, pour se recompenser de la perte d'un prince qui l'avoit laissée, se meit à aymer si fort ce gentil homme, qu'elle oublia son ennuy passé, et ne pensa, sinon à finement conduire son amitié. Ce qu'elle sceut si bien faire, que jamais sa maistresse ne s'en apperceut, car, en sa presence, se gardoit bien de parler à luy. Mais, quand elle luy vouloit dire quelque chose, s'en alloit veoir quelques dames qui demouroient à la court, entre lesquelles y en avoit une dont son mary faingnoit d'estre amoureux.

Or, ung soir, après souper, qu'il faisoit obscur, se desroba la dicte dame, sans appeller nulle compaignie, et entra en la chambre des dames, où elle trouva celuy qu'elle aimoit mieulx que elle-mesmes : et, en se asseant auprès de luy, appuyez sur une table, parloient ensemble, feignans de lire en ung livre. Quelqu'un que le mary avoit mis au guet, luy vint rapporter là où sa femme estoit allée ; mais, luy, qui estoit saige, sans en faire semblant, s'y en alla le plus tost qu'il peut. Et, entrant en la chambre, veid sa femme lisant le livre, qu'il faingnit ne veoir point, mais alla tout droict parler aux dames qui estoient de l'autre costé. Ceste pauvre dame, voyant que son mary l'avoit trouvée avecq celuy auquel devant luy elle n'avoit jamais parlé, fust si transportée, qu'elle perdit sa raison, et, ne pouvant passer par le banc, saulta sur la table, et s'enfuit, comme si son mary avecq l'espée nue l'eust poursuyvie; et alla trouver sa maistresse qui se retiroit en son logis.

Et, quand elle fut deshabillée, se retira la dicte dame, à laquelle une de ses femmes vint dire que son mary la demandoit. Elle luy respondit franchement, qu'elle n'iroit point, et qu'il estoit si estrange et austere, qu'elle avoit paour qu'il ne luy feist ung mauvais tour. A la fin, de paour de pis, s'y en alla. Son mary ne luy en dist un seul mot, sinon quand ils furent dedans le lict. Elle, qui ne sçavoit pas si bien dissimuler que luy, se print à pleurer. Et quand il luy eust demandé pourquoy c'estoit : elle luy dist qu'elle avoit paour qu'il fust courroucé contre elle, pource qu'il l'avoit trouvée lisant avecq ung gentil homme. A l'heure, il luy respondit que jamais il ne luy avoit deffendu de parler à homme, et qu'il n'avoit trouvé mauvais qu'elle y parlast, mais ouy bien de s'en estre fuie devant luy, comme si elle eust faict chose digne d'estre reprinse; et que ceste fuitte seulement luy faisoit penser qu'elle aymoit le gentil homme. Parquoy il luy deffendit que jamais il ne luy advint de luy parler, ny en public, ny en privé, luy asseurant que, la premiere fois qu'elle y parleroit, il la tueroit sans pitié ne compassion. Ce qu'elle accepta très voluntiers, faisant bien son compte de n'estre pas une autre fois si sotte. Mais, parce que les choses où l'on a volunté, plus elles sont defendues et plus elles sont desirées, ceste pauvre femme eust bientost oublié les menaces de son mary et les promesses d'elle; car, dès le soir mesme, elle, estant retournée coucher en une autre chambre, avec d'autres damoiselles et ses gardes, envoya prier le gentil homme de la venir veoir la nuict. Mais le mary, qui estoit si tourmenté de jalousie qu'il ne pouvoit dormir, va prendre une cappe et un varlet de chambre avecq luy, ainsi qu'il avoit ouy dire que l'autre alloit la nuict, et s'en va frapper à la porte du logis de sa femme. Elle, qui n'attendoit rien moins que luy, se leva toute seule et print des brodequins fourrés et son manteau qui estoit auprès d'elle; et, voyant que trois ou quatre femmes qu'elle avoit estoient endormies, saillit de sa chambre et s'en va droict à la porte où elle ouyt frapper. Et, en demandant : « Qui est-ce? » luy fut respondu le nom de celuy qu'elle aymoit; mais, pour en estre plus asseurée, ouvrit un petit guichet, en disant : « Si vous estes celluy que vous dictes, baillez-moy la main, et je la congnoistray bien? » Et quand elle toucha la main de son mary, elle le congneut, et, en fermant vistement le guichet, se print à crier : « Ha! monsieur, c'est vostre main! » Le mary luy respondit par grand courroux : « Ouy, c'est la main qui vous tiendra promesse; parquoy, ne faillez à venir, quand je le vous manderay. » En disant ceste parole, s'en alla en son logis, et elle retourna en sa chambre, plus morte que vive, et dist tout hault à ses femmes : « Levez-vous, mes amies; vous avez trop dormy pour moy, car, en vous cuydant tromper, je me suis trompée la premiere. » En ce disant, se laissa tumber au milieu de la chambre, toute esvanouye. Ces pauvres femmes se leverent à ce cry, tant estonnées de veoir leur maistresse comme morte couchée par terre et d'oyr ses propos, qu'elles ne sceurent que faire, sinon que de courir aux remedes pour la faire revenir. Et, quand elle peut parler, leur dist : « Aujourd'huy voyez-vous, mes amies, la plus malheureuse creature qui soit sur la terre! » et leur va compter toute sa fortune, les prians la vouloir secourir, car elle tenoit sa vie pour perdue.

Et, en la cuydant reconforter, arriva un varlet de chambre de son mary, par lequel il luy mandoit qu'elle allast incontinant à luy. Elle, embrassant deux de ses femmes, commença à crier et à pleurer, les prians ne la laisser point aller, car elle estoit seure de mourir. Mais le varlet de chambre l'asseura que non et qu'il prenoit sur sa vie, qu'elle n'auroit nul mal. Elle, voyant qu'il n'y avoit point de resistence, se jecta entre les bras de ce pauvre serviteur, luy disant : « Puis qu'il le fault, porte ce malheureux corps à la mort! » Et à l'heure, demy esvanouye de tristesse, fut emportée du varlet de chambre au logis de son maistre; aux pieds duquel tumba ceste pauvre dame, en luy disant : « Monsieur, je vous supplie avoir pitié de moy, et je vous jure la foy que je doibs à Dieu, que je vous diray la verité du tout. » A l'heure, il luy dist comme un homme desesperé : « Par Dieu, vous me la direz! » et chassa dehors tous ses gens. Et, pource qu'il avoit tousjours congneu sa femme devote, pensa bien qu'elle ne se oseroit parjurer sur la vraye Croix : il en demanda une fort belle, qu'il avoit; et quand ils furent tous deux seuls, la feit jurer dessus qu'elle luy diroit la verité de ce qu'il luy demanderoit. Mais, elle, qui avoit desja passé les premieres apprehensions de la mort, reprint cueur, se deliberant, avant que mourir, de ne luy celer la verité, et aussi de ne dire chose dont le gentil homme qu'elle aymoit peust avoir à souffrir. Et après avoir ouy toutes les questions qu'il luy faisoit, luy respondit ainsi : « Je ne veulx point, monsieur, justifier, ne faire moindre envers vous l'amour que j'ay portée au gentil homme dont vous avez soupson; car vous ne le pourriez ny ne devriez croire, veu l'experience que aujourd'huy vous en avez euc; mais je desire bien vous dire l'occasion de ceste amitié. Entendez, monsieur, que jamais femme n'ayma autant mary que je vous ay aimé; et depuis que je vous espousay jusques en cest aage icy, il ne sceut jamais entrer en mon cueur autre amour que la vostre. Vous sçavez que, encores estant enfant, mes parens me vouloient marier à personnaige plus riche et de plus grande maison que vous, mais jamais ne m'y sceurent faire accorder, dès l'heure que j'eus parlé à vous; car, contre toute leur oppinion, je tins ferme, pour vous avoir, sans regarder ny à vostre pauvreté, ny aux remons'rances que ilz me faisoient. Et vous ne pouvez ignorer quel traictement j'ay eu de vous jusques icy, et comme vous m'avez aymée et estimée; dont j'ay porté tant d'ennui et de desplaisir que, sans l'ayde de la dame avecq laquelle vous m'avez mise, je fusse desesperée. Mais, à la fin, me voyant grande et estimée belle d'un chascun fors que de vous seul, j'ay commencé à sentir si vivement le tort que vous me tenez, que l'amour que je vous portois s'est convertie en haine, et le desir de vous obeir en celluy de vengeance. Et, sur ce desespoir, me trouva ung prince, lequel, pour obeyr au Roy plus que à l'amour, me laissa, à l'heure que je commençois à sentir la consolation de mes tourmens par ung amour honneste. Et, au partir de luy, trouvay cestuy-cy qui n'eut point la peine de me prier : car sa beaulté, son honnesteté, sa grace et ses vertuz meritent bien estre cherchées et requises de toutes femmes de bon entendement. A ma requeste et non à la sienne, il m'a aymée avecq tant d'honnesteté, que oncques en sa vie ne me requist chose que l'honneur ne luy peust accorder. Et combien que le peu d'amour que j'ay occasion de vous porter me donnast excuse de ne vous tenir foy ne loyaulté, l'amour seul que j'ay à Dieu et à mon honneur m'ont jusques icy gardée d'avoir faict chose dont j'aye besoing de confession ne de honte. Je ne vous veulx point nyer que, le plus souvent qu'il m'estoit possible, je n'allasse parler à luy dans une garde-robbe, faingnant d'aller dire mes oraisons : car jamais, en femme, ne en homme, je ne me fiay de conduire ceste affaire. Je ne veulx point aussi nyer que, estant en ung lieu si privé et hors de tout soupson, je ne l'aye baisé de meilleur cueur que je ne fais vous. Mais je ne demande jamais mercy à Dieu, si entre nous deux il y a jamais eu aultre privaulté plus avant, ne si jamais il m'en a pressée, ne si mon cueur en a eu le desir; car j'estois si aise de le veoir, qu'il ne me sembloit point qu'il y eust au monde ung aultre plaisir. Et vous, monsieur, qui estes seul la cause de mon malheur, vouldriez-vous prendre vengeance d'un oeuvre, dont si long temps a, vous m'avez donné exemple, sinon que la vostre estoit sans honneur et conscience? Car, vous le sçavez et je sçay bien que celle que vous aymez ne se contente point de ce que Dieu et la raison commandent. Et combien que la loy des hommes donne si grand deshonneur aux femmes qui ayment autres que leurs maris, si est-ce que la loy de Dieu n'exempte point les mariz qui ayment autres que leurs femmes. Et, s'il fault mettre à la balance l'offense de vous et de moy, vous estes homme saige et experimenté et d'aage, pour congnoistre et eviter le mal : moy, jeune et sans experience nulle de la force et puissance d'amour. Vous avez une femme qui vous cherche, estime et ayme plus que sa vie propre . et j'ay un mary qui me fuit, qui me hait et me desprise plus que chamberiere. Vous aymez une femme desja d'aage et en mauvais point et moins belle que moy : et j'ayme ung gentil homme plus jeune que vous, plus beau que vous, et plus aymable que vous. Vous aymez la femme d'un des plus grands amis que vous ayez en ce monde et l'amye de vostre maistre; offensant d'un costé l'amitié et de l'autre la reverence que vous devez à tous deux : et j'ayme un gentil homme, qui n'est à rien lié, sinon à l'amour qu'il me porte. Or, jugez sans faveur lequel de nous deux est le plus punissable ou excusable, ou vous, estimé homme saige et experimenté, qui, sans occasion donnée de mon costé, avez, non seulement à moy, mais au Roy auquel vous estes tant obligé, faict un si meschant tour: ou moy, jeune et ignorante, desprisée et contemnée[1] de vous, aymée du plus beau et honneste gentil homme de France, lequel j'ay aymé, par le desespoir de ne pouvoir jamais estre aymée de vous?»

Le mary, oyant ces propos pleins de verité, dicts d'un si beau visaige, avec une grace tant asseurée et audacieuse, qu'elle monstroit ne craindre ne meriter nulle pugnition, se trouva tant surprins d'estonnement, qu'il ne sceut que luy respondre, sinon que l'honneur d'un homme et d'une femme n'estoient pas semblables. Mais, toutesfois, puis qu'elle luy juroit qu'il n'y avoit point eu, entre celuy qu'elle aymoit et elle, aultre chose, il n'estoit point delibeé de luy en faire pire chere; par ainsi, qu'elle n'y retournast plus, et que l'un ne l'aultre n'eussent plus de recordation des choses passées : ce qu'elle luy promist, et allerent coucher ensemble par bon accord.

[1] Méprisée, dédaignée; *contempta*.

Le matin, une vieille damoiselle, qui avoit grand paour de la vie de sa maistresse, vint à son lever et luy demanda : « Et puis, ma dame, comment vous va? » Elle luy respondit, en riant : « Croyez, m'amie, qu'il n'est point ung meilleur mary que le mien, car il m'a creue à mon serment. » Et ainsy se passerent cinq ou six jours. Le mary prenoit de si près garde à sa femme, que nuict et jour il avoit guet après elle. Mais il ne la sceut si bien garder, qu'elle ne parlast encores à celuy qu'elle aymoit, en un lieu obscur et suspect. Toutesfois, elle conduisit son affaire si secrettement, que homme ne femme n'en peut savoir la verité. Et ne fut que ung bruict que quelque varlet feit d'avoir trouvé un gentil homme et une damoiselle en une estable sous la chambre de la maistresse de ceste dame. Dont le mary eut si grand soupson, qu'il se delibera de faire mourir le gentil homme; et assembla un grand nombre de ses parens et amis, pour le faire tuer, s'ilz le pouvoient trouver en quelque lieu; mais le principal de ses parens estoit si grand amy du gentil homme qu'il faisoit chercher, qu'en lieu de le surprendre, l'advertissoit de tout ce qu'il faisoit contre luy : lequel, d'aultre costé, estoit tant aymé en toute la court, et si bien accompaigné, qu'il ne craingnoit point la puissance de son ennemy; parquoy, il ne fut point trouvé. Mais il s'en vint en une eglise trouver la maistresse de celle qu'il aymoit, laquelle n'avoit jamais rien entendu de tous les propos passez ; car, devant elle, n'avoient encores parlé ensemble. Le gentil homme luy compta le soupson et mauvaise volunté qu'avoit contre luy le mary, et que, nonobstant qu'il en fust innocent, il estoit deliberé de s'en aller en quelque voyage loing, pour oster le bruict qui commençoit fort à croistre. Ceste princesse, maistresse de s'amie, fut fort estonnée d'ouyr ces propos ; et jura bien que le mary avoit grand tort d'avoir soupson d'une si femme de bien, où jamais elle n'avoit congneu que toute vertu et honnesteté. Toutesfois, pour l'auctorité où le mary estoit et pour esteindre ce fascheux bruict, luy conseilla la princesse de s'esloingner pour quelque temps, l'asseurant qu'elle ne croiroit rien de toutes ces follies et soupsons. Le gentil homme et la dame, qui estoient ensemble avecq elle, furent fort contens de demourer en la bonne grace et bonne oppinion de ceste princesse. Laquelle conseilla au gentil homme, qu'avant son partement, il debvoit parler au mary; ce qu'il feit selon son conseil. Et le trouva en une gallerie près la chambre du Roy, où, avec un très assuré visaige, luy faisant l'honneur qui appartenoit à son estat, luy dist : « Monsieur, j'ay toute ma vie eu desir de vous faire service; et pour toute recompense, j'ay entendu que hier au soir me feistes chercher pour me tuer. Je vous supplie, Monsieur, pensez que vous avez plus d'autorité et puissance que moy, mais, toutesfois, je suis gentil homme comme vous. Il me fascheroit fort de donner ma vie pour riens. Je vous supplie penser que vous avez une si femme de bien, que, s'il y a homme qui vueille dire le contraire, je luy diray qu'il a meschamment menty. Et quant est de moy, je ne pense avoir faict chose dont vous ayez occasion de me vouloir mal. Et, si vous voulez, je demoureray vostre serviteur, ou sinon, je le suis du Roy, dont j'ay occasion de me contenter. » Le gentil homme, à qui le propos s'adressoit, luy dist que veritablement il avoit eu quelque soupson de luy, mais qu'il le tenoit si homme de bien, qu'il desiroit plus son amitié que son inimitié ; et en luy disant adieu, le bonnet au poing, l'embrassa comme son grand amy. Vous pouvez penser ce que disoient ceulx qui avoient eu le soir de devant commission de le tuer, de veoir tant de signes d'honneur et d'amitié : chascun en parloit diversement. Ainsy s'en partit le gentil homme ; mais, pource qu'il n'estoit si bien garny d'argent que de beaulté, sa dame luy bailla une bague que son mary luy avoit donnée de la valeur de trois mil escuz, laquelle il engagea pour quinze cens.

Et, quelque temps après qu'il fut party, le gentil homme mary vint à la princesse maistresse de sa femme, et luy supplia donner congié à sa dicte femme pour aller demourer quelque temps avec une de ses seurs. Ce que la dicte dame trouva fort estrange ; et le pria tant de luy dire les occasions, qu'il luy en dist une partie, non tout. Après que la jeune dame eut prins congé de sa maistresse et de toute la court, sans pleurer ne faire signe d'ennuy, s'en alla où son mary vouloit qu'elle fust, en la conduicte d'un gentil homme, auquel fut donnée charge expresse de la garder soingneusement ; et surtout que elle ne parlast point sur les chemins à celuy dont elle estoit soupsonnée. Elle, qui sçavoit ce commandement, leur bailloit tous les jours des alarmes, en se moquant d'eulx et de leur mauvais soin. Et, ung jour entre les autres, elle trouva au partir du logis ung cordelier à cheval, et elle, estant sur sa haquenée, l'entretint par le chemin depuis la disnée jusques à la souppée. Et quand elle fut à un quart de lieue du logis, elle luy dist : « Mon pere, pour la consolacion que vous m'avez donnée ceste après disnée, voylà deux escuz que je vous donne, les quels sont dans ung papier, car je sçay bien que vous n'y oseriez toucher[1] ; vous

---

[1] Les religieux mendiants faisaient vœu de ne jamais toucher or ni argent.

priant que incontinant que vous serez party d'avecq moy, vous en alliez à travers le chemin, et vous gardez que ceulx qui sont icy ne vous voient. Je le dis pour vostre bien et pour l'obligation que j'ay à vous. »
Ce cordelier, bien aise de ses deux escuz, s'en va à travers les champs le grand galop. Et quand il fut assez loing, la dame commença à dire tout hault à ses gens : « Pensez que vous estes bons serviteurs et bien soingneux de me garder, veu que celuy qu'on vous a tant recommandé a parlé à moy tout ce jourd'huy et vous l'avez laissé faire! Vous meritez bien que vostre bon maistre, qui se fie tant à vous, vous donne des coups de baston au lieu de vos gaiges. » Quand le gentil homme qui avoit la charge d'elle ouyt telz propos, il eut si despit qu'il ne pouvoit respondre; picqua son cheval, appellant deux aultres avecq luy, et feit tant, qu'il attaingnit le cordelier, lequel, les voyant venir, fuyoit au mieulx qu'il pouvoit, mais, pource qu'ilz estoient mieulx montez que luy, le pauvre homme fut prins. Et luy, qui ne sçavoit pourquoy, leur cria mercy; et descouvrant son chapperon pour plus humblement les prier teste nue, congneurent bien que ce n'estoit pas celuy qu'ilz cherchoient, et que leur maistresse s'estoit mocquée d'eulx : ce qu'elle feit encores mieulx à leur retour, disant : « C'est à telles gens que l'on doit bailler dames à garder : ils les laissent parler sans sçavoir à qui, et puis, adjoustans foy à leurs paroles, vont faire honte aux serviteurs de Dieu. »
Après toutes ces mocqueries, s'en alla au lieu où son mary avoit ordonné, où ses deux belles seurs et le mary de l'une la tenoient fort subjecte. Et, durant ce temps, entendit son mary comme sa bague estoit en gaige pour quinze cens escuz, dont il fut fort marry; et, pour saulver l'honneur de sa femme et la recouvrer, luy feist dire par ses seurs, qu'elle la retirast et qu'il payeroit quinze cens escuz. Elle, qui n'avoit soulcy de la bague, puis que l'argent demouroit à son amy, luy escrivit comme son mary la contraingnoit de retirer sa bague, et que, à fin qu'il ne pensast qu'elle le feist par diminution de bonne volunté, elle luy envoyoit ung diamant, que sa maistresse luy avoit donné, qu'elle aymoit plus que bague qu'elle eust. Le gentil homme luy envoya très voluntiers l'obligation du marchant, et se tint content d'avoir eu les quinze cens escuz et un diamant, et demeurer asseuré de la bonne grace de s'amie, combien que depuis, tant que le mary vesquit, il n'eut moyen de parler à elle que par escripture. Et, après la mort du mary, pource qu'il pensoit la trouver telle qu'elle luy avoit promis, meist toute sa diligence de la pourchasser en mariage; mais

il trouva que sa longue absence luy avoit acquis ung compaignon mieulx aymé que luy : dont il eut si grand regret, que, en fuyant les compaignies des dames, chercha les lieux hazardeux, où, aveeq autant d'estime que jeune homme pourroit avoir, fina ses jours.

« Voyla, mes dames, que sans espargner nostre sexe, je veux monstrer aux mariz, que souvent les femmes de grand cueur sont plustost vaincues de l'ire de la vengeance, que de la doulceur de l'amour; à quoy ceste-cy sceut long temps resister, mais à la fin fut vaincue du desespoir. Ce que ne doibt estre nulle femme de bien; pource que, en quelque sorte que ce soit, ne sçauroit trouver excuse à mal faire. Car, de tant plus les occasions en sont données grandes, de tant plus se doibvent monstrer vertueuses à resister et vaincre le mal en bien, et non pas rendre mal pour mal : d'autant que souvent le mal que l'on cuyde rendre à aultruy, retombe sur soy. Bien heureuses celles en qui la vertu de Dieu se monstre en chasteté, douceur, patience et longanimité! » Hircan dist : « Il me semble, Longarine, que ceste dame dont vous avez parlé a esté plus meue de despit que de l'amour, car, si elle eust autant aymé le gentil homme comme elle en faisoit semblant, elle ne l'eust abandonné pour ung aultre : et, par ce discours, on la peut nommer despite[1], vindicative, opiniastre et muable[2]. — Vous en parlez bien à vostre aise, ce dist Ennasuitte à Hircan; mais vous ne sçavez quel crevecueur c'est quand l'on ayme sans estre aymé? — Il est vray, ce dist Hircan, que je ne l'ay gueres experimenté; car l'on ne me sçauroit faire si peu de mauvaise chere, que incontinant je ne laisse l'amour et la dame ensemble. — Ouy bien, vous, ce dist Parlamente, qui n'aymez riens que vostre plaisir; mais une femme de bien ne doibt ainsy laisser son mary. — Toutesfois, respondit Simontault, celle dont le compte est faict a oublié, pour ung temps, qu'elle estoit femme; car ung homme n'en eust sceu faire plus belle vengeance. — Pour une qui n'est pas saige, ce dist Oisille, il ne fault pas que les aultres soient estimées telles. — Toutesfois, dit Saffredent, si estes-vous toutes femmes, et quelques beaux et honnestes accoustremens que vous portiez, qui vous chercheroit bien avant soubz la robbe vous trouveroit femmes. » Nomerfide lui dit : « Qui vous vouldroit escouter, la Journée se passeroit en querelles. Mais il me tarde tant d'oyr encores une histoire, que je prie Longarine de donner sa voix

[1] Pleine de dépit, dépitée.
[2] Changeante, inconstante.

à quelcun. » Longarine regarda Geburon et luy dist : « Si vous sçavez rien de quelque honneste femme, je vous prie maintenant le mettre en avant ? » Geburon luy dist : « Puis que j'en doibs faire ce qu'il me semble, je vous feray un compte advenu en la ville de Milan. »

SEIZIESME NOUVELLE.

Une dame de Milan, veuve d'un comte Italien, deliberée de ne se remarier ny aymer jamais, fut troys ans durant si vivement pourchassée d'un gentil homme François, qu'après plusieurs preuves de la perseverance de son amour, luy accorda ce qu'il avoit tant desiré, et se jurerent l'un à l'autre perpetuelle amitié.

Du temps du grand-maistre de Chaumont[1], y avoit une dame estimée une des plus honnestes femmes[2] qui fust de ce temps-là en la ville de Milan. Elle avoit espousé un comte italien et estoit demeurée vefve, vivant en la maison de ses beaux-freres, sans jamais vouloir oyr parler de se remarier; et se conduisoit si saigement et sainctement, qu'il n'y avoit en la duché François ny Italien, qui n'en feist grande estime. Ung jour que ses beaux-freres et ses belles-seurs feirent ung festin au

[1] Voir ci-dessus la Nouvelle XIVe; Chaumont d'Amboise fut gouverneur de Milan depuis 1506 jusqu'à sa mort, arrivée en 1511.
[2] « Nous avons dans les *Cent Nouvelles* de la Reine de Navarre, dit Brantôme (discours VIe des *Dames galantes*), une très belle histoire de cette dame de Milan, qui, ayant donné assignation à feu M. Bonnivet, depuis amiral de France, une nuit attira ses femmes de chambre avec des espées nues, pour faire bruit sur le degré, ainsi qu'il seroit prest à se coucher : ce qu'elles firent très bien, suivant en cela le commandement de leur maistresse, qui, de son costé, fit de l'effrayée et craintive, disant que c'estoit ses beaux freres qui s'estoient apperceus de quelque chose; et qu'elle estoit perdue, et qu'il se couchast sous le lict ou derriere la tapisserie. Mais M. de Bonnivet, sans s'effrayer, prenant sa cape à l'entour du bras et son espée en l'autre, dist : « Et où sont-ils ces braves freres qui me voudroient « faire peur ou mal? Quand ils me verront, ils n'oseront regarder seulement la « pointe de mon espée. » Et, ouvrant la porte et sortant, ainsi qu'il vouloit commencer à charger sur ce degré, il trouva ces femmes avec leur tintamarre, qui eurent peur, et se mirent à crier et confesser le tout. M. de Bonnivet, voyant que ce n'estoit que cela, les laissa et les recommanda au diable; et se rentre en la chambre et ferme la porte sur luy; et vint trouver sa dame qui se mit à rire et l'embrasser, et luy confesser que c'estoit un jeu apposté par elle, et l'assurer que s'il eust fait du poltron et n'eust monstré en cela sa vaillance de laquelle il avoit le bruit, que jamais il n'eust couché avec elle; et, pour s'estre monstré ainsi genereux et asseuré, elle l'embrassa et le coucha auprès d'elle, etc., etc. »

grand-maistre de Chaulmont, fut contraincte ceste dame vefve de s'y trouver, ce qu'elle n'avoit accoustumé en aultre lieu. Et quand les François la veirent, ilz feirent grande estime de sa beaulté et de sa bonne grace, et sur tous ung dont je ne diray le nom, mais il vous suffira qu'il n'y avoit François en Italie plus digne d'estre aimé que cestuy-là ; car il estoit accomply de toutes les beaultez et graces que gentil homme pourroit avoir. Et, combien qu'il veist ceste dame, avecq son crespe noir, separée de la jeunesse en ung coing, avecq plusieurs vielles, comme celuy à qui jamais homme ne femme ne feit paour, se meit à l'entretenir, ostant son masque et abandonnant les dances pour demourer en sa compaignie. Et, tout le soir, ne bougea de parler à elle et aux vielles toutes ensemble, où il trouva plus de plaisir que avec toutes les plus jeunes et braves de la court ; en sorte que, quand il fallut se retirer, il ne pensoit pas encore avoir eu le loisir de s'asseoir. Et, combien qu'il ne parlast à ceste dame que de propos communs qui se peuvent dire en telle compaignie, si est-ce qu'elle congneut bien qu'il avoit envie de l'accointer[1], dont elle delibera de se garder le mieulx qu'il luy seroit possible ; en sorte que jamais plus en festin ny en grande compaignie ne la peut veoir. Il s'enquist de sa façon de vivre et trouva qu'elle alloit souvent aux eglises et religions[2], où il meit si bon guet, qu'elle n'y pouvoit aller si secrettement, qu'il n'y fust premier qu'elle et qu'il ne demourast autant à l'eglise qu'il pouvoit avoir le bien de la veoir : et tant qu'elle y estoit, la contemploit de si grande affection, qu'elle ne pouvoit ignorer l'amour qu'il luy portoit. Pour laquelle eviter, se delibera pour un temps de feindre de se trouver mal et oyr la messe en sa maison : dont le gentil homme fut tant marry qu'il n'estoit possible de plus ; car il n'avoit autre moyen de la veoir que cestuy-là. Elle, pensant avoir rompu ceste coustume, retourna aux eglises comme paravant : ce que Amour declaira incontinant au gentil homme françois, qui reprint ses premieres devotions : et, de paour qu'elle ne luy donnast encores empeschement, et qu'il n'eust le loisir de luy faire sçavoir sa volunté, ung matin qu'elle pensoit estre bien cachée en une chapelle, s'alla mettre au bout de l'autel où elle oyoit la messe, et voyant qu'elle estoit peu accompaignée, ainsi que le prestre monstroit le *corpus Domini*, se tourna devers elle, et, avecq une voix doulce et pleine d'affection, luy dist : « Ma dame, je prends Celuy que le

---

[1] La voir intimement, familièrement ; la cultiver.
[2] Couvents.

prebstre tient, à ma damnation, si vous n'estes cause de ma mort;
car, encores que vous me ostez le moyen de parole, si ne pouvez-vous
ignorer ma volunté, veu que la verité la vous declaire assez par mes
œilz languissans, et par ma contenance morte. » La dame, faingnant
n'y entendre rien, luy respondit : « Dieu ne doibt point ainsi estre prins
en vain ; mais les poetes dient que les dieux se rient des juremens et
mensonges des amantz : parquoy, les femmes qui ayment leur honneur, ne doibvent estre credules ne piteuses¹. » En disant cela, elle
se lieve et s'en retourne en son logis.

Si le gentil homme fut courroucé de ceste parole, ceulx qui ont
experimenté choses semblables diront bien que ouy. Mais, luy, qui
n'avoit faulte de cueur, ayma mieulx avoir ceste mauvaise response,
que d'avoir failly à declarer sa volunté : laquelle il tint ferme trois ans
durant, et par lettres et par moyens la pourchassa, sans perdre heure
ne temps. Mais, durant trois ans, n'en put avoir autre response, sinon
qu'elle le fuyoit comme le loup faict le levrier, duquel il doibt estre
prins ; non par haine qu'elle luy portast, mais pour la craincte de son
honneur et reputation ; dont il s'apparceut si bien, que plus vivement
qu'il n'avoit faict pourchassa son affaire. Et, après plusieurs refus,
peines, tormentz et desespoirs, voyant la grandeur et perseverance de
son amour, ceste dame eut pitié de luy et luy accorda ce qu'il avoit
tant desiré et si longuement attendu. Et quand ils furent d'accord des
moyens, ne faillit le gentil homme françois à se hazarder d'aller en sa
maison, combien que sa vie y pouvoit estre en grand hazard, veu que
les parens d'elle logeoient tous ensemble. Luy, qui n'avoit moins de
finesse que de beaulté, se conduisit si saigement qu'il entra en sa
chambre à l'heure qu'elle luy avoit assigné, où il la trouva toute seule
couchée en un beau lict : et, ainsi qu'il se hastoit de se deshabiller pour
coucher avecq elle, entendit à la porte un grand bruict de voix, parlans bas et d'espées que l'on frottoit contre les murailles. La dame
vefve luy dist, avecq ung visaige d'une femme à demi morte : « Or, à
ceste heure est vostre vie et mon honneur au plus grand dangier qu'ils
pourroient estre, car j'entends bien que voyla mes freres qui vous
cherchent pour vous tuer ! Parquoy, je vous prie, cachez-vous soubs
ce lict ; car, quand ilz ne vous trouveront point, j'auray occasion de
me courroucer à eux de l'alarme que sans cause ilz m'auront faicte ? »
Le gentil homme, qui n'avoit encores regardé la paour, luy dist :

---

¹ Compatissantes, trop sensibles.

« Et qui sont voz freres, pour faire paour à ung homme de bien? Quand toute leur race seroit ensemble, je suis seur qu'ils n'attendront point le quatriesme coup de mon espée; parquoy, reposez-vous en vostre lict et me laissez garder ceste porte? » A l'heure, il meit sa cape à l'entour de son bras et son espée nue en la main, et alla ouvrir la porte, pour veoir de plus près les espées dont il oyoit le bruict. Et quand elle fut ouverte, il veit deux chamberieres, qui, avecq deux espées en chascune main, luy faisoient ceste alarme, lesquelles luy dirent : « Monsieur, pardonnez-nous, car nous avons commandement de nostre maistresse de faire ainsi, mais vous n'aurez plus de nous d'autres empeschemens. » Le gentil homme, voyant que c'estoient femmes, ne leur sceut pis faire que, en les donnant à tous les diables, leur fermer la porte au visaige; et s'en alla le plus tost qu'il luy fut possible coucher avecq sa dame, de laquelle la paour n'avoit en rien diminué l'amour; et, obliant luy demander la raison de ces escarmouches, ne pensa qu'à satisfaire à son desir. Mais, voyant que le jour approchoit, la pria de luy dire pourquoy elle luy avoit faict de si mauvais tours, tant de la longueur du temps qu'il avoit attendu, que de ceste derniere entreprinse. Elle, en riant, luy respondit : « Ma deliberation estoit de jamais n'aymer : ce que depuis ma viduité[1] j'avois bien sceu garder; mais vostre honnesteté, dès l'heure que vous parlastes à moy au festin, me feit changer propos et vous aymer autant que vous faisiez moy. Il est vray que l'honneur, qui tousjours m'avoit conduicte, ne vouloit permettre que amour me feist faire chose dont ma reputation peust empirer. Mais, ainsy comme la biche navrée à mort cuyde, en changeant de lieu, changer le mal qu'elle porte avecq soy, ainsi m'en allois-je d'eglise en eglise, cuidant fuir celuy que je portois en mon cueur, duquel la preuve de la parfaicte amitié a faict accorder l'honneur avecq l'amour. Mais, à fin d'estre plus asseurée de mettre mon cueur et mon amour en ung parfaict homme de bien, je voulus faire ceste dernière preuve de mes chamberieres, vous asseurant que, si, pour paour de vostre vie ou de nul autre regard, je vous eusse trouvé crainctif jusques à vous coucher soubz mon lict, j'avois deliberé de me lever et aller en une aultre chambre, sans jamais de plus près vous veoir. Mais, pource que j'ay trouvé en vous plus de beaulté, de grace, de vertu et de hardiesse que l'on ne m'en avoit dict, et que la paour n'a eu puissance en riens de toucher en vostre

---

[1] Veuvage, *viduitas*.

cueur, ny à refroidir tant soit peu l'amour que vous mé portez, je suis deliberée de m'arrester à vous pour la fin de mes jours; me tenant seure que je ne sçaurois en meilleure main mettre ma vie, et mon honneur, que en celuy que je ne pense avoir veu son pareil en toutes vertuz. » Et comme si la volunté de l'homme estoit immuable, se jurerent et promeirent ce qui n'estoit en leur puissance, c'est une amitié perpetuelle qui ne peut naistre ne demorer au cueur de l'homme; et celles seules le sçavent, qui ont experimenté combien durent telles oppinions!

« Et pour ce, mes dames, si vous estes saiges, vous vous garderez de nous, comme le cerf, s'il avoit entendement, feroit de son chasseur. Car nostre gloire, nostre felicité et nostre contentement, c'est de vous veoir prises et de vous oster ce qui vous est plus cher que la vie. — Comment, Geburon? dist Hircan : depuis quel temps estes-vous devenu prescheur? J'ay bien veu que vous ne teniez pas ces propos. — Il est bien vray, dist Geburon, que j'ay parlé maintenant contre tout ce que j'ay dict toute ma vie, mais, pour ce que j'ay les dents si foibles que je ne puis plus mascher la venaison, je advertiz les pauvres bisches de se garder des veneurs, pour satisfaire sur ma vieillesse aux maulx que j'ay desirés en ma jeunesse. — Nous vous mercions, Geburon, dist Nomerfide, de quoy vous nous advertissez de nostre profict : mais, si ne nous en sentons nous pas trop tenues à vous, car vous n'avez point tenu pareil propos à celle que vous avez bien aymée : c'est doncques signe que vous ne nous aymez gueres, ni ne voulez encores souffrir que nous soyons aymées. Si pensions-nous estre aussi saiges et vertueuses, que celles que vous avez si longuement chassées en vostre jeunesse; mais c'est la gloire des vieilles gens qui cuydent tousjours avoir esté plus saiges que ceulx qui viennent après eulx. — Et bien, Nomerfide, dist Geburon, quand la tromperie de quelqu'un de vos serviteurs vous aura faict congnoistre la malice des hommes, à ceste heure-là croirez-vous que je vous auray dict vray? » Oisille dist à Geburon : « Il me semble que le gentil homme, que vous louez tant de hardiesse, debvroit plus estre loué de fureur d'amour, qui est une puissance si forte, qu'elle faict entreprendre aux plus couartz du monde ce à quoy les plus hardiz penseroient deux fois. » Saffredent luy dist: « Ma dame, si ce n'estoit qu'il estimast les Italiens gens de meilleur discours que de grand effect, il me semble qu'il avoit occasion d'avoir paour. — Ouy, ce dist Oisille, s'il n'eust point eu en son cueur le feu

8.

qui brusle craincte. — Il me semble, ce dist Hircan, puis que vous ne trouvez la hardiesse de cestuy-cy assez louable, qu'il fault que vous en sçachiez quelque autre qui est plus digne de louange? — Il est vray, dist Oisille, que cestuy-cy est louable, mais j'en sçay ung qui est plus admirable. — Je vous supplie, ma dame, dist Gesburon, s'il est ainsi que vous prenez ma place et que vous le dictes? » Oisille commencea : « Si ung homme, qui pour sa vie et l'honneur de sa dame s'est tant monstré asseuré contre les Milannois, est estimé tant hardy, que doibt estre un, qui, sans necessité, mais par vraye et naïfve hardiesse, a faict le tour que je vous diray ? »

DIX SEPTIESME NOUVELLE.

e Roy Françoys, requis de chasser hors son royaume le comte Guillaume que l'on dit avoir prins argent pour le faire mourir, sans faire semblant qu'il eut soupson de son entreprinse, luy joua ung tour si subtil que luy-mesme se chassa prenant congé du Roy [1].

EN la ville de Dijon, au duché de Bourgoingne, vint au service du Roy François un comte d'Allemaigne, nommé Guillaume [2], de la maison de Saxonne, dont celle de Savoye est tant alliée, que anciennement n'estoient qu'une. Ce comte, autant estimé beau et hardy gentil homme

---

[1] L'aventure véritable qui fait le sujet de cette Nouvelle a dû se passer dans la forêt d'Argilly, au mois de juillet 1521 lors du séjour du roi François 1er à Dijon.

[2] C'est Guillaume, comte de Furstemberg, fils ainé de Wolfang, qui avait été chambellan de Maximilien 1er, gouverneur et conseiller intime de Philippe d'Autriche, et qui mourut en 1505. Le comte Guillaume fut d'abord au service de François 1er, qui le combla de bienfaits; mais le cardinal de Grandvelle parvint à le gagner et à le faire rentrer dans le parti de l'empereur. Ce fut une honte pour lui que cette espèce de trahison, et, quand il fut fait prisonnier à la tête d'un corps d'armée espagnole, en 1544, les capitaines françois étaient d'avis qu'on le traitât comme un espion; mais le roi lui fit grâce et fixa sa rançon à 30,000 écus d'or. Le comte Guillaume mourut en 1549, sans laisser d'enfants. Brantôme, dans la Notice qu'il lui consacre (XXXe Discours des *Capitaines étrangers*), n'a pas oublié de mentionner la Nouvelle qui le concerne dans l'*Heptaméron* : « Le comte Guillaume de Furstemberg, dit-il, fust estimé bon et vaillant capitaine; et le fust esté davantaige, sans qu'il fust leger de soy, fort avare et trop adonné à la pillerie, comme il le fist parestre en France, quand il y passoit avec ses troupes, car après luy rien ne restoit. Il servit le roy François 1er l'espace de six à sept ans, avec de belles compaignies, tousjours montans à six et sept mille hommes. Mais, après

qui fust point en Allemaigne, eut si bon recueil du Roy, que non seulement il le print à son service, mais le tint près de luy et de sa chambre. Ung jour, le gouverneur de Bourgoingne, seigneur de La Trimoille[1], ancien chevalier et loyal serviteur du Roy, comme celuy qui estoit soupçonneux ou crainctif du mal et dommaige de son maistre, avoit tousjours espies[2] à l'entour de son gouvernement, pour sçavoir ce que ses ennemis faisoient; et s'y conduisoit si saigement que peu de choses lui estoient celées. Entre autres advertissemens, luy escripvit l'un de ses amis que le comte Guillaume avoit prins quelque somme d'argent, avecq promesse d'en avoir davantaige, pour faire mourir le Roy en quelque sorte que ce peust estre. Le seigneur de La Trimoille ne faillit point incontinant de l'en venir advertir et ne le cela à Madame sa mere Loise de Savoye, laquelle oblia l'alliance qu'elle avoit à cest Allemant, et supplia le Roy de le chasser bien tost; lequel la requist de n'en parler point, et qu'il estoit impossible que ung si honneste gentil homme et tant homme de bien entreprinst une si grande meschanceté. Au bout de quelque temps, vint encores ung autre advertissement, confirmant le premier. Dont le gouverneur, bruslant de l'amour de son maistre, luy demanda congé ou de le chasser ou d'y donner ordre; mais le Roy luy commanda expressement de n'en faire nul semblant, et pensa bien que par autre moyen il en sçauroit la verité.

Ung jour qu'il alloit à la chasse, print la meilleure espée qu'il estoit possible de veoir pour toutes armes, et mena avecq luy le comte Guillaume, auquel il commanda le suivre de près; mais, après avoir quelque temps couru le cerf, voyant le Roy que ses gens estoient loing de luy, hors le comte seulement, se destourna hors de tous chemins. Et quand il se veid seul avecq le comte au plus profond de la forest, en tirant son espée, dist au comte : « Vous semble-t-il que ceste espée

si longs services, ou plustost ravages et pilleries, il fut soupçonné d'avoir voulu attenter sur la personne du Roy. dont j'ay fait le compte ailleurs. Et, pour le mieux encore sçavoir, on le trouvera dans les *Cent Nouvelles* de la Reyne de Navarre Marguerite, où l'on peut voir à clair la valeur. la generosité et la magnanimité de ce grand Roy, et comme de peur l'autre quitta son service et s'en alla à celuy de l'Empereur. »

[1] Louis II de La Tremoille, vicomte de Thouars, prince de Talmont, etc., gouverneur et lieutenant général de Bourgogne, surnommé *le chevalier sans reproche*, un des plus braves capitaines de son temps, né en 1460. et mort à la bataille de Pavie, âgé de soixante-cinq ans. Sa vie a été écrite en prose et en vers par Jean Bouchet, son contemporain, sous le titre de *Panégyrique du Chevalier sans reproche* (Poitiers, Jacq. Bouchet, 1527, in-4°).

[2] Pour *espions*.

soit belle et bonne? » Le comte, en la maniant par le bout, luy dist
qu'il n'en avoit veu nulle qu'il pensast meilleure. « Vous avez raison,
dist le Roy, et me semble que si ung gentil homme avoit deliberé de
me tuer et qu'il eust congneu la force de mon bras et la bonté de mon
cueur, accompagnée de ceste espée, il penseroit deux fois à m'assaillir : toutesfois, je le tiendrois pour bien meschant, si nous estions
seul à seul sans tesmoings, s'il n'osoit exécuter ce qu'il avoit osé
entreprendre. » Le comte Guillaume luy respondit avecq ung visaige
estonné : « Sire, la meschanceté de l'entreprinse seroit bien grande,
mais la follie de la vouloir executer ne seroit pas moindre. » Le Roy,
en se prenant à rire, remist l'espée au fourreau, et, escoutant que la
chasse estoit près de luy, picqua après le plus tost qu'il peut. Quand
il fut arrivé, il ne parla à nul de ceste affaire, et s'asseura que le
comte Guillaume, combien qu'il fust ung aussi fort et disposé gentil
homme qu'il en soit point, n'estoit homme pour faire une si haulte
entreprinse. Mais le comte Guillaume, cuidant estre decelé ou soupsonné du faict, vint le lendemain au matin dire à Robertet [1], secretaire des finances du Roy, qu'il avoit regardé aux bienfaicts et gaiges
que le Roy luy vouloit donner pour demourer avecq luy, toutesfois que
ilz n'estoient pas suffisans pour l'entretenir la moictié de l'année. Et
que, s'il ne plaisoit au Roy luy en bailler au double, il seroit contrainct de se retirer; priant le dict Robertet d'en sçavoir le plus tost
qu'il pourroit la volunté du Roy, qui luy dist qu'il ne sçauroit plus
s'advancer que d'y aller incontinant sur l'heure. Et print ceste commission voluntiers, car il avoit veu les advertissemens du gouverneur.
Et, ainsi que le Roy fust esveillé, ne faillit à luy faire sa harangue,
present Monsieur de La Trimoille et l'admiral de Bonnivet, lesquelz
ignoroient le tour que le Roy luy avoit faict le jour avant. Le dict
seigneur, en riant, leur dist : « Vous aviez envie de chasser le comte
Guillaume et vous voyez qu'il se chasse luy-mesmes? Parquoy, luy
direz que, s'il ne se contente de l'estat qu'il a accepté en entrant à mon
service, dont plusieurs gens de bonnes maisons se sont tenuz bien

---

[1] Florimond Robertet, natif de Montbrison, fut trésorier de France et secrétaire
des finances sous les règnes de Charles VIII, Louis XII et François I*er*. Il mourut
en 1522, comblé d'honneurs et de richesses. « C'estoit l'homme le plus approché de
son maistre (dit Robert de La Mark, comte de Fleuranges, dans ses *Mémoires*) et qui
sçavoit et avoit beaucoup veu, tant du temps du roy Charles que du roy Loys, et,
sans point de faute, c'estoit l'homme le mieux entendu que je pense guères avoir
veu, et de meilleur esprit, meslé des affaires de France, et qui en a eu la principale charge. »

heureux, c'est raison qu'il cherche ailleurs meilleure fortune : et quant à moy, je ne l'empescheray point, mais je seray très content qu'il trouve party tel qu'il y puisse vivre selon qu'il merite. » Robertet fut aussi diligent de porter ceste response au comte, qu'il avoit esté de presenter sa requeste au Roy. Le comte dist que, avecq son bon congié, il deliberoit doncques de s'en aller. Et, comme celuy que la paour contraingnoit de partir, ne la sceut porter vingt quatre heures, mais, ainsy que le Roy se mettoit à table, print congié de luy, faingnant d'avoir grand regret, dont sa necessité[1] lui faisoit perdre sa presence. Il alla aussi prendre congié de la mere du Roy, laquelle luy donna aussi joyeusement qu'elle l'avoit receu comme parent et amy; ainsi retourna en son païs. Et le Roy, voyant sa mere et ses serviteurs estonnés de ce soubdain partement, leur compta l'alarme qu'il luy avoit donnée, disant que, encores qu'il fust innocent de ce qu'on luy mettoit sus, si avoit esté sa paour assez grande pour s'esloigner d'un maistre dont il ne congnoissoit pas encores les complexions.

« Quant à moy, mes dames, je ne voy point que aultre chose peust emouvoir le cueur du Roy à se hazarder ainsi seul contre ung homme tant estimé, sinon que, en laissant la compaignie et les lieux où les Roys ne trouvent nul inferieur qui leur demande le combat, se voulut faire pareil à celuy qu'il doubtoit estre son ennemy, pour se contenter luy-mesme d'experimenter la bonté et la hardiesse de son cueur. — Sans point de faulte, dist Parlamente, il avoit raison ; car la louange de tous les hommes ne peult tant satisfaire ung bon cueur, que le sçavoir et l'experience qu'il a seul des vertuz que Dieu a mises en luy. — Il y a long temps, dist Geburon, que les anciens nous ont painct que, pour venir au temple de Renommée, il falloit passer par celuy de Vertu. Et, moy, qui congnois les deux personnaiges dont vous avez faict le compte, sçay bien que veritablement le Roy est ung des plus hardiz hommes qui soit en son royaulme. — Par ma foy, dict Hircan, à l'heure que le comte Guillaume vint en France, j'eusse plus crainct son espée, que celle des quatre plus gentils compaignons italiens qui fussent en la court ! — Nous sçavons bien, dict Ennasuitte, qu'il est tant estimé que noz louanges ne sçauroient atteindre à son merite, et que nostre Journée seroit plus tost passée que chascun en eust dict ce qu'il luy en semble. Parquoy, je vous prie, ma dame, donnez vostre voix à quel-

---

[1] Sa pauvreté, ses embarras d'argent.

qu'un qui die encores quelque bien des hommes, s'il y en a. » Oisille dict à Hircan : « Il me semble que vous avez tant accoustumé de dire mal des femmes, qu'il vous sera aisé de nous faire quelque bon compte à la louange d'un homme : parquoy je vous donne ma voix. — Ce me sera chose aysée à faire, dist Hircan, car il y a si peu que l'on m'a faict ung compte à la louange d'un gentil homme, dont l'amour, la fermeté et la patience est si louable, que je n'en doibs laisser perdre la memoire. »

DIX HUICTIESME NOUVELLE.

Ung jeune gentil homme escolier, espris de l'amour d'une bien belle dame, pour parvenir à ses attaintes, vainquit l'amour et soy-mesme, combien que maintes tentations se presentassent suffisantes pour luy faire rompre sa promesse. Et furent toutes ses peines tornées en contentement et recompense telle que meritoit sa ferme, patiente, loyale et parfaicte amitié [1].

En une des bonnes villes du royaulme de France y avoit ung seigneur de bonne maison, qui estoit aux escoles, desirant parvenir au sçavoir par quoy la vertu et l'honneur se doibvent acquerir entre les vertueux hommes. Et, combien qu'il fust si sçavant, que, estant en l'aage de dix-sept à dix-huict ans, il sembloit estre la doctrine et l'exemple des autres, amour toutesfois, après toutes les leçons, ne laissa pas de luy chanter la sienne. Et, pour estre mieulx ouy et receu, se cacha dessoubz le visaige et les oeilz de la plus belle dame qui fust en tout le païs, laquelle pour quelque procès estoit venue en la ville. Mais, avant que Amour se essayast à vaincre ce gentil homme par la beaulté de ceste dame, il avoit gaigné le cueur d'elle, en voyant les perfections qui estoient en ce seigneur; car, en beaulté, grace, bon sens et beau parler, n'y avoit nul, de quelque estat qu'il fust, qui le passast. Vous qui sçavez le prompt chemin que faict ce feu, quand il se prent à ung des bouts du cueur et de la fantaisie, vous jugerez bien que entre deux si parfaicts subjects n'arresta gueres Amour, qu'il ne les eust à son commandement, et qu'il ne les rendist tous deux si remplis de sa claire lumiere, que leur penser, vouloir et parler n'estoient que flamme de cest Amour. La jeunesse, qui en luy engendroit crainte,

[1] Brantôme, dans ses *Dames galantes* (disc. Ier), rapporte une aventure amoureuse assez analogue à celle qui fait le sujet de cette Nouvelle.

DIX HUICTIESME NOUVELLE.

luy faisoit pourchasser son affaire le plus doucement qu'il luy estoit possible. Mais elle, qui estoit vaincue d'amour, n'avoit point besoing de force. Toutesfois, la honte qui accompaigne les dames le plus qu'elle peult, la garda quelque temps de monstrer sa volunté. Si est-ce que à la fin la forteresse du cueur, où l'honneur demeure, fut ruinée de telle sorte que la pauvre dame s'accorda en ce dont elle n'avoit point esté discordante. Mais, pour experimenter la patience, fermeté et amour de son serviteur, luy octroya ce qu'il demandoit avecq une trop difficile condition, l'asseurant que, s'il la gardoit à jamais, elle l'aymeroit parfaictement, et que, s'il y failloit, il estoit seur de ne l'avoir de sa vie : c'est qu'elle estoit contante de parler à luy, dans ung lict, tous deux couchez en leurs chemises, par ainsy qu'il[1] ne luy demandast riens davantaige, sinon la parole et le baiser. Luy, qui ne pensoit point qu'il y eust joye digne d'estre accomparée à celle qu'elle luy promettoit luy accorda. Et, le soir venu, la promesse fut accomplie ; de sorte que, pour quelque bonne chere qu'elle luy feist, ne pour quelque tentation qu'il eust, ne voulust faulser son serment. Et, combien qu'il n'estima sa peine moindre que celle du purgatoire, si fut son amour si grand et son esperance si forte, estant seur de la continuation perpetuelle de l'amitié, que avecq si grande peine il avoit acquise, qu'il garda sa patience, et se leva d'auprès d'elle sans jamais luy faire aucun desplaisir. La dame, comme je croy, plus esmerveillée que contente de ce bien, soupçonna incontinant, ou que son amour ne fust si grande qu'elle pensoit, ou qu'il eust trouvé en elle moins de bien qu'il n'en estimoit, et ne regarda pas à sa grande honnesteté, patience et fidelité à garder son serment.

Elle se delibera de faire encore une autre preuve de l'amour qu'il luy portoit, avant que tenir sa promesse. Et, pour y parvenir, le pria de parler à une fille, qui estoit en sa compaignie, plus jeune qu'elle et bien fort belle, et qu'il luy tint propos d'amitié, à fin que ceux qui le voyoient venir en sa maison si souvent, pensassent que ce fust pour sa damoiselle et non pour elle. Ce jeune seigneur, qui se tenoit seur d'estre autant aymé comme il aymoit, obeit entierement à tout ce qu'elle luy commanda, et se contraignit, pour l'amour d'elle, de faire l'amour à ceste fille, qui, le voyant tant beau et bien parlant, creut sa mensonge[2] plus que une autre verité, et l'ayma autant comme si elle

---

[1] C'est-à-dire : de telle sorte que.
[2] Ce mot s'employait indifféremment au masculin ou au féminin, car on le dérivait plutôt de l'italien *menzogna*, que du latin *mendacium*.

eust esté bien fort aymée de luy. Et, quand la maistresse veid que les choses en estoient si avant et que toutesfois ce seigneur ne cessoit de la sommer de sa promesse, luy accorda qu'il la vint veoir à une heure après minuict : et qu'elle avoit tant experimenté l'amour et l'obeissance qu'il luy portoit, que c'estoit raison qu'il fust recompensé de sa longue patience. Il ne fault point doubter de la joye qu'en receut cest affectionné serviteur, qui ne faillit de venir à l'heure assignée. Mais la dame, pour tenter la force de son amour, dist à sa belle damoiselle : « Je sçay bien l'amour que ung tel seigneur vous porte, dont je croy que vous n'avez moindre passion que luy ; et j'ay telle compassion de vous deux, que je suis deliberée de vous donner lieu et loisir de parler ensemble longuement à voz aises. » La damoiselle fut si transportée, qu'elle ne luy sceut faindre son affection ; mais luy dist qu'elle n'y vouloit faillir. Obeissant donc à son conseil, et par son commandement, se despouilla, et se meit en ung beau lict toute seule en une chambre : dont la dame laissa la porte entre ouverte, et alluma de la clairté dedans, parquoy la beaulté de ceste fille pouvoit estre veue clairement. Et, en faingnant de s'en aller, se cacha si bien auprès du lict, qu'on ne la pouvoit veoir. Son pauvre serviteur, la cuydant trouver comme elle luy avoit promis, ne faillit à l'heure ordonnée d'entrer en la chambre le plus doulcement qu'il luy fut possible. Et, après qu'il eut fermé l'huys et osté sa robbe et ses brodequins fourrez, s'en alla mettre au lict où il pensoit trouver ce qu'il desiroit. Et ne sceut si tost advancer ses bras pour embrasser celle qu'il cuydoit estre sa dame, que la pauvre fille, qui le cuydoit tout à elle, n'eust les siens à l'entour de son col, en luy disant tant de parolles affectionnées et d'un si beau visaige, qu'il n'est si sainct hermite qui n'y eust perdu ses patenostres. Mais, quand il la recongneut tant à la veue qu'à l'ouye, l'amour, qui avecq si grande haste l'avoit faict coucher, le feit encores plus tost lever, quand il congneut que ce n'estoit celle pour qui il avoit tant souffert. Et, avecq un despit tant contre la maistresse que contre la damoiselle, luy dist : « Votre folie et la malice de celle qui vous a mise là, ne me sçauroient faire aultre que je suis ; mais mettez peine d'estre femme de bien : car, par mon occasion, ne perdrez point ce bon nom. » Et, en ce disant, tant courroucé qu'il n'estoit possible de plus, saillit hors de la chambre, et fut longtemps sans retourner où estoit sa dame. Toutesfois, Amour, qui jamais n'est sans esperance, l'asseura que plus la fermeté de son amour estoit grande et congneue par tant d'experience, plus la joissance en seroit longue et heureuse. La dame, qui avoit veu et entendu tous ces propos, fut tant contente et esbahye de veoir la grandeur et fermeté de son amour, qu'il luy tarda bien qu'elle ne le pouvoit reveoir, pour luy demander pardon des maulx qu'elle luy avoit faictz à l'esprouver. Et, si tost qu'elle le peut trouver, ne faillit à luy dire tant d'honnestes et bons propos, que non seulement il oblia toutes ses peines, mais les estima très heureuses, veu qu'elles estoient tournées à la gloire de sa fermeté et à l'asseurance parfaicte de son amitié. De laquelle, depuis ceste heure-là en avant, sans empeschement ne fascherie, il eut la fruition [1] telle qu'il la pouvoit desirer.

« Je vous prie, mes dames, trouvez-moy une femme qui ait esté si ferme, si patiente et si loyale en amour, que cest homme cy a esté ? Ceulx qui ont experimenté telles tentations, trouvent celles que l'on painct en sainct Anthoine bien petites au pris ; car qui peut estre chaste et patient avec la beaulté, l'amour, le temps et le loisir des femmes, sera assez vertueux pour vaincre tous les diables. — C'est dommaige, dist Oisille, qu'il ne s'adressa à une femme aussi vertueuse que luy; car ce eust esté la plus parfaicte, la plus honneste amour, dont l'on oyt jamais parler. — Mais je vous prie, dist Geburon dictes lequel tour vous trouvez le plus difficile des deux? — Il me semble, dist Parlamente, que c'est le dernier ; car le despit est la plus forte tentation de toutes les autres. » Longarine dist qu'elle pensoit que le premier fust le plus mauvais à faire ; car il falloit qu'il vainquist l'amour et soy-mesmes pour tenir sa promesse. — Vous en parlez bien à voz aises! dist Simontault ; mais, nous, qui sçavons que la chose vault, en debvons dire nostre opinion. Quant est de moy, je l'estime à la premiere fois sot et à la derniere fol ; car je croy que, en tenant promesse à sa dame, elle avoit autant ou plus de peine que luy. Elle ne luy faisoit faire ce serment, sinon pour se faindre plus femme de bien qu'elle n'estoit, se tenant seure que une forte amour ne se peut lier, ne par commandement, ne par serment, ne par chose qui soit au monde. Mais elle vouloit faindre son vice si vertueux, qu'il ne pouvoit estre gaingné que par vertuz heroïcques. Et la seconde fois, il se monstra fol de laisser celle qui l'aymoit et valoit mieulx que celle où il avoit serment au contraire, et si avoit bonne excuse sur le despit de quoy il estoit plein. » Dagoucin le reprint, disant qu'il estoit de contraire opinion; et que, à la premiere fois, il se monstra ferme, patient et veritable, et,

---

[1] Jouissance, possession, *fruitio*.

à la seconde, loyal et parfaict en amitié. — Et que sçavons-nous, dist Saffredent, s'il estoit de ceulx qu'un chapitre nomme *de frigidis et maleficiatis*[1] ? Mais si Hircan eust voulu parfaire sa louange, il nous debvoit compter comme il fut gentil compaignon, quand il eut ce qu'il demandoit; et à l'heure, pourrions juger si sa vertu ou impuissance le feit estre si saige. — Vous pouvez bien penser, dist Hircan, que, s'il le m'eust dict, je ne l'eusse non plus celé que le demourant. Mais, à veoir sa personne et congnoistre sa complexion, je l'estimeray tousjours avoir esté conduict plustost de la force d'amour que de nulle impuissance ou froideur. — Or, s'il estoit tel que vous dictes, dist Simontault, il debvoit rompre son serment. Car, si elle se fust courroucée pour si peu, elle eust esté legierement appaisée. — Mais, dist Ennasuitte, peut estre qu'à l'heure elle ne l'eust pas voulu? — Et puis, dist Saffredent, n'estoit-il pas assez fort pour la forcer, puis qu'elle luy avoit baillé camp[2]? — Saincte Marie! dist Nomerfide, comme vous y allez! Est-ce la façon d'acquerir la grace d'une, qu'on estime honneste et saige? — Il me semble, dist Saffredent, que l'on ne sçauroit faire plus d'honneur à une femme de qui l'on desire telles choses, que de la prendre par force, car il n'y a si petite damoiselle, qui ne veuille estre bien long temps priée. Et d'autres encores à qui il fault donner beaucoup de presens, avant que de les gaigner; d'autres qui sont si sottes, que par moyens et finesses on ne les peut avoir et gaigner; et, envers celles-là, ne fault penser que à chercher les moyens. Mais, quand on a affaire à une si saige, qu'on ne la peut tromper, et si bonne, qu'on ne la peut gaigner par paroles ny presens, n'est-ce pas raison de chercher tous les moyens que l'on peut pour en avoir la victoire? Et quand vous oyez dire que ung homme a prins une femme par force, croyez que ceste femme-là luy a osté l'esperance de tous autres moyens; et n'estimez moins l'homme qui a mis en dangier sa vie, pour donner lieu à son amour. » Geburon, se prenant à rire, dist : « J'ay autres fois veu assieger des places et prendre par force, pource qu'il n'estoit possible de faire parler[3] par argent ne

---

[1] C'est le chap. xv du liv. IV des Décrétales du pape Boniface VIII. Plusieurs conciles avaient prononcé des peines ecclésiastiques contre ceux qui, par des conjurations magiques et par des moyens criminels, essayaient de *nouer l'éguillette* des nouveaux mariés. Ce chapitre célèbre, dont Rabelais parle aussi, est intitulé : *De frigidis et maleficiatis*. Voilà pourquoi l'Église s'était réservé toute juridiction sur les procès en impuissance qui se debattaient devant les tribunaux de l'officialité.

[2] C'est-à-dire : puisqu'elle avoit accepté la bataille.

[3] Pour *parlementer*.

par menaces ceux qui les gardoient; car on dict que place qui parlamente est demy gaignée. — Il vous semble, dist Ennasuitte, que toutes les amours du monde soient fondées sur ces follies; mais il y en a qui ont aymé et longuement perseveré, de qui l'intention n'a point esté telle. — Si vous en sçavez une histoire, dist Hircan, je vous donne ma place pour la dire. — Je la sçay, dist Ennasuitte, et je la diray très voluntiers. »

DIX NEUFVIESME NOUVELLE

Pauline, voyant qu'un gentil homme qu'elle n'aymoit moins que luy elle, pour les deffenses à luy faictes de ne parler jamais à elle, s'estoit allé rendre religieux en l'Observance, entra en la religion de Saincte Claire où elle fut receue et voilée, mettant à execution le desir qu'elle avoit eu de rendre la fin de l'amitié du gentil homme et d'elle, semblable en habit, estat et forme de vivre.

Au temps du marquis de Mantoue, qui avoit espousé la seur du duc de Ferrare[1], y avoit, en la maison de la duchesse, une damoiselle nommée Pauline, laquelle estoit tant aymée d'un gentil homme serviteur du marquis, que la grandeur de son amour faisoit esmerveiller tout le monde, veu qu'il estoit pauvre et tant gentil compaignon, qu'il debvoit chercher, pour l'amour que luy portoit son maistre, quelque femme riche; mais il luy sembloit que tout le tresor du monde estoit en Pauline, lequel, en l'espousant, il cuydoit posseder. La marquise, desirant que par sa faveur Pauline fust mariée plus richement, l'en degoustoit le plus qu'il luy estoit possible et les empeschoit souvent de parler ensemble, leur remonstrant que, si le mariaige se faisoit, ilz seroient les plus pauvres et miserables de toute l'Italie. Mais ceste raison ne pouvoit entrer en l'entendement du gentil homme. Pauline, de son costé, dissimuloit le mieulx qu'elle pouvoit son amitié; toutesfois, elle n'en pensoit pas moins. Ceste amitié dura longuement avecq

[1] François de Gonzague, deuxième du nom, marquis de Mantoue, né en 1466 et mort en 1519. Il eut beaucoup de part aux guerres d'Italie; il y commanda l'armée française en 1503, et se retira devant la défiance de ses soldats, qui l'accusaient d'intelligence avec les Espagnols. Depuis, il tourna ses armes contre la France et fut général des troupes de l'empereur Maximilien. Il avait épousé, en 1490, Isabelle d'Est, fille d'Hercule, premier du nom, duc de Ferrare, et sœur d'Alfonse d'Est, qui succéda en 1505 à son père.

ceste esperance que le temps leur apporteroit quelque meilleure fortune : durant lequel vint une guerre [1], où ce gentil homme fut prins prisonnier avec ung François qui n'estoit moins amoureux en France que luy en Italie. Et quand ilz se trouverent compaignons de leurs fortunes, ilz commencerent à descouvrir leurs secretz l'un à l'aultre. Et confessa le François, que son cueur estoit ainsi que le sien prisonnier, sans luy nommer le lieu. Mais, pour estre tous deux au service du marquis de Mantoue, sçavoit bien ce gentil homme françois, que son compaignon aymoit Pauline, et, pour l'amitié qu'il avoit en son bien et profit, luy conseilloit d'en oster sa fantaisie. Ce que le gentil homme italien juroit n'estre en sa puissance ; et que, si le marquis de Mantoue pour recompense de sa prison et des bons services qu'il luy avoit faicts, ne luy donnoit s'amie, il s'en iroit rendre cordelier et ne serviroit jamais maistre que Dieu. Ce que son compaignon ne pouvoit croire, ne voyant en luy ung seul signe de la religion, que la devotion qu'il avoit en Pauline. Au bout de neuf moys, fut delivré le gentil homme françois, et par sa bonne diligence feit tant, qu'il meist son compaignon en liberté, et pourchassa le plus qu'il luy fut possible, envers le marquis et la marquise, le mariage de Pauline. Mais il n'y put advenir ny rien gaigner, luy mettant devant les oeilz la pauvreté où il leur faudroit tous deux vivre, et aussi, que de tous costez les parens n'en estoient d'oppinion ; et luy defendirent qu'il n'eust plus à parler à elle, à fin que ceste fantaisie s'en peust aller par l'absence et impossibilité.

Et quand il veid qu'il estoit contrainct d'obeir, demanda congié à la marquise de dire adieu à Pauline, et puis, que jamais il ne parleroit à elle : ce qui luy fut accordé, et à l'heure il commença à luy dire : « Puis qu'ainsi est, Pauline, que le ciel et la terre sont contre nous, non seulement pour nous empescher de nous marier ensemble, mais, qui plus est, pour nous oster la veue et la parole, dont nostre maistre et maistresse nous ont faict si rigoureux commandement qu'ilz se peuvent bien vanter que en une parole ilz ont blessé deux cueurs, dont les corps ne sçauroient plus faire que languir ; monstrans bien, par cest effect, que oncques amour ne pitié n'entrerent en leur estomac. Je sçay bien que leur fin est de nous marier chascun bien et richement ; car ilz ignorent que la vraye richesse gist au contentement ; mais si m'ont-ilz faict tant de mal et de desplaisir, qu'il est impossible que jamais de bon cueur je leur puisse faire service. Je croy bien que, si

---

[1] Sans doute l'expédition que Louis XII envoya pour conquérir le royaume de Naples, en 1503, et qui fut arrêtée et mise en déroute au passage du Garigliano.

jamais je n'eusse parlé de mariage, ilz ne sont pas si scrupuleux, qu'ilz ne m'eussent assez laissé parler à vous, vous asseurant que j'aymerois mieulx mourir, que changer mon oppinion en pire, après vous avoir aymée d'une amour si honneste et vertueuse, et pourchassé envers vous ce que je voudrois defendre envers tous. Et, pour ce qu'en vous voyant je ne sçaurois porter ceste dure penitence, et que, en ne vous voyant, mon cueur, qui ne peut demeurer vuide, se rempliroit de quelque desespoir dont la fin seroit malheureuse; je me suis deliberé et dès long temps de me mettre en religon : non que je sçaiche très bien qu'en tous estats l'homme se peult saulver; mais pour avoir plus de loisir de contempler la Bonté divine, laquelle, j'espere, aura pitié des fautes de ma jeunesse, et changera mon cueur, pour autant aymer les choses spirituelles qu'il a faict les temporelles. Et si Dieu me faict la grace de pouvoir gaingner la sienne, mon labeur sera incessamment employé à prier Dieu pour vous. Vous suppliant, par ceste amour tant ferme et loyale qui a esté entre nous deux, avoir memoire de moy en voz oraisons et prier Nostre Seigneur, qu'il me donne autant de constance en ne vous voyant point, qu'il m'a donné de contentement en vous regardant. Et, pour ce que j'ay toute ma vie esperé avoir de vous par mariaige ce que l'honneur et la conscience permettent, je me suis contenté d'esperance; mais, maintenant que je la perds, et que je ne puis jamais avoir de vous le traictement qui appartient à un mary, au moins pour dire adieu, je vous supplie me traicter en frere, et que je vous puisse baiser. » La pauvre Pauline, qui tousjours luy avoit esté assez rigoureuse, congnoissant l'extremité de sa douleur et l'honnesteté de sa requeste que en tel desespoir se contentoit d'une chose si raisonnable, sans luy respondre aultre chose, luy va jecter les bras au col, pleurant avecq une si grande vehemence, que la parole, la voix et la force luy defaillirent, et se laissa tumber entre ses bras esvanouye : dont la pitié qu'il en eut, avecq l'amour et la tristesse, luy en feirent faire autant, tant que l'une de ses compaignes, les voyant tumber l'un d'un costé et l'autre de l'autre, appella du secours, qui à force de remedes les feit revenir.

Alors Pauline, qui avoit desiré de dissimuler son affection, fut honteuse, quand elle s'apperceut qu'elle l'avoit monstrée si vehemente. Toutesfois, la pitié du pauvre gentil homme servit à elle de juste excuse, et, ne pouvant plus porter ceste parole de dire adieu pour jamais, s'en alla vistement, le cueur et les dents si serrez, qu'en entrant dans son logis, comme un corps sans esprit, se laissa tumber sur son lict, et passa la nuict en si piteuses lamentations, que ses serviteurs pensoient qu'il eust perdu tous ses parens et amis et tout ce qu'il pouvoit avoir de biens sur la terre. Le matin se recommanda à Nostre Seigneur, et, après qu'il eut departy à ses serviteurs le peu de bien qu'il avoit et prins avec luy quelque somme d'argent, defendit à ses gens de le suyvre, et s'en alla tout seul à la religion de l'Observance[1] demander l'habit, deliberé de jamais n'en partir. Le gardien, qui autresfois l'avoit veu, pensa, au commencement, que ce fust mocquerie ou songe; car il n'y avoit en tout le pays gentil homme qui moins que luy eust grace ou condition de cordelier, pour ce qu'il avoit en luy toutes les bonnes et honnestes vertus que l'on eust sceu desirer en ung gentil homme. Mais, après avoir entendu ses paroles et veu ses larmes coulans sur sa face comme ruisseaulx, ignorant dont en venoit la source, le receut humainement. Et bien tost après, voyant sa perseverance, luy bailla l'habit qu'il receut devotement: dont furent advertiz le marquis et la marquise, qui le trouverent si estrange, que à peine le pouvoient-ilz croire. Pauline, pour ne se montrer subjecte à nulle amour, dissimula le mieulx qu'il luy fut possible le regret qu'elle avoit de luy, en sorte que chascun disoit qu'elle avoit bien tost oblié la grande affection de son loyal serviteur. Et ainsi passa cinq ou six mois, sans en faire autre demonstrance. Durant lequel temps luy fut par quelque religieux monstré une chanson que son serviteur avoit composée ung peu après qu'il eust prins l'habit. De laquelle le chant est italien et assez commun; mais j'en ay voulu traduire les mots en françois le plus près qu'il m'a esté possible, et sont tels:

> Que dira-elle,
> Que fera elle,
> Quand me verra de ses yeulx
> Religieux?
>
> Las! la pauvrette,
> Toute seullette,
> Sans parler longtemps, sera
> Eschevelée,
> Deconsolée;
> L'estrange cas pensera:
> Son penser, par aventure,

[1] Le couvent de Saint-François, dit de l'Observance, fondé à Ferrare, par le duc Hercule d'Est, premier du nom. On donnait le nom d'*observance* à la règle de Saint-François, réformée par le pape à la fin du quinzième siècle.

En monastere et closture
A la fin la conduira :
    Que dira-elle, etc.

    Que diront ceulx
    Qui de nous deux
Ont l'amour et bien privé ?
    Voyans qu'amour
    Par un tel tour
Plus parfaict ont approuvé ;
Regardans ma conscience,
Ilz en auront repentance,
Et chacun d'eulx en pleurera.
    Que dira-elle, etc.

    Et s'ils venoient,
    Et nous tenoient
Propos pour nous divertir,
    Nous leur dirons
    Que nous mourrons
Icy, sans jamais partir :
Puis que leur rigueur rebelle
Nous feit prendre robbe telle,
Nul de nous ne la lairra.
    Que dira-elle, etc.

    Et si prier
    De marier
Nous viennent, pour nous tenter,
    En nous disant
    L'estat plaisant
Qui nous pourroit contenter ;
Nous respondrons que nostre ame
Est de Dieu ame et femme,
Qui point ne la changera.
    Que dira-elle, etc.

    O amour forte,
    Qui ceste porte
Par regret m'as faict passer,
    Fais qu'en ce lieu,
    De prier Dieu,
Je ne me puisse lasser :
Car nostre amour mutuelle
Sera tant spirituelle,
Que Dieu s'en contentera.
    Que dira-elle, etc.

    Laissons les biens
    Qui sont lyens
Plus durs à rompre que fer :

Quittons la gloire
Qui l'ame noire
Par orgueil meine en enfer.
Fuyons la concupiscence,
Prenons la chaste innocence
Que Jesus nous donnera.
Que dira-elle, etc.

Viens donq, amie,
Ne tarde mie
Après ton parfaict amy :
Ne crains à prendre
L'habit de cendre [1],
Fuyant ce monde ennemy :
Car, d'amitié vive et forte,
De sa cendre fault que sorte
Le phoenix qui durera.
Que dira-elle, etc.

Ainsi qu'au monde
Fut pure et munde
Nostre parfaicte amitié ;
Dedans le cloistre
Pourra paroistre
Plus grande de la moictié.
Car amour loyal et ferme,
Qui n'a jamais fin ne terme,
Droict au ciel nous conduira.
Que dira-elle, etc.

Quand elle eut bien au long leu ceste chanson, estant à part en une chappelle, se meist si fort à pleurer, qu'elle arrousa tout le papier de larmes. Et n'eust esté la craincte qu'elle avoit de se monstrer plus affectionnée qu'il n'appartient, n'eust failly de s'en aller incontinent mettre en quelque hermitaige, sans jamais veoir creature du monde. Mais la prudence qui estoit en elle la contraingnit encores pour quelque temps dissimuler. Et combien qu'elle eust prins resolution de laisser entierement le monde, si faingnit-elle tout le contraire, et changeoit si fort son visaige, qu'estant en compagnie, ne ressembloit de rien à elle-mesme. Elle porta en son cueur ceste deliberation couverte cinq ou six mois, se monstrant plus joyeuse qu'elle n'avoit de coustume. Mais, ung jour, alla avecq sa maistresse [2] à l'Observance, oyr la grand messe ; et, ainsi que le prestre, diacre et soubz-diacre sailloient du revestiaire [3]

[1] L'habit de Saint-Francois est de couleur gris cendré.
[2] La marquise de Mantoue.
[3] Sortaient de la sacristie.

pour venir au grand autel, son pauvre serviteur, qui encores n'avoit parfaict l'an de sa probation [1], servoit d'acolite, portoit les deux canettes [2], en ses deux mains couvertes d'une toile de soye, et venoit le premier, ayant les oeilz contre terre. Quand Pauline le veid en tel habillement où sa beauté et grace estoient plustost augmentées que diminuées, fut si esmeue et troublée, que, pour couvrir la cause de la couleur qui luy venoit au visaige, se print à tousser. Et son pauvre serviteur, qui entendoit mieulx ce son-là que celuy des cloches de son monastere, n'osa tourner sa teste, mais, en passant devant elle, ne peust garder ses oeilz, qu'ilz ne prinssent le chemin que si longtemps ilz avoient tenu. Et, en regardant piteusement Pauline, fut si saisy du feu qu'il pensoit quasy esteint, qu'en le voulant plus couvrir qu'il ne pouvoit, tomba tout de son hault à terre devant elle. Et la craincte qu'il eut que la cause en fust congneue luy feit dire que c'estoit le pavé de l'eglise qui estoit rompu en cest endroict. Quand Pauline congneut que le changement d'habit ne luy avoit pas changé le cueur, et qu'il y avoit si long temps qu'il s'estoit rendu, que chacun pensoit qu'elle l'eust oblié, se deliberera de mettre à execution le desir qu'elle avoit eu de rendre la fin de leur amitié semblable en habit, estat et forme de vivre, comme elle avoit esté vivant en une maison, soubz pareil maistre et maistresse. Et, pource que elle avoit plus de quatre mois auparavant donné ordre à tout ce qui luy estoit necessaire pour entrer en religion, ung matin, demanda congé à la marquise d'aller oyr la messe à Saincte Claire [3], ce qu'elle luy donna, ignorant pourquoy elle le demandoit. Et, en passant devant les Cordeliers, pria le gardien de luy faire venir son serviteur, qu'elle appeloit son parent. Et quand elle le veid en une chapelle à part, luy dist : « Si mon honneur eust permis qu'aussi tost que vous je me fusse osé mettre en religion, je n'eusse tant attendu; mais, ayant rompu par ma patience les oppinions de ceux qui plus tost jugent mal que bien, je suis deliberée de prendre l'estat, la robbe et la vie telle que je voy la vostre, sans m'enquerir quel il y faict. Car, si vous y avez du bien, j'en auray ma part; et, si vous y recepvez du mal, je n'en veulx estre exempte; car, par tel chemin que vous irez en paradis, je vous veulx suivre : estant asseurée que Celuy qui est le vray, parfaict et digne d'estre nommé Amour, nous a tirez à son service, par une amitié honneste et raisonnable, laquelle il convertira, par son sainct Esperi

---

[1] L'année de noviciat ou d'épreuve.
[2] Burettes.
[3] Le couvent de Sainte-Claire, à Ferrare, était aussi sous la règle de Saint-François.

du tout en luy : vous priant que vous et moy oblyons le corps qui perit et tient du vieil Adam, pour recepvoir et revestir celuy de nostre espoux Jesus Christ. » Ce serviteur religieux fut tant aise et tant content d'oyr sa saincte volunté, qu'en plorant de joye luy fortifia son oppinion le plus qu'il luy fut possible, luy disant que, puis qu'il ne pouvoit plus avoir d'elle au monde autre chose que la parole, il se tenoit bien heureux d'estre en lieu où il auroit tousjours moyen de la recepvoir, et qu'elle seroit telle, que l'un et l'aultre n'en pourroit que mieulx valoir, vivans en un estat d'un amour, d'un cueur et d'un esprit tirez de la bonté de Dieu, lequel il supplioit les tenir en sa main, en laquelle nul ne peut perir. Et, en ce disant et plorant d'amour et de joye, luy baisa les mains, mais elle abbaissa son visaige jusques à la main, et se donnerent par vraye charité le sainct baiser de dilection. Et, en ce contentement, se partit Pauline, et entra en la religion de Saincte Claire, où elle fut receue et voilée.

Ce que après elle feit entendre à madame la marquise, qui en fut tant esbahie qu'elle ne le pouvoit croire, mais s'en alla le lendemain au monastere, pour la veoir et s'efforcer de la divertir de son propos. A quoy Pauline luy feit response, que, si elle avoit eu puissance de luy oster ung mary de chair, l'homme du monde qu'elle avoit le plus aymé, elle s'en debvoit contenter, sans chercher de la vouloir separer de Celuy qui estoit immortel et invisible, car il n'estoit pas en sa puissance ni de toutes les creatures du monde. La marquise, voyant son bon vouloir, la baisa, la laissant, non sans grand regret. Et depuis vesquirent Pauline et son serviteur si sainctement et devotement en leur Observance, que l'on ne doibt doubter que Celuy duquel la fin de la loy est charité, ne leur dist, à la fin de leur vie, comme à la Magdelaine, que leurs pechez leur estoient pardonnez, veu qu'ilz avoient beaucoup aymé, et qu'il ne les retirast en paix au lieu où la recompense passe tous les merites des hommes.

« Vous ne pouvez icy nier, mes dames, que l'amour de l'homme ne se soit montrée la plus grande ; mais elle luy fut si bien rendue, que je voudrois que tous ceulx qui s'en meslent fussent autant recompensez. — Il y auroit doncques, dist Hircan, plus de fols et de folles declairez, qu'il n'y en eut oncques ? — Appelez-vous follie, dist Oisille, d'aymer honnestement en la jeunesse, et puis de convertir cest amour du tout à Dieu ? » Hircan, en riant, luy respondit : « Si melancolie et desespoir sont louables, je diray que Pauline et son serviteur sont bien dignes d'estre louez. — Si est-ce, dist Geburon, que Dieu a plusieurs moyens de nous tirer à luy, dont les commencemens semblent estre maulvais, mais la fin en est bonne. — Encores ay-je une oppinion, dist Parlamente, que jamais homme n'aymera parfaictement Dieu, qu'il n'ait parfaictement aymé quelque creature en ce monde. — Qu'appelez-vous parfaictement aymer? dist Saffredent : estimez-vous parfaicts amans ceulx qui sont transiz et qui adorent les dames de loing, sans oser monstrer leur volunté? — J'appelle parfaicts amans [1], luy respondit Parlamente, ceulx qui cherchent, en ce qu'ilz aiment, quelque perfection, soit beaulté, bonté ou bonne grace; tousjours tendans à la vertu, et qui ont le cueur si hault et si honneste, qu'ilz ne veulent, pour mourir, mettre leur fin aux choses basses que l'honneur et la conscience reprouvent; car l'ame, qui n'est creée que pour retourner à son souverain bien, ne faict, tant qu'elle est dedans ce corps, que desirer d'y parvenir. Mais, à cause que les sens, par lesquels elle en peut avoir nouvelles, sont obscurs et charnels par le peché du premier pere, ne luy peuvent monstrer que les choses visibles plus approchantes de la perfection, après quoy l'ame court, cuydans trouver, en une beaulté exterieure, en une grace visible et aux vertuz morales, la souveraine beaulté, grace et vertu. Mais, quand elle les a cherchez et experimentez et elle n'y trouve point Celuy qu'elle ayme, elle passe oultre, ainsi que l'enfant, selon sa petitesse, ayme les poupines [2] et aultres pe-

---

[1] Toute cette dissertation mystique sur les parfaits amants et le parfait amour est inspirée évidemment par le livre du *Cortegiano* de Balthazar de Castiglione, lequel était à cette époque le catéchisme et le bréviaire des gens de cour. Parlamente se souvient surtout des belles théories de l'embo, à la fin de cet ouvrage; en voici un extrait tiré de la traduction de Gabriel Chapuis, qui avait été élevé dans la maison de la reine de Navarre.

« Entre ces biens, l'amant en trouvera un autre beaucoup plus grand, s'il veut se servir de cest amour comme d'un degré pour monter à un autre beaucoup plus haut.... Quand donc notre courtisan sera arrivé à ce point, combien qu'il se puisse dire assez heureux amant, au respect de ceux qui sont plongez en la misere de l'amour sensuel, si est-ce que je ne veux pas qu'il se contente, mais qu'il passe hardiment plus outre, cheminant par le sublime chemin, après la guide qui le conduit au point de la vraye felicité... En ce lieu, l'ame estant reprise du sainct feu de vraye amour divine, vole pour s'unir avec la nature angelique, et non seulement abandonne du tout le sens, mais n'a plus affaire du discours de la raison, laquelle transformée en ange entend toutes les choses inteligibles et, sans voile ou nue aucune, voit l'ample et spacieuse mer de la pure beauté divine, la reçoit en soy et jouyt de ceste supreme felicité qui est incomprehensible aux sens. »

On remarque, dans le cours de l'*Heptameron*, de fréquentes réminiscences du livre de Castiglione, qui avait alors autant de lecteurs et d'admirateurs en France qu'en Italie et en Espagne.

[2] Poupées.

tites choses, les plus belles que son oeil peut veoir; et estime richesses d'assembler des petites pierres : mais, en croissant, ayme les poupines vives et amasse les biens necessaires pour la vie humaine. Mais, quand il congnoist par plus grande experience que es choses territoires [1] n'y a perfection ne felicité, desire chercher le facteur [2] et la source d'icelle. Toutesfois, si Dieu ne luy ouvre l'oeil de foy, seroit en danger de devenir, d'un ignorant, ung infidele philosophe; car foy seulement peut monstrer et faire recepvoir le bien que l'homme charnel et animal ne peut entendre. — Ne voyez-vous pas bien, dist Longarine, que la terre non cultivée, portant beaucoup d'herbes et d'arbres, combien qu'ilz soient inutiles, est desirée pour l'esperance qu'elle apportera bon fruict, quand il y sera semé ? Aussi, le cueur de l'homme, qui n'a nul sentiment d'amour aux choses visibles, ne viendra jamais à l'amour de Dieu par la semence de sa parole, car la terre de son cueur est sterile, froide et damnée. — Voyla pourquoy, dist Saffredent, la plus part des docteurs ne sont spirituels; car ilz n'aymeront jamais que le bon vin et chamberieres laides et ordes, sans experimenter que c'est d'aymer dames honnestes. — Si je sçavois bien parler latin, dist Simontault, je vous allegueroye que sainct Jehan dict : « Que celuy qui n'ayme son « frere qu'il veoit, comment aymera-il Dieu qu'il ne veoit point ? » Car, par les choses visibles, on est tiré à l'amour des invisibles. — Mais, dist Ennasuitte, *quis est ille, et laudabimus eum*, ainsi parfaict que vous le dictes ? — Il y en a, respondit Dagoucin, qui ayment si fort et si parfaictement, qu'ilz aimeroient autant mourir que de sentir ung desir contre l'honneur et la conscience de leur maistresse, et si ne veullent qu'elle ne autres s'en apperçoivent. — Ceux-là, dit Saffredent, sont de la nature de la camalercite [3] qui vit de l'aer. Car il n'y a homme au monde, qui ne desire declairer son amour et de sçavoir estre aymé : et si croy qu'il n'est si forte fiebvre d'amitié, qui soubdain ne passe, quand on congnoist le contraire. Quant à moy, j'en ay veu des miracles evidentz. — Je vous prie, dist Ennasuitte, prenez ma place et nous racomptez de quelqu'un qui soit ressuscité de mort à vie, pour congnoistre en sa dame le contraire de ce qu'il desiroit. — Je crains tant

---

[1] Terrestres; il faut peut-être lire *transitoires*.
[2] Auteur, créateur, *factor*.
[3] Le caméléon, ainsi que la salamandre, était l'objet des erreurs populaires les plus absurdes. Les voyageurs, tels que Belon et Thevet, avaient encore renchéri sur les contes de Pline. Il est prouvé que le caméléon, qui n'est qu'un petit lézard, vit de mouches et d'insectes imperceptibles.

dist Saffredent, de desplaire aux dames, de qui j'ay esté et seray toute ma vie serviteur, que sans exprès commandement je n'eusse osé racompter leurs imperfections; mais, pour obeir, je n'en celeray la verité. »

VINGTIESME NOUVELLE.

Le sieur de Ryant, fort amoureux d'une dame vefve, ayant congneu en elle le contraire de ce qu'il desiroit et qu'elle luy avoit souvent persuadé, se saisit si fort, qu'en un instant le despit eut puissance d'esteindre le feu que la longueur du temps ny l'occasion n'avoyent sceu amortir [1].

Au pays de Daulphiné, y avoit un gentil homme, nommé le seigneur de Riant, de la maison du Roy François premier [2], autant beau et honneste gentil homme qu'il estoit possible de veoir. Il fut longuement serviteur d'une dame vefve, laquelle il aymoit et reveroit, tant de paour qu'il avoit de perdre sa bonne grace, que ne l'osoit importuner de ce qu'il desiroit le plus. Et, luy, qui se sentoit beau et digne d'estre aymé, croyoit fermement ce qu'elle luy juroit souvent, c'est qu'elle l'aimoit plus que tous les hommes du monde; et que, si elle estoit contraincte de faire quelque chose pour un gentil homme, ce seroit pour luy seullement, comme le plus parfaict qu'elle avoit jamais congneu, le priant de se contenter, sans oultrepasser, de ceste honneste amitié. Et, d'aultre part, l'asseuroit si fort, que, si elle congnoissoit qu'il pretendist davantaige, sans se contenter de la raison, que du tout il la perdroit. Le pauvre gentil homme non seullement se contentoit, mais se tenoit très heureux d'avoir gaingné le cueur de celle où il pensoit tant d'honnesteté. Il seroit long de vous racompter le discours de son amitié, la longue frequentation qu'il eut avecq elle, les voyages qu'il faisoit pour la venir veoir. Mais, pour venir à la conclusion, ce pauvre martir d'un

---

[1] Quoique la reine de Navarre présente cette Nouvelle comme fondée sur un fait qui s'était passé sous ses yeux, le même sujet avait été déjà traité en Italie, dans des ouvrages antérieurs à l'*Heptameron*. Ainsi Morlini, dont le recueil de contes fut imprimé à Naples en 1520, a écrit en latin une histoire analogue, et l'Arioste l'a imitée en vers dans le vingt-huitième chant de son *Orlando*. C'est l'origine du *Joconde* de la Fontaine.

[2] Le seigneur de Ryant était écuyer d'écurie, dans la maison du roi, en 1523; il avait deux cents livres de gages par an.

feu, si plaisant, que plus on brusle plus on en veult brusler, cherchoit tousjours le moyen d'augmenter son martire. Ung jour, luy print fantaisie d'aller veoir en poste celle qu'il aymoit plus que luy-mesmes et qu'il estimoit pardessus toutes les femmes du monde. Luy, arrivé en sa maison, demanda où elle estoit ; on luy dist qu'elle ne faisoit que venir de vespres et estoit entrée en sa garenne pour parachever son service[1]. Il descendit de cheval et s'en alla tout droit en ceste garenne où elle estoit, et trouva ses femmes qui luy dirent qu'elle s'en alloit toute seule promener en une grande allée. Il commença à plus que jamais esperer quelque bonne fortune pour luy. Et le plus doulcement qu'il peut, sans faire un seul bruict, la chercha le mieulx qu'il luy fut possible, desirant sur toutes choses de la pouvoir trouver seule. Mais, quand il fut près d'un pavillon faict d'arbres pliez, lieu tant beau et plaisant qu'il n'estoit possible de plus, entra soubdainement là, comme celuy à qui tardoit de veoir ce qu'il aymoit. Mais il trouva à son entrée la damoiselle couchée dessus l'herbe entre les bras d'un palefrenier de sa maison, aussi laid, ord et infame, que de Riant estoit beau, honneste et aimable. Je n'entreprendz pas de vous paindre le despit qu'il eut, mais il fut si grand, qu'il eut puissance en ung moment d'esteindre le feu que la longueur du temps ni l'occasion n'avoient sceu faire. Et, autant remply de despit qu'il avoit eu d'amour, luy dist : « Madame, prou vous face[2] ! Aujourd'huy, par vostre meschanceté congneue, suis guery et delivré de la continuelle douleur, dont honnesteté que j'estimois en vous estoit l'occasion. » Et, sans autre adieu, s'en retourna plus viste qu'il n'estoit venu. La pauvre femme ne luy feit autre responce, sinon de mettre la main devant son visaige ; car, puis qu'elle ne pouvoit couvrir sa honte, couvrit-elle ses oeilz, pour ne veoir celuy qui la voyoit trop clairement, nonobstant sa dissimulation.

« Parquoy, mes dames, je vous supplie, si vous n'avez volunté d'aymer parfaictement, ne vous pensez point dissimuler à ung homme de bien, et luy faire desplaisir pour vostre gloire : car les hypocrites sont payez de leur loyer[3], et Dieu favorise ceulx qui ayment naïvement. — Vrayement, dist Oisille, vous nous l'avez gardé bonne pour la fin de la Journée ! Et si ce n'estoit que nous avons tous juré de dire verité, je ne sçauroys croire que une femme,

---

[1] C'est-à-dire : pour achever de dire ses heures.
[2] Grand bien vous fasse !
[3] C'est-à-dire : de ce qu'ils méritent, de leur salaire.

de l'estat dont elle estoit sceut estre si meschante de l'ame, quant à Dieu, et du corps, laissant ung si honneste gentil homme pour ung si villain muletier. — Helas! Madame, dist Hircan, si vous sçaviez la difference qu'il y a d'un gentil homme, qui toute sa vie a porté le harnois et suivy la guerre, auprès d'un varlet bien nourry sans bouger d'un lieu, vous excuseriez ceste pauvre vefve. — Je ne croy pas, Hircan, dist Oisille, quelque chose que vous en dictes, que vous puissiez recepvoir nulle excuse d'elle. — J'ay bien oy dire, dist Simontault, qu'il y a des femmes qui veulent avoir des evangelistes pour prescher leur vertu et leur chasteté, et leur font la meilleure chere qu'il leur est possible et la plus privée, les asseurant que, si la conscience et l'honneur ne les retenoient, elles leur accorderoient leurs desirs. Et les pauvres sots, quand en quelque compaignie parlent d'elles, jurent qu'ilz mettroient leur doigt au feu sans brusler, pour soustenir qu'elles sont femmes de bien; car ilz ont experimenté leur amour jusques au bout. Ainsi se font louer par les honnestes hommes, celles qui à leurs semblables se montrent telles qu'elles sont, et choisissent ceulx qui ne sçauroient avoir hardiesse de parler; et, s'ilz en parlent, pour leur orde et vile condition, ne seroient pas creuz. — Voyla, dist Longarine, une oppinion que j'ay autresfois oy dire aux plus jaloux et soupsonneux hommes, mais c'est peindre une chimere : car, combien qu'il soit advenu à quelque pauvre malheureuse, si est-ce chose qui ne se doibt soupsonner en aultre. — Or, leur dist Parlamente, tant plus avant nous entrons en ce propos, et plus ces bons seigneurs icy drapperont sur la tissure[1] de Simontault et tout à noz despens. Parquoy, il vault mieulx aller oyr vespres, à fin que ne soyons tant attendues que nous fusmes hier. »

La compaignie fut de son opinion, et, en allant, Oisille leur dist : « Si quelqu'un de vous rend graces à Dieu d'avoir en ceste Journée dict la verité des histoires que nous avons racomptées, Saffredent luy doibt requerir pardon d'avoir remémoré une si grande villenie contre les dames. — Par ma foy, respondit Saffredent, combien que mon compte soit veritable, si est-ce que je l'ay oy dire. Mais, quand je vouldroye faire le rapport du cerf à veue d'oeil[2], je vous ferois faire plus de signes de croix, de ce que je sçay des femmes, que l'on n'en faict à sacrer une eglise. — C'est bien loing de se repentir, dist

---

[1] C'est-à-dire : sur le texte fourni par Simontault.

[2] Expression proverbiale empruntée au langage des chasseurs, signifiant : Raconter en détail tout ce qu'on a fait et qu'on a vu.

Geburon, quand la confession aggrave le pechė. — Puisque vous avez telle opinion des femmes, dist Parlamente, elles vous debvroient priver de leur honneste entretenement [1] et privaultez. » Mais il luy respondit : « Aucunes ont tant usé, en mon endroict, du conseil que vous leur donnez, en m'esloignant et separant des choses justes et honnestes, que si je pouvois dire pis et pis faire à toutes, je ne m'y espargneroie, pour les inciter à me venger de celle qui me tient si grand tort. » En disant ces paroles, Parlamente meit son touret de nez [2], et avecq les autres, entra dedans l'eglise, où ils trouverent vespres très bien sonnées, mais ilz n'y trouverent pas ung religieux pour les dire, pource qu'ilz avoient entendu que dedans le pré s'assembloit ceste compaignie pour y dire les plus plaisantes choses qu'il estoit possible : et, comme ceulx qui aymoient mieulx leurs plaisirs que les oraisons, s'estoient allés cacher dedans une fosse, le ventre contre terre, derriere une haye fort espesse. Et là avoient si bien escouté les beaulx comptes, qu'ilz n'avoient point oy sonner la cloche de leur monastere. Ce qui parut bien, quant ilz arriverent en telle haste, que quasi l'alaine leur failloit à commencer vespres. Et quand elles furent dictes, confesserent à ceulx qui leur demandoient l'occasion de leur chant tardif et mal entonné, que ce avoit esté pour les escouter. Parquoy, voyans leur bonne volunté, leur fut permis que tous les jours assisteroient derriere la haye, assis à leur aise. Le soupper se passa joyeusement, en relevant les propos qu'ilz n'avoient pas mis à fin dans le pré, qui durerent tout le long du soir, jusques à ce que la dame Oisille les pria de se retirer, à fin que leur esprit fust plus prompt le lendemain, après un bon et long repos, dont elle disoit que une heure avant mynuict valoit mieulx que trois après. Ainsi, s'en allant chascun en sa chambre, se partit ceste compaignie, mettant fin à ceste seconde Journée.

---

[1] Entretien, commerce.
[2] Demi-masque de velours, qui ne couvrait que le front et les joues, pour les préserver du hâle. Dans un manuscrit de *la Coche, ou debat d'amour*, poëme de la reine de Navarre (à la bibliothèque de l'Arsenal), les dames de sa maison, qui sont représentées dans les miniatures, ont leurs *tourets de nez*.

FIN DE LA DEUXIESME JOURNÉE

TROISIESME JOURNÉE.

EN LA TROISIESME JOURNÉE ON DEVISE DES DAMES QUI EN LEUR AMITIÉ N'ONT CHERCHÉ NULLE FIN QUE L'HONNESTETÉ, ET DE L'HYPOCRISYE ET MECHANCETÉ DES RELIGIEUX.

PROLOGUE.

Le matin, la compaignye ne sceut si tost venir en la salle, qu'elle n'y trouvast madame Oisille, qui avoit, plus de demie heure avant, estudié la leçon qu'elle debvoit lire; et, si le premier et second jour elle les avoit rendus contens, elle n'en feyt moins le troisiesme. Et n'eust esté que ung des religieux les vint querir pour aller à la grand messe, ilz ne l'eussent oye, leur contemplation les empeschant d'oyr la cloche. La messe oye bien devotement, et le disner passé bien sobrement pour n'empescher par les viandes leur memoire à s'acquicter chascun en son rang le mieulx qu'il seroit possible, se retirerent en leurs chambres à visiter leurs registres, attendant l'heure accoustumée d'aller au pré; laquelle venue, ne faillirent à ce beau voyage. Et ceulx qui avoient deliberé de dire quelque folie avoient desja les visaiges si joyeux, que l'on esperoit d'eulx occasion de bien rire. Quand ilz furent assis, demanderent à Saffredent à qui il donnoit sa voix pour la troisiesme Journée : « Il me semble, dit-il, que, puisque la faulte que je feis hier est si grande que vous dictes, ne sçachant histoire digne de la reparer, que je dois donner ma voix à Parlamente, laquelle, pour son bon sens, sçaura si bien louer les dames, qu'elle fera mettre en obly la verité que je vous ay dicte. — Je n'entreprens pas, dist Parlamente, de reparer voz faultes, mais ouy bien de me garder de les ensuivre. Parquoy, je me delibere, usant de la verité promise et jurée, de vous monstrer qu'il y a des dames qui en leurs amitiez n'ont cherché nulle fin que l'honnesteté. Et, pour ce que celle dont je vous veulx parler estoit de bonne maison, je ne changeray rien en l'histoire que

le nom ; vous priant, mes dames, de penser qu'amour n'a point de
puissance de changer un cueur chaste et honneste, comme vous verrez
par l'histoire que je vous voys compter. »

VINGT ET UNIESME NOUVELLE.

Rolandine, ayant attendu jusqu'à l'âge de xxx ans à estre maryée, et congnoissant
la negligence de son pere et le peu de faveur que luy portoit sa maistresse, print
telle amitié à un gentil homme bastard, qu'elle luy promeit maryage, dont son
pere averty luy usa de toutes les rigueurs qui luy furent possibles, pour la faire
consentir à la dissolution de ce mariage, mais elle persista en son amitié jusques à la mort du bastard, de laquelle certifiée, fut mariée à un gentil homme,
du nom et des armes de sa maison.

Il y avoit en France une Royne, qui en sa compaignie nourrissoit
plusieurs filles de bonnes et grandes maisons[1]. Entre autres, y en
avoit une nommée Rolandine, qui estoit bien proche sa parente[2]. Mais
la Royne, pour quelque inimitié qu'elle portoit à son pere, ne luy faisoit pas fort bonne chere. Ceste fille, combien qu'elle ne fust des plus
belles ny des laides aussy, estoit tant saige et vertueuse, que plusieurs

[1] La reine de Navarre a voulu désigner ici la reine Anne de Bretagne, femme de
Charles VIII, et ensuite de Louis XII. Dans la vie de cette grande reine (*Dames
illustres*), Brantôme s'exprime ainsi au sujet des filles d'honneur qui composaient
sa maison : « Ce fut la premiere qui commença à dresser la grande court des
dames, que nous avons veue depuis elle jusques à ceste heure ; car elle en avoit
une tres grande suite de dames et de filles, et n'en refusa jamais aucune ; tant
s'en faut qu'elle s'enquerroit des gentilz hommes leurs peres qui estoient à la
court s'ilz avoient des filles et quelles elles estoient, et les leur demandoit »

[2] M. Leroux de Lincy, en rapprochant avec beaucoup de sagacité toutes les circonstances de ce récit qui se rapportent à Rolandine, a établi d'une manière à peu
près certaine que cette Rolandine était la demoiselle Anne de Rohan, fille d'honneur de la reine Anne de Bretagne. Cette reine, en effet, avait eu de grands procès
à soutenir contre Jean II, vicomte de Rohan, gendre de François, premier du nom,
duc de Bretagne : « De tous ceux qui avoient des droits sur le duché, disent les auteurs de la grande *Histoire ecclesiastique de Bretagne*, le vicomte étoit sans doute
le mieux fondé ; cependant il fut le plus mal récompensé, mais c'est cette raison là
même qui poussa la reine à le traiter avec si peu d'égards. » Anne de Rohan,
troisième enfant du vicomte, avait plus de trente-six ans, lorsqu'elle épousa, en
1517, dans l'année qui suivit la mort de son père, son cousin Pierre de Rohan,
un des fils du maréchal de Gié ; elle en eut pourtant deux fils, comme le dit la
reine de Navarre. Enfin, le nom de *Rolandine* fait sans doute allusion à celui de
Rohan.

grands personnaiges la demandoient en mariage, dont ilz avoient froide
response ; car le pere aymoit tant son argent, qu'il oblyoit l'advancement de sa fille, et sa maistresse, comme j'ay dict, luy portoit si peu
de faveur, qu'elle n'estoit point demandée de ceulx qui se vouloient
advancer en la bonne grace de la Royne. Ainsi, par la negligence du
pere et par le desdaing de sa maistresse, ceste pauvre fille demeura
longtemps sans estre mariée. Et, comme celle qui se fascha à la longue,
non tant pour envie qu'elle eust d'estre mariée, que pour la honte
qu'elle avoit de ne l'estre point, se retira du tout à Dieu, laissant les
mondanitez et gorgiasetez[1] de la court ; son passetemps fut à prier Dieu
ou à faire quelques ouvraiges. Et, en ceste vie ainsy retirée, passa ses
jeunes ans, vivant tant honnestement et sainctement qu'il n'estoit
possible de plus. Quand elle fut approchée des trente ans, il y avoit ung
gentil homme, bastard d'une grande et bonne maison[2], autant gentil
compaignon et homme de bien qu'il en fut de son temps, mais la
richesse l'avoit du tout delaissé ; et avoit si peu de beaulté, que une
dame, quelle qu'elle fust, ne l'eust pour son plaisir choisy. Ce pauvre
gentil homme estoit demeuré sans party ; et, comme souvent ung malheureux cherche l'autre, vint aborder ceste damoiselle Rolandine, car
leurs fortunes, complexions et conditions estoient fort pareilles. Et, se
complaignans l'un à l'autre de leurs infortunes, prindrent une très
grande amitié ; et, se trouvans tous deux compaignons de malheur, se
cherchoient en tous lieux pour se consoler l'un l'autre ; et, en ceste
frequentation, s'engendra une très grande et longue amitié. Ceulx qui
avoient veu la damoiselle Rolandine si retirée qu'elle ne parloit à personne, la voyans incessamment avec le bastard de bonne maison, en
furent incontinent scandalisez, et dirent à sa gouvernante qu'elle ne
debvoit endurer ces longs propos : ce qu'elle remonstra à Rolandine,
luy disant que chascun estoit scandalisé de ce qu'elle parloit tant à ung
homme qui n'estoit assez riche pour l'espouser, ny assez beau pour estre

---

[1] Vanités, pompes, splendeurs.

[2] M. Leroux de Lincy, en cherchant quel pouvait être ce bâtard de bonne
maison, proche parent d'un jeune prince, que sa mère conduisait à la cour de
Louis XII, a cru reconnaître dans ce jeune prince François d'Angoulême, duc de
Valois, frère de Marguerite, et il a été amené par là tout naturellement à supposer
que le héros de la Nouvelle devait être Jean, bâtard d'Angoulême, qui fut légitimé,
par lettres de Charles VII, datées du mois de juin 1458. Mais la date de ces lettres de légitimation donne au bâtard un âge qui ne s'accorde guère avec celui qu'on
demande à un amoureux, car il aurait eu au moins cinquante ans sous le règne
de Louis XII, vers 1505.

amy. Rolandine, qui avoit tousjours esté plus reprise de son austerité que de ses mondanitez, dist à sa gouvernante : « Helas, ma mere ! Vous voyez que je ne puis avoir ung mary selon la maison d'où je suis, et que j'ay tousjours fuy ceulx qui sont beaulx et jeunes, de paour de tumber aux inconveniens où j'en ay veu d'autres. Et je trouve ce gentil homme ici saige et vertueux comme vous sçavez, lequel ne me presche que toutes choses bonnes et vertueuses : quel tort puis-je tenir à vous et à ceulx qui en parlent, de me consoler avec luy de mes ennuys? » La pauvre vielle, qui aimoit sa maistresse plus qu'elle-mesmes, luy dist : « Ma damoiselle, je voy bien que vous dictes la verité, et que vous estes traictée de pere et de maistresse autrement que vous ne le meritez. Si est-ce que, puis que l'on parle de vostre honneur en ceste sorte, fust-il vostre propre frere, vous vous devez retirer de parler à luy. » Rolandine luy dist, en plorant : « Ma mere, puisque vous le me conseillez, je le feray : mais c'est chose estrange de n'avoir en ce monde une seule consolation ! » Le bastard, comme il avoit accoustumé, la voulut venir entretenir, mais elle luy declara tout au long ce que sa gouvernante luy avoit dict ; et le pria, en plorant, qu'il se contentast pour ung temps de ne luy parler point jusques ad ce que ce bruict fust ung peu passé : ce qu'il feit à sa requeste.

Mais, durant cest esloignement, ayant perdu l'un et l'autre leur consolation, commencerent à sentir ung torment qui jamais ni d'un costé ni d'autre n'avoit esté experimenté. Elle ne cessoit de prier Dieu, aller en voyage, jeusner et faire abstinences. Car cest amour, encores à elle incogneu, luy donnoit une inquietude si grande, qu'elle ne la laissoit une seule heure reposer. Au bastard de bonne maison ne faisoit amour moindre effort : mais, luy, qui avoit desja conclud en son cueur de l'aymer et de tascher de l'espouser, regardant avecq l'amour l'honneur que ce luy seroit s'il la povoit avoir, pensa qu'il falloit sercher moyen pour luy declarer sa volunté et surtout gaingner sa gouvernante. Ce qu'il feit, en luy remonstrant la misere où estoit tenue sa pauvre maistresse, à laquelle on vouloit oster toute consolation. Dont la bonne vieille, en plorant, le remercia de l'honneste affection qu'il portoit à sa maistresse. Et adviserent ensemble le moyen comme il pourroit parler à elle : c'estoit que Rolandine fairoit souvent semblant d'estre malade d'une migraine où l'on craint fort le bruit ; et, quand ses compaignes iroient en la chambre de la Royne, ilz demeureroient tous deux seuls, et là il la pourroit entretenir. Le bastard en fut fort joyeulx et se gouverna entierement par le conseil de ceste gouvernante, en sorte que, quand il vouloit, il parloit à s'amie. Mais ce contentement ne luy dura gueres, car la Royne, qui ne l'aymoit pas fort, s'enquist que faisoit tant Rolandine en la chambre. Et, combien que quelqu'un dist que c'estoit pour sa maladie, toutesfois ung autre, qui avoit trop de memoire des absens, luy dist que l'aise qu'elle avoit d'entretenir le bastard de bonne maison luy debvoit faire passer sa migraine. La Royne, qui trouvoit les pechez veniels des autres mortels en elle, l'envoya querir et luy defendit de parler jamais au bastard, si ce n'estoit en sa chambre ou en sa salle. La damoiselle n'en feit nul semblant, mais luy dist : « Si j'eusse pensé, ma dame, que luy ou autre vous eust despleu, je n'eusse jamais parlé à luy. » Toutesfois, pensa en elle-mesme qu'elle chercheroit quelque autre moyen dont la Royne ne sçauroit rien : ce qu'elle feit. Et les mercredy, vendredy et sabmedy qu'elle jeusnoit, demeuroit en sa chambre avec sa gouvernante, où elle avoit loisir de parler, tandis que les autres souppoient, à celuy qu'elle commençoit à aymer très fort. Et tant plus le temps de leur propos estoit abbregé par contraincte, et plus leurs paroles estoient dictes par grande affection ; car ilz desroboient le temps, comme faict ung larron une chose precieuse. L'affaire ne sceut estre menée si secrettement, que quelque varlet ne le vist entrer là-dedans au jour de jeusnes, et le redist en lieu où il ne fut celé à la Royne, qui s'en courrouça si fort, qu'oncques puys n'osa le bastard aller en la chambre des damoiselles. Et, pour ne perdre le bien de parler à celle que tant il aymoit, faisoit souvent semblant d'aller en quelque voyaige, et revenoit au soir en l'eglise ou chappelle du chasteau, habillé en cordelier ou jacobin, ou si bien dissimulé, que nul ne le congnoissoit ; et là s'en alloit la damoiselle Rolandine avecq sa gouvernante l'entretenir[1]. Luy, voyant la grande amour qu'elle luy portoit, n'eut craincte de luy dire : « Mademoiselle, vous voyez le hazard où je me metz pour vostre service, et les deffenses que la Royne vous a faictes de parler à moy ? Vous voyez, d'autre part, quel pere vous avez, qui ne pense, en quelque façon que ce soit, de vous marier ? Il a tant refusé de bons partiz, que je n'en sçaiche plus ny près ny loing de luy, qui soit pour vous avoir. Je sçay

---

[1] Il y a, dans les œuvres de Clément Marot, une élégie où il se plaint d'avoir été surpris causant à l'église avec sa *maîtresse*. Lenglet Dufresnoy a pensé que cette maîtresse était la reine de Navarre. Dans tous les cas, on remarque quelque analogie entre ce passage de la Nouvelle et l'*Élégie* du poëte favori de Marguerite d'Angoulême.

bien que je suis pauvre, et que vous ne sçauriez espouser gentil homme qui ne soit plus riche que moy. Mais si amour et bonne volunté estoient estimez ung tresor, je penserois estre le plus riche homme du monde. Dieu vous a donné de grands biens, et estes en danger d'en avoir encore plus : si j'estoys si heureux que vous me voulsissiez eslire pour mary, je vous serois mary, amy et serviteur toute ma vie : et si vous en prenez ung esgal à vous, chose difficile à trouver, il vouldra estre maistre et regardera plus à vos biens que à vostre personne, et à la beaulté que à la vertu ; et, en jouyssant de l'ususfruict de vostre bien, traictera votre corps autrement qu'il ne le merite. Le desir que j'ay d'avoir ce contentement, et la paour que j'ay que vous n'en ayez point avecq ung autre, me font vous supplier que par un mesme moyen vous me rendiez heureux et vous la plus satisfaicte et la mieux traictée femme qui oncques fut. » Rolandine, escoutant le mesme propos qu'elle avoit deliberé de luy tenir, luy respondit d'un visaige content : « Je suis très-aise dont vous avez commencé le propos, dont, long temps a, j'avois deliberé vous parler, et auquel, depuis deux ans que je vous congnoys, je n'ay cessé de penser, et repencer en moy-mesmes toutes les raisons pour vous et contre vous, que j'ay peu inventer. Mais, à la fin, sçachant que je veux prendre l'estat de mariage, il est temps que je commence et que je choisisse celuy avec lequel je penseray mieux vivre au repos de ma conscience. Je n'en ay sceu trouver un, tant soit-il beau, riche ou grand seigneur, avec lequel mon cueur et mon esprit se peust accorder, sinon à vous seul. Je sçay qu'en vous espousant, je n'offense point Dieu, mais fais ce qu'il commande. Et quant à Monseigneur mon pere, il a si peu pourchassé mon bien et tant refusé, que la loy veult que je me marie, sans ce qu'il me puisse desheriter. Quand je n'auray que ce qui m'appartient, en espousant ung mary tel envers moy que vous estes, je me tiendray la plus riche du monde. Quant à la Royne ma maistresse, je ne doibs point faire conscience de luy desplaire pour obeir à Dieu : car elle n'en a point faict de m'empescher le bien que en ma jeunesse j'eusse peu avoir. Mais, à fin que vous congnoissiez que l'amitié que je vous porte est fondée sur la vertu et sur l'honneur, vous me promecterez que, si j'accorde ce mariage, de n'en pourchasser jamais la consommation, que mon pere ne soit mort ou que je n'aye trouvé moyen de l'y faire consentir. » Ce que luy promist volontiers le bastard : et, sur ces promesses, se donnerent chacun ung anneau en nom de mariaige, et se baiserent en l'eglise devant Dieu, qu'ilz prin-

drent en tesmoing de leur promesse ; et jamais depuis n'y eut entre eulx
plus grande privaulté, que de baiser¹.

Ce peu de contentement donna grande satisfaction au cueur de ces
deux parfaicts amans, et furent ung temps sans se veoir, vivans de ceste
seureté. Il n'y avoit gueres lieu où l'honneur se peust acquerir, que
le bastard de bonne maison n'y allast avecq ung grand contentement,
qu'il ne pouvoit demeurer pauvre, veu la riche femme que Dieu luy
avoit donnée : laquelle en son absence conserva si longuement ceste
parfaicte amitié, qu'elle ne tint compte d'homme du monde. Et, combien que quelques ungs la demandassent en mariage, ilz n'avoient
neantmoins autre response d'elle, sinon que, depuis qu'elle avoit
tant demeuré sans estre mariée, elle ne vouloit jamais l'estre. Ceste
response fut entendue de tant de gens, que la Royne en oyt parler,
et luy demanda pour quelle occasion elle tenoit ce langaige. Rolandine
luy dist que c'estoit pour luy obeir, car elle sçavoit bien qu'elle n'avoit
jamais eu envie de la marier au temps et au lieu où elle eust esté
honnorablement pourveue et à son aise ; et que l'aage et la patience
luy avoient appris de se contanter de l'estat où elle estoit. Et, toutes
les fois que l'on luy parloit de mariage, elle faisoit pareille response.
Quand les guerres estoyent passées et que le bastard estoit retourné à
la court, elle ne parloit point à luy devant les gens, mais alloit tousjours en quelque eglise l'entretenir soubz couleur de se confesser ; car
la Royne avoit defendu à luy et à elle, qu'ilz n'eussent à parler tous
deux, sans estre en grande compaignie, sur peine de leurs vies. Mais
l'amour honneste, qui ne congnoit nulles defenses, estoit plus prest à
trouver les moyens pour les faire parler ensemble, que leurs ennemis
n'estoient prompts à les guecter : et, soubz l'habit de toutes les reli-
gions² qu'ilz se peurent penser, continuerent leur honneste amitié,
jusques à ce que le Roy s'en alla en une maison de plaisance près de
Tours, non tant près que les dames eussent peu aller à pied à aultre
eglise que à celle du chasteau, qui estoit si mal bastie à propos, qu'il
n'y avoit lieu à se cacher, où le confesseur n'eust esté clairement congneu. Toutesfois, si d'un costé l'occasion leur failloit, amour leur en

---

¹ Voy., dans les œuvres de Clément Marot, plusieurs pièces de vers sur les
baisers honnêtes que lui donnait sa maîtresse ; sur la reine de Navarre, qu'il nommait sa sœur d'alliance, etc. On sait que le poëte valet de chambre du roi mettait
sa muse au service de toutes les personnes notables de la cour, qui le prioient de
composer des vers sous leur nom.

² Ordres religieux.

trouvoit une autre plus aisée. Car il arriva à la cour une dame, de laquelle le bastard estoit proche parent. Ceste dame avecq son filz[1] furent logez en la maison du Roy ; et estoit la chambre de ce jeune prince avancée toute entiere outre le corps de la maison où le Roy estoit, tellement que de sa fenestre povoit veoir et parler à Rolandine, car les deux fenestres estoyent proprement à l'angle des deux corps de maison. En ceste chambre qui estoit sur la salle du Roy, estoient logées toutes les damoiselles de bonne maison compagnes de Rolandine. Laquelle, advisant par plusieurs fois ce jeune prince à sa fenestre, en feit advertir le bastard par sa gouvernante : lequel, après avoir bien regardé le lieu, feit semblant de prendre fort grand plaisir de lire ung livre des Chevaliers de la Table ronde[2], qui estoit en la chambre du prince. Et, quand chascun s'en alloit disner, pryoit ung varlet de chambre le vouloir laisser achever de lire, et l'enfermer dedans la chambre, et qu'il la garderoit bien. L'autre, qui le congnoissoit parent de son maistre, et homme seur, le laissoit lire tant qu'il luy plaisoit. D'autre costé, venoit à sa fenestre Rolandine, qui, pour avoir occasion d'y demeurer plus longuement, feignit d'avoir mal à une jambe ; et disnoit et souppoit de si bonne heure, qu'elle n'alloit plus à l'ordinaire[3] des dames. Elle se meit à faire ung lict de rescul[4] de soye cramoisie, et l'attachoit à la fenestre où elle vouloit demorer seule ; et, quand elle voyoit qu'il n'y avoit personne, elle entretenoit son mary, qui pouvoit parler si haut que nul ne les eust sceu oyr ; et quand il s'approchoit quelqu'un d'elle, elle toussoit et faisoit signe, par lequel le bastard se pouvoit bien tost retirer. Ceux qui faisoient le guet sur eux tenoient tout certain que l'amitié estoit passée ; car elle ne bougeoit

---

[1] Suivant la supposition de M. Leroux de Lincy, cette dame, mère d'un *jeune prince* ne serait autre que Louise de Savoie, veuve du comte d'Angoulême, laquelle vint à la cour de Louis XII, vers 1504, avec son fils François et sa fille Marguerite.

[2] Dans les recueils manuscrits, on réunissait sous le titre de *Romans des chevaliers de la Table Ronde*, les romans suivants, qui ont été imprimés séparément au commencement du seizième siècle. l'*Histoire de saint Gréal*, la *Vie et les Propheties de Merlin*, et les *Merveilleux faits et gestes du noble et puissant chevalier Lancelot du Lac*. Ces romans se trouvaient dans toutes les bibliothèques de châteaux Marguerite parle certainement d'un manuscrit, analogue à celui qui se trouvait dans la bibliothèque du duc de la Vallière, en trois volumes in-folio ornés de miniatures. Voy. le Catalogue de cette bibliothèque, par G. de Bure, p. 604 du tome second

[3] Repas à heure fixe.

[4] Ou *reseuil*, filet fabriqué à la navette. Les femmes nobles exécutoient alors d'immenses ouvrages de tapisserie, de broderie, etc. Ce qui est appelé *lict* doit s'entendre ici d'une courtepointe, que Rolandine suspendait à la fenêtre, pour s'en faire une espèce de rideau, sous prétexte d'y travailler.

d'une chambre où seurement il ne la pouvoit veoir, pource que l'entrée luy en estoit defendue. Ung jour, la mere de ce jeune prince, estant en la chambre de son fils, se meit à la fenestre où estoit ce gros livre; et n'y demeura gueres qu'une des compaignes de Rolandine, qui estoit à celle de leur chambre, salua ceste dame et parla à elle. La dame luy demanda comme se portoit Rolandine; elle luy dist qu'elle la verroit bien, s'il luy plaisoit, et la feit venir à la fenestre en son couvre chef de nuict : et, après avoir parlé de sa maladie, se retirerent chacune de son costé. La dame, regardant ce gros livre de la Table ronde, dist au varlet de chambre qui en avoit la garde : « Je m'esbahis comme les jeunes gens perdent le temps à lire tant de follyes! » Le varlet de chambre luy respondit qu'il s'esmerveilloit encores plus de ce que les gens estimez bien saiges et aagez y estoient plus affectionnez que les jeunes; et, pour une merveille, luy compta comme le bastard son cousin y demeuroit quatre ou cinq heures tous les jours à lire ce beau livre : incontinant frappa au cueur de ceste dame l'occasion pourquoy c'estoit, et donna charge au varlet de chambre de se cacher en quelque lieu, et de regarder ce qu'il feroit : ce qu'il feit, et trouva que le livre où il lisoit estoit la fenestre où Rolandine venoit parler à luy; et entendit plusieurs propos de l'amitié qu'ilz cuydoient tenir bien secrette. Le lendemain, le racompta à sa maistresse, qui envoya querir le bastard, et, après plusieurs remonstrances, luy defendit de ne se y trouver plus : et le soir, elle parla à Rolandine, la menassant, si elle continuoit cette folle amitié, de dire à la Royne toutes ces menées. Rolandine, qui de rien ne s'estonnoit, jura que depuis la defense de sa maistresse elle n'y avoit point parlé, quelque chose que l'on dist, et qu'elle en sceut la verité tant de ses compaignes que des varletz et serviteurs. Et quant à la fenestre dont elle parloit, elle nia d'y avoir parlé au bastard : lequel, craingnant que son affaire fust revelée, s'eslongna du danger, et fut long temps sans revenir à la court, mais non sans escripre à Rolandine par si subtils moyens, que, quelque guet que la Royne y meist, il n'estoit semaine qu'elle n'eust deux fois de ses nouvelles.

Et quand le moyen des religieux dont il s'aidoit fut failly, il luy envoyoit ung petit paige habillé de couleurs puis de l'un puis de l'autre[1], qui s'arrestoit aux portes où toutes les dames passoient, et la bailloit ses lettres secrettement parmy la presse. Ung jour, ainsy que

---

[1] C'est-à-dire : vêtu tantôt d'une livrée et tantôt d'une autre.

la Royne alloit aux champs, quelqu'un qui recongneut le paige, et qui avoit la charge de prendre garde à ceste affaire, courut après; mais le paige, qui estoit fin, se doubtant que l'on le serchoit, entra en la maison d'une pauvre femme qui faisoit sa potée auprès du feu, où il brusla incontinant ses lettres. Le gentilhomme, qui le suivoit, le despouilla tout nud, et chercha par tout son habillement, mais il n'y trouva rien; parquoy le laissa aller. Et quand il fut party, la vielle luy demanda pourquoy il avoit ainsi serché ce jeune enfant? Il luy dist : « Pour trouver quelques lettres que je pensois qu'il portast. — Vous n'aviez garde de les trouver, dist la vieille, car il les avoit bien cachées. — Je vous prie, dist le gentil homme, dictes-moy en quel endroit c'est? » esperant bientost les recouvrer. Mais, quand il entendit que c'estoit dedans le feu, congneut bien que le paige avoit esté plus fin que luy : ce que incontinant alla compter à la Royne. Toutesfois, depuis ceste heure-là, ne s'ayda plus le bastard, de paige ne d'enfant; et y envoya ung vieil serviteur qu'il avoit, lequel, obliant la craincte de la mort dont il sçavoit bien que l'on faisoit menasser de par la Royne ceux qui se mesloient de ceste affaire, entreprint de porter lettres à Rolandine. Et, quand il fut entré au chasteau où elle estoit, s'en alla guetter à une porte au pied d'un grand degré où toutes les dames passoient : mais ung varlet, qui autrefois l'avoit veu, le recongneut incontinant, et l'alla dire au maistre d'hostel de la Royne, qui soubdainement le vint chercher pour le prendre. Le varlet, saige et advisé, voyant que l'on le regardoit de loing, se retourna vers la muraille, comme pour faire de l'eaue, et là rompit ses lettres le plus menu qu'il luy fut possible, et les jecta derriere une porte. Sur l'heure, il fut prins et serché[1] de tous costez ; et, quand on ne luy trouva rien, on l'interrogea par serment s'il avoit apporté nulles lettres, luy gardant toutes les rigueurs et persuasions qu'il fut possible, pour luy faire confesser la verité ; mais, pour promesses ne pour menasses qu'on luy feit, jamais n'en sceurent tirer autre chose. Le rapport en fut faict à la Royne, et quelqu'un de la compaignie s'advisa qu'il estoit bon de regarder derriere la porte auprès de laquelle on l'avoit prins : ce qui fut faict et trouva l'on ce que l'on cherchoit, c'estoient les pieces de la lettre. On envoya querir le confesseur du Roy, lequel, après les avoir assemblées sur une table, leut la lettre tout du long, où la verité du mariage tant dissimulé se trouva clairement; car le bastard ne l'ap-

---

[1] Fouillé.

peloit que sa *femme*. La Royne, qui n'avoit deliberé de couvrir la
faulte de son prochain, comme elle devoit, en feit ung très grand
bruyct, et commanda que par tous moyens on feist confesser au pauvre homme la verité de ceste lettre, et que, en la luy monstrant, il ne
la pourroit regnier; mais, quelque chose qu'on luy dist ou qu'on luy
monstrast, il ne changea son premier propos. Ceulx qui en avoient
la garde le menerent au bord de la riviere, et le meirent dedans un
sac, disant qu'il mentoit à Dieu et à la Royne contre la verité prouvée.
Luy, qui aimoit mieulx perdre sa vie que d'accuser son maistre, leur
demanda ung confesseur, et, après avoir faict de sa conscience le
mieulx qu'il luy estoit possible, leur dist : « Messieurs, dictes à Monseigneur le bastard, mon maistre, que je luy recommande la vie de ma
femme et de mes enfans, car de bon cueur je mets la mienne pour
son service; et faictes de moy ce qu'il vous plaira, car vous n'en tirerez
jamais parole qui soit contre mon maistre. » A l'heure, pour luy faire
plus grand paour, le jectent dedans le sac en l'eaue, luy crians :
« Si tu veulx dire verité, tu seras saulvé? » Mais, voyans qu'il ne
leur respondoit riens, le retirerent de là et feirent le rapport de sa constance à la Royne, qui dist à l'heure que le Roy son mary ny elle n'estoient point si heureux en serviteurs, que ung qui n'avoit de quoy les
recompenser; et feit ce qu'elle peut pour le retirer à son service, mais
jamais ne voulut abandonner son maistre. Toutesfois, par le congé de
sondict maistre, fust mis au service de la Royne, où il vescut heureux
et content.

La Royne, après avoir congneu la verité du mariage, par la lettre
du bastard, envoya querir Rolandine, et, avecq ung visaige tout courroucé, l'appela plusieurs fois *malheureuse* en lieu de *cousine*, luy
remonstrant la honte qu'elle avoit faicte à la maison de son pere et à
tous ses parens de s'estre mariée, et à elle qui estoit sa maistresse, sans
son commandement ne congé. Rolandine, qui de long temps congnoissoit le peu d'affection que luy portoit sa maistresse, luy rendit la pareille, et pource que l'amour luy defailloyt, la craincte n'y avoit plus
de lieu : pensant aussi que ceste correction devant plusieurs personnes
ne procedoit pas d'amour qu'elle luy portast, mais pour luy faire une
honte, comme celle qu'elle estimoit prendre plus de plaisir à la chastier, que de desplaisir de la veoir faillir, luy respondit, d'un visaige
aussi joyeulx et asseuré, que la Royne monstroit le sien troublé et courroucé : « Madame, si vous ne congnoissiez vostre cueur tel qu'il est,
je vous mectrois au devant de la mauvaise volunté que de long temps

vous avez portée à Monsieur mon pere et à moy; mais vous le sçavez que vous ne trouverez point estrange, si tout le monde s'en doubte; et quant est de moy, Madame, je m'en suis bien apparceue à mon plus grand dommaige. Car, quand il vous eust pleu me favoriser, comme celles qui ne vous sont si proches que moy, je fusse maintenant maryée autant à vostre honneur qu'au mien; mais vous m'avez laissée comme une personne du tout obliée en vostre bonne grace, en sorte que tous les bons partis que j'eusse sceu avoir me sont passés devant les oeilz, par la negligence de Monsieur mon pere et par le peu d'estime que vous avez faict de moy : dont j'estois tumbée en tel desespoir, que, si ma santé eust pu porter l'estat de religion[1], je l'eusse voluntiers prins pour ne veoir les ennuiz continuelz que vostre rigueur me donnoit. En ce desespoir, m'est venu trouver celluy qui seroit d'aussi bonne maison que moy, si l'amour de deux personnes estoit autant estimé que l'anneau; car vous sçavez que son pere passeroit devant le mien? Il m'a longuement entretenue et aymée; mais, vous, Madame, qui jamais ne me pardonnastes nulle petite faulte, ne me louastes de nul bon œuvre, combien que vous congnoissez par experience que je n'ay point accoustumé de parler de propos d'amour ne de mondanité, et que du tout j'estois retirée[2] à mener une vie plus religieuse que autre, avez incontinant trouvé estrange que je parlasse à ung gentil homme, aussi malheureux en ceste vie que moy, en l'amitié duquel je ne pensois ny ne cherchois autre chose que la consolation de mon esperit. Et quand du tout je m'en veidz frustrée, j'entray en tel desespoir, que je deliberay de chercher autant mon repos que vous aviez envie de me l'oster. Et à l'heure eusmes parolles de mariage, lesquelles ont esté consommées par promesse et anneau. Parquoy, il me semble, Madame, que vous me tenez ung grand tort de me nommer *meschante*, veu que, en une si grande et parfaicte amitié où je pouvois trouver les occasions si je voulois, il n'y a jamais eu entre luy et moy plus grande privaulté que de baiser, esperant que Dieu me feroit la grace que avant la consommation du mariage je gaingneroys le cueur de Monsieur mon pere à se y consentir. Je n'ay point offensé Dieu, ni ma conscience : car j'ay attendu jusques à l'aage de trente ans, pour veoir ce que vous et Monsieur mon pere feriez pour moy, ayant gardé ma jeunesse en telle chasteté et honnesteté, que homme vivant ne m'en sçauroit rien

---

[1] C'est-à-dire : prononcer des vœux, être religieu
[2] Habituée.

reprocher. Et, par le conseil de raison que Dieu m'a donnée, me voyant vielle et hors d'espoir de trouver party selon ma maison, me suis deliberée d'en espouser ung à ma volunté, non point pour satisfaire à la concupiscence des oeilz, car vous savez qu'il n'est pas beau, ny à celle de la chair, car il n'y a point eu de consommation charnelle, ny à l'orgueil, ny à l'ambition de ceste vie, car il est pauvre et peu advancé; mais j'ay regardé purement et simplement à la vertu qui est en luy, dont tout le monde est contrainct de luy donner louange; à la grande amour aussi qu'il me porte, qui faict esperer de trouver avecques luy repos et bon traictement. Et, après avoir bien pesé tout le bien et le mal qui m'en peut advenir, je me suis arrestée à la partie qui m'a semblé la meilleure, et que j'ay debattue en mon cueur deux ans durant, c'est d'user le demourant de mes jours en sa compaignye. Et suys deliberée de tenir ce propos si ferme, que tous les tourmens que j'en sçauroys endurer, fust la mort, ne me feront departir de ceste forte oppinion. Parquoy, Madame, il vous plaira excuser en moy ce qui est très excusable, comme vous-mesmes l'entendez très bien, et me laissez vivre en paix, que j'espere trouver avecq luy. »

La Royne, voyant son visaige si constant et sa parole tant veritable, ne luy peut respondre par raison : et, en continuant de la reprendre et injurier par collere, se print à pleurer, en disant : « Malheureuse que vous estes, en lieu de vous humilier devant moy, et de vous repentir d'une faulte si grande, vous parlez audatieusement, sans en avoir la larme à l'oeil : par cela monstrez bien l'obstination et la dureté de vostre cueur. Mais, si le Roy et vostre pere me veulent croire, ils vous mectront en lieu où vous serez contraincte de parler autre langage ! — Madame, respondit Rolandine, pource que vous m'accusez de parler trop audatieusement, je suis deliberée de me taire, s'il ne vous plaist de me donner congé de vous respondre. » Et quand elle eut commandement de parler, luy dist : « Ce n'est point à moy, Madame, à parler à vous, qui estes ma maistresse et la plus grande princesse de la chrestienté, audatieusement et sans la reverence que je vous doibs : ce que je n'ay voulu ne pensé faire; mais, puis que je n'ay advocat qui parle pour moy, sinon la verité, laquelle moy seule je sçay, je suis tenue de la declairer sans crainte, esperant que, si elle est bien congneue de vous, vous ne m'estimerez telle qu'il vous a pleu me nommer. Je ne crains que creature mortelle entende comme je me suis conduicte en l'affaire dont l'on me charge, puis que je sçay que Dieu et mon honneur n'y sont en riens offensez. Et voila qui me faict parler sans craincte, estant seure que celluy qui voit mon cueur est avecq moy : et, si ung tel juge estoyt pour moy, j'aurois tort de craindre ceulx qui sont subjects à son jugement. Et pourquoy doncques dois-je pleurer, veu que ma conscience et mon cueur ne me reprennent point en ceste afaire, et que je suis si loing de m'en repentir, que, si c'estoit à recommencer, je ferois ce que j'ay faict ? Mais, vous, Madame, avez grande occasion de pleurer, tant pour le grant tort que en toute ma jeunesse vous m'avez tenu, que pour celuy que maintenant vous me faictes de me reprendre devant tout le monde d'une faulte qui doibt estre imputée plus à vous que à moy. Quand je aurois offensé Dieu, le Roy, vous, mes parens et ma conscience, je serois bien obstinée si de grande repentance je ne pleurois. Mais, d'une chose bonne, juste et saincte, dont jamais n'eust esté bruict que bien honnorable, sinon que vous l'avez trop tost esventé, monstrant que l'envie que vous aviez de mon deshonneur estoit plus grande que de conserver l'honneur de vostre maison et de voz parens, je ne dois plorer. Mais, puisque ainsy vous plaist, Madame, je ne suis pour vous contredire. Car, quand vous m'ordonnerez telle peine qu'il vous plaira, je ne prendray moins de plaisir à la souffrir sans raison, que vous ferez à la me donner. Parquoy, Madame, commandez à Monsieur mon pere quel torment il vous plaist que je porte, car je sçay qu'il n'y fauldra pas : au moins seray-je bien aise que seullement pour mon malheur il suyve entierement vostre volunté, et que, ainsi qu'il a esté negligent à mon bien, suivant vostre vouloir, il sera prompt à mon mal pour vous obeyr. Mais j'ay ung pere au ciel, le quel, je suis asseurée, me donnera autant de patience que je me voy de grands maulx par vous preparez, et en luy seul j'ay ma parfaicte confiance. »

La Royne, si courroucée qu'elle n'en pouvoit plus, commanda qu'elle fust emmenée de devant ses oeilz et mise en une chambre à part où elle ne peust parler à personne ; mais on ne luy osta point sa gouvernante, par le moyen de laquelle elle feit savoir au bastard toute sa fortune[1] et ce qu'il luy sembloit qu'elle devoit faire. Lequel, estimant que les services qu'il avoit faicts au Roy luy pourroient servir de quelque chose, s'en vint en diligence à la court ; et trouva le Roy aux champs, auquel il compta la verité du faict, le suppliant que à luy qui estoit pauvre gentil homme, voulust faire tant de bien d'appaiser la Royne, en sorte que le mariage peust estre consommé. Le Roy ne

---

[1] Sa destinée, ce qui lui était arrivé.

luy respondit riens, sinon : « M'asseurez-vous que vous l'avez espousée?
— Ouy, sire, dist le bastard, par paroles, de present, seulement ; et s'il
vous plaist, la fin y sera mise. » Le Roy, baissant la teste et sans luy
dire aultre chose, s'en retourna droict au chasteau; et, quand il fut
auprès de là, il appella le capitaine de ses gardes et luy donna charge
de prendre le bastard prisonnier. Toutesfois, ung sien amy, qui congnoissoit le visaige du Roy, l'advertit de s'absenter et se retirer en une
sienne maison près de là ; et, si le Roy le faisoit chercher, comme
il soupsonnoit, il luy feroit incontinant sçavoir pour s'en fuyr hors du
royaulme ; si aussi les choses estoient adoucies, il le manderoit, pour
retourner. Le bastard le creut et feit si bonne diligence, que le capitaine des gardes ne le trouva point.

Le Roy et la Royne regarderent ensemble qu'ilz feroyent de ceste
pauvre damoiselle qui avoit l'honneur d'estre leur parente ; et, par
le conseil de la Royne, fut conclu qu'elle seroit renvoyée à son pere,
auquel l'on manda toute la verité du faict. Mais, avant que l'envoyer,
feirent parler à elle plusieurs gens d'eglise et de conseil, luy remon-
trans, puis qu'il n'y avoit en son mariage que la parolle, qu'il se povoit facilement deffaire, mais que l'un et l'autre se quittassent, ce que
le Roy vouloit qu'elle feist pour garder l'honneur de la maison dont
elle estoit. Elle leur feit response que en toutes choses elle estoit
preste d'obeyr au Roy, sinon à contrevenir à sa conscience; mais ce
que Dieu avoit assemblé, les hommes ne le povoient separer : les
priant de ne la tenter de chose si desraisonnable, car, si amour et
bonne volunté fondée sur la craincte de Dieu sont les vraiz et seurs
liens de mariaige, elle estoit si bien lyée, que fer, ne feu, ne eaue ne
povoient rompre son lien, sinon la mort, à laquelle seule et non à
aultre rendroit son anneau et son serment, les priant de ne luy parler
du contraire. Car elle estoit si ferme en son propos, qu'elle aymoit
mieulx morir, en gardant sa foy, que vivre après l'avoir nyée. Les
deputez de par le Roy emporterent ceste constante response; et, quand
ilz veirent qu'il n'y avoit remede de luy faire renoncer son mary,
l'envoyerent devers son pere en si piteuse façon, que par où elle passoit chacun ploroit. Et combien qu'elle n'eust failly, la pugnition fut si
grande et sa constance telle, qu'elle feit estimer sa faulte estre vertu.
Le pere, sçachant ceste piteuse nouvelle, ne la voulut point veoir, mais
l'envoya à ung chasteau dedans une forest, lequel il avoit autresfoys
edifié pour une occasion bien digne d'estre racomptée ; et la tint là
longuement en prison, la faisant persuader que, si elle vouloit quicter

son mary, il la tiendroit pour sa fille et la mettroit en liberté. Toutesfois, elle tint ferme et ayma mieulx le lyen de sa prison, en conservant celluy de son mariage, que toute la liberté du monde sans son mary : et sembloit à veoir son visaige, que toutes ses peines luy estoient passetemps très plaisans, puis qu'elle les souffroit pour celluy qu'elle aymeit.

Que diray-je ici des hommes? Ce bastard, tant obligé à elle, comme vous avez veu, s'enfuyt en Allemaigne où il avoit beaucoup d'amis ; et monstra bien par sa legiereté, que vraye et parfaicte amour ne luy avoit pas tant faict pourchasser Rolandine que l'avarice et l'ambition ; en sorte qu'il devint tant amoureux d'une dame d'Allemaigne, qu'il oblia à visiter par lettres celle qui pour luy soustenoit tant de tribulation. Car jamais la fortune, quelque rigueur qu'elle leur tint, ne leur peut oster le moyen de s'escripre l'un à l'autre, sinon la folle et meschante amour où il se laissa tumber, dont le cueur de Rolandine eut premier ung sentiment tel, qu'elle ne povoit plus reposer. Et, après, voyant les escriptures tant changées et refroidies du langage accoustumé, qu'elles ne ressembloient plus aux passées, soupsonna que nouvelle amytié la separoit de son mary, ce que tous les tormens et peines qu'on luy avoit peu donner n'avoient sceu faire. Et, parce que sa parfaicte amour ne vouloit qu'elle asseist jugement sur ung soupson, trouva moyen d'envoyer secretement ung serviteur en qui elle se fyoit, non pour luy escripre et parler à luy, mais pour l'espier et veoir la verité. Lequel, retourné du voyage, luy dist que pour le seur il avoit trouvé le bastard bien fort amoureux d'une dame d'Allemaigne, et que le bruict estoit qu'il pourchassoit de l'espouser, car elle estoit fort riche. Ceste nouvelle apporta une si extreme douleur au cueur de ceste pouvre Rolandine, que, ne la pouvant porter, tumba bien griefvement malade. Ceux qui entendoient l'occasion luy dirent, de la part de son pere, que, puisqu'elle voyoit la grande meschanceté du bastard, justement elle le pouvoit abandonner : et la persuaderent de tout leur possible. Mais, nonobstant qu'elle fust tormentée jusques au bout, si n'y eut-il jamais remede de luy faire changer son propos ; et monstra en ceste derniere tentation l'amour qu'elle avoit et sa très grande vertu. Car, ainsi que l'amour se diminuoit du costé de luy, ainsi augmentoit du sien ; et demoura, malgré qu'il en eust, l'amour en entier et parfaict, car l'amitié, qui defailloit du costé de luy, tourna en elle. Et, quand elle congneut que en son cueur seul estoit l'amour entier qui autresfois avoit esté departy en deux, elle delibera de la soustenir jusques à la mort de l'un ou de l'autre. Parquoy, la Bonté divine, qui est parfaicte charité et vraye amour, eut pitié de sa douleur et regarda sa patience, en sorte que, après peu de jours, le bastard mourut à la poursuicte d'une autre femme. Dont, elle, bien advertie de ceulx qui l'avoient veu mectre en terre, envoya suplier son pere, qu'il luy pleust qu'elle parlast à luy. Le pere s'y en alla incontinant, qui jamais depuis sa prison n'avoit parlé à elle : et, après avoir bien au long entendu ses justes raisons, en lieu de la reprendre et tuer, comme souvent il la menassoit par paroles, la print entre ses bras, et, en plorant très fort, luy dist : « Ma fille, vous estes plus juste que moy, car, s'il y a eu faulte en vostre affaire, j'en suis la principale cause ; mais, puis que Dieu l'a ainsy ordonné, je veulx satisfaire au passé. » Et après l'avoir admenée en sa maison, il la traictoit comme sa fille aisnée. Elle fut demandée en mariage par ung gentil homme, du nom et armes de leur maison, qui estoit fort saige et vertueux ; et estimoit tant Rolandine, laquelle il frequentoit souvent, qu'il luy donnoit louange de ce dont les autres la blasmoient, congnoissant que sa fin n'avoit esté que pour la vertu. Le mariaige fut agreable au pere et à Rolandine et fut incontinent conclud. Il est vray que ung frere qu'elle avoit, seul heritier de la maison, ne vouloit s'accorder qu'elle eust nul partage, luy mectant au devant qu'elle avoit desobey à son pere. Et, apres la mort du bon homme, luy tint de si grandes rigueurs, que son mary, qui estoit ung puisné, et elle, avoient bien affaire de vivre. En quoy Dieu pourveut ; car le frere, qui vouloit tout tenir, laissa, en ung jour, par une mort subite, le bien qu'il tenoit de sa seur, et le sien, quant et quant. Ainsi, elle fut heritiere d'une bonne et grosse maison, où elle vesquit sainctement et honorablement en l'amour de son mary. Et, après avoir eslevé deux filz que Dieu leur donna, rendit joyeusement son ame à Celluy où de tout temps elle avoit sa parfaicte confiance.

« Or, mes dames, je vous prie que les hommes, qui nous veulent peindre tant inconstantes, viennent maintenant icy et me monstrent l'exemple d'un aussi bon mary, que ceste-cy fut bonne femme, et d'une telle foy et perseverance ; je suis seur qu'il leur seroit si difficile, que j'ayme mieulx les en quicter[1], que de me mettre en ceste peine ; mais, non, vous, mes dames, de vous prier, pour continuer vostre

---

[1] Tenir quittes.

gloire, ou du tout n'aymer point, ou que ce soit aussi parfaictement. Et gardez-vous bien que nulle ne die que ceste damoiselle ait offensé son honneur, veu que par sa fermeté elle est occasion d'augmenter le nostre. — En bonne foy, Parlamente, dist Oisille, vous nous avez racompté l'histoire d'une femme d'un très grand et honneste cueur; mais ce qui donne autant de lustre à sa fermeté, c'est la desloyaulté de son mary qui la vouloit laisser pour une aultre. — Je croy, dist Longarine, que cest ennuy-là luy fut le plus importable; car il n'y a faix si pesant, que l'amour de deux personnes bien unies ne puisse doulcement supporter; mais, quand l'un fault à son debvoir et laisse toute la charge sur l'autre, la pesanteur est importable. — Vous devriez doncques, dist Geburon, avoir pitié de nous, qui portons l'amour entiere, sans que vous y daigniez mectre le bout du doigt pour la soulager. — Ha, Geburon! dist Parlamente, souvent sont differens les fardeaux de l'homme et de la femme. Car l'amour de la femme, bien fondée sur Dieu et sur honneur, est si juste et raisonnable, que celuy qui se depart de telle amitié doibt estre estimé lasche et meschant envers Dieu et les hommes. Mais l'amour de la pluspart des hommes est tant fondée sur le plaisir, que les femmes, ignorant leur mauvaise volunté, se y mectent aucunes fois bien avant; et, quand Dieu leur faict congnoistre la malice du cueur de celluy qu'elles estimoient bon, s'en peuvent departir avecq leur honneur et bonne reputation, car les plus courtes follies sont tousjours les meilleures. — Voyla doncques une raison, dist Hircan, forgée sur vostre fantaisie, de vouloir soustenir que les femmes honnestes peuvent laisser honnestement l'amour des hommes, et non les hommes, celle des femmes, comme si leur cueur estoit different : mais, combien que les visaiges et habitz le soyent, si croy-je que les voluntez sont toutes pareilles, sinon d'autant que la malice plus couverte est la pire. » Parlamente, avecq ung peu de collere, luy dist : « J'entends bien que vous estimez celles les moins mauvaises, de qui la malice est descouverte? — Or laissons ce propos-là, dist Simontault, car, pour faire conclusion du cueur de l'homme et de la femme, le meilleur des deux n'en vault riens. Mais venons à sçavoir à qui Parlamente donnera sa voix, pour oyr quelque beau compte? — Je la donne, dist-elle, à Geburon. — Or, puis que j'ay commencé, dist-il, à parler des cordeliers, je ne veux oublier ceulx de Sainct Benoist, et ce qui est advenu d'eux de mon temps : combien que je n'entends, en racomptant une histoire d'un meschant religieux, empescher la bonne opinion que vous avez des gens de bien. Mais, veu que le Psalmiste dist que : « Tout homme est menteur; » et, en ung autre endroict : « Il n'en est point qui face bien, jusques à ung; » il me semble qu'on ne peut faillir d'estimer l'homme tel qu'il est; car, s'il y a du bien, on le doit attribuer à Celluy qui en est la source, et non à la creature, à laquelle, par trop donner de gloire et de louange, ou estimer de soy quelque chose de bon, la plus part des personnes sont trompées. Et, afin que vous ne trouviez impossible que soubz extreme austerité ne se treuve extreme concupiscence, entendez ce qui advint du temps du Roy François premier.

VINGT DEUXIESME NOUVELLE.

Seur Marie Heroet, sollicitée de son honneur par un prieur de Sainct Martin des Champs, avec la grace de Dieu, emporta la victoire contre ses fortes tentations, à la grand'confusion du prieur et à l'exaltation d'elle.

EN la ville de Paris, il y avoit ung prieur de Sainct Martin des Champs[1], duquel je tairay le nom pour l'amitié que je luy ay portée. Sa vie, jusques en l'aage de cinquante ans, fut si austere, que le bruict de sa saincteté courut par tout le royaume, tant qu'il n'y avoit prince ne princesse qui ne luy feist grand honneur, quand il les venoit veoir. Et ne se faisoit reformation de religion[2], qui ne fust faicte par sa main, car on le nommoit le *pere de vraye religion*. Il fust esleu visiteur de la grande religion des dames de Fontevrault[3], desquelles il estoit tant crainct, que, quand il venoit en quelqu'un de leurs monasteres, toutes les religieuses trembloient de la craincte qu'elles avoient

[1] Étienne Gentil fut prieur de cette abbaye, depuis le 15 décembre 1508 jusqu'au 6 novembre 1536, époque de sa mort. Voy: *Gallia Christiana*, t. VII, p. 539. L'ancienne et riche abbaye de Saint-Martin-des-Champs était située sur l'emplacement actuel du Conservatoire des Arts et Métiers, dans la rue Saint-Martin. Voy. l'ouvrage de Marrier : *Monasterii regalis Sancti Martini de Campis historia*. (Paris, 1654, in-4°.)

[2] A la fin du quinzième siècle et au commencement du seizième, la plupart des abbayes et des couvents, qui étaient tombés dans le désordre ou le relâchement, furent réformés. *Réformation de religion* signifie donc *réforme d'ordre religieux ou de couvent.*

[3] Célèbre abbaye, de l'ordre de Saint-Benoit, à trois lieues de Saumur, fondée en 1100 par Robert d'Arbrissel.

de luy. Et, pour l'appaiser des grandes rigueurs qu'il leur tenoit, le traictoient comme elles eussent faict la personne du Roy : ce que au commencement il refusoit, mais, à la fin, venant sur les cinquante cinq ans, commença à trouver tort bon le traictement qu'il avoit au commencement desprisé, et s'estimant luy-mesme le bien public de toute religion, desira de conserver sa santé mieulx qu'il n'avoit accoustumé. Et, combien que sa reigle portast de jamais ne manger chair, il s'en dispensa luy-mesme, ce qu'il ne faisoit à nul autre, disant que sur luy estoit tout le faiz de la religion. Parquoy, si bien se festoya, que, d'un moyne bien meigre, il en feit ung bien gras. Et, à ceste mutation de vivre, se feyt une mutation de cueur telle, qu'il commencea à regarder les visaiges, dont paravant avoit faict conscience ; et, en regardant les beaultez que les voiles rendent plus desirables, commencea à les convoicter. Doncques, pour satisfaire à ceste convoitise, chercha tant de moyens subtils, qu'à la parfin, de pasteur, il devint loup ; tellement que, en plusieurs bonnes religions, s'il s'en trouvoit quelqu'une ung peu sotte, il ne failloit à la decepvoir. Mais, après avoir longuement continué ceste meschante vie, la Bonté divine, qui print pitié des pauvres brebis esgarées, ne voulut plus endurer la gloire de ce malheureux regner, ainsy que vous verrez.

Ung jour, allant visiter ung couvent près de Paris, qui se nomme Gif[1], advint que, en confessant toutes les religieuses, en trouva une nommée Marie Heroet[2], dont la parole estoit si doulce et agreable, qu'elle promectoit le visaige et le cueur estre de mesme. Parquoy, seulement pour l'ouyr, fut esmeu en une passion d'amour, qui passoit toutes celles qu'il avoit eues aux autres religieuses ; et, en parlant à elle, se baissa fort pour la regarder, et apperceut la bouche si rouge et si plaisante, qu'il ne se peut tenir de luy haulser le voile pour veoir si les oeilz accompaignoient le demeurant, ce qu'il trouva : dont son cueur fut remply d'une ardeur si vehemente, qu'il perdit le boire et le manger et toute contenance, combien qu'il la dissimuloit. Et, quand il fut retourné en son prieuré, il ne povoit trouver repos : parquoy, en grande inquietude passoit les jours et les nuictz, en cherchant les moyens comme il pourroit

---

[1] Abbaye de Bénédictines, fondée au onzième siècle, dans la vallée de Chevreuse, à sept lieues de Paris.

[2] Elle était sans doute parente du poëte Antoine Heroet ou Herouet, auteur de la *Parfaite amie*, valet de chambre et secrétaire de la reine de Navarre. C'est peut-être lui que la Nouvelle qualifie de *sage et honnête gentilhomme*, frère de la victime du prieur de Saint-Martin-des-Champs.

parvenir à son desir, et faire d'elle comme il avoit faict de plusieurs
autres. Ce qu'il craingnoit estre difficile ; pource qu'il la trouvoit saige
en paroles, et d'un esprit si subtil, qu'il ne povoit avoir grande esperance : et, d'autre part, se voyoit si laid et si vieulx, qu'il delibera
de ne luy en parler point, mais de chercher à la gaingner par craincte.
Parquoy, bien tost après, s'en retourna au dict monastere de Gif;
auquel lieu se monstra plus austere qu'il n'avoit jamais faict, se cour-
rouçant à toutes les religieuses, reprenant l'une que son voile n'estoit
pas assez bas, l'autre qu'elle haulsoit trop la teste, et l'autre qu'elle
ne faisoit pas bien la reverence en religieuse. En tous ces petiz cas, se
monstroit si austere, que l'on le craingnoit, comme ung Dieu painct
en jugement. Et, luy, qui avoit les gouttes[1], se travailla tant de visiter les lieux reguliers, que, environ l'heure de vespres, heure par
luy apostée[2], se trouva au dortouer. L'abbesse luy dist : « Pere reve-
rend, il est temps de dire vespres? » A quoy il respondit : « Allez, mere,
allez, faictes les dire ; car je suys si las, que je demeureray ici, non
pour reposer, mais pour parler à seur Marie, de laquelle j'ay oy très
mauvais rapport; car l'on m'a dict qu'elle caquette, comme si c'estoit
une mondaine. » L'abbesse, qui estoit tante de sa mere, le pria de la
bien chapitrer, et la luy laissa toute seule, sinon ung jeune religieux
qui estoit avecq luy. Quand il se trouva seul avecq seur Marie, commencea à luy lever le voile, et luy commander qu'elle le regardast.
Elle luy respondit que sa reigle luy deffendoit de regarder les hommes.
« C'est bien dict, ma fille, luy dist-il, mais il ne fault pas que vous
estimiez qu'entre nous religieux soyons hommes. » Parquoy, seur
Marie, craingnant faillir par desobeissance, le regarda au visage; elle
le trouva si laid, qu'elle pensa faire plus de penitence que de peché
à le regarder. Le beau pere, après luy avoir dict plusieurs propos
de la grande amitié qu'il luy portoit, luy voulut mettre la main au
tetin : qui fut par elle repoulsé comme elle debvoit; et fut si courroucé, qu'il luy dist : « Faut-il qu'une religieuse sçaiche qu'elle ait
des tetins? » Elle luy dist : « Je sçay que j'en ay, et certainement, que
vous ny autre n'y toucherez point ; car je ne suis pas si jeune et ignorante que je n'entende bien ce qui est peché de ce qui ne l'est pas. »
Et quand il veid que ses propos ne la povoient gaingner, luy en va
bailler d'un autre, disant ; « Helas, ma fille, il faut que je vous declare

---

[1] On disait *avoir les gouttes*, au lieu de dire comme aujourd'hui : *avoir la goutte*.
Ce mot, employé au pluriel, s'entendait surtout des douleurs rhumatismales.
[2] Préméditée, prévue.

mon extreme necessité ; c'est que j'ay une maladie que tous les medecins trouvent incurable, sinon que je me resjouisse et me joue avecq quelque femme que j'ayme bien fort. De moy, je ne vouldrois, pour mourir, faire ung peché mortel, mais, quand l'on viendroit jusques là, je sçay que simple fornication n'est nullement à comparer à pecher d'homicide. Parquoy, si vous aymez ma vie, en saulvant vostre conscience de crudelité¹, vous me la saulverez. » Elle luy demanda quelle façon de jeu il entendoit faire. Il luy dist qu'elle povoit bien reposer sa conscience sur la sienne, et qu'il ne feroit chose, dont l'une ne l'autre fust chargé. Et, pour luy monstrer le commencement du passetemps qu'il demandoit, la vint embrasser et essayer de la jetter sur ung lict. Elle, congnoissant sa meschante intention, se deffendit si bien et de paroles et de bras, qu'il n'eut povoir de toucher que à ses habillemens. A l'heure, quand il veid toutes ses inventions et efforts estre tournés en riens, comme ung homme furieux et non seullement hors de conscience, mais de raison naturelle, luy meit la main soubz la robbe, et tout ce qu'il peut toucher des ongles esgratigna de telle fureur, que la pauvre fille, en criant bien fort, de tout son hault tumba à terre, toute esvanouye. Et, à ce cry, entra l'abbesse dans le dortouer où elle estoit : laquelle, estant à vespres, se souvint avoir laissé ceste religieuse seule avecq le beau pere, qui estoit fille de sa niepce ; dont elle eut ung scrupule en sa conscience, qui luy feit laisser vespres et aller à la porte du dortouer escouter que l'on faisoit ; mais, oyant la voix de sa niepce, poussa la porte que le jeune moyne tenoit. Et quand le prieur veid venir l'abbesse, en luy monstrant sa niepce esvanouye, lui dist : « Sans faulte, notre mere, vous avez grand tort que vous ne m'avez dict les conditions de seur Marie ; car, ignorant sa debilité, je l'ay faict tenir debout devant moy, et, en la chapitrant, s'est esvanouye comme vous voyez. » Ilz la feirent revenir avec vin aigre et autres choses propices ; et trouverent que de sa cheute elle estoit blessée à la teste. Et, quand elle fut revenue, le prieur, craingnant qu'elle comptast à sa tante l'occasion de son mal, luy dist à part : « Ma fille, je vous commande, soubz peine d'inobedience et d'estre dampnée, que vous n'aiez jamais à parler de ce que je vous ay faict icy, car entendez que l'extremité d'amour m'y a contrainct. Et, puis que je voy que vous ne voulez aymer, je ne vous en parleray jamais que ceste fois, vous asseurant que, si vous me voulez aymer, je vous feray eslire abbesse de l'une des

---

¹ Cruauté, *crudelitas.*

trois meilleures abbayes de ce royaulme. » Mais elle luy respondit qu'elle aymoit mieulx mourir en chartre perpetuelle, que d'avoir jamais autre amy que Celluy qui estoit mort pour elle en la croix, avecq lequel elle aymoit mieulx souffrir tous les maulx que le monde pourroit donner, que contre luy avoir tous les biens ; et qu'il n'eut plus à luy parler de ces propos, ou elle le diroit à la mere abbesse, mais qu'en se taisant elle s'en tairoit. Ainsy s'en alla ce mauvais pasteur, lequel, pour se monstrer tout autre qu'il n'estoit, et pour encores avoir le plaisir de regarder celle qu'il aymoit, se retourna vers l'abbesse, luy disant : « Ma mere, je vous prie, faictes chanter à toutes voz filles ung *Salve Regina*, en l'honneur de ceste vierge où j'ay mon esperance. » Ce qui fut faict : durant lequel ce regnard ne feit que pleurer, non d'autre devotion que de regret qu'il avoit de n'estre venu au dessus de la sienne. Et toutes les religieuses, pensans que ce fust d'amour à la vierge Marie, l'estimoient ung sainct homme. Seur Marie, qui congnoissoit sa malice, prioit en son cueur de confondre celluy qui desprisoit tant la virginité.

Ainsy s'en alla cest hyppocrite à Sainct Martin; auquel lieu ce meschant feu, qu'il avoit en son cueur, ne cessa de brusler jour et nuict et de chercher toutes les inventions possibles pour venir à ses fins. Et, pour ce que sur toutes choses il craignoit l'abbesse qui estoit femme vertueuse, il pensa le moyen de l'oster de ce monastere. S'en alla vers Madame de Vendosme, pour l'heure demeurant à La Fere, où elle avoit edifié et fondé ung couvent de Saint Benoist, nommé le *Mont d'Olivet*[1]. Et, comme celluy qui estoit le souverain reformateur luy donna à entendre que l'abbesse du dict Mont Olivet n'estoit pas assez suffisante pour gouverner une telle communauté, la bonne dame le pria de luy en donner une autre, qui fust digne de cest office. Et luy, qui ne demandoit autre chose, luy conseilla de prendre l'abbesse de Gif pour la plus suffisante qui fust en France. Madame de Vendosme incontinant l'envoya querir, et luy donna la charge de son monastere du Mont d'Olivet. Le prieur de Sainct Martin, qui avoit en sa main les voix de toute la religion[2], feit eslire à Gif une abbesse à sa devotion. Et,

---

[1] Marie de Luxembourg, comtesse de Saint-Paul, qui était veuve en secondes noces de François de Bourbon, comte de Vendôme, mort en 1495, vivait retirée dans son château de La Fère, auprès duquel elle avait fondée, en 1518, un couvent de bénédictines, qu'on appeloit le Cairai e. C'est ce couvent que la reine de Navarre nomme le *mont d'Olivet*. (Voy. le *Gallia Christiana*, t. IX, p. 627.) Madame de Vendôme mourut le 1ᵉʳ avril 1546, dans un âge très-avancé.

[2] La communauté religieuse.

après ceste eslection, il s'en alla au dict lieu de Gif essayer encores une autre fois si par priere ou par doulceur il pourroit gaingner seur Marie Heroet. Et, voyant qu'il n'y avoit nul ordre[1], retourna, desesperé, à son prieuré de Sainct Martin : auquel lieu, pour venir à sa fin et pour se venger de celle qui luy estoit trop cruelle, de paour que son affaire fust esventée, feit desrober secretement les relicques du dict prieuré de Gif, de nuit; et meit à sus au confesseur de leans[2], fort viel et homme de bien, que c'estoit luy qui les avoit desrobées; et, pour ceste cause, le meit en prison à Sainct Martin. Et, durant qu'il le tenoit prisonnier, suscita deux tesmoings, lesquels ignoramment signerent ce que monsieur de Sainct Martin leur commanda : c'estoit qu'ilz avoient veu dedans ung jardin le dict confesseur avecq seur Marie en acte villain et deshonneste; ce qu'il voulut faire advouer au viel religieux. Mais, luy, qui sçavoit toutes les faultes de son prieur, le supplia l'envoier en chapitre, et que là devant tous les religieux il diroit la verité de tout ce qu'il en sçavoit. Le prieur, craingnant que la justification du confesseur fust sa condemnation, ne voulut point enteriner ceste requeste. Mais, le trouvant ferme en son propos, le traicta si mal en prison, que les ungs dirent qu'il y mourut, et les autres, qu'il le contraingnit de laisser son habit, et de s'en aller hors du royaume de France; quoy qu'il en soit, jamais depuis on ne le veit.

Quand le prieur estima avoir une telle prise sur seur Marie, s'en alla en la religion où l'abbesse, faicte à sa poste, ne le contredisoit en rien : et là commencea de vouloir user de son auctorité de visiteur, et feit venir toutes les religieuses, l'une après l'autre, en une chambre pour les oyr en forme de visitation. Et, quand ce fut au rang de seur Marie qui avoit perdu sa bonne tante, il commencea à luy dire : « Seur Marie, vous sçavez de quel crime vous estes accusée, et que la dissimulation, que vous faictes d'estre tant chaste, ne vous a de rien servy, car on congnoist bien que vous estes tout le contraire. » Seur Marie luy respondit, d'un visaige asseuré : « Faictes-moy venir celluy qui m'accuse, et vous verrez si devant moy il demeurera en sa mauvaise oppinion? » Il luy dist : « Il ne nous fault aultre preuve, puis que le confesseur a esté convaincu. » Seur Marie luy dit : « Je le pense si homme de bien, qu'il n'aura point confessé une telle mensonge; mais, quand ainsi seroit, faictes-le venir devant moy et je prouveray

---

[1] M yeu, espoir de réussir.
[2] C'est à dire : mit sur le compte du confesseur du couvent.

le contraire de son dire. » Le prieur, voyant que en nulle sorte ne la
povoit estonner, luy dist : « Je suis vostre pere, qui desire saulver
vostre honneur : pour ceste cause, je remectz ceste verité à vostre
conscience, à laquelle je adjousteray foy. Je vous demande et vous con-
jure, sur peine de peché mortel, de me dire verité, assavoir-mon si
vous estiez vierge, quand vous fustes mise ceans? » Elle luy respondit : « Mon pere, l'aage de cinq ans que j'avois doibt estre seule
tesmoing de ma virginité. — Or bien doncques, ma fille, dist le
prieur, depuis cest temps-là avez-vous point perdu ceste fleur? »
Elle luy jura que non, et que jamais n'y avoit trové empeschement
que de luy. A quoy il dist qu'il ne le pouvoit croire, et que la chose
gisoit en preuve : « Quelle preuve, dist-elle, vous en plaist-il faire?
— Comme je fais aux aultres, dist le prieur; car, ainsi que je suis
visiteur des ames, aussi suis-je visiteur des corps. Vos abbesses et
prieures ont passé par mes mains; vous ne devez craindre que je visite
vostre virginité; parquoy, jectez-vous sur le lict, et mettez le devant de
vostre habillement sur vostre visage. » Seur Marie luy respondit
par collere : « Vous m'avez tant tenu de propos de la folle amour que
vous me portez, que j'estime plustost que vous me voulez oster ma
virginité, que de la visiter : parquoy entendez que jamais je ne m'y
consentiray. » Alors il luy dist qu'elle estoit excommuniée de refuser
l'obedience de saincte religion, et, si elle ne consentoit, qu'il la des-
honoreroit en plain chapitre, et diroit le mal qu'il sçavoit entre elle
et le confesseur. Mais, elle, d'un visaige sans paour, luy respondit :
« Celluy qui congnoist le cueur de ses serviteurs me rendra autant
d'honneur devant luy, que vous me sçauriez faire de honte devant les
hommes. Parquoy, puisque vostre malice en est jusques là, j'ayme
mieulx qu'elle paracheve sa cruauté envers moy, que le desir de son
mauvais voulloir, car je sçay que Dieu est juste juge. » A l'heure, il
s'en alla assembler tout le chapitre, et feit venir devant luy à genoulx
seur Marie, à laquelle il dist par un merveilleux despit : « Seur
Marie, il me desplaist que les bonnes admonitions que je vous ay
données ont esté inutiles en vostre endroict, et que vous estes tumbée en tel inconvenient, que je suis contrainct de vous imposer penitence contre ma coustume : c'est que, ayant examiné vostre confesseur sur aucuns crimes à luy imposez, m'a confessé avoir abusé de
vostre personne au lieu où les tesmoings disent l'avoir veu. Parquoy,
ainsi que je vous avois eslevée en estat honorable et maistresse des
novices, je ordonne que vous soyez mise non seullement la derniere

de toutes, mais mengeant à terre, devant toutes les seurs, pain et eaue, jusques ad ce que l'on congnoisse votre contrition suffisante d'avoir grace. » Seur Marie, estant advertye par une de ses compaignes qui entendoit toute son affaire, que, si elle respondoit chose qui despleust au prieur, il la mectroit *in pace*, c'est à dire en chartre perpetuelle, endura ceste sentence, levant les oeilz au ciel, priant Celluy qui a esté sa resistance contre le peché, vouloir estre sa patience contre la tribulation. Encores deffendit le prieur de Sainct Martin, que quand sa mere ou ses parens viendroient, que l'on ne la souffrist de trois ans parler à eulx, ni escrire, sinon lettres faictes en la communauté.

Ainsi s'en alla ce malheureux homme, sans plus y revenir; et fut ceste pauvre fille long temps en la tribulation que vous avez ouye. Mais sa mere, qui sur tous ses enfans l'aymoit, voyant qu'elle n'avoit plus de nouvelles d'elle, s'en esmerveilla fort, et dist à ung sien fils, saige et honneste gentil homme, qu'elle pensoit que sa fille estoit morte, mais que les religieuses, pour avoir la pension annuelle, luy dissimuloient : le priant en quelque façon, que ce fust de trouver moien de voir sa dicte seur. Incontinant il s'en alla en la religion, en laquelle on luy feit les excuses accoustumées : c'est qu'il y avoit trois ans que sa seur ne bougeoit du lict. Dont il ne se tint pas contant; et leur jura que, s'il ne la voyoit, il passeroit pardessus les murailles et forceroit le monastere. De quoy elles eurent si grande paour, qu'elles luy admenerent sa seur à la grille, laquelle l'abbesse tenoit de si près, qu'elle ne povoit dire à son frere chose qu'elle n'entendist. Mais, elle, qui estoit saige, avoit mis par escript tout ce qui est icy dessus, avecq mille autres inventions que le dict prieur avoit trouvées pour la decepvoir, que je laisse à compter pour la longueur. Si ne veulx-je oblier à dire que, durant que sa tante estoit abbesse, pensant qu'il fust refusé par sa laideur, feit tenter seur Marie par ung beau et jeune religieux, esperant que, si par amour elle obeissoit à ce religieux, après il la pourroit avoir par crainte. Mais, dans ung jardin, où le dict jeune religieux luy tint propos avecq gestes si deshonnestes que j'aurois honte de les rememorer, la pauvre fille courut à l'abbesse qui parloit au prieur, criant : « Ma mere, ce sont diables en lieu de religieux ceux qui nous viennent visiter! » Et à l'heure, le prieur, qui eut grande paour d'estre descouvert, commencea à dire en riant : « Sans faulte, ma mere, seur Marie a raison! » Et en prenant seur Marie par la main, luy dist devant l'abbesse : « J'avois entendu que seur Marie parloit fort bien et avoit le langaige si à main, que on l'estimoit mondaine; et, pour ceste occasion, je me suis contrainct contre mon naturel luy tenir tous les propos que les hommes mondains tiennent aux femmes, ainsi que je trouve par escript, car d'experience j'en suis ignorant, comme le jour que je fus né; et, en pensant que ma vieillesse et laideur luy faisoient tenir propos si vertueux, j'ay commandé à mon jeune religieux de luy en tenir de semblables, à quoy vous voyez qu'elle a vertueusement resisté. Dont je l'estime si saige et vertueuse, que je veulx que doresnavant elle soit la premiere après vous et maistresse des novices, afin que son bon vouloir croisse tousjours de plus en plus en vertu. »

Cest acte icy et plusieurs autres feit ce bon religieux, durant trois ans qu'il fut amoureux de la religieuse. Laquelle, comme j'ay dict, bailla par la grille à son frere tout le discours de sa piteuse histoire. Ce que le frere porta à sa mere; laquelle, toute desesperée, vint à Paris, où elle trova la Royne de Navarre, seur unique du Roy, à qui elle monstra ce piteux discours, en luy disant : « Madame, fiez-vous une autre fois en voz ypocrites; je pensoys avoir mis ma fille aux faulxbourgs et chemin de paradis, et je l'ay mise en celluy d'enfer, entre les mains des pires diables qui puissent estre; car les diables ne nous tentent, s'il ne nous plaist, et ceulx-cy nous veulent avoir par force, où l'amour deffault. » La Royne de Navarre fut en grande peine, car entierement elle se confioit en ce prieur de Sainct Martin, à qui elle avoit baillé la charge des abbesses de Montivilliers et de Caen, ses belles seurs[1]. D'autre costé, le crime si grand luy donna telle horreur et envie de venger l'innocence de ceste pauvre fille, qu'elle communiqua au chanceler du Roy, pour lors legat en France[2], de l'affaire. Et feit envoyer querir le prieur, lequel ne trova nulle excuse, sinon qu'il avoit soixante dix ans : et, parlant à la Royne de Navarre, la pria sur tous les plaisirs qu'elle luy vouldroit jamais faire, et pour recompense de tous ses services et de tous ceux qu'il avoit desir de luy faire, qu'il luy pleust de faire cesser ce procès, et qu'il confesseroit

---

[1] Catherine d'Albret, abbesse de Montivilliers, près du Havre, qui vivait encore en 1536, et Madeleine d'Albret, sa sœur, abbesse de la Trinité de Caen, morte en 1532, étaient toutes deux filles de Jean d'Albret, roi de Navarre, et par conséquent belles-sœurs de Marguerite d'Angoulême, femme d'Henri d'Albret, roi de Navarre.

[2] Antoine Duprat, cardinal-légat, chancelier de France, né le 11 janvier 1463, mort le 9 juillet 1535, avait été nommé chancelier le 7 janvier 1515, cardinal en 1527 et légat du pape en 1530. Il résulte de ces dates, que les faits racontés dans cette Nouvelle ont dû se passer entre les années 1530 et 1535.

que seur Marie Heroet estoit une perle d'honneur et de virginité. La Royne de Navarre, oyant cela, fut tant esmerveillée, qu'elle ne sceut que luy respondre, mais le laissa là : et le pauvre homme, tout confus, se retira en son monastere, où il ne voulut plus estre veu de personne, et ne vesquit que ung an après. Et seur Marie Heroet, estimée comme elle debvoit par les vertuz que Dieu avoit mises en elle, fut ostée de l'abbaye de Gif, où elle avoit eu tant de mal, et faicte abbesse par le don du Roy de l'abbaye de Giy près de Montargis[1], laquelle elle reforma et vesquit comme celle qui estoit pleine de l'esperit de Dieu, le louant toute sa vie de ce qu'il luy avoit pleu lui redonner son honneur et son repos.

« Voyla, mes dames, une histoire qui est bien pour monstrer ce que dict l'Evangile : Que Dieu par les choses foybles confond les fortes, et, par les inutiles aux oeilz des hommes, la gloire de ceux qui cuydent estre quelque chose et ne sont rien. Et pensez, mes dames, que, sans la grace de Dieu, il n'y a homme où l'on doibve croire nul bien, ne si forte tentation dont avecques luy l'on n'emporte victoire, comme vous povez veoir par la confusion de celluy qu'on estimoit juste et par l'exaltation de celle qu'on vouloit faire trouver pecheresse et meschante. En cela est verisfié le dire de Nostre Seigneur : *Qui se exaltera sera humilié, et qui se humiliera sera exalté.* — Helas! ce dist Oisille, que ce prieur-là a trompé de gens de bien! Car j'ay veu qu'on se fyoit plus en luy que en Dieu. — Ce ne seroit pas moy, dist Nomerfide; car j'ay une si grande horreur, quant je voy un religieux, que seullement je ne m'y sçaurois confesser: estimant qu'ils sont pires que tous les aultres hommes, et ne hantent jamais maison qu'ilz n'y laissent quelque honte ou quelque zizanie. — Il y en a de bons, dist Oisille, et ne fault pas que pour les mauvais ilz soient jugez : mais les meilleurs sont ceulx qui moins hantent les maisons seculieres et les femmes. — Vous dictes vray, dist Ennasuitte, car moins on les voyst, moins on les congnoist, et plus on les estime, pource que la frequentation les monstre telz qu'ilz sont. — Or laissons le moustier là où il est[2], dist Nomerfide, et voyons à qui Geburon donnera sa voix. »

---

[1] Cette abbaye était située près d'un petit village de l'Orléanais (département du Loiret), qui porte aujourd'hui le nom de *Gy-les-Nonains*, à deux lieues et demie de Montargis.

[2] Expression proverbiale, qui est ici employée avec beaucoup de finesse et qui signifie : « Restons-en là. »

Geburon, pour reparer sa faute, si faute estoit d'avoir dechifré la malheureuse et abominable vie d'un mechant religieux, afin de se garder de l'ypocrisie de ses semblables, ayant telle estime de madame Oisille, qu'on doit avoir d'une dame sage et non moins sobre à dire le mal, que prompte à exalter et publier le bien qu'elle congnoissoit en autruy, luy donna sa voix : « Ce sera, dist-il, à madame Oisille, afin qu'elle die quelque chose en faveur de saincte religion. — Nous avons tant juré, dist Oisille, de dire la verité, que je ne sçaurois soustenir ceste partie. Et, aussi, en faisant vostre compte, vous m'avez remys en memoire une si piteuse histoire, que je suis contraincte de la dire, pource que je suis voysine du païs où de mon temps elle est advenue ; et afin, mes dames, que l'ypocrisie de ceulx qui s'estiment plus religieux que les autres, ne vous enchante l'entendement, de sorte que vostre foy, divertie de son droit chemin, estime trouver salut en quelque autre creature, que en Celluy seul qui n'a voulu avoir compaignon à nostre creation et redemption, lequel est tout puissant pour nous saulver en la vie eternelle, et, en ceste temporelle, nous consoler et delivrer de toutes noz tribulations. Congnoissant que souvent l'ange Sathan se transforme en ange de lumiere, afin que l'oeil exterieur, aveuglé par l'apparence de saincteté et devotion, ne s'arreste à ce qu'il doibt fuir, il m'a semblé bon la vous racompter, pource qu'elle est advenue de nostre temps. »

VINGT TROISIESME NOUVELLE.

La trop grande reverence qu'un gentil homme de Perigord portoit à l'ordre de sainct Françoys, fut cause que luy, sa femme et son petit enfant moururent miserablement.

Au pays de Perigord, il y avoit ung gentil homme, qui avoit telle devotion à sainct François, qu'il luy sembloit que tous ceulx qui portoient son habit devoient estre semblables au bon sainct. Pour l'honneur duquel, il avoit faict faire en sa maison chambre et garderobe pour loger les dicts freres, par le conseil desquelz il conduisoit toutes ses affaires, voire jusques aux moindres de son mesnage, s'estimant chemyner seurement en suyvant leur bon conseil. Or advint, ung jour, que la femme dudict gentil homme, qui estoit belle et non moins saige que vertueuse, avoit faict ung beau fils, dont l'amitié que le mary luy portoit augmenta doublement. Et, pour festoyer la commere, envoya querir un sien beau-frere. Or, ainsi que l'heure du soupper approchoit, arriva un cordelier, duquel je celeray le nom pour l'honneur de la religion. Le gentil homme fut fort aise, quant il veit son pere spirituel, devant lequel il ne cachoit nul secret. Et, après plusieurs propos tenuz entre sa femme, son beau-frere et luy, se meirent à table pour soupper. Durant lequel, ce gentil homme, regardant sa femme qui avoit assez de beaulté et de bonne grace pour estre desirée d'un mary, commencea à demander tout hault une question au beau pere : « Mon pere, est-il vray que ung homme peche mortellement de coucher avecq sa femme pendant qu'elle est en couche ? » Le beau pere, qui avoit la contenance et la parole toute contraire à son cueur, luy respondit avecq ung visaige collere : « Sans faulte, monsieur, je pense que ce soit ung des grands pechez qui se facent en mariaige : et ne fusse que l'exemple de la benoiste vierge Marie, qui ne voulut entrer au temple jusques apres les jours de sa purification, combien qu'elle n'en eust nul besoing, si ne debvriez-vous jamais faillir à vous abstenir d'un petit plaisir, veu que la bonne vierge Marie se abstenoit, pour obeir à la loy, d'aller au temple où estoit toute sa consolation. Et, oultre cela, messieurs les docteurs en medecine dient qu'il y a grand dangier pour la lignée qui en peult venir. » Quand le gentil homme entendit ces paroles il en fut bien marry, car il esperoit bien que son beau pere luy bailleroit congé, mais il n'en parla plus avant. Le beau pere, durant ces propos, après avoir plus beu qu'il n'estoit besoing, regardant la damoiselle[1], pensa bien en luy-mesmes, que s'il en estoit le mary, il ne demanderoit point conseil au beau pere de coucher avecq sa femme. Et, ainsy que le feu peu à peu s'allume tellement qu'il vient à embraser toute la maison, or, pour ce, le frater commencea de brusler par telle concupiscence, que soubdainement delibera de venir à fin du desir, que, plus de trois ans durant, avoit porté couvert en son cueur.

Et, après que les tables furent levées[2], print le gentil homme par la main, et, le menant auprès du lict de sa femme, luy dist devant

---

[1] On appelait quelquefois *damoiselle* la femme d'un petit gentilhomme, qu'on qualifiait aussi de *damoiseau*.

[2] Après le repas, on enlevait la table, parce que les convives restaient dans la salle où ils avaient dîné.

elle : « Monsieur, pour ce que je congnois bonne amour qui est entre vous et ma damoiselle que voicy, laquelle, avecq la grande jeunesse qui est en vous, vous tourmente si fort, que sans faulte j'en ay grande compassion, j'ay pensé de vous dire ung secret de nostre saincte theologie : c'est que la loy, qui pour les abuz des mariz indiscrets est si rigoureuse, ne veult permettre que ceulx qui sont de bonne conscience, comme vous, soient frustrez de l'intelligence. Parquoy, Monsieur, si je vous ay dict devant les gens[1] l'ordonnance de la severité de la loy, à vous qui estes homme saige, n'en doibz celer la doulceur. Sachez, mon filz, qu'il y a femmes et femmes, comme aussy hommes et hommes. Premierement, nous fault sçavoir de Madame que voicy, veu qu'il y a trois sepmaines qu'elle est accouchée, si elle est hors du flux de sang ? » A quoy respondit la damoiselle, qu'elle estoit toute necte. « Adoncques, dist le cordelier, mon filz, je vous donne congé d'y coucher, sans en avoir scrupule, mais que vous me promettez deux choses. » Ce que le gentil homme feit volontiers : « La premiere, dist le beau pere, c'est que vous n'en parlerez à nulluy[2], mais y viendrez secretement ; l'autre, que vous n'y viendrez qu'il ne soit deux heures après minuict, à fin que la digestion de la bonne dame ne soit empeschée par voz follies. » Ce que le gentil homme luy promist et jura par telz sermens, que celluy qui le congnoissoit plus sot que menteur, en fut tout asseuré. Et, après plusieurs propos, se retira le beau pere en sa chambre, leur donnant la bonne nuict avecq une grande benediction. Mais, en se retirant, print le gentil homme par la main, luy disant : « Sans faulte, Monsieur, vous viendrez, et ne ferez plus veiller la pauvre commere. » Le gentil homme, en la baisant, luy dist : « M'amie, laissez-moy la porte de vostre chambre ouverte? » Ce que entendit très bien le beau pere. Ainsi se retira chacun en sa chambre. Mais, si tost que le pere fut retiré, ne pensa pas à dormir ne reposer, car, incontinant qu'il n'ouyt plus nul bruict en la maison, environ l'heure qu'il avoit accoustumé d'aller à matines, s'en va le plus doulcement qu'il peut droict en la chambre, et, là, trouvant la porte ouverte de la chambre où le maistre estoit attendu, va finement esteindre la chandelle, et, le plus tost qu'il peut, se coucha auprès d'elle, sans jamais luy dire ung seul mot. La damoiselle, cuydant que ce fust son mary, luy dist : « Comment, mon amy ! Vous avez très mal retenu

---

[1] Gens de service, domestiques.
[2] Nul, aucun, personne; *nulli*.

la promesse que feistes hier au soir à nostre confesseur, de ne venir icy jusques à deux heures? » Le cordelier, plus attentif à la vie active que à la vie contemplative, avecq la craincte qu'il avoit d'estre congneu, pensa plus à satisfaire au meschant desir dont dès long temps avoit le cueur empoisonné, que à luy faire nulle response : dont la dame fut fort estonnée. Et quant le cordelier veid approcher l'heure que le mary devoit venir, se leva d'auprès de la damoiselle, et, le plus tost qu'il peust, retourna en sa chambre.

Et, tout ainsy que la fureur de la concupiscence luy avoit osté le dormir, la craincte, qui tousjours suit la meschanceté, ne luy permist de trouver aucun repos, mais s'en alla au portier de la maison et luy dict : « Mon amy, Monsieur m'a commandé de m'en aller incontinant en nostre couvent faire quelques prieres où il a devotion; parquoy, je vous prie, baillez-moy ma monture, et m'ouvrez la porte, sans que personne en entende rien, car l'affaire est necessaire et secrete. Le portier, qui sçavoit bien que obeir au cordelier estoit service agreable à son seigneur, luy ouvrit secretement la porte et le meit dehors. En cest instant s'esveilla le gentil homme, lequel, voyant approcher l'heure qui luy estoit donnée du beau pere, pour aller veoir sa femme, se leva en sa robbe de nuict, et s'en alla coucher vistement, où, par l'ordonnance de Dieu, sans congé d'homme, il pouvoit aller. Et quant sa femme l'ouyt parler auprès d'elle, s'en esmerveilla si fort, qu'elle luy dist, ignorant ce qui estoit passé : « Comment, Monsieur ! Est-ce la promesse que vous avez faicte au beau pere de garder si bien vostre santé et la mienne, de ce que non seulement vous estes venu icy avant l'heure, mais encores y retournez? Je vous supplie, Monsieur, pensez-y. » Le gentil homme fut si troublé d'ouyr ceste nouvelle, qu'il ne peut dissimuler son ennuy; et luy dist : « Quels propos me tenez-vous? Je sçay, pour verité, qu'il y a trois sepmaines que je n'ay couché avecq vous, et vous me reprenez d'y venir trop souvent. Si ces propos continuent, vous me ferez penser que ma compaignie vous fasche et me contraindrez, contre ma coustume et vouloir, de chercher ailleurs le plaisir que selon Dieu je doibz prendre avecq vous. » La damoiselle, qui pensoit qu'il se mocquast, luy respondit : « Je vous suplie, Monsieur, en cuydant me tromper, ne vous trompez point, car, nonobstant que vous n'ayez parlé à moy, quand vous y estes venu, si ay-je bien congneu que vous y estiez. » A l'heure le gentil homme congneut que eulx deux estoient trompés; et luy feyt grand jurement qu'il n'y estoit point venu. Dont la dame print telle tristesse, que avecq pleurs et larmes elle luy dist qu'il feist diligence de sçavoir qu ce povoit estre, car en leur maison ne couchoit que le frere et le cordelier. Incontinent le gentil homme, poulsé de soupson au cordelier, s'en alla hastivement en la chambre où il avoit logé, laquelle il trouva vuide. Et, pour estre mieulx asseuré s'il s'en estoit fuy, envoya querir l'homme qui gardoit sa porte et luy demanda s'il sçavoit qu'estoit devenu le cordelier; lequel luy compta toute la verité. Le gentil homme, certain de ceste meschanceté, retourna en la chambre de sa femme, et luy dist : « Pour certain, m'amie, celui qui a couché avecq vous et a faict de tant belles oeuvres est notre pere confesseur! » La damoiselle, qui toute sa vie avoit aymé son honneur, entra en ung tel desespoir, que, obliant toute humanité et nature de femme, le suplia à genoulx la venger de ceste grande injure. Parquoy, soubdain, sans autre delay, le gentil homme monta à cheval et poursuivit le cordelier.

La damoyselle demeura seule en son lict, n'ayant auprès d'elle conseil ne consolation, que son petit enfant nouveau né. Considerant le cas horrible et merveilleux qui luy estoit advenu, sans excuser son ignorance, se reputa comme coulpable et la plus malheureuse du monde. Et alors, elle, qui n'avoit jamais aprins des cordeliers, sinon la confiance des bonnes oeuvres, la satisfaction des peschez par austerité de vie, jeusnes et disciplines, qui du tout ignoroit la grace donnée par nostre bon Dieu par le merite de son Filz, la remission des pechez par son sang, la reconsiliation du pere avecq nous par sa mort, la vie donnée aux pescheurs par sa seule bonté et misericorde, se trouva si troublée, en l'assault de ce desespoir fondé sur l'enormité et gravité du peché, sur l'amour du mary et l'honneur du lignaige, qu'elle estima la mort trop plus heureuse que sa vie. Et, vaincue de sa tristesse, tumba en tel desespoir, qu'elle fut non seulement divertie de l'espoir que tout chrestien doibt avoir en Dieu, mais fut du tout alienée du sens commun, obliant sa propre nature. Alors, vaincue de la douleur, poulsée du desespoir, hors de la congnoissance de Dieu et de soymesmes, comme femme enragée et furieuse, print une corde de son lict et de ses propres mains s'estrangla. Et, qui pis est, estant en l'agonie de cette cruelle mort, le corps qui combatoit contre icelle se remua de telle sorte, qu'elle donna du pied sur le visaige de son petit enfant, duquel l'innocence ne le peut garentir, qu'il ne suyvist par mort sa doloreuse et dolente mere. Mais, en mourant, feit ung tel cry, que une femme, qui couchoit en la chambre, se leva à grande haste pour allumer la chandelle. Et, à l'heure, voyant sa maistresse pendue et estranglee à la corde du lict, l'enfant estouffé et mort dessoubz ses pieds, s'en courut toute effrayée en la chambre du frere de sa maistresse, lequel elle amena pour veoir ce piteux spectacle.

Le frere, ayant mené tel deuil que peut et doit mener ung qui ayme sa seur de tout son cueur, demanda à la chamberiere qui avoit commis ung tel crime. La chamberiere luy dist qu'elle ne sçavoit, et que autre que son maistre n'estoit entré en la chambre, lequel, n'y avoit gueres, en estoit party. Le frere, allant en la chambre du gentil homme et ne le trouvant point, creut asseurement qu'il avoit commis le cas, et, prenant son cheval sans autrement s'enquerir, courut après luy, et l'attaingnit en ung chemin où il retournoit de poursuyvre son cordelier, bien dolent de ne l'avoir attrappé. Incontinant que le frere de la damoiselle veit son beau frere, commencea à luy crier : « Meschant et lasche, defendez-vous, car aujourd'huy j'espere que Dieu me vengera de vous par ceste espée! » Le gentil homme, qui se vouloit excuser, veit l'espée de son beau frere si près de luy, qu'il avoit plus de besoing de se defendre que de s'enquerir de la cause de leur debat. Et lors se donnerent tant de coups et à l'un et à l'autre, que le sang perdu et la lasseté[1] les contraingnit de s'asseoir à terre, l'un d'un costé et l'autre de l'autre. Et, en reprenant leur halayne, le gentil homme luy demanda : « Quelle occasion, mon frere, a converty la grande amitié que nous nous sommes tousjours portée, en si cruelle bataille? » Le beau-frere luy respondit : « Mais quelle occasion vous a meu de faire mourir ma seur, la plus femme de bien qui oncques fut? Et encores si meschamment, que, soubz couleur de vouloir coucher avecq elle, l'avez perdue et estranglée à la corde de vostre lict? » Le gentil homme, entendant ceste parole, plus mort que vif, vint à son frere, et, l'embrassant, luy dist : « Est-il bien possible que vous ayez trouvé vostre seur en l'estat que vous dictes? » Et quand le frere l'en asseura : « Je vous prie, mon frere, dist le gentil homme, que vous oyez la cause pour laquelle je me suis party de la maison? » Et, à l'heure, il lui feit le compte du meschant cordelier. Dont le frere fut fort estonné, et encores plus marry de ce que contre raison il l'avoit assailly. Et, en luy demandant pardon, luy dist : « Je vous ay faict tort, pardonnez-moy! » Le gentil homme luy respond : « Si je vous ay faict tort, j'en ay ma pugnicion, car je suis si blessé, que je n'espere jamais en eschaper. » Le gentil homme essaya de le remonter à cheval le mieulx

---

[1] Lassitude.

qu'il put et le ramena en sa maison, où le lendemain il trespassa, et dist et confessa devant tous les parens du dict gentil homme, que luymesmes estoit cause de sa mort. Mais icelluy gentil homme, pour satisfaire à la justice, fut conseillé d'aller demander sa grace au Roy Françoys, premier de ce nom. Parquoy, après avoir faict enterrer honorablement mary, femme et enfant, s'en alla le sainct vendredy pourchasser sa remission à la court. Et la rapporta maistre François Olivier, lequel l'obtint pour le pauvre beau-frere, estant icelluy Olivier chancelier d'Alençon; et depuis par ses vertuz esleu du Roy pour chancellier de France[1].

« Mes dames, je crois que, après avoir entendu ceste histoire tres veritable, il n'y a aucune de vous qui ne pense deux fois à loger tels pellerins en sa maison : et sçaurez qu'il n'y a plus dangereux venin que celluy qui est dissimulé. — Pensez, dist Hircan, que ce mary estoit ung bon sot, d'amener ung tel galland soupper auprès d'une si belle et honneste femme? — J'ay veu le temps, dist Geburon, que en nostre pays il n'y avoit maison où il n'y eust chambre dediée[2] pour les beaux peres; mais maintenant ilz sont tant congneuz, qu'on les craint plus que advanturiers. — Il me semble, dist Parlamente, que une femme estant dans le lict, si ce n'est pour luy administrer les sacremens de l'Eglise, ne doibt jamais faire entrer prebstre en sa chambre ; et, quant je les y appelleray, on me pourra bien juger en danger de mort. — Si tout le monde estoit ainsy austere que vous, dist Ennasuitte, les pauvres prebstres seroient pis qu'excommuniez, d'estre separez de la veue des femmes. — N'en ayez point de paour, dist Saffredent, car ilz n'en auront jamais faulte. — Comment? dist Simontault ; ce sont ceulx qui par mariage nous lient aux femmes, qui essayent par leur meschanceté à nous en deslier et faire rompre le serment qu'ilz nous ont faict faire! — C'est grande pitié, dist Oisille, que ceulx qui ont l'administration des sacremens en jouent ainsy à la pelotte : on les debvroit brusler tout en vie. — Vous feriez bien mieulx de les honorer que de les

---

[1] François Olivier, fils de Jacques Olivier, qui fut premier président au parlement de Paris, et ensuite évêque d'Angers, remplit avec distinction diverses charges dans la haute magistrature et dans la diplomatie. Par la protection de la reine de Navarre, il obtint la garde des sceaux de France ; puis il fut nommé chancelier par lettres du roi du 18 avril 1545. Ce passage de l'*Heptaméron* a donc été écrit postérieurement à cette époque. Le chancelier Olivier, dont les talents et le caractère ne furent pas moins estimés sous les règnes de Henri II et de François II, mourut en 1560.

[2] Destinée, consacrée.

blasmer, dist Saffredent, et de les flatter que de les injurier ; car ce sont ceulx qui ont puissance de brusler et deshonorer les autres : parquoy, *sinite eos* [1] ; et sçachons qui aura la voix d'Oisille. » La compaignie trouva l'oppinion de Saffredent très bonne, et laissant là les prebstres, pour changer de propos, pria madame Oisille de donner sa voix à quelqu'un. « Je la donne, dist-elle, à Dagoucin, car je le voys entrer en contemplation telle, qu'il me semble preparé à dire quelque bonne chose. — Puis que je ne puis ne n'ose respondre, dist Dagoucin, à tout le moins parleray-je d'ung à qui telle cruauté porta nuysance et puis profit. Combien que Amour s'estime tant fort et puissant, qu'il veult aller tout nud, et luy est chose très ennuyeuse et à la fin importable d'estre couvert, si est-ce, mes dames, que bien souvent ceux qui, pour obeir à son conseil, s'advencent trop de le descouvrir, s'en trouvent mauvais marchans : comme il advint à ung gentil homme de Castille, duquel vous orrez [2] l'histoire. »

VINGT QUATRIESME NOUVELLE.

Elisor, pour s'estre trop advancé de decouvrir son amour à la Royne de Castille, fut si cruellement traité d'elle, en l'esprouvant, qu'elle luy apporta nuysance, puis profit.

En la maison du Roy et Royne de Castille [3], desquels les noms ne seront dicts, y avoit ung gentil homme si parfaict en toutes beaultez et bonnes conditions, qu'il ne trouvoit point son pareil en toutes les Espaignes. Chacun avoit ses vertuz en admiration, mais encores plus son estrangeté, car l'on ne congneut jamais qu'il aimast ne print aucune dame. Et si y en avoit en la court en très grand nombre, qui estoient dignes de faire brusler la glace, mais il n'y en eut point qui eust puissance de prendre ce gentil homme, lequel avoit nom Elisor.

La Royne, qui estoit femme de grande vertu, mais non du tout exempte de la flamme qui moins est congneue et plus brusle, regardant

---

[1] Allusion à ces paroles de Jésus dans l'Évangile : *Sinite parvulos venire ad me.*
[2] Entendrez ; du verbe *ouïr*, *oyr*.
[3] Ce sont sans doute Ferdinand d'Aragon et Isabelle de Castille, qui s'intitulaient *roi et reine de Castille.*

ce gentil homme qui ne servoit nulle de ses femmes, s'en esmerveilla ; et, ung jour, luy demanda s'il estoit possible qu'il aymast aussi peu qu'il en faisoit le semblant. Il luy respondit que, si elle voyoit son cueur comme sa contenance, elle ne luy feroit point ceste question. Elle, desirant sçavoir ce qu'il vouloit dire, le pressa si fort, qu'il confessa qu'il aymoit une dame qu'il pensoit estre la plus vertueuse de toute la chrestienté. Elle feit tous ses efforts, par prieres et commandemens, de vouloir sçavoir qui elle estoit, mais il ne fut point possible : dont elle feit semblant d'estre fort courroucée, et jura qu'elle ne parleroit jamais à luy, s'il ne luy nommoit celle qu'il aymoit tant ; dont il fut si fort ennuyé, qu'il fut contrainct de luy dire qu'il aymoit autant mourir, s'il falloit qu'il lui confessast ; mais, voyant qu'il perdoit sa veue et bonne grace, par faulte de dire une verité, tant honneste, qu'elle ne debvoit estre mal prise de personne, luy dist avec grande craincte : « Ma dame, je n'ay la force ni la hardiesse de le vous dire, mais la premiere fois que vous irez à la chasse, je vous la feray veoir ; et suis seur que vous jugerez que c'est la plus belle et parfaicte dame du monde. » Ceste response fut cause que la Royne alla plus tost à la chasse qu'elle n'eust faict. Elisor, qui en fut adverty, s'appresta pour l'aller servir, comme il avoit accoustumé ; et feit faire un grand mirouer d'acier en façon de hallecret[1], et, l'ayant mis devant son estomac, le couvrit très bien d'ung manteau de frise[2] noire qui estoit tout bordé de canetille et d'or frisé[3] bien richement. Il estoit monté sur un cheval maureau[4], fort bien enharnaché de tout ce qui estoit necessaire à cheval ; et, quelque metal[5] qu'il y eust, estoit tout d'or, esmaillé de noir, à ouvraige de Moresque[6] ; son chappeau estoit de soye noire, sur lequel estoit attachée une riche enseigne[7], où y avoit pour devise ung Amour, couvert par force, tout enrichi de pierreries. L'espée et le poignard n'estoient moins beaulx et bien faicts, ne de moins bonnes devises : bref, il estoit fort bien en ordre et encore plus adroict à cheval ; et le sçavoit si bien mener, que tous ceux qui le voyoient laissoient le passetemps de la chasse, pour

[1] Cuirasse, corselet. Ce mot, qu'on a fait dériver du grec, du latin et même de l'hébreu, est tout allemand.
[2] Drap de Frise, à longs poils.
[3] Galon d'or, drap d'or.
[4] Ayant le poil noir et brillant.
[5] C'est-à-dire : quel que fût le métal du harnois, il était tout doré et émaillé de noir.
[6] On appelait ainsi tout bon travail de damasquinerie.
[7] L'enseigne était, soit une médaille d'or, soit un autre joyau plus ou moins riche, qui s'attachait au chapeau des gentilshommes.

regarder les courses et les sauts que faisoit faire Elisor à son cheval.
Après avoir conduict la Royne jusques au lieu où estoient les toilles [1],
en telles courses et grands saults comme je vous ay dict, commencea
à descendre de son gentil cheval, et vint pour prendre la Royne et la
descendre de dessus sa hacquenée. Et, ainsi qu'elle luy tendoit les bras,
il ouvrit son manteau de devant son estomac, et la prenant entre les
siens, luy monstrant son hallecret de mirouer, luy dist : « Ma dame,
je vous supplie de regarder icy ! » Et, sans attendre response, la meist
doulcement à terre. La chasse finée [2], la Royne retourna au chasteau,
sans parler à Elisor; mais, après soupper, elle l'appela, luy disant qu'il
estoit le plus grand menteur qu'elle avoit jamais veu, car il luy avoit
promis de luy monstrer à la chasse celle qu'il aymoit le plus, ce qu'il
n'avoit faict : parquoy, elle avoit deliberé de ne faire jamais estime ne
cas de luy. Elisor, ayant paour que la Royne n'eust pas entendu ce
qu'il luy avoit dict, lui respondit qu'il n'avoit failly à son commandement, car il luy avoit monstré non la femme seulement, mais la chose
du monde qu'il aymoit le plus. Elle, faisant la mescongneue [3], luy dict
qu'elle n'avoit point entendu qu'il luy eust monstré une seule de ses
femmes. « Il est vray, ma dame, dist Elisor; mais qui vous ay-je monstré, en vous descendant de cheval? — Rien, dist la Royne, sinon ung
mirouer devant vostre estomach. — En ce mirouer, qu'est-ce que vous
avez veu? dist Elisor. — Je n'y ay veu que moy seule! » respondit la
Royne. Elisor luy dist : « Donocques, ma dame, pour obeir à vostre
commandement, vous ay-je tenu promesse, car il n'y a ne aura jamais
aultre ymaige en mon cueur, que celle que vous avez veue au dehors
de mon estomach; et ceste-là seule veulx-je aymer, reverer et adorer,
non comme femme, mais comme mon Dieu en terre, entre les mains de
laquelle je mects ma mort et ma vie; vous suppliant que ma parfaicte
et grande affection, qui a esté ma vie tant que je l'ay portée couverte,
ne soit ma mort en la descouvrant. Et si ne suis digne d'estre de
vous regardé ny accepté pour serviteur, au moins souffrez que je vive,
comme j'ay accoustumé, du contentement que j'ay, dont mon cueur a
osé choisir pour le fondement de son amour ung si parfaict et digne
lieu, duquel je ne puis avoir autre satisfaction que de sçavoir que mon
amour est si grande et parfaicte, que je me doibve contenter d'aymer
seulement, combien que jamais je ne puisse estre aymé. Et, s'il ne

---

[1] Filets de chasse.
[2] Pour *finie*.
[3] Jouant l'ignorante.

vous plaist, par la congnoissance de ceste grande amour, m'avoir plus aggreable que vous n'avez accoustumé, au moins ne m'ostez pas la vie, qui consiste au bien que j'ay de vous veoir comme j'ay accoustumé. Car je n'ay de vous nul bien que autant qu'il en fault pour mon extreme necessité : et, si j'en ay moins, vous en aurez moins de serviteurs, en perdant le meilleur et le plus affectionné que vous eustes oncques ny pourriez jamais avoir. » La Royne, ou pour se monstrer autre qu'elle n'estoit, ou pour experimenter à la longue l'amour qu'il luy portoit, ou pour en aymer quelque autre qu'elle ne vouloit laisser pour luy, ou bien le reservant, quand celluy qu'elle aymoit feroit quelque faulte, pour luy bailler sa place, dist, d'un visage ne courroucé ne content : « Elisor, je ne vous diray point, comme ignorant l'auctorité d'amour, quelle follie vous a esmeu de prendre une si haulte et difficile oppinion que de m'aymer, car je sçay que le cueur de l'homme est si peu à son commandement, qu'il ne le faict pas aymer et haïr où il veult; mais, pource que vous avez si bien couvert vostre oppinion, je desire sçavoir combien il y a que vous l'avez prinse? » Elisor, regardant son visage tant beau, et voyant qu'elle s'enqueroit de sa maladie, espera qu'elle luy vouloit donner quelque remede. Mais, voyant sa contenance si grave et si saige qui l'interrogeoit, d'autre part tumboit en une craincte, pensant estre devant le juge dont il doubtoit sentence estre contre luy donnée. Si est-ce qu'il luy jura que cest amour avoit prins racine en son cueur, dès le temps de sa grande jeunesse, mais qu'il n'en avoit senty nulle peine, sinon depuis sept ans; non peine, à dire vray, mais une malladie, donnant tel contantement que la guarison estoit la mort. « Puis qu'ainsy est, dist la Royne, que vous avez desja experimenté une si longue fermeté, je ne doibz estre moins legiere à vous croire, que vous avez esté à me dire vostre affection. Parquoy, s'il est ainsi que vous dictes, je veulx faire telle preuve de la verité que je n'en puisse jamais doubter : et, après la preuve de la peine faicte, je vous estimeray tel envers moy, que vous mesmes jurez estre ; et, vous congnoissant tel que vous dictes, vous me trouverez telle que vous desirez. » Elisor la supplia de faire de luy telle preuve qu'il luy plairoit, car il n'y avoit chose si difficile, qui ne luy fust très aysée pour avoir cest honneur qu'elle peust congnoistre l'affection qu'il luy portoit, la suppliant de rechef de luy commander ce qu'il luy plairoit qu'il feist. Elle luy dist : « Elisor, si vous m'aymez autant comme vous dictes, je suis seure que, pour avoir ma bonne grace, rien ne vous sera fort à faire. Parquoy, je vous commande, sur tout le desir que vous avez de l'avoir et craincte de la perdre, que, dès demain au matin, sans plus me veoir, vous partiez de ceste compagnie, et vous alliez en lieu où vous n'aurez de moy, ne moy de vous, une seule nouvelle jusque d'huy en sept ans. Vous, qui avez passé sept ans en cest amour, sçavez bien que vous m'aymez : mais, quand j'auray faict pareille experience sept ans durans, je sçauray à l'heure et je croiray ce que vostre parole ne me peut faire croire ne entendre. » Elisor, oyant ce cruel commandement, d'un costé doubta qu'elle le vouloit esloingner de sa presence, et, de l'autre costé, esperant que la preuve parleroit mieulx pour luy que sa parole, accepta son commandement et luy dist : « Si j'ay vescu sept ans sans nulle esperance, portant ce feu couvert, à ceste heure qu'il est congneu de vous, passeray-je ces sept ans en meilleure patience et esperance que je n'ay faict les autres. Mais, Madame, obeissant à vostre commandement, par lequel je suis privé de tout le bien que j'avois en ce monde, quelle esperance me donnez vous, au bout des sept ans, de me recongnoistre pour fidele et loyal serviteur ? » La Royne luy dist, tirant ung anneau de son doigt : « Voylà ung anneau que je vous donne; couppons-le tous deux par la moictié; j'en garderay l'une, et vous, l'autre, à fin que, si le long temps avoit puissance de m'oster la memoire de vostre visaige, je vous puisse congnoistre par ceste moictié d'anneau semblable à la mienne[1]. » Elisor print l'anneau et le rompit en deux, et en bailla une moictié à la Royne et retint l'autre. Et, en prenant congé d'elle, plus mort que ceulx qui ont rendu l'ame, s'en alla en son logis donner ordre à son partement. Ce qu'il feit en telle sorte, qu'il envoya tout son train en sa maison, et luy seul s'en alla avecq ung varlet en ung lieu si solitaire, que nul de ses parens et amis durant les sept ans n'en peut avoir nouvelles. De la vie qu'il mena durant ce temps, et de l'ennuy qu'il porta pour ceste absence, ne s'en peut rien sçavoir, mais ceulx qui ayment ne le peuvent ignorer. Au bout des sept ans, justement ainsi que la Royne alloit à la messe, vint à elle ung hermite portant une grande barbe, qui, en luy baisant

---

[1] Les anneaux coupés par moitié et divisés entre deux personnes, comme signe d'intelligence ou de reconnaissance, se retrouvent fréquemment dans les histoires romanesques et galantes de cette époque. C'est à un pareil moyen que le comte de Châteaubriant avoit eu recours, selon la célèbre anecdote racontée par Varillas, pour avertir sa femme, la belle Françoise de Foix, de se rendre à la cour de François Ier. Celui-ci, apprenant que la comtesse ne viendrait pas avant d'avoir reçu la moitié d'anneau conservée par son mari, lui en fait envoyer une semblable, et la comtesse arrive de Bretagne pour devenir la maitresse du roi. Si cette anecdote est vraie, Marguerite l'avait peut-être présente à la mémoire en écrivant sa Nouvelle.

la main, luy presenta une requeste qu'elle ne regarda soubdainement, combien qu'elle avoit accoustumé de prendre de sa main toutes les requestes qu'on luy presentoit, quelque pauvres que ce feussent. Ainsi qu'elle estoit à moictié de la messe, ouvrit sa requeste, dans laquelle trouva la moictié de l'anneau qu'elle avoit baillé à Elisor : dont elle fut fort esbahye et non moins joyeuse. Et, avant lire ce qui estoit dedans, commanda soubdain à son aumosnier qu'il luy feist venir ce grand hermite qui luy avoit presenté la requeste. L'aumosnier le chercha par tous costez, mais il ne fut possible d'en sçavoir nouvelles, sinon que quelqu'un luy dist l'avoir veu monter à cheval ; mais il ne sçavoit quel chemin il prenoit. En attendant la response de l'aumosnier, la Royne leut la requeste qu'elle trouva estre une epistre aussi bien faicte qu'il estoit possible. Et, si n'estoit le desir que j'ay de la vous faire entendre, je ne l'eusse jamais osé traduire, vous priant de penser, mes dames, que le langage castillan est sans comparaison mieulx declarant ceste passion que ung autre. Si est-ce que la substance en est telle :

> Le temps m'a faict, par sa force et puissance,
> Avoir d'amour parfaicte congnoissance.
> Le temps après m'a esté ordonné,
> Et tel travail durant ce temps donné,
> Que l'incredule a, par le temps, peu veoir
> Ce que l'amour ne luy a faict sçavoir.
> Le temps, lequel avoit faict l'amour maistre
> Dedans mon cueur, l'a monstrée enfin estre
> Tout tel qu'il est : parquoy, en le voyant,
> Ne l'ay cogneu tel comme en le croyant.
> Le temps m'a faict veoir sur quel fondement
> Mon cueur vouloit aymer si fermement.
> Ce fondement estoit vostre beaulté,
> Soubz qui estoit couverte cruaulté.
> Le temps m'a faict veoir beaulté estre rien,
> Et cruaulté cause de tout mon bien,
> Par qui je fus de la beaulté chassé,
> Dont le regard j'avois tant pourchassé.
> Ne voyant plus vostre beaulté tant belle,
> J'ay mieulx senty vostre rigueur rebelle.
> Je n'ay laissé vous obeir pourtant,
> Dont je me tiens très heureux et coutant :
> Veu que le temps, cause de l'amitié,
> A eu de moy par sa longueur pitié,
> En me faisant ung si honneste tour,
> Que je n'ay eu desir de ce retour,
> Fors seulement pour vous dire en ce lieu
> Non ung bonjour, mais ung parfaict adieu.
> Le temps m'a faict veoir amour pauvre et nu
> Tout tel qu'il est et dont il est venu :

Et, par le temps, j'ay le temps regretté
Autant ou plus que l'avois soubhaicté,
Conduict d'amour qui aveugloit mes sens,
Dont rien de luy fors regret je ne sens.
Mais, en voyant cet amour decepvable,
Le temps m'a faict veoir l'amour veritable,
Que j'ai congneu en ce lieu solitaire,
Où par sept ans m'a fallu plaindre et taire.
J'ay, par le temps, congneu l'amour d'en hault,
Lequel estant congneu, l'autre deffault.
Par le temps suis du tout à luy rendu,
Et par le temps de l'autre deffendu.
Mon cueur et corps luy donne en sacrifice,
Pour faire à luy, et non à vous, service.
En vous servant rien m'avez estimé,
Et j'ay le rien, en offensant, aymé.
Mort me donnez pour vous avoir servie :
En le fuyant, il me donne la vie.
Or, par ce temps, amour, plein de bonté,
A l'autre amour si vaincu et dompté,
Que mis à rien est retourné à vent,
Qui fut pour moy trop doulx et decepvant.
Je le vous quicte et rends du tout entier,
N'ayant de vous ne de luy nul mestier[1].
Car l'autre amour parfaicte et pardurable
Me joinct à luy d'un lien immuable.
A luy m'en voys, là me veulx asservir,
Sans plus ne vous ne vostre Dieu servir.
Je prends congé de cruaulté, de peine,
Et du torment du desdaing, de la haine,
Du feu bruslant dont vous estes remplye
Comme en beaulté très parfaicte acomplye.
Je ne puis mieulx dire adieu à tous maux,
A tous malheurs et douloureux travaulx,
Et à l'enfer de l'amoureuse flamme,
Qu'en ung seul mot vous dire : Adieu, madame!
Sans nul espoir, où que soye ou soyez,
Que je vous voye ne que vous me voyez.

Ceste epistre ne fut pas leue sans grandes larmes et estonnemens, accompaignez de regrets incroïables. Car la perte qu'elle avoit faicte d'un serviteur remply d'une amour si parfaicte, debvoit estre estimée si grande, que nul tresor, ny mesme son royaulme ne luy pouvoient oster le tiltre d'estre la plus pauvre et miserable dame du monde, pour ce qu'elle avoit perdu ce que tous les biens du monde ne pouvoient recouvrer. Et, après avoir achevé d'oyr la messe et retourné en sa chambre, feit ung tel duel que sa cruaulté meritoit. Et n'y eut mon-

---

[1] Besoin.

VINGT QUATRIESME NOUVELLE.

taigne, roche, ne forest, où elle n'envoyast chercher cest hermite ; mais Celluy qui l'avoit retiré de ses mains le garda d'y retumber, et le mena plustost en paradis, qu'elle n'en sceut avoir nouvelle en ce monde.

« Par ceste exemple, ne doibt le serviteur confesser ce qui luy peult nuire et en rien ayder. Et encores moins, mes dames, par incredulité, debvez-vous demander preuve si difficile, que, en ayant la preuve, vous perdiez le serviteur. — Vrayement, Dagoucin, dist Geburon, j'avois toute ma vie oye estimer la dame à qui le cas est advenu, la plus vertueuse du monde ; mais maintenant je la tiens la plus cruelle que oncques fust. — Toutesfois, dist Parlamente, il me semble qu'elle ne luy faisoit point de tort de vouloir esprouver sept ans s'il aymoit autant qu'il luy disoit ; car les hommes ont tant accoustumé de mentir en pareil cas, que, avant que s'y fier (si fier il s'y fault), on n'en peult faire trop longue preuve. — Les dames, dist Hircan, sont bien plus saiges qu'elles ne souloient : car, en sept jours de preuve, elles ont autant de seureté d'un serviteur, que les autres avoient par sept ans. — Si en a-il, dist Longarine, en ceste compaignie, que l'on a aymée plus de sept ans à toutes preuves de harquebuse, encores n'a l'on sceu gaingner leur amitié. — Par Dieu, dist Simontault, vous dictes vray, mais aussi les doibt-on mettre au rang du viel temps, car, au nouveau, ne seroient-elles point receues. — Encores, dist Oisille, fut bien tenu ce gentil homme à la dame, par le moyen de laquelle il retourna entierement son cueur à Dieu ? — Ce luy fut grand heur, dist Saffredent, de trouver Dieu par les chemins, car, veu l'ennuy où il estoit, je m'esbahis qu'il ne se donna au diable. » Ennasuitte luy dist : « Et quand vous avez esté mal traicté de vostre dame, vous estes vous donné à ung tel maistre ? — Mil et mil fois m'y suis donné, dist Saffredent ; mais le diable, voyant que tous les tormens d'enfer ne m'eussent sceu faire pis que ceulx qu'elle me donnoit, ne me daigna jamais prendre, sçachant qu'il n'est point diable plus importable que une dame bien aymée et qui ne veult point aymer. — Si j'estois comme vous, dist Parlamente à Saffredent, avecq telle oppinion que vous avez, je ne servirois femme. — Mon affection est tousjours telle, dist Saffredent, et mon erreur si grande, que là où je ne puis commander, encores me tiens-je très heureux de servir ; car la malice des dames ne peut vaincre l'amour que je leur porte. Mais, je vous prie, dictes-moy, en vostre conscience, louez-vous ceste dame d'une si grande rigueur ? — Ouy, dist Oisille, car je croy qu'elle ne vouloit estre aymée ny aymer. —

Si elle avoit ceste volunté, dist Simontault, pourquoy luy donnoit-elle quelque esperance après les sept ans passez? — Je suis de vostre oppinion, dist Longarine; car celles qui ne veulent point aymer ne donnent nulle occasion de continuer l'amour qu'on leur porte. — Peut estre, dist Nomerfide, qu'elle en aymoit quelque autre qui ne valoit pas cest honneste homme-là, et que pour ung pire elle laissa le meilleur. — Par ma foy, dist Saffredent, je pense qu'elle faisoit provision de luy, pour le prendre à l'heure qu'elle laisseroit celluy que pour lors elle aymoit le mieulx. » Madame Oisille, voyant que soubz couleur de blasmer et reprendre en la Royne de Castille ce qu'à la verité n'est à louer ni en elle ni en autre, les hommes debordoient si fort à medire des femmes et que les plus saiges et honnestes estoient aussi peu espargnées que les plus folles et impudiques, ne peut durer que l'on passa plus outre; mais print la parole et dist : « Je voy bien, dist Oisille, que tant plus nous mettrons ces propos en avant, et plus ceux qui ne veulent estre mal traictez diront de nous le pis qu'il leur sera possible. — Parquoy, je vous prie, Dagoucin, donnez vostre voix à quelqu'une? — Je la donne, dist-il, à Longarine, estant asseuré qu'elle nous en dira quelqu'une qui ne sera point melencolique, et si n'espargnera homme ne femme pour dire verité. — Puis que vous m'estimez si veritable, dist Longarine, je prendray la hardiesse de racompter ung cas advenu à un bien grand prince, lequel passe en vertu tous les autres de son temps. Et vous direz que la chose dont on doibt moins user sans extreme necessité, c'est de mensonge ou dissimulation : qui est ung vice laid et infame, principallement aux princes et grands seigneurs, en la bouche et contenance desquels la verité est mieux seante que en nul autre. Mais il n'y a si grand prince en ce monde, combien qu'il eust tous les honneurs et richesses qu'on sçauroit desirer, qui ne soit subject à l'empire et tyrannie d'Amour. Et semble que plus le prince est noble et de grand cueur, plus amour faict son effort pour l'asservir soubz sa forte main; car ce glorieux dieu ne tient compte des choses communes, et ne prend plaisir Sa Majesté, que à faire tous les jours miracles, comme d'affoiblir les forts, fortisfier les foibles, donner intelligence aux ignorans, oster le sens aux plus sçavans, favoriser aux passions, destruire la raison ; et l'amoureuse divinité prend plaisir en telles mutations. Et, pource que les princes n'en sont exemptz; aussi, ne sont-ilz de necessité ; or, s'ilz ne sont quietes de la necessité en laquelle les met le desir de la servitude d'amour, par force leur est non seulement permis d'user de mensonge, ypocrisie et fiction, qui sont les moyens de vaincre leurs ennemis, selon la doctrine de maistre Jehan de Mehun[1]. Or, puis que en tel acte est louable à ung prince la condition qui en tous autres est à desestimer, je vous racompteray les inventions d'un jeune prince, par lesquelles il trompa ceulx qui ont accoustumé de tromper tout le monde. »

VINGT CINQUIESME NOUVELLE.

Un jeune prince, soubz couleur de visiter son advocat, et communiquer de ses affaires avec luy, entretint si paisiblement sa femme, qu'il eut d'elle ce qu'il en demandoit[2].

EN la ville de Paris y avoit ung advocat, plus estimé que nul autre de son estat ; et, pour estre serché d'un chascun à cause de sa suffi-

---

[1] Continuateur du célèbre *Roman de la Rose*, commencé par Guillaume de Lorris, dit Clopinel, au commencement du treizième siècle, et terminé par Jean de Meung. Ce roman, ou plutôt ce poëme allégorique et métaphysique, étoit regardé au moyen âge comme le code ou *doctrinal* de l'amour.

[2] François Ier est le héros de cette aventure et la reine de Navarre le désigne de manière à le faire reconnaître ; mais elle ne nous révèle pas toutes les particularités de l'amour de ce *grand prince* pour la femme d'un avocat de Paris, nommé *Le Féron*. La tradition, qui parle toujours si haut dans l'histoire de la vie privée des princes, a immortalisé le nom de la *belle Ferronnière*, tout en l'accusant d'avoir été la cause involontaire de la mort de son royal amant, qui fut victime de la vengeance du mari jaloux. Cette tradition a été recueillie, dès la fin du seizième siècle, par le médecin Louis Guyon, sieur de la Nauche, âgé de plus de quatre-vingts ans, à l'époque où il rassemblait ses souvenirs sous le titre de *Diverses leçons* (Lyon, 1610, 3 vol. in-8°). Voici le curieux récit de ce contemporain digne de foi : « François Ier recherça la femme d'un advocat de Paris très belle et de très bonne grace, que je ne veux nommer, car il a laissé des enfans pourvus de grands estats, et qui sont gens de bonne renommée : auquel jamais cette dame ne voulut oncques complaire ; ains, au contraire, le renvoyoit avec beaucoup de rudes paroles, dont le Roy estoit contristé. Ce que connoissans aucuns courtisans et maquereaux royaux, dirent au Roy qu'il la pouvoit prendre d'auctorité et par la puissance de sa royauté. Et de fait l'un d'eux alla dire à ceste dame, laquelle le dit à son mary. L'advocat voyoit bien qu'il falloit que luy et sa femme vuidassent le royaume, encore auroient-ils beaucoup à faire à se sauver, s'ils ne luy obeissoient. Enfin le mary dispense sa femme de s'accomoder à la volonté du Roy ; et, afin de n'empescher rien en ceste affaire, il fit semblant d'avoir affaire aux champs pour huit ou dix jours. Ce pendant, il se tenoit caché dans la ville de Paris, frequentant les bourdeaux, cherchant la verole pour la donner à sa femme, afin que le Roy la print d'elle ; et trouve incontinent ce qu'il cherchoit et en infecta sa femme, et elle puis après le

sance, estoit devenu le plus riche de tous ceux de sa robbe. Mais, voyant qu'il n'avoit eu nulz enfans de sa premiere femme, espera d'en avoir d'une seconde. Et, combien que son corps fust vicieux, son cueur ne son esperance n'estoient point morts : parquoy il alla choisir une des plus belles filles qui fut dedans la ville, de l'aage de dix huit à dix neuf ans, fort belle de visaige et de teinct, et encores plus de taille et d'embonpoint. Laquelle il ayma et traicta le mieulx qu'il luy fut possible ; mais si n'eut-elle de luy non plus d'enfans que la premiere, dont à la longue elle se fascha. Parquoy, la jeunesse, qui ne peut souffrir ung ennuy, lui feit chercher recreation ailleurs qu'en sa maison ; et alla aux dances et bancquetz, toutesfois si honnestement que son mary n'en pouvoit prendre mauvaise oppinion : car elle estoit tousjours en la compaignie de celles à qui il avoit fiance.

Ung jour qu'elle estoit à une nopce, s'y trouva ung bien grand prince, qui, en me faisant le compte, m'a deffendu de le nommer. Si vous puis-je bien dire que c'estoit le plus beau et de la meilleure grace, qui ait esté devant, ne qui, je croy, sera après luy en ce royaulme[1]. Ce prince, voyant ceste jeune et belle dame, de laquelle les oeilz et contenance le convierent à l'aymer, vint parler à elle d'un tel langaige et de telle grace, qu'elle eust voluntiers commencé ceste harangue. Ne luy dissimula point que de long temps elle avoit en son cueur l'amour dont il la prioit, et qu'il ne se donnast point de peine pour la persuader à une chose où par la seule veue Amour l'avoit faict consentir. Ayant ce jeune prince par la naïfveté d'amour ce qui meritoit bien estre acquis par le temps, mercia Dieu qui luy favorisoit. Et, depuis ceste heure-là, pourchassa si bien son affaire, qu'ilz accorderent ensemble le moyen comme ilz se pourroient veoir hors de la

Roy, lequel la donna à plusieurs autres femmes qu'il entretenoit : et n'en peut jamais bien guerir, car, tout le reste de sa vie, il fut mal sain, chagrin, fascheux, inaccessible. »

[1] La reine de Navarre, en rapportant une anecdote qu'elle tenait de la propre bouche de son frère, ne nous dit pas à quelle époque le fait a eu lieu ; mais, si la belle Ferronnière est, comme nous le pensons, l'héroïne de l'aventure, on peut faire un rapprochement de dates tout naturel entre l'amour du roi pour cette femme et la maladie dont il fut affligé en 1538. Mézeray, dans son *Abrégé chronologique de l'Histoire de France*, parle de « la longue maladie du Roi, dans Compiègne, causée par un ulcère aux parties que la pudeur défend de nommer. Sa Majesté en guérit alors, mais elle en mourut neuf ans après. » Mézeray ajoute plus loin : « J'ai entendu dire quelquefois qu'il avoit pris ce mal de la belle Ferronnière, l'une de ses maîtresses, dont le portrait se voit encore aujourd'hui dans quelques cabinets curieux. »

veue des autres. Le lieu et le temps accordez, le jeune prince ne faillit à s'y trouver : et, pour garder l'honneur de sa dame, y alla en habit dissimulé. Mais, à cause des Mauvais Garsons¹ qui couroient la nuict par la ville, auxquels il ne se vouloit faire congnoistre, print en sa compaignie quelques gentils hommes auxquels il se fioit. Et, au commencement de la rue où elle demeuroit, les laissa, disant : « Si vous n'oyez point de bruict dedans ung quart d'heure, retirez-vous en voz logis ; et, sur les trois ou quatre heures, revenez icy me querir. » Ce qu'ilz feirent, et, n'oyans nul bruict, se retirerent. Le jeune prince s'en alla tout droict chez son advocat, et trouva la porte ouverte, comme on luy avoit promis. Mais, en montant le degré, rencontra le mary qui avoit en sa main une bougie, duquel il fut plus tost veu qu'il ne le peut adviser. Toutesfois, amour qui donne entendement et hardiesse où il baille les necessitez, feit que le jeune prince s'en vint tout droict à luy, et luy dist : « Monsieur l'advocat, vous sçavez la fiance que moy et tous ceulx de ma maison avons eue en vous, et que je vous tiens de mes meilleurs et fidelles serviteurs. J'ay bien voulu venir icy vous visiter privement, tant pour vous recommander mes affaires, que pour vous prier de me donner à boire, car j'en ay grand besoing ; et de ne dire à personne du monde, que je soye ici venu, car, de ce lieu, m'en fault aller en ung aultre où je ne veulx estre congneu. » Le bon homme advocat fut tant ayse de l'honneur que ce prince luy faisoit de venir ainsi privement en sa maison, qu'il le mena en sa chambre, et dist à sa femme qu'elle apprestast la collation des meilleurs fruicts et confitures qu'elle eust ; ce qu'elle feit très voluntiers et apporta la plus honneste qu'il luy fut possible. Et, nonobstant que l'habillement qu'elle portoit d'un couvrechef et manteau la montrast plus belle qu'elle n'avoit accoustumé, si ne feit pas le jeune prince semblant de la regarder ne congnoistre ; mais parloit tousjours à son mary de ses affaires, comme à celluy qui les avoit manyées de longue main. Et, ainsi que la dame tenoit à genoux les confitures devant le prince, et que le mary alla au buffet pour luy donner à boire, elle luy dist que, au partir de la chambre, il ne faillist d'entrer en une garderobbe,

¹ On appela *mauvais garçons* une bande considérable de voleurs qui s'étaient rassemblés dans les bois autour de Paris, durant la captivité de François 1ᵉʳ en Espagne, et qui venaient, la nuit, porter le pillage et l'incendie au milieu de la ville. Ils eurent plusieurs engagements avec les troupes régulières que la régente envoya contre eux ; on prit et l'on exécuta leur chef, nommé le *roi Guillot* ; on parvint à les disperser. Mais les debris de cette bande redoutable continuèrent longtemps à infester les rues et les environs de la capitale.

à main droicte, où bien tost après elle le iroit veoir. Incontinant après qu'il eust beu, remercia l'advocat, lequel le vouloit à toutes forces accompaigner; mais il l'asseura que, là où il alloit, n'avoit que faire de compaignie. Et, en se retournant devers sa femme, luy dist : « Aussi, je ne vous veulx faire tort de vous oster ce bon mary, lequel est de mes antiens serviteurs. Vous estes si heureuse de l'avoir, que vous avez bien occasion d'en louer Dieu et de le bien servir et obeir ; et, en faisant du contraire, seriez bien malheureuse. » En disant ces honnestes propos, s'en alla le jeune prince, et fermant la porte après soy, pour n'estre suivy au degré, entra dedans la garderobbe, où, après que le mary fut endormy, se trouva la belle dame, qui le mena dedans ung cabinet le mieux en ordre qu'il estoit possible, combien que les deux plus belles ymaiges qui y feussent estoient luy et elle, en quelques habillemens qu'ils se voulsissent mettre. Et là je ne fais doubte qu'elle ne luy tint toutes ses promesses.

De là se retira, à l'heure qu'il avoit dict à ses gentilz hommes, lesquelz il trouva au lieu où il leur avoit commandé de l'attendre. Et, pource que ceste vie dura assez longuement, choisit le jeune prince ung plus court chemin pour y aller, c'est qu'il passoit par ung monastere de religieux. Et, avoit si bien faict envers le prieur, que tousjours environ minuict le portier luy ouvroit la porte, et pareillement, quand il s'en retournoit. Et, pource que la maison où il alloit estoit près de là[1], ne menoit personne avecq luy. Et, combien qu'il menast la vie que je vous dy, si estoit-il prince craignant et aymant Dieu. Et ne failloit jamais, combien que à l'aller il ne s'arrestast point, de demeurer, au retour, long temps en oraison en l'eglise; qui donna grande occasion aux religieux, qui entrans et saillans[2] de matines le voyoient à genoux, d'estimer que ce fust le plus sainct homme du monde.

Ce prince avoit une seur[3], qui frequentoit fort ceste religion[4]; et comme celle qui aymoit son frere plus que toutes les creatures du monde, le recommandoit aux prieres d'ung chascun qu'elle pouvoit

---

[1] Une tradition, qui s'était perpétuée dans la bourgeoisie de Paris, indiquait la rue de l'Hirondelle comme ayant été le théâtre des amours du roi avec la belle Ferronnière ; mais nous ne trouvons aucun monastere de religieux qui ait existé dans le voisinage de la rue de l'Hirondelle, où l'on montrait encore de nos jours un grand hôtel orné de sculptures, parmi lesquelles on distinguait les chiffres couronnés et la salamandre de François Iᵉʳ.

[2] Sortant.

[3] C'est Marguerite d'Angoulême, sœur unique du roi.

[4] Maison religieuse.

congnoistre bon. Et, ung jour qu'elle le recommandoit affectueusement au prieur de ce monastere, il luy dist : « Helas, Madame! qui est-ce que vous me recommandez? Vous me parlez de l'homme du monde, aux prieres duquel j'ay plus grande envie d'estre recommandé; car, si cestuy-là n'est sainct et juste (alleguant le passaige que : « Bien heureux est qui peut mal faire et ne le faict pas »), je n'espere pas d'estre trouvé tel. » La seur, qui eut envie de sçavoir quelle congnoissance ce beau pere avoit de la bonté de son frere, l'interrogea si fort, que, en luy baillant ce secret, soubz le voile de confession, luy dist : « N'est-ce pas une chose admirable, que de veoir ung prince jeune et beau laisser les plaisirs et son repos, pour venir bien souvent oyr nos matines? Non comme prince, serchant l'honneur du monde, mais comme ung simple religieux, vient tout seul se cacher en une de noz chapelles. Sans faulte, ceste bonté rend les religieux et moy si confuz, que auprès de luy ne sommes dignes d'estre appellez religieux. » La seur, qui entendit ces paroles, sceut que croire; car, nonobstant que son frere fust bien mondain, si sçavoit-elle qu'il avoit la conscience très bonne, la foy et l'amour en Dieu bien grande, mais de sercher superstitions ne ceremonies aultres que ung bon chrestien doibt faire, ne l'en eust jamais soupsonné. Parquoy, elle s'en vint à luy, et luy compta la bonne opinion que les religieux avoient de luy : dont il ne se peut garder de rire avecq ung visage tel, qu'elle, qui le congnoissoit comme son propre cueur, congneut qu'il y avoit quelque chose cachée soubz sa devotion; et ne cessa jamais, qu'il ne luy eust dict la verité : ce que, elle m'a faict mettre ici en escript, à fin que vous congnoissiez, mes dames, qu'il n'y a malice d'advocat ne finesse de religieux (qui sont coutumiers de tromper tous autres), que Amour, en cas de necessité, ne face tromper par ceulx qui n'ont aultre experience que de bien aymer.

« Et, puis qu'Amour sçait tromper les trompeurs, nous aultres simples et ignorans le devons bien craindre. — Encores, dist Geburon, que je me doubte bien qui c'est, si faut-il que je dye qu'il est louable en ceste chose; car l'on veoit peu de grans seigneurs qui se soulcient de l'honneur des femmes, ny du scandale public, mais qu'ilz ayent leur plaisir; et souvent sont contens que l'on pense pis qu'il n'y a. — Vrayement, dist Oisille, je voudrois que tous les jeunes seigneurs y prinssent exemple, car le scandale est souvent pire que le peché. — Pensez, dist Nomerfide, que les prieres qu'il faisoit au monas-

12.

tere où il passoit, estoient bien fondées! — Si n'en debvez-vous point juger, dist Parlamente, car peult estre, au retour, que la repentance en estoit telle, que le peché luy estoit pardonné. — Il est bien difficile, dist Hircan, de se repentir d'une chose si plaisante. Quant est de moy, je m'en suis souventesfois confessé, mais non pas gueres repenty. — Il vauldroit mieux, dist Oisille, ne se confesser point, si l'on n'a bonne repentance. — Or, Madame, dist Hircan, le peché me desplaist bien, et suis marry d'offenser Dieu, mais le peché me plaist tousjours. — Vous et vos semblables, dist Parlamente, vouldriez bien qu'il n'y eust ne Dieu ne loy, sinon celle que vostre affection ordonneroit? — Je vous confesse, dist Hircan, que je vouldrois que Dieu print aussi grand plaisir à mes plaisirs, comme je fais, car je luy donnerois souvent matiere de se resjouir. — Si ne ferez-vous pas ung Dieu nouveau, dist Geburon; parquoy fault obeir à celluy que nous avons. Laissons ces disputes aux theologiens, à fin que Longarine donne sa voix à quelqu'un. — Je la donne, dist-elle, à Saffredent. Mais je le prie qu'il nous face le plus beau compte qu'il se pourra adviser, et qu'il ne regarde point tant à dire mal des femmes, que, là où il aura du bien, il en veuille monstrer la verité. — Vrayement, dist Saffredent, je l'accorde, car j'ay en main l'histoire d'une folle et d'un saige : vous prendrez l'exemple qu'il vous plaira mieulx. Et congnoistrez que, tout ainsi que amour faict faire aux meschans des meschancetez, en ung cueur honneste faict faire choses dignes de louange; car, amour, de soy, est bon, mais la malice du subject luy faict souvent prendre ung nouveau surnom de fol, legier, cruel, ou villain. Toutesfois, par l'histoire que je vous veulx à present racompter, pourrez veoir qu'amour ne change point le cueur, mais le monstre tel qu'il est, fol aux fols, et saige aux saiges. »

VINGT SIXIESME NOUVELLE.

Par le conseil et affection fraternelle d'une saige dame, le seigneur d'Avannes se retira de la folle amour qu'il portoit à une gentille femme demeurant à Pampelune.

IL y avoit, au temps du Roy Loys douziesme, ung jeune seigneur, nommé monsieur d'Avannes, fils du sire d'Albret, frere du Roy Jehan de Navarre[1], avec lequel le dict seigneur d'Avannes, demoroit ordinairement. Or estoit le jeune seigneur, de l'aage de quinze ans, tant beau et tant plain de toutes bonnes graces, qu'il sembloit n'estre faict que pour estre aymé et regardé ; ce qu'il estoit de tous ceulx qui le voyoient, et, plus que de nul autre, d'une dame demorant en la ville de Pampelune en Navarre, laquelle estoit mariée à ung fort riche homme, avecq lequel vivoit si honnestement, que, combien qu'elle ne fust aagée que de vingt trois ans, pour ce que son mary approchoit le cinquantiesme, s'habilloit si honnestement qu'elle sembloit plus vefve que mariée. Et jamais à nopces ny à festes homme ne la veit aller sans son mary ; duquel elle estimoit tant la bonté et la vertu, qu'elle le preferoit à la beaulté de tous les autres. Et le mary, l'ayant experimentée si saige, y print telle seureté, qu'il luy commettoit toutes les affaires de sa maison. Ung jour, fut convié ce riche homme avecq sa femme à une nopce de leurs parentes. Auquel lieu, pour honorer les nopces, se trouva le jeune seigneur d'Avannes, qui naturellement aymoit les dances, comme celluy qui en son temps ne trouvoit son pareil. Et, après le disner que les dances commencerent, fut prié le dict seigneur d'Avannes, par le riche homme, de vouloir dancer. Le dict seigneur luy demanda qu'il vouloit qu'il menast ? Il luy respondit : « Monseigneur, s'il y en avoit une plus belle et plus à mon commandement que ma femme, je la vous presenterois, vous suppliant me faire cest honneur de la mener dancer. » Ce que feit le jeune prince, duquel la jeunesse estoit si grande, qu'il prenoit plus de plaisir à saulter et dancer, que à regarder la beaulté des dames. Et celle qu'il menoit au contraire regardoit plus la grace et beaulté du dict seigneur d'Avannes, que la dance où elle estoit, combien que, par sa grande prudence, elle n'en fist ung seul semblant. L'heure du souppé venue, monseigneur d'Avannes, disant adieu à la compaignie, se retira au chasteau où le riche homme sur sa mulle l'accompagna, et, en allant, luy dist : « Monseigneur, vous avez ce jourd'huy tant faict d'honneur à mes parens et à moy, que ce me seroit grande ingratitude si je ne m'offrois avec toutes mes facultez à vous faire service. Je sçay, Monseigneur, que tel seigneur que vous, qui avez peres rudes et avari-

---

[1] Gabriel d'Albret, seigneur d'Avesnes et de Lesparre, était le quatrième fils d'Alain, sire d'Albret, surnommé le Grand, et frère de Jean d'Albret, roi de Navarre. Il fut vice-roi de Naples et sénéchal de Guyenne, sous le règne de Charles VIII; il se distingua, sous le règne de Louis XII, dans les guerres d'Italie, en 1500 et 1503. Il mourut vers 1504, sans avoir été marié.

tieux, avez souvent plus faulte d'argent que nous, qui par petit train et bon mesnaige ne pensons que d'en amasser. Or est-il ainsi, que Dieu, m'ayant donné une femme selon mon desir, ne m'a voullu donner en ce monde totalement mon paradis, m'ostant la joie que les peres ont des enfans. Je sçay, Monseigneur, qu'il ne m'appartient pas de vous adopter pour tel, mais, s'il vous plaist de me recepvoir pour serviteur et me declarer voz petites affaires, tant que cent mil escuz de mon bien se pourront estandre, je ne fauldray vous secourir en voz necessitez. » Monseigneur d'Avannes fust fort joieulx de cest offre, car il avoit ung pere tel que l'autre luy avoit dechiffré, et après l'avoir mercié, le nomma, par alliance, son pere [1].

De ceste heure-là, le dict riche homme print tel amour au seigneur d'Avannes, que matin et soir ne cessoit de s'enquerir s'il luy falloit quelque chose; et ne cela à sa femme la devotion qu'il avoit au dict seigneur et à son service, dont elle l'ayma doublement; et, depuis ceste heure, le dict seigneur d'Avannes n'avoit faulte de chose qu'il desirast. Il alloit souvent veoir ce riche homme, boire et manger avecq luy, et, quand il ne le trouvoit point, sa femme bailloit tout ce qu'il demandoit; et davantage parloit à luy si saigement, l'admonestant d'estre saige et vertueux, qu'il la craingnoit et aymoit plus que toutes les femmes de ce monde. Elle, qui avoit Dieu et honneur devant les oeilz, se contentoit de sa veue et parolle où gist la satisfaction d'honneste et bon amour. En sorte que jamais ne luy feit signe pourquoy il peust juger qu'elle eut autre affection à luy que fraternelle et chrestienne. Durant ceste amitié couverte, monseigneur d'Avannes, par l'aide des dessus dictz, estoit fort gorgias et bien en ordre [2]. Commencea à venir en l'aage de dix sept ans et de chercher les dames plus qu'il n'avoit de coustume. Et, combien qu'il eust plus voluntiers aymé la saige dame que nulle, si est-ce que la paour qu'il avoit de perdre son amitié, si elle entendoit telz propos, le feit taire et se amuser ailleurs. Et s'alla addresser à une gentil femme, près de Pampelune, qui avoit maison en la ville, laquelle avoit espousé ung jeune homme

---

[1] C'était certainement un souvenir des mœurs de l'ancienne chevalerie, que ces pactes d'amitié et de dévouement entre des personnes de différents sexes et de différents âges, sous les noms de *père par alliance*, *sœur et frère par alliance*, etc. Cette *alliance*, formée par serment et souvent sanctionnée par une messe et une communion, devenait une véritable parenté. On prétend que Clément Marot donnait à la reine de Navarre le titre de *sœur par alliance*. Voyez ses œuvres.

[2] Magnifique et bien paré. On dit encore *bien ordonné*, dans le même sens que *bien en ordre*.

qui surtout aymoit les chevaulx, chiens et oiseaulx. Et commencea, pour l'amour d'elle, à lever mille passetemps, comme tournoys, courses, luyttes, masques, festins, et aultres jeuz, en tous lesquels se trouvoit ceste jeune femme ; mais, à cause que son mary estoit fort fantasticque[1], ses pere et mere, qui la congnoissoient fort legiere et belle, jaloux de son honneur, la tenoient de si près, que le dict seigneur d'Avannes ne povoit avoir d'elle autre chose que la parolle bien courte en quelque bal, combien que en peu de propos le dict seigneur d'Avannes aparceut bien que autre chose ne defailloit à leur amitié, que le temps et le lieu. Parquoy il vint à son bon pere le riche homme, et luy dist qu'il avoit grand devotion d'aller visiter Nostre Dame de Montserrat[2], le priant de retenir en sa maison tout son train, parce qu'il voulloit aller seul : ce qu'il luy accorda Mais sa femme, qui avoit en son cueur ce grand prophete amour, soupsonna incontinant la verité du dict voiage ; et ne se peut tenir de dire à monseigneur d'Avannes : « Monsieur, monsieur, la Nostre Dame que vous adorez n'est pas hors des murailles de ceste ville ; parquoy, je vous supplie, sur toutes choses, regarder à vostre santé. » Luy, qui la crainguoit et aymoit, rougit si fort à ceste parolle, que, sans parler, il luy confessa la verité ; et, sur cela, s'en alla.

Et quand il eut achepté une couple de beaulx chevaulx d'Espaigne, s'habilla en pallefrenier et desguisa tellement son visaige, que nul ne le congnoissoit. Le gentil homme, mary de la folle dame, qui sur toutes choses aymoit les chevaulx, veit les deux que menoit monseigneur d'Avannes : incontinant les vint achepter ; et, après les avoir acheptez, regarda le pallefrenier qui les menoit fort bien, et luy demanda s'il le voulloit servir ? Le seigneur d'Avannes luy dist que ouy et qu'il estoit ung pauvre pallefrenier qui ne sçavoit autre mestier que panser les chevaulx ; en quoy il s'acquitteroit si bien qu'il en seroit contant. Le gentil homme en fut fort aise, et luy donna la charge de tous ses chevaulx ; et, en entrant en sa maison, dist à sa femme, qu'il luy recommandoit ses chevaulx et son pallefrenier, et qu'il s'en alloit au chasteau. La dame, tant pour complaire à son mary que pour avoir meilleur passetemps, alla visiter les chevaulx · et re-

---

[1] Pour *fantasque*.
[2] Pèlerinage célèbre en Catalogne, à huit lieues de Barcelone. La madone de l'abbaye de Montserrato était renommée par ses miracles. Voy. *Libro de la Historia y milagros hechos à invocacion de Nuestra Señora de Montserrat* (Barcelona, 1556, in-8°).

garda le pallefrenier nouveau, qui luy sembla de bonne grâce ; toutesfois, elle ne le congnoissoit point. Luy, qui veit qu'il n'estoit point congneu, luy vint faire la reverence en la façon d'Espaigne et luy baisa la main, et, en la baisant, la serra si fort, qu'elle le recongneut, car, en la dance, luy avoit-il mainte fois faict tel tour ; et, dès l'heure, ne cessa la dame de chercher lieu où elle peust parler à luy à part. Ce que elle feit dès le soir mesmes, car elle, estant conviée en ung festin où son mary la voulloit mener, faingnit estre mallade et n'y povoir aller. Le mary, qui ne voulloit faillir à ses amys, luy dist : « M'amye, puisqu'il ne vous plaist y venir, je vous prie avoir regard sur mes chiens et chevaulx, affin qu'il n'y faille¹ rien. » La dame trouva ceste commission très agreable, mais, sans en faire autre semblant, luy respondit, puis que en meilleure chose ne la voulloit employer, elle luy donneroit à congnoistre par les moindres combien elle desiroit luy complaire. Et n'estoit pas encores à peine le mary hors la porte, qu'elle descendit en l'estable, où elle trouva que quelque chose defailloit : et, pour y donner ordre, donna tant de commissions aux varletz de cousté et d'autre, qu'elle demora toute seulle avecq le maistre pallefrenier ; et, de paour que quelqu'un survint, luy dist : « Allez-vous-en dedans nostre jardin, et m'attendez en ung cabinet qui est au bout de l'allée ? » Ce qu'il feit si dilligemment, qu'il n'eut loisir de la mercier. Et, après qu'elle eut donné ordre à toute l'escurie, s'en alla veoir ses chiens où elle feit pareille dilligence de les faire bien traicter, tant qu'il sembloit que de maistresse elle fust devenue chamberiere ; et, après, retourna en sa chambre où elle se trouva si lasse, qu'elle se meit dedans le lict, disant qu'elle vouloit reposer. Toutes ses femmes la laisserent seulle, fors une à qui elle se fyoit, à laquelle elle dist : « Allez-vous-en au jardin, et me faictes venir celluy que vous trouverez au bout de l'allée ? » La chamberiere y alla et trouva le pallefrenier qu'elle amena incontinant à sa dame, laquelle feit sortir dehors ladicte chamberiere pour guetter quand son mary viendroit. Monseigneur d'Avannes, se voyant seul avecq la dame, se despouilla des habillemens de pallefrenier, osta son faulx nez et sa faulse barbe, et, non comme craintif pallefrenier, mais comme bel seigneur qu'il estoit, sans demander congé à la dame, audaticeusement se coucha auprès d'elle où il fut receu, ainsi que le plus beau filz qui fust de son temps debvoyt estre de la plus belle et folle dame du pays ; et demora là

¹ Manque.

jusques ad ce que le seigneur retournast : à la venue duquel, reprenant son masque, laissa la place que par finesse et malice il usurpoit. Le gentil homme, entrant en sa court, entendit la diligence qu'avoit faict sa femme de bien luy obeir, dont la mercia très fort : « Mon amy, dist la dame, je ne fais que mon debvoir. Il est vray, qui ne prandroit garde sur ces meschans garsons, vous n'auriez chien qui ne fust galleux, ne cheval qui ne fust bien maigre ; mais, puis que je congnois leur paresse et vostre bon voulloir, vous serez mieulx servy que ne fustes oncques. » Le gentil homme, qui pensoit bien avoir choisy le meilleur pallefrenier de tout le monde, luy demanda que luy en sembloit : « Je vous confesse, Monsieur, dist-elle, qu'il faict aussy bien son mestier, que serviteur qu'eussiez peu choisir, mais si a-il besoing d'estre sollicité, car c'est le plus endormy varlet que je veiz jamais. »

Ainsi longuement demeurerent le seigneur et la dame en meilleure amitié que auparavant ; et perdit tout le soupson et la jalouzie qu'il avoit d'elle, pour ce que aultant qu'elle avoit aymé les festins, dances et compaignies, telle estoit entencive à son mesnaige : et se contentoit bien souvent de ne porter sur sa chemise que une chamarre[1], en lieu qu'elle avoit accoustumé d'estre quatre heures à s'accoustrer : dont elle estoit louée de son mary et d'un chascun, qui n'entendoient pas que le pire diable chassoit le moindre. Ainsi vesquit ceste jeune dame, soubz l'ypocrisie et habit de femme de bien, en telle volupté, que raison, conscience, ordre ne mesure n'avoient plus de lieu en elle. Ce que ne peut porter longuement la jeunesse et delicate complexion du seigneur d'Avannes, mais commencea à devenir tant pasle et meigre, que sans porter masque on le povoyt bien descongnoistre : mais le fol amour qu'il avoit à ceste femme luy rendit tellement les sens hebetez, qu'il presumoit de sa force ce qui eust defailly en celle d'Hercules ; dont, à la fin, contrainct de maladie, et conseillé par la dame qui ne l'aymoit tant malade que sain, demanda congé à son maistre de se retirer chez ses parens : qui le luy donna à grand regret, luy faisant promectre que, quand il seroit sain, il retourneroit en son service. Ainsi s'en alla le seigneur d'Avannes à beau pied, car il n'avoit à traverser que la longueur d'une rue ; et, arrivé en la maison du riche homme son bon pere[2], n'y trouva que sa femme, de laquelle l'amour vertueuse qu'elle luy portoit n'estoit point diminuée pour son voyage.

[1] Houppelande, robe de chambre, simarre.
[2] Son *père par alliance*.

Mais, quant elle le veit si maigre et descoloré, ne se peut tenir de luy dire : « Je ne sçay, Monseigneur, comme il va de vostre conscience, mais vostre corps n'a point amendé de ce pellerinaige ; et me double fort que le chemin que vous avez faict la nuict vous ayt plus faict de mal que celluy du jour, car, si vous fussiez allé en Jherusalem à pied, vous en fussiez venu plus haslé, mais non pas si meigre et foyble. Or comptez ceste-cy pour une, et ne servez plus telles ymaiges, qui, en lieu de resusciter les mortz, font mourir les vivans. Je vous en dirois davantage ; mais, si vostre corps a peché, il en a telle pugnition, que j'ay pitié d'y adjouster quelque fascherie nouvelle. » Quand le seigneur d'Avannes eut entendu tous ces propos, il ne fut pas moins marry que honteux, et luy dist : « Madame, j'ay aultresfois ouy dire que la repentence suyt le peché ; et, maintenant je l'esprouve à mes despens, vous priant excuser ma jeunesse qui ne se peut chastier, que par experimenter le mal qu'elle ne veult croire. »

La dame, changeant ses propos, le feit coucher en ung beau lict, où il fut quinze jours, ne vivant que de restaurantz ; et luy tindrent le mary et la dame si bonne compaignie, qu'il en avoit tousjours l'un ou l'autre auprès de luy. Et, combien qu'il eust faict les follies, que vous avez oyes, contre la volunté et conseil de la saige dame, si ne diminua-elle jamais l'amour vertueuse qu'elle luy portoit, car elle esperoit tousjours que, après avoir passé ses premiers jours en follies, il se retireroit et contraindroit d'aymer honnestement, et par ce moien seroit en tout à elle. Et, durant ces quinze jours qu'il fut en sa maison, elle luy tint tant de bons propos tendant à amour de vertu, qu'il commencea avoir horreur de la follye qu'il avoit faicte ; et, regardant la dame qui en beauté passoit la folle, conghoissant de plus en plus les graces et vertuz qui estoient en elle, il ne se peut garder, ung jour qu'il faisoit assez obscur, chassant toute craincte dehors, de luy dire : « Madame, je ne voy meilleur moyen pour estre tel et vertueulx que vous me preschez et desirez, que de mectre mon cueur et estre entierement amoureux de la vertu ; je vous suplie, Madame, me dire s'il ne vous plaist pas m'y donner toute aide et faveur à vous possible ? » La dame, fort joyeuse de luy veoir tenir ce langaige, luy dist : « Et je vous promects, Monseigneur, que, si vous estes amoureux de la vertu comme il appartient à tel seigneur que vous, je vous serviray pour y parvenir de toutes les puissances que Dieu a mises en moy. — Or, Madame, dist monseigneur d'Avannes, souvienne-vous de vostre promesse, et entendez que Dieu, incongneu de l'homme, sinon par la foy, a daigné prendre la chair semblable à celle de peché, afin que, en attirant nostre chair à l'amour de son humanité, tirast aussi nostre esprit à l'amour de sa divinité; et s'est voulu servir des moyens visibles, pour nous faire aymer par foy les choses invisibles. Aussy, ceste vertu que je desire aymer toute ma vie, est chose invisible, sinon par les effectz du dehors; parquoy, est besoing qu'elle prenne quelque corps pour se faire congnoistre entre les hommes, ce qu'elle a faict, se revestant du vostre pour le plus parfaict qu'elle a pu trouver; parquoy, je vous recongnois et confesse non seullement vertueuse, mais la seule vertu; et, moy, qui la vois retenue soubz le voile du plus parfaict corps qui oncques fut, la veulx servir et honnorer toute ma vie, laissant pour elle toute autre amour vaine et vicieuse. » La dame, non moins contante que esmerveillée d'oyr ces propos, dissimula si bien son contentement, qu'elle luy dist : « Monseigneur, je n'entreprendz pas de respondre à vostre theologie ; mais, comme celle qui est plus craignant le mal que croyant le bien, vous vouldrois bien supplier de cesser en mon endroict les propos dont vous estimez si peu celles qui les ont creuz. Je sçay très bien que je suis femme, non seullement comme une aultre, mais imparfaicte; et que la vertu feroit plus grand acte de me transformer en elle, que de prendre ma forme, sinon quand elle vouldroit estre incongneue en ce monde, car, soubz tel habit que le mien, ne pourroit la vertu estre congneue telle qu'elle est. Si est-ce, Monseigneur, que pour mon imperfection, je ne laisse à vous porter telle affection que doibt et peut faire femme craingnant Dieu et son honneur. Mais ceste affection ne sera declarée jusques ad ce que vostre cueur soit susceptible de la patience que l'amour vertueux commande. Et à l'heure, Monseigneur, je sçay quel langaige il fault tenir, mais pensez que vous n'aymez pas tant vostre propre bien, personne et honneur, que je l'ayme. » Le seigneur d'Avannes, crainctif, ayant la larme à l'oeil, la suplia très fort, que, pour seureté de ses parolles, elle le voulsist baiser : ce qu'elle refusa, luy disant que pour luy elle ne romproit point la coustume du pays. Et, en ce debat, survint le mary, auquel dist monseigneur d'Avannes: « Mon pere, je me sens tant tenu à vous et à vostre femme, que je vous supplie pour jamais me reputer vostre filz. » Ce que le bon homme feit très voluntiers. « Et, pour seureté de ceste amitié, je vous prie, dist monseigueur d'Avannes, que je vous baise? » Ce qu'il feit. Après, luy dist : « Si ce n'estoit de paour d'offencer la loy, j'en ferois autant à ma mere vostre femme? » Le mary, voyant cela, commanda à sa femme de le baiser : ce qu'elle feit, sans faire semblant de voulloir ne non voulloir ce que son mary luy commandoit. A l'heure, le feu que la parolle avoit commencé d'allumer au cueur du pauvre seigneur, commencea à se augmenter par le baiser, tant par estre si fort requis que cruellement refusé.

Ce faict, s'en alla ledit seigneur d'Avannes au chasteau, pour veoir le Roy son frere, où il feit fort beaulx comptes de son voiage de Montserrat. Et là entendit que le Roy son frere s'en vouloit aller à Oly et Taffares[1]; et, pensant que le voiage seroit long, entra en une grande tristesse, qui le meit jusques à deliberer d'essayer, avant partir, si la saige dame luy portoit point meilleure volunté qu'elle n'en faisoit le semblant. Et s'en alla loger en une maison de la ville, en la rue où elle estoit, et print un logis viel, mauvais et faict de boys, auquel, environ minuict, mict le feu : dont le bruict fut si grand par toute la ville, qu'il vint à la maison du riche homme, lequel, demandant par la fenestre où c'estoit qu'estoit le feu, entendit que c'estoit chez monseigneur d'Avannes, où il alla incontinant avecq tous les gens de sa maison; et trouva le jeune seigneur tout en chemise en la rue, dont il eut si grand pitié, qu'il le print entre ses bras, et, le couvrant de sa robbe, le mena en sa maison le plus tost qu'il luy fut possible ; et dist à sa femme qui estoit dedans le lict : « M'amye, je vous donne en garde ce prisonnier, traictez-le comme moy-mesmes; » et, si tost qu'il fut party, ledict seigneur d'Avannes, qui eust bien voulu estre traicté en mary, saulta legierement dedans le lict, esperant que l'occasion et le lieu aussi feroient changer propos à cette saige dame; mais il trouva le contraire, car, ainsi qu'il saillit d'un costé dedans le lict, elle sortit de l'autre: et print son chamarre, duquel estant vestue, vint à luy au chevet du lict, et luy dist : « Monseigneur, avez-vous pensé que les occasions puissent muer un chaste cueur? Croiez que ainsy que l'or s'esprouve en la fournaise, aussy ung cueur chaste au millieu des tentations s'y trouve plus fort et vertueux; et se refroidit, tant plus il est assailly de son contraire. Parquoy, soïez seur que, si j'avois aultre volunté que celle que je vous ay dicte, je n'eusse failly à trouver des moyens, desquelz, n'en voulant user, je ne tiens compte, vous priant que, si vous voulez que je continue l'affection que je vous porte, ostiez non seullement la volunté, mais la pensée de jamais,

[1] Olite, ville de la Navarre espagnole, ancienne résidence des rois de Navarre. Tafalla, autre ville dans la même province, à vingt-quatre kilomètres de Pampelune.

pour chose que sçussiez faire, me treuver aultre que je suis. » Durant ces parolles, arriverent ses femmes, et elle commanda qu'on apportast la collation de toutes sortes de confitures, mais il n'avoit pour l'heure ne faim ne soif, tant estoit desesperé d'avoir failly à son entreprinse, craingnant que la demonstration qu'il avoit faicte de son desir luy feit perdre la privaulté qu'il avoit envers elle.

Le mary, ayant donné ordre au feu, retourna et pria tant monseigneur d'Avannes, qu'il demorast pour ceste nuyct en sa maison. Et fut la dicte nuyct passée en telle sorte, que ses oeilz furent plus exercez à pleurer que à dormir; et, bien matin, leur alla dire adieu dedans le lict, où, en baisant la dame, congneut bien qu'elle avoit plus de pitié de son offence, que de mauvaise volunté contre luy : qui fust ung charbon adjousté davantaige à son amour. Après disner, s'en alla avecq le Roy à Taffares, mais, avant partir, s'en alla encores redire adieu à son bon pere et à sa dame, qui, depuis le premier commandement de son mary, ne feit plus de difficulté de le baiser comme son filz. Mais soyez seur que plus la vertu empeschoit son oeil et contenance de monstrer la flamme cachée, plus elle se augmentoit et devenoit importable, en sorte que, ne povant porter la guerre que l'amour et l'honneur faisoient en son cueur, laquelle toutesfois avoit deliberé de jamais ne monstrer, ayant perdu la consolation de la veue et parolle de celluy pour qui elle vivoit, tumba en une fievre continue, causée d'un humeur melencolique, tellement que les extremitez du corps luy vindrent toutes froides, et au dedans brusloit incessamment. Les medecins, en la main desquelz ne pend pas la santé des hommes, commencerent à doubter si fort de sa malladie à cause d'une opilation qui la rendoit melencolicque en extremité, qu'ilz dirent au mary et conseillerent d'advertir sa dicte femme de penser à sa conscience et qu'elle estoit en la main de Dieu, comme si ceulx qui sont en santé n'y estoient point. Le mary, qui aymoit sa femme parfaictement, fut si triste de leurs parolles, que pour sa consolation escripvit à monseigneur d'Avannes, le supliant de prendre la peyne de les venir visiter, esperant que sa veue proffiteroit à la mallade. A quoy ne tarda le dict seigneur d'Avannes, incontinant les lettres receues, mais s'en vint en poste en la maison de son bon pere; et à l'entrée, trouva les femmes et serviteurs de ceans menans tel deuil que meritoit leur maistresse ; dont le dict seigneur fut si estonné, qu'il demeura à la porte, comme une personne transy et jusques ad ce qu'il veid son bon pere, lequel, en l'embrassant, se print à plorer si fort, qu'il ne peut mot dire. Et mena le seigneur d'Avannes, où estoit la pauvre mallade; laquelle, tournant ses oeilz languissans vers luy, le regarda et luy bailla la main en le tirant de toute sa puissance à elle; et, en le baisant et embrassant, feit ung merveilleux plainct et luy dist : « O Monseigneur, l'heure est venue qu'il fault que toute dissimulation cesse, et que je confesse la verité que j'ay tant mis de peyne à vous celer : c'est que, si m'avez porté grande affection, croyez que la myenne n'a esté moindre; mais ma peyne a passé la vostre, d'aultant que j'ay eu la douleur de la celer contre mon cueur et volunté; car entendez, Monseigneur, que Dieu et mon honneur ne m'ont jamais permis de vous la declairer, craignant d'adjouster en vous ce que je desiroys de diminuer; mais sçachez que le *non* que si souvent je vous ay dict m'a faict tant de mal au prononcer, qu'il est cause de ma mort, de laquelle je me contente, puis que Dieu m'a faict la grace de morir, premier que la violence de mon amour ayt mis tache à ma conscience et renommée; car de moindres feux que le mien ont ruyné plus grandz et plus fortz edifices. Or, m'en voys-je contante, puis que, devant morir, je vous ay pu declarer mon affection esgalle à la vostre, hors mis que l'honneur des hommes et des femmes n'est pas semblable; vous supliant, Monseigneur, que doresnavant vous ne craingnez vous adresser aux plus grandes et vertueuses dames que vous pourrez, car en telz cueurs habitent les plus grandes passions et plus saigement conduictes : et la grace, beaulté et honnesteté qui sont en vous ne permoctent que vostre amour sans fruict travaille. Je ne vous prieray point de prier Dieu pour moy, car je sçay que la porte de paradis n'est point refusée aux vraiz amans; et que amour est ung feu qui punyt si bien les amoureux en ceste vie, qu'ilz sont exemptz de l'aspre torment de purgatoire. Or adieu, Monseigneur; je vous recommande vostre bon pere mon mary, auquel je vous prie compter à la verité ce que vous sçavez de moy, affin qu'il congnoisse combien j'ay aymé Dieu et luy; et gardez-vous de vous trouver devant mes oeilz, car doresnavant ne veulx penser que à aller recepvoir les promesses qui me sont promises de Dieu avant la constitution du monde. » Et, en ce disant, le baisa et l'embrassa de toutes les forces de ses foibles bras. Le dict seigneur, qui avoit le cueur aussi mort par compassion qu'elle par douleur, sans avoir puissance de luy dire ung seul mot, se retira hors de sa veue sus ung lict, qui estoit dedans la chambre, où il s'esvanouyt plusieurs foys.

A l'heure, la dame appella son mary, et, après luy avoir faict plusieurs remonstrations honnestes, luy recommanda monseigneur d'Avannes, l'asseurant que après luy c'estoit la personne du monde qu'elle avoit le plus aymée. Et, en baisant son mary, luy dist adieu. Et à l'heure, luy fut apporté le sainct Sacrement de l'autel, après l'extreme unction, lesquelz elle receut avec telle joye comme celle qui est seure de son salut; et, voiant que la veue luy diminuoit et les forces luy defailloient, commencea à dire bien hault son *In manus*. A ce cry, se leva le seigneur d'Avannes de dessus le lict et, en la regardant piteusement, luy veit rendre avecq ung doulx soupir sa glorieuse ame à Celluy dont elle estoyt venue. Et quant il s'apparceut qu'elle estoit morte, il courut au corps mort, duquel vivant en craincte il approchoit, et le vint embrasser et baiser de telle sorte, que à grand peyne le luy peult-on oster d'entre les bras; dont le mary en fut fort estonné, car jamais n'avoit estimé qu'il lui portast telle affection. Et en luy disant : « Monseigneur, c'est trop! » se retirerent tous deux. Et après avoir ploré longuement, monseigneur d'Avannes compta tous les discours de son amitié, et comme jusques à sa mort elle ne luy avoit jamais faict ung seul signe où il trouvast autre chose que rigueur, dont le mary, plus contant que jamais, augmenta le regret et la douleur qu'il avoit de l'avoir perdue; et toute sa vie feit service à monseigneur d'Avannes. Mais, depuis ceste heure, le dict seigneur d'Avannes, qui n'avoit que dix huict ans, s'en alla à la Court où il demeura beaucoup d'années, sans vouloir ne veoir ne parler à femme du monde, pour le regret qu'il avoit de sa dame; et porta plus de dix ans le noir.

« Voyla, mes dames, la difference d'une folle et saige dame, auxquelles se montrent differens les effectz d'amour, dont l'une en receut mort glorieuse et louable, et l'autre, renommée honteuse et infame, qui feit sa vie trop longue, car autant que la mort du sainct est precieuse devant Dieu, la mort du pecheur est tres mauvaise. — Vrayement, Saffredent, ce dist Oisille, vous nous avez racompté une histoire autant belle qu'il en soit point ; et qui auroit congneu le personnage comme moy, la trouveroit encores meilleure; car je n'ay point veu ung plus beau gentil homme ne de meilleure grace, que le dict seigneur d'Avannes. — Pensez, ce dist Saffredent, que voyla une saige femme, qui, pour se monstrer plus vertueuse par dehors qu'elle n'estoit au cueur, et pour dissimuler ung amour que la raison de nature voulloit qu'elle portast à ung si honneste seigneur, s'alla laisser morir, par faulte de se donner le plaisir qu'elle desiroit couvertement! — Si elle eust eu ce desir, dist Parlamente, elle avoit assez de lieu et occa-

sion pour luy monstrer; mais sa vertu fut si grande, que jamais son
desir ne passa sa raison. — Vous me le paindrez, dist Hircan, comme il
vous plaira, mais je sçay bien que tousjours ung pire diable mect l'autre
dehors, et que l'orgueil cherche plus la volupté entre les dames, que
ne faict la crainete, ne l'amour de Dieu. Aussi, que leurs robbes sont si
longues et si bien tissues de dissimulation, que l'on ne peult congnoistre ce qui est dessoubz, car, si leur honneur n'en estoit non plus
taché que le nostre, vous trouveriez que Nature n'a rien oblyé en
elles non plus que en nous ; et, pour la contraincte que elles se font
de n'oser prendre le plaisir qu'elles desirent, ont changé ce vice en
ung plus grand qu'elles tiennent plus honneste. C'est une gloire et
cruaulté, par qui elles esperent acquerir nom d'immortalité, et ainsy
se gloriffians de resister au vice de la loy de Nature (si Nature est
vicieuse) se font non seullement semblables aux bestes inhumaines et
cruelles, mais aux diables, desquelz elles prenent l'orgueil et la malice. — C'est dommaige, dist Nomerfide, dont vous avez une femme
de bien, veu que non seullement vous desestimez la vertu des choses,
mais la voulez monstrer estre vice. — Je suis bien ayse, dist Hircan,
d'avoir une femme qui n'est point scandalleuse, comme aussi je ne
veulx point estre scandaleux; mais, quant à la chasteté de cueur, je
croy qu'elle et moy sommes enfans d'Adam et d'Eve, parquoy, en bien
nous mirant, n'aurons besoing de couvrir nostre nudité de feuilles, mais
plustost confesser nostre fragilité. — Je sçay bien, ce dist Parlamente,
que nous avons tous besoing de la grace de Dieu, pour ce que nous
sommes tous encloz en peché; si est-ce que noz tentations ne sont
pareilles aux vostres, et si nous pechons par orgueil, nul tiers n'en a
dommage, ny nostre corps et noz mains n'en demeurent souillées.
Mais vostre plaisir gist à deshonorer les femmes, et vostre honneur à
tuer les hommes en guerre : qui sont deux poinctz formellement contraires à la loy de Dieu. — Je vous confesse, ce dist Geburon, ce que
vous dictes, mais Dieu qui a dict : « Quiconques regarde par concupiscence est desja adultere en son cueur, et quiconques hayt son prochain est homicide. » A vostre advis, les femmes en sont-elles exemptes
non plus que nous ? — Dieu qui juge le cueur, dist Longarine, en
donnera sa sentence, mais c'est beaucoup que les hommes ne nous
puissent accuser, car la bonté de Dieu est si grande, que sans accusateur
il ne nous jugera point ; et congnoist si bien la fragilité de nos cueurs,
que encores nous aymera-il de ne l'avoir point mise à execution. —
Or je vous prie, dist Saffredent, laissons ceste dispute, car elle sent

plus sa predication que son compte ; et je donne ma voix à Ennasuitte, la priant qu'elle n'oblye point à nous faire rire. — Vrayement, dist-elle, je n'ay garde d'y faillir ; et vous diray que, en venant icy deliberée pour vous compter une belle histoire pour ceste Journée, l'on m'a faict ung compte de deux serviteurs d'une princesse, si plaisant, que, de force de rire, il m'a faict oblyer la melencolye de la piteuse histoire que je remettray à demain, car mon visaige seroit trop joyeulx pour la vous faire trouver bonne. »

VINGT SEPTIESME NOUVELLE.

Ung secretaire, pourchassant par amour deshonneste et illicite la femme d'un sien hoste et compagnon, pour ce qu'elle faisoit semblant de luy prester volontiers l'aureille, se persuada l'avoir gaingnée ; mais elle fut si vertueuse, que souz cette dissimulation le trompa de son esperance et declara son vice à son mary.

En la ville d'Amboize où demeuroit l'un des serviteurs de ceste princesse[1], qui la servoit de varlet de chambre, homme honneste et qui voluntiers festoyoit les gens qui venoient en sa maison et principalement ses compaignons, il n'y a pas long temps que l'un des serviteurs[2] de sa maistresse vint loger chez luy et y demoura dix ou douze jours. Le dict serviteur estoit si laid, qu'il sembloit mieulx ung roy de cannibales que chrestien ; et combien que son hoste le traictast en frere et amy et le plus honnestement qui luy estoit possible, si luy feit-il ung tour d'un homme qui non seullement oblye toute honnesteté, mais qui ne l'eust jamais en son cueur, c'est de pourchasser par amour deshonneste et illicite la femme de son compaignon qui n'avoit en elle chose aimable que le contraire de la volupté ; c'est qu'elle estoit autant femme de bien, qu'il y en eust point en la ville où elle demouroit. Et, elle, congnoissant la meschante volunté du serviteur, aymant mieulx par une

[1] Cette princesse doit être certainement la Reine de Navarre, qui avait beaucoup de valets de chambre et de secretaires attachés à sa maison ; car Simontault dit qu'il connait bien le secretaire dont Ennasuitte vient de narrer la mésaventure, et, racontant, à son tour, une autre histoire, où ce même secretaire joue un rôle aussi fâcheux que dans la première, il dit formellement que ledit secretaire se nommait Jehan, et qu'il était au service de la Reine de Navarre.

[2] On lit, dans un manuscrit du temps : « L'un des secretaires de sa maistresse. »

dissimulation d'eclairer son vice que par ung soubdain refuz le couvrir, feit semblant de trouver bons ses propos : parquoy, luy, qui cuydoit l'avoir gaingnée, sans regarder à l'aage qu'elle avoit de cinquante ans, et qu'elle n'estoit des belles, sans considerer le bon bruyct qu'elle avoit d'estre femme de bien et d'aymer son mary, la pressoit incessamment.

Ung jour entre aultres, son mary estant en la maison, et eulx en une salle, elle faingnyt qu'il ne tenoit que à trouver lieu seur pour parler à luy seulle ainsy qu'il desiroit, mais incontinant luy dist qu'il ne falloit que monter au galletas[1]. Soubdain, elle se leva et le pria d'aller devant et qu'elle iroit après. Luy, en riant avec une doulceur de visaige semblable à ung grand magot, quand il festoye quelqu'un, s'en monta legerement par les degrez ; et, sur le poinct qu'il attendoit ce qu'il avoit tant desiré, bruslant d'un feu non cler comme celuy de genevre, mais comme ung gros charbon de forge, escoutoyt si elle viendroit après luy, mais en lieu d'oyr ses piedz, il ouyt sa voix disant : « Monsieur le secretaire, attendez ung peu, je m'en voys sçavoir à mon mary, s'il luy plaist bien que je voise[2] après vous. » Pensez, mes dames, quelle myne peult faire en pleurant celluy qui en riant estoit si layd, lequel incontinant descendit les larmes aux oeilz, la priant pour l'amour de Dieu, qu'elle ne voulsist rompre par sa parolle l'amitié de luy et de son compaignon. Elle luy respond : « Je suis seure que vous l'aymez tant, que vous ne me vouldriez dire chose qu'il ne peust entendre ? Parquoy, je luy voys dire. » Ce qu'elle feit, quelque priere ou contraincte qu'il voulsist mettre au devant. Dont il fut aussi honteux en s'enfuyant, que le mary fut contant d'entendre l'honneste tromperie dont sa femme avoit usé ; et luy pleut tant la vertu de sa femme, qu'il ne tint compte du vice de son compaignon, lequel estoit assez pugny d'avoir emporté sur luy la honte qu'il vouloit faire en sa maison.

« Il me semble que par ce compte les gens de bien doibvent apprendre à ne retenir chez eulx ceulx desquelz la conscience, le cueur et l'entendement ignorent Dieu, l'honneur et le vray amour. — Encores que vostre compte soit court, dist Oisille, si est-il aussi plaisant que j'en ay point oy et en l'honneur d'une honneste femme. — Par Dieu, dist Simontault, ce n'est pas grand honneur à une honneste femme de refuser ung si laid homme que vous paingnez ce secretaire, mais s'il

---

[1] Grenier.
[2] Que j'aille.

eust esté beau et honneste, en cela se fut monstrée la vertu ; et, pour ce que je me doubte qui il est, si j'estois en mon rang, je vous en ferois ung compte qui est aussi plaisant que cestuy-cy. — A cela ne tienne, dist Ennasuitte, car je vous donne ma voix. » Et à l'heure Simontault commencea ainsy : « Ceulx qui ont accoustumé de demeurer en la Court ou en quelques bonnes villes estiment tant le sçavoir, qu'il leur semble que tous autres hommes ne sont rien au prix d'eulx ; mais si ne reste-il pourtant, que en tout pays et de toutes conditions de gens n'y en ayt tousjours assez de fins et malicieux. Toutesfois, à cause de l'orgueil de ceulx qui pensent estre les plus fins, la mocquerie, quand ilz font quelque faulte, en est beaucoup plus agreable, comme je desire vous monstrer par un compte nagueres advenu. »

VINGT HUICTIESME NOUVELLE.

Bernard du Ha trompa subtilement un secretaire qui le cuydoit tromper.

Estant le Roy Françoys premier de ce nom, en la ville de Paris, et sa seur la Royne de Navarre en sa compaignye, laquelle avoit ung secretaire nommé Jehan, qui n'estoit pas de ceulx qui laissent tumber le bien en terre sans le recueillir, en sorte qu'il n'y avoit president ne conseiller, qu'il ne congneust, marchant ne riche homme, qu'il ne frequentast et auquel il n'eust intelligence. En ce temps aussy, vint en ladicte ville de Paris ung marchant de Bayonne, nommé Bernard du Ha, lequel, tant pour ses affaires que à cause que le lieutenant-criminel estoit de son païs, s'addressoit à luy pour avoir conseil et secours à ses affaires. Ce secretaire de la Royne de Navarre alloit aussi souvent visiter ce lieutenant, comme bon serviteur de son maistre et maistresse. Ung jour de feste, allant le dit secretaire chez le lieutenant, ne trouva ne luy ne sa femme, mais ouy bien Bernard du Ha, qui, avecq une vielle ou aultre instrument, apprenoit à danser aux chamberieres de ceans les bransles de Gascogne. Quant le secretaire le veit, luy voulut faire accroyre qu'il faisoit le plus mal du monde et que, si la lieutenande et son mary le sçavoient, ilz seroient très mal

13.

contens de luy. Et après luy avoir bien painct la craincte devant les oeilz jusques à se faire prier de n'en parler point, luy demanda : « Que me donnerez-vous et je n'en parleray point? » Bernard du Ha, qui n'avoit pas si grand paour qu'il en faisoit semblant, voyant que le secretaire le cuydoit tromper, luy promist de luy bailler ung pasté du meilleur jambon de Pasques qu'il mangea jamais. Le secretaire, qui en fut très contant, le pria qu'il peust avoir son pasté le dimanche ensuivant après disner, ce qu'il luy promist. Et asseuré de ceste promesse, s'en alla veoir une dame de Paris qu'il desiroit sur toutes choses espouser, et luy dist : « Mademoiselle, je viendray dimanche soupper avecq vous, s'il vous plaist, mais il ne vous fault soulcier que d'avoir bon pain et bon vin, car j'ay si bien trompé ung sot Bayonnois, que le demeurant sera à ses despens; et par ma tromperie, vous feray manger le meilleur jambon de Pasques qui fut jamais mangé dans Paris. » La damoiselle, qui le creut, assembla deux ou trois des plus honnestes de ses voysines, et les asseura de leur donner une viande nouvelle et dont jamais elles n'avoient tasté.

Quand le dimanche fut venu, le secretaire, cerchant son marchant, le trouva sur le pont au Change; et, en le saluant gracieusement, luy dist : « A tous les diables soyez-vous donné, veu la peyne que vous m'avez faict prendre à vous chercher! » Bernard du Ha luy respondit que assez de gens avoient prins plus de peyne que luy, qui n'avoient pas à la fin esté recompensez de telz morceaulx. Et, en disant cela, luy monstra le pasté qu'il avoit soubz son manteau, assez grand pour nourrir ung camp. Dont le secretaire fut si joieulx, que, encores qu'il eust la bouche parfaictement laide et grande, en faisant le doulx, la rendit si petite, que l'on n'eust pas cuydé qu'il eust sceu mordre dedans le jambon. Lequel il print hastivement, et, sans convoyer[1] le marchant, s'en alla le porter à la damoiselle qui avoit grande envye de sçavoir si les vivres de Guyenne estoient aussi bons que ceulx de Paris. Et quant le souppé fut venu, ainsy qu'ilz mangeoient leur potaige, le secretaire leur dist : « Laissez là ces viandes fades, et tastons de cest esguillon d'amour de vin[2]. » En disant cela, ouvre ce grand pasté, et cuydant trouver le jambon, le trouva si dur qu'il n'y povoit mectre le cousteau; et, après s'y estre esforcé plusieurs foys, s'advisa qu'il estoit trompé et trouva que c'estoit ung sabot de bois, qui sont des souliers de

---

[1] Accompagner.
[2] Les viandes salées aiguisent la soif. Il y a ici un jeu de mots, qui rappelle le titre d'un livre mystique fort en vogue alors : l'*Aiguillon de l'amour divin*.

Gascoigne. Il estoit emmanché d'un bout de tizon, et pouldré par-dessus de pouldre de fer avecq de l'espice qui sentoit fort bon. Qui fut bien peneux[1], ce fut le secretaire, tant pour avoir esté trompé de celluy qu'il cuydoit tromper, que pour avoir trompé celle à qui il vouloit et pensoit dire verité; et d'autre part, luy faschoit fort de se contanter d'un potaige pour son souper. Les dames, qui en estoient aussi marries que luy, l'eussent accusé d'avoir faict la tromperie, sinon qu'elles congneurent bien à son visage qu'il en estoit plus marry qu'elles. Et, après ce leger souper, s'en alla ce secretaire bien collere; et voyant que Bernard du Ha luy avoit failly de promesse, luy voulut aussi rompre la sienne. Et s'en alla chez le lieutenant-criminel, deliberé de luy dire le pis qu'il pourroit du dict Bernard. Mais il ne peut venir si tost que le dict Bernard n'eut desja compté tout le mistere au lieutenant, qui donna sa sentence au secretaire, disant qu'il avoit aprins à ses despens à tromper les Gascons; et n'en rapporta autre consolacion que sa honte.

« Cecy advient à plusieurs, lesquelz, cuydans estre trop fins, se oblient en leurs finesses; parquoy il n'est tel que de ne faire à aultruy chose qu'on ne voulsist estre faicte à soy-mesme[2]. — Je vous assure, dist Geburon, que j'ay veu souvent advenir de pareilles choses : et de ceulx que l'on estimoyt sotz de villaiges tromper bien de fines gens, car il n'est rien plus sot que celuy qui pense estre fin, ne rien plus saige que celuy qui congnoist son rien[3]. — Encores, ce dist Parlamente, sçayt-il quelque chose, qui congnoist ne se congnoistre pas. — Or, dist Simontault, de paour que l'heure ne satisfasse à nostre propoz, je donne ma voix à Nomerfide, car je suis seur que par sa rethoricque elle ne nous tiendra pas longuement. — Or bien, dist-elle, je vous en voys bailler ung tour tel que vous l'esperez de moy. Je ne m'esbahys point, mes dames, si amour baille à ung prince ung moien de se saulver du dangier, car ilz sont nourriz avecq tant de gens sçavans, que je m'esmerveilleroys beaucoup plus s'ilz estoient ignorans de quelques choses; mais l'invention d'amour se monstre plus clairement que moins il y a d'esperit aux subjectz. Et pour cela, vous veulx-je racompter ung tour que feit ung prestre esprit seullement d'amour, car de toutes aultres choses estoit-il si ignorant, que à peyne sçavoit-il lire sa messe. »

[1] Pour *penaud*.
[2] C'est le précepte de l'Évangile.
[3] C'est-à-dire son néant.

VINGT NEUFVIESME NOUVELLE.

Un curé, surprins par le trop soudain retour d'un laboureur avec la femme duquel il faisoit bonne chere, trouva promptement moïen de se saulver aux despens du bon homme qui jamais ne s'en apparceut.

En la conté du Maine, en ung villaige nommé Carrelles[1], y avoit ung riche laboureur qui en sa vieillesse espousa une belle jeune femme, et n'eut de luy nulz enfans; mais de ceste perte se reconforta à avoir plusieurs amys. Et quand les gentilz hommes et gens d'apparance luy faillirent, elle retourna à son dernier recours qui estoit l'eglise; et print pour compaignon de son peché celluy qui l'en povoit absouldre, ce fut son curé qui souvent venoit visiter sa brebis. Le mary, vieulx et pesant, n'en avoit nulle doubte, mais à cause qu'il estoit rude et robuste, sa femme jouoit son mistere le plus secretement qu'il luy estoit possible, craingnant que si son mary l'appercevoit, qu'il ne la tuast. Ung jour, ainsy qu'il estoit dehors, sa femme, pensant qu'il ne revinst si tost, envoya querir monsieur le curé qui la vint confesser. Et ainsy qu'ilz faisoient bonne chere ensemble, son mary arriva si soubdainement, qu'il n'eut loisir de se retirer de la maison; mais, regardant le moïen de se cacher, monta par le conseil de sa femme dedans ung grenier et couvrit la trappe, par où il monta, d'un van à vanner. Le mary entra en la maison, et elle, de paour qu'il eust quelque soupson, le festoya si bien à son disner, qu'elle n'espargna point le boyre, dont il print si bonne quantité, avecq la lassette[2] qu'il avoit du labour des champs, qu'il luy print envye de dormir estant assis en une chaise devant son feu. Le curé, qui s'ennuyoit d'estre si longuement en ce grenier, n'oyant point de bruict en la chambre, s'advancea sur la trappe et en eslongeant le col le plus qu'il luy fut possible, advisa que le bon homme dormoit; et, en le regardant, s'appuya par mesgarde sur le van si lourdement que van et homme tresbucherent à bas auprès du bon homme qui dormoit, lequel se resveilla à ce bruict; et le curé, qui fut plus tost levé, que l'autre ne l'eust apperceu, luy dist : « Mon compere, voyla vostre van, et grand

---

[1] Situé à vingt-cinq kilomètres de Mayenne, département de la Mayenne.
[2] Ou *lasseté*, lassitude.

mercis. » Et, ce disant, s'enfuyt. Et le pauvre laboureur, tout estonné, demanda à sa femme : « Qu'est cela? » Elle, luy respondit : « Mon amy, c'est vostre van que le curé avoit emprunclé, lequel il vous est venu rendre. » Et luy, tout en grondant, luy dist : « C'est bien rudement rendre ce qu'on a emprunclé, car je pensois que la maison tumbast par terre. » Par ce moien, se saulva le curé aux despens du bon homme qui n'en trouva rien mauvays que la rudesse dont il avoit usé, en rendant son van.

« Mes dames, le maistre qu'il servoit[1] le saulva pour ceste heure-là, afin de plus longuement le posseder et tormenter. — N'estimez pas, dist Geburon, que les gens simples et de bas estat soient exemps de malice non plus que nous ; mais en ont bien davantage, car regardez-moy larrons, meurdriers, sorciers, faux monoyers, et toutes ces manières de gens, desquelz l'esperit n'a jamais repos ; ce sont tous pauvres gens et mecanicques[2]. — Je ne trouve point estrange, dist Parlamente, que la malice y soit plus que aux autres, mais ouy bien, que l'amour les tourmente parmy le travail qu'ilz ont d'autres choses, ny que en ung cueur villain une passion si gentille se puisse mectre. — Madame, dist Saffredent, vous sçavez que maistre Jehan de Mehun a dict[3] que

> Aussy bien sont amourettes
> Soubz bureau que soubz brunettes[4].

Et aussi l'amour de qui le compte parle, n'est pas de celle qui faict porter les harnoys ; car, tout ainsy que les pauvres gens n'ont les biens et les honneurs, aussy ont-ilz leurs commoditez de nature plus à leur ayse que nous n'avons. Leurs viandes ne sont si friandes, mais ilz ont meilleur appetit, et se nourrissent mieulx de gros pain, que nous de restaurans. Ilz n'ont pas les lictz si beaulx ne si bien faictz que les nostres, mais ilz ont le sommeil meilleur que nous et le repos plus grand. Ilz n'ont point les dames painctes et parées dont nous ydolastrons, mais ilz ont la joissance de leurs plaisirs plus souvent que nous et sans crainctre de parolles, sinon des bestes et des oiseaulx qui les

---

[1] C'est-à-dire le diable.
[2] Artisans, ouvriers.
[3] Dans le *Roman de la Rose*.
[4] La *brunette* était une étoffe de soie que les grands seigneurs portaient du temps de saint Louis, tandis que le *bureau*, grosse étoffe de laine, ne servait qu'aux habits des gens pauvres.

veoyent. En ce que nous avons, ilz defaillent, et, en ce que nous n'avons, ilz abondent. — Je vous prie, dist Nomerfide, laissons là ce païsant avecq sa païsante, et avant vespres, achevons nostre Journée à laquelle Hircan mectra la fin. — Vrayement, dist-il, je vous en garde une aussy piteuse et estrange que vous en avez point ouy. Et combien qu'il me fasche fort de racompter chose qui soit à la honte d'une d'entre vous, sçachant que les hommes tant plains de malice font tousjours consequence de la faulte d'une seulle pour blasmer toutes les aultres, si est-ce que l'estrange cas me fera oblyer ma craincte; et aussy, peut estre, que l'ignorance d'une descouverte fera les autres plus sages et je diray doncques ceste nouvelle sans craincte. »

TRENTIESME NOUVELLE.

Un jeune gentil homme, aagé de quatorze à quinze ans, pensant coucher avec l'une des damoiselles de sa mere, coucha avec elle-mesme, qui au bout de neuf moys accoucha, du faict de son filz, d'une fille, que douze ou treize ans après il espousa, ne sachant qu'elle fust sa fille et sa sœur, ny elle, qu'il fust son pere et son frere[1].

Au temps du Roy Loys douziesme, estant lors legat d'Avignon ung de la maison d'Amboise, nepveu du legat de France nommé Georges[2],

---

[1] La singulière aventure qui fait le sujet de cette Nouvelle n'est pas un conte inventé à plaisir, car elle a laissé en France une tradition populaire, dont on retrouve des traces dans plusieurs localités. Voici quelques détails à ce sujet recueillis par Millin dans ses *Antiquités nationales* (t. III, art. XXVIII, p. 6): « On trouvait au milieu de la nef (de l'église collégiale d'Ecouis), dans la croisée, une plaque de marbre blanc, sur laquelle on lisait cette épitaphe :

    Ci-gît l'enfant, ci-gît le père,
    Ci-gît la sœur, ci-gît le frère,
    Ci-gît la femme et le mari,
    Et ne sont que deux corps ici.

La tradition est qu'un fils de madame d'Écouis avait eu de sa mère, sans la connaître et sans en être reconnu, une fille nommée Cécile. Il épousa ensuite, en Lorraine, cette même Cécile, qui était auprès de la duchesse de Bar. Ainsi Cécile était fille et sœur de son mari. Ils furent enterrés dans le même tombeau, en 1512, à Écouis. » Millin ajoute que cette histoire était imprimée sur un petit feuillet, que le sacristain distribuait aux curieux qui venaient visiter l'église d'Écouis. Il dit encore que cette même histoire est racontée dans d'autres églises de France. M. Leroux de Lincy a rassemblé, dans une savante note, de curieuses indications bibliographiques sur les origines de cette nouvelle, qui a été imitée par une foule de conteurs italiens.

[2] Ce neveu de l'illustre cardinal d'Amboise, légat du saint-siége en France sous

y avoit au païs de Languedoc une dame de laquelle je tairay le nom pour l'amour de sa race, qui avoit mieulx de quatre mille ducatz de rente. Elle demeura vefve fort jeune, mere d'un seul filz; et, tant pour le regret qu'elle avoit de son mary que pour l'amour de son enfant, delibera de ne se jamais remarier. Et, pour en fuyr l'occasion, ne voulut plus frequenter sinon toutes gens de devotion, car elle pensoit que l'occasion faisoit le peché, et ne sçavoit pas que le peché forge l'occasion. La jeune dame vefve se donna du tout au service divin, fuyant entierement toutes compaignies de mondanité, tellement qu'elle faisoit conscience d'assister à nopces ou d'ouyr sonner les orgues en une eglise. Quand son filz vint en l'aage de sept ans, elle print ung homme de saincte vie pour son maistre d'escolle, par lequel il peust estre endoctriné en toute saincteté et devotion. Quand le filz commencea à venir en l'aage de quatorze à quinze ans, Nature qui est maistre d'escolle bien secret, le trouvant bien nourry et plain d'oisiveté, luy aprint autre leçon que son maistre d'escolle ne faisoit. Commencea à regarder et desirer les choses qu'il trouvoit belles; entre autres, une damoiselle qui couchoit en la chambre de sa mere, dont ne se doubtoit, car on ne se gardoit non plus de luy que d'ung enfant; et aussy que en toute la maison on n'oyoit parler que de Dieu. Ce jeune gallant commencea à pourchasser secrettement ceste fille, laquelle le vint dire à sa maistresse, qui aymoit et estimoit tant de son filz, qu'elle pensoit que ceste fille luy dist pour le faire hayr; mais elle en pressa tant sa dicte maistresse, qu'elle luy dist : « Je sçauray s'il est vray et le chastieray, si je le congnois tel que vous dictes; mais aussy, si vous luy mectez assus[1] ung tel cas et il ne soit vray, vous en porterez la peyne. » Et, pour en sçavoir l'experience, luy commanda de bailler assignation à son filz de venir à minuict coucher avecq elle en la chambre de la dame, en ung lict auprès de la porte où ceste fille couchoit toute seulle. La damoiselle obeyt à sa maistresse; et quand ce vint au soir, la dame se meit en la place de sa damoiselle, deliberée, s'il estoit vray ce qu'elle disoit, de chastier si bien son filz, qu'il ne coucheroit jamais avecq femme, qu'il ne luy en souvynt.

Louis XII, est certainement Louis, quatrième fils de Pierre d'Amboise, seigneur de Chaumont, et frère du maréchal de Chaumont. Louis d'Amboise, qui mourut en 1505, était à la fois évêque d'Albi et lieutenant-général pour le roi, en Bourgogne, Languedoc et Roussillon. Il joua un rôle important dans les affaires politiques de son temps, mais l'histoire ne nous avait pas dit qu'il fût légat d'Avignon.

[1] Si vous lui mettez sur le compte.

En ceste pensée et collere, son filz s'en vint coucher avecq elle ; et elle, qui, encores pour le veoir coucher, ne povoit croyre qu'il voulsist faire chose deshonneste, actendit à parler à luy jusques ad ce qu'elle congneust quelque signe de sa mauvaise volunté, ne povant croyre par choses petites que son desir peust aller jusques au criminel ; mais sa patience fut si longue et sa nature si fragille, qu'elle convertyt sa collere en ung plaisir trop abominable, obliant le nom de mere. Et, tout ainsy que l'eaue par force retenue court avecq plus d'impetuosité quand on la laisse aller, que celle qui ordinairement court, ainsy ceste pauvre dame tourna sa gloire à la contraincte qu'elle donnoit à son corps. Quant elle vint à descendre le premier degré de son honnesteté, se trouva soubdainement portée jusques au dernier. Et, en ceste nuict là, engrossa de celluy, lequel elle vouloit garder d'engrossir les autres. Le peché ne fut pas si tost faict, que le remors de conscience l'esmeut à ung si grand torment, que la repentence ne la laissa toute sa vie, qui fut si aspre à ce commencement, qu'elle se leva d'auprès de son filz, lequel avoit tousjours pensé que ce fust sa damoiselle ; et entra en ung cabinet, où, remémorant sa bonne deliberation et sa meschante execution, passa toute la nuict à pleurer et crier toute seule. Mais, en lieu de se humillier et recongnoistre l'impossibilité de nostre chair, qui sans l'ayde de Dieu ne peult faire que peché, voulant par elle-mesmes et par ses larmes satisfaire au passé et par sa prudence eviter le mal de l'advenir, donnant tousjours l'excuse de son peché à l'occasion et non à la malice, à laquelle n'y a remede que la grace de Dieu, pensa de faire chose, par quoy à l'advenir ne sçauroit plus tumber en tel inconvenient. Et, comme s'il n'y avoit que une espece de peché à damner la personne, mist toutes ses forces à eviter cestuy-là seul. Mais la racine de l'orgueil que le peché exterieur doibt guerir, croissoit tousjours, en sorte que, en evitant ung mal, elle en feit plusieurs aultres ; car, le lendemain au matin, sitost qu'il fut jour, elle envoya querir le gouverneur de son filz et luy dist : « Mon filz commence à croistre, il est temps de le mectre hors de la maison. J'ay ung mien parent qui est delà les montz avecq monseigneur le grand-maistre de Chaulmont[1], lequel se nomme le cappitaine Monteson[2], qui sera très

---

[1] Voyez ci-dessus la Quatorzième Nouvelle.
[2] Ce capitaine, un des plus braves chevaliers de son temps, fut le compagnon d'armes de Bayard, et se distingua par son intrépidité dans les guerres d'Italie, sous le règne de Louis XII. Voy. les *Chroniques* de Jean d'Auton, publiées par le bibliophile Jacob.

aise de le prendre en sa compaignye. Et pour ce, dès ceste heure icy, emmenez-le, et, afin que je n'aye nul regret à luy, gardez qu'il ne me vienne dire adieu. » En ce disant, luy bailla argent necessaire pour faire son voiage. Et dès le matin, feit partir le jeune homme, qui en fut fort ayse, car il ne desiroit autre chose que, après la joyssance de s'amye, s'en aller à la guerre.

La dame demoura longuement en grande tristesse et melencolye; et n'eust esté la craincte de Dieu, eust maintesfois desiré la fin du malheureux fruict dont elle estoit pleine. Elle faingnyt d'estre mallade, afin qu'elle vestist son manteau, pour couvrir son imperfection, et quant elle fut preste d'accoucher, regarda qu'il n'y avoit homme au monde en qui elle eust tant de fiance que en ung sien frere bastard, auquel elle avoit faict beaucoup de biens; et luy compta sa fortune[1], mais elle ne dist pas que ce fust de son filz, le priant de vouloir donner services à son honneur : ce qu'il feit; et, quelques jours avant qu'elle deust accoucher, la pria de vouloir changer l'air de sa maison et qu'elle recouvreroyt plus tost sa santé en la sienne. Alla en bien petite compaignye, et trouva là une saige femme venue pour la femme de son frere, qui, une nuict, sans la congnoistre, receut son enfant; et se trouva une belle fille. Le gentil homme la bailla à une nourrisse et la feit nourrir soubz le nom d'estre sienne. La dame, ayant là demeuré ung mois, s'en alla toute saine en sa maison où elle vesquit plus austerement que jamais, en jeunes et disciplines. Mais, quand son filz vint à estre grand, voyant que pour l'heure n'y avoit guerre en Italye, envoya supplier sa mere luy permectre de retourner en sa maison. Elle, craingnant de retomber en tel mal dont elle venoit, ne le voulut permectre, sinon qu'en la fin il la pressa si fort, qu'elle n'avoit aucune raison de luy refuser son congé; mais elle luy manda qu'il n'eust jamais à se trouver devant elle, s'il n'estoit marié à quelque femme qu'il aymast bien fort, et qu'il ne regardast point aux biens, mais qu'elle fut gentille femme[2], c'estoit assez. Durant ce temps, son frere bastard, voiant la fille qu'il avoit en charge devenue grande et belle en parfection, pensa de la mectre en quelque maison bien loing où elle seroit incongneue, et, par le conseil de la mere, la donna à la Royne de Navarre, nommée Catherine[3]. Ceste fille vint à croistre

---

[1] Son accident, c'est-à-dire sa grossesse.
[2] Noble, fille de gentilhomme.
[3] Catherine de Foix, sœur de Gaston Phœbus, mariée le 14 juin 1484, à Jean d'Albret, roi de Navarre, qui fut expulsé de ses États par l'armée espagnole, en

jusques à l'aage de douze à treize ans ; et fut si belle et honneste, que la Royne de Navarre luy portoit grande amityé, et desiroit fort de la marier bien et haultement. Mais, à cause qu'elle estoit pauvre, se trouvoit trop de serviteurs, mais point de mary. Ung jour, advint que le gentil homme qui estoit son pere incongneu, retournant delà les montz, vint en la maison de la Royne de Navarre, où, sitost qu'il eust advisé sa fille, il en fut amoureux. Et, pour ce qu'il avoit congé de sa mere d'espouser telle femme qu'il luy plairoit, ne s'enquist, sinon si elle estoit gentille femme ; et sçachant que ouy, la demanda pour femme à la dicte Royne, qui, très voluntiers la luy bailla, car elle sçavoit bien que le gentil homme estoit riche et avecq la richesse beau et honneste.

Le mariage consommé, le gentil homme rescripvit à sa mere, disant que doresnavant ne luy povoit nyer la porte de sa maison, veu qu'il luy menoit une belle fille aussi parfaicte que l'on sçauroit desirer. La dame, qui s'enquist quelle alliance il avoit prinse, trouva que c'estoit la propre fille d'eulx deux, dont elle eut ung deuil si desesperé, qu'elle cuyda mourir soubdainement, voyant que tant plus donnoit d'empeschement à son malheur, et plus elle estoit le moïen dont augmentoit. Elle, qui ne sceut autre chose faire, s'en alla au legat d'Avignon, auquel elle confessa l'enormité de son peché, demandant conseil comme elle se debvoit conduire. Le legat, satisfaisant à sa conscience, envoia querir plusieurs docteurs en theologie, auxquels il communicqua l'affaire, sans nommer les personnaiges ; et trouva, par leur conseil, que la dame ne debvoit jamais rien dire de ceste affaire à ses enffans, car, quant à eulx, veue l'ignorance, ilz n'avoient point peché, mais qu'elle en debvoit toute sa vie faire penitence, sans leur en faire ung seul semblant. Ainsy s'en retourna la pauvre dame en sa maison ; où bientost après arriverent son filz et sa belle fille, lesquelz s'entre-aymoient si fort que jamais mary ny femme n'eurent plus d'amitié et semblance[1], car elle estoit sa fille, sa seur et sa femme, et luy à elle, son pere, frere et mary. Ilz continuerent tousjours en ceste grande amitié, et la pauvre dame, en son extreme penitence, ne les voyoit jamais faire bonne chere[2], qu'elle ne se retirast pour pleurer.

1516. Elle mourut, le 17 février 1517, à l'âge de quarante-sept ans, en laissan plusieurs enfants, dont l'aîné, Henri II, roi de Navarre, épousa Marguerite d'Angoulême, veuve du duc d'Alençon.

[1] Ressemblance.
[2] Se caresser.

« Voyla, mes dames, comme il en prend à celles qui cuydent par leurs forces et vertu vaincre amour et nature avecq toutes les puissances que Dieu y a mises. Mais le meilleur seroit, congnoissant sa foiblesse, ne jouster point contre tel ennemy, et se retirer au vray Amy et luy dire avecq le Psalmiste : « Seigneur, je souffre force, respondez pour moy! » — Il n'est pas possible, dist Oisille, d'oyr racompter ung plus estrange cas que cestuy-ci. Et me semble que tout homme et femme doibt icy baisser la teste soubz la craincte de Dieu, voyant que, pour cuyder bien faire, tant de mal est advenu. — Sçachez, dist Parlamente, que le premier pas que l'homme marche en la confiance de soy-mesmes s'esloigne d'autant de la confiance de Dieu. — Celluy est saige, dist Geburon, qui ne congnoist ennemy que soy-mesmes et qui tient sa volunté et son propre conseil pour suspect. — Quelque apparence de bonté et de saincteté qu'il y ayt, dist Longarine, il n'y a apparence de bien si grand qui doibve faire hazarder une femme de coucher avecq ung homme, quelque parent qu'il luy soit, car le feu auprès des estouppes n'est point seur. — Sans point de faulte, dist Ennasuitte, ce debvoit estre quelque glorieuse folle, qui, par sa resverie des Cordeliers[1], pensoit estre si saincte qu'elle estoit impecable, comme plusieurs d'entre eulx veulent persuader à croire que par nous-mesmes le povons estre, qui est ung erreur trop grand. — Est-il possible, Longarine, dist Oisille, qu'il y en ayt d'assez folz pour croyre ceste opinion? — Ilz font bien mieulx, dist Longarine, car ilz disent qu'il se fault habituer à la vertu de chasteté, et, pour esprover leurs forces, parlent avecq les plus belles qui se peuvent trouver et qu'ilz ayment le mieulx; et, avecq baisers et attouchemens de mains, experimentent si leur chair est en tout morte. Et quand par tel plaisir ilz se sentent esmouvoir, ilz se separent, jeusnent et prennent de grandes disciplines. Et quand ilz ont matté leur chair jusques là, et que pour parler ne baiser, ilz n'ont point devotion, ilz viennent à essayer la forte tentation qui est de coucher ensemble et s'embrasser sans nulle concupiscence[2]. Mais, pour ung qui en est eschappé, en sont venuz tant

---

[1] La Reine de Navarre, dans tout le cours de l'*Heptameron*, ne cesse de dauber sur les Cordeliers, qui avaient des mœurs si relâchées de son temps, qu'on n'osait plus les admettre dans une maison honnête. Il y a, de la part de Marguerite, certainement une rancune personnelle contre ces *beaux peres*.

[2] On raconte que Robert d'Arbrissel, fondateur du célèbre monastère de Fontevrault, couchait entre deux religieuses pour mortifier sa chair. Cet exemple aut exciter le zèle des imitateurs.

d'inconveniens, que l'archevesque de Millan, où ceste religion s'exerceoit, fut contrainct de les separer et mettre les femmes au couvent des femmes et les hommes au couvent des hommes. — Vrayement, dist Geburon, c'est bien l'extremité de la folye de se voulloir rendre de soy-mesmes impecable et sercher si fort les occasions de pecher! » Ce dist Saffredent : « Il y en a qui font au contraire, car ilz fuyent tant qu'ilz peuvent les occasions : encores la concupiscence les suict. Et le bon sainct Jherosme, après s'estre bien fouetté et s'estre caché dedans les desers, confessa ne povoir eviter le feu qui brusloit dedans ses moelles. Parquoy se fault recommander à Dieu, car, s'il ne nous tient à force, nous prenons grand plaisir à tresbucher. — Mais vous ne regardez pas ce que je voy? dist Hircan : c'est que tant que nous avons racompté noz histoires, les moynes derriere ceste haye n'ont point ouy la cloche de leurs vespres, et maintenant, quand nous avons commencé à parler de Dieu, ilz s'en sont allez et sonnent à ceste heure le second coup. — Nous ferons bien de les suyvre, dist Oisille, et d'aller louer Dieu, dont nous avons passé ceste Journée aussi joyeusement qu'il est possible. » Et, en ce disant, se leverent et s'en allerent à l'eglise où ilz oyrent devotement vespres. Et après, s'en allerent soupper, debattans des propoz passez, et rememorans plusieurs cas advenuz de leur temps, pour veoir lesquelz seroient dignes d'estre retenuz Et après avoir passé joyeusement tout le soir, allerent prendre leur doulx repoz, esperans le lendemain ne faillir à continuer l'entreprinse qui leur estoit si agreable. Ainsy fut mis fin à la tierce Journée.

FIN DE LA TROISIESME JOURNÉE.

QUATRIESME JOURNÉE.

EN LA QUATRIESME JOURNÉE, ON DEVISE PRINCIPALEMENT DE LA VERTUEUSE PATIENCE ET LONGUE ATTENTE DES DAMES POUR GAIGNER LEURS MARYS; ET LA PRUDENCE DONT ONT USÉ LES HOMMES ENVERS LES FEMMES, POUR CONSERVER L'HONNEUR DE LEURS MAISONS ET LIGNAGE.

PROLOGUE.

Madame Oisille, selon sa bonne coustume, se leva le lendemain beaucoup plus matin que les autres, et, en meditant son livre de la Saincte Escripture, attendit la compaignye, qui peu à peu se rassembla. Et les plus paresseux s'excuserent sur la parolle de Dieu, disans : « J'ay une femme, je n'y puis aller si tost. » Parquoy, Hircan et sa femme Parlamente trouverent la leçon bien commencée. Mais Oisille sceut très bien sercher le passaige où l'Escripture reprent ceulx qui sont negligens d'oyr ceste saincte parolle; et non seullement lisoit le texte et leur faisoit tant de bonnes et sainctes expositions qu'il n'estoit possible de s'ennuyer à l'oyr. La leçon finye, Parlamente luy dist : « J'estois marrye d'avoir esté paresseuse quand je suis arrivée icy, mais puisque ma faulte est occasion de vous avoir faict si bien parler à moy, ma paresse m'a doublement proffité, car j'ay eu repos de corps à dormir davantaige et d'esperit à vous oyr si bien dire. » Oisille luy dist : « Or, pour penitence, allons à la messe prier Nostre Seigneur nous donner la volunté et le moïen d'executer ses commandemens ; et puis, qu'il commande ce qu'il luy plaira. » En disant ces parolles, se trouverent à l'eglise où ilz oyrent la messe devotement; et après, se misrent à table, où Hircan n'oblia point à se mocquer de la paresse de sa femme. Après le disner, s'en allerent reposer pour estudier leur rolle; et quand l'heure fut venue, se trouverent au lieu accoustumé. Oisille demanda à Hircan à qui il donnoit sa voix pour commencer la Journée : « Si ma femme, dist-il, n'eust commencé celle d'hier, je luy eusse donné ma voix, car, combien que j'ay tousjours pensé qu'elle m'ayt aymé plus que tous les hommes du monde, si est-ce que à ce matin elle m'a monstré m'aymer mieulx que Dieu ne sa parolle, laissant vostre bonne leçon pour me tenir compaignye; mais, puisque je ne la puys bailler à la plus saige de la compaignie, je la bailleray au plus saige d'entre nous, qui est Geburon. Mais je le prie qu'il n'espargne point les religieux. » Geburon luy dist : « Il ne m'en falloit point prier ; je les avois bien pour recommandés, car il n'y a pas long temps que j'en ay oy faire ung compte à Monsieur de Saint Vincent, ambassadeur de l'Empereur, qui est digne de n'estre mys en obly et je le vous voys racompter. »

TRENTE ET UNIESME NOUVELLE.

Un monastére de cordeliers fut bruslé avec les moynes qui estoient dedans, en memoire perpetuelle de la cruauté dont usa un cordelier amoureux d'une damoyselle.

Aux terres subjectes à l'empereur Maximilian d'Autriche[1] y avoit ung couvent de cordeliers fort estimé, auprès duquel ung gentil homme avoit sa maison. Et avoit prins telle amitié aux religieux de ceans, qu'il n'avoit bien qu'il ne leur donnast pour avoir part en leurs bienfaicts, jeunes et disciplines. Et, entre autres, y avoit leans ung grand et beau cordelier que le dict gentil homme avoit prins pour son confesseur, lequel avoit telle puissance de commander en la maison du dict gentil homme, comme luy-mesmes. Ce cordelier, voyant la femme de ce gentil homme tant belle et saige qu'il n'estoit possible de plus, en devint si fort amoureux, qu'il en perdit boyre, manger et toute raison naturelle. Et, ung jour, deliberant d'executer son entreprinse, s'en alla tout seul en la maison du gentil homme, et, ne le trouvant point, demanda à la damoiselle où il estoit allé. Elle luy dist qu'il estoit allé

[1] M. Leroux de Lincy a recherché les origines de cette Nouvelle dans les anciens conteurs, quoique la Reine de Navarre la présente comme un récit de M. de Saint-Vincent, ambassadeur de Charles-Quint. Il a trouvé, en effet, une histoire analogue dans les poésies de Rutebeuf, intitulé Frere Denise (Voy. les Fabliaux de Legrand d'Aussy, t. IV, p. 383), et dans les Cent Nouvelles nouvelles (la IXe). Henri Estienne a reproduit cette histoire dans son Apologie pour Hérodote (t. I, p. 499 de l'édit. de 1735), et Malespini l'a imitée dans ses Dusento Novelle.

en une terre où il debvoit demeurer deux ou trois jours, mais que, s'il avoit affaire à luy, qu'elle luy envoyroit homme exprès. Il dit que non et commencea à aller et venir par la maison, comme homme qui avoit quelque affaire d'importance en son entendement. Et, quand il fut sailly hors de la chambre, elle dist à l'une de ses femmes, dont elle n'avoit que deux : « Allez après le beau pere et sçachez que c'est qu'il veult, car je luy trouve le visaige d'un homme qui n'est pas contant. » La chamberiere s'en va, à la court, luy demander s'il voulloit riens ; il luy dist que ouy, et, la tirant en ung coing, print ung poignart qu'il avoit en sa manche, et luy mist dans la gorge. Ainsy qu'il eut achevé, arriva en la court ung serviteur à cheval, lequel venoit de querir la rente d'une ferme. Incontinant qu'il fut à pied, salua le cordelier, qui, en l'embrassant, luy mist par derriere le poignart en la gorge et ferma la porte du chasteau sur luy. La damoiselle, voyant que sa chamberiere ne revenoit point, s'esbahit pourquoy elle demeuroit tant avecq ce cordelier ; et dist à l'autre chamberiere : « Allez voir à quoy il tient que vostre compaigne ne vient ? » La chamberiere s'en va, et, si tost que le beau pere la veyt, il la tira à part en ung coing, et feit comme de sa compaigne. Et, quand il se veid seul en la maison, s'en vint à la damoiselle et luy dist qu'il y avoit longtemps qu'il estoit amoureux d'elle et que l'heure estoit venue qu'il falloit qu'elle luy obeist. La damoiselle, qui ne s'en fust jamais doubtée, luy dist : « Mon pere, je croy que si j'avois une volunté si malheureuse, que me vouldriez lapider le premier. » Le religieux luy dist : « Sortez en ceste court, et vous verrez ce que j'ay faict. » Quand elle veid ses deux chamberieres et son varlet mortz, elle fut si très effroyée de paour, qu'elle demeura comme une statue sans sonner mot. A l'heure, le meschant, qui ne vouloit point joyr pour une heure, ne la voulut prendre par force, mais luy dist : « Madamoiselle, n'ayez paour ; vous estes entre les mains de l'homme du monde qui plus vous ayme. » Disant cela, il despouilla son grand habit, dessoubz lequel en avoit vestu ung petit, lequel il presenta à la damoiselle, en luy disant que, si elle ne le prenoit, il la mectroit au rang des trespassez qu'elle voyoit devant ses oeilz.

La damoiselle, plus morte que vive, delibera de faindre luy vouloir obeyr, tant pour saulver sa vie que pour gaingner le temps qu'elle esperoit que son mary reviendroit. Et, par le commandement du dict cordelier, commencea à se descoueffer le plus longuement qu'elle peut ; et quand elle fut en cheveulx, le cordelier ne regarda à la beaulté qu'ilz avoient, mais les couppa hastivement; et ce faict, la feit despouiller tout en chemise et luy vestit le petit habit qu'il portoit, reprenant le sien accoustumé; et le plus tost qu'il peut, s'en part de leans, menant avecq luy son petit cordelier que si long temps il avoit desiré. Mais Dieu, qui a pitié de l'innocent en tribulation, regarda les larmes de ceste pauvre damoiselle, en sorte que le mary, ayant faict ses affaires plus tost qu'il ne cuydoit, retourna en sa maison par le mesme chemyn où sa femme s'en alloit. Mais, quand le cordelier l'apparceut de loing, il dist à la damoiselle : « Voicy vostre mary que je voy venir! Je sçay que, si vous le regardez, il vous vouldra tirer hors de mes mains; parquoy marchez devant moy et ne tournez la teste nullement du cousté de là où il yra, car, si vous faictes un seul signe, j'auray plus tost mon poignart en vostre gorge, qu'il ne vous aura delivrée de mes mains. » En ce disant, le gentil homme approcha et luy demanda dont il venoit; il luy dist : « De vostre maison où j'ay laissé Madamoiselle qui se porte très bien et vous attend. »

Le gentil homme passa oultre, sans appercevoir sa femme; mais ung serviteur, qui estoit avecq luy, lequel avoit tousjours accoustumé d'entretenir le compaignon du cordelier, nommé frere Jehan, commencea à appeler sa maistresse, pensant que ce fut frere Jehan. La pauvre femme, qui n'osoit tourner l'oeil du cousté de son mary, ne luy respondit mot, mais son varlet, pour le veoir au visaige, traversa le chemyn, et, sans respondre rien, la damoiselle luy feit signe de l'oeil qu'elle avoit tout plain de larmes. Le varlet s'en va après son maystre et luy dist : « Monsieur, en traversant le chemyn, j'ay advisé le compaignon du cordelier, qui n'est poinct frere Jehan, mais ressemble tout à faict à Madamoiselle vostre femme, qui avecq un oeil plain de larmes m'a gecté ung piteux regard. » Le gentil homme luy dit qu'il resvoit et n'en tint compte; mais le varlet, persistant, le suplia luy donner congé d'aller après et qu'il actendist au chemyn veoir si c'estoit ce qu'il pensoit. Le gentil homme luy accorda et demeura pour veoir que son varlet luy apporteroit. Mais, quand le cordelier ouyt derriere luy le varlet qui appelloit frere Jehan, se doubtant que la damoiselle eust esté congneue, vint avecq ung grand baston ferré qu'il tenoit, et en donna ung si grand coup par le cousté au varlet, qu'il l'abbattit du cheval à terre; incontinant saillit sur son corps et luy couppa la gorge. Le gentil homme, qui de loing veit tresbucher son varlet, pensant qu'il fust tumbé par quelque fortune, court après pour le relever. Et, si tost que le cordelier le veit, il luy

donna de son baston ferré comme il avoit faict à son varlet et le jeta
par terre, et se jecta sur luy. Mais le gentil homme, qui estoit fort et
puissant, embrassa le cordelier de telle sorte, qu'il ne luy donna povoir
de luy faire mal, et luy feit saillir le poingnart des poingz, lequel sa
femme incontinant alla prendre et le bailla à son mary, et de toute
sa force tint le cordelier par le chapperon. Et le mary luy donna plusieurs coups de poingnart, en sorte qu'il luy requist pardon et confessa
sa meschanceté. Le gentil homme ne le voulut point tuer, mais pria
sa femme d'aller en sa maison querir ses gens et quelque charrette
pour le mener, ce qu'elle feit : despouillant son habit, courut tout
en chemise, la teste raze, jusques en sa maison. Incontinant accouru-
rent tous ses gens pour aller à leur maistre luy aider à admener le
loup qu'il avoit prins ; et le trouverent dans le chemyn, où il fut prins,
lyé et mené en la maison du gentil homme ; lequel après le feit conduire en la justice de l'Empereur en Flandres, où il confessa sa mauvaise volunté. Et fut trouvé, par sa confession et preuve qui fut faicte
par commissaires, sur le lieu, que en ce monastere y avoit esté
mené ung grand nombre de gentilz femmes et autres belles filles,
par les moïens que ce cordelier y vouloit mener ceste damoiselle : ce
qu'il eut faict, sans la grace de Nostre Seigneur, qui ayde tousjours à
ceulx qui ont esperance en luy. Et fut le dit monastere spolyé de ses
larcins et des belles filles qui estoient dedans, et les moynes y enfermez
dedans bruslerent avecq le dit monastere, pour perpetuelle memoire de
ce crime, par lequel se peult congnoistre qu'il n'y a rien plus dangereux qu'amour, quand il est fondé sur vice, comme il n'est rien
plus humain ne louable, que quand il habite en ung cueur vertueulx.

« Je suys bien marry, mes dames, de quoy la verité ne nous amene
des comptes autant à l'advantaige des cordeliers, comme elle faict à
leur desadvantaige, car ce me seroit grand plaisir, pour l'amour que
je porte à leur ordre, d'en sçavoir quelqu'un où je les puisse bien
louer, mais nous avons tant juré de leur dire verité, que je suis contrainct, après le rapport de gens si dignes de foy, de ne la celer, vous
asseurant, quand les religieux feront acte de memoire à leur gloire,
que je mectray grand peyne à leur faire trouver beaucoup meilleur
que je n'ay faict à dire la verité de ceste-cy. — En bonne foy, Geburon, dit Oisille, voilà ung amour qui se debvoit nommer cruaulté?
— Je m'esbahys, dist Simontault, comment il eut la patience, la voyant
en chemise et au lieu où il en povoit estre maistre, qu'il ne la print

par force. — Il n'estoit friant, dist Saffredent, mais il estoit gourmant, car, pour l'envye qu'il avoit de s'en souller tous les jours, il ne se voulloit point amuser d'en taster. — Ce n'est point cela, dist Parlamente, mais entendez que tout homme furieux est tousjours paoureux, et la craincte qu'il avoit d'estre surprins et qu'on luy ostast sa proye, luy faisoit emporter son aigneau, comme ung loup sa brebis, pour la menger à son ayse. — Toutesfois, dist Dagoucin, je ne sçaurois croyre qu'il ne luy portast amour, et aussy que, en ung cueur si villain que le sien, ce vertueux dieu n'y eust sceu habiter. — Quoy que soit, dist Oisille, il en fut bien pugny. Je prie à Dieu que de pareilles entreprinses puissent saillir telles pugnitions. Mais à qui donnerez-vous vostre voix? — A vous, Madame, dist Geburon : vous ne fauldrez de nous en dire quelque bonne. — Puis que je suis en mon ranc, dist Oisille, je vous en racompteray une bonne, pour ce qu'elle est advenue de mon temps et que celluy-mesmes qui l'a veue me l'a comptée. Je suis seure que vous ne ignorez point que la fin de tous noz malheurs est la mort, mais, mectant fin à nostre malheur, elle se peut nommer nostre felicité et seur repos. Le malheur doncques de l'homme, c'est desirer la mort et ne la pouvoir avoir; parquoy la plus grande punicion que l'on puisse donner à ung malfaiteur n'est pas la mort, mais c'est de donner ung tourment continuel et si grand, que il la face desirer, et si petit, qu'il ne la puisse avancer, ainsy que ung mary bailla à sa femme comme vous oirez. »

TRENTE DEUXIESME NOUVELLE.

Bernage, ayant connu en quelle patience et humilité une damoiselle d'Allemagn recevoit l'estrange penitence que son mary luy faisoit faire pour son incontinence, gaingna ce poinct sur luy, qu'obliant le passé, eut pitié de sa femme, la reprint avec soy et en eut depuis de fort beaulx enfans.

Le Roy Charles, huictiesme de ce nom, envoya en Allemaigne ung gentil homme, nommé Bernage, sieur de Sivray, près Amboise[1],

---

[1] Bernage ou Vernaiges (comme le nomment quelques manuscrits) était écuyer d'écurie de Charles VIII, en 1495, et recevait, en cette qualité, 300 livres de gages par an. La terre de Civray, située sur les bords du Cher, près du château de Chenonceaux, n'est venue en sa possession qu'après l'année 1482, car elle appartenait encore, cette année-là, à Jean Goussart, écuyer.

lequel, pour faire bonne diligence, n'epargnoit jour ne nuyct, pour advancer son chemyn, en sorte que, ung soir bien tard, arriva en ung chasteau d'un gentil homme où il demanda logis : ce que à grant peyne peut avoir. Toutesfois, quant le gentil homme entendyt qu'il estoit serviteur d'un tel Roy, s'en alla au devant de luy, et le pria de ne se mal contanter de la rudesse de ses gens, car, à cause de quelques parens de sa femme qui luy vouloient mal, il estoit contrainct tenir ainsy la maison fermée. Aussi, le dict Bernage luy dist l'occasion de sa legation : en quoy le gentil homme s'offryt de faire tout service à luy possible au Roy son maistre, et le mena dedans sa maison où il le logea et festoya honorablement.

Il estoit heure de soupper; le gentil homme le mena en une belle salle tendue de belle tapisserye. Et, ainsy que la viande fut apportée sur la table, veid sortir de derriere la tapisserye une femme, la plus belle qu'il estoit possible de regarder, mais elle avoit sa teste toute tondue, le demeurant du corps habillé de noir à l'Alemande. Après que le gentil homme eut lavé avecq le seigneur de Bernaige, l'on porta l'eaue à ceste dame, qui lava et s'alla seoir au bout de la table, sans parler à nulluy, ny nul à elle. Le seigneur de Bernaige la regarda bien fort, et luy sembla une des plus belles dames qu'il avoit jamais veues, sinon qu'elle avoit le visaige bien pasle et la contenance bien triste. Après qu'elle eut mengé ung peu, elle demanda à boyre, ce que luy apporta ung serviteur de ceans dedans ung esmerveillable vaisseau, car c'estoit la teste d'ung mort, dont les oeilz estoient bouchez d'argent : et ainsy beut deux ou trois foys. La damoiselle, après qu'elle eut souppé et faict laver les mains, feit une reverence au seigneur de la maison et s'en retourna derriere la tapisserye, sans parler à personne. Bernaige fut tant esbahy de veoir chose si estrange, qu'il en devint tout triste et pensif. Le gentil homme, qui s'en apparçeut, luy dit : « Je voy bien que vous vous estonnez de ce que vous avez veu en ceste table; mais veu l'honnesteté que je treuve en vous, je ne vous veulx celer que c'est, afin que vous ne pensiez qu'il y ayt en moy telle cruaulté sans grande occasion. Ceste dame que vous avez veu est ma femme, laquelle j'ay plus aymée que jamais homme pourroit aymer femme, tant que, pour l'espouser, je oubliay toute craincte, en sorte que je l'amenay icy dedans, maulgré ses parens. Elle aussy, me monstroit tant de signes d'amour, que j'eusse hazardé dix mille vies pour la mectre ceans à son ayse et à la mienne; où nous avons vescu ung temps à tel repos et contentement, que je me tenois le plus heureux gentil homme de la chrestienté. Mais, en ung voiage que je feis où mon honneur me contraingnit d'aller, elle oblia tant son honneur, sa conscience et l'amour qu'elle avoit en moy, qu'elle fut amoureuse d'un jeune gentil homme que j'avois nourry ceans; dont, à mon retour, je me cuyday apercevoir. Si est-ce que l'amour que je luy portois estoit si grand, que je ne me povois desfier d'elle jusques à la fin que l'experience me creva les oeilz, et veiz ce que je craingnois plus que la mort. Parquoy, l'amour que je luy portois fut convertie en fureur et desespoir, en telle sorte que je la guettay de si près, que, ung jour, faingnant aller dehors, me cachay en la chambre où maintenant elle demeure, où, bientost après mon partement, elle se retira et y feit venir ce jeune gentil homme, lequel je veiz entrer avec la privaulté qui n'appartenoit que à moy avoir à elle. Mais, quant je veiz qu'il vouloit monter sur le lict auprès d'elle, je saillys dehors et le prins entre ses bras, où je le tuay. Et, pour ce que le crime de ma femme me sembla si grand que une mort n'estoit suffisante pour la punir, je luy ordonnay une peyne que je pense qu'elle a plus desagreable que la mort : c'est de l'enfermer en une chambre où elle se retiroit pour prendre ses plus grands delices et en la compaignie de celluy qu'elle aymoit trop mieulx que moy; auquel lieu je luy ay mis dans une armoyre tous les oz de son amy, tenduz comme chose pretieuse en ung cabinet. Et, affin qu'elle n'en oblye la memoire, en beuvant et mangeant, luy fais servir à table, au lieu de couppe, la teste de ce meschant : et là, tout devant moy, afin qu'elle voie vivant celluy qu'elle a faict son mortel ennemy par sa faulte, et mort pour l'amour d'elle celluy dont elle avoit preferé l'amitié à la mienne. Et ainsy elle veoit à disner et à soupper les deux choses qui plus luy doibvent desplaire : l'ennemy vivant et l'amy mort, et tout, par son peché. Au demorant, je la traicte comme moy-mesmes, sinon qu'elle va tondue, car l'arraiement[1] des cheveulx n'appartient à l'adultere, ny le voyle, à l'impudicque. Parquoy s'en va rasée, monstrant qu'elle a perdu l'honneur de la virginité et pudicité. S'il vous plaist de prendre la peyne de la veoir, je vous y meneray. »

Ce que feit voluntiers Bernaige : lesquelz descendirent à bas et trouverent qu'elle estoit en une tres belle chambre, assise toute seulle devant ung feu. Le gentil homme tira ung rideau qui estoit devant une grande armoyre, où il veid penduz tous les oz d'un homme mort. Bernaige avoit grande envie de parler à la dame, mais, de paour du mary,

---

[1] Ornement, parade; *arraiamentum*, dans la basse latinité.

il n'osa. Le gentil homme, qui s'en apparceut, luy dist : « S'il vous plaist luy dire quelque chose, vous verrez quelle grace et parolle elle a? » Bernaige luy dist à l'heure : « Madame, vostre patience est egalle au torment. Je vous tiens la plus malheureuse femme du monde. » La dame, ayant la larme à l'oeil, avecq une grace tant humble qu'il n'estoit possible de plus, luy dist : « Monsieur, je confesse ma faulte estre si grande, que tous les maulx, que le seigneur de ceans (lequel je ne suis digne de nommer mon mary) me sçauroit faire, ne me sont riens au prix du regret que j'ay de l'avoir offensé » En disant cela se print fort à pleurer. Le gentil homme tira Bernaige par le bras et l'emmena. Le lendemain au matin, s'en partyt pour aller faire la charge que le Roy luy avoit donnée. Toutesfois, disant adieu au gentil homme, ne se peut tenir de luy dire : « Monsieur, l'amour que je vous porte et l'honneur et privaulté que vous m'avez faicte en vostre maison, me contraignent à vous dire qu'il me semble, veu la grande repentance de vostre pauvre femme, que vous luy debvez user de misericorde; et aussy, vous estes jeune, et n'avez nulz enfans; et seroit grand dommaige de perdre une si belle maison que la vostre, et que ceulx qui ne vous ayment peut-estre point, en fussent heritiers. » Le gentil homme, qui avoit deliberé de ne parler jamais à sa femme, pensa longuement aux propos que luy tint le seigneur de Bernaige; et enfin congneut qu'il disoit verité, et luy promist que, si elle perseveroit en ceste humilité, il en auroit quelquefois pitié. Ainsy s'en alla Bernaige faire sa charge. Et quand il fut retourné devant le Roy son maistre, luy feit tout au long le compte que le prince trouva tel comme il disoit; et, entre autres choses, ayant parlé de la beaulté de la dame, envoya son painctre, nommé Jehan de Paris[1], pour luy rapporter ceste dame au vif. Ce qu'il feit après le consentement de son mary, lequel, après

---

[1] Jean Perreal, dit Jean de Paris, que Jean Lemaire de Belge, appelle *nostre second Zeuxis ou Appelles en paincture*, et que Geoffroy Tory qualifie d'*excellent peintre*, était peintre ordinaire du roi, au titre de valet de chambre, avec 240 livres de gages. Il fut attaché d'abord à Charles VIII, en cette double qualité; puis, à Louis XII et à François Ier. En 1514, le roi l'envoya en Angleterre, pour faire le portrait de la princesse Marie, sœur de Henri VIII; l'année suivante, il fut chargé de la décoration funèbre pour les obsèques de Louis XII. La réputation de ce grand artiste lyonnais était si populaire, que son nom a passé en proverbe pour désigner un homme galant et magnifique; mais ce nom manque encore dans toutes les Biographies, et, si nos galeries possèdent des tableaux de ce maitre, les catalogues se taisent sur l'auteur. Voy. le t. 1er de *la Renaissance des arts à la cour de France*, par M. le comte de la Borde, qui a le premier remis en honneur le nom d'un peintre français que ses contemporains nous représentent comme ayant *surpassé les citramontains* (les peintres italiens).

longue penitence, pour le desir qu'il avoit d'avoir enfans et pour la pitié qu'il eut de sa femme qui en si grande humilité recepvoit ceste penitence, il la reprint avecq soy, et en eut depuis beaucoup de beaulx enfans.

« Mes dames, si toutes celles à qui pareil cas est advenu beuvoient en telz vaisseaulx, j'aurois grand paour que beaucoup de couppes dorées seroient converties en testes de mortz. Dieu nous en veuille garder, car, si sa bonté ne nous retient, il n'y a aucun d'entre nous qui ne puisse faire pis; mais, ayant confiance en luy, il gardera celles qui confessent ne se pouvoir par elles-mesmes garder; et celles qui se confient en leurs forces sont en grand danger d'estre tentées jusques à confesser leur infirmité. Et en ay veu plusieurs qui ont tresbuché en tel cas, dont l'honneur saulvoit celles que l'on estimoit les moins vertueuses; et dist le viel proverbe : *Ce que Dieu garde est bien gardé.* — Je trouve, dist Parlamente, ceste pugnition autant raisonnable qu'il est possible; car, tout ainsy que l'offence est pire que la mort, aussy est la pugnition pire que la mort. » Dist Ennasuitte : « Je ne suis pas de vostre oppinion, car j'aymerois mieulx toute ma vie veoir les oz de tous mes serviteurs en mon cabinet, que de morir pour eulx, veu qu'il n'y a mesfaict qui ne se puisse amender, mais, après la mort, n'y a point d'amendement. — Comment sçauriez-vous amender la honte? dist Longarine, car vous sçavez que, quelque chose que puisse faire une femme après ung tel mesfaict, ne sçauroit reparer son honneur? — Je vous prie, dist Ennasuitte, dictes-moy si la Magdeleine[1] n'a pas plus d'honneur entre les hommes maintenant, que sa sœur qui estoit vierge? — Je vous confesse, dist Longarine, qu'elle est louée entre nous de la grande amour qu'elle a portée à Jesus Christ, et de sa grande penitence, mais si luy demeure le nom de *Pecheresse*. — Je ne me soulcie, dist Ennasuitte, quel nom les hommes me donnent, mais que Dieu me pardonne et mon mary aussy. Il n'y a rien pour quoy je voulsisse morir. — Si ceste damoiselle aymoit son mary comme elle debvoit, dist Dagoucin, je m'esbahys comme elle ne mouroit de deuil, en regardant les oz de celluy, à qui, par son peché, elle avoit donné la mort. — Comment, Dagoucin, dist Simontault, estes-vous encores à sçavoir que les femmes n'ont amour ny regret? — Je suis encores à le

---

[1] Marie-Madeleine, sœur de Marthe et du Lazare. Les plus savants commentateurs de l'Évangile ne la confondent pas avec l'autre Madeleine, dite la Femme pécheresse.

sçavoir, dist Dagoucin, car je n'ay jamais osé tenter leur amour, de paour d'en trouver moins que j'en desire. — Vous vivez donc de foy et d'esperance, dist Nomerfide, comme le pluvier, du vent¹? Vous estes bien aisé à nourrir ! — Je me contente, dist-il, de l'amour que je sens en moy et de l'espoir qu'il y a au cueur des dames, mais, si je le sçavois, comme je l'espere, j'aurois si extresme contentement, que je ne le sçaurois porter sans mourir. — Gardez-vous bien de la peste, dist Geburon, car, de ceste maladie là, je vous en asseure. Mais je vouldrois sçavoir à qui madame Oisille donnera sa voix? — Je la donne, dist-elle, à Symontault, lequel je sçay bien qu'il n'espargnera personne. — Autant vault, dit-il, que vous mectiez à sus que je suis ung peu medisant? Si ne lairrai-je à vous monstrer que ceulx que l'on disoit mesdisans ont dict verité. Je croy, mes dames, que vous n'estes pas si sottes que de croire en toutes les Nouvelles que l'on vous vient compter, quelque apparence qu'elles puissent avoir de saincteté, si la preuve n'y est si grande qu'elle ne puisse estre remise en doubte. Aussy, sous telles especes de miracles, y a souvent des abbuz; et, pour ce, j'ay en envie de vous racompter ung miracle, qui ne sera moins à la louange d'un prince fidelle, que au deshonneur du meschant ministre d'eglise.»

TRENTE TROISIESME NOUVELLE.

L'ypocrisie d'un curé, qui sous le manteau de saincteté avoit engroissée sa seur, fut descouverte par la sagesse du comte d'Angoulesme, par le commandement du quel la justice en feit pugnition.

Le comte Charles d'Angoulesme², pere du Roy François, prince fidelle et craingnant Dieu, estoit à Coignac, que l'on luy racompta que, en

---

¹ Cette croyance erronée était encore assez répandue au dernier siècle, pour que Buffon ait jugé nécessaire de la réfuter dans l'histoire naturelle de cet oiseau.

² Ce prince, fils de Jean, comte d'Angoulême, et de Marguerite de Rohan, naquit en 1458 et mourut en 1496. Charles VIII, son cousin, le pleura, en disant qu'il avoit perdu l'un des plus hommes de bien qui fût entre les princes de son sang. Cependant Charles d'Angoulême avait pris les armes contre le roi dans la révolte du duc d'Orléans. C'était le père de François Iᵉʳ et de la Reine de Navarre, qu'il laissa en bas âge sous la tutelle de leur mère, Louise de Savoie.

ung villaige près de là nommé Cherves[1], y avoit une fille vierge vivant si austerement, que c'estoit chose admirable, laquelle toutesfois estoit trouvée grosse. Ce que elle ne dissimuloit point, et asseuroit tout le peuple que jamais elle n'avoit congneu homme et qu'elle ne sçavoit comme le cas luy estoit advenu, sinon que ce fust oeuvre du Sainct Esperit ; ce que le peuple croyoit facillement, et la tenoient et reputoient entre eulx comme pour une seconde vierge Marie, car chascun congnoissoit que dès son enfance elle estoit si saige, que jamais n'eut en elle ung seul signe de mondanité. Elle jeusnoit non seullement les jeusnes commandez de l'Eglise, mais plusieurs foys la sepmaine à sa devotion. Et tant que l'on disoit quelque service en l'eglise, elle n'en bougeoit ; parquoy sa vie estoit si estimée de tout le commun[2], que chacun par miracle la venoit veoir ; et estoit bien heureux, qui luy povoit toucher la robbe. Le curé de la paroisse estoit son frere, homme d'aage et de bien austere vie, aymé et estimé de ses parroissiens et tenu pour ung sainct homme, lequel tenoit de si rigoureux propos à sa dicte seur, qu'il la feit enfermer en une maison, dont tout le peuple estoit mal contant ; et en fut le bruict si grand, que, comme je vous ay dict, les nouvelles en vindrent à l'oreille du Comte. Lequel, voyant l'abbus où tout le peuple estoit, desirant les en oster, envoya ung maistre des requestes et ung aulmosnier, deux fort gens de bien, pour en sçavoir la verité. Lesquelz allerent sur le lieu et se informerent du cas le plus dilligemment qu'ilz peurent, s'adressans au curé qui estoit tant ennuyé de cest affaire, qu'il les pria d'assister à la verification, laquelle il esperoit faire le lendemain.

Ledict curé, dès le matin, chanta la messe où sa seur assista, tousjours à genoulx, bien fort grosse. Et, à la fin de la messe, le curé print le *Corpus Domini*, et, en la presence de toute l'assistance dist à sa seur : « Malheureuse, que tu es, voicy Celluy qui a souffert mort et passion pour toy ; devant lequel je te demande si tu es vierge, comme tu m'as tousjours asseuré ? » Laquelle hardiment luy respondit que ouy. « Et comment doncques est-il possible que tu sois grosse et demeurée vierge ? » Elle respondit : « Je n'en puis rendre autre raison, sinon que ce soit la grace du Sainct Esperit, qui faict en moy ce qu'il luy plaist ; mais, si ne puis-je nier la grace que Dieu m'a faicte, de me conserver vierge ; et n'euz jamais volunté d'estre maryée. » A l'heure,

---

[1] C'est Cherves de Cognac, bourg du département de la Charente.
[2] Le bas peuple.

son frere luy dist : « Je te bailleray le corps precieux de Jesus Christ, lequel tu prendras à ta damnation, s'il est autrement que tu me le dis, dont Messieurs qui sont icy presens de par Monseigneur le Comte seront tesmoings. » La fille, aagée de près de trente ans, jura par tel serment : « Je prendz le corps de Nostre Seigneur, icy present devant vous, à ma damnation, devant vous, Messieurs, et vous, mon frere, si jamais homme m'atoucha non plus que vous! » Et, en ce disant, receut le corps de Nostre Seigneur. Le maistre des requestes et aulmosnier du Comte, ayans veu cela, s'en allerent tous confuz, croyans que avecq tel serment mensonge ne sçauroit avoir lieu. Et en feirent le rapport au Comte, le voulant persuader à croire ce qu'ilz croyoient. Mais, luy, qui estoit sage, après y avoir bien pensé, leur fit derechef dire les parolles du jurement, lesquelles ayant bien pensées : « Elle vous a dict verité, et si vous a trompés, car elle a dict que jamais homme ne luy toucha, non plus que son frere; et je pense, pour verité, que son frere luy a faict cest enfant, et veult couvrir sa meschanceté soubz une si grande dissimulation. » Mais, nous, qui croyons ung Jesus Christ venu, n'en debvons plus attendre d'autre. Parquoy allez-vous-en et mectez le curé en prison. Je suis seur qu'il confessera la verité. » Ce qui fut faict selon son commandement, non sans grandes remontrances pour le scandalle qu'ilz faisoient à cest homme de bien. Et, si tost que le curé fut prins, il confessa sa meschanceté : et comme il avoit conseillé à sa seur de tenir les propos qu'elle tenoit, pour couvrir la vie qu'ilz avoient menée ensemble, non seullement d'une excuse legiere, mais d'un faulx donné à entendre, par lequel ilz demoroient honorez de tout le monde. Et dist, quant on luy meit au devant qu'il avoit esté si meschant de prendre le corps de Nostre Seigneur pour la faire jurer dessus, qu'il n'estoit pas si hardy et qu'il avoit prins ung pain non sacré, ny benist. Le rapport en fut faict au Comte d'Angoulesme, lequel commanda à la justice de faire ce qu'il appartenoit. L'on attendit que sa seur fust accouchée; et, après avoir faict ung beau filz, furent bruslez le frere et la seur ensemble, dont tout le peuple eut ung merveilleux esbahissement, ayant veu soubz si sainct manteau ung monstre si horrible, et soubz une vie tant louable et saincte regner ung si detestable vice.

« Voyla, mes dames, comme la foy du bon Comte ne fut vaincue par signes ne miracles exterieurs, sçachant très bien que nous n'avons que ung Saulveur, lequel, en disant: *Consummatum est*[1], a monstré qu'il ne laissoit point de lieu à ung aultre successeur pour faire nostre salut. — Je vous promectz, dist Oisille, que voyla une grande hardiesse pour une extresme ypocrisie, de couvrir, du manteau de Dieu et des vrais chrestiens, ung peché si enorme. — J'ay oy dire, dist Hircan, que ceulx qui soubz couleur d'une commission de Roy font cruaultez et tirannies, sont puniz doublement pour ce qu'ilz couvrent leur injustice de la justice Roiale; aussi, voyez-vous que les ypocrites, combien qu'ilz prosperent quelque temps soubz le manteau de Dieu et de saincteté, si est-ce que, quand le Seigneur Dieu lieve son manteau, il les descouvre et les meet tous nudz. Et, à l'heure, leur nudité, ordure et villenye, est d'autant trouvée plus layde, que la couverture est dicte honnorable. — Il n'est rien plus plaisant, dist Nomerfide, que de parler naifvement ainsy que le cueur le pense! — C'est pour en gausser[2], respondit Longarine, et je croy que vous donnez vostre oppinion selon vostre condition. — Je vous diray, dist Nomerfide, je voy que les folz, si on ne les tue, vivent plus longuement que les saiges, et n'y entendz que une raison, c'est qu'ilz ne dissimullent point leurs passions. S'ilz sont courroucez, ilz frappent; s'ils sont joieux, ilz rient; et ceulx qui cuydent estre saiges dissimullent tant leurs imperfections, qu'ilz en ont tous les cueurs empoisonnez. — Et je pense, dist Geburon, que vous dictes verité et que l'ypocrisie, soit envers Dieu, ou envers les hommes ou la Nature, est cause de tous les maulx que nous avons. — Ce seroit belle chose, dist Parlamente, que nostre cueur fust si remply, par foy, de Celluy qui est toute vertu et toute joye, que nous le puissions librement monstrer à chascun. — Ce sera à l'heure, dist Hircan, qu'il n'y aura plus de chair sur nos os. — Si est-ce, dist Oisille, que l'esperit de Dieu, qui est plus fort que la mort, peut mortiffier nostre cueur, sans mutation ne ruyne de corps. — Ma dame, dist Saffredent, vous parlez d'un don de Dieu, qui n'est encores commun aux hommes. — Il est commun, dist Oisille, à ceulx qui ont la foy, mais, pour ce que ceste matiere ne se laisseroit entendre à ceulx qui sont charnelz, sçachons à qui Symontault donne sa voix. — Je donne, dist Symontault, à Nomerfide; car, puis qu'elle a le cueur joieulx, sa parolle ne sera point triste. — Et vrayement, dist Nomerfide,

---

[1] Ce sont les dernières paroles de Jésus expirant sur la croix.
[2] Toutes les éditions, comme tous les manuscrits, portent *engroisser*, ce qui n'a pas de sens; nous avons essayé de changer ce mot, pour rendre la phrase plus intelligible.

puisque vous avez envie de rire, je vous en voys prester l'occasion, et, pour vous monstrer combien la paour et l'ignorance nuyst, et que faulte d'entendre ung propos est souvent cause de beaucoup de mal, je vous diray ce qu'il advint à deux cordeliers de Nyort, lesquelz, pour mal entendre le langaige d'un boucher, cuyderent morir. »

TRENTE QUATRIESME NOUVELLE.

Deux cordeliers, escoutans le secret où l'on ne les avoit appelez, pour avoir mal entendu le langage d'un boucher meirent leur vie en danger.

Il y a ung villaige entre Nyort et Fors, nommé Grip [1], lequel est au seigneur de Fors. Ung jour, advint que deux cordeliers, venans de Nyort, arriverent bien tard en ce lieu de Grip et logerent en la maison d'un boucher. Et, pour ce que entre leur chambre et celle de l'hoste n'y avoit que des aiz bien mal joincts, leur print envie d'escouter ce que le mary disoit à sa femme estans dedans le lict; et vindrent mectre leurs oreilles tout droict au chevet du lict du mary, lequel, ne se doubtant de ses hostes, parloit à sa femme privement de son mesnaige, en luy disant : « M'amye, il me fault demain lever matin pour aller veoir noz cordeliers, car il y en a ung bien gras, lequel il nous fault tuer; nous le sallerons incontinant et en ferons bien nostre proffict. » Et combien qu'il entendoit de ses pourceaux, lesquelz il appelloit *cordeliers* [2], si est-ce que les deux pauvres freres, qui oyoient ceste conjuration, se tindrent tout asseurez que c'estoit pour eulx, et, en grande paour et craincte, attendoient l'aube du jour. Il y en avoit ung d'eulx fort gras et l'autre assez maigre. Le gras se vouloit confesser à son compaignon, disant que ung boucher, ayant perdu l'amour et craincte de Dieu, ne feroit non plus de cas de l'assommer, que ung beuf ou autre beste. Et, veu qu'ilz estoient enfermez en leur chambre, de laquelle ilz ne povoient sortir sans passer par celle

[1] Aujourd'hui *Gript*, département des Deux-Sèvres, à deux lieues et demie de Niort. C'était alors une seigneurie que Catherine de Vivonne, fille d'Arthus de Vivonne, qui vivait en 1476, apporta en dot à Jacques Poussart, chevalier, qui signa au contrat de mariage de la reine de Navarre : *le seigneur de Fors, bailli du Berry*.

[2] Il les appelait ainsi, parce qu'ils étaient bien nourris et bien gras.

de l'hoste, ilz se debvoient tenir bien seurs de leur mort, et recommander leurs ames à Dieu. Mais le jeune, qui n'estoit pas si vaincu de paour que son compaignon, luy dist que, puis que la porte leur estoit fermée, falloit essayer à passer par la fenestre, et que aussy bien ilz ne sçauroient avoir pis que la mort. A quoy le gras s'accorda. Le jeune ouvrit la fenestre, et, voyant qu'elle n'estoit trop haulte de terre, saulta legierement en bas et s'enfuyst le plus tost et le plus loing qu'il peut, sans attendre son compaignon, lequel essaya le dangier. Mais la pesanteur le contraingnit de demeurer en bas; car, au lieu de saulter, il tumba si lourdement, qu'il se blessa fort en une jambe.

Et, quant il se veid abandonné de son compaignon et qu'il ne le povoit suyvre, regarda à l'entour de luy où il se pourroit cacher, et ne veit rien que un tect à pourceaulx où il se traina le mieulx qu'il peut. Et, ouvrant la porte pour se cacher dedans, en eschappa deux grands pourceaulx, en la place desquelz se meist le pauvre cordelier et ferma le petit huys[1] sur luy, esperant, quant il orroit le bruict des gens passans, qu'il appelleroit et troveroit secours. Mais, si tost que le matin fut venu, le boucher appresta ses grands cousteaulx et dist à sa femme qu'elle luy tint compaignie pour aller tuer son pourceau gras. Et quand il arriva au tect, auquel le cordelier s'estoit caché, commença à cryer bien hault, en ouvrant la petite porte : « Saillez dehors, maistre cordelier, saillez dehors; car aujourd'huy j'auray de vos boudins! » Le pauvre cordelier, ne se pouvant soustenir sur sa jambe, saillyt à quatre piedz hors du tect, criant tant qu'il povoit misericorde. Et, si le pauvre frere eust grand paour, le boucher et sa femme n'en eurent pas moins, car ilz pensoient que sainct François fust courroucé contre eulx de ce qu'ilz nommoient une beste *cordelier*, et se meirent à genoulx devant le pauvre frere, demandans pardon à sainct François et à sa religion[2], en sorte que le cordelier cryoit d'un costé misericorde au boucher, et le boucher, à luy, d'aultre, tant que les ungs et les aultres furent ung quart d'heure sans se povoir asseurer. A la fin, le beau pere, congnoissant que le boucher ne lui voloit point de mal, lui compta la cause pourquoy il s'estoit caché en ce tect, dont leur paour tourna incontinant en ris, sinon que le pauvre cordelier, qui avoit mal en la jambe, ne se povoit resjouyr. Mais le boucher le mena

---

[1] La porte de la loge aux pourceaux.
[2] L'ordre, la règle de saint François.

en sa maison où il le feit très bien panser. Son compaignon, qui l'avoit laissé au besoing, courut toute la nuict tant que au matin il vint en la maison du seigneur de Fors, où il se plaignoit de ce boucher, lequel il soupsonnoit d'avoir tué son compagnon, veu qu'il n'estoit point venu après luy. Ledict seigneur de Fors envoia incontinant au lieu de Grip, pour en sçavoir la verité, laquelle sceue ne se trouva point matiere de pleurer, mais ne faillyt à le racompter à sa maistresse, madame la duchesse d'Angoulesme, mère du Roy Françoys, premier de ce nom[1].

« Voyla, mes dames, comment il ne faut pas bien escouter le secret là où on n'est point appelé, et entendre mal les parolles d'aultruy. — Ne sçavois-je pas bien, dist Simontault, que Nomerfide ne nous feroit point pleurer, mais bien fort rire; en quoy il me semble que chascun de nous s'est bien acquicté. — Et qu'est-ce à dire, dist Oisille, que nous sommes plus enclins à rire d'une follye, que d'une chose saigement faicte? — Pour ce, dist Hircan, qu'elle nous est plus agreable, d'autant qu'elle est plus semblable à nostre nature, qui de soy n'est jamais saige; et chascun prent plaisir à son semblable : les folz, aux follyes, et les saiges, à la prudence. Je croy, dist-il, qu'il n'y a ne saiges ne folz, qui se sceussent garder de rire de ceste histoire. — Il y en a, dist Geburon, qui ont le cueur tant adonné à l'amour de sapience, que, pour choses que sceussent oyr, on ne les sçauroit faire rire, car ilz ont une joye en leurs cueurs et ung contentement si moderé que nul accident ne les peut muer. — Où sont ceulx-là? dist Hircan. — Les philosophes du temps passé, respondit Geburon, dont la tristesse et la joye est quasi point sentie; au moins, n'en monstroient-ilz nul semblant, tant ilz estimoient grand vertu se vaincre eulx-mesmes et leur passion. Et je trouve aussi bon, comme ilz font, de vaincre une passion vicieuse; mais, d'une passion naturelle qui ne tend à nul mal, ceste victoire-là me semble inutile. — Si est-ce, dist Geburon, que les anciens estimoient ceste vertu grande. — Il n'est pas dict aussy, respondit Saffredent, qu'ilz fussent tous saiges, mais y en avoit plus d'apparence de sens et de vertu, qu'il n'y avoit d'effect. — Toutesfois, vous verrez qu'ilz reprennent toutes choses mauvaises, dist Geburon, et mesmes Diogenes marche sur le lict

---

[1] Louise de Savoie, fille de Philippe, alors comte de Bresse et depuis duc de Savoie, avait épousé, en 1488, le duc Charles d'Angoulême, qui mourut en 1496.

de Platon qui estoit trop curieux [1] à son gré, pour monstrer qu'il desprisoit et vouloit mectre soubz le pied la vaine gloire et convoytise de Platon, en disant : « Je conculque [2] et desprise l'orgueil de Platon. » — Mais vous ne dictes pas tout, dist Saffredent, car Platon luy respondit que c'estoit par ung aultre orgueil. — A dire la verité, dist Parlamente, il est impossible que la victoire de nous-mesmes se face par nous-mesmes, sans ung merveilleux orgueil qui est le vice que chacun doibt le plus craindre, car il s'engendre de la mort et ruyne de toutes les aultres vertuz. — Ne vous ay-je pas leu au matin, dist Oisille, que ceulx qui ont cuydé estre plus saiges que les aultres hommes, et qui par une lumiere de raison sont venuz jusques à congnoistre ung Dieu createur de toutes choses, toutesfois, pour s'attribuer ceste gloire et non à Celluy dont elle venoit, estimans par leur labeur avoir gaingné ce sçavoir, ont esté faictz non seullement plus ignorans et desraisonnables que les aultres hommes, mais que les bestes brutes. Car, ayans erré en leurs esperitz, s'attribuans ce que à Dieu seul appartient, ont monstré leurs erreurs par le desordre de leurs corps, oblians et pervertissans l'ordre de leur sexe, comme sainct Pol aujourd'huy nous monstre en l'epistre qu'il escripvoit aux Romains [3]. — Il n'y a nul de nous, dist Parlamente, qui, par ceste epistre, ne confesse que tous les pechez exterieurs ne sont que les fruictz de l'infelicité interieure, laquelle plus est couverte de vertu et de miracles, plus est dangereuse à arracher. — Entre nous hommes, dist Hircan, sommes plus près de nostre salut, que vous autres, car, ne dissimulans point noz fruictz, congnoissons facilement nostre racine; mais, vous qui ne les osez mectre dehors et qui faictes tant de belles oeuvres apparantes, à grand peyne congnoistrez-vous ceste racine d'orgueil, qui croist soubz si belle couverture. — Je vous confesse, dist Longarine, que, si la parolle de Dieu ne nous monstre, par la foy, la lepre d'infidelité cachée en nostre cueur, Dieu nous faict grand grace,

---

[1] On a nommé *curieux*, jusqu'à la fin du dix-septième siècle, ceux qui amassaient des choses rares et précieuses.

[2] *Conculcare*, fouler aux pieds.

[3] La bonne dame Oisille cite presque textuellement le premier chapitre de l'Épître aux Romains; il est probable qu'elle se sert de la version française protestante, car les catholiques ne lisaient pas encore la Bible et l'Evangile en français. Voici pourtant deux versets que la reine de Navarre n'a pas jugé à propos de traduire mot à mot : « Propterea tradidit illos Deus in passiones ignominiæ. Nam fe-
« minæ eorum immutaverunt naturalem usum, in eum usum qui est contra
« naturam. Similiter autem et masculi, relicto naturali usu feminæ, exarserunt in
« desideriis suis invicem, masculi in masculos turpitudinem operantes. »

quand nous tresbuchons en quelque offense visible, par laquelle nostre peste couverte se puisse clairement veoir. Et bien heureux sont ceulx que la foy a tant humilliez, qu'ilz n'ont point besoing d'experimenter leur nature pecheresse, par les effectz du dehors! — Mais regardons, dist Simontault, de là où nous sommes venuz : en partant d'une très grande follye, nous sommes tombez en la philosophie et theologie. Laissons ces disputes à ceulx qui sçavent mieulx resver que nous, et sçachons de Nomerfide, à qui elle donne sa voix? — Je la donne, dist-elle, à Hircan, mais je luy recommande l'honneur des dames. — Vous ne le pouvez dire en meilleur endroict, dist Hircan, car l'histoire que j'ay apprestée est toute telle qu'il la fault pour vous obeir ; si est-ce que, par cela, je vous aprendray à confesser que la nature des femmes et des hommes est de soy encline à tout vice, si elle n'est preservée de Celluy à qui l'honneur de toute victoire doibt estre rendu; et, pour vous abbatre l'audace que vous prenez, quand on en dit à vostre honneur, je vous en diray une aultre, une très veritable. »

TRENTE CINQUIESME NOUVELLE.

L'oppinion d'une dame de Pampelune, qui, cuydant l'amour spirituelle n'estre point dangereuse, s'estoit efforcée d'entrer en la bonne grace d'un cordelier, fut tellement vaincue par la prudence de son mary, qui, sans luy declarer qu'il entendist rien de son affaire, luy feit mortellement hayr ce que plus elle avoit aymé, et s'addonna entierement à son mary.

En la ville de Pampelune, y avoit une dame estimée, belle et vertueuse, et la plus chaste et devote qui fust au pays. Elle aymoit son mary et luy obeissoit si bien, que entierement il se confioit en elle. Ceste dame frequentoit incessamment le service divin et les sermons, et persuadoit son mary et ses enfans à y demeurer comme elle. Laquelle, estant en l'aage de trente ans, que les femmes ont accoustumé de quicter le nom de belles pour estre nommées saiges, en ung premier jour de caresme, alla à l'eglise prendre la memoire de la mort, où elle trouva le sermon que commençoit un cordelier, tenu de tout le peuple ung sainct homme, pour sa très grande austerité et bonté de vie, qui le rendoit maigre et pasle, mais non tant, qu'il ne fust ung des beaulx hommes du monde. La dame escouta devotement son sermon, ayant les oeilz fermes à regarder ceste venerable personne, et l'oreille et l'esperit prestz à l'escouter. Parquoy, la doulceur de ses parolles penetra les oreilles de ladicte dame jusques au cueur, et la beaulté et grace de son visaige passa par les oeilz et blessa si fort l'esperit de la dame, qu'elle fut comme une personne ravie. Après le sermon, regarda soigneusement où le prescheur diroit la messe ; et là assista et print les cendres de sa main, qui estoit aussi belle et blanche que dame la sçauroit avoir. Ce que regarda plus la devote, que la cendre qu'il luy bailloit. Croyant asseurement que un tel amour spirituel et quelques plaisirs qu'elle en sentoit n'eussent sceu blesser sa conscience, elle ne failloit point tous les jours d'aller au sermon et d'y mener son mary ; et l'un et l'autre donnoient tant de louange au prescheur, que en tables et ailleurs ilz ne tenoient aultres propos. Ainsy ce feu, soubz tiltre de spirituel, fut si charnel, que le cueur qui en fut si embrasé brusla tout le corps de ceste pauvre dame ; et, tout ainsy qu'elle estoit tardive à sentir ceste flamme, ainsy elle fut prompte à enflamber, et sentyt plus tost le contentement de sa passion, qu'elle ne congneut estre passionnée ; et, comme toute surprinse de son ennemy Amour, ne resista plus à nul de ses commandemens. Mais le plus fort estoit que le medecin de ses doulleurs estoit ignorant de son mal. Parquoy, ayant mis dehors toute la craincte qu'elle debvoit avoir de monstrer sa follye devant ung si saige homme, son vice et sa meschanceté à ung si vertueux et homme de bien, se meit à luy escripre l'amour qu'elle luy portoit le plus doulcement qu'elle peut pour le commencement ; et bailla ses lectres à ung petit paige, luy disant ce qu'il y avoit à faire, et que surtout il se gardast que son mary ne le veit aller aux Cordeliers. Le paige, serchant son plus direct chemyn, passa par la rue où son maistre estoit assis en une boutique. Le gentil homme, le voyant passer, s'advancea pour regarder où il alloit ; et, quand le paige l'apparceut, tout estonné, se cacha dans une maison. Le maistre, voyant ceste contenance, le suivyt, et, en le prenant par le bras, luy demanda où il alloit. Et, voyant ses excuses sans propos, et son visaige effroyé, le menassa de le bien battre, s'il ne luy disoit où il alloit. Le pauvre paige luy dist : « Helas, monsieur, si je le vous dis, madame me tuera. » Le gentil homme, doubtant que sa femme feit un marché sans luy, asseura le paige qu'il n'auroit nul mal s'il luy disoit verité, et qu'il luy feroit tout plain de bien ; aussy, que, s'il mentoit, il le mectroit en prison pour jamais. Le petit paige, pour avoir du bien et pour eviter le mal, luy compta tout le faict et luy monstra les lectres que sa maistresse escripvoit au prescheur; dont le mary fut autant esmerveillé et marry, comme il avoit esté tout asseuré, toute sa vie, de la loyaulté de sa femme, où jamais n'avoit congneu faulte. Mais, luy, qui estoit saige, dissimula sa collere : et, pour congnoistre du tout l'intention de sa femme, va faire une response, comme si le prescheur la mercioit de sa bonne volunté, luy declarant qu'il n'en avoit moins de son costé. Le paige, ayant juré à son maistre de mener saigement cest affaire, alla porter à sa maistresse la lectre contrefaicte, qui en eut telle joye que son mary s'apparceut bien qu'elle avoit changé son visaige, car, en lieu d'enmagrir, pour le jeusne du karesme, elle estoit plus belle et plus fresche que à karesme prenant[1].

Desja estoit la my karesme, que la dame ne laissa, ne pour Passion ne pour Sepmaine saincte, sa maniere accoustumée de mander par lectres au prescheur sa furieuse fantaisye. Et luy sembloit, quand le prescheur tournoit les oeilz du costé où elle estoit, ou qu'il parloit de l'amour de Dieu, que tout estoit pour l'amour d'elle; et, tant que ses oeilz povoient monstrer ce qu'elle pensoit, elle ne les espargnoit pas. Le mary ne failloit point à luy faire pareille response. Après Pasques, il luy rescripvit, au nom du prescheur, qui la prioit luy enseigner le moyen qu'il la peust veoir secrettement. Elle, à qui l'heure tardoit, conseilla à son mary d'aller visiter quelques terres qu'ilz avoient dehors ; ce qu'il luy promist, et demeura caché en la maison d'ung sien amy. La dame ne faillyt point d'escripre au prescheur, qu'il estoit heure de la venir veoir, parce que son mary estoit dehors. Le gentil homme, volant experimenter jusques au bout le cueur de sa femme, s'en alla au prescheur, le priant pour l'amour de Dieu luy vouloir prester son habit. Le prescheur, qui estoit homme de bien, luy dist que leur reigle le defendoit, et que pour rien ne le presteroit pour servir en masques. Le gentil homme l'asseura qu'il n'en voloit point abuser et que c'estoit pour chose necessaire à son bien et salut. Le cordelier, qui le congnoissoit homme de bien et devot, luy presta; et, avecq cest habit qui couvroit tout le visaige, en sorte que l'on ne povoit veoir les oeilz, print le gentil homme une fausse barbe et ung faulx nez semblables à ceulx du prescheur; aussy, avecq du liege en ses souliers, se feit de la propre grandeur du prescheur. Ainsy habillé, s'en vint au soir en la chambre de sa femme qui l'attendoit en grand devotion. La pauvre sotte n'attendit pas qu'il vint à elle, mais, comme

---

[1] En carnaval, pendant les jours gras.

femme hors du sens, le courut embrasser. Luy, qui tenoit le visaige baissé, de paour d'estre congneu, commencea à faire le signe de la croix, faisant semblant de la fuyr, en disant tousjours, sans aultre propos : « Tentation ! tentation ! » La dame luy dist : « Helas ! mon pere, vous avez raison ; car il n'en est point de plus forte que celle qui vient d'amour, à laquelle vous m'avez promis donner remede, vous priant, maintenant que nous en avons le temps et loisir, avoir pitié de moy. » Et en ce disant, s'esforceoit de l'embrasser, lequel, fuyant par tous les costez de la chambre avecq grands signes de croix, cryoit tousjours « Tentation ! tentation ! » Mais, quand il veit qu'elle le serchoit de trop près, print ung gros baston qu'il avoit soubz son manteau et la battit si bien, qu'il luy feit passer sa tentation, sans estre congneu d'elle. S'en alla incontinant rendre les habitz au prescheur, l'asseurant qu'ilz luy avoient porté bonheur.

Le lendemain, faisant semblant de revenir de loing, retourna en sa maison où il trouva sa femme au lict ; et, comme ignorant sa maladie, luy demanda la cause de son mal, qui luy respondit que c'estoit ung caterre, et qu'elle ne se povoit aider de bras ne de jambes. Le mary, qui avoit belle envie de rire, feit semblant d'en estre bien marry ; et, pour la resjouir, luy dist, sur le soir, qu'il avoit convié à souper le sainct homme predicateur. Mais elle luy dist soubdain : « Jamais ne vous advienne, mon amy, de convier telles gens, car ilz portent malheur en toutes les maisons où ilz vont. — Comment ? m'amye, dist le mary, vous m'avez tant loué cestuy-cy ! Je pense, quant à moy, s'il y a ung sainct homme au monde, que c'est luy. » La dame luy respondit : « Ilz sont bons en l'eglise et en la predication, mais aux maisons sont Antechrist. Je vous prie, mon amy, que je ne le voye point, car ce seroit assez, avecq le mal que j'ay, pour me faire morir. » Le mary luy dist : « Puisque vous ne le volez veoir, vous ne le verrez point, mais si luy donneray-je à souper ceans. — Faictes, dist-elle, ce qu'il vous plaira, mais que je ne le voye point, car je hay telles gens comme diables. » Le mary, après avoir baillé à souper au beau pere, luy dist : « Mon pere, je vous estime tant aymé de Dieu, qu'il ne vous refusera aucune requeste ; parquoy je vous supplie avoir pitié de ma pauvre femme, laquelle depuis huict jours en ça est possedée du malin esprit, de sorte qu'elle veult mordre et esgratiner tout le monde. Il n'y a croix ne eaue benoiste[1], dont elle face cas. J'ay

---

[1] Pour *bénite*.

ceste foy, que, si vous mectez la main sur elle, que le diable s'en
ira, dont je vous prie autant que je puis. » Le beau pere dist : « Mon
fils, toute chose est possible au croyant. Croiez-vous pas fermement
que la bonté de Dieu ne refuse nul qui en foy luy demande grace?
— Je le croy, mon pere, dist le gentil homme. — Asseurez-vous
aussy, mon filz, dist le cordelier, qu'il peut ce qu'il veut et qu'il n'est
moins puissant que bon. Allons, fortz en foy, pour resister à ce lyon
rugissant, et luy arracher la proye qui est acquise à Dieu par le sang
de son filz Jesus Christ. » Ainsy le gentil homme mena cest homme
de bien, où estoit sa femme couchée sur ung petit lict; qui fut si estonnée de le veoir, pensant que ce fust celluy qui l'avoit battue, qu'elle
entra en merveilleuse collere, mais, pour la presence de son mary,
baissa les oeilz et devint muette. Le mary dist au sainct homme :
« Tant que je suis devant elle, le diable ne la tormente gueres; mais,
si tost que je m'en iray, vous luy gecterez de l'eau benoiste, vous verrez à l'heure le malin esperit faire son office. » Le mary le laissa tout
seul avecq sa femme et demora à la porte, pour veoir leur contenance.
Quand elle ne veid plus personne que le beau pere, elle commencea à
cryer comme femme hors du sens, en l'appelant meschant, villain,
meurtrier, trompeur. Le beau pere, pensant pour vray qu'elle fust
possedée d'un malin esperit, luy voloit prendre la teste pour dire dessus les oraisons, mais elle l'esgratina et mordit de telle sorte qu'il
fut contrainct de parler de plus loing; et, en gectant force eaue benoiste,
disoit beaucoup de bonnes oraisons. Quand le mary veid qu'il en avoit
bien faict son debvoir, entra en la chambre et le mercya de la peyne
qu'il en avoit prinse; et, à son arrivée, sa femme cessa ses injures et
maledictions, et baisa la croix bien doulcement, pour la craincte
qu'elle avoit de son mary. Mais le sainct homme, qui l'avoit veue tant
enragée, croyoit fermement que à sa priere Nostre Seigneur eust gecté
le diable dehors, et s'en alla louant Dieu de ce grand miracle. Le
mary, voyant sa femme bien chastiée de sa folle fantaisie, ne luy volut
point declairer ce qu'il avoit faict, car il se contentoit d'avoir vaincu
son oppinion par sa prudence et l'avoir mise en telle sorte, qu'elle hayoit
mortellement ce qu'elle avoit aymé, et, detestant sa follye, se adonna
du tout au mary et au mesnaige mieulx qu'elle n'avoit faict paravant.

« Par cecy, mes dames, povez-vous cognoistre le bon sens d'un
mary et la fragilité d'une femme de bien, et je pense, quand vous avez
bien regardé en ce mirouer, au lieu de vous fier à vos propres forces,

vous aprendrez a vous retourner à Celluy en la main duquel gist vostre honneur. — Je suys bien ayse, dist Parlamente, de quoy vous estes devenu prescheur des dames; et le seriez encores plus, si vous vouliez continuer ces beaulx sermons à toutes celles à qui vous parlez. — Toutes les foys, dist Hircan, que vous me vouldrez escouter, je vous asseure que je n'en diray pas moins. — C'est à dire, dist Simontault, que, quand vous n'y serez pas, il dira aultrement. — Il en fera ce qu'il luy plaira, dist Parlamente, mais je veulx croire, pour mon contentement, qu'il dict tousjours ainsy. — A tout le moins, l'exemple qu'il a alleguée servira à celles qui cuydent que l'amour spirituelle ne soit point dangereuse. Mais il me semble qu'elle l'est plus que toutes les aultres. — Si me semble-il, dist Oisille, que aymer ung homme de bien vertueux et craingnant Dieu, n'est point chose à despriser, et que l'on n'en peult que mieulx valloir. — Madame, dist Parlamente, je vous prie croire qu'il n'est rien plus sot, ne plus aysé à tromper, que une femme qui n'a jamais aymé. Car amour de soy est une passion qui a plus tost saisy le cueur, que l'on ne s'en advise; et est ceste passion si plaisante, que, si elle se peut ayder de la vertu, pour luy servir de manteau, à grand peyne sera-elle congneue, qu'il n'en vienne quelque inconvenient. — Quel inconvenient sçauroit-il venir, dist Oisille, d'aymer ung homme de bien? — Madame, respondit Parlamente, il y a assez d'hommes estimez hommes de bien; mais estre homme de bien envers les dames, garder leur honneur et conscience, je croy que de ce temps ne s'en trouveroit point jusques à ung; et celles, qui se fient, le croyant aultrement, s'en trouvent enfin trompées, et entrent en ceste amitié de par Dieu, dont bien souvent ilz en saillent de par le diable; car j'en ay assez veu, qui, soubz couleur de parler de Dieu, commençoient une amitié, dont à la fin se vouloient retirer, et ne povoient, pour ce que l'honneste couverture les tenoit en subjection; car une amour vitieuse, de soy-mesmes, se defaict, et ne peut durer en ung bon cueur; mais la vertueuse est celle qui a les liens de soie si desliez, que l'on en est plus tost prins que l'on ne les peut veoir. — Ad ce que vous dictes, dist Ennasuitte, jamais femme ne vouldroit aymer homme? Mais vostre loy est si aspre qu'elle ne durera pas. — Je le sçay bien, dist Parlamente, mais je ne lairray pas, pour cela, desirer que chascun se contentast de son mary, comme je faiz du mien. » Ennasuitte, qui par ce mot se sentyt touchée, en changeant de couleur, luy dist : « Vous debvez juger que chascun a le cueur comme vous, ou vous pensez estre plus parfaicte que toutes les autres? —

Or, ce dist Parlamente, de paour d'entrer en dispute, sçachons à qui Hircan donnera sa voix. — Je la donne, dist-il, à Ennasuitte, pour la recompenser contre ma femme. — Or, puisque je suis en mon rang, dist Ennasuitte, je n'espargneray homme ne femme, afin de faire tout esgal, et voy bien que vous ne povez vaincre vostre cueur à confesser la vertu et bonté des hommes : qui me faict reprendre le propos dernier par une semblable histoire. »

TRENTE SIXIESME NOUVELLE.

Par le moyen d'une salade, un president de Grenoble se vengea d'un sien clerc, duquel sa femme s'estoit amourachée et saulva l'honneur de sa maison [1].

C'EST que en la ville de Grenoble y avoit ung president, dont je ne diray pas le nom, mais il n'estoit pas françois. Il avoit une bien belle femme, et vivoient ensemble en grande paix. Cette femme, voyant que son mary estoit viel, print en amour ung jeune clerc, nommé Nicolas. Quand le mary alloit au matin au palais, Nicolas entroit en

[1] M. Leroux de Lincy, en remarquant que dans les conteurs du seizième siècle se retrouve, avec quelques variantes, le sujet de cette Nouvelle, pense qu'ils ont puisé tous à une source commune, qui n'est autre que le recueil des *Cent Nouvelles nouvelles*, où la quarante-septième, intitulée *Deux mules noyées*, est fondée sur un fait véritable. M. Leroux de Lincy cite ce curieux extrait d'un dictionnaire manuscrit des *Beautés et choses curieuses du Dauphiné* : « Dans la rue des Clercs, à Grenoble, on voyait autrefois, sur le portail de la maison de Nicolas Prunier de Saint-André, président au parlement de Grenoble, un écusson de pierre soutenu par un ange et portant pour armoiries d'or à un lion de gueule ; ces armes étaient celles de la famille *Carles*, éteinte au dix-septième siècle. L'ange qui supportait l'écusson tenait l'index d'une de ses mains contre sa bouche, d'un air mystérieux et comme indiquant qu'il faut savoir se taire. Geoffroy Carles, président unique au parlement de Grenoble en 1505, l'avait fait mettre sur cette maison qui lui appartenait. Cet homme sut en effet dissimuler assez longtemps, avant que de trouver l'occasion de se venger de l'infidélité de sa femme, en la faisant noyer par la mule qu'elle montait, au passage d'un torrent. Il avait commandé à dessein qu'on laissât la mule plusieurs jours sans boire. Cette aventure, imprimée en plusieurs endroits, a fait le sujet d'une des nouvelles de ce temps ; mais, dans ce conte, on n'y nomme pas les personnages. Geoffroy était si savant dans la langue latine et dans les humanités, que la reine Anne de Bretagne, femme de Louis XII, le choisit pour enseigner cette langue et les belles-lettres à Renée sa fille, qui fut depuis duchesse de Ferrare. Ce même Geoffroy Carles fut fait chevalier d'armes et de lois par Louis XII, en 1509. »

sa chambre et tenoit sa place; de quoy s'apparceut ung serviteur du président, qui l'avoit bien servy trente ans; et, comme loyal à son maistre, ne se peut garder de luy dire. Le président, qui estoit saige, ne le voulut croire legierement, mais dist qu'il avoit envie de mectre division entre luy et sa femme, et que, si la chose estoit vraie comme il disoit, il la luy pourroit bien monstrer, et, s'il ne la luy monstroit, il estimeroit qu'il auroit controuvé ceste mensonge pour separer l'amitié de luy et de sa femme. Le varlet l'asseura qu'il luy feroit veoir ce qu'il luy disoit; et, ung matin, sitost que le president fut allé à la court et Nicolas entré en la chambre[1], le serviteur envoya l'un de ses compaignons mander à son maistre qu'il povoit bien venir, et se tint tousjours à la porte, pour guetter que Nicolas ne saillist. Le president, sitost qu'il veid le signe que luy feit ung de ses serviteurs, faingnant se trouver mal, laissa la Court et s'en alla hastivement en sa maison où il trouva son viel serviteur à la porte de la chambre, l'asseurant pour vray que Nicolas estoit dedans, qui ne faisoit gueres que d'entrer. Le seigneur luy dist : « Ne bouge de ceste porte, car tu sçais bien qu'il n'y a autre entrée, ne yssue en ma chambre, que ceste-cy, si non ung petit cabinet, duquel moy seul porte la clef. » Le president entra dans la chambre et trouva sa femme et Nicolas couchez ensemble, lequel, en chemise, se gecta à genoux à ses piedz et luy demanda pardon : sa femme, de l'autre costé, se print à plorer. Lors dist le president : « Combien que le cas que vous avez faict soit tel que vous povez estimer, si est-ce que je ne veulx, pour vous, que ma maison soit deshonorée et les filles que j'ay eu de vous desavancées[2]. Parquoy, dist-il, je vous commande que vous ne plorez point, et oyez ce que je feray; et vous, Nicolas, cachez-vous en mon cabinet et ne faictes ung seul bruict. » Quand il eut ainsy faict, va ouvrir la porte et appela son viel serviteur, et luy dist : « Ne m'as-tu pas asseuré que tu me monstrerois Nicolas avec ma femme; et, sur ta parolle, je suys venu icy en dangier de tuer ma pauvre femme; je n'ay rien trouvé de ce que tu m'as dict. J'ay serché par toute ceste chambre, comme je te veulx montrer; » et, en ce disant, feit regarder son varlet soubz les lictz et par tous coustez. Et quant le varlet ne trova rien, tout estonné, dist à son maistre : « Il fault que le diable l'ait emporté, car je l'ay veu entrer icy, et si n'est point sailly par la porte, mais je voy bien qu'il n'y

---

[1] Tribunal, qu'on appelait *camera* au moyen âge.
[2] Déchues de leur position dans le monde.

est pas. » A l'heure, le maistre luy dist : « Tu es bien malheureux serviteur, de voloir mectre entre ma femme et moy une telle division : parquoy, je te donne congé de t'en aller, et, pour tous les services que tu m'as faictz, te veulx paier ce que je te doibz et davantaige ; mais va t'en bien tost et te garde d'estre en ceste ville vingt quatre heures passées. » Le president luy donna cinq ou six paiemens des années à advenir, et, sçachant qu'il estoit loyal, esperoit luy faire autre bien. Quand le serviteur s'en fut allé plorant, le president feit saillir Nicolas de son cabinet, et, après avoir dict à sa femme et à luy ce qu'il luy sembloit de leur meschanceté, leur defendit de faire aucun semblant à personne ; et commanda à sa femme de s'habiller plus gorgiasement qu'elle n'avoit accoustumé et se trouver en toutes compaignies, dances et festes, et à Nicolas, qu'il eust à faire meilleure chere qu'il n'avoit faict auparavant, mais que, si tost qu'il luy diroit à l'oreille : *Va t'en!* qu'il se gardast bien de demeurer à la ville trois heures après son commandement. Et, ce faict, s'en retourna au Palais, sans faire semblant de rien. Et durant quinze jours, contre sa coustume, se meit à festoier ses amys et voisins. Et, après le bancquet, avoit des tabourins pour faire dancer les dames. Ung jour, il voyoit que sa femme ne dansoit point, commanda à Nicolas de la mener dancer, lequel, cuydant qu'il eust oblyé les faultes passées, la mena dancer joieusement. Mais, quand la dance fut achevée, le president faingnant luy commander quelque chose en sa maison, luy dist à l'oreille : « Va t'en et ne retourne jamais ! » Or, fut Nicolas bien marry de laisser sa dame, mais non moins joieulx d'avoir la vie saulve. Après que le president eut mis, en l'oppinion de tous ses parens et amys et de tout le païs, la grande amour qu'il portoit à sa femme, ung beau jour du moys de may, alla cuyllir en son jardin une sallade de telles herbes, que, si tost que sa femme en eust mangé, ne vesquit pas vingt quatre heures : dont il feit si grand deuil par semblant, que nul ne povoit soupsonner qu'il fust occasion de ceste mort ; et, par ce moien, se vengea de son ennemy et saulva l'honneur de sa maison.

« Je ne veulx pas, mes dames, par cela, louer la conscience du president, mais, ouy bien, monstrer la legiereté d'une femme, et la grand patience et prudence d'un homme ; vous suppliant, mes dames, ne vous courroucer de la verité qui parle quelquefois aussy bien contre nous que contre les hommes. Et les hommes et les femmes sont communs aux vices et vertuz. — Si toutes celles, dist Parlamente, qui ont aymé leurs varletz estoient contrainctes à manger de telles sallades, j'en congnois qui n'aymeroient point tant leurs jardins comme elles font, mais en arracheroient les herbes pour eviter celle qui rend l'honneur à la lignée par la mort d'une folle mere. » Hircan, qui devinoit bien pourquoy elle le disoit, respondit en collere : « Une femme de bien ne doibt jamais juger ung aultre de ce qu'elle ne vouldroit faire. » Parlamente respondit : « Sçavoir n'est pas jugement et sottize; si est-ce que ceste pauvre femme-là porta la peyne que plusieurs meritent. Et croy que le mary, puisqu'il s'en voloit venger, se gouverna avecq une merveilleuse prudence et sapience. — Et aussi avecques une grande malice, ce dist Longarine, et longue et cruelle vengeance, qui monstroit bien n'avoir Dieu ne conscience devant les oeilz. — Et que eussiez-vous doncq voulu qu'il eust faict, dist Hircan, pour se venger de la plus grande injure que la femme peut faire à l'homme? — J'eusse voulu, dist elle, qu'il l'eust tuée en sa collere, car les docteurs dient que le peché est remissible, pour ce que les premiers mouvemens ne sont pas en la puissance de l'homme : parquoy il en eust peu avoir grace. — Ouy, dist Geburon; mais ses filles et sa race eussent à jamais porté ceste notte[1]? — Il ne la debvoit point tuer, dist Longarine, car, puisque sa grande collere estoit passée, elle eust vescu avecq luy en femme de bien et n'en eust jamais esté memoire. — Pensez-vous, dist Saffredent, qu'il fust appaisé, pour tant qu'il dissimulast sa collere? Je pense, quant à moy, que, le dernier jour qu'il feit sa sallade, il estoit aussi courroucé que le premier, car il y en a aucuns, desquelz les premiers mouvemens n'ont jamais intervalle jusques ad ce qu'ilz ayent mys à effect leur passion; et me faictes grand plaisir de dire que les theologiens estiment ces pechez-là faciles à pardonner, car je suis de leur oppinion. — Il faict bon regarder à ses parolles, dist Parlamente, devant gens si dangereux que vous; mais ce que j'ay dict se doibt entendre, quand la passion est si forte, que soubdainement elle occupe tant les sens, que la raison n'y peut avoir lieu. — Aussy, dist Saffredent, je m'arreste à vostre parolle et veulx par cela conclure que ung homme bien fort amoureux, quoy qu'il face, ne peut pecher, sinon de peché veniel; car je suis seur que, si l'amour le tient parfaictement lié, jamais la raison ne sera escoutée ny en son cueur ny en son entendement. Et, si nous voulons dire verité, il n'y a nul de nous qui n'ait experimenté ceste furieuse follye, que je

---

[1] Tache. infamie; c'est le sens de *nota* dans la loi romaine.

pense non seullement estre pardonnée facilement, mais encores je croy que Dieu ne se courrouce point de tel peché, veu que c'est ung degré pour monter à l'amour parfaicte de luy, où jamais nul ne monta, qu'il n'ait passé par l'eschelle de l'amour de ce monde [1]. Car sainct Jehan dict : Comment aymerez-vous Dieu, que vous ne voyez point, si vous n'aymez celluy que vous voyez? — Il n'y a si beau passaige en l'Escripture, dist Oisille, que vous ne tirez à vostre propos. Mais gardez-vous de faire comme l'arignée qui convertyt toute bonne viande en venyn. Et si vous advisez qu'il est dangereux d'alleguer l'Escripture sans propos ne necessité! — Appelez-vous *dire verité* estre sans propos ne necessité? dist Saffredent. Vous voulez doncques dire que, quand, en parlant à vous aultres incredules, nous appellons Dieu à nostre ayde, nous prenons son nom en vain ; mais, s'il y a peché, vous seules en debvez porter la peyne, car voz incredulitez nous contraingnent à sercher tous les sermens dont nous nous pouvons adviser. Et encores, ne povons-nous allumer le feu de charité en voz cueurs de glace. — C'est signe, dist Longarine, que tous vous mentez, car, si la verité estoit en vostre parolle, elle est si forte, qu'elle vous feroit croire. Mais il y a dangier que les filles d'Eve croyent trop tost ce serpent. — J'entends bien, Parlamente, dist Saffredent, que les femmes sont invincibles aux hommes; parquoy je me tairay, afin d'escouter à qui Ennasuitte donnera sa voix. — Je la donne, dist-elle à Dagoucin, car je croy qu'il ne vouldroit point parler contre les dames. — Pleust à Dieu, dist Dagoucin, qu'elles respondissent autant à ma faveur, que je vouldrois parler pour la leur! Et, pour vous monstrer que je me suis estudié de honorer les vertueuses en ramentevant leurs bonnes oeuvres, je vous en voys racompter une; et ne veulx pas nier, mes dames, que la patience du gentil homme de Pampelune et du president de Grenoble n'ait esté grande, mais la vengeance n'en a esté moindre. Et quand il fault louer ung homme vertueux, il ne fault point tant donner de gloire à une seulle vertu, qu'il faille la faire servir de manteau à couvrir ung très grand vice; mais celluy est louable, qui, pour l'amour de la vertu seule, faict oeuvre vertueuse, comme j'espere vous faire veoir par la patience de vertu d'une dame, qui ne serchoit aultre fin en toute sa bonne oeuvre, que l'honneur de Dieu et le salut de son mary. »

---

[1] Ce sont les expressions mêmes de Castiglione, dans son livre du *Corteglano*. Voy. plus haut la note de la page 155.

TRENTE SEPTIESME NOUVELLE

Madame de Loue, par sa grand' patience et longue attente, gaingna si bien son mary, qu'elle le retira de sa mauvaise vie, et vescurent depuis en plus grande amitié qu'auparavant [1].

Il y avoit une dame en la maison de Loué[2], tant saige et vertueuse qu'elle estoit aymée et estimée de tous ses voisins. Son mary, comme il debvoit, se fioit en elle de tous ses affaires, qu'elle conduisoit si sagement, que sa maison, par son moyen, devint une des plus riches maisons et des mieulx meublées qui fust au pays d'Anjou ne de Touraine. Ayant vescu ainsy longuement avecq son mary, duquel elle porta plusieurs beaulx enfans, la felicité, à laquelle succede tousjours son contraire, commencea à se diminuer, pource que son mary, trouvant l'honneste repos insuportable, l'abandonna pour sercher son travail. Et print une coustume, que, aussy tost que sa femme estoit endormie, se levoit d'auprès d'elle et ne retournoit qu'il ne fust près du matin. La dame de Loué trouva ceste façon de faire mauvaise, tellement que, en entrant en une grande jalousie, de laquelle ne voloit faire semblant, oblia les affaires de la maison, sa personne et sa famille, comme celle qui estimoit avoir perdu le fruict de ses labeurs, qui estoit le grand amour de son mary, pour lequel continuer n'y avoit peyne qu'elle ne portast voluntiers. Mais, l'ayant perdue, comme elle voyoit, fut si negligente de tout le demorant de la maison, que bientost l'on congneut le dommaige que son absence y faisoit, car son mary, d'un costé, des-

---

[1] Le sujet de cette nouvelle est emprunté au *Livre du chevalier de la Tour Landry, pour l'enseignement de ses filles*. Voy. l'histoire de la dame de Langalier, dans ce curieux livre, publié par M. Anatole de Montaiglon, dans la Bibliothèque elzévérienne de M. Janet.

[2] M. Leroux de Lincy a recherché quelle pouvait être cette dame, et il se demande si ce n'est pas Philippe de Beaumont, dame de Bressuire, femme de Pierre de Laval, chevalier, seigneur de Loué et autres lieux, morte en 1525, après vingt-cinq ans de mariage; ou bien sa belle-fille, Françoise de Maillé, mariée vers 1500 avec Gilles de Laval et de Loué? Nous ne doutons pas que cette dame de Loué (et non *de Loue*) n'ait fait partie de la maison de Laval, mais nous regardons comme impossible de la désigner avec certitude parmi les femmes alliées aux seigneurs de Loué, issus des seigneurs de Châtillon-Laval.

pendoit¹ sans ordre, et elle ne tenoit plus la main au mesnaige, en sorte que la maison fut bien tost rendue si embrouillée, que l'on commenccoit à coupper les hauts boys² et engaiger les terres. Quelqu'un de ses parens, qui congnoissoit la maladie, luy remonstra la faulte qu'elle faisoit et que, si l'amour de son mary ne luy faisoit aymer le profficit de sa maison, que au moins elle eust regard à ses pauvres enfans : la pitié desquelz luy feit reprendre ses espritz; et essaya par tous moyens de regaingner l'amour de son mary. Et, ung jour, feit le guet, quand il se leveroit d'auprès d'elle, et se leva pareillement avec son manteau de nuyct; faisoit faire son lict, et, en disant ses Heures, attendoit le retour de son mary; et, quand il entroit, alloit au devant de luy le baiser, et luy portoit ung bassin et de l'eaue pour laver ses mains. Luy, estonné de ceste nouvelle façon, luy dist qu'il ne venoit que du retraict³, et que, pour cela, n'estoit mestier qu'elle se levast. A quoy elle respondit que, combien que ce n'estoit pas grand chose, si estoit-il honneste de laver ses mains, quand on venoit d'un lieu ord et sale, desirant par là luy faire congnoistre et abominer sa meschante vie. Mais, pour cela, il ne s'en corrigeoit point et continua ladicte dame bien ung an ceste façon de faire. Et quand elle veid que ce moïen ne luy servoit de rien, ung jour, actendant son mary qui demoroit plus qu'il n'avoit de coustume, luy print envie de l'aller sercher. Et tant alla de chambre en chambre, qu'elle le trouva couché en une arriere garderobbe et endormy avecq la plus layde, orde et sale chamberiere qui fut leans. Et, lors, se pensa qu'elle luy aprendroit à laisser une si honneste femme pour une si sale et orde : print de la paille et l'alluma au milieu de la chambre; mais, quand elle veid que la fumée eust aussitost tué son mary que esveillé, le tira par le bras, en criant : *Au feu! au feu!* Si le mary fut honteux et marry estant trouvé par une si honneste femme avecq une telle ordure, ce n'estoit pas sans grande occasion. Lors, sa femme luy dist : « Monsieur, j'ay essayé, ung an durant, à vous retirer de ceste malheurté⁴, par doulceur et patience, et vous monstrer que, en lavant le dehors, vous deviez nectoier le dedans; mais, quand j'ay veu que tout ce que je faisois estoit de nulle valleur, j'ay mis peyne de me ayder de l'element qui doibt mectre fin à toutes choses, vous asseurant, monsieur, que si ceste-cy

---

¹ Pour *dépensait*.
² Bois de haute futaie.
³ Privé, lieux d'aisances.
⁴ Mauvais pas ; au propre, pierre d'achoppement.

ne vous corrige, je ne sçay si une seconde fois je vous pourrois retirer du dangier, comme j'ay faict. Je vous supplie de penser qu'il n'est plus grand desespoir que l'amour, et, si je n'eusse eu Dieu devant les oeilz, je n'eusse point enduré ce que j'ay faict. » Le mary, bien ayse d'en eschapper à si bon compte, luy promist jamais ne luy donner occasion de se tormenter pour luy, ce que très voluntiers la dame creut; et, du consentement du mary, chassa dehors ce qu'il luy desplaisoit. Et, depuis ceste heure-là, vesquirent ensemble en si grande amitié, que mesmes les faultes passées, par le bien qui en estoit advenu, leur estoient augmentation de contentement.

« Je vous supplie, mes dames, si Dieu vous donne de telz mariz, que vous ne vous desesperiez point jusques ad ce que vous ayez longuement essayé tous les moiens pour les reduire, car il y a vingt quatre heures au jour, esquelles l'homme peut changer d'oppinion; et une femme se doibt tenir plus heureuse d'avoir gaingné son mary par patience et longue attente, que si la fortune et les parens luy en donnoient ung plus parfaict. — Voyla, dist Oisille, un exemple qui doibt servir à toutes les femmes mariées. — Il prendra cest exemple, qui vouldra, dist Parlamente; mais, quant à moy, il ne me seroit possible d'avoir si longue patience, car, combien que en tous estatz patience soit une belle vertu, j'ay oppinion que en mariage elle amene enfin inimitié, pour ce que, en souffrant injure de son semblable, on est contrainct de s'en separer le plus que l'on peut; et, de ceste estrangeté-là, vient ung despris de la faulte du desloyal; et, en ce despris, peu à peu l'amour diminue, car, d'autant ayme-l'on la chose, que l'on en estime la valleur. — Mais il y a dangier, dist Ennasuitte, que la femme impatiente trouve ung mary furieux qui luy donnera douleur en lieu de patience. — Et que sçauroit faire ung mary, dist Parlamente, que ce qui a esté racompté en ceste histoire? — Quoy? dist Ennasuitte; battre très bien sa femme, la faire coucher en la couchette, et celle qu'il aymeroit, au grand lict[1]. — Je croy, dist Parlamente, que une femme de bien ne seroit point si marrie d'estre battue par collere, que d'estre

---

[1] Ce passage prouve que dans les chambres à coucher il y avait toujours un grand lit d'honneur et un petit lit destiné à la servante. Voyez aussi sur cet usage, qui n'a pas été remarqué encore, le chapitre XL du *Moyen de parvenir*. M. Leroux de Lincy nous fait observer que les *intérieurs* des estampes gravées par Abraham Bosse, au milieu du dix-septième siècle, offrent encore la représentation de ces petits lits ou *couchettes*.

desprisée pour une qui ne la vault pas; et, après avoir porté la peyne de la separation d'une telle amitié, ne sçauroit faire le mary chose, dont elle se sceust plus soulcier. Et aussy dit le compte, que la peyne qu'elle print à le retirer fut pour l'amour qu'elle avoit à ses enfans, ce que je croy. — Et trouvez-vous grand patience à elle, dist Nomerfide, d'aller mectre le feu soubz le lict où son mary dormoit? — Ouy, dist Longarine; car, quand elle veid la fumée, elle l'esveilla, et, par aventure, ce fut où elle feit plus de faulte, car, de telz marys que ceulx-là, les cendres en seroient bonnes à faire la buée. — Vous estes cruelle, Longarine, ce dist Oisille, mais si n'avez-vous pas ainsy vescu avecq le vostre? — Non, dist Longarine, car Dieu mercy ne m'en a pas donné l'occasion, mais de le regreter toute ma vie, en lieu de m'en plaindre. — Et si vous eust esté tel, dist Nomerfide, qu'eussiez-vous faict? — Je l'aymois tant, dist Longarine, que je croy que je l'eusse tué et me fusse tuée, car morir après telle vengeance m'eust esté chose plus agreable, que vivre loyaulment avecq un desloyal. — Ad ce que je voy, dist Hircan, vous n'aymez voz maryz, que pour vous. S'ilz vous sont selon vostre desir, vous les aymez bien, et, s'ilz vous font la moindre faulte du monde, ilz ont perdu le labeur de leur sepmaine pour un sabmedy. Par ainsy, voulez-vous estre maistresse; dont, quant à moy, j'en suis d'oppinion, mais que tous les mariz s'y accordent. — C'est raison, dist Parlamente, que l'homme nous gouverne comme nostre chef, mais non pas qu'il nous abandonne ou traicte mal. — Dieu a mis si bon ordre, dist Oisille, tant à l'homme que à la femme, que, si l'on n'en abuse, je tiens mariaige le plus beau et le plus seur estat qui soit au monde; et suis seure que tous ceulx qui sont icy, quelque myne qu'ilz en facent, en pensent autant. Et d'autant que l'homme se dict plus saige que la femme, il sera plus reprins, si la faulte vient de son costé. Mais, ayans assez mené ce propos, sçachons à qui Dagoucin donne sa voix? — Je la donne, dist-il, à Longarine. — Vous me faictes grand plaisir, dist-elle, car j'ay un compte qui est digne de suivre le vostre. Or, puisque nous sommes à louer la vertueuse patience des dames, je vous en monstreray une plus louable que celle de qui a esté presentement parlé, et de tant plus est-elle à estimer, qu'elle estoit femme de ville, qui de leur coustume ne sont nourryes si vertueusement que les autres. »

TRENTE HUICTIESME NOUVELLE.

Une bourgeoise de Tours, pour tant de mauvais traitemens qu'elle avoit receus de son mary, luy rendit tant de biens, que, quittant sa maistresse qu'il entretenoit paisiblement, s'en retourna vers sa femme [1].

En la ville de Tours, y avoit une bourgeoise belle et honneste, laquelle pour ses vertuz estoit non seullement aymée, mais craincte et estimée de son mary. Si est-ce que, suyvant la fragilité des hommes qui s'ennuyent de manger bon pain, il fut amoureux d'une mestayere qu'il avoit. Et souvent s'en partoit de Tours, pour aller visiter sa mestayrie où il demeuroit tousjours deux ou trois jours; et, quand il retournoit à Tours, il estoit tousjours si morfondu, que sa pauvre femme avoit assez à faire à le guarir. Et, si tost qu'il estoit sain, ne failloit point à retourner au lieu où pour le plaisir oblioit tous ses maulx. Sa femme, qui surtout aymoit sa vie et sa santé, le voyant revenir ordinairement en si mauvais estat, s'en alla en la mestayrie où elle trouva la jeune femme, que son mary aymoit, à laquelle, sans collere, mais d'un très gratieux courage, dist qu'elle sçavoit bien que son mary la venoit veoir souvent, mais qu'elle estoit mal contante de ce qu'elle le traictoit si mal, qu'il s'en retournoit tousjours morfondu en la maison. La pauvre femme, tant pour la reverence de sa dame que pour la force de la verité, ne luy peut nier le faict, duquel elle luy requist pardon. La dame voulut veoir le lict et la chambre où son mary couchoit, qu'elle trouva si froide et sale et mal en point, qu'elle en eust pitié. Incontinant envoia querir ung bon lict, garny de linceulx, mante[2] et courtepoincte, selon que son mary l'aymoit; feit accoustrer et tapisser la chambre, luy donna de la vaisselle honneste pour le servir à boire et à manger; une pippe de bon vin, des dragées et confitures; et pria la mestayere, qu'elle ne luy renvoiast plus son mary si morfondu.

---

[1] « Une histoire toute pareille, dit M. Leroux de Lincy, est racontée par l'auteur du *Menagier de Paris* (t. 1ᵉʳ, p. 237 de l'édition donnée, en 1847, par la Société des Bibliophiles français). Le conteur Morlini l'a insérée dans ses *Novellæ*, n° LXXI. Erasme la raconte aussi dans son *Dialogue sur le mariage*; voy. ses *Colloques*, etc. traduits par Gueudeville (Leyde, 1720, 6 vol. in-18, t. 1ᵉʳ, p. 87). »

[2] Draps, couverture.

Le mary ne tarda gueres, qu'il ne retournast, comme il avoit accoustumé veoir sa mestayere ; et s'esmerveilla fort de trouver son pauvre logis si bien en ordre, et encores plus, quand elle luy donna à boire en une coupe d'argent; et luy demanda dont estoient venuz tous ses biens. La pauvre femme luy dist, en pleurant, que c'estoit sa femme qui avoit eu tant de pitié de son mauvais traictement[1], qu'elle avoit ainsy meublé sa maison, et luy avoit recommandé sa santé. Luy, voiant la grande bonté de sa femme, que, pour tant de mauvais tours qu'il luy avoit faicts, luy rendoit tant de biens, estimant sa faulte aussy grande que l'honneste tour que sa femme luy avoit faict; après avoir donné argent à sa mestayere, la priant pour l'advenir vouloir vivre en femme de bien, s'en retourna à sa femme, à laquelle il confessa la debte[2] ; et que, sans le moien de ceste grande doulceur et bonté, il estoit impossible qu'il eust jamais laissé la vie qu'il menoit; et depuis vesquirent en bonne paix, laissant entierement la vie passée.

« Croyez, mes dames, qu'il y a bien peu de mariz, que patience et amour de la femme ne puisse gaingner à la longue, ou ilz sont plus durs qu'une pierre que l'eaue foible et molle, par longueur de temps, vient à caver[3]. » Ce dist Parlamente : « Voyla une femme sans cueur, sans fiel et sans foie. — Que voullez-vous? dist Longarine; elle experimentoit ce que Dieu commande, de faire bien à ceulx qui font mal. — Je pense, dist Hircan, qu'elle estoit amoureuse de quelque cordelier, qui luy avoit donné en penitence de faire si bien traicter son mary aux champs, que, ce pendant qu'il yroit, elle eut le loisir de le bien traicter en la ville! — Or ça, dist Oisille, vous monstrez bien la malice en vostre cueur : d'un bon acte, faictes ung mauvais jugement. Mais je croy plus tost qu'elle estoit si mortiffiée en l'amour de Dieu, qu'elle ne se soulcioit plus que du salut de l'ame de son mary. — Il me semble, dist Simontault, qu'il avoit plus d'occasion de retourner à sa femme, quand il avoit froid en sa mestayrie, que quant il y estoit si bien traicté. — A ce que je voy, dist Saffredent, vous n'estes pas de l'oppinion d'un riche homme de Paris, qui n'eust sceu laisser son accoustrement, quand il estoit couché avecq sa femme, qu'il n'eust esté morfondu; mais, quand il alloit veoir sa chamberiere en la cave, sans bonnet et sans souliers, au fons de l'yver, il ne s'en trou-

---

[1] La manière dont il était traité à la métairie.
[2] C'est-à-dire : ce qu'il lui devait de reconnaissance.
[3] Creuser, *cavare*.

voit jamais mal; et si estoit sa femme bien belle et sa chamberiere bien layde. — N'avez-vous pas oy dire, dist Geburon, que Dieu ayde tousjours aux folz, aux amoureux et aux yvroignes? Peut estre que cestuy-là estoit luy seul tous les trois ensemble. — Par cela, vouldriez-vous conclure, dist Parlamente, que Dieu nuyroit aux sages, aux chastes et aux sobres? Ceulx qui par eulx-mesmes se peuvent ayder n'ont point besoing d'ayde. Car Celluy qui a dist qu'il est venu pour les mallades, et non point pour les sains[1], est venu par la loy de sa misericorde secourir à noz infirmitez, rompant les arrestz de la rigueur de sa justice. Et qui se cuyde saige est fol devant Dieu. Mais, pour finer nostre sermon, à qui donnera sa voix Longarine? — Je la donne, dist-elle, à Saffredent. — J'espere doncques, dist Saffredent, vous monstrer, par exemple, que Dieu ne favorise pas aux amoureux, car, nonobstant, mes dames, qu'il ait esté dict parcydevant que le vice est commun aux femmes et aux hommes, si est-ce que l'invention d'une finesse sera trouvée plus promptement et subtilement d'une femme que d'un homme, et je vous en diray un exemple. »

TRENTE NEUFVIESME NOUVELLE.

Le seigneur de Grignaulx delivra sa maison d'un esperit qui avoit tant tormenté sa femme, qu'elle s'en estoit absentée l'espace de deux ans.

UNG seigneur de Grignaulx[2], qui estoit chevalier d'honneur à la Royne de France Anne duchesse de Bretagne, retournant en sa maison dont il avoit esté absent plus de deux ans, trouva sa femme en une autre terre là auprès; et, se enquerant de l'occasion, luy dist qu'il

---

[1] Paroles de Jésus dans l'Évangile.
[2] Jean de Talleyrand, chevalier, seigneur de Grignols et Fouquerolles, prince de Chalais, vicomte de Fronsac, maire et capitaine de Bordeaux, chambellan de Charles VIII, premier maître d'hôtel et chevalier d'honneur des reines Anne de Bretagne et Marie d'Angleterre. Il avait épousé Marguerite de La Tour, fille d'Anne de La Tour, vicomte de Turenne, et de Marie de Beaufort; il en eut plusieurs enfants. Ce seigneur de Grignols ou *Grignaulx* était non seulement d'une grande instruction, mais d'un esprit subtil et facétieux. Brantôme a parlé de lui plusieurs fois (voy. le chap. consacré à la reine Anne de Bretagne dans les *Dames illustres*). Jean Talleyrand passe pour avoir été le dernier *roi des Ribauds*, ou prévôt de l'hôtel à la cour de France; voy. notre roman historique, intitulé : *Le Roi des Ribauds*.

revenoit ung esperit en sa maison, qui les tormentoit tant, que nul n'y povoit demorer. Monsieur de Grignaulx, qui ne croyoit point en bourdes, luy dist que quand ce seroit le diable mesmes, qu'il ne le craingnoit ; et emmena sa femme en sa maison. La nuict, feit allumer forces chandelles pour veoir plus clairement cest esperit. Et, après avoir veillé longuement sans rien oyr, s'endormyt ; mais, incontinant, fut resveillé par ung grand soufflet qu'on luy donna sur la joue, et ouyt une voix criant : *Brenique, Brenique*[1], laquelle avoit esté sa grand mére. Lors appella sa femme qui couchoit auprès d'eulx pour allumer de la chandelle, parce qu'elles estoient toutes estainctes, mais elle ne s'osa lever. Incontinant sentyt le seigneur de Grignaulx qu'on luy ostoit la couverture de dessus luy ; et ouyt ung grand bruict de tables, tresteaulx et escabelles, qui tomboient en la chambre, lequel dura jusques au jour. Et fut le seigneur de Grignaulx plus fasché de perdre son repos, que de paour de l'esperit, car jamais ne creut que ce fust ung esperit. La nuyct ensuyvant, se delibera de prendre cest esperit. Et, ung peu après qu'il fut couché, feit semblant de ronfler très fort, et meit la main toute ouverte près son visaige. Ainsy qu'il attendoit cest esperit, sentyt quelque chose approcher de luy : parquoy ronfla plus fort qu'il n'avoit accoustumé. Dont l'esperit s'esprivoya[2] si fort, qu'il luy bailla ung grand soufflet. Et tout à l'instant print ledit seigneur de Grignaulx la main de dessus son visage, criant à sa femme : « Je tiens l'esperit. » Laquelle incontinant se leva et alluma de la chandelle, et trouverent que c'estoit la chamberiere qui couchoit en leur chambre, laquelle, se mectant à genoulx, leur demanda pardon, et leur promist confesser verité, qui estoit que l'amour qu'elle avoit longuement portée à ung serviteur de ceans luy avoit faict entreprendre ce beau mistere, pour chasser hors de la maison maistre et maistresse, afin que, eulx deux, qui en avoient toute la garde, eussent moien de faire grande chere : ce qu'ilz faisoient, quand ilz estoient tous seulz. Monseigneur de Grignaulx, qui estoit homme assez rude, commanda qu'ilz fussent batuz en sorte qu'il leur souvint à jamais de l'esperit ; ce qui fut faict, et puis chassez dehors. Et, par ce moien, fut delivrée

---

[1] La grand'mère du seigneur de Grignaulx était Marie de Brabant, du côté paternel ; quant à sa grand'mère du côté maternel, laquelle ne nous est pas connue, elle se nommait sans doute *Benigne*, que l'Esprit prononçait, à la gasconne, *Brenique*.

[2] C'est-à-dire, sans doute : *fit l'esprit*, s'émancipa. Les anciens éditeurs ont mis à la place : *s'apprivoisa*.

la maison du torment des esperitz qui deux ans durant y avoient joué leur rolle.

« C'est chose esmerveillable, mes dames, de penser aux effectz de ce puissant dieu Amour, qui, ostant toute craincte aux femmes, leur aprend à faire toute peyne aux hommes pour parvenir à leur intention. Mais, autant que est vituperable [1] l'intention de la chamberiere, le bon sens du maistre est louable, qui sçavoit très bien que l'esperit s'en va et ne retourne plus. — Vrayement, dist Geburon, Amour ne favorisa pas à ceste heure le varlet et la chamberiere; et confesse que le bon sens du maistre luy servyt beaucoup. — Toutesfois, dist Ennasuitte, la chamberiere vesquit long temps, par sa finesse, à son ayse. — C'est ung ayse bien malheureux, dist Oisille, quand il est fondé sur peché, et prent fin par honte et pugnition. — Il est vray, ma dame, dist Ennasuitte, mais beaucoup de gens ont de la douleur et de la peyne pour vivre justement, qui n'ont pas le sens d'avoir eu leur vie tant de plaisir que ceulx icy. — Si suys-je de ceste oppinion, dist Oisille, qu'il n'y a nul parfaict plaisir, si la conscience n'est en repos. — Comment? dist Simontault: l'Italien veult maintenir que tant plus le peché est grand, de tant plus il est plaisant. — Vrayement, celluy qui a inventé ce propos, dist Oisille, est luy-mesmes vray diable; parquoy laissons-le là et sçachons à qui Saffredent donnera sa voix. — A qui? dist-il. Il n'y a plus que Parlamente à tenir son ranc, mais, quant il y en auroit un cent d'autres, je luy donnerois tousjours ma voix d'estre celle de qui nous debvons aprendre. — Or, puisque je suis pour mectre fin à la Journée, dist Parlamente, et que je vous promeiz hier de vous dire l'occasion pourquoy le pere de Rolandine feit faire le chasteau où il la tint si longtemps prisonniere [2], je la voys doncques racompter.

QUARANTIESME NOUVELLE.

La seur du comte de Jossebelin, après avoir espousé, au desceu de son frere, un gentil homme qu'il feit tuer, combien qu'il se l'eut souvent souhaité pour beau

---

[1] Blâmable, *vituperabilis*.

[2] Voy. plus haut, là vingt et unième Nouvelle, dont *Rolandine*, ou plutôt Anne de Rohan, est le principal personnage.

frere, s'il eust esté de mesme maison qu'elle, en grand patience et austerité de vie, usa le reste de ses jours en un ermitage.

Ce seigneur pere de Rolandine, qui s'appeloit le comte de Jossebelin[1], eut plusieurs seurs, dont les unes furent mariées bien richement, les autres religieuses; et une qui demeura en sa maison, sans estre maryée, plus belle sans comparaison que toutes les autres, laquelle aymoit tant son frere, que luy n'avoit femme ny enfans qu'il preferast à elle. Aussy, fut demandée en mariage de beaucoup de bons lieux, mais, de paour de l'esloigner et par trop aymer son argent, n'y voulut jamais entendre; qui fut la cause dont elle passa grande partie de son aage sans estre mariée, vivant tres honestement en la maison de son frere, où il y avoit ung jeune et beau gentil homme, nourry dès son enfance en la dicte maison, lequel creut en sa croissance tant en beaulté et vertu, qu'il gouvernoit son maistre tout paisiblement, tellement que, quant il mandoit quelque chose à sa seur, estoit tousjours par cestuy-là. Et luy donna tant d'auctorité et de privaulté, l'envoyant soir et matin devers sa seur, que, à la longue frequentation, s'engendra une grande amitié entre eulx. Mais, craignant le gentil homme sa vie[2], s'il offensoit son maistre, et la damoiselle, son honneur, ne prindrent en leur amitié autre contentement que de la parolle, jusques ad ce que le seigneur de Jossebelin[3] dist souvent à sa seur, qu'il vouldroit qu'il luy eust cousté beaucoup et que ce gentil homme eust esté de maison de mesme elle, car il n'avoit jamais veu homme qu'il aymast tant pour son beau frere, que luy. Il luy redist tant de foys ces propos, que, les ayans

---

[1] Jean, deuxième du nom, vicomte de Rohan, comte de Josselin, qui joua un rôle considérable sous le règne du dernier duc de Bretagne, François II, n'eut qu'une sœur utérine, nommée Catherine, *morte sans avoir été mariée*, comme le dit l'*Histoire généalog. de la Maison de France*, par le P. Anselme (t. IV, p. 57); il était issu du mariage d'Alain de Rohan, neuvième du nom, avec Marie de Lorraine, morte en 1455. Alain de Rohan eut trois femmes, et la première, Marguerite, fille de Jean V, duc de Bretagne, lui avait donné quatre enfants, dont trois filles, Jeanne, Marguerite et Catherine, qui furent, en effet, toutes trois *richement mariées*. On peut supposer qu'il laissa, en outre, des filles naturelles, qui étaient *religieuses*.

[2] Latinisme, au lieu de *craignant pour sa vie*.

[3] Le château de Josselin (à douze kilomètres de Ploërmel, département du Morbihan), dont la fondation remonte au onzième siècle, fut reconstruit au quatorzième par Alain de Rohan, neuvième du nom; il appartint au connétable de Clisson, du chef de sa femme, Marguerite de Rohan, qui y soutint un siége contre le comte de Montfort. Les cadets de la maison de Rohan prenaient le titre de *comte* et *sire* de Josselin.

debatuz avecq le gentil homme, estimerent que, s'ilz se marioient ensemble, on leur pardonneroit aisement. Et Amour, qui croit voluntiers ce qu'il veult, leur feit entendre qu'il ne leur en pourroit que bien venir; et, sur ceste esperance, conclurent et perfeirent le mariage, sans que personne en sceut rien que un prebstre et quelques femmes.

Et, apres avoir vescu quelques années au plaisir que homme et femme mariez peuvent prendre ensemble, comme l'un des plus beaux couples qui fut en la chrestienté et de la plus grande et parfaicte amitié, Fortune, envyeuse de veoir deux personnes si à leurs ayses, ne les y voulut souffrir, mais leur suscita ung ennemy, qui, espiant ceste damoiselle, apperceut sa grande felicité, ignorant toutesfoys le mariage. Et vint dire au seigneur de Jossebelin, que le gentil homme, auquel il se fyoit tant, alloit trop souvent en la chambre de sa seur, et aux heures où les hommes ne doibvent entrer. Ce qui ne fut creu pour la premiere foys, de la fiance qu'il avoit à sa seur et au gentil homme. Mais l'autre rechargea tant de foys, comme celluy qui aymoit l'honneur de la maison, qu'on y meist ung guet, tel, que les pauvres gens, qui n'y pensoient en nul mal, furent surprins : car, ung soir, que le seigneur de Jossebelin fut adverty que le gentil homme estoit chez sa seur, s'y en alla incontinant, et trouva les deux pauvres aveuglez d'amour couchez ensemble. Dont le despit luy osta la parolle, et, en ostant son espée, courut après le gentil homme pour le tuer. Mais, luy, qui estoit aysé[1] de sa personne, s'enfuyt tout en chemise, et, ne povant eschapper par la porte, se gecta par une fenestre dedans ung jardin. La pauvre damoiselle, tout en chemise, se gecta à genoulx devant son frere et luy dist : « Monsieur, saulvez la vie de mon mary, car je l'ay espousé; et, s'il y a offense, n'en pugnissez que moy, parce que ce qu'il en a faict a esté à ma requeste. » Le frere, oultré de courroux, ne luy respond, sinon : « Quand il seroit vostre mary cent mille foys, si le pugniray-je comme un meschant serviteur qui m'a trompé. » En disant cela, se mist à la fenestre et cria tout hault que l'on le tuast, ce qui fut promptement executé par son commandement et devant les oeilz de luy et de sa seur. Laquelle, voyant ce piteux spectacle auquel nulle priere n'avoit sceu remedier, parla à son frere, comme une femme hors du sens : « Mon frere, je n'ay ne pere ne mere, et suis en tel aage, que je me puis marier à ma volunté; j'ay choisy celluy que

---

[1] Alerte, agile.

maintesfoys vous m'avez dict que vouldriez que j'eusse espousé. Et, pour avoir faict par vostre conseil ce que je puis selon la loy faire sans vous, vous avez faict mourir l'homme du monde que vous avez le mieulx aymé! Or, puisque ainsy est que ma priere ne l'a peu garantir de la mort, je vous suplie, pour toute l'amitié que vous m'avez jamais porté, me faire, en ceste mesme heure, compaigne de sa mort, comme j'ay esté de toutes ses fortunes. Par ce moien, en satisfaisant à vostre cruelle et injuste collere, vous mectrez en repos le corps et l'ame de celle qui ne veult ny ne peut vivre sans luy. » Le frere, nonobstant qu'il fust esmeu jusques à perdre la raison, si eut-il tant de pitié de sa seur, que, sans luy accorder ne nier sa requeste, la laissa. Et, après qu'il eut bien consideré ce qu'il avoit faict et entendu que le gentil homme avoit espousé sa seur, eust bien voulu n'avoir point commis ung tel crime. Si est-ce que la craincte qu'il eut que sa seur en demandast justice ou vengeance, luy feit faire ung chasteau au millieu d'une forest, auquel il la meist; et defendit que aucun ne parlast à elle.

Après quelque temps, pour satisfaire à sa conscience, essaya de la regaingner et luy feit parler de mariage, mais elle luy manda qu'il luy en avoit donné ung si mauvais desjeuner, qu'elle ne vouloit plus souper de telle viande; et qu'elle esperoit vivre de telle sorte, qu'il ne seroit point l'homicide du second mary; car à peyne penseroit-elle qu'il pardonnast à ung autre, d'avoir faict ung si meschant tour à l'homme du monde qu'il aymoit le mieulx. Et que, nonobstant qu'elle fust foible et impuissante pour s'en venger, qu'elle esperoit en Celluy qui estoit vray juge et qui ne laisse mal aucun impugny, avecq l'amour duquel seul elle vouloit user le demorant de sa vie en son hermitage. Ce qu'elle feit : car, jusques à la mort, elle n'en bougea, vivant en telle patience et austerité, que après sa mort chacun y couroit comme à une saincte. Et, depuis qu'elle fut trespassée, la maison de son frere alloit tellement en ruyne, que de six filz qu'il avoit n'en demeura ung seul et morurent tous fort miserablement [1]; et, à la fin, l'heritage demoura, comme vous avez oy en l'autre compte, à sa fille Rolandine, laquelle avoit succedé à la prison faicte pour sa tante.

[1] En effet, au moment où la Reine de Navarre écrivait son *Heptaméron*, vers 1542, les deux fils de Jean II de Rohan les généalogistes ne lui en donnent pas six, comme la Nouvelle) étaient morts : l'ainé, Jacques, vicomte de Rohan, en 1527, et le second, Claude, évêque de Cornouailles, en 1540; mais ses deux filles, Anne et Marie, leur avaient survécu; Marie mourut le 9 juin 1542, et Anne, ou *Rolandine*, quelques années plus tard, dans un âge très-avancé.

16

« Je prie à Dieu, mes dames, que cest exemple vous soit si profitable, que nulle de vous ait envie de soy marier, pour son plaisir, sans le consentement de ceulx à qui on doibt porter obeissance ; car mariage est ung estat de si longue durée, qu'il ne doibt estre commencé legierement ne sans l'oppinion de noz meilleurs amys et parens. Encores ne le peut-on si bien faire, qu'il n'y ait pour le moins autant de peyne que de plaisir. — En bonne foy, dist Oisille, quand il n'y auroit point de Dieu ne loy pour aprendre les filles à estre saiges, cest exemple est suffisant pour leur donner plus de reverence à leurs parens, que de s'adresser à se marier à leur volunté. — Si est-ce, ma dame, dist Normefide, que qui a ung bon jour en l'an, n'est pas toute sa vie malheureux. Elle eut le plaisir de voir et de parler longuement à celluy qu'elle aymoit plus qu'elle-mesmes; et puis, en eut la joissance par mariage, sans scrupule de conscience. J'estime ce contentement si grand, qu'il me semble qu'il passe l'ennuy qu'elle porta. — Vous voulez doncques dire, dist Saffredent, que les femmes ont plus de plaisir de coucher avecq ung mary, que de desplaisir de le veoir tuer devant leurs oeilz? — Ce n'est pas mon intention, dist Nomerfide, car je parlerois contre l'experience que j'ay des femmes, mais je entends que ung plaisir non accoustumé, comme d'espouser l'homme du monde que l'on ayme le mieulx, doibt estre plus grand, que de le perdre par mort qui est chose commune. — Ouy, dist Geburon, par mort naturelle, mais ceste-cy estoit trop cruelle, car je trouve bien estrange, veu que le seigneur n'estoit son pere ny son mary, mais seullement son frere, et qu'elle estoit en l'aage que les loix permectent aux filles d'eulx marier à leur volunté, comme il osa exercer une telle cruaulté. — Je ne le trouve point estrange, dist Hircan, car il ne tua pas sa seur qu'il aymoit tant et sur qui il n'avoit point de justice, mais se print au gentil homme, lequel il avoit nourry comme filz et aymé comme frere; et, après l'avoir honoré et enrichy à son service, pourchassa le mariage de sa seur, chose qui en rien ne luy apartenoit. — Aussy, dist Nomerfide, le plaisir n'est pas commun ny accoustumé que une femme de si grande maison espouse ung gentil homme serviteur, par amour. Si la mort est estrange, le plaisir aussy est nouveau et d'autant plus grand qu'il a pour son contraire l'oppinion de tous les saiges hommes, et pour son ayde le contentement d'un cueur plain d'amour et le repos de l'ame, veu que

Dieu n'y est point offensé. Et quant à la mort que vous dictes cruelle, il me semble que, puisqu'elle est necessaire, que la plus briefve est la meilleure, car on sçait bien que ce passaige est indubitable; mais je tiens heureux ceulx qui ne demeurent point longuement aux faulxbourgs, et qui, de la felicité qui se peut seulle nommer en ce monde *felicité*, volent souldain à celle qui est eternelle. — Qu'appellez-vous les faulxbourgs de la mort? dist Simontault. — Ceulx qui ont beaucoup de tribulations en l'esperit, respondit Normefide; ceulx aussi qui ont esté longuement malades, et qui, par extremité de douleur corporelle ou spirituelle, sont venuz à despriser la mort et trouver son heure trop tardive; je dis que ceux-là ont passé par les faulxbourgs, et vous diront les hostelleries où ilz ont plus cryé que reposé. Ceste dame ne povoit faillir de perdre son mary par mort, mais elle a esté exempte, par la collere de son frere, de veoir son mary longuement malade ou fasché. Et, elle, convertissant l'ayse qu'elle avoit avecq luy au service de Nostre Seigneur, se povoit dire bien heureuse. — Ne faictes-vous point cas de la honte qu'elle receut, dist Longarine, et de sa prison? — J'estime, dist Nomerfide, que la personne qui ayme parfaictement d'un amour joinct au commandement de son Dieu, ne congnoist honte ny deshonneur, sinon quand elle default ou diminue de la perfection de son amour. Car la gloire de bien aymer ne congnoist nulle honte; et, quant à la prison de son corps, je croy que, pour la liberté de son cueur, qui estoit joinct à Dieu et à son mary, ne la sentoit point, mais estimoit la solitude très grande liberté; car qui ne peut veoir ce qu'il ayme n'a nul plus grand bien que d'y penser incessamment; et la prison n'est jamais estroicte, où la pensée se peut pourmener à son ayse.
— Il n'est rien plus vray que ce que dist Nomerfide, dist Simontault, mais celluy qui par fureur feit ceste separation se devoit dire malheureux, car il offensoit Dieu, l'amour et l'honneur. — En bonne foy, dist Geburon, je m'esbahys des differentes amours des femmes, et voy bien que celles qui ont plus d'amour ont plus de vertu, mais celles qui en ont moins, se voulans faindre vertueuses, le dissimullent. — Il est vray, dist Parlamente, que le cueur, honneste envers Dieu et les hommes, ayme plus fort que celluy qui est vitieux, et ne crainct point que l'on voye le fonds de son intention. — J'ay tousjours oy dire, dist Simontault, que les hommes ne doibvent point estre reprins de pourchasser les femmes, car Dieu a mis au cueur de l'homme l'amour et la hardiesse pour demander, et en celluy de la femme la craincte et la chasteté pour refuser. Si l'homme, ayant usé des puissances qui luy sont

données, a esté puny, on luy faict tort. — Mais c'est grand cas, dist Longarine, de l'avoir longuement loué à sa seur; et me semble que ce soit follye ou cruaulté à celluy qui garde une fontaine, de louer la beaulté de son eaue à ung qui languyt de soif en la regardant, et puis le tuer, quant il en veult prendre. — Pour vray, dist Parlamente, le frere fut occasion d'alumer le feu par si doulces parolles, qu'il ne debvoit point l'estaindre à coups d'espée. — Je m'esbahys, dist Saffredent, pourquoy l'on trouve mauvays que ung simple gentil homme, ne usant d'autre force que de service et non de suppositions, vienne à espouser une femme de grande maison, veu que les saiges philosophes tiennent que le moindre homme de tous vault mieulx que la plus grande et vertueuse femme qui soit? — Pour ce, dist Dagoucin, que, pour entretenir la chose publicque en paix, l'on ne regarde que les degrez des maisons, les aages des personnes et les ordonnances des loix, sans peser l'amour et les vertuz des hommes, afin de ne confondre point la monarchie. Et de là vient que les mariages qui sont faictz entre pareils, et selon le jugement des parens et des hommes, sont bien souvent si differens de cueur, de complexions et de conditions, que, en lieu de prendre ung estat pour mener à salut, ilz entrent aux faulxbourgs d'enfer. — Aussy, en a-l'on bien veu, dist Geburon, qui se sont prins par amour, ayant les cueurs, les conditions et complexions semblables, sans regarder à la difference des maisons et de lignaige, qui n'ont pas laissé de s'en repentir; car ceste grande amitié indiscrete tourne souvent à jalousie et en fureur. — Il me semble, dist Parlamente, que ne l'une ne l'autre n'est louable, mais que les personnes qui se submectent à la volunté de Dieu ne regardent ny à la gloire, ny à l'avarice, ny à la volupté, mais, par une amour vertueuse et du consentement des parens, desirent de vivre en l'estat de mariage, comme Dieu et Nature l'ordonnent. Et combien que nul estat n'est sans tribulation, si ay-je veu ceulx-là vivre sans repentance; et nous ne sommes pas si malheureux en ceste compaignie, que nul de tous les mariez ne soit de ce nombre-là. » Hircan, Geburon, Simontault et Saffredent jurerent qu'ilz s'estoient mariez en pareille intention et que jamais ilz ne s'en estoient repentiz; mais, quoy qu'il en fust de la verité, celles à qui il touchoit en furent si contentes, que, ne povans oyr ung meilleur propos à leur gré, se leverent pour en aller rendre graces à Dieu, où les religieux estoient prests à dire vespres. Le service finy, s'en allerent souper, non sans plusieurs propos de leurs mariages, qui dura encores tout du long du soir, racomptans les fortunes qu'ilz avoient eues durant le pourchas¹ du mariage de leurs femmes. Mais, parce que l'un rompoit la parolle de l'autre, l'on ne peut retenir les comptes tout du long, qui n'eussent esté moins plaisans à escripre que ceulx qu'ilz disoient dans le pré. Ilz y prindrent si grand plaisir et se amuserent tant, que l'heure de coucher fut plus tost venue, qu'ilz ne s'en apparceurent. La dame Oisille departyt² la compaignie qui s'alla coucher si joyeusement, que je pense que ceulx qui estoient mariez ne dormirent pas plus long temps que les aultres, racomptans leurs amitiez passées et demonstrans la presente. Ainsy se passa doulcement la nuyct jusques au matin.

¹ Poursuite, recherche.
² Sépara.

FIN DE LA QUATRIESME JOURNÉE.

CINQUIESME JOURNÉE.

LA CINQUIESME JOURNÉE, ON DEVISE DE LA VERTU DES FILLES ET FEMMES, QUI ONT EU LEUR HONNEUR EN PLUS GRANDE RECOMMANDATION QUE LEUR PLAISIR; DE CELLES AUSSI QUI ONT FAIT LE CONTRAIRE, ET DE LA SIMPLICITÉ DE QUELQUES AUTRES.

PROLOGUE.

Quand le matin fut venu, ma dame Oisille leur prepara ung desjuner spirituel d'un si très bon goust, qu'il estoit suffisant pour fortiffier le corps et l'esperit; où toute la compaignie fut fort attentive, en sorte qu'il leur sembloit bien jamais n'avoir oy sermon qui leur proffitast tant. Et, quand ilz ouyrent sonner le dernier coup de la messe, s'alerent exercer à la contemplation des sainctz propos qu'ilz avoient entenduz. Après la messe oïe et s'estre ung peu pourmenez, se meirent à table, promectans la Journée presente debvoir estre aussi belle que nulle des passées. Et Saffredent leur dist qu'il vouldroit que le pont demorast encores ung mois à faire, pour le plaisir qu'il prenoit à la bonne chere qu'ilz faisoient; mais l'abbé de ceans y faisoit faire bonne dilligence, car ce n'estoit pas sa consolation de vivre entre tant de gens de bien, en la presence desquelz n'osoit faire venir ses pelerines accoustumées. Et quand ilz se furent reposez quelque temps après disné, retournerent à leur passe temps accoustumé. Après que chascun eut prins son siege au pré, demanderent à Parlamente à qui elle donnoit sa voix. « Il me semble, dist-elle, que Saffredent sçaura bien commencer ceste Journée, car je luy voy le visaige qui n'a point d'envie de nous faire pleurer. — Vous serez doncq bien cruelles, mes dames, dist Saffredent, si vous n'avez pitié d'un cordelier, dont je vous voys compter l'histoire; et, encores que, par celles que aucuns d'entre nous ont cy devant faictes des religieux, vous pourriez penser que sont cas advenus aux pauvres damoiselles, dont la facilité d'execution a faict sans crainte commencer l'entreprinse. Mais, affin que vous congnoissiez que l'aveuglement de leur folle concupiscence leur oste toute craincte et prudente consideration, je vous en compteray d'un, qui advint en Flandres. »

QUARANTE ET UNIESME NOUVELLE.

La nuict de Noel, une damoiselle se presenta à un cordelier, pour estre oye en confession, lequel luy bailla une penitence si estrange, que, ne la voulant recevoir, elle se leva devant luy, sans absolution; dont sa maistresse avertie feit fouetter le cordelier en sa cuisine, puis le renvoya lié et garroté à son gardien.

L'ANNÉE que madame Marguerite d'Autriche vint à Cambray, de la part de l'Empereur son nepveu, pour traicter la paix[1] entre luy et le Roy très chrestien, de la part duquel se trouva sa mère madame Loïse de Savoie; et estoit en la compaignie de ladicte dame Marguerite la comtesse d'Aiguemont, qui emporta en ceste compaignie le bruict d'estre la plus belle de toutes les Flamandes[2]. Au retour de ceste grande assemblée, s'en retourna la comtesse d'Aiguemont en sa maison, et, le temps des advens venu, envoya en ung couvent de cordeliers demander ung prescheur suffisant et homme de bien, tant pour prescher que pour confesser elle et toute sa maison. Le gardien sercha le plus creu digne qu'il eut de faire tel office, pour les grands biens qu'ilz recepvoient de la maison d'Aiguemont et de celle de Fiennes dont elle estoit. Comme ceulx qui sur tous autres religieux desiroient gaingner la bonne estime et amitié des grandes maisons, envoyerent ung predicateur, le plus apparent de leur couvent; lequel, tout le long des advenz, feit très bien son debvoir; et avoit la Comtesse grand contentement de luy. La nuyct de Noël, que la comtesse vouloit recepvoir son Createur, feit venir son confesseur. Et, après s'estre con-

---

[1] Le traité de Cambrai, conclu en 1529 par Marguerite d'Autriche et Louise de Savoie, ne fit que confirmer la plupart des offres que François Ier avait fait faire, par ses ambassadeurs, à Charles-Quint. Cette paix, de peu de durée, s'appela la *paix des dames*, à cause des intermédiaires que le roi et l'empereur avaient choisis. La Reine de Navarre assistait aux conférences, avec sa mère Louise de Savoie.

[2] C'est Françoise de Luxembourg, comtesse de Gavre, dame de Fiennes, etc., qui avait épousé le comte d'Egmont, Jean, quatrième du nom, chambellan de Charles-Quint. Cette dame, morte en 1557, fut mère du célèbre comte d'Egmont, à qui le duc d'Albe fit trancher la tête en 1568.

fessée en une chappelle bien fermée, afin que la confession fust plus secrette, laissa le lieu à sa dame d'honneur, laquelle, après soy estre confessée, envoya sa fille passer par les mains de ce bon confesseur. Et, après qu'elle eut tout dict ce qu'elle sçavoit, congneut le beau pere quelque chose de son secret; qui luy donna envie et hardiesse de luy bailler une penitence non accoustumée. Et luy dist : « Ma fille, voz pechez sont si grandz, que, pour y satisfaire, je vous baille en penitence de porter ma corde sur vostre chair toute nûe. » La fille, qui ne luy vouloit desobeir, luy dist : « Baillez-la-moy, mon pere, et je ne fauldrai de la porter. — Ma fille, dist le beau pere, il ne seroit pas bon de vostre main ; il fault que les miennes propres, dont vous debvez avoir l'absolution, la vous ait premierement ceincte; puis après, vous serez absoulte de tous voz pechez. » La fille, en pleurant, respond qu'elle n'en feroit rien. « Comment, dist le confesseur, estes-vous une hereticque, qui refusez les penitences selon que Dieu et nostre mere saincte Eglise l'ont ordonné ? — Je use de la confession, dist la fille, comme l'Eglise le commande et veulx bien recepvoir l'absolution et faire la penitence, mais je ne veulx point que vous y mectiez les mains ; car, en ceste sorte, je refuse vostre penitence. — Par ainsy, dist le confesseur, ne vous puis-je donner l'absolution. » La damoiselle se leva de devant luy, ayant la conscience bien troublée, car elle estoit si jeune, qu'elle avoit paour d'avoir failly, au refuz qu'elle avoit faict au beau pere. Quant ce vint après la messe, que la comtesse d'Aiguemont recut le *corpus Domini*, la dame d'honneur, voulant aller après, demanda à sa fille si elle estoit preste. La fille, en pleurant, dist qu'elle n'estoit point confessée. « Et qu'avez-vous tant faict avecq ce prescheur ? dist la mere. — Rien, dist la fille, car, refusant la penitence qu'il m'a baillée, m'a refusé aussi l'absolution. » La mere s'enquist saigement, et congneut l'estrange façon de penitence que le beau pere vouloit donner à sa fille ; et, après l'avoir faict confesser à ung aultre, receurent toutes ensemble[1]. Et, retournée la Comtesse de l'eglise, la dame d'honneur luy feit la plaincte du prescheur, dont elle fut bien marrye et estonnée, veue la bonne oppinion qu'elle avoit de luy. Mais son courroux ne la peut garder, qu'elle ne rist bien fort, veu la nouvelleté de la penitence. Si est-ce que le rire n'empescha pas aussy, qu'elle ne le feit prendre et battre en sa cuisine, où à force de verges il confessa la verité. Et, après, elle l'envoya piedz et mains

---

[1] Il faut suppléer : « le corps de Notre-Seigneur. »

liez à son gardien, le priant que une aultre fois il baillast commission
à plus gens de bien de prescher la parolle de Dieu.

« Regardez, mes dames, si en une maison si honnorable ilz n'ont
point de paour de declairer leurs follies, qu'ilz peuvent faire aux
pauvres lieux où ordinairement ilz vont faire leurs questes, où les
occasions leur sont presentées si facilles, que c'est miracle quand ilz
eschappent sans scandalle. Qui me faict vous prier, mes dames, de
tourner vostre mauvaise estime en compassion. Et pensez que celluy [1]
qui aveugle les cordeliers, n'espargne pas les dames, quand il le trouve
à propos. — Vrayement, dist Oisille, voyla ung bien meschant cordelier : estre religieux, prestre et predicateur, et user de telle villenye,
au jour de Noël, en l'eglise et soubz le manteau de confession, qui
sont toutes circonstances qui aggravent le peché! — Il semble à vous
oyr parler, dist Hircan, que les cordeliers doibvent estre anges ou plus
saiges que les aultres? Mais vous en avez tant oy d'exemples, que vous
les debvez penser beaucoup pires ; et il me semble que cestuy cy est
bien à excuser, se trouvant tout seul, de nuyct, enfermé avecq une
belle fille. — Voyre, dist Oisille, mais c'estoit la nuyct de Noël. — Et
voyla qui augmente son excuse, dist Simontault, car, tenant la place
de Joseph auprès d'une belle vierge, il voulloit essayer à faire ung
petit enfant, pour jouer au vif le mistere de la Nativité [2]. — Vrayement, dist Parlamente, s'il eust pensé à Joseph et à la vierge Marie,
il n'eut pas eu la volunté si meschante. Toutesfois, c'estoit ung homme
de mauvais vouloir, veu que, pour si peu d'occasion [3], il faisoit une si
meschante entreprinse. — Il me semble, dist Oisille, que la Comtesse

---

[1] Le démon.
[2] Tout ce passage, dont la hardiesse frise l'impiété, est un peu atténué, dans l'édition de Gruget, qui a présenté la même idée sous une forme plus décente et moins crue. En se permettant une pareille plaisanterie sur deux mystères de la religion catholique, la Reine de Navarre est allée bien au delà des opinions de la Réformation. Voici le passage, tel qu'il est, dans l'édition de 1559, qui diffère de l'édition de 1558, où il est dit que, le cordelier *se sentant si proche de ceste damoiselle*, on aurait pu s'étonner que *la chair ne lui donnast pas quelque coup d'esperon* : « Comment, dist Hircan, pensez-vous que les cordeliers ne soient pas hommes comme nous et excusables et principalement cestuy-là, se sentant seul de nuict avec une belle fille? — Vraiement, dist Parlamente, s'il eust pensé à la Nativité de Jesus Christ, qui estoit representée en ce jour-là, il n'eut pas eu la volunté si meschante. — Voire mais, dist Saffredent, vous ne dites pas qu'il tendoit à l'Incarnation, avant que de venir à la Nativité? »
[3] Si peu de chance, d'espoir de réussir.

en feit si bonne punition, que ses compaignons y povoient prendre exemple. — Mais assavoir-mon[1], dist Nomerfide, si elle fit bien de scandaliser ainsy son prochain ; et, s'il eut pas mieulx vallu qu'elle luy eust remonstré ses faultes doulcement, que de divulguer ainsy son prochain ? — Je croy, dist Geburon, que ce eust esté bien faict ; car il est commandé de corriger notre prochain entre nous et luy, avant que le dire à personne ny à l'Eglise. Aussy, depuis que ung homme est eshonté à grand peyne, jamais se peut-il amender, parce que la honte retire autant de gens de peché, que la conscience. — Je croy, dist Parlamente, que envers chascun se doibt user le conseil de l'Evangile, sinon envers ceulx qui la preschent et font le contraire, car il ne fault point craindre à scandaliser ceulx qui scandalizent tout le monde. Et me semble que c'est grand merite de les faire congnoistre telz qu'ilz sont, afin que nous ne prenons pas ung doublet[2] pour ung bon rubis. Mais à qui donnera Saffredent sa voix ? — Puis que vous le demandez, ce sera à vous-mesmes, dist Saffredent, à qui nul d'entendement ne la doibt refuser. — Or, puis que vous me la donnez, je vous en voys compter une, dont je puis servir de tesmoing. Et j'ay toujours oy dire que tant plus la vertu est en ung subject debile et foible assaillie de son très fort et puissant contraire, c'est à l'heure qu'elle est plus louable et se monstre mieulx telle qu'elle est ; car si le fort se defend du fort, ce n'est chose esmervoillable, mais si le foible en a victoire, il en a gloire de tout le monde. Pour congnoistre les personnes dont je veulx parler, il me semble que je ferois tort à la vertu, que j'ay veu cachée soubz ung si pauvre vestement que nul n'en tenoit compte, si je ne parlois de celle par laquelle ont esté faictz des actes si honnestes : qui me contrainct le vous racompter. »

QUARANTE DEUXIESME NOUVELLE.

Un jeune prince meit son affection en une fille, de laquelle, combien qu'elle fust de bas et pauvre lieu, ne peut jamais obtenir ce qu'il en avoit esperé, quelque

---

[1] Pour *C'est à savoir*.
[2] On appelait ainsi une fausse pierrerie, en verre ou en cristal taillé, doublé de mastic coloré, imitant l'émeraude ou le rubis.

poursuite qu'il en feit. Parquoy, le prince, congnoissant sa vertu et honnesteté, laissa son entreprinse, l'eut toute sa vie en bonne estime, et luy feit de grands biens, la mariant avec un sien serviteur.

EN une des meilleures villes de Touraine, demouroit ung seigneur de grande et bonne maison [1], lequel y avoit esté nourry, de sa grande jeunesse. Des perfections, graces, beaulté et grandes vertuz de ce jeune prince, ne vous en diray aultre chose, sinon que en son temps ne trouva jamais son pareil. Estant en l'aage de quinze ans, il prenoit plus de plaisir à courir et chasser, que non pas regarder les belles dames. Un jour, estant en une eglise, regarda une jeune fille, laquelle avoit aultresfois en son enfance esté nourrye au chasteau où il demouroit. Et, après la mort de sa mere, son pere se remaria; parquoy, elle se retira en Poictou avecq son frere. Ceste fille, qui avoit nom Françoise, avoit une seur bastarde, que son pere aymoit tres fort; et la maria en ung sommelier d'eschanssonnerie de ce jeune prince, dont elle tint aussi grand estat que nul de sa maison. Le pere vint à morir et laissa pour le partage de Françoise ce qu'il tenoit auprès de ceste bonne ville : parquoy, après qu'il fut mort, elle se retira où estoit son bien. Et, à cause qu'elle estoit à marier et jeune de seize ans, ne se voulloit tenir seulle en sa maison, mais se mist en pension chez sa seur la sommeliere. Le jeune prince, voiant ceste fille assez belle pour une claire brune, et d'une grace qui passoit celle de son estat, car elle sembloit mieulx gentil femme ou princesse, que bourgeoise, il la regarda longuement. Luy, qui jamais encor n'avoi aymé, sentyt en son cueur ung plaisir non accoustumé. Et quand il fut retourné en sa chambre, s'enquist de celle qu'il avoit vue en l'eglise, et recongneut que aultresfois en sa jeunesse estoit-elle allée au chasteau jouer aux poupines [2] avecq sa seur [3], à laquelle il la feit recongnoistre. Sa seur l'envoya querir et luy feit fort bonne chere, la

---

[1] On peut assurer que ce *jeune prince* n'est autre que François d'Angoulême, qui fut élevé en Touraine, dans les châteaux de Loches et de Romorantin, par sa mère, Louise de Savoie, lorsqu'il ne paraissait pas encore destiné à monter sur le trône. Le sujet de cette Nouvelle doit donc être rapporté au règne de Louis XII, avant le mariage de François d'Angoulême, créé duc de Valois, avec Claude de France en 1514. M. Leroux de Lincy suppose que l'aventure a eu pour théâtre le château d'Amboise, que Louis XII avait mis à la disposition de la veuve du comte d'Angoulême, afin de la rapprocher de la cour, fixée alors à Blois.

[2] Poupées.

[3] Marguerite d'Angoulême, née le 11 avril 1492, était l'aînée de François d'Angoulême, né en septembre 1494.

priant de la venir souvent veoir : ce qu'elle faisoit, quand il y avoit quelques nopces ou assemblée, où le jeune prince la voyoit tant voluntiers qu'il pensa à l'aymer bien fort. Et, pour ce qu'il la congnoissoit de bas et pauvre lieu, espera recouvrer facilement ce qu'il en demandoit. Mais, n'aiant moien de parler à elle, luy envoya ung gentil homme de sa chambre, pour faire sa praticque. Auquel, elle, qui estoit saige, craingnant Dieu, dist qu'elle ne croyoit pas que son maistre, qui estoit si beau et honneste prince, se amusast à regarder une chose si layde qu'elle, veu que, au chasteau où il demeuroit, il en avoit de si belles, qu'il ne falloit point en chercher par la ville, et qu'elle pensoit qu'il le disoit de luy-mesmes sans le commandement de son maistre. Quand le jeune prince entendit cette response, amour, qui se attache plus fort où plus il trouve de resistance, luy faict plus chauldement qu'il n'avoit faict poursuivre son entreprinse. Et luy escripvit une lettre, la priant voulloir entierement croire ce que le gentil homme luy diroit. Elle, qui sçavoit très bien lire et escripre, leut sa lettre tout du long, à laquelle, quelque priere que luy en feist le gentil homme, n'y voulust jamais respondre, disant qu'il n'appartenoit pas à si basse personne d'escripre à ung tel prince, mais qu'elle le supplioit ne la penser si sotte, qu'elle estimast qu'il eust une telle oppinion d'elle, que de luy porter tant d'amityé; et aussy, que, s'il pensoit, à cause de son pauvre estat, la cuyder avoir à son plaisir, il se trompoit, car elle n'avoit le cueur moins honneste que la plus grande princesse de la chrestienté, et n'estimoit tresor au monde au prix de l'honnesteté et de la conscience, le suppliant ne la vouloir empescher de toute sa vie garder ce tresor, car, pour morir, elle ne changeroit d'oppinion. Le jeune prince ne trouva pas ceste response à son gré; toutesfois, l'en ayma-il très fort et ne faillyt de faire mectre tousjours son siege à l'eglise où elle alloit à la messe; et, durant le service, addressoit tousjours ses oeilz à ceste ymaige. Mais, quand elle l'apparceust, changea de lieu et alla en une aultre chapelle, non pour fuyr de le veoir, car elle n'eust pas esté creature raisonnable, si elle n'eust pas prins plaisir à le regarder, mais elle craingnoit estre veue de luy, ne s'estimant digne d'en estre aymée par honneur ou par mariage, ne voulant aussi d'autre part que ce fut par follye et plaisir. Et, quand elle veid que, en quelque lieu de l'eglise qu'elle se peut mettre, le prince se faisoit dire la messe tout auprès, ne voulut plus aller en ceste eglise-là, mais alloit tous les jours à la plus esloignée qu'elle povoit. Et, quand quelques nopces alloient au chasteau, ne s'y vouloit plus retrouver, combien que la seur du prince l'envoyast querir souvent, s'excusant sur quelque maladie. Le prince, voïant qu'il ne povoit parler à elle, s'ayda de son sommelier et luy promist de grands biens s'il luy aydoit en ceste affaire; ce que le sommelier s'offrit voluntiers, tant pour plaire à son maistre, que pour le fruict qu'il en esperoit. Et, tous les jours, comptoit au prince ce qu'elle disoit ou faisoit, mais que surtout fuyoit les occasions qui luy estoient possibles de le veoir. Si est-ce que la grande envie qu'il avoit de parler à elle à son ayse luy feit chercher ung expedient. C'est que, ung jour, il alla mener ses grandz chevaulx, dont il commençoit bien à sçavoir le mestier, en une grande place de la ville, devant la maison de son sommelier, où Françoise demeuroit. Et, après avoir faict maintes courses et saulx qu'elle povoit bien veoir, se laissa tumber de son cheval dedans une grand'fange si mollement qu'il ne se feit point de mal : si est-ce qu'il se plaingnit assez et demanda s'il y avoit point de logis pour changer ses habillemens. Chascun presentoit sa maison; mais quelqu'un dist que celle du sommelier estoit la plus prochaine et la plus honneste; aussy, fut-elle choisie sur toutes. Il trouva chambre bien accoustrée et se despouilla en chemise, car tous ses habillemens estoient souillez de la fange; et se meist dedans ung lict. Et, quand il veid que chacun fut retiré pour aller querir ses habillemens, excepté le gentil homme, appela son hoste et son hostesse, et leur demanda où estoit Françoise. Ilz eurent bien à faire à la trouver, car, si tost qu'elle avoit veu ce jeune prince entrer en sa maison, s'en estoit allée cacher au plus secret lieu de leans. Toutesfois, sa seur la trouva, qui la pria ne craindre point venir parler à ung si honneste et vertueux prince. « Comment, ma seur, dist Françoise, vous que je tiens ma mere, me vouldriez-vous conseiller d'aller parler à ung jeune seigneur, duquel vous sçavez que je ne puis ignorer la volunté? » Mais sa seur luy feit tant de remonstrances et promesses de ne la laisser seulle, qu'elle alla avecq elle, portant un visaige si pasle et desfaict, qu'elle estoit plus pour engendrer pitié, que concupiscence. Le jeune prince, quand il la veid près de son lict, il la print par la main qu'elle avoit froide et tremblante, et luy dist : « Françoise, m'estimez-vous si mauvais homme, si estrange et cruel, que je menge les femmes en les regardant? Pourquoy avez-vous prins une si grande craincte de celluy qui ne cherche que vostre honneur et advantaige? Vous sçavez que, en tous lieux qu'il m'a esté possible, j'ay serché de vous veoir et parler à vous; ce que je n'ay peu. Et, pour me faire plus de despit, avez fuy les lieux où j'avois

17

accoustumé de vous veoir à la messe, afin que en tout je n'eusse non plus de contentement de la veue, que j'avois de la parolle. Mais tout cela ne vous a de rien servy, car je n'ay cessé que je ne soye venu icy par les moïens que vous avez peu veoir; et me suis mis au hazard de me rompre le col, me laissant tumber voluntairement, pour avoir le contentement de parler à vous à mon ayse Parquoy, je vous prie, Françoise, puisque j'ay acquis ce loisir icy avecq ung si grand labeur, qu'il ne soit point inutille, et que je puisse par ma grande amour gaingner la vostre. » Et quand il eut long temps actendu sa response, et veu qu'elle avoit les larmes aux oeilz, et la veue contre terre, la tirant à luy le plus qu'il luy fust possible, la cuyda embrasser et baiser. Mais elle luy dist : « Non, Monseigneur, non ; ce que vous serchez ne se peult faire, car combien que je soye ung ver de terre au prix de vous, j'ay mon honneur si cher, que j'aymerois mieulx morir, que de l'avoir diminué, pour quelque plaisir que ce soit en ce monde. Et la craincte que j'ay de ceulx qui vous ont veu venir ceans se doublans de ceste verité, me donne la paour et tremblement que j'ay. Et, puis qu'il vous plaist de me faire cest honneur de parler à moy, vous me pardonnerez aussy, si je vous respond selon que mon honneur me le commande. Je ne suis point si sotte, Monseigneur, ne si aveuglée, que je ne voie et congnoisse bien la beaulté et graces que Dieu a mises en vous; et que je ne tienne la plus heureuse du monde celle qui possedera le corps et l'amour d'un tel prince. Mais de quoy me sert tout cela, puisque ce n'est pour moy ne pour femme de ma sorte; et que seullement le desirer seroit à moy parfaicte folye? Quelle raison puis-je estimer qui vous faict adresser à moy. sinon que les dames de vostre maison (lesquelles vous aymez, si la beaulté et la grace est aymée de vous) sont si vertueuses, que vous n'osez leur demander ne esperer avoir d'elles ce que la petitesse de mon estat vous faict esperer avoir de moy? Et suis seure que, quand de telles personnes que moy auriez ce que demandez, ce seroit ung moïen pour entretenir vostre maistresse deux heures davantaige, en luy comptant voz victoires au dommaige des plus foibles. Mais il vous plaira, Monseigneur, penser que je ne suis de ceste condition. J'ay esté nourrye en vostre maison, où j'ay apprins que c'est d'aymer : mon pere et ma mere ont esté voz bons serviteurs. Parquoy, il vous plaira, puisque Dieu ne m'a faict princesse pour vous espouser, ne d'estat pour estre tenue à maistresse et amye, ne me vouloir mectre en rang des pauvres malheureuses, veu que je vous desire et estime

celluy des plus heureux princes de la chrestienté. Et, si pour vostre
passe temps vous voulez des femmes de mon estat, vous en trouverez
assez en ceste ville, de plus belles que moy sans comparaison, qui ne
vous donneront la peyne de les prier tant. Arrestez-vous doncques à celles
à qui vous ferez plaisir en acheptant leur honneur, et ne travaillez plus
celle qui vous ayme plus que soy-mesmes. Car, s'il falloit que vostre vie
ou la mienne fust aujourd'huy demandée de Dieu, je me tiendrois bien
heureuse d'offrir la mienne pour saulver la vostre, car ce n'est faulte d'a-
mour qui me faict fuyr vostre presence, mais c'est plus tost pour en avoir
trop à vostre conscience et à la mienne ; car j'ay mon honneur plus cher
que ma vie. Je demeureray, s'il vous plaist, Monseigneur, en vostre bonne
grace, et prieray toute ma vie Dieu, pour vostre prosperité et santé.
Il est bien vray que cest honneur que vous me faictes me fera entre
les gens de ma sorte mieulx estimer, car qui est l'homme de mon
estat, après vous avoir veu, que je daignasse regarder? Par ainsy,
demeurera mon cueur en liberté, sinon de l'obligation, où je veulx à
jamais estre, de prier Dieu pour vous, car aultre service ne vous puis-je
jamais faire. » Le jeune prince, voiant ceste honneste response, combien qu'elle ne fust selon son desir, si ne la povoit moins estimer
qu'elle estoit. Il feit ce qu'il luy fut possible pour luy faire croire qu'il
n'aymeroit jamais femme qu'elle, mais elle estoit si saige, que une
chose si desraisonnable ne povoit entrer en son entendement. Et, durant
ces propos, combien que souvent on dist que ses habillemens estoient
venuz du chasteau, avoit tant de plaisir et d'ayse, qu'il feit dire qu'il
dormoit, jusques ad ce que l'heure du souppé fut venue, où il n'osoit
faillir à sa mere qui estoit une des plus saiges dames du monde. Ainsy
s'en alla le jeune homme, de la maison de son sommelier, estimant
plus que jamais l'honnesteté de ceste fille. Il en parloit souvent au
gentil homme qui couchoit en sa chambre, lequel, pensant que argent
faisoit plus que amour, luy conseilla de faire offrir à ceste fille quelque honneste somme pour se condescendre à son voulloir. Le jeune
prince, duquel la mere estoit le tresorier, n'avoit que peu d'argent
pour ses menuz plaisirs, qu'il print avecq tout ce qu'il peut emprunter,
et se trouva la somme de cinq cents escuz qu'il envoia à ceste fille par
le gentil homme, la priant de vouloir changer d'oppinion. Mais,
quant elle veid le present, dist au gentil homme : « Je vous prie,
dictes à Monseigneur que j'ay le cueur si bon et si honneste, que,
s'il falloit obeir ad ce qu'il me commande, la beaulté et les graces
qui sont en luy m'auroient desja vaincue; mais, là où ilz n'ont eu puis-

sance contre mon bonneur, tout l'argent du monde n'y en sçauroit avoir, lequel vous luy remporterez, car j'ayme mieulx l'honneste pauvreté, que tous les biens qu'on sçauroit desirer. » Le gentil homme, voïant ceste rudesse, pensa qu'il la falloit avoir par cruaulté; et vint à la menasser de l'auctorité et puissance de son maistre. Mais, elle, en riant, luy dist : « Faictes paour de luy à celles qui ne le congnoissent point, car je sçay bien qu'il est si saige et si vertueux, que telz propos ne viennent de luy; et suis seure qu'il vous desadvouera, quant vous les compterez. Mais, quand il seroit ainsy que vous le dictes, il n'y a torment ne mort qui me sceut faire changer d'oppinion; car, comme je vous ay dict, puis qu'amour n'a tourné mon cueur, tous les maulx ne tous les biens, que l'on sçauroit donner à une personne, ne me sçauroient destourner, d'un pas, du propos où je suis. » Ce gentil homme, qui avoit promis à son maistre de la luy gaingner, luy porta ceste response, avecq ung mervilleux despit, et le persuada à poursuyvre par tous moïens possibles, luy disant que ce n'estoit point son honneur de n'avoir sceu gaingner une telle femme. Le jeune prince, qui ne voulloit point user d'autres moïens que ceulx que l'honnesteté commande, et craingnant aussy que, s'il en estoit quelque bruict et que sa mere le sceut, elle auroit occasion de s'en courroucer bien fort, n'osoit rien entreprendre, jusques ad ce que son gentil homme luy bailla ung moïen si aysé, qu'il pensoit desjà la tenir. Et, pour l'exécuter, parleroit au sommelier, lequel, deliberé de servir son maistre en quelque façon que ce fust, pria ung jour sa femme et sa belle seur, d'aller visiter leurs vendanges en une maison qu'il avoit auprès de la forest : ce qu'elles luy promirent. Quand le jour fut venu, il le feit sçavoir au jeune prince, lequel se delibera d'y aller tout seul avecq ce gentil homme; et feit tenir sa mulle preste secretement, pour partir quand il en seroit heure. Mais Dieu voulut que ce jour là sa mere accoustroit ung cabinet[1] le plus beau du monde; et, pour luy ayder, avoit avecq elle tous ses enfans. Et là s'amusa ce jeune prince, jusques ad ce que l'heure promise fut passée. Si ne tint-il à son sommelier, lequel avoit mené sa seur en sa maison, en crouppe derriere luy, et feit faire la malade à sa femme, en sorte que, ainsi qu'ilz

[1] On appelait ainsi le meuble que nous nommons *secrétaire*, et qui se composait alors d'un bien plus grand nombre de compartiments, les uns apparents, les autres secrets. Ces sortes de meubles étaient souvent d'une richesse remarquable, avec des sculptures en bois, en cuivre et en argent, des incrustations de métal, de marbre, de pierres précieuses, etc. On en voit quelques beaux spécimens au musée du Louvre et au musée de Cluny.

estoient à cheval, luy vint dire qu'elle n'y sçauroit aller. Et, quand il
veid que l'heure tardoit que le prince debvoit venir, dist à sa belle-
seur : « Je croy bien que nous povons retourner à la ville. — Et qui
nous en garde? dist Françoise. — C'est, ce dist le sommelier, que
j'attendois icy Monseigneur, qui m'avoit promis de venir. » Quand sa
seur entendit ceste meschanceté, luy dist : « Ne l'attendez point, mon
frere, car je sçay bien que pour aujourd'huy il ne viendra point. »
Le frere la creut et la ramena. Et, quand elle fut en la maison,
monstra sa colere extresme, en disant à son beau frere qu'il estoit le
varlet du diable, qu'il faisoit plus qu'on ne luy commandoit. Car
elle estoit asseurée que c'estoit de son invention et du gentil homme,
et non du jeune prince, duquel il aymoit mieulx gaingner de l'argent,
en le confortant en ses follyes, que de faire office de bon serviteur;
mais que, puis qu'elle le congnoissoit tel, elle ne demeureroit jamais en
sa maison. Et, sur ce, elle envoïa querir son frere pour la mener en
son pays et se deslogea incontinent d'avecq sa seur. Le sommelier,
aïant failly à son entreprinse, s'en alla au chasteau, pour entendre à
quoy il tenoit que le jeune prince n'estoit venu; et ne fut gueres là,
qu'il ne le trouvast sur sa mulle tout seul avecq le gentil homme, en
qui il se fyoit, et luy demanda : « Et puis, est-elle encores là? » Il
luy compta tout ce qu'il avoit faict. Le jeune prince fut bien marry
d'avoir failly à sa deliberation qu'il estimoit estre le moïen dernier
et extresme qu'il povoit prendre là. Et, voïant qu'il n'y avoit plus de
remede, la chercha tant, qu'il la trouva en une compaignye où elle ne
povoit fuyr; qui se courroucea fort à elle des rigueurs qu'elle luy tenoit
et de ce qu'elle vouloit laisser la compaignie de son frere; laquelle luy
dist qu'elle n'en avoit jamais trouvé une pire ne plus dangereuse pour
elle; et qu'il estoit bien tenu à son sommelier, veu qu'il ne le servoit
seullement du corps et des biens, mais aussy de l'ame et de la conscience. Quand le prince congnut qu'il n'y avoit aultre remede, delibera de ne l'en prescher plus et l'eut toute sa vie en bonne estime. Ung serviteur du dict prince, voïant l'honnesteté de ceste
fille, la voulut espouser; à quoy jamais ne se voulut accorder, sans le
commandement et congé du jeune prince, auquel elle avoit mis toute
son affection; ce qu'elle luy feit entendre. Et, par son bon vouloir,
fut faict le mariage où elle a vescu toute sa vie en bonne reputation.
Et luy a fait le jeune prince beaucoup de grans biens.

« Que dirons-nous icy, mes dames? Avons-nous le cueur si bas, que nous facions noz serviteurs noz maistres, veu que ceste-cy n'a sceu estre vaincue ne d'amour ne de torment. Je vous prie que, à son exemple, nous demorions victorieuses de nous-mesmes, car c'est la plus louable victoire que nous puissions avoir. — Je ne voy que ung mal, dist Oisille : que les actes vertueux de ceste fille n'ont esté du temps des historiens, car ceulx qui ont tant loué leur Lucresse l'eussent laissé au bout de la plume, pour escripre bien au long les vertuz de ceste-cy. — Pour ce que je les trouve si grandes que je ne les pourrois croire, sans le grand serment que nous avons faict de dire verité, telle que vous la peignez, dist Hircan, car vous avez veu assez de malades desgouttez de laisser les bonnes et salutaires viandes, pour manger les mauvaises et dommageables. Aussy peult estre que ceste fille avoit quelque gentil homme comme elle, qui luy faisoit despriser toute noblesse. » Mais Parlamente respondit à ce mot, que la vie et la fin de ceste fille monstroient que jamais n'avoit eu oppinion [1] à homme vivant, que à celluy qu'elle aymoit plus que sa vie, mais non pas plus que son honneur. « Ostez ceste oppinion de vostre fantaisye, dist Saffredent, et entendez d'où est venu ce terme d'honneur quant aux femmes, car peult estre que celles qui en parlent tant, ne sçavent pas l'invention de ce nom. Sçachez que, au commencement que la malice n'estoit trop grande entre les hommes, l'amour y estoit si naifve et forte, que nulle dissimulation n'y avoit lieu. Et estoit plus loué celluy qui plus parfaictement aymoit. Mais, quand l'avarice et le peché vindrent saisir le cueur et l'honneur, ilz en chasserent dehors Dieu et l'amour ; et, en leur lieu, prindrent amour d'eulx-mesmes, ypocrisie et fiction. Et voïant les dames nourrir en leur cueur ceste vertu de vraye amour et que le nom d'*ypocrisie* estoit tant odieux entre les hommes, luy donnerent le surnom d'*honneur*, tellement que celles qui ne povoient avoir en elles ceste honnorable amour, disoient que l'honneur le leur deffendoit, et en ont faict une si cruelle loy, que mesmes celles qui ayment parfaictement, dissimullent, estimant vertu estre vice ; mais celles qui sont de bon entendement et de sain jugement, ne tumbent jamais en telles erreurs, car ilz congnoissent la difference des tenebres et de lumiere ; et que leur vray honneur gist à monstrer la pudicité du cueur qui ne doibt vivre que d'amour et non point se honorer du vice de dissimulation. — Toutesfois, dist Dagoucin, on dit que l'amour la plus secrete est la plus louable. —

---

[1] Pensée, sentiment.

Ouy, secrete, dist Simontault, aux oeilz de ceulx qui en pourroient mal juger, mais claire et congneue au moins aux deux personnes à qui elle touche. — Je l'entendz ainsy, dist Dagoucin; encores, vauldroit elle mieulx d'estre ignorée d'un costé que entendue d'un tiers, et je croy que ceste femme-là aymoit d'autant plus fort, qu'elle ne le declaroit point. — Quoy qu'il y ait, dist Longarine, il fault estimer la vertu dont la plus grande est à vaincre son cueur. Et, voïant les occasions que ceste fille avoit d'oblier sa conscience et son honneur, et la vertu qu'elle eut de vaincre son cueur et sa volunté et celluy qu'elle aymoit plus qu'elle-mesmes, avecq toutes les occasions et moïens qu'elle en avoit, je dis qu'elle se povoit nommer la forte femme. Puis que vous estimez la grandeur de la vertu par la mortisfication de soy-mesmes, je dis que ce seigneur estoit plus louable qu'elle, veu l'amour qu'il luy portoit, la puissance, occasion et moïen qu'il en avoit; et toutesfois, ne voulut point offenser la reigle de vraie amitié, qui esgalle le prince et le pauvre, mais usa des moïens que l'honnesteté permect. — Il y en a beaucoup, dist Hircan, qui n'eussent pas faict ainsy. — De tant plus est-il à estimer, dist Longarine, qu'il a vaincu la commune malice des hommes, car qui peut faire mal et ne le faict point, cestuy-là est bien heureux. — A ce propos, dist Geburon, vous me faictes souvenir d'une qui avoit plus de craincte d'offenser les oeilz des hommes, qu'elle n'avoit Dieu, son honneur ne l'amour. — Or, je vous prie, dist Parlamente, que vous nous la comptiez et je vous donne ma voix — Il y a, dist Geburon, des personnes qui n'ont point de Dieu; ou, s'ilz en croyent quelqu'un, l'estiment quelque chose si loing d'eulx qui ne peult veoir ny entendre les mauvaises oeuvres qu'ilz font; et encores qu'ilz les voient, pensent qu'il soit nonchaillant, qu'il ne les pugnisse point, comme ne se soucyant des choses de çà bas. Et de ceste oppinion mesmes estoit une damoiselle, de laquelle, pour l'honneur de la race, je changeray le nom, et la nommeray Jambicque. Elle disoit souvent que la personne qui n'avoit à faire que de Dieu, estoit bien heureuse, si au demeurant elle povoit bien conserver son honneur devant les hommes. Mais vous verrez, mes dames, que sa prudence ne son ypocrisie ne l'a pas garantie que son secret n'ait esté revelé, comme vous verrez par son histoire où la verité sera dicte tout du long, horsmis les noms des personnes et des lieux qui seront changez. »

QUARANTE TROISIESME NOUVELLE.

Jambicque, preferant la gloire du monde à sa conscience, se voulut faire devant les hommes aultre qu'elle n'estoit ; mais son amy et serviteur, descouvrant son ypocrisie par le moyen d'un petit trait de craye, revela à un chascun la malice qu'elle mectoit si grand peine de cacher[1].

EN ung très beau chasteau, demoroit une grande princesse et de grande auctorité ; et avoit en sa compaignie une damoiselle, nommée Jambicque[2], fort audacieuse, de laquelle la maistresse estoit si fort abusée, qu'elle ne faisoit rien que par son conseil, l'estimant la plus saige et vertueuse damoiselle qui fut point de son temps. Ceste Jambicque reprouvoit tant la folle amour, que, quand elle voyoit quelque gentil homme amoureux de l'une de ses compaignes, elle les reprenoit fort aigrement et en faisoit si mauvais rapport à sa maistresse, que souvent elle les faisoit tanser ; dont elle estoit beaucoup plus craincte que aymée de toute la compaignie. Et, quant à elle, jamais ne parloit à homme, sinon tout hault et avecq une grande audace, tellement qu'elle avoit le bruict d'estre ennemye mortelle de tout amour, combien que le contraire estoit en son cueur. Car il y avoit ung gentil homme au service de sa maistresse, dont elle estoit si fort esprinse, qu'elle n'en povoit plus porter. Si est-ce que l'amour qu'elle avoit à sa gloire et reputation la faisoit en tout dissimuller son affection.

[1] Brantôme a donné, au deuxième Discours de ses *Dames galantes*, l'analyse détaillée de cette Nouvelle de la reine de Navarre. Voici un passage de cette analyse, où il nous révèle le nom d'un des personnages : « Mais, après avoir le tout descouvert, il ne devoit rien dire. Mais quoy! ce dira quelqu'un, l'amitié et l'amour n'est point bien parfaite, si on ne la declare et du cueur et de la bouche ; et pour ce, ce gentil homme la lui vouloit faire bien entendre, mais il n'y gagna rien, car il y perdit tout. Aussi, qui eust conneu l'humeur de ce gentil homme, il sera pour excusé ; car il n'estoit si froid ny discret pour jouer ce jeu et se masquer d'une telle discretion ; et à ce que j'ay ouy dire à ma mere, qui estoit à la Royne de Navarre, et qui en sçavoit quelques secrets de ses *Nouvelles*, et qu'elle en estoit l'une des devisantes, c'estoit feu mon oncle de la Chastaigneraye, qui estoit brusq, prompt et un peu volage. » Ce seigneur de la Chastaigneraye est le même qui eut un duel fameux avec le sire de Jarnac et qui fut tué d'un coup d'épée. Brantôme, dans son analyse, nous dit que l'héroïne de la Nouvelle était une *grande dame*, mais il ne la nomme pas.

[2] Quelques manuscrits la nomment *Camelle*; toutes les éditions, *Camille*.

Mais, après avoir porté ceste passion bien ung an, ne se voulant soulaiger, comme les aultres qui ayment, par le regard et la parolle, brusloit si fort en son cueur, qu'elle vint sercher le dernier remede. Et, pour conclusion, advisa qu'il valloit mieulx satisfaire à son desir et qu'il n'y eust que Dieu seul qui congneut son cueur, que de le dire à ung homme qui le povoit reveler quelquefois.

Après ceste conclusion prinse, ung jour qu'elle estoit en la chambre de sa maistresse regardant sur une terrasse, veid pourmener celluy qu'elle aymoit tant; et, après l'avoir regardé si longuement que le jour qui se couchoit en emportoit avec luy la veue, elle appella ung petit paige qu'elle avoit, et, en luy monstrant le gentil homme, luy dist : « Voyez-vous bien cestuy-là, qui a ce pourpoint de satin cramoisy, et ceste robbe fourrée de loups cerviers? Allez luy dire qu'il y a quelqu'un de ses amys, qui veult parler à luy en la gallerie du jardin de ceans. » Et ainsy que le paige y alla, elle passa par la garde-robbe de sa maistresse, et s'en alla en ceste gallerie, ayant mis sa cornette basse et son touret de nez. Quand le gentil homme fut arrivé où elle estoit, elle va incontinant fermer les deux portes par où on povoit venir sur eulx, et, sans oster son touret de nez, en l'embrassant bien fort, luy va dire le plus bas qu'il luy fut possible : « Il y a long temps, mon amy, que l'amour que je vous porte m'a faict desirer de trouver lieu et occasion de vous povoir veoir; mais la craincte de mon honneur a esté pour un temps si forte, qu'elle m'a contraincte, malgré ma volunté, de dissimuller ceste passion. Mais, en la fin, la force d'amour a vaincu la craincte; et, par la congnoissance que j'ay de vostre honnesteté, si vous me voulez promectre de m'aymer et de jamais n'en parler à personne, ne vous vouloir enquerir de moy qui je suis, je vous asseureray bien que je vous seray loyalle et bonne amye, et que jamais je n'aymeray autre que vous. Mais j'aymerois mieulx morir, que vous sceussiez qui je suis. » Le gentil homme luy promist ce qu'elle demandoit; qui la rendit très facille à luy rendre la pareille, c'est de ne luy refuser chose qu'il voulsist prendre. L'heure estoit de cinq et six en yver, qui entierement luy ostoit la veue d'elle : en touchant ses habillemens, trouva qu'ilz estoient de veloux, qui en ce temps-là ne se portoit à tous les jours, sinon par les femmes de grande maison et d'auctorité. En touchant ce qui estoit dessoubz autant qu'il en povoit prendre jugement par la main, ne trouva rien qui ne fust en tres bon estat, nect et en bon point. Si mist peine de luy faire la meilleure chere qu'il luy fust possible. De son costé, elle n'en feit moins. Et congneut bien le gentil homme, qu'elle estoit mariée.

Elle s'en voulut retourner incontinant de là où elle estoit venue, mais le gentil homme luy dist : « J'estime beaucoup le bien que sans merite vous m'avez donné, mais j'estimeray plus celluy que j'auray de vous à ma requeste. Je me tiens si satisfaict d'une telle grace, que je vous supplye me dire si je ne doibz pas esperer encores ung bien semblable; et en quelle sorte il vous plaira que j'en use, car, veu que je ne vous puis congnoistre, je ne sçay comment le pourchasser. — Ne vous souciez, dist la dame, mais asseurez-vous que tous les soirs, avant le souper de ma maistresse, je ne fauldray de vous envoïer querir, mais que à l'heure vous soiez sur la terrace où vous estiez tantost. Je vous manderay seullement qu'il vous souvienne de ce que vous avez promis : par cela, entendez-vous que je vous attendz en ceste gallerie. Mais, si vous oyez parler d'aller à la viande[1], vous pourrez bien, pour ce jour, vous retirer ou venir en la chambre de nostre maistresse. Et, sur tout, je vous prie ne serchez jamais de me congnoistre, si vous ne voulez la separation de nostre amitié. » La damoiselle et le gentil homme se retirerent tous deux, chacun en leur lieu. Et continuerent longuement ceste vie, sans ce qu'il s'apparceut jamais, qui elle estoit : dont il entra en une grande fantaisye, pensant en luy-mesme qui ce povoit estre; car il ne pensoit point qu'il y eut femme au monde, qui ne voullut estre vue et aymée. Et se doubta que ce fust quelque maling esperit, ayant oy dire à quelque sot prescheur, que qui auroit veu le diable au visaige, ne l'aymeroit jamais. En ceste doubte-là[2], se delibera de sçavoir qui estoit ceste-là qui luy faisoit si bonne chere; et, une aultrefois qu'elle le manda, porta avecq luy de la craye, dont, en l'embrassant, luy en feit une marque sur l'espaulle par derriere, sans qu'elle s'en apparceut; et incontinant qu'elle fut partye, s'en alla hastivement le gentil homme en la chambre de sa maistresse et se tint auprès de la porte pour regarder le derriere des espaules de celles qui y entroient. Entre aultres, veit entrer ceste Jambicque avecq une telle audace, qu'il craingnoit de la regarder comme les aultres, se tenant très asseuré que ce ne povoit

---

[1] C'est-à-dire, sans doute : « Si vous entendez parler de se mettre à table pour manger. » Cette expression, qui n'est pas trop délicate, s'explique par la quantité de viandes qu'on servait alors dans les repas.

[2] Le genre de ce substantif n'était pas encore fixé; les bons écrivains, jusqu'à Voiture et Balzac, inclinaient à le faire féminin, à cause de son origine latine *dubitatio*.

estre elle. Mais, ainsy qu'elle se tournoit, advisa sa craye blanche, dont il fut si estonné, qu'à peyne povoit-il croire ce qu'il voyoit. Toutesfois, ayant bien regardé sa taille qui estoit semblable à celle qu'il touchoit, les façons de son visaige, qui au toucher se peuvent congnoistre, congneut certainement que c'estoit elle; dont il fut très ayse de veoir que une femme, qui jamais n'avoit eu le bruict d'avoir serviteur, mais avoit tant refusé d'honnestes gentilz hommes, s'estoit arrestée à luy seul. Amour, qui n'est jamais en ung estat, ne peult endurer qu'il vesquit longuement en ce repos: et le meist en telle gloire et esperance, qu'il se delibera de faire congnoistre son amour, pensant que, quand elle seroit congneue, elle auroit occasion d'augmenter. Et ung jour que ceste grande dame alloit au jardin, la damoiselle Jambicque s'en alla pourmener en une aultre allée. Le gentil homme, la voïant seulle, s'advancea pour l'entretenir, et faingnant ne l'avoir point veue ailleurs, luy dist : « Madamoiselle, il y a long temps que je vous porte une affection sur mon cueur, laquelle pour paour de vous desplaire ne vous ay osé reveler ; dont je suis si mal, que je ne puis plus porter ceste peyne sans morir, car je ne croy pas que jamais homme vous sceust tant aymer que je fais. » La damoiselle Jambicque ne le laissa pas achever son propos, mais luy dist avecq une très grande collere : « Avez-vous jamais oy dire ne veu que j'aye eu amy ne serviteur ? Je suis seure que non et m'esbahys dont vous vient ceste hardiesse de tenir telz propos à une femme de bien comme moy, car vous m'avez assez hantée ceans, pour congnoistre que jamais je n'aymeray autre que mon mary; et, pour ce, gardez-vous de plus continuer ces propoz. » Le gentil homme, voyant une si grande fiction, ne se peut tenir de se prendre à rire et de luy dire : « Madame, vous ne m'estes pas tousjours si rigoureuse que maintenant. De quoy vous sert de user envers moy de telle dissimulation? Ne vault-il pas mieulx avoir une amitié parfaicte que imparfaicte? » Jambicque luy respondit : « Je n'ay amitié à vous parfaicte ne imparfaicte, sinon comme aux autres serviteurs de ma maistresse; mais, si vous continuez les propoz que vous m'avez tenu, je pourray bien avoir telle hayne, qu'elle vous nuyra. » Le gentil homme poursuivyt encores son propos et luy dist : « Et où est la bonne chere que vous me faictes, quant je ne vous puis veoir? Pourquoy m'en privez-vous maintenant, que le jour me monstre vostre beaulté accompaignée d'une parfaicte et bonne grace? » Jambicque, faisant ung grand signe de la croix, luy dist : « Vous avez perdu vostre entendement, ou vous estes le plus grand menteur du monde, car jamais en ma vie je ne pensay vous avoir faict meilleure ne pire chere que je vous fais; et vous prye de me dire comme vous l'entendez? » Alors le pauvre gentil homme, pensant la gaingner davantage, luy alla compter le lieu où il l'avoit veue et la marque de la craye qu'il avoit faicte pour la congnoistre; dont elle fut si oultrée de collere, qu'elle luy dist qu'il estoit le plus meschant homme; qu'il avoit controuvé contre elle une mensonge si villaine, qu'elle mectroit peyne de l'en faire repentir. Luy, qui sçavoit le credit qu'elle avoit envers sa maistresse, la voulut appaiser, mais il ne fut possible; car, en le laissant là furieusement, s'en alla là où estoit sa maistresse, laquelle laissa là toute la compaignie pour venir entretenir Jambicque, qu'elle aymoit comme elle-mesmes. Et, la trouvant en si grande collere, luy demanda qu'elle avoit : ce que Jambicque ne luy voulut celer, et luy compta tous les propos que le gentil homme luy avoit tenu si mal à l'advantage du pauvre homme, que dès le soir sa maistresse luy manda qu'il eust à se retirer en sa maison tout incontinant, sans parler à personne et qu'il y demorast jusques ad ce qu'il fust mandé. Ce qu'il feit hastivement pour la crainete qu'il avoit d'avoir pis. Et tant que Jambicque demoura avecq sa maistresse, ne retourna le gentil homme en ceste maison, ne oncques puis n'ouyt de nouvelles de celle qui luy avoit bien promis qu'il la perdroit, de l'heure qu'il la chercheroit.

« Parquoy, mes dames, povez veoir comme celle qui avoit preferé la gloire du monde à sa conscience, a perdu l'un et l'autre, car aujourd'huy est leu aux oeilz d'un chascun ce qu'elle vouloit cacher à ceulx de son amy : et fuyant la mocquerie d'un, est tumbée en la mocquerie de tous. Et si ne peut estre excusée de simplicité, et amour naifve, de laquelle chascun doibt avoir pitié, mais, accusée doublement d'avoir couvert sa malice du double manteau d'honneur et de gloire, et se faire devant Dieu et les hommes aultre qu'elle n'estoit. Mais Celluy qui ne donne point sa gloire à aultruy, en descouvrant ce manteau, luy en a donné double infamye. — Voyla, dist Oisille, une villenye inexcusable; car qui peut parler pour celle, quand Dieu, l'honneur et mesmes l'amour l'accusent ? — Ouy, dist Hircan, le plaisir et la follye, qui sont deux grands advocatz pour les dames. — Si nous n'avions d'autres advocatz, dist Parlamente, que eulx avecq vous, nostre cause seroit mal soustenue ; mais celles qui sont vaincues en plaisir ne se doibvent plus nommer femmes, mais hommes, desquelz la fureur et la concupiscence augmente leur honneur ; car ung homme qui se venge de son ennemy et le tue pour ung desmentir en est estimé plus gentil compaignon ; aussy, est-il quand il en avme douzaine avecq sa femme. Mais l'honneur des femmes a autre fondement, c'est doulceur, patience et chasteté. — Vous parlez des saiges ? dist Hircan. — Pour ce, respondit Parlamente, que je n'en vulx point congnoistre d'autres. — S'il n'y avoit point de folles, dist Nomerfide, ceulx qui veullent estre creuz de tout le monde auroient bien souvent menty ! — Je vous prie, Nomerfide, dist Geburon, que je vous donne ma voix, et n'obliez que vous estes femme, pour sçavoir quelques gens estimez veritables, disans de leurs follyes[1]. — Puisque la vertu m'y a contrainct et que vous me donnez le ranc, j'en diray ce que j'en sçay. Je n'ay oy nul ny nulle de ceans, qui se soit espargné à parler au desavantage des cordeliers ; et, pour la pitié que j'en ay, je suis deliberée, par le compte que je vous voys faire, d'en dire du bien. »

QUARANTE QUATRIESME NOUVELLE.

Pour n'avoir dissimulé la verité, le seigneur de Sedan doubla l'aulmosne à un cordelier qui eut deux pourceaux pour un[2].

En la maison de Sedan arriva ung cordelier, pour demander à madame de Sedan, qui estoit de la maison de Crouy[3], ung pourceau

[1] Cette phrase, évidemment altérée, manque dans toutes les éditions anciennes, où Geburon donne sa voix à Nomerfide, « afin, lui dit-il, que vous donniez quelque conte à ce propos, » c'est-à-dire concernant les folies des femmes. Quant au sens de la phrase que fournit le texte des manuscrits, on peut l'etablir ainsi : « Oubliez que vous êtes femme, pour nous faire connaître ce que certaines gens, qu'on estime véridiques, racontent des folies de votre sexe. »

[2] Cette Nouvelle, qui se trouve dans tous les manuscrits, manque dans toutes les éditions. Claude Gruget l'a remplacée, dans l'édition de 1559, par une Nouvelle, toute différente, que nous réimprimons à la suite de celle-ci, que M. Leroux de Lincy a publiée pour la première fois, dans son excellente édition de l'*Heptaméron*.

[3] C'est Catherine de Croï, fille de Philippe, comte de Chimay, mariée en 1491 à Robert de La Marck, duc de Bouillon, seigneur de Sedan et de Fleurange, qui se distingua dans les guerres d'Italie, sous les règnes de Louis XII et de François Ier. M^{nseigneur} de Sedan (on l'appelait ainsi, parce qu'il résidait dans sa seigneurie de Sedan) fut le compagnon d'armes de Bayard, de la Tremoille et des meilleurs chevaliers de son temps. Il mourut en 1535. Son fils aîné, Robert, troisième du nom, depuis surnommé le *jeune Adventureux*, maréchal de France et favori du roi, ne lui survécut que deux ans.

que tous les ans elle leur donnoit pour aulmosne. Monseigneur de Sedan, qui estoit homme saige et parlant plaisamment, feit manger ce beau pere à sa table. Et, entre autres propos, luy dist, pour le mectre aux champs : « Beau pere, vous faictes bien de faire vos questes, tandis qu'on ne vous congnoist point, car j'ay grand paour que, si une fois vostre ypocrisie est descouverte, vous n'aurez plus le pain des pauvres enfans acquis par la sueur des peres. » Le cordelier ne s'estonna point de ces propos, mais luy dist : « Monseigneur, nostre religion est si bien fondée, que, tant que le monde sera monde, elle durera, car nostre fondement ne fauldra jamais, tant qu'il y aura sur la terre homme et femme » Monseigneur de Sedan, desirant sçavoir sur quel fondement estoit leur vie assignée, le pria bien fort de luy vouloir dire. Le cordelier, après plusieurs excuses, luy dist : « Puisqu'il vous plaist me commander de le dire, vous le sçaurez : sçachez, monseigneur, que nous sommes fondez sur la follye des femmes ; et, tant qu'il y aura en ce monde de femme folle ou sotte, ne mourrons point de faim. » Madame de Sedan, qui estoit fort collere, oyant ceste parolle, se courroucea si fort, que, si son mary n'y eust esté, elle eust faict faire desplaisir au cordelier ; et jura bien fermement qu'il n'auroit jà le pourceau qu'elle luy avoit promis ; mais monsieur de Sedan, voïant qu'il n'avoit point dissimullé la verité, jura qu'il en auroit deux et les feit mener en son couvent.

« Voylà, mes dames, comme le cordelier, estant seur que le bien des dames ne luy povoit faillir, trouva façon pour ne dissimuller point la verité d'avoir la grâce et aulmosne des hommes : s'il eust esté flatteur et dissimulateur, il eut esté plus plaisant[1] aux dames, mais non profitable à luy et aux siens. » La Nouvelle ne fut pas achevée, sans faire rire toute la compaignie et principallement ceulx qui congnoissent le seigneur et la dame de Sedan. Et Hircan dist : « Les cordeliers doncques ne devroient jamais prescher pour faire les femmes saiges, veu que leur follye leur sert tant. » Ce dist Parlamente : « Ilz ne les preschent pas d'estre saiges, mais ouy bien, pour le cuyder estre ; car celles qui sont du tout mondaines et folles ne leur donnent pas de grandes aulmosnes, mais celles, qui, pour frequenter leur couvent et porter les patenostres marquées de teste de mort et leurs cornettes plus basses que les autres, cuydent estre les plus saiges,

---

[1] Agréable, qui plait, *placens*.

sont celles que l'on peult dire folles. Car elles constituent leur salut en la confiance qu'elles ont en la saincteté des inicques[1], que pour ung petit d'apparence elles estiment demy dieux[2]. — Mais qui se garderoit de croire à eulx, dist Ennasuitte, veu qu'ilz sont ordonnez de noz prelatz, pour nous prescher l'Evangille et pour nous reprendre de noz vices? — Ceulx, dist Parlamente, qui ont congneu leur ypocrisie et qui congnoissent la difference de la doctrine de Dieu et de celle du diable. — Jhesus ! dist Ennasuitte, penserez-vous bien que ces gens-là osassent prescher une mauvaise doctrine? — Comment penser? dist Parlamente; mais suis-je seure qu'ilz ne croyent riens moins que l'Evangille, j'entens les mauvais, car je congnois beaucoup de gens de bien, lesquelz preschent purement et simplement l'Escripture et vivent de mesmes sans scandale, sans ambition ne convoitise, en chasteté, de pureté non faincte ne contraincte; mais de ceulx-là ne sont pas tant les rues pavées, que marquées de leurs contraires : et au fruict congnoist-on le bon arbre[3]. — En bonne foy, je pensois, dist Ennasuitte, que nous fussions tenuz, sur peyne de peché mortel, de croire tout ce qu'ilz nous dient en chaire de verité; c'est quand ilz ne parlent que de ce qui est en la saincte Escripture ou qu'ilz alleguent les expositions des sainctz docteurs divinement inspirez. — Quant est de moy, dist Parlamente, je ne puis ignorer qu'il n'y en ait entre eulx de très mauvaise foy, car je sçay bien que ung d'entre eulx, docteur en theologie, nommé Colimant[4], grand prescheur et principal de leur ordre, voulut persuader à plusieurs de ses freres, que l'Evangille n'estoit non plus croyable que les *Commentaires* de César, ou autres histoires escriptes par docteurs autenticques; et, depuis l'heure que l'entendis, ne vouluz croire en parolle de prescheur, si je ne la trouve conforme à celle de Dieu, qui est la vraye touche pour sçavoir les parolles vraies ou mensongeres. — Croiez, dist Oisille, que ceulx qui humblement souvent la lisent, ne seront jamais trompez par fictions ny inventions humaines; car qui a l'esperit remply de verité ne peut recevoir le mensonge. — Si me semble-il, dist Simontault, que une simple personne est plus aysée à tromper que une autre. — Ouy, dist Longarine, si vous estimez sottise estre simplicité.

[1] Méchants; ce sont les moines que la reine de Navarre appelle ainsi.
[2] Voy l'épigr. du cordelier *Semid eux* dans les Œuvr. de Cl. Marot.
[3] Proverbe emprunté à la parabole de l'Evangile.
[4] Ce nom, qui ne se trouve que dans les manuscrits, est certainement altéré, et nous n'avons pas réussi à le découvrir dans les nombreux ouvrages qui traitent de l'histoire de l'ordre des Cordeliers.

— Je vous diz, dist Simontault, que une femme bonne, doulce et simple est plus aysée à tromper que une fine et malitieuse. — Je pense, dist Nomerfide, que vous en sçavez quelqu'une trop plaine de telle bonté; parquoy, je vous donne ma voix pour la dire. — Puisque vous avez si bien deviné, dist Simontault, je ne fauldray à la vous dire, mais que vous me promectiez de ne pleurer point. Ceulx qui disent, mes dames, que vostre malice passe celle des hommes auroient bien à faire de mectre ung tel exemple en avant, que celluy que maintenant je vous voys racompter, où non seullement je pretenz vous declarer la très grande malice d'un mary, mais la simplicité et bonté de sa femme. »

Voici la Nouvelle, que Cl. Gruget a publiée à la place de la précédente, qui se trouve dans tous les manuscrits, et qui ne la vaut pas :

DE DEUX AMANS, QUI ONT SUBTILLEMENT JOUY DE LEURS AMOURS, ET DE L'HEUREUSE ISUE D'ICELLES.

En la ville de Paris, y avoit deux citoyens de mediocre estat, l'un politic[1], et l'autre marchand de draps de soye : lesquels de toute ancienneté se portoient fort bonne affection, et se hantoient familierement. Au moyen de quoy, le fils du politic, nommé Jaques, jeune homme, as-ez mettable en bonne compaignie, frequentoit souvent, soubz la faveur de son pere, au logis du marchand : mais c'estoit à cause d'une belle fille qu'il aymoit, nommée Françoise. Et feit Jaques si bien ses menées envers Françoise, qu'il congneut qu'elle n'estoit moins aymante qu'aymée. Mais, sur ces entrefaictes, se dressa le camp de Provence contre la descente de Charles d'Autriche[2] : et fut force à Jaques de suyvre le camp, pour l'estat auquel il estoit appelé. Durant lequel camp, et dès le commencement, son pere alla de vie à trespas : dont la nouvelle luy apporta double ennuy, l'un, pour la perte de son pere, l'autre, pour l'incommodité de revoir si souvent sa bien aymée, comme il esperoit à son retour. Toutesfois, avecques le temps, l'un fut oublié, et l'autre s'augmenta ; car, comme la mort est chose naturelle, principalement au pere plus-tost qu'aux enfans, aussi la tristesse s'en escoule peu à peu. Mais l'amour, au lieu de nous apporter mort, nous rapporte vie, en nous communiquant la propagation des enfans, qui nous rendent immortels : et cela est une des principales causes d'augmenter noz desirs. Jaques donc, estant de retour à Paris, n'avoit autre soing ny pensement que de se remettre au train de la frequentation vulgaire du marchand, pour, sous ombre de pure amitié, faire trafic de sa plus chere marchandise. D'autre part, Françoise, pendant son absence, avoit esté fort sollicitée d'ailleurs, tant à cause de sa beauté que de son bon esprit : et aussi qu'elle estoit, long temps y avoit, mariable, combien que le pere ne s'en

---

[1] Attaché au service du roi, employé par le gouvernement.
[2] Ce fut dans l'été de 1536 que Charles-Quint entra en Provence par le Piémont et alla faire le siège de Marseille; mais, vaincu par la disette et les maladies qui décimaient son armée, il fut forcé de se retirer honteusement.

mist pas fort en son devoir, fust ou pour son avarice, ou par trop grand desir de la bien colloquer [1], comme fille unique. Ce qui ne faisoit rien à l'honneur de la fille : pour ce que les personnes de maintenant se scandalisent beaucoup plustost que l'occasion ne leur en est donnée, et principalement quand c'est en quelque point qui touche la pudicité de belle fille ou femme. Cela fut cause que le pere ne feit point le sourd ny l'aveugle au vulgaire caquet, et ne voulut ressembler beaucoup d'autres, qui, au lieu de censurer les vices, semblent y provoquer leurs femmes et enfans : car il la tenoit de si court, que ceux mesmes qui n'y tendoient que sous voile de mariage n'avoient point ce moyen de la veoir que bien peu : encores estoit-ce tousjours avecques sa mere. Il ne fault pas demander si cela fut fort aigre à supporter à Jaques, ne pouvant resoudre en son entendement, que telle austerité se gardast sans quelque grande occasion, tellement qu'il vacilloit fort entre amour et jalousie. Si est-ce qu'il se resolut d'en avoir la raison, à quelque peril que ce fust : mais premierement, pour congnoistre si elle estoit encores de mesme affection que auparavant, il alla tant et vint, qu'un matin à l'eglise, oyant la messe près d'elle, il apperceut à sa contenance qu'elle n'estoit moins aise de le veoir que luy elle ; aussi, luy cognoissant la mere n'estre si severe que le pere, print quelques fois, comme inopinement, la hardiesse, en les voyant aller de leur logis jusques à l'eglise, de les acoster avecques une familiere et vulgaire reverence, et sans se trop avantager : le tout expressement, et à fin de mieux parvenir à ses attentes. Bref, en approchant le bout de l'an de son pere, il se deliberera, au changement du dueil, de se mettre sur le bon bout, et faire honneur à ses ancestres. Et en tint propos à sa mere, qu'il le trouva bon, desirant fort de le veoir bien marié, pource qu'elle n'avoit pour tous enfans que luy et une fille ja mariée bien et honnestement. Et, de faict, comme damoiselle d'honneur qu'elle estoit, luy poussoit encor le cueur à la vertu par infinité d'exemples d'autres jeunes gens de son aage, qui s'avançoient d'eux-mesmes, au moins qui se moustroient dignes du lieu d'où ils estoient descenduz. Ne restoit plus que d'adviser où ils se fourniroient. Mais la mere dist : « Je suis d'advis, Jaques, d'aller chez le compere sire Pierre (c'estoit le pere de Françoise) ; il est de noz amis : il ne nous voudroit pas tromper. » Sa mere le chatouilloit bien où il se demangeoit ; neantmoins il tint bon, disant : « Nous en prendrons là où nous trouverons nostre meilleur et à meilleur marché. Toutesfois (dit-il), à cause de la congnoissance de feu mon pere, je suis bien content que nous y allions premier qu'ailleurs. » Ainsi fut prins le complot, pour un matin, que la mere et le fils allerent veoir le sire Pierre, qui les recueillit fort bien, comme vous sçavez que les marchans ne manquent point de telles drogues. Si feirent desployer grandes quantitez de draps de soye de toutes sortes, et choisyrent ce qui leur en falloit. Mais ils ne peurent tomber d'accord : ce que Jaques faisoit à propos, pource qu'il ne voyoit point la mere de s'amie : et fallut à la fin qu'ils s'en allassent, sans rien faire, voir ailleurs quel il y faisoit [2]. Mais Jaques n'y trouvoit rien si beau que chez s'amie : où ils retournerent quelque temps après. Lors s'y trouva la dame, qui leur feit le meilleur recueil du monde. Et, après les menées qui se font en telles boutiques, la femme du sire Pierre, tenant encor plus roide que son mary, Jaques luy dist : « Et dea, madame, vous estes bien rigoureuse ! Voila, que c'est : Nous avons perdu nostre pere, on ne nous congnoist plus. » Et feit semblant de plorer, et de s'essuyer les yeux, pour la souvenance paternelle ; mais c'estoit à fin de faire sa menée. La bonne femme, vefve, mere de Jaques, y allant à la bonne foy, dist aussi : « Depuis sa mort, nous ne nous sommes plus frequentez, que si jamais ne nous fussions veuz. Voilà le compte que l'on tient des pauvres femmes vefves ! » Alors se raconterent-elles de

---

[1] Établir, marier, *collocare*.
[2] C'est-à-dire : voir ailleurs si la marchandise était meilleure et moins chère.

nouvelles caresses, se promettans de se revisiter plus souvent que jamais. Et comme ils estoient en ces termes, vindrent d'autres marchans, que le maistre mena luy-mesme en son arriere boutique. Et le jeune homme, voyant son apoint [1], dist à sa mere : « Mais, ma damoiselle, j'ay veu que ma dame venoit bien souvent, les festes, visiter les saincts lieux qui sont en noz quartiers, et principalement les religions [2]. Si quelques fois elle daignoit en passant, prendre son vin, elle nous feroit plaisir et honneur. » La marchande, qui n'y pensoit en nul mal, luy respondit, qu'il y avoit plus de quinze jours qu'elle avoit deliberé d'y faire un voyage; et que, si le prochain dimanche ensuyvant il faisoit beau, elle pourroit bien y aller, qui ne seroit sans passer par le logis de la damoiselle, et la revisiter. Cette conclusion prinse. aussi fut celle du marché des draps de soye, car il ne falloit pas pour quelque peu d'argent laisser fuyr si belle occasion. Le complot prins, et la marchandise emportée, Jaques, congnoissant ne pouvoir bien luy seul faire une telle entreprinse, fut contrainct se declarer à un sien fidele amy. Si se conseillerent si bien ensemble qu'il ne restoit que l'execution. Parquoy, le dimanche venu, la marchande et sa fille ne faillirent, au retour de leurs devotions, de passer par le logis de la damoiselle vefve, où elles la trouverent avec une sienne voisine, devisans en une gallerie de jardin, et la fille de la vefve, qui se promenoit par les allées du jardin avecques Jaques et Olivier. Luy, aussi tost qu'il veid s'amie, se forma [3], en sorte qu'il ne changea nullement de contenance. Si alla en ce bon visaige recevoir la mere et la fille; et comme c'est l'ordinaire que les vieux cherchent les vieux, ces trois dames s'assemblerent sur un banc qui leur faisoit tourner le dos vers le jardin : dans lequel, peu à peu, les deux amans entrerent, se promenans jusques au lieu où estoient les deux autres. Et ainsi, de compaignie, s'entre-caresserent quelque peu puis se remirent au promenoir: où le jeune homme compta si bien son piteux cas à Françoise, qu'elle ne pouvoit accorder et si n'osoit refuser ce que son amy demandoit, tellement qu'il congneut qu'elle estoit bien fort aux alteres [4]. Mais il fault entendre que, pendant qu'ils tenoient ces propos, ils passoient et repassoient souvent au long de l'abry où estoient assises les bonnes femmes, à fin de leur oster tout soupçon : parlans, toutesfois, de propos vulgaires et familiers, et quelques fois un peu rageans [5] folastrement parmy le jardin. Et y furent ces bonnes femmes si accoustumées, par l'espace d'une demie heure, qu'à la fin Jaques fit le signe à Olivier, qui joua son personnage envers l'autre fille qu'il tenoit, en sorte qu'elle ne s'apperceut point que les deux amans entrerent dans un preau couvert de cerisaye, et bien clos de hayes, de rosiers et de groseilliers fort haults ; là où ils feirent semblant d'aller abattre des amendes à un coing du preau, mais ce fut pour abbattre prunes. Aussi, Jaques, au lieu de bailler la cotte verte à s'amie, luy bailla la cotte rouge [6], en sorte que la couleur luy en vint au visaige pour s'estre trouvée surprise un peu plus tost qu'elle ne pensoit. Si eurent ils si habilement cueilly leurs prunes, pour ce qu'elles estoient meures que Olivier mesme ne le pouvoit croire, n'eust esté qu'il veid la fille tirant la veuë contre bas, et monstrant visaige honteux : qui luy donna marque de la verité, pource qu'auparavant elle alloit la teste levée, sans crainte qu'on veist en l'oeil la veine, qui doit être rouge avoir pris couleur azurée [7] ; de quoy Jaques s'apercevant, la remeit en son naturel, par remonstrances à

[1] Le moment propice.
[2] Les couvents.
[3] Se prepara, se composa le visage, dissimula.
[4] Inquiétudes d'esprit, émotions de cœur.
[5] Faisant rage, courant çà et là comme des fous.
[6] Jeu de mots : *bailler la cotte verte* à une fille, c'est la jeter sur l'herbe ; *bailler la cotte rouge*, c'est lui ôter sa virginité.
[7] On croyait alors reconnaître la virginité des femmes à certains signes extérieurs; ainsi on

QUARANTE QUATRIESME NOUVELLE.

ce necessaires. Toutesfois, en faisant encor deux ou trois tours de jardin, ce ne fut point sans larmes et soupirs, et sans dire maintesfois : « Helas! estoit-ce pour cela que vous m'aymiez? Si je l'eusse pensé! Mon Dieu, que feray-je? Me voila perdue pour toute ma vie! En quelle estime m'aurez-vous doresnavant? Je me tiens asseurée que vous ne tiendrez plus compte de moy, au moins si vous estes du nombre de ceux qui n'ayment que pour leur plaisir. Helas! que ne suis-je plus tost morte, que de tumber en ceste faulte? » Ce n'estoit pas sans verser force larmes qu'elle tenoit ce propos. Mais Jaques la reconforta si bien, avec tant de promesses et sermens, qu'avant qu'ils eussent parfourny trois autres tours de jardin, et qu'il eust faict le signe à son compaignon, ils rentrerent encores au preau par ung autre chemin, où elle ne sceut si bien faire, qu'elle ne receust plus de plaisir à la seconde cotte verte[1] qu'à la premiere : voire et si s'en trouva si bien dès l'heure, qu'ils prindrent deliberation pour adviser comment ils se pourroient revoir plus souvent et plus à leur aise, en attendant le bon loisir du pere. A quoy leur aida grandement une jeune femme, voisine du sire Pierre, qui estoit aucunement parente du jeune homme et bien amye de Françoise. En quoy ils ont continué sans scandale (à ce que je puis entendre) jusques à la consommation du mariage, qui s'est trouvé bien riche pour une fille de marchand, car elle estoit seule. Vray est que Jaques a attendu le meilleur du temporel jusques au decès du pere, qui estoit si serrant, qu'il luy sembloit que ce qu'il tenoit en une main l'autre luy desrobboit.

Voylà, mes dames, une amitié bien commencée, bien continuée, et mieux finie : car, encores que ce soit le commun d'entre vous hommes, de desdaigner une fille ou femme, depuis qu'elle vous a esté liberale de ce que vous cherchez le plus en elle, si est-ce que ce jeune homme, estant poulsé de bonne et sincere amour, et ayant cogneu en s'amie ce que tout mary desire en la fille qu'il espouse, et aussi la congnoissant de bonne lignée et saige, au reste[2] de la faulte que luy-mesme avoit commise, ne voulut point adulterer[3] ny estre cause ailleurs d'un mauvais mariage : en quoy je trouve grandement louable. — Si est-ce, dist Oisille, qu'ils sont tous deux dignes de blasme, voire le tiers aussi, qui se faisoit ministre ou du moins adherant à un tel violement. — M'appelez vous cela *violement*, dist Saffredent, quand les deux parties en sont bien d'accord? Est-il meilleur mariage que cestuy-là qui se fait ainsi d'amourettes? C'est pourquoy on dict en proverbe, que les mariages se font au ciel. Mais cela ne s'entend pas des mariages forcez, ny qui se font à prix d'argent, et qui sont tenuz pour très approuvez, depuis que le pere et la mere y ont donné consentement. — Vous en direz ce que vous vouldrez, repliqua Oisille, si fault-il que nous recongnoissions l'obeissance paternelle, et, par desfault d'icelle, avoir recours aux autres parens. Autrement, s'il estoit permis à tous et à toutes de se marier à volunté, quants mariages cornuz trouveroit l'on? Est-il à presupposer qu'un jeune homme et une fille de douze ou quinze ans sçachent ce que leur est propre? Qui regarderoit bien le contenement[4] de tous les mariages, on trouveroit qu'il y en a pour le moins autant de ceux qui se sont faicts par amourettes dont les yssues en sont mauvaises, que de ceux qui ont esté faicts forcement; pource que les jeunes gens, qui ne sçavent ce qui leur est propre, se prennent au premier qu'ils trouvent, sans consideration : puis, peu à peu ils descouvrent leurs erreurs, qui les faict entrer en de plus grandes;

---

prétendait que la petite veine qui traverse l'œil devait être rouge chez les filles vierges, et azurée chez celles qui ne l'étaient plus.

1 C'est-à-dire : quand il l'eut jetée une seconde fois sur l'herbe.
2 Après, à la suite de.
3 Faire une sorte d'adultère.
4 État, situation.

là où, au contraire, la plus part de ceux qui se font forcement, procedent du discours de ceux qui ont plus veu et ont plus de jugement que ceux à qui plus il touche : en sorte que, quand ils viennent à sentir le bien qu'ils ne congnoissoient, ils le savourent et embrassent beaucoup plus avidement et de plus grande affection. — Voire, mais vous ne dictes pas, ma dame, dist Hircan, que la fille estoit en hault aage, nubile, congnoissant l'iniquité du pere, qui laissoit moisir son pucellage, de peur de demoisir ses escuz. Et ne sçavez-vous pas que nature est coquine? Elle aymoit, elle estoit aymée, elle trouvoit son bien prest, et si se pouvoit souvenir du proverbe que : « Tel refuse, qui après muse. » Toutes ces choses, avecques la prompte execution du poursuyvant, ne luy donnerent pas loisir de se rebeller. Aussi, avez-vous oy qu'incontinent après on congneut bien à sa face, qu'il y avoit en elle quelque mutation notable. C'estoit, peut-estre, l'ennuy du peu de loisir qu'elle avoit eu pour juger si telle chose estoit bonne ou mauvaise: car elle ne se feit pas grandement tirer l'aureille pour en faire le second essay. — Or de ma part, dist Longarine, je n'y trouverois point d'excuse, si ce n'estoit l'approbation de la foy du jeune homme, qui, se gouvernant en homme de bien, ne l'a point abandonnée, ains l'a bien voulue telle qu'il l'avoit faicte. En quoy il me semble grandement louable, veu la corruption depravée de la jeunesse du temps present. Non pas que, pour cela, je vueille excuser la premiere faulte qui l'accuse tacitement, d'un rapt pour le regard de la fille, et de subornation en l'endroit de la mere? — Et point, point, dist Dagoucin; il n'y a rapt ny subornation : tout s'est faict de pur consentement, tant du costé des deux meres, pour ne l'avoir empesché bien qu'elles ayent esté deceues, que du costé de la fille, qui s'en est bien trouvée : aussi, ne s'en est-elle jamais plainete. — Tout cela n'est procedé, dist Parlamente, que de la grande bonté et simplicité de la marchande, qui, sous tiltre de bonne foy, mena, sans y penser, sa fille à la boucherie. — Mais[1] aux nopces, dist Simontault : tellement que ceste simplicité ne fut moins profitable à la fille, que dommageable à celle qui se laissoit aisement tromper par son mary. — Puis que vous en sçavez le compte, dist Nomerfide, je vous donne ma voix, pour nous le reciter. — Et je n'y feray faulte, dist Simontault, mais que vous promettiez de ne plorer point? Ceux qui disent, mes dames que vostre malice passe celle des hommes, auroient bien à faire de mettre un tel exemple en avant que celuy que maintenant je vous voys racompter, où je pretens non seulement vous declarer la grande malice d'un mary, mais aussi la très grande simplicité et bonté de sa femme. »

[1] *Mais* est employé ici dans le sens de *plutôt*.

QUARANTE CINQUIESME NOUVELLE.

A la requeste de sa femme, un tapissier bailla les Innocens à sa chamberiere, de laquelle il estoit amoureux, mais ce fut de telle façon, qu'il luy donnoit ce qui appartenoit à sa femme seulle, qui estoit si simple, qu'elle ne put jamais croire que son mary luy tinst un tel tort, combien qu'elle en fut assez avertie par une sienne voisine [1].

En la ville de Tours y avoit ung homme, de fort subtil et bon esperit, lequel estoit tapissier de feu Monsieur d'Orleans, filz du Roy Françoys premier [2]. Et, combien que ce tapissier, par fortune de maladie, fut devenu sourd, si n'avoit-il diminué son entendement, car il n'y avoit de plus subtil de son mestier, et aux aultres choses : vous verrez comment il s'en sçavoit ayder. Il avoit espousé une honneste et femme de bien, avecq laquelle il vivoit en grande paix et repos. Il craingnoit fort à luy desplaire ; elle, aussi, ne sercheoit qu'à luy obeir en toutes choses. Mais, avecq la bonne amitié qu'il luy portoit, estoit si charitable, que souvent il donnoit à ses voisines ce qui appartenoit à sa femme, combien que ce fut le plus secretement qu'il povoit. Ilz avoient en leur maison une chamberiere fort en bon point, de laquelle ce tapissier devint amoureux. Toutesfois, craingnant que sa femme ne le sceut, faisoit semblant souvent de la tanser et reprendre, disant que c'estoit la plus paresseuse garse que jamais il avoit veue, et qu'il ne s'en esbahissoit pas, veu que sa maistresse jamais ne

---

[1] La Fontaine, qui a imité et souvent traduit en vers cette Nouvelle dans son conte célèbre de la *Servante justifiée*, reconnaît, en commençant, qu'il doit à la Reine de Navarre la meilleure part de ce petit chef-d'œuvre :

> Pour cette fois, la Reine de Navarre,
> D'un *C'étoit moi* naïf autant que rare,
> Entretiendra dans ces vers le lecteur.

[2] Charles de France, duc d'Orléans, troisième fils de François Ier et de Claude de France, né le 22 janvier 1522, étant mort de pleurésie le 9 septembre 1545, il résulte de cette date que cette Nouvelle de l'*Heptaméron* n'a pu être écrite qu'en 1546 ou à la fin de 1545. Le jeune duc d'Orléans, qui avait commandé plusieurs fois les armées du roi son père, promettait de devenir un grand capitaine.

la battoit. Et, ung jour qu'ilz parloient de donner les Innocens[1], le tapissier dist à sa femme : « Ce seroit belle aulmosne de les donner à ceste paresseuse garse que vous avez, mais il ne fauldroit pas que ce fust de vostre main, car elle est trop foible et vostre cueur trop piteux[2] ; si est-ce que, si je y voulois employer la mienne, nous serions mieulx serviz d'elle que nous ne sommes. » La pauvre femme, qui n'y pensoit en nul mal, le pria d'en vouloir faire l'execution, confessant qu'elle n'avoit le cueur ne la force pour la battre. Le mary, qui accepta voluntiers ceste commission, faisant le rigoureux bourreau, feit achepter des verges des plus fines qu'il peut trouver ; et, pour monstrer le grand desir qu'il avoit de ne l'espargner point, les feit tramper dedans de la saulmure, en sorte que sa pauvre femme eut plus de pitié de sa chamberiere, que de doubte de son mary. Le jour des Innocens venu, le tapissier se leva de bon matin et s'en alla en la chambre haulte où la chamberiere estoit toute seulle ; et là, luy bailla les Innocens d'autre façon qu'il n'avoit dict à sa femme. La chamberiere se print fort à pleurer, mais rien ne luy valut. Toutesfois, de paour que sa femme y survint, commencea à frapper des verges qu'il tenoit sur le bois du lict, tant qu'il les escorcha et rompit ; et ainsy rompues les rapporta à sa femme, luy disant : « M'amye, je croy qu'il souviendra des Innocens à vostre chamberiere. » Après que le tapissier fut allé hors de la maison, la pauvre chamberiere se vint gecter à deux genoulx devant sa maistresse, luy disant que son mary luy avoit faict le plus grand tort que jamais on feit à chamberiere. Mais la maistresse, cuydant que ce fust à cause des verges qu'elle pensoit luy avoir esté données, ne la laissa pas achever son propos, mais luy dist : « Nostre mary a bien faict, car il y a plus d'ung mois que je suis après luy, pour l'en prier ; et, si vous avez eu du mal, j'en suis bien ayse, ne vous en prenez que à moy, et encores n'en a-il pas tant faict qu'il devoit. » La chamberiere, voïant que sa maistresse approuvoit ung tel cas, pensa que ce n'estoit pas ung si grand peché qu'elle cuydoit, veu que celle que l'on estimoit tant femme

---

[1] Selon un très-ancien et très-naïf usage, répandu non-seulement en France, mais dans toute l'Europe, les jeunes géns cherchaient, le matin de la fête des Saints-Innocents, à surprendre les femmes au lit, et, quand ils y réussissaient, ils pouvaient corriger la paresse des dormeuses, en leur donnant le fouet avec la main. On conçoit que souvent le jeu ne s'arrêtait pas là. Voyez sur cette singulière coutume une jolie épigramme dans les Œuvres de Clément Marot, et une Nouvelle intitulée le *Jour des Innocents*, dans les *Soirées de Walter Scott*.

[2] Enclin à la pitié.

de bien en estoit l'occasion; et n'en osa plus parler depuis. Mais le maistre, voïant que sa femme estoit aussi contente d'estre trompée que luy de la tromper, delibera de la contanter souvent : et gaingna si bien ceste chamberiere qu'elle ne ploroit plus pour avoir les Innocens. Il continua ceste vie longuement, sans que sa femme s'en apparceut, tant que les grandes neiges vindrent : et tout ainsy que le tapissier avoit donné les Innocens sur l'herbe en son jardin, il luy en vouloit autant donner sur la neige : et ung matin, avant que personne fut esveillé en sa maison, la mena toute en chemise faire le crucifix sur la neige, et, en se jouant tous deux à se bailler de la neige l'un l'aultre, n'oblierent le jeu des Innocens. Ce que advisa une de leurs voisines, qui s'estoit mise à la fenestre qui regardoit tout droict sur le jardin, pour veoir quel temps il faisoit; et, voïant ceste vilenye, fut si courroucée, qu'elle se delibera de le dire à sa bonne commere, afin qu'elle ne se laissast plus tromper d'un si mauvais mary, ny servir d'une si meschante garse. Le tapissier, après avoir faict ces beaulx tours, regarda à l'entour de luy si personne ne le povoit veoir; et advisa sa voisine à sa fenestre, dont il fut fort marry. Mais, luy, qui sçavoit donner couleur à toute tapisserie, pensa si bien colorer ce faict, que sa commere seroit aussy bien trompée que sa femme. Et, si tost qu'il fut recouché, feit lever sa femme du lict toute en chemise, et la mena au jardin comme il avoit mené sa chamberiere; et se joua long temps avecq elle de la neige, comme il avoit faict avecq l'autre. et puis luy bailla des Innocens tout ainsy qu'il avoit faict à sa chamberiere; et après s'en allerent tous deux coucher. Quand ceste bonne femme alla à la messe, sa voisine et bonne amye ne faillyt de s'y trouver; et, du grand zele qu'elle avoit, luy pria, sans luy en vouloir dire davantaige, qu'elle voulsist chasser sa chamberiere, et que c'estoit une très mauvaise et dangereuse garse. Ce qu'elle ne voulut faire sans sçavoir pourquoy sa voisine l'avoit en si mauvaise estime; qui à la fin luy compta comme elle l'avoit veue au matin en son jardin avecq son mary. La bonne femme se print à rire bien fort, en luy disant : « Hé! ma commere, m'amye, c'estoit moy ! — Comment, ma commere? Elle estoit toute en chemise, au matin environ les cinq heures. » La bonne femme luy respondit : « Par ma foy, ma commere, c'estoit moy. » L'autre continuant son propos : « Ilz se bailloient de la neige l'un à l'aultre, puis aux tetins, puis en autre lieu aussy privement qu'il estoit possible. » La bonne femme luy dist : « Hé! hé! ma commere, c'estoit moy. — Voire, ma commere, ce dist l'aultre, mais je les ay veu après sur la neige faire telle chose qui me sembl⁊ n'estre belle ne honneste. — Ma commere, dist la bonne femme, je le vous ay dict et le vous diz encores que c'estoit moy et non aultre, qui ay faict tout cela que vous me dictes ; mais mon bon mary et moy nous jouons ainsy privement. Je vous prie, ne vous en scandalisez point, car vous sçavez que nous debvons complaire à noz mariz. » Ainsy s'en alla la bonne commere, plus desirante d'avoir ung tel mary qu'elle n'estoit à venir demander celluy de bonne commere. Et quand le tapissier fut retourné à sa femme, luy feit tout au long le compte de sa commere : « Or regardez, m'amye, ce respondit le tapissier, si vous n'estiez femme de bien et de bon entendement, longtemps a que nous fussions separez l'un de l'aultre ; mais j'espere que Dieu nous conservera en nostre bonne amitié, à sa gloire et à nostre bon contentement. — Amen, mon amy, dist la bonne femme ; j'espere que de mon costé vous n'y trouverez jamais faulte. »

« Il seroit bien incredule, mes dames, celluy qui, après avoir veu une telle et veritable histoire, ne jugeroit que en vous il y ait une telle malice que aux hommes ; combien que, sans faire tort à nul, pour bien louer à la verité l'homme et la femme, l'on ne peult faillir de dire que le meilleur n'en vault rien. — Cest homme-là, dist Parlamente, estoit merveilleusement mauvais, car, d'un costé, il trompoit sa chamberiere, et, de l'autre, sa femme. — Vous n'avez doncques pas bien entendu le compte, dist Hircan, pour ce qu'il est dict qu'il les contenta toutes deux en une matinée : que je trouve ung grand acte de vertu, tant au corps que à l'esperit, de sçavoir dire et faire chose qui rend deux contraires contens. — Et cela est doublement mauvais, dist Parlamente, de satisfaire à la simplesse de l'une, par sa mensonge, et à la malice de l'autre, par son vice. Mais j'entends que ces pechez là mis devant telz juges, qu'ilz vous seront tousjours pardonnez. — Si vous asseuray-je, dist Hircan, que je ne feray jamais si grande ne si difficille entreprinse, car, mais que[1] je vous rende contente, je n'auray pas mal employé ma journée. — Si l'amour reciproque, dist Parlamente, ne contente le cueur, toute aultre chose ne le peult contenter. — De vray, dist Simontault, je croy qu'il n'y a au monde nulle plus grande peyne, que d'aymer et n'estre point aymé. — Il fauldroit, pour estre aymé, dist Parlamente,

---

[1] Pourvu que.

s'addresser aux lieux qui ayment. Mais bien souvent celles qui sont les bien aymées et ne veulent aymer, sont les plus aymées, et ceulx qui sont le moins aymez, ayment plus fort. — Vous me faictes souvenir, dist Oisille, d'un compte que je n'avois pas deliberé de mectre au rang des bons. — Je vous prie, dist Simontault, que vous nous le dictes? —Et je le feray voluntiers, » dist Oisille.

QUARANTE SIXIESME NOUVELLE.

De Vale, cordelier, convyé pour disner en la maison du juge des exempts d'Angoulesme, advisa que sa femme, dont il estoit amoureux, montoit toute seulle en son grainier, où, la cuydant surprendre, alla apres, mais elle luy donna ung si grand coup de pied par le ventre, qu'il trebuscha du haut en bas et s'enfuyt hors la ville chez une damoiselle, qui aymoit si fort les gens de son ordre, que par trop sottement croire plus de bien en eulx qu'il n'y en a, luy commeit la correction de sa fille, qu'il print par force, en lieu de la chastier du peché de paresse, comme il avoit promis à sa mere[1].

En la ville d'Angoulesme où se tenoit souvent le comte Charles, pere du Roy François[2], y avoit ung cordelier, nommé De Vale[3], estimé homme sçavant et grand prescheur, en sorte que ung advent il prescha en la ville devant le Comte, dont il acquist si grand bruict, que ceulx qui le congnoissoient le convyoient à grand requeste à disner en leur maison. Et entre aultres ung, qui estoit juge des

[1] Cette nouvelle, qui est dans tous les manuscrits, manque dans l'édition de 1558. Cl. Gruget, dans son édition de 1559, l'a remplacée, on ne sait pourquoi, par le récit de propos facétieux attribués au même cordelier De Vale, et débités par lui dans ses sermons. Nous réimprimerons, à la suite de cette Nouvelle, la variante tirée probablement des papiers de la Reine de Navarre.
[2] Charles d'Angoulême étant mort le 1ᵉʳ janvier 1496, le fait raconté dans cette Nouvelle est antérieur à cette année-là. Le comte d'Angoulême, fils de Jean, surnommé *le Bon*, et de Marguerite de Rohan, n'était âgé que de 37 ans à l'époque de sa mort. Il laissa Louise de Savoie, sa veuve, avec deux enfants en bas âge, Marguerite et François. Ce prince avait donné des preuves de son esprit éclairé, autant que de son courage et de sa bonté.
[3] Nous avions avancé un peu bien légèrement, dans notre première édition de l'*Heptaméron*, que ce *grand prêcheur* devait être le même qu'un Robert de Valle, auteur de l'*Explanatio in Plinium*, qui fut imprimée à la fin du quinzième siècle; ce Robert de Valle, évêque de Rouen, n'a rien de commun avec notre cordelier. La *Bibl. universalis* de Gessner, continuée par Jac. Frisius, nous indique un Baptiste de Valle, qui écrivit sur la guerre et le duel; un Guillaume de Valle, qui fit un traité *de Anima Sorbonæ*, et un Amant de Valle, Toulousain, frère mineur, qui composa plusieurs livres philosophiques, entre autres *Elucidationes Scoti*.

exemptz de la comté, lequel avoit espousé une belle et honneste femme, dont le cordelier fut tant amoureux qu'il en moroit, mais il n'avoit la hardiesse de luy dire : dont elle qui s'en apparcent se mocquoit très fort. Après qu'il eut faict plusieurs contenances de sa folle intention, l'advisa ung jour qu'elle montoit en son grenier, toute seulle, et cuydant la surprendre, monta après elle ; mais, quand elle ouyt le bruict, elle se retourna et demanda où il alloit : « Je m'en voys, dist-il, après vous, pour vous dire quelque chose de secret. — N'y venez point, beau pere, dist la jugesse, car je ne veulx point parler à telles gens que vous en secret, et, si vous montez plus avant en ce degré, vous vous en repentirez. » Luy, qui la voyoit seulle, ne tint compte de ses parolles, mais se haste de monter. Elle, qui estoit de bon esprit, le voyant au hault du degré, luy donna ung coup de pied par le ventre, et en luy disant : « Devallez, devallez, monsieur ! » le gecta du hault en bas ; dont le pauvre beau pere fut si honteux, qu'il oblia le mal qu'il s'estoit faict à cheoir, et s'enfuyt le plus tost qu'il peut hors de la ville, car il pensoit bien qu'elle ne le celeroit pas à son mary. Ce qu'elle ne feit, ne au Comte ne à la Comtesse ; par quoy le cordelier ne se osa plus trouver devant eulx. Et, pour parfaire sa malice, s'en alla chez une damoiselle qui aymoit les cordeliers sur toutes gens ; et, après avoir presché ung sermon ou deux devant elle, advisa sa fille qui estoit fort belle ; et, pour ce qu'elle ne se levoit point au matin pour venir au sermon, la tansoit souvent devant sa mere qui lui disoit : « Mon pere, pleust à Dieu qu'elle eust ung peu tasté des disciplines que entre vous religieux prenez ? » Le beau pere luy jura que, si elle estoit plus si paresseuse, qu'il luy en bailleroit : dont la mere le pria bien fort. Au bout d'un jour ou deux, le beau pere entra dans la chambre de la damoiselle, et, ne voiant point sa fille, luy demanda où elle estoit. La damoiselle luy dist : « Elle vous crainct si peu, qu'elle est encores au lict. — Sans faulte, dist le cordelier, c'est une très mauvaise coustume à jeunes filles d'estre paresseuses. Peu de gens font compte du peché de paresse, mais quant à moy, je l'estime ung des plus dangereux, qui soit tant pour le corps que pour l'ame : parquoy, vous l'en debvez bien chastier, et, si vous m'en donnez la charge, je la garderois bien d'estre au lict à l'heure qu'il fault prier Dieu. » La pauvre damoiselle, croyant qu'il fust homme de bien, le pria de la vouloir corriger ; ce qu'il feit incontinant, et, en montant en hault par ung petit degré de bois, trouva la fille toute seulle dedans le lict, qui dormoit bien fort; et, toute endormye, la print par force. La pauvre fille, en s'esveillant, ne sçavoit si c'estoit homme ou diable; et se print à crier, tant qu'il luy fut possible, appellant sa mere à l'ayde; laquelle, au bout du degré, cryoit au cordelier : « N'en ayez point de pitié, monsieur, donnez-luy encores et chastiez ceste mauvaise garse. » Et quand le cordelier eut parachevé sa mauvaise volunté, descendit où estoit la damoiselle et luy dit avecq ung visaige tout enflambé : « Je croy, ma damoiselle, qu'il souviendra à vostre fille de ma discipline. » La mere, après l'avoir remercié bien fort, monta en la chambre où estoit sa fille qui menoit un tel deuil que debvoit faire une femme de bien à qui ung tel crime estoit advenu. Et quand elle sceut la verité, feit chercher le cordelier partout, mais il estoit desja bien loing; et oncques puis ne fut trouvé au royaulme de France.

« Vous voiez, mes dames, quelle seureté il y a à bailler telles charges à ceulx qui ne sont pour en bien user. La correction des hommes appartient aux hommes et des femmes aux femmes; car les femmes à corriger les hommes seroient aussi piteuses, que les hommes à corriger les femmes seroient cruelz. — Jesus! ma dame, dist Parlamente, que voyla ung vilain et meschant cordelier! — Mais dictes plustost, dist Hircan, que c'estoit une sotte et folle mere, qui soubz couleur d'ypocrisie donnoit tant de privaulté à ceulx qu'on ne doibt jamais veoir que en l'eglise. — Vrayement, dist Parlamente, je la confesse une des sottes meres qui oncques fut, et, si elle eut esté aussi saige que la jugesse, elle luy eust plustost faict descendre le degré que de monter. Mais que voulez-vous, ce diable demi ange est le plus dangereux de tous; car il se sçaict si bien transfigurer en ange de lumiere, que l'on faict conscience de les soupsonner telz qu'ilz sont; et, me semble, la personne qui n'est point soupsonneuse doibt estre louée. — Toutesfois, dist Oisille, l'on doibt soupsonner le mal qui est à eviter, principalement ceulx qui ont charge; car il vault mieulx soupsonner le mal qui n'est point, que de tumber, par sottement croire, en icelluy qui est; et n'ay jamais veu femme trompée, pour estre tardive à croire la parolle des hommes, mais ouy bien plusieurs, par trop bien promptement adjouster foy à la mensonge; par quoy, je diz que le mal qui peut advenir ne se peut trop soupsonner, voire ceulx qui ont charge d'hommes, de femmes, de villes et d'Estatz; car, encores quelque bon guet que l'on face, la meschanceté et les trahisons regnent assez, et le pasteur qui n'est vigilant sera tousjours trompé par les finesses du loup. — Si est-ce, dist Dagoucin, que la personne soupsonneuse ne peut entretenir ung parfaict amy ; et assez sont separez par ung soupson. — Seullement, si vous en sçavez quelque exemple, dist Oisille, je vous donne ma voix pour la dire. — J'en sçay ung si veritable, dist Dagoucin, que vous prendrez plaisir à l'ouyr. Je vous diray ce que plus facillement rompt une bonne amitié, mes dames, c'est quand la seureté de l'amitié commence à donner lieu au soupson. Car, ainsy que croire en amy est le plus grand honneur que l'on puisse faire, aussy se doubter[1] de luy est le plus grand deshonneur ; car, par cela, on l'estime aultre que l'on ne veult qu'il soit, qui est cause de rompre beaucoup de bonnes amitiez, et rendre les amys ennemys, comme vous verrez par le compte que je vous veulx faire. »

Voici comment Claude Gruget, qui a supprimé la Nouvelle précédente, en publiant l'*Heptaméron*, met en scène le même cordelier de Valle, dans le récit qui remplace cette Nouvelle :

D'UN CORDELIER QUI FAICT GRAND CRIME ENVERS LES MARYS DE BATTRE LEURS FEMMES.

En la ville d'Angoulesme, où se tenoit souvent le comte Charles, pere du Roy François, y avoit ung cordelier, nommé de Valles, homme sçavant et fort grand prescheur, en sorte que les advents il prescha en la ville devant le Comte : dont sa reputation augmenta encores davantage. Si advint que, durant les advents, un jeune estourdy de la ville, ayant espousé une assez belle jeune femme, ne laissoit pour cela de courir par tout, autant et plus dissolument que les non mariez. De quoy la jeune femme, advertie, ne se pouvoit taire, tellement que bien souvent elle en recevoit ses gages[2] plus tost et d'autre façon qu'elle n'eust voulu, et toutesfois, elle ne laissoit, pour cela, de continuer en ses lamentations, et quelques fois jusques à injures ; parquoy le jeune homme s'irrita, en sorte qu'il la battit à sang et marque : dont elle se print à crier plus que devant : et pareillement ses voisines, qui sçavoient l'occasion, ne se pouvoient taire, ains crioient publiquement par les rues, disans : « Et fy, fy de telz marys ; au diable, au diable ! » De bonne encontre, le cordelier de Valles passoit lors par là, qui en entendit le bruit et l'occasion. Il se delibera d'en toucher un mot le lendemain à sa predication, comme il n'y faillyt pas : car, faisant venir à propos le mariage et l'amitié que nous y devons garder, il le collauda[3] grandement, blasmant les infracteurs

---

[1] Être en doute. On emploie à présent *se douter* dans un autre sens, et l'on dit *se douter de quelqu'un*

[2] Expression proverbiale signifiant qu'elle était battue.

[3] Vanta, loua.

QUARANTE SIXIESME NOUVELLE. 317

d'iceluy, et faisant comparaison de l'amour conjugale à l'amour paternelle. Et si dist, entre autres choses, qu'il y avoit plus de danger et plus griefve punition à ung mary de battre sa femme, que de battre son pere ou sa mere : « Car, dist-il, si vous battez vostre pere ou vostre mere, on vous envoyra pour penitence à Rome; mais, si vous battez vostre femme, elle et toutes ses voisines vous envoyront à tous les diables, c'est à dire en enfer. Or, regardez quelle difference il y a entre ces deux penitences : car, de Rome, on en revient ordinairement; mais d enfer, oh! on n'en revient point, *nulla est redemptio.* » Depuis cette predication, il fut adverty que les femmes faisoient leur Achilles¹ de ce qu'il avoit dict, et que les marys ne pouvoient plus chevir d'elles² : à quoy il s'advisa de mettre ordre, comme à l'inconvenient des femmes. Et, pour ce faire, en l un de ses sermons, il accompara les femmes aux diables, disant que ce sont les deux plus grands ennemys de l'homme, et qui le tentent sans cesse, et desquels il ne se peut despestrer, et par especial de la femme : « Car, dist-il, quant aux diables, en leur monstrant la croix, ils s'enfuyent; et les femmes, tout au rebours c'est cela qui les apprivoise, qui les faict aller et courir, et qui faict qu'elles donnent à leurs marys infinités de passions³. Mais sçavez-vous que vous y ferez, bonnes gens? Quand vous verrez que vos femmes vous tourmenteront ainsi sans cesse, comme elles ont accoustumé, desmanchez la croix, et du manche chassez-les au loing : vous n'aurez point faict trois ou quatre fois ceste experience vivement, que vous ne vous en trouviez bien ; et verrez que tout ainsi que l'on chasse le diable en la vertu de la croix, aussi chasserez-vous et ferez taire voz femmes en la vertu du manche de ladicte croix, pourveu qu'elle n'y soit plus attachée. »

« Voila une partie des predications de ce venerable de Valles, de la vie duquel je ne vous feray d'autre recit, et pour cause; mais bien vous diray-je, quelque bonne mine qu'il feist (car je l'ay congneu), qu'il tenoit beaucoup plus le party des femmes que celuy des hommes. — Si est-ce, ma dame, dist Parlamente, qu'il ne le monstra pas à ce dernier sermon, donnant instruction aux hommes de les mal traicter. — Or, vous n'entendez pas sa ruze, dist Hircan; aussi, n'estes-vous pas exercitée⁴ à la guerre, pour user des stratagemes y requis, entre lesquels cestuy-cy est un des plus grands, sçavoir est mettre sedition civile dans le camp de son ennemy : pource que lors il est trop plus aisé à vaincre. Aussi, ce maistre moyne cognoissoit bien, que la haine et courroux d'entre le mary et la femme sont le plus souvent cause de faire lascher la bride à l'honnesteté des femmes, laquelle honnesteté, s'esmancipant de la garde de la vertu, se trouve plus tost entre les mains des loups, qu'elle ne pense estre egarée. — Quelque chose qu'il en soit, dist Parlamente, je ne pourrois aymer celuy qui auroit mis divorce entre mon mary et moy, mesmement jusques à venir à coups, car au battre, fault l'amour. Et toutesfois, à ce que j'en ay ouy dire, ils sont si bien chatemites, quand ils veulent avoir quelque avantaige sur quelqu'une, et sont de si attrayante maniere en leurs propos, que je croirois bien qu'il y auroit plus de danger de les escouter en secret, que de recevoir publiquement des coups d'un mary, qui, au reste de cela⁵, seroit bon. — A la verité, dist Dagoucin, ils ont tellement descouvert leurs menées de toutes parts, que ce n'est point sans cause que l'on les doit craindre, combien qu'à mon opinion la personne qui n'est point soupsonneuse est digne de louange..... »

¹ C'est-à-dire : se faisavent fortes.
² Venir à bout. Dans le langage familier, on dit encore dans le même sens : *ne pouvoir jouir de quelqu'un.* On a fait ainsi *jouir de chevir,* par corruption.
³ Tourments, peines; dans le sens non figuré du latin *passio.*
⁴ Exercee, *exercita.*
⁵ A l'exception de cela.

18.

QUARANTE SEPTIESME NOUVELLE.

Deux gentilz hommes vecurent en si parfaicte amitié, qu'exceptée la femme, n'eurent long temps rien à departir[1] jusques à ce que celluy qui estoit marié, sans occasion donnée, print soupson sur son compaignon, lequel, par despit de ce qu'il estoit à tort soupsonné, se separa de son amitié et ne cessa jamais qu'il ne l'eust fait coqu[2].

Auprès du pays du Perche y avoit deux gentilz hommes, qui, dès le temps de leur enfance, avoient vescu en si grande et parfaicte amitié, que ce n'estoit que un cueur, que une maison, un lict, une table et une bource. Ilz vesquirent long temps, continuans ceste parfaicte amitié, sans que jamais il y eut entre eulx deux une volunté ou parolle, où l'on peut veoir difference de personnes, tant ilz vivoient non seulement comme deux freres, mais comme ung homme tout seul. L'un des deux se maria ; toutesfois, pour cela, ne laissa-il à continuer sa bonne amitié et tou-jours vivre, avec son bon compaignon, comme il avoit accoustumé ; et, quand ilz estoient en quelque logis estroict, ne laissoit à le faire coucher avecq sa femme et luy : il est vray qu'il estoit au millieu[3]. Leurs biens estoient tous en commun, en sorte que, pour le mariage ne cas qui peut advenir, ne sceut empescher ceste parfaicte amitié : mais, au bout de quelque temps, la felicité de ce monde, qui avecq soy porte une mutabilité, ne peut durer en la maison qui estoit trop heureuse, car le mary oublia la seureté qu'il avoit à son amy, sans nulle occasion de luy et de sa femme, à laquelle il ne le peut dissimuller, et luy en tint quelques fascheux propos ; dont elle fut fort estonnée, car il luy avoit commandé de faire, en toutes ses choses, hors mys une, aussi bonne chere à son compaignon comme à luy, et neanmoins luy defendoit parler à luy, si elle n'estoit en grande compaignie. Ce qu'elle feit entendre au compaignon de son mary, lequel ne la creut

---

[1] Partager. *partire.*

[2] Cette Nouvelle a quelque analogie avec celle du *Curieux impertinent* dans le *Don Quichotte* de Cervantes.

[3] Autrefois les lits étaient d'une telle largeur, que quatre et même cinq personnes pouvaient y coucher ensemble. C'était un honneur à faire à son hôte, que de l'inviter à coucher avec soi et sa femme. Voy. dans les *Cent Nouvelles nouvelles*, la VIIe, intitulée : *Le Charreton à l'arrière garde.*

pas, sçachant très bien qu'il n'avoit pensé de faire chose, dont son compaignon deust estre marry; et aussy, qu'il avoit accoustumé de ne celer rien, luy dist ce qu'il avoit entendu, le priant de ne luy en celer la verité, car il ne vouldroit, en cela ne autre chose, luy donner occasion de rompre l'amitié qu'ilz avoient si longuement entretenue. Le gentil homme marié l'asseura qu'il n'y avoit jamais pensé et que ceulx qui avoient faict ce bruict-là avoient meschamment menty. Son compaignon luy dist : « Je sçay bien que la jalousie est une passion aussi importable comme l'amour; et, quand vous auriez ceste oppinion, fusse de moy-mesmes, je ne vous en donne point de tort, car vous ne vous en sçauriez garder; mais, d'une chose qui est en vostre puissance aurois-je occasion de me plaindre, c'est que me voulsissiez celer vostre maladie, veu que jamais pensée, passion ne oppinion que vous ayez eue, ne m'a esté cachée. Pareillement de moy, si j'estois amoureux de vostre femme, vous ne me le devriez point imputer à meschanceté, car c'est ung feu que je ne tiens pas en ma main pour en faire ce qu'il me plaist; mais, si je le vous celois et cherchois de faire congnoistre à vostre femme par demonstrance de mon amitié, je serois le plus meschant compaignon qui oncques fut. De ma part, je vous asseure bien que, combien qu'elle soit honneste et femme de bien, c'est la personne que je veis oncques, encores qu'elle ne fust vostre, où ma fantaisie se donneroit aussy peu. Mais, encores qu'il n'y ait point d'occasion, je vous requiers que, si en avez le moindre sentiment de soupson qui puisse estre, que vous le me dictes, à celle fin que je y donne tel ordre que nostre amitié qui a tant duré ne se rompe pour une femme. Car, quand je l'aymerois plus que toutes les choses du monde, si ne parlerois-je jamais à elle, pource que je prefere vostre honneur à tout autre. » Son compaignon luy jura, par tous les graves sermens qui luy fut possible, que jamais n'y avoit pensé, et le pria de faire en sa maison comme il avoit accoustumé. L'autre luy respondit : « Je le feray, mais je vous prie que, après cela, si vous avez oppinion de moy et que le me dissimullez ou que le trouvez mauvais, je ne demeureray jamais en vostre compaignie. » Au bout de quelque temps qu'ilz vivoient tous deux comme ilz avoient accoustumé, le gentil homme marié rentra en soupson plus que jamais et commanda à sa femme qu'elle ne luy feit plus le visaige qu'elle luy faisoit; ce qu'elle dist au compaignon de son mary, le priant de luy-mesmes se voulloir abstenir de parler plus à elle, car elle avoit commandement d'en faire autant de luy. Le gentil homme, entendant par la parolle d'elle et par quelques contenances qu'il voyoit faire à son compaignon, qu'il ne luy avoit pas tenu sa promesse, luy dist en grande collere : « Si vous estes jaloux, mon compaignon, c'est chose naturelle; mais, après les sermens que vous avez faits, je ne me puis contenter de ce que vous me l'avez tant celé, car j'ay tousjours pensé qu'il n'y eust entre vostre cueur et le mien un seul moïen[1] ny obstacle; mais, à mon très grand regret et sans qu'il y ait de ma faulte, je voy le contraire, pource que non seulement vous estes bien fort jaloux de vostre femme et de moy, mais le me voullez couvrir, afin que vostre maladie dure si longuement qu'elle tourne du tout en hayne; et ainsy que l'amour a esté la plus grande que l'on ait veu de nostre temps, l'inimitié sera la plus mortelle. J'ay faict ce que j'ay peu pour eviter cest inconvenient; mais, puisque vous me soupsonnez si meschant et le contraire de ce que je vous ay tousjours esté, je vous jure et promectz ma foy, que je seray tel que vous m'estimez, et ne cesseray jamais, jusques ad ce que j'aye eu de vostre femme ce que vous cuydez que j'en pourchasse; et doresnavant gardez-vous de moy, car, puisque le soupson vous a separé de mon amitié, le despit me separera de la vostre. » Et combien que son compaignon luy voulust faire croire le contraire, si est-ce qu'il n'en creut plus rien ; et retira sa part de ses meubles et biens, qui estoient tous en commun ; et furent avecq leurs cueurs aussi separez, qu'ilz avoient esté uniz, en sorte que le gentil homme qui n'estoit point marié ne cessa jamais qu'il n'eust faict son compaignon coqu, comme il luy avoit promis.

« Et ainsy en puisse-il prendre, mes dames, à ceulx qui à tort soupsonnent mal de leurs femmes. Car plusieurs sont causes de les faire telles, qu'ilz les soupsonnent, pource que une femme de bien est plus tost vaincue par ung desespoir que par tous les plaisirs du monde. Et qui dict que le soupson est amour, je luy nye, car combien qu'il en sorte comme la cendre du feu, ainsy le tue-il. — Je ne pense point, dist Hircan, qu'il soit ung plus grand desplaisir à homme ou à femme que d'estre soupsonné du contraire de la verité. Et, quant à moy, il n'y a chose qui tant me feist rompre la compaignie de mes amys que ce soupson-là. — Si n'est-ce pas excuse raisonnable, dist Oisille, à une femme de soy venger du soupson de son mary à la honte d'elle-mesmes; c'est faict comme celluy qui, ne pouvant tuer son ennemi, se

---

[1] Intermédiaire.

donne un coup d'espée à travers le corps, où, ne le povant esgratiner, se mord les doigtz ; mais elle eust mieulx faict de ne parler jamais à luy, pour monstrer à son mary le tort qu'il avoit de la soupsonner, car le temps les eut tous deux appaisez. — Si estoit-ce faict en femme de cueur, dist Ennasuitte, et, si beaucoup de femmes faisoient ainsy, leurs maryz ne seroient pas si oultrageux qu'ilz sont. — Quoy qu'il y ait, dist Longarine, la patience rend enfin la femme victorieuse et la chasteté louable ; et fault que là nous arrestions. — Toutesfois, dist Ennasuitte, une femme peult bien estre non chaste, sans peché. — Comment l'entendez-vous ? dist Oisille. — Quand elle en prent ung aultre pour son mary. — Et qui est la sotte, dist Parlemente, qui ne congnoist bien la difference de son mary ou d'un aultre, en quelque habillement que se puisse desguiser ? — Il y en a peu et encores, dist Ennasuitte, qui ont esté trompées, demourans innocentes et inculpables du peché. — Si vous en sçavez quelqu'une, dist Dagoucin, je vous donne ma voix, pour la dire, car je trouve bien estrange que innocence et peché puissent estre ensemble. — Or escoutez doncques, dist Ennasuitte, si, par les comptes precedens, mes dames, vous n'estes assez adverties qu'il faict dangereux loger chez soy ceulx qui nous appellent *mondains* et qui s'estiment estre quelque chose saincte et plus digne que nous ; j'en ay voulu encores icy mectre ung exemple, afin que, tout ainsy que j'entends quelque compte des faultes où sont tumbez ceulx qui s'y fient aussy souvent, je les vous veulx mectre devant les oeilz, pour vous monstrer qu'ilz sont non seulement hommes plus que les aultres, mais qu'ilz ont quelque chose diabolicque en eulx contre la commune malice des hommes, comme vous orrez par ceste histoire. »

QUARANTE HUICTIESME NOUVELLE.

Le plus viel et malicieux de deux cordeliers, logez en une hostellerie où l'on faisoit les noces de la fille de leans, voyans derober la mariée, alla tenir la place du nouveau marié, pendant qu'il s'amusoit à danser avec la compaignie.

Au païs de Perigort, dedans ung villaige, en une hostellerie, fut faicte une nopce d'une fille de ceans, où tous les parens et amis s'efforcerent faire la meilleure chere qu'il estoit possible. Durant le jour des nopces, arriverent ceans deux cordeliers. ausquelz on donna à soupper en leur chambre, veu que n'estoit point leur estat d'assister aux nopces. Mais le principal des deux, qui avoit plus d'auctorité et de malice, pensa, puisque on le separoit de la table, qu'il auroit part au lict, et qu'il leur joueroit ung tour de son mestier. Et, quand le soir fut venu et que les dances commencerent, le cordelier, par une fenestre, regarda long temps la mariée qu'il trouvoit fort belle et à son gré. Et, s'enquerant soingneusement aux chamberieres de la chambre où elle debvoit coucher, trouva que c'estoit auprès de la sienne : dont il fut fort ayse, faisant si bien le guet pour parvenir à son intention, qu'il veit desrober[1] de la sale la mariée, que les vielles emmenerent, comme ilz ont de coustume. Et, pource qu'il estoit de fort bonne heure, le marié ne voulut laisser la dance, mais y estoit tant affectionné, qu'il sembloit qu'il eut oblié sa femme; ce que n'avoit pas faict le cordelier, car, incontinant qu'il entendit que la mariée fut couchée, se despouilla de son habit gris, et s'en alla tenir la place de son mary; mais, de paour d'y estre trouvé, n'y arresta que bien peu; et s'en alla jusques au bout d'une allée où estoit son compaignon qui faisoit le guet pour luy, lequel luy feit signe que le marié dansoit encores. Le cordelier, qui n'avoit pas achevé sa meschante concupiscence, s'en retourna encores coucher avecq la mariée jusques ad ce que son compaignon luy feit signe qu'il estoit temps de s'en aller. Le marié se vint coucher; et sa femme, qui avoit esté tant tormentée du cordelier, qu'elle ne demandoit que le repos, ne se peut tenir de luy dire : « Avez-vous deliberé de ne dormir jamais et ne faire que me tormenter? » Le pauvre mary, qui ne faisoit que de venir, fut bien estonné, et luy demanda quel torment il luy avoit faict, veu qu'il n'avoit party de la dance. « C'est bien dansé, dist la pauvre fille; voicy la troisiesme fois que vous estes venu coucher; il me semble que vous feriez mieulx de dormir. » Le mary, oyant ce propos, fut bien fort estonné, et oblia toutes choses pour entendre la verité de ce faict. Mais, quand elle luy eut compté, soupsonna que c'estoient les cordeliers qui estoient logez ceans. Et se leva incontinant et alla en leur chambre qui estoit tout auprès de la sienne. Et quand il ne les trova point, se print à cryer à l'ayde si fort, qu'il assembla tous ses amys, lesquelz, après avoir entendu le faict, luy ayderent, avecq chandelles, lanternes, et tous les chiens du village, à chercher les cor-

---

[1] Enlever, disparaître.

deliers. Et quand ilz ne les trouverent point en leur maison, feirent si bonne dilligence qu'ils les attraperent dedans les vignes. Et là furent traictez comme il leur appartenoit : car, après les avoir bien battuz, leur coupperent les bras et les jambes, et les laisserent dedans les vignes à la garde de dieu Baccus et Venus, dont ilz estoient meilleurs disciples que de sainct Françoys.

« Ne vous esbahissez point, mes dames, si telles gens separez de nostre commune façon de vivre font des choses que des Advanturiers [1] auroient honte de faire. Esmerveillez-vous qu'ilz ne font pis, quand Dieu retire sa main d'eulx, car l'habit est si loing de faire le moyne, que bien souvent par orgueil il le deffaict. Et, quant à moy, je me arreste à la religion que dict sainct Jacques [2] : Avoir le cueur envers Dieu, pur et nect, et se exercer de tout son povoir à faire charité à son prochain. — Mon Dieu, dist Oisille, ne serons-nous jamais hors des comptes de ces fascheux cordeliers? » Ennasuitte dist : « Si les dames, princes et gentilz hommes ne sont point espargnez, il me semble que les cordeliers ont grand honneur, dont on daigne parler d'eulx ; car ilz sont si très inutiles, que, s'ilz ne font quelque mal digne de memoire, on n'en parleroit jamais ; et on dict qu'il vault mieulx mal faire, que ne faire rien [3]. Et nostre boucquet sera plus beau, tant plus il sera remply de differentes choses. — Si vous me voullez promectre, dist Hircan, de ne vous courroucer point à moy, je vous en racompteray d'une grande dame si infame, que vous excuserez le pauvre cordelier d'avoir prins sa necessité où il l'a peu trouver, veu que celle qui avoit assez à manger serchoit sa friandise trop meschantement. — Puis que nous avons juré de dire la verité, dist Oisille, aussy avons-nous [4]

---

[1] On appelait *aventuriers* les lansquenets et les soldats des vieilles Bandes, qui se mettaient à la solde de quiconque voulait payer leurs services. C'étaient des gens sans foi ni loi, la plupart Suisses ou Allemands, intrépides, mais capables de tous les crimes et de tous les excès.

[2] Allusion au 27ᵉ verset du premier chapitre de l'Epître de saint Jacques : « La religion pure et sans tache envers Dieu notre Père, c'est de visiter les orphelins et les veuves dans leurs afflictions et de se conserver pur des souillures du monde. »

[3] Cette haine furieuse contre les moines, surtout contre les mendiants, se retrouve dans tous les écrits en vers et en prose des premiers prosélytes de la Réforme ; elle témoigne donc des opinions religieuses de la Reine de Navarre. Il faut remarquer pourtant que Marguerite s'attaque toujours de préférence aux cordeliers, ce qui prouverait qu'elle avait eu à s'en plaindre personnellement.

[4] Il faut sous-entendre : *juré.*

de l'escouter. Par quoy vous povez parler en liberté, car les maulx que nous disons des hommes et des femmes ne sont point pour la honte particuliere de ceulx dont est faict le compte, mais pour oster l'estime de la confiance des creatures, en monstrant les miseres où ilz sont subjectz, afin que nostre espoir s'arreste et s'appuye à Celluy seul qui est parfaict et sans lequel tout homme n'est que imperfection.
— Or donc,ques, dist Hircan, sans craincte je racompteray mon histoire. »

QUARANTE NEUFVIESME NOUVELLE.

Quelques gentilz hommes françoys, voyans que le Roy leur maistre estoit fort bien traité d'une Comtesse estrangere qu'il aymoit, se hazarderent de parler à elle, et la poursuyvirent, de sorte qu'ilz eurent l'ung après l'aultre ce qu'ilz en demandoient, pensant chascun avoir seul le bien où tous les autres avoient part. Ce qu'estant decouvert par l'un d'entre eux, prindrent tous ensemble complot de se venger d'elle; mais, à force de faire bonne mine et ne leur porter pire visage qu'auparavant, rapporterent en leur sein la honte qu'ilz luy cuydoient faire [1].

En la cour du Roy Charles, je ne diray point le quantiesme pour l'honneur de celle dont je veulx parler, laquelle je ne veulx nommer par son nom propre, y avoit une Comtesse de fort bonne maison, mais estrangiere. Et, pource que toutes choses nouvelles plaisent, ceste dame, à sa venue, tant pour la nouveauté de son habillement que pour la richesse dont il estoit plain, estoit regardée de chascun; et combien qu'elle ne fut des plus belles, si avoit-elle une grace avecq une audace tant bonne, qu'il n'estoit possible de plus, la parolle et la gravité de mesme, de sorte qu'il n'y avoit nul qui n'eust craincte à l'aborder, sinon le Roy qui l'ayma très fort. Et, pour parler à elle plus priveement, donna quelque commission au Comte, son mary, en laquelle

[1] Brantôme, en citant cette Nouvelle dans ses *Dames galantes*, discours quatrième, a négligé malheureusement de nous faire connaître les personnages qui y sont mis en scène : « J'ay congneu une bien grande dame vefve, dit-il. Encores qu'elle fust quasi adorée d'un très grand, si falloit-il avoir quelques menus autres serviteurs, afin de ne pas perdre toutes les heures du temps et demeurer en oisiveté, etc. Je m'en rapporte à ceste dame des *Cent Nouvelles* de la Reyne de Navarre, qui avoit trois serviteurs au coup et estoit si habile, qu'elle les sçavoit tous trois fort accortement entretenir. »

il demeura longuement; et, durant ce temps, le Roy feit grand chere
avec sa femme. Plusieurs gentilz hommes du Roy, qui congnurent
que leur maistre en estoit bien traicté, prindrent hardiesse de parler
à elle; et, entre autres, ung nommé Astillon, qui estoit fort audatieux
et homme de bonne grace[1]. Au commencement, elle luy tint une
si grande gravité, le menassant de le dire au Roy son maistre, qu'il
en cuyda avoir paour; mais, luy, qui n'avoit point accoustumé de
craindre les menasses d'un bien hardy capitaine, s'asseura des siennes;
et il la poursuivyt de si près, qu'elle luy accorda de parler à luy seulle,
luy enseignant la maniere comme il devoit venir en sa chambre. A
quoy il ne faillyt; et, afin que le Roy n'en eut nul soupson, luy demanda
congé d'aller en quelque voiage. Et s'en partit de la court, mais, la premiere journée, laissa tout son train, et s'en revint de nuict recepvoir
les promesses que la Comtesse luy avoit faictes; ce qu'elle luy tint:
dont il demeura si satisfaict, qu'il fut content de demeurer cinq ou six
jours enfermé en une garderobbe, sans saillyr dehors; et là ne vivoit
que de restaurans. Durant les huict jours qu'il estoit caché, vint ung
de ses compaignons faire l'amour à la Comtesse, lequel avoit nom
Durassier. Elle tint telz termes à ce serviteur, qu'elle avoit faict au

---

[1] Nous avons découvert d'une manière à peu près certaine les véritables noms
des trois gentilshommes français, qui sont les héros de cette Nouvelle, et que la
Reine de Navarre nomme *Astillon*, *Durassier* et *Valnebon*. On lit, dans la vie de
Jacques de Chastillon (*Grands Capitaines françois*), par Brantôme : « Il avoit esté
l'un des grands favoris et mignons du roy Charles VIII et mesme au voyaige du
royaume de Naples. Aussi disoit-on lors :

> Chastillon, Bourdillon et Bonneval,
> Gouvernent le sang royal.

« Aucuns y mirent Galliot, qui fut dit depuis le grand-escuyer Galliot; et estoient ces trois, avec le Roy, des tenans aux tournois, qu'il fist là en la ville de
Naples et par tous les autres; mais on disoit que Chastillon l'emportoit par dessus
tous les autres, fust en valeur, fust en credit. » M. Leroux de Lincy avait reconnu
Chastillon dans *Astillon*, ce brillant chevalier, chambellan des rois Charles VIII
et Louis XII, capitaine des cent gentilshommes du Roi, tué au siége de Ra-
vennes en 1512. Mais M. Leroux de Lincy n'a pas donné suite à sa découverte, en
retrouvant Galliot et Bonneval sous les noms de *Valnebon* et *Durassier*. Jacques
de Genouillac, dit Galliot, s'appelait le seigneur d'*Acier*; il fut l'un des preux de
Charles VIII à la bataille de Fornoue, et il se distingua dans les guerres d'Italie;
il devint grand-maître de l'artillerie, puis grand-écuyer de France sous François Ier, et mourut gouverneur du Languedoc en 1546. Germain de Bonneval (*Valnebon* est l'anagramme de son nom), conseiller et chambellan du roi, fut aussi un
des sept gentilshommes qui combattirent auprès du roi, à Fornoue, vêtus et
armés de même que lui. Il périt à la bataille de Pavie.

premier : au commencement, en rudes et audacieux propos qui tous les jours s'adoucissoient; et, quand c'estoit le jour qu'elle donnoit congé au premier prisonnier, elle mectoit ung serviteur en sa place. Et, durant qu'il y estoit, ung autre sien compaignon, nommé Valnebon, feit pareille office que les deux premiers; et, après eulx, en vindrent deux ou trois aultres qui avoient part à la doulce prison.

Ceste vie dura assez longuement, et conduicte si finement, que les ungs ne sçavoient rien des aultres. Et combien qu'ilz entendissent assez l'amour que chascun luy portoit, si n'y avoit il nul, qui ne pensast en avoir eu seul ce qu'il en demandoit : et se mocquoit chascun de son compaignon, qu'il pensoit avoir failly à ung si grand bien. Ung jour que les gentilz hommes dessus nommez estoient en ung banequet où ilz faisoient fort grand chere, ilz commencerent à parler de leurs fortunes et prisons, qu'ilz avoient eues durant les guerres. Mais Valnebon, à qui il faisoit mal de celer si longuement une si bonne fortune que celle qu'il avoit eue, va dire à ses compaignons : « Je ne sçay quelles prisons vous avez eu, mais quant à moy, pour l'amour d'une où j'ay esté, je diray toute ma vie louange et bien des autres; car je pense qu'il n'y a plaisir en ce monde qui approche de celluy que l'on a d'estre prisonnier. » Astillon, qui avoit esté le premier prisonnier, se doubta de la prison qu'il vouloit dire, et luy respondit : « Valnebon, soubz quel geolier ou geoliere avez-vous esté si bien traicté, que vous aymez tant vostre prison? » Valnebon luy dist : « Quel que soit le geolier, la prison m'a esté si agreable, que j'eusse bien voulu qu'elle eut duré plus longuement, car je ne fuz jamais mieulx traicté ne plus contant. » Durassier, qui estoit homme peu parlant, congnoissant très bien que l'on se debatoit de la prison où il avoit part comme les autres, dist à Valnebon : « De quelles viandes estiez-vous nourry en ceste prison, dont vous vous louez si fort? — De quelles viandes? dist Valnebon : le Roy n'en a poinct de meilleures ne plus norrissantes. — Mais encores fault-il que je sçache, dist Durassier, si celluy qui vous tenoit prisonnier vous faisoit bien gaingner vostre pain? » Valnebon, qui se doubta d'estre entendu, ne se peut tenir de jurer : « Ha, vertu Dieu! aurois-je bien des compaignons, où je pense estre tout seul? » Astillon, voiant ce different où il avoit part comme les aultres, dist en riant : « Nous sommes tous à ung maistre compaignons et amys dès nostre jeunesse; par quoy, si nous sommes compaignons d'une bonne fortune, nous avons occasion d'en rire. Mais, pour sçavoir si ce que je pense est vray, je vous prie que je vous interroge et que vous tous me confessiez la verité, car, s'il est advenu ainsy de nous comme je pense, ce seroit une adventure aussi plaisante que l'on en sçauroit trouver en nul livre. » Ilz jurerent tous dire verité, s'il estoit ainsy qu'ilz ne la peussent denyer. Il leur dist : « Je vous diray ma fortune et vous me respondrez ouy ou nenny, si la vostre est pareille. » Ilz se accorderent tous, et alors il dist : « Je demanday congé au Roy d'aller en quelque voiage. » Ilz respondirent : « Et nous aussy. — Quant je fuz à deux lieues de la court, je laissay tout mon train et m'allay rendre prisonnier. » Ilz respondirent : « Nous en fismes autant. — Je demouray, dist Astillon, sept ou huict jours, et couchay en une garderobbe où l'on ne me fit manger que restaurans et les meilleures viandes que je mangeay jamais ; et, au bout de huict jours, ceulx qui me tenoient me laisserent aller beaucoup plus foible que je n'estois arrivé. » Ilz jurerent tous que ainsy leur estoit advenu. « Ma prison, dist Astillon, commencea tel jour et fina tel jour. — La mienne, dist Durassier, commencea le propre jour que la vostre fina ; et dura jusques à ung tel jour. » Valnebon, qui perdoit patience, commencea à jurer et dire : « Par le sang Dieu ! à ce que je voy, je suis le tiers qui pensois estre le premier et le seul, car je y entray tel jour et en saillys tel jour. » Les aultres trois, qui estoient à la table, jurerent qu'ilz avoient bien gardé ce ranc. « Or, puisque ainsy est, dist Astillon, je diray l'estat de nostre geoliere : elle est mariée et son mary est bien loing ? — C'est ceste-là propre, respondirent-ilz tous. — Or, pour nous mectre hors de peyne, dist Astillon, moy qui suis le premier en roolle, la nommeray aussy le premier, c'est madame la Comtesse qui estoit si audatieuse, que, en gaingnant son amitié, je pensois avoir gaingné Cesar. — Que à tous les diables soit la villaine qui nous a faict d'une chose tant travailler, et nous reputer si heureux de l'avoir acquise ! Il ne fut oncques une telle meschante, car, quand elle en tenoit ung en cache, elle praticquoit l'autre, pour n'estre jamais sans passetemps ; et aymerois-je mieulx estre mort, qu'elle demorast sans pugnition ! » Ilz demanderent chascun, qu'il leur sembloit quelle debvoit avoir, et qu'ilz estoient tous prestz de la luy donner. « Il me semble, dist-il, que nous le debvons dire au Roy nostre maistre, lequel en faict ung cas comme d'une deesse ? — Nous ne ferons point ainsy, dist Astillon ; nous avons assez de moïen pour nous venger d'elle, sans y appeller nostre maistre. Trouvons nous demain, quant elle ira à la messe ; et que chascun de nous porte une chaine de fer au col ; et, quand elle entrera en l'eglise, nous la saluerons comme il appartient. »

Ce conseil fut trouvé très bon de toute la compaignie; et feirent provision de chascun une chaine de fer. Le matin venu, tous habillez de noir, leurs chaisnes de fer tournées à l'entour de leur col, en façon de collier, vindrent trouver la Comtesse qui alloit à l'eglise. Et, si tost qu'elle les veid ainsy habillez, se print à rire et leur dist : « Où vont ces gens si douloureux ? — Madame, dist Astillon, nous vous venons accompagner comme pauvres esclaves prisonniers qui sont tenuz à vous faire service. » La Comtesse, faisant semblant de n'y entendre rien, leur dist : « Vous n'estes point mes prisonniers, ne je n'entendz point que vous ayez occasion de me faire service plus que les autres. » Valnebon s'advancea et luy dist : « Si nous avons mangé de vostre pain si longuement, nous serions bien ingratz si nous ne vous faisions service. » Elle feit si bonne mine de n'y rien entendre, qu'elle cuydoit par ceste gravité les estonner. Mais ilz poursuyvoient si bien leurs propos, qu'elle entendit que la chose estoit descouverte. Parquoy, trouva incontinant moïen de les tromper, car elle, qui avoit perdu l'honneur et la conscience, ne voulut point recepvoir la honte qu'ilz lui cuydoient faire; mais, comme elle qui preferoit son plaisir à tout l'honneur du monde, ne leur en feit pire visaige, ny n'en changea de contenance : dont ilz furent tant estonnez, qu'ilz rapporterent en leur sein la honte qu'ilz luy avoient voulu faire.

« Si vous ne trovez, mes dames, ce compte digne de faire congnoistre les femmes aussi mauvaises que les hommes, j'en chercheray d'aultres pour vous contenter ; toutesfois, il me semble que cestuy-la suffise pour vous monstrer que une femme qui a perdu la honte est cent foys plus hardye à faire mal que n'est ung homme. » Il n'y eut femme en la compaignie, oiant racompter ceste histoire, qui ne fist tant de signes de croix, qu'il sembloit qu'elles voyoient tous les diables d'enfer devant leurs œilz. Mais Oisille leur dist : « Mes dames, humilions-nous, quand nous oyons cest horrible cas, d'autant que la personne delaissée de Dieu se rend pareille à celluy avecq lequel elle est joincte; car, puis que ceulx qui adherent à Dieu ont son esperit avecq eulx, aussy sont ceulx qui adherent à son contraire ; et n'est rien si bestial que la personne destituée de l'esperit de Dieu. — Quoy que ait faict ceste pauvre dame, dist Ennasuitte, si ne sçaurois-je louer ceulx qui se vantent de leur prison. — J'ay oppinion, dist Longarine, que la peyne n'est moindre à ung homme de celer sa bonne fortune, que de la pourchasser, car il n'y a veneur qui ne prenne plaisir à corner sa prise, ny amoureux, d'avoir la gloire de sa victoire. — Voyla une oppinion, dist Simontault, que, devant tous les inquisiteurs de la Foy, je soustiendray hereticque, car il y a plus d'hommes secretz que de femmes ; et sçay bien que l'on en trouve roit qui aymeroient mieulx n'en avoir bonne chere, que s'il falloit que creature du monde l'entendist. Et, pour ce, a l'Eglise, comme bonne mere, ordonné les prestres confesseurs et non pas les femmes, parce qu'elles ne peuvent rien celer. — Ce n'est pas pour ceste occasion, dist Oisille, mais c'est parce que les femmes sont tant ennemyes du vice, qu'elles ne donneroient pas si facilement absolution que les hommes, et seroient trop austeres en leurs penitences. — Si elles l'estoient autant, dist Dagoucin, qu'elles sont en leurs responces, elles feroient desesperer plus de pecheurs, qu'elles n'en attireroient à salut; parquoy, l'Eglise, en toute sorte, y a bien pourveu. Mais si ne veulx-je pas, pour cela, excuser les gentilz hommes, qui se vanterent ainsy de leur prison, car jamais homme n'eut honneur à dire mal des femmes. — Puis que le faict estoit commun, dist Hircan, il me semble qu'ilz faisoient bien de se consoler les ungs aux aultres. — Mais, dist Geburon, ilz ne le devoient jamais confesser pour leur honneur mesme. Car les livres de la Table Ronde nous apprennent que ce n'est point honneur à ung bon chevalier d'en abattre ung qui ne vault rien. — Je m'esbahys, dist Longarine, que ceste pauvre femme ne moroit de honte devant ses prisonniers. — Celles qui l'ont perdue, dist Oisille, à grand peyne la peuvent-elles jamais reprendre, sinon celle que fort amour a faict oblier. De telles en ay-je veu beaucoup revenir. — Je croy, dist Hircan, que vous en avez veu revenir celles qui y sont allées, car forte amour, qui est en une femme, est malaisée à trouver. — Je ne suis pas de vostre oppinion, dist Longarine, car je croy qu'il y en a qui ont aymé jusques à la mort. — J'ay tant d'envie d'oyr ceste nouvelle, dist Hircan, que je vous donne ma voix pour congnoistre aux femmes l'amour que je n'ay jamais estimé y estre. — Or, mais que vous l'oyez, dist Longarine, vous le croirez, et qu'il n'est nulle plus forte passion que celle d'amour. Mais, tout ainsy qu'elle faict entreprendre choses quasi impossibles, pour acquerir quelque contentement en ceste vie, aussy mene-elle, plus que autre passion, à desespoir celluy ou celle qui pert l'esperance de son desir, comme vous verrez par ceste histoire. »

CINQUANTIESME NOUVELLE.

Messire Jean Pierre poursuyvit longuement en vain une sienne voisine, de laquelle il estoit fort feru [1]. Et, pour en divertir sa fantaysie, s'esloingna quelques jours de sa veue : qui luy causa une melencolie si grande, que les medecins luy ordonnerent la saignée. La dame, qui sçavoit d'ond procedoit son mal, cuydant saulver sa vie, advança sa mort, luy accordant ce que tousjours luy avoit refusé; puis, considerant qu'elle estoit cause de la perte d'un si parfait amy, par un coup d'espée, se feit compaigne de sa fortune.

En la ville de Cremonne, n'y a pas long temps qu'il y avoit ung gentil homme nommé messire Jehan Pietre, lequel avoit aymé longuement une dame qui demoroit près de sa maison ; mais, pour pourchaz qu'il sceut faire, ne povoit avoir d'elle la responce qu'il desiroit, combien qu'elle l'aymoit de tout son cueur. Dont le pauvre gentil homme fut si ennuyé et fasché, qu'il se retira en son logis, deliberé de ne poursuyvre plus en vain le bien dont la poursuicte consumoit sa vie. Et, pour en cuyder divertir sa fantaisie, fut quelques jours sans la veoir; dont il tumba en telle tristesse, que l'on mescongnoissoit son visaige. Ses parens feirent venir les medecins, qui, voyans que le visaige luy devenoit jaulne, estimerent que c'estoit une oppilation de foye, et luy ordonnerent la saignée. Ceste dame, qui avoit tant faict la rigoureuse, sçachant très bien que la maladie ne luy venoit que par son refuz, envoia devers luy une vielle, en qui elle se fyoit, et luy manda que, puis qu'elle congnoissoit que son amour estoit veritable et non faincte, elle estoit deliberée de tout luy accorder ce que si long temps luy avoit refusé. Elle avoit trouvé moïen de saillir de son logis en ung lieu où privement il la povoit veoir. Le gentil homme, qui au matin avoit esté saigné au bras, se trouva par ceste parolle mieulx guery qu'il ne faisoit par medecine ne saignée qu'il sceut prendre ; luy manda qu'il n'y auroit point de faulte qu'il ne se trouvast à l'heure qu'elle luy mandoit ; et qu'elle avoit faict ung miracle evident, car, par une seulle parolle, elle avoit guery ung homme d'une maladie où tous les medecins ne pouvoient trouver remede. Le soir venu qu'il avoit tant desiré, s'en alla le gentil homme au lieu qui luy

---

[1] Épris, amoureux.

avoit esté ordonné, avecq ung si extresme contentement qu'il falloit que bien tost il print fin, ne povant augmenter. Et ne demeura gueres, après qu'il fut arrivé, que celle qu'il aymoit plus que son ame le vint trouver. Il ne s'amusa pas à luy faire grande harangue, car le feu qui le brusloit le faisoit hastivement pourchasser ce que à peyne povoit-il croire avoir en sa puissance. Et, plus yvre d'amour et de plaisir qu'il ne luy estoit besoing, cuydant sercher par un costé le remede de sa vie, se donnoit par ung aultre l'advancement de sa mort; car, ayant pour s'amye mys en obly soy-mesmes, ne s'apparceut pas de son bras qui se desbanda : et la playe nouvelle, qui se vint à ouvrir, rendit tant de sang, que le pauvre gentil homme en estoit tout baigné. Mais, estimant que sa lasseté venoit à cause de ses excès, s'en cuyda retourner à son logis. Lors, amour, qui les avoit trop unys ensemble, feit en sorte que, en departant d'avecq s'amye, son ame departyt de son corps; et, pour la grande effusion de sang, tumba tout mort aux pieds de sa dame, qui demoura si hors d'elle-mesmes par estonnement, en considerant la perte qu'elle avoit faicte d'un si parfaict amy, de la mort duquel elle estoit la seulle cause. Regardant d'aultre costé, avecq le regret et la honte en quoy elle demoroit, si on trouvoit ce corps mort en sa maison, afin de faire ignorer la chose, elle et une chamberiere, en qui elle se fyoit, porterent le corps mort dedans la rue, où elle ne le voulust laisser seul, mais, en prenant l'espée du trespassé, se voulut ioindre à sa fortune, et en pugnissant son cueur cause de tout le mal, la passa tout au travers, et tumba son corps mort sur celluy de son amy. Le pere et la mere de ceste fille, en sortant au matin de leur maison, trouverent ce piteux spectacle; et, après en avoir faict tel deuil que le cas meritoit, les enterrerent tous deux ensemble.

« Ainsy veoyt-on, mes dames, que une extremité d'amour ameine ung autre malheur. — Voyla qui me plaist bien, dist Symontault, quand l'amour est si egale, que, luy morant, l'autre ne vouloit plus vivre. Et si Dieu m'eust faict la grace d'en trouver une telle, je croy que jamais n'eust aymé plus parfaictement. — Si ay-je ceste oppinion, dist Parlamente, que amour ne vous a pas tant aveuglé, que vous n'eussiez mieulx lyé vostre bras qu'il ne feit; car le temps est passé que les hommes oblient leurs vies pour les dames. — Mais il n'est pas passé, dist Simontault, que les dames oblient la vie de leurs serviteurs pour leurs plaisirs. — Je croy, dist Ennasuitte, qu'il n'y a

femme au monde qui prenne plaisir à la mort d'un homme, encores
qu'il fust son ennemy. Toutesfois, si les hommes se veullent tuer
eulx-mesmes, les dames ne les en peuvent pas garder. — Si est-ce,
dist Saffredent, que celle qui refuse son pain au pauvre mourant de
faim, est estimé le meurtrier. — Si vos requestes, dist Oisille, estoient
si raisonnables que celles du pauvre demandant sa necessité, les
dames seroient trop cruelles de vous refuser; mais, Dieu mercy! ceste
maladie ne tue que ceulx qui doibvent morir dans l'année. — Je ne
treuve point, Madame, dist Saffredent, qu'il soit une plus grande necessité que celle qui faict oblier toutes les autres; car, quand l'amour
est forte, on ne congnoist autre pain ne aultre viande que le regard
et la parolle de celle que l'on ayme. — Qui vous laisseroit jeusner,
dist Oisille, sans vous bailler aultre viande, on vous feroit bien changer
de propos! — Je vous confesse, dist-il, que le corps pourroit defaillir,
mais le cueur et la volunté non. — Doncques, dist Parlamente, Dieu
vous a faict grand grace de vous faire addresser en lieu où avez si peu
de contentement, qu'il vous fault reconforter à boire et à manger,
dont il me semble que vous vous acquitez si bien, que vous devez
louer Dieu d'une si doulce cruaulté. — Je suis tant nourry au torment,
dist-il, que je commence à me louer des maulx dont les aultres se
plaingnent! — Peut estre, c'est, dist Longarine, que nostre plaincte
vous recule de la compaignie où vostre contentement vous faict estre
le bien venu; car il n'est rien si fascheux, que ung amoureux importun. — Mectez, dist Simontault, que une dame cruelle.... — J'entendz bien, dist Oisille, que, si nous voulons entendre la fin des
raisons de Symontault, veu que le cas luy touche, nous pourrions
trouver complies au lieu de vespres; parquoy, allons-nous-en louer
Dieu, dont ceste Journée est passée sans plus grand debat. » Elle
commencea la premiere à se lever, et tous les aultres la suyvirent.
Mais Simontault et Longarine ne cesserent de debatre leur querelle si
doulcement, que, sans tirer espée, Simontault gaingna, monstrant que
de la passion la plus forte estoit la necessité la plus grande. Et sur
ce mot, entrerent en l'eglise, où les moynes les attendoient. Vespres
oyes, s'en allerent soupper autant de parolles que de viandes, car leurs
questions durerent tant qu'ilz furent à table, et du soir jusques ad ce
que Oisille leur dist qu'ilz pouvoient bien aller reposer leurs esperitz,
et que les cinq Journées estoient accomplies de si belles histoires,
qu'elle avoit grand paour que la sixiesme ne fut pareille; car il n'estoit
possible, encores qu'on les voulut inventer, de dire de meilleurs

comptes que veritablement ilz en avoient racomptez en leur compaignie. Mais Geburon luy dist que, tant que le monde dureroit, il se feroit cas dignes de memoire. « Car la malice des hommes mauvais est toujours telle qu'elle a esté, comme la bonté des bons. Tant que malice et bonté regneront sur la terre, ilz la rempliront tousjours de nouveaulx actes, combien qu'il est escript qu'il n'y a rien nouveau soubz le soleil [1]. Mais, à nous, qui n'avons esté appellez au conseil privé de Dieu, ignorans les premieres causes, trouvons toutes choses nouvelles tant plus admirables, que moins nous les vouldrions ou pourrions faire : parquoy n'ayez point de paour que les Journées, qui viendront, ne suyvent bien celles qui sont passées, et pensez de vostre part de bien faire vostre debvoir. » Oisille dist qu'elle se rendoit à Dieu, au nom duquel elle leur donnoit le bonsoir. Ainsi se retira toute la compaignie, mectant fin à la cinquiesme Journée.

[1] C'est le dicton de l'Ecclésiaste : *Nil sub sole novi.*

FIN DE LA CINQUIESME JOURNÉE.

SIXIESME JOURNÉE.

LA SIXIESME JOURNÉE, ON DEVISE DES TROMPERIES QUI SE SONT FAITES D'HOMME A FEMME, DE FEMME A HOMME, OU DE FEMME A FEMME, PAR AVARICE, VENGEANCE ET MALICE.

PROLOGUE.

Le matin, plus tost que de coustume, madame Oisille alla preparer sa leçon en la salle; mais la compaignie, qui en fut advertye pour le desir qu'elle avoit d'oyr sa bonne instruction, se dilligenta tant de se habiller, qu'ilz ne la feirent gueres attendre. Et elle, congnoissant la ferveur, leur va lire l'epitre de Sainct Jehan l'evangeliste, qui n'est plaine que d'amour, pour ce que les jours passez elle leur avoit decl'aré celle de Sainct Pol aux Romains. La compaignie trouva ceste viande si doulce, que, combien qu'ilz y fussent demye heure plus qu'ilz n'avoient esté les aultres jours, si leur sembloit-il n'y avoir pas esté ung quart. Au partir de là, s'en allerent à la contemplation de la messe où chacun se recommanda au Sainct Esperit, pour satisfaire ce jour-là à leur plaisante audience. Et, après qu'ilz eurent reciné[1] et prins ung peu de repos, s'en allerent continuer le passetemps accoustumé. Et madame Oisille leur demanda qui commenceroit ceste Journée? Longarine leur respondit : « Je donne ma voix à madame Oisille; elle nous a ce jourd'huy faict une si belle leçon, qu'il est impossible qu'elle ne die quelque histoire digne de parachever la gloire qu'elle a meritée ce matin. — Il me desplaist, dist Oisille, que je ne vous puis dire, à ceste après disnée, chose aussy proffitable que j'ay faict à ce matin; mais, à tout le moins, l'intention de mon histoire ne sortira point hors de la doctrine de la saincte Escripture où il est dict : « Ne vous confiez point aux princes, ne aux filz des hommes, auxquelz n'est nostre salut. » Et, afin que par faulte d'exemple ne

---
[1] Goûté, fait collation; de *recœnare*.

mectez en obly ceste verité, je vous en voys dire ung très veritable et dont la memoire est si fresche, que à peyne en sont essuyez les oeilz de ceulx qui ont veu ce piteux spectacle. »

CINQUANTE ET UNIESME NOUVELLE.

Le duc d'Urbin, contre la promesse faite à sa femme, feit pendre une jeune damoiselle, par le moïen de laquelle son filz (qu'il ne vouloit marier pauvrement) faisoit entendre à s'amye l'affection qu'il luy portoit.

Le duc d'Urbin, nommé le Prefect, lequel espousa la seur du premier duc de Mantoue[1], avoit un filz de l'aage de diz huict à vingt ans[2], qui fut amoureux d'une fille d'une bonne et honneste maison, seur de l'abbé de Farse. Et, pour ce qu'il n'avoit pas la liberté de parler à elle comme il vouloit, selon la coustume du pays, se ayda du moien d'ung gentil homme qui estoit à son service, lequel estoit amoureux d'une jeune damoiselle servant sa mere[3], fort belle et honneste, par laquelle faisoit declarer à s'amye la grande affection qu'il luy portoit. Et la pauvre fille ne pensoit en nul mal, prenant plaisir à luy faire service, estimant sa volunté si bonne et honneste, qu'il n'avoit intention dont elle ne peut avecq honneur faire le message. Mais le duc, qui avoit plus de regard[4] au proffict de sa maison que à toute honneste amityé, eut si grand paour que les propos menassent son filz jusques au mariage, qu'il y feit mectre ung grand guet. Et luy fut rapporté que ceste pauvre damoiselle s'estoit meslée de bailler quel-

---

[1] François Marie de la Rovère, duc d'Urbin, né en 1491, neveu du pape Jules II, qui le nomma préfet de Rome. Elevé à la cour de France, il fut un des plus grands capitaines de son temps. Il mourut empoisonné en 1538. Il avait épousé, en 1509, Eléonor Hippolyte de Gonzague, fille de François, IIe du nom, marquis de Mantoue.

[2] Ce prince n'est pas, sans doute, Guy Ubaldo, né en 1514, qui fut le successeur de son père comme duc d'Urbin. Ce serait plutôt son frère aîné, François, qui mourut jeune, peut-être à la suite des tristes résultats de son premier amour.

[3] Eléonor Hippolyte de Gonzague fut mariée d'abord avec Antoine, seigneur de Montalto, avant d'épouser en secondes noces le duc d'Urbin; elle mourut en 1570, âgée de plus de soixante-douze ans.

[4] Pour *égard*. On dirait encore : « qui *regardait* plus au profit de sa maison, qu'à toute honnête amitié. »

ques lettres de la part de son filz, à celle que plus il aymoit : dont il fut tant courroucé, qu'il se delibera d'y donner ordre. Mais il ne peut si bien dissimuller son courroux, que la damoiselle n'en fut advertye, laquelle, congnoissant la malice du duc qu'elle estimoit aussi grande que sa conscience petite, eut une merveilleuse craincte. Et s'en vint à la duchesse, la suppliant luy donner congé de se retirer en quelque lieu hors de la veue de luy, jusques à ce que sa fureur fut passée. Mais sa maistresse luy dist qu'elle essaieroit d'entendre la volunté de son mary, avant que de luy donner congé. Toutesfois, elle entendit bien tost le mauvais propos que le duc en tenoit : et, congnoissant sa complexion, non seullement donna congé, mais conseilla à ceste damoiselle de s'en aller en ung monastère jusques ad ce que ceste tempeste fut passée. Ce qu'elle feit le plus secretement qu'il luy fut possible, mais non tant que le duc n'en fut adverty, qui, d'un visaige fainct et joyeux, demanda à sa femme où estoit ceste damoiselle, laquelle, pensant qu'il en sceut bien la verité, la luy confessa; dont il faingnyt estre marry, luy disant qu'il n'estoit besoing qu'elle fist ces contenances-là ; et que de sa part il ne luy vouloit point de mal et qu'elle la fist retourner, car le bruict de telles choses n'estoit point bon. La duchesse luy dist que, si ceste pauvre fille estoit si malheureuse d'estre hors de sa bonne grace, il valloit mieulx, pour quelque temps, qu'elle ne se trouvast point en sa presence; mais il ne voulut point recepvoir toutes ses raisons, luy commandant qu'elle la feist revenir. La duchesse ne faillyt à declarer à la pauvre damoiselle la volunté du duc : dont elle ne se peut asseurer, la supliant qu'elle ne tentast point ceste fortune; et qu'elle sçavoit bien que le duc n'estoit pas si aysé à pardonner comme il en faisoit la mine. Toutesfois, la duchesse l'asseura qu'elle n'auroit nul mal, et la print sur sa vie et son honneur. La fille, qui sçavoit bien que sa maistresse l'aymoit, et ne la vouldroit point tromper pour ung rien, print sa fiance en sa promesse, estimant que le duc ne vouldroit jamais aller contre telle seureté où l'honneur de sa femme estoit engaigé : et ainsy s'en retourna avecques la duchesse. Mais, si tost que le duc le sceut, ne faillyt à venir en la chambre de sa femme, ou, si tost qu'il eut apparceu ceste fille, disant à sa femme : « Voyla une telle qui est revenue? » se retourna devers ses gentilz hommes, leur commandant la prendre et la mener en prison. Dont la pauvre duchesse, qui sur sa parolle l'avoit tirée hors de sa franchise [1], fut si desesperée,

---

[1] Asile, retraite, lieu de sûreté.

se mectant à genoulx devant luy, luy suplia que, pour l'amour de luy et de sa maison, il luy pleust ne faire ung tel acte, veu que, pour luy obeir, elle l'avoit tirée du lieu où elle estoit en seureté. Si est-ce que, quelque priere qu'elle sceust alleguer, ne sceut amolir le dur cueur, ne vaincre la forte oppinion qu'il avoit prinse de se venger d'elle; mais, sans respondre à sa femme, se retira incontinant le plus tost qu'il peut, et, sans forme de justice, obliant Dieu et l'honneur de sa maison, feit cruellement pendre ceste pauvre damoiselle. Je ne puis entreprendre de vous racompter l'ennuy de la duchesse, car il estoit tel que doibt avoir une dame d'honneur et de cueur, qui sur sa foy[1] voyoit mourir celle qu'elle desiroit de saulver. Mais encores moins se peult dire l'extreme deuil du pauvre gentil homme, qui estoit son serviteur, qui ne faillit de se mectre en tout debvoir qu'il luy fut possible de saulver la vie de s'amie, offrant mectre la sienne en lieu. Mais nulle pitié ne sceut toucher le cueur de ce duc, qui ne congnoissoit aultre felicité que de se venger de ceulx qu'il hayssoit. Ainsy fut ceste damoiselle innocente mise à mort par ce cruel duc contre toute la loy d'honnesteté, au très grand regret de tous ceulx qui la congnoissoient.

« Regardez, mes dames, quelz sont les effectz de la malice, quand elle est joincte à la puissance! — J'avois bien ouy dire, ce dist Longarine, que les Italiens estoient subjectz à trois vices par excellence, mais je n'eusse pas pensé que la vengeance et cruaulté fut allée si avant, que, pour une si petite occasion, elle eut donné si cruelle mort. » Saffredent, en riant, luy dist : « Longarine, vous nous avez bien dict l'un des trois vices, mais il fault sçavoir qui sont les deux autres? — Si vous ne les sçaviez, ce dist-elle, je les vous apprendrois, mais je suis seure que vous les sçavez tous. — Par ces parolles, dist Saffredent, vous m'estimez bien vitieux? — Non faiz, dist Longarine, mais si bien congnoissez la laideur du vice, que vous le povez mieulx que ung aultre eviter. — Ne vous esbahissez, dist Simontault, de ceste cruaulté; car ceulx qui ont passé par Italie en ont eu de si très incroyables, que ceste-cy n'est au prix qu'un petit pecadille. — Vrayement, dist Geburon, quand Rivolte[2] fut prins des François, il y avoit

---

[1] C'est-à-dire : malgré ou contre sa foi, qu'elle avait donnée.

[2] La prise de cette ville, par Louis XII, qui commandait lui-même son armée, eut lieu en 1509. La relation de cette *dolente prinse* se trouve dans le *Livre novellement translaté de l'italienne rime en rime françoise, contenant l'advenement du roy*

ung capitaine Italien, que l'on estimoit gentil compaignon, lequel, voiant mort vng qui ne luy estoit ennemy que de tenir sa part contraire de Guelfe à Gibelin, luy arracha le cueur du ventre, et, le rotissant sur les charbons à grand haste, le mangea, et, respondant à quelques ungs qui luy demandoient quel goût il y trouvoit, dist que jamais n'avoit mangé si savoureux ne si plaisant morceau que de cestuy-là ; et, non content de ce bel acte, tua la femme du mort, et en arrachant de son ventre le fruict dont elle estoit grosse, le froissa contre les murailles ; et emplist d'avoyne les deux corps du mary et de la femme, dedans lesquelz il feit manger ses chevaulx. Pensez si cestuy-là n'eut bien faict mourir une fille, qu'il eut soupsonnée luy faire quelque desplaisir ? — Il fault bien dire, dist Ennasuitte, que ce duc Urbin avoit plus de paour que son fils fut marié pauvrement, qu'il ne desiroit luy bailler femme à son gré. — Je croy que vous ne debvez point, respondit Simontault, doubter que la nature de l'Italien est d'aymer plus que nature ce qui est creé seulement pour le service d'icelle. — C'est bien pis, dist Hircan, car ilz font leur Dieu des choses qui sont contre nature. — Et voyla, ce dist Longarine, les pechez que je voulois dire, car on sçait bien que aymer l'argent, sinon pour s'en ayder, c'est servir les idolles. » Parlamente dist que Sainct Pol n'avoit poinct oblié les vices des Italiens, et de tous ceulx qui cuydent passer et surmonter les aultres en honneur, prudence et rayson humaine, en laquelle ilz se fondent si fort, qu'ilz ne rendent point à Dieu la gloire qui lui appartient : parquoy, le Toutpuissant, jaloux de son honneur, rend plus insensez que les bestes enragées ceulx qui ont cuydé avoir plus de sens que tous les aultres hommes, leur faisant monstrer par oeuvres contre nature, qu'ilz sont en sens reprouvez. Longarine luy rompit la parolle, pour dire que c'est le troisiesme peché en quoy ilz sont subgectz. — Par ma foy, dist Nomerfide, je prens grand plaisir à ce propos, car, puis que les esperitz que l'on estime les plus subgectz et grands discoureurs ont telle pugnition de devenir plus sotz que les bestes, il fault doncques conclure que ceulx qui sont humbles et bas et de petite portée, comme le mien, sont rempliz de la sapience des anges. — Je vous asseure, dist Oisille, que je ne suis pas loing de vostre oppinion ; car nul n'est plus ignorant que celluy qui cuyde sçavoir. — Je n'ay jamais veu, dist Geburon, mocqueur qui ne fut mocqué, trom-

de France Louis XII à Millan et la triumphante entrée audict Millan, etc. Lyon, 1509, in-4°.

peur qui ne fut trompé, et glorieux qui ne fut humillyé. — Vous me faictes souvenir, dist Simontault, d'une tromperie, que, si elle estoit honneste, je l'eusse voluntiers comptée. — Or, puis que nous sommes cy pour dire verité, dist Oisille, soit de telle qualité que vouldrez, je vous donne ma voix pour la dire. — Puis que la place m'est donnée, dist Simontault, je la vous diray. »

CINQUANTE DEUXIESME NOUVELLE

Un varlet d'apothicaire, voyant venir derriere soy un avocat qui luy menoit tousjours la guerre, et duquel il avoit envie se venger, laissa tomber de sa manche un estron gelé enveloppé dans du papier, en guise d'un pain de sucre, que l'avocat leva de terre et le cacha en son sein; puis, s'en alla desjeuner en une taverne, dont il ne sortit qu'avec la despense et honte qu'il pensoit faire au pauvre varlet.

Auprès de la ville d'Alençon y avoit ung gentil homme, nommé le seigneur de la Tireliere[1], qui vint, à ung matin, de sa maison jusques à la ville, à pied, tant pour ce qu'elle estoit près, que pour ce qu'il geloit à pierre fendant; et n'avoit oblié au logis sa grosse robe fourrée de renardz. Quand il eut faict ses affaires, trouva ung sien compere advocat, nommé Anthoine Bacheré; et, après luy avoir parlé de ses affaires, luy dist qu'il avoit envie de trouver quelque bon desjeuner, mais que ce fust aux despens d'aultruy. En parlant à ses propos, se asseyerent devant l'ouvrouer d'ung apothicaire, où estoit ung varlet qui les escoutoit, et pensa incontinant de leur donner à desjeuner. Il saillyt de sa bouticque, dans une rue où chascun alloit faire ses necessitez[2]; et trouva ung grand estronc tout debout, si gellé qu'il sembloit ung petit pain de sucre fin; incontinant l'enveloppa dedans ung beau papier blanc, en la façon qu'il avoit accoustumé, pour en faire envie aux gens; et le cacha en sa manche, et s'en vint passer pardevant ce

---

[1] Dans un des meilleurs manuscrits, où le texte de cette Nouvelle offre des variantes très-notables, et souvent une rédaction différente, ce seigneur est nommé *de la Tilleriere.*

[2] Il y avait dans chaque ville une ou plusieurs rues qui étaient spécialement affectées à cet usage commun. Voy. à ce sujet une dissertation très-curieuse dans les *Mémoires de l'Académie de Troyes*, par Grosley et autres.

gentil homme et cest advocat, laissant tumber assez près d'eulx, comme par mesgarde, ce beau pain de sucre ; et entre dans une maison où il faingnoit de le porter. Le seigneur de la Tireliere se hasta de relever vistement ce qu'il cuydoit estre ung pain de sucre ; et, ainsy qu'il le levoit, le varlet de l'apothicaire retourna, serchant et demandant son pain de sucre partout. Le gentil homme, qui le pensoit avoir bien trompé, s'en alla hastivement avecq son compere en une taverne, en luy disant : « Nostre desjeuné est payé aux despens de ce varlet. » Quant il fut en la maison, il demanda bon pain, bon vin et bonnes viandes, car il pensoit bien avoir de quoy paier. Ainsy qu'il commenceea à se chauffer en mangeant, son pain de sucre commenccea aussy à desgeler, qui remplit toute la chambre de telle senteur que le pain estoit. Dont celluy qui le portoit en son sein, se commencea à courroucer à la chamberiere, luy disant : « Vous estes les plus villaines gens en ceste ville, que je veis oncques, car vous ou voz petitz enfans ont jonché toute ceste chambre de merde. » La chamberiere respondit : « Par Sainct Pierre ! il n'y a ordure ceans, si vous ne l'y avez apporté. » Et, sur ce regard, se leverent, pour la grande puanteur qu'ilz sentoient. Et s'en vont auprès du feu, où le gentil homme tira ung mouchouer de son sein qui estoit tainct de sucre, qui estoit en gelée. Et, en ouvrant sa robe fourrée de regnardz, la trouva toute gastée ; et ne sceut que dire à son compere, sinon que : « Le mauvais garson, que nous cuydions tromper, le nous a bien rendu ! » Et, en payant leur escot, s'en partirent aussi marryz qu'ilz estoient venuz joyeulx, pensans avoir trompé le varlet de l'apothicaire.

« Nous voions bien souvent, mes dames, cela advenir autant à ceulx qui prennent plaisir à user de telles finesses. Si le gentil homme n'eut voulu manger aux despens d'aultruy, il n'eust pas beu aux siens ung si villain breuvaige. Il est vray, mes dames, que mon compte n'est pas très nect, mais vous m'avez donné congé de dire la verité, laquelle j'ay dicte pour monstrer que, si ung trompeur est trompé, il n'y a nul qui en soit marry. — L'on dist voluntiers, dist Hircan, que les parolles ne sont jamais puantes, mais ceulx pour qui elles sont dictes n'en estoient pas quictes à si bon marché, qu'ilz ne les sentissent bien. — Il est vray, dist Oisille, que telles parolles ne puent point ; mais il y en a d'autres que l'on appelle *villaines*, qui sont de mauvaise odeur, quand l'ame en est plus faschée, que le corps n'est de sentir ung tel pain de sucre que vous avez dict. — Je vous prie, dist Hircan, dictes-moy quelles parolles sont que vous savez si ordes, qu'elles font mal au cueur et à l'ame d'une honneste femme? — Il seroit bon, dist Oisille, que je vous disse ce que je ne conseille à nulle femme de dire. — Par ce mot-là, dist Saffredent, j'entens bien quelz termes ce sont, dont les femmes qui se veullent faire reputer saiges ne usent point communement; mais je demanderois voluntiers à toutes celles qui sont icy, pourquoy c'est, puis qu'elles n'en osent parler, qu'elles rient si voluntiers, quand on en parle devant elles? » Ce dist Parlamente : « Nous ne ryons pas pour oyr dire ces beaulx motz, mais il est vray que toute personne est encline à rire, ou quand elle veoit quelcun tresbucher, ou quant on dict quelque mot sans propos, comme souvent advient la langue fourche en parlant et faict dire ung mot pour l'autre, ce qui advient aux plus saiges et mieulx parlantes. Mais, quand entre vous, hommes, parlez villainement pour vostre malice, sans nulle ignorance, je ne sçaiche telle femme de bien, qui n'en ait horreur, que non seullement ne les veulle escouter, mais fuyr la compaignye d'icelles gens. — Il est bien vray, dist Geburon, j'ay bien veu des femmes faire le signe de la croix en oyant dire des parolles, qui ne cessoient, après qu'on les eut redictes. — Mais, dist Simontault, combien de foys ont-elles mis leur touret de nez pour rire en liberté autant qu'elles s'estoient courroucées en ſainctes? — Encore valloit-il mieulx faire ainsy, dist Parlamente, que de donner à congnoistre que l'on trouvast le propos plaisant. — Vous louez doncques, dist Dagoucin, l'ypocrisie des dames autant que la vertu? — La vertu seroit bien meilleure, dist Longarine; mais, où elle default, se fault ayder de l'ypocrisie, comme nous faisons de pantoufles pour faire oblier nostre petitesse[1]. Encores est-ce beaucoup, que nous puissions couvrir noz imperfections. — Par ma foy, dist Hircan, il vauldroit mieulx quelque foys monstrer quelque petite imperfection, que la couvrir si fort du manteau de vertu. — Il est vray, dist Ennasuitte, que ung accoustrement emprunté deshonore autant celluy qui est contrainct de le rendre, comme il luy a faict d'honneur en le portant; et y a telle dame sur la terre, qui, par trop dissimuller une petite faulte, est tumbée en une plus grande. — Je me doubte, dist Hircan, de qui vous voulez parler, mais, au moins, ne la nommez point. — Ilo, dist Geburon, je vous donne ma voix par tel si[2], que, après avoir faict le compte, vous nous direz les noms, et

---

[1] Ce passage indique qu'on se servait de pantoufles ou mules qui avaient le talon fort élevé.

[2] De telle manière. Cette locution, qui se trouve dans les *Cent Nouvelles nouvelles*, était déjà vieille du temps de Charles VII.

nous jurerons de n'en parler jamais. — Je le vous promectz, dist Ennasuitte, car il n'y a rien qui ne se puisse dire avecq honneur. »

CINQUANTE TROISIESME NOUVELLE.

Madame de Neufchastel, par sa dissimulation, meit le prince de Belhoste jusques à faire telle preuve d'elle, qu'elle tourna à son deshonneur.

LE Roy François premier estoit en ung beau chasteau et plaisant, où il estoit allé avecq petite compaignie, tant pour la chasse que pour y prendre quelque repos. Il avoit en sa compaignie ung nommé le prince de Belhoste[1], autant honneste, vertueux, saige et beau prince qu'il y en avoit point en la court; et avoit espousé une femme qui n'estoit pas de grande maison. Mais si l'aymoit-il autant et la traictoit autant bien que mary peut faire sa femme, et se fyoit en elle. Quand il en aymoit quelqu'une, il ne luy celoit point, sçachant qu'elle n'avoit volunté que la sienne. Ce seigneur print une grande amitié en une dame vefve, qui s'appelloit madame de Neufchastel[2], et qui avoit la reputation d'estre la plus belle que l'on eust peu regarder. Et si le prince de Belhoste l'aymoit bien, sa femme ne l'aymoit pas moins, mais l'envoyoit souvent querir pour manger avecq elle, la trouvant si saige et honneste, que, en lieu d'estre marrye que son mary l'aymast, se rejouyssoit de le veoir addresser en si honneste lieu remply d'honneur et de vertu. Ceste amitié dura longuement, en sorte que en tous les affaires de la dicte Neufchastel le prince de Belhoste s'employoit comme pour les siens propres, et la princesse sa femme n'en faisoit pas moins. Mais, à cause de sa beaulté, plusieurs grands seigneurs et gentilz hommes serchoient fort sa bonne grace, les ungs pour l'amour seullement, les autres pour l'anneau[3]; car, oultre la beaulté, elle estoit fort riche. Entre aultres,

---

[1] Nous n'avons pas réussi à deviner, sous ce pseudonyme, le véritable nom de ce personnage; nous supposons que c'est un prince étranger, italien, sans doute, qui était au service de François 1er.

[2] Nous croyons que c'est la veuve de Louis d'Orléans, duc de Longueville, qui était mort en 1516, et dont le second fils, Louis, IIe du nom, héritier du duché de Longueville et de la principauté de Neufchâtel, mourut le 9 juin 1537. La duchesse douairière, qui survécut à son mari jusqu'en 1543, était Jeanne de Hochberg, fille unique de Philippe, comte souverain de Neufchâtel; on la désignait, suivant l'usage, par son nom de famille : *Madame de Neufchâtel*.

[3] C'est-à-dire : pour le mariage.

il y avoit ung jeune gentil homme, nommé le seigneur des Cheriotz[1], qui la poursuivoit de si près, qu'il ne failloit d'estre à son habiller et son deshabiller, et tout du long du jour, tant qu'il povoit estre auprès d'elle. Ce qui ne pleut pas au prince de Belhoste, pource qu'il luy sembloit que ung homme de si pauvre lieu et de si mauvaise grace ne meritoit point avoir si honneste et gratieux recueil : dont souvent il faisoit des remonstrances à ceste dame. Mais, elle, qui estoit fille d'Eve, s'excusoit, disant qu'elle parloit à tout le monde generallement et que pour cela leur amitié en estoit d'autant mieulx couverte, qu'elle ne parloit point plus aux ungs que aux aultres. Mais, au bout de quelque temps, ce sieur des Cheriotz feit telle poursuicte, plus par importunité que par amour, qu'elle luy promit de l'espouser, le priant ne la presser point de declairer le mariage jusques ad ce que ses filles fussent mariées. A l'heure, sans craincte de conscience, alloit le gentil homme à toutes heures qu'il vouloit à sa chambre ; et n'y avoit que une femme de chambre et ung homme, qui sceussent leurs affaires. Le prince, voyant que de plus en plus le gentil homme se apprivoyoit en la maison de celle qu'il aymoit tant, le trouva si mauvais, qu'il ne se peut tenir de dire à la dame : « J'ay toujours aymé vostre honneur, comme celluy de ma propre seur ; et sçavez les honnestes propos que je vous ay tenuz et le contentement que j'ay d'aymer une dame tant saige et vertueuse que vous estes ; mais, si je pensois que ung aultre, qui ne le merite pas, gaingnast par importunité ce que je ne veulx demander contre vostre vouloir, ce me seroit chose importable et non moins deshonorable pour vous. Je le vous dis, pource que vous estes belle et jeune, et que jusques icy vous avez esté en si bonne reputation : et vous commancez à acquerir ung très mauvais bruict, car, nonobstant qu'il ne soit pareil ni de maison ni de biens, et moins d'auctorité, sçavoir et bonne grace, si est-ce qu'il vauldroit mieulx que vous l'eussiez espousé, que d'en mectre tout le monde en soupson. Parquoy, je vous prie, dictes-moy si vous estes deliberée de l'aymer, car je ne le veulx point avoir pour compaignon ; et le vous lerrai tout entier et me retireray de la bonne volunté que je vous ay portée. » La pauvre dame se print à pleurer, craignant de perdre son amitié ; et luy jura qu'elle aymeroit mieulx mourir, que d'espouser le gentil homme dont il luy parloit ; mais il estoit tant importun, qu'elle ne le povoit garder d'entrer en sa chambre, à l'heure que tous les aultres

---

[1] Ce nom est certainement dénaturé.

y entroient. « De ces heures-là, dist le prince, je ne parle point, car je y puis aussy bien aller que luy, et chascun veoit ce que vous faictes, mais on m'a dict qu'il y va, après que vous estes couchée, chose que je trouve si estrange, que, si vous continuez ceste vie et ne le declairez pour mary, vous estes la plus deshonorée femme que oncques fust. » Elle luy feit tous les sermens qu'elle peut, qu'elle ne le tenoit pour mary ne pour amy, mais pour ung aussi importun gentil homme qu'il en fust point : « Puisque ainsy est, dist le prince, qu'il vous fasche, je vous asseure que je vous en defferay. — Comment! dist-elle; le voudriez-vous bien faire morir? — Non, non, dist le prince, mais je luy donneray à congnoistre que ce n'est point en tel lieu ny en telle maison que celle du Roy, où il faille faire honte aux dames ; et vous jure, foy de tel amy que je suis, que, si après avoir parlé à luy, il ne se chastie, je le chastieray si bien, que les aultres y prendront exemples. » Sur ces parolles, s'en alla et ne faillit pas, au partir de la chambre, de trouver le seigneur des Cheriotz qui y venoit, auquel il tint les propos que vous avez oyz, l'asseurant que, la premiere fois qu'il se trouveroit hors de l'heure que les gentilz hommes doyvent aller veoir les dames, il luy feroit une telle paour, que à jamais[1] il luy en souviendroit; et qu'elle estoit trop bien apparentée pour se jouer ainsy à elle. Le gentil homme l'asseura qu'il n'y avoit jamais esté, sinon comme les aultres, et que il luy donnoit congé, s'il l'y trouvoit, de luy faire du pis qu'il pourroit. Quelque jour après que le gentil homme cuydoit les parolles du prince estre mises en obly, s'en alla veoir au soir sa dame et demeura assez tard. Le prince dist à sa femme, comme la dame de Neufchastel avoit ung grand rhume; parquoy, sa bonne femme le pria de l'aller visiter pour tous deux, et de luy faire ses excuses, dont elle n'y povoit aller, car elle avoit quelque affaire necessaire en sa chambre. Le prince attendit que le Roy fut couché; et, après, s'en alla pour donner le bon soir à sa dame. Mais, en cuydant monter un degré, trouva ung varlet de chambre qui descendoit, auquel il demanda que faisoit sa maistresse; qui luy jura qu'elle estoit couchée et endormye. Le prince descendit le degré et soupsonna qu'il mentoit; parquoy il regarda derriere luy et veid le varlet qui retournoit en grande diligence. Il se promena en la court devant ceste porte, pour veoir si le varlet retourneroit point. Mais, ung quart d'heure après, le veid encores descendre et regarder de tous

---

[1] Toujours.

coustez pour veoir qui estoit en la court. A l'heure, pensa le prince que le seigneur des Cheriotz estoit en la chambre de sa dame, et que, pour craincte de luy, n'osoit descendre : qui le feit encores promener long temps. Se advisa que en la chambre de la dame y avoit une fenestre, qui n'estoit gueres haulte et regardoit dans ung petit jardin ; il luy souvint du proverbe qui dict : *Qui ne peut passer par la porte saille par la fenestre;* dont soubdain appella ung sien varlet de chambre et luy dist : « Allez-vous-en en ce jardin là derrière, et si vous voyez ung gentil homme descendre par la fenestre, si tost qu'il aura mis le pied à terre, tirez vostre espée, et, en le frotant contre la muraille, cryez : *Tue, tue!* Mais gardez que vous ne le touchez. » Le varlet de chambre s'en alla où son maistre l'avoit envoyé; et le prince se promena jusques environ trois heures après minuyct. Quand le seigneur des Cheriotz entendit que le prince estoit tousjours en la court, delibera descendre par la fenestre; et, après avoir gecté sa cappe la premiere, avec l'ayde de ses bons amys, saulta dans le jardin. Et, sitost que le varlet de chambre l'advisa, il ne faillyt à faire bruict de son espée, et cria : *Tue, tue!* dont le pauvre gentil homme, cuydant que ce fust son maistre, eut si grand paour, que, sans adviser à prendre sa cappe, s'enfuyt en la plus grande haste qu'il luy fut possible. Il trouva les archers qui faisoient le guet, qui furent fort estonnez de le veoir ainsy courir ; mais il ne leur osa rien dire, sinon qu'il les pria bien fort de luy vouloir ouvrir la porte, ou de le loger avecq eulx jusques au matin, ce qu'ilz feirent, car ilz n'en avoient pas les clefz. A ceste heure-là, vint le prince pour se coucher et trouva sa femme dormant; la resveilla, luy disant : « Devinez, ma femme, quelle heure il est? » Elle luy dist : « Depuis au soir que je me couchay, je n'ay point ouy sonner l'orloge. » Il luy dist : « Ilz sont trois heures après minuyct passées. — Pour lors, Monsieur, dist sa femme, et où avez-vous tant esté? J'ay grand paour que vostre santé en vauldra pis. — M'amye, dist le prince, je ne seray jamais mallade de veiller, quand je garde de dormir ceulx qui me cuydent tromper. » Et en disant ces parolles, se print tant à rire, qu'elle le suplia luy vouloir compter ce que c'estoit, ce qu'il feit tout du long, en luy monstrant la peau du loup que son varlet de chambre avoit apportée. Et après qu'ilz eurent passé le temps aux despens des pauvres gens, s'en allerent dormir d'aussi gratieux repos que les deux autres travaillerent la nuyct et en paour et craincte que leur affaire fust revelé. Toutesfois, le gentil homme, sçachant bien qu'il ne povoit dissimuller devant le prince, vint au matin à son lever luy suplier qu'il ne le voullust point deceler et qu'il luy feist rendre sa cappe. Le prince feit semblant d'ignorer tout le faict et tint si bonne contenance, que le gentil homme ne sçavoit où il en estoit. Si est-ce que à la fin il oyt aultre leçon qu'il ne le pensoit, car le prince l'asseura, que, s'il y retournoit jamais, qu'il le diroit au Roy et le feroit bannir de la court.

« Je vous prie, mes dames, juger s'il n'eust pas mieulx vallu à ceste pauvre dame d'avoir parlé franchement à celluy qui luy faisoit tant d'honneur de l'aymer et estimer, que de le mectre par dissimullation jusques à faire une preuve qui luy fut si honteuse. — Elle sçavoit, dist Geburon, que, si elle luy confessoit la verité, elle perdroit entierement sa bonne grace, ce qu'elle ne vouloit pour rien perdre. — Il me semble, dist Longarine, puis qu'elle avoit choisy un mary à sa fantaisye, qu'elle ne debvoit craindre de perdre l'amitié de tous les aultres? — Je croy bien, ce dist Parlamente, que, si elle eust osé declarer son mariage, elle se fust contentée du mary, mais, puis qu'elle le voloit dissimuller jusques ad ce que ses filles fussent mariées, elle ne voloit point laisser une si honneste couverture. — Ce n'est pas cela, dist Saffredent, mais c'est que l'ambition des femmes est si grande, qu'elles ne se contentent jamais d'en avoir ung seul. Mais j'ay oy dire que celles qui sont les plus saiges en ont voluntiers trois, c'est assavoir ung pour l'honneur, ung pour le proffict, ung pour le plaisir; et chascun des trois pense estre le mieulx aymé. Mais les deux premiers servent au dernier. — Vous parlez de celles, dist Oisille, qui n'ont ny amour ny honneur. — Madame, dist Saffredent, il y en a telles de la condition que je vous paincts et que vous estimez bien des plus honnestes femmes du païs. — Croiez, dist Hircan, que une femme fine sçaura vivre, où toutes les aultres mourront de faim. — Aussy, ce dist Longarine, quand leur finesse est congneue, c'est bien la mort. — Mais la vie, dist Simontault, car elles n'estiment pas petite gloire d'estre reputées plus fines que leurs compaignes. Et ce nom-là de *fines*, qu'elles ont acquis à leurs despens, faict plus hardiment venir les serviteurs à leur obeissance, que la beauté. Car ung des plus grands plaisirs qui sont entre ceulx qui ayment, c'est de conduire leur amitié finement. — Vous parlez, dist Ennasuitte, d'ung amour meschant, car la bonne amour n'a besoing de couverture. — Ha, dist Dagoucin, je vous suplye oster ceste oppinion de vostre teste, pour ce que tant plus la drogue est pretieuse et moins se doibt eventer, pour la malice de ceulx qui ne se prennent que aux signes exterieurs, lesquelz en bonne et loialle amitié sont tous pareilz ; parquoy les fault aussy bien cacher, quand l'amour est vertueuse, que si elle estoit au contraire, pour ne tomber au mauvais jugement de ceulx qui ne peuvent croire que ung homme puisse aymer une dame par honneur ; et leur semble que, s'ilz sont subjectz à leur plaisir, que chacun est semblable à eulx. Mais, si nous estions tous de bonne foy, le regard et la parolle n'y seroient point dissimullez, au moins à ceulx qui aymeroient mieulx mourir que d'y penser quelque mal. — Je vous asseure, Dagoucin, dist Hircan, que vous avez une si haulte philosophie, qu'il n'y a homme icy qui l'entende ne le croye ; car vous nous vouldriez faire acroire que les hommes sont anges, ou pierres, ou diables. — Je sçay bien, dist Dagoucin, que les hommes sont hommes et subjectz à toutes passions, mais si est-ce qu'il y en a qui aymeroient mieulx mourir, que pour leur plaisir leur dame feist chose contre sa conscience. — C'est beaucoup que mourir, dist Geburon ; je ne croiray ceste parolle, quand elle seroit dicte de la bouche du plus austere religieux qui soit. — Mais je croy, dist Hircan, qu'il n'y en a point qui ne desire le contraire. Toutesfois, ilz font semblant de n'aymer point les raisins, quand ilz sont si haults, qu'ilz ne les peuvent cueillir [1]. — Mais, dist Nomerfide, je croy que la femme de ce prince fut bien ayse, dont son mary apprenoit à congnoistre les femmes ? — Je vous asseure que non fut, dist Ennasuitte, mais en fut très marrye pour l'amour qu'elle luy portoit. — J'aymerois autant, dist Saffredent, celle qui ryoit, quand son mary baisoit sa chamberiere. — Vrayement, dist Ennasuitte, vous en ferez le compte ; je vous donne ma place. — Combien que ce compte soit court, dist Saffredent, je le vous voys dire, car j'ayme mieulx vous faire rire que parler longuement. »

Allusion à la fable d'Ésope *le Renard et les Raisins.*

CINQUANTE QUATRIESME NOUVELLE.

La femme de Thogas, pensant que son mary n'eust amitié à aultre qu'à elle, trouvoit bon que sa servante luy feit passer le temps, et rioit, quand à son veu et sceu il la baisoit devant elle.

Entre les montz Pyrenées et les Alpes, y avoit ung gentil homme, nommé Thogas, lequel avoit femme et enfans, et une fort belle maison, et tant de biens et de plaisirs, qu'il avoit occasion de vivre content, sinon qu'il estoit subject à une grande douleur au dessoubz de la racine des cheveulx ; tellement que les medecins luy conseillerent de descoucher d'avecques sa femme : à quoy elle se consentit très voluntiers, n'aiant regard comme à la vie et à la santé de son mary. Et feit mectre son lict en l'autre coing de la chambre, viz à viz de celluy de son mary, en ligne si droicte, que l'un ne l'autre n'eust sceu mectre la teste dehors sans se veoir tous deux. Ceste damoiselle tenoit avecq elle deux chamberieres; et souvent, quand le seigneur et la damoiselle estoient couchez, prenoient chascun d'eulx quelque livre de passetemps pour lire en son lict; et leurs chamberieres tenoient la chandelle, c'est assavoir la jeune au sieur et l'autre à la damoiselle. Ce gentil homme, voiant sa chamberiere plus jeune et plus belle que sa femme, prenoit si grand plaisir à la regarder, qu'il interrompoit sa lecture, pour l'entretenir. Ce que très bien oyoit sa femme et trouvoit bon que ses serviteurs et servantes feissent passer le temps à son mary, pensant qu'il n'eust amitié à aultre que à elle. Mais, ung soir qu'ilz eurent leu plus longuement que de coustume, regardant la damoiselle de loing du costé du lict de son mary où estoit la jeune chamberiere qui tenoit la chandelle, laquelle elle ne voyoit que par derriere; et ne povoit veoir son mary, sinon que du costé de la cheminée qui retournoit devant son lict; et estoit une muraille blanche ou reluisoit la clairté de la chandelle; et contre la dicte muraille voyoit très bien le pourtraict du visaige de son mary et de celluy de sa chamberiere; s'ilz s'esloignoient, s'ilz s'approchoient, ou s'ilz ryoient, elle en avoit bonne congnoissance, comme si elle les eust veu. Le gentil homme, qui ne se donnoit de garde, estant seur que sa femme ne les povoit veoir, baisa sa chamberiere : ce que pour une

CINQUANTE QUATRIESME NOUVELLE

foys sa femme endura sans dire mot, mais quand elle veit que les umbres retournoient soubvent à ceste union, elle eut paour que la verité fut couverte dessoubz; parquoy elle se print tout hault à rire, en sorte que les umbres eurent paour de son ris, et se separerent. Et le gentil homme luy demanda pourquoy elle ryoit si fort, et qu'elle luy donnast part de sa joieuseté. Elle luy respondit : « Mon mary, je suis si sotte, que je ris à mon umbre. » Jamais, quelque enqueste qu'il en sceut faire, ne luy en confessa autre chose; si est-ce qu'il laissa ceste face umbrageuse.

« Et voyla de quoy il m'est souvenu, quand vous avez parlé de la asme qui aymoit l'amye de son mary. — Par ma foy, dist Ennasuitte, si ma chamberiere m'en eust faict aultant, je me fusse levé et luy eusse tué la chandelle sur le nez. — Vous estes bien terrible, dist Hircan, mais ce eust esté bien employé, si vostre mary et la chamberiere se fussent mis contre vous, et vous eussent très bien battue; car, pour ung baiser, ne fault pas faire si grand cas. Encores eut bien faict sa femme de ne luy en dire mot et luy laisser prendre sa recreation qui eut peu garir sa maladie. — Mais, dist Parlamente, elle avoit paour que la fin du passetemps le feit plus mallade. — Elle n'est pas, dist Oisille, de ceulx contre qui parle Nostre Seigneur : *Nous vous avons lamenté et vous n'avez point pleuré; nous vous avons chanté et vous n'avez daneé;* » car, quand son mary estoit mallade, elle ploroit, et quand il estoit joieux, elle ryoit. Ainsy toutes femmes de bien deussent avoir la moictié du bien, du mal, de la joye et de la tristesse de son mary, et l'aymer, servir et obeir comme l'Eglise à Jesus Christ. — Il fauldroit doncques, mes dames, dist Parlamente, que noz mariz fussent envers nous, comme Christ envers son Eglise[1]. — Aussy faisons-nous, dist Saffredent, et, si possible estoit, nous le passerions, car Christ ne morut que une foys pour son Eglise; nous morons tous les jours pour noz femmes. — Morir? dist Longarine; il me semble que vous et les aultres, qui sont icy, vallez mieulx escuz, que ne valliez grands blancs[2], quand vous fustes mariez. — Je sçay bien pourquoy, dist Saffredent : c'est pour ce que souvent nostre valeur est es-

---

[1] Cette façon de parler de Jésus-Christ est empruntée évidemment aux *précheurs* de la Réforme.
[2] Expression proverbiale qui signifie que le mariage change le titre et la valeur des hommes, de même que la monnaie hausse de prix selon le nouveau coin dont on la frappe. Les grands blancs, ou gros deniers blancs, valant dix deniers tour-

prouvée, mais si se sentent bien noz espaules d'avoir longuement porté la cuyrasse. — Si vous avez esté contrainctz, dist Ennasuitte, de porter, ung moys durant, le harnoys et coucher sur la dure, vous auriez grand desir de recouvrer le lict de vostre bonne femme, et porter la cuyrasse dont vous vous plaingnez maintenant. Mais l'on dict que toutes choses se peuvent endurer, sinon l'ayse, et ne congnoist-on le repos, sinon quand on l'a perdu. Ceste vaine femme, qui ryoit quand son mary estoit joieux, aymoit bien à trouver son repos partout. — Je croy, dist Longarine, qu'elle aymoit mieulx son repos que son mary, veu qu'elle ne prenoit bien à cueur chose qu'il feist. — Elle prenoit bien à cueur, dist Parlamente, ce qui povoit nuyre à sa conscience et sa santé, mais aussy ne se vouloit point arrester à petite chose. — Quand vous parlez de la conscience, vous me faictes rire, dist Simontault; c'est une chose dont je ne vouldrois jamais que une femme eust soulcy. — Il seroit bien employé, dist Nomerfide, que vous eussiez une telle femme que celle qui monstra bien, après la mort de son mary, d'aymer mieulx son argent que sa conscience. — Je vous prie, dist Saffredent, dictes-nous ceste nouvelle, et vous donne ma voix. — Je n'avois pas deliberé, dist Nomerfide, de racompter une si courte histoire, mais, puis qu'elle vient à propos, je la diray. »

CINQUANTE CINQUIESME NOUVELLE.

La vefve d'un marchant accomplit le testament de son mary, interpretant son intention au profflict d'elle et de ses enfans.

En la ville de Sarragoce y avoit ung riche marchant, lequel, voyant sa mort approcher, et qu'il ne povoit plus tenir ses biens que peut estre avoit acquis avecq mauvaise foy, pensa que, en faisant quelque petit present à Dieu, il satisferoit, après sa mort, en partye à ses pechez : comme si Dieu donnoit sa grace pour argent! Et quand il eut ordonné du faict de sa maison, dist qu'il voloit que ung beau cheval d'Espagne qu'il avoit fust vendu le plus que l'on pourroit, et que l'argent fust distribué aux pauvres, priant sa femme, qu'elle ne voulust faillir, in-

nois, furent en usage depuis le règne de Philippe de Valois jusqu'à celui de Louis XII. Le peuple dit encore aujourd'hui *six blancs* pour *deux sous et demi*.

continant qu'il seroit trespassé, de vendre son cheval, et distribuer cet argent selon son ordonnance. Quand l'enterrement fut faict et les premieres larmes gectées, la femme, qui n'estoit non plus sotte que les Espagnolles ont accoustumé d'estre, s'en vint au serviteur qui avoit comme elle entendu la volunté de son maistre : « Il me semble que j'ay assez faict de pertes de la personne du mary que j'ay tant aymé, sans maintenant perdre les biens. Si est-ce que je ne vouldrois desobeir à sa parolle, mais ouy bien faire meilleure son intention ; car le pauvre homme, seduict par l'avarice des prestres, a pensé faire grand sacrifice à Dieu de donner après sa mort une somme, dont en sa vie n'eust pas voulu donner ung escu en extreme necessité, comme vous sçavez. Parquoy, j'ay advisé que nous ferons ce qu'il a ordonné par sa mort, et encores mieulx qu'il n'eust faict, s'il eut vescu quinze jours davantaige ; mais il fault que personne du monde n'en sçache rien. » Et quand elle eut promesse du serviteur de le tenir secret, elle luy dist : « Vous irez vendre son cheval, et à ceulx qui vous diront combien, vous leur direz un ducat ; mais j'ay ung fort bon chat que je veulx aussy mectre en vente, que vous vendrez quant et quant pour quatre vingt dix neuf ducatz : et ainsy le chat et le cheval feront tous deux les cent ducatz que mon mary vouloit vendre son cheval seul. » Le serviteur promptement accomplit le commandement de sa maistresse. Et ainsy qu'il promenoit son cheval par la place, tenant son chat entre ses bras, quelque gentil homme, qui autrefois avoit veu le cheval et desiré l'avoir, luy demanda combien il en vouloit avoir, il luy respondit ung ducat. Le gentil homme luy dist : « Je te prie, ne te mocque point de moy. — Je vous asseure, monsieur, dist le serviteur, qu'il ne vous coustera que ung ducat. Il est vray qu'il fault achepter le chat quant et quant, duquel il fault que j'en aye quatre vingtz et dix neuf ducatz, » A l'heure, le gentil homme, qui estimoit avoir raisonnable marché, luy paia promptement ung ducat pour le cheval et quatre vingt dix neuf pour le chat, comme il luy avoit demandé, et emmena sa marchandise. Le serviteur, d'autre costé, emporta son argent, dont sa maistresse fut fort joieuse ; et ne faillyt pas de donner le ducat, que le cheval avoit esté vendu, aux pauvres mendians, comme son mary avoit ordonné, et retint le demorant pour subvenir à elle et à ses enfans.

« A vostre advis, si celle-là n'estoit pas bien plus saige que son mary, et si elle se soulcioit tant de sa conscience, comme du profficit de son mesnaige ? — Je pense, dist Parlamente, qu'elle aymoit bien son mary, mais, voiant que à la mort la plus part des hommes resvent, elle qui congnoissoit son intention, l'avoit voulu interpreter au proffict des enfans : dont je l'estime très saige. — Comment, dist Geburon, n'estimez-vous pas une grande faulte de faillir d'accomplir les testamens des amyz trespassez? — Si faict, dea, dist Parlamente, par ainsy que[1] le testateur soit en bon sens et qu'il ne resve point. — Appellez vous resverye de donner son bien à l'Eglise et aux pauvres mendians? — Je n'appelle point resverye, dist Parlamente, quand l'homme distribue aux pauvres ce que Dieu a mis en sa puissance, mais de faire aulmosne du bien d'aultruy, je ne l'estime pas à grand sapiance, car vous verrez ordinairement les plus grands usuriers qui soient point, faire les plus belles et triomphantes chappelles que l'on sçauroit veoir, voulans appaiser Dieu, pour cent mille ducatz de larcin, de dix mille ducatz de edifices, comme si Dieu ne sçavoit compter. — Vrayement, je m'en suis maintesfois esbahye, dist Oisille, comment ilz cuydent apaiser Dieu par les choses que luy-mesmes estant sur terre a reprouvées, comme grands bastimens, dorures, fars et painctures? Mais, s'ilz entendoient bien que Dieu a dict, à ung passaige, que pour toute oblation il nous demande le cueur contrict et humilié, et, en ung aultre, sainct Pol dist que nous sommes le temple de Dieu où il veult habiter, ilz eussent mys peyne d'orner leur conscience durant leur vie, et n'atendre pas à l'heure que l'homme ne peut plus faire bien ne mal, et encores, qui pis est, charger ceulx qui demeurent, à faire leurs aulmosnes à ceulx qu'ilz n'eussent pas daigné regarder leur vie durant. Mais Celluy qui congnoist le cueur ne peut estre trompé; et les jugera non seullement selon les oeuvres, mais selon la foy et charité qu'ilz ont eues à luy. — Pourquoy doncques est-ce, dist Geburon, que ces cordeliers et mendians ne nous chantent, à la mort, que de faire beaucoup de biens à leurs monasteres, nous asseurans qu'ilz nous mectront en paradis, veullons ou non[2]? — Comment, Geburon, dist Hircan, avez-vous oblyé la malice que vous nous avez comptée des cordeliers, pour demander comment il est possible que telles gens puissent mentir? Je vous declare que je ne pense point qu'il y ait au monde plus grands mensonges que les leurs. Et encores ceulx-ci ne peuvent estre reprins, qui parlent pour le bien de toute la communaulté ensemble; mais il y en a qui oblient leur veu de pauvreté, pour satisfaire à leur avarice. — I

---

[1] Pourvu que.
[2] Que nous le veuillons ou non.

me semble, Hircan, dist Nomerfide, que vous en sçavez quelqu'un ?
Je vous prie, s'il est digne de ceste compaignie, que vous nous le veuilliez dire ? — Je le veulx bien, dist Hircan, combien qu'il me fasche de parler de ces gens-là, car il me semble qu'ilz sont du rang de ceulx que Virgille dict à Dante[1] : « Passe oultre, et n'en tiens compte. » Toutesfois, pour vous monstrer qu'ilz n'ont pas laissé leurs passions avecq leurs habitz mondains, je vous diray ce qui advint[2].

CINQUANTE SIXIESME NOUVELLE.

Une devote dame s'adressa à ung cordelier, pour, par son conseil, pourvoir sa fille d'un bon mary, auquel elle faisoit si honneste party, que le beau pere, soubz l'esperance d'avoir l'argent qu'elle bailleroit à son gendre, feit le mariage de sa fille avec un sien jeune compaignon, qui tous les soirs venoit souper et coucher avec sa femme, et le matin, en habit d'escolier, s'en retournoit en son couvent ; où sa femme l'apparceut et le monstra, ung jour, qu'il chantoit la messe, à sa mere, qui ne put croire que ce fut luy jusqu'à ce qu'estant dedans le lit elle luy osta sa coiffe de la teste, et congneut à sa couronne la verité et tromperie de son pere confesseur.

En la ville de Padoue, passa une dame françoise, à laquelle fut rapporté que, dans les prisons de l'evesque, il y avoit ung cordelier ;

---

[1] Dans l'Enfer de la *Divina Comedia*.
[2] Dans les éditions de 1558 et 1559, ce dialogue a été remplacé par un autre, où les éditeurs Boaistuau et Cl. Gruget ont pris soin d'atténuer les opinions hardies de la Reine de Navarre, qui s'y montrait tout à fait protestante. Voici le texte de toutes les éditions :

« Appellez-vous, dist Geburon, *s'egarer* donner son bien à l'Église et aux pauvres mendians ? — Je n'appelle point *errer*, dist Parlamente, quand l'homme distribue aux pauvres ce que Dieu a mis en sa puissance. Mais de donner tout ce qu'on a à sa mort et de faire languir de faim sa famille puis apres, je n'approuve pas cela. Et me semble que Dieu auroit aussi acceptable qu'on eut solicitude des pauvres orphelins qu'on a laissez sur terre, lesquelz, n'ayans moyen de se nourrir, et accablez de pauvreté, quelquefois au lieu de benir leurs peres, les maudissent quand ilz se sentent pressez de faim : car Celuy qui congnoist les cueurs ne peult estre trompé, et ne jugera pas seulement selon les oeuvres, mais selon la foy et charité qu'on a eue à luy. — Pourquoy est-ce donc, dist Geburon, que l'avarice est aujourd'huy si enracinée en tous les estats du monde, que la pluspart des hommes s'attendent à faire des biens, lorsqu'ilz se sentent assaillis de la mort et qu'il leur faut rendre compte à Dieu ? Et croy infailliblement qu'ilz mettent si bien leurs affections en leurs richesses, que, s'ilz les povoient emporter avec eulx, ilz le feroient volontiers. Mais c'est l'heure où le Seigneur leur feict sentir plus griefve-

et, s'enquerant de l'occasion, pource qu'elle voyoit que chascun en parloit par mocquerie, luy fut asseuré que ce cordelier, homme ancien, estoit confesseur d'une fort honneste dame et devote demorée vefve, qui n'avoit que une seulle fille qu'elle aymoit tant, qu'il n'y avoit peyne qu'elle print pour luy amasser du bien et luy trouver un bon party. Or, voiant sa fille devenir grande, estoit continuellement en soulcy de luy trouver party qui peut vivre avecq elles deux en paix et en repos, c'est à dire qui fut homme de conscience, comme elle s'estimoit estre. Et, pource qu'elle avoit oy dire à quelque sot prescheur, qu'il valloit mieulx faire mal par le conseil des docteurs, que faire bien, croyant l'inspiration du Sainct Esperit; s'adressa à son beau pere, confesseur, homme desja ancien, docteur en theologie, estimé bien vivant de toute la ville, se asseurant, par son conseil et bonnes prieres, ne povoir faillir de trouver le repos d'elle et de sa fille. Et, quand elle l'eut bien fort prié de choisir ung mary pour sa fille tel qu'il congnoissoit que une femme aymant Dieu et son honneur debvoit soubhaister, il luy respondit que premierement falloit implorer la grace du Sainct Esperit par oraisons et jeusnes, et puis, ainsy que Dieu conduiroit son entendement, il esperoit de trouver ce qu'elle demandoit. Et ainsy s'en alla le cordelier, d'un costé, penser à son affaire. Et, pource qu'il entendoit de la dame, qu'elle avoit amassé cinq cens ducatz pour donner au mary de sa fille, et prenoit sur sa charge la nourriture des deux, les fournissans de maison, meubles et accoustremens, il s'advisa qu'il avoit ung jeune compaignon de belle taille et agreable visaige, auquel il donneroit la belle fille, la maison, les meubles et sa vie et nourriture asseurée, et que les cinq cens ducatz luy demeureroient pour soullager son ardente avarice ; et, après qu'il eut parlé à

ment son jugement que à l'heure de la mort, car tout ce qu'ilz ont faict tout le temps de leur vie, bien ou mal, en un instant se represente devant eulx. C'est l'heure où les livres de nos consciences sont ouvertz, et où chascun peut y veoir le bien et le mal qu'il a faict. Car les Esprits malings ne laissent rien qu'ilz ne proposent au pecheur, ou pour l'induire à une presumption d'avoir bien vescu, ou à une deffiance de la misericorde de Dieu, afin de les faire tresbucher du droict chemin. — Il me semble, Hircan, dist Nomerfide que vous sçavez quelque histoire à ce propos. Je vous prie, si la pensez digne de cette compagnie, qu'il vous plaise nous la dire. — Je le veulx bien, dist Hircan, et combien qu'il me fasche de compter quelque chose à leur desavantage, si est-ce que, veu que nous n'avons espargné ny roys, ny ducs, ni comtes, ny barons, ceux icy ne se doibvent tenir offencez si nous les mettons au rang de tant de gens de bien : mesmes que nous ne parlons que des vicieux, car nous sçavons qu'il y a des gens de bien en tous estats, et que les bons ne doibvent estre interessez pour les mauvais. Mais laissons ces propos et donnons commencement à nostre histoire. »

son compaignon, se trouverent tous deux d'accord. Il retourna devant la dame et luy dist : « Je croy sans faulte que Dieu m'a envoyé son ange Raphaël, comme il feit à Thobie, pour trouver ung parfaict espoux à vostre fille, car je vous asseure que j'ay en ma maison le plus honneste gentil homme qui soit en Italie, lequel quelquefois veit vostre fille, et en est si bien prins, que aujourd'huy, ainsy que j'estois en oraison, Dieu le m'a envoyé, et m'a declaré l'affection qu'il avoit au mariage ; et moy, qui congnois sa maison et ses parens, et qu'il est de race notable, luy ay promis de vous en parler. Vray est qu'il y a ung inconvenient que seul je congnois en luy : c'est que, en voulant saulver ung de ses amys que ung aultre vouloit tuer, tira son espée, pensant les despartir[1]; mais la fortune advint, que son amy tua l'aultre, parquoy luy, combien qu'il n'ait frappé nul coup, est fugitif de sa ville, pource qu'il assista au meurtre et avoit tiré l'espée ; et, par le conseil de ses parens, s'est retiré en ceste ville en habit d'escolier, où il demeure incongneu, jusques ad ce que ses parens ayent mis fin à son affaire, ce qu'il espere estre de brief. Et, par ce moien, fauldroit le mariage estre faict secretement, et que vous fussiez contante qu'il allast le jour aux lectures publiques, et tous les soirs venir souper et coucher ceans. A l'heure, la bonne femme luy dist : « Monsieur, je trouve que ce que vous me dictes m'est grand advantaige, car au moins j'auray auprès de moy ce que je desire le plus en ce monde. » Ce que le cordelier feit ; et luy admena bien en ordre avecq ung beau pourpoinct de satin cramoisy, dont elle fut bien ayse. Et, après qu'il fut venu, feirent les fiançailles, et incontinant que minuyct fut passé, feirent dire une messe et espouserent ; puis, allerent coucher ensemble jusques au point du jour, que le marié dist à sa femme, que, pour n'estre congneu, il estoit contrainct d'aller au college. Ayant prins son pourpoinct de satin cramoisy et sa robbe longue, sans oblier sa coiffe de soye noire, vint dire adieu à sa femme qui encores estoit au lict, et l'asseura que tous les soirs il viendroit souper avecq elle, mais que pour le disner ne le falloit attendre. Ainsy s'en partyt et laissa sa femme, qui s'estimoit la plus heureuse du monde d'avoir trouvé ung si très bon party. Et ainsy s'en retourna le jeune cordelier marié, à son vieil pere, auquel il porta les cinq cens ducatz, dont ilz avoient convenu ensemble par l'accord du mariage. Et, au soir, ne faillyt de retourner souper avecq celle qui le cuydoit estre son mary ; et s'en-

[1] Séparer.

tretint si bien en l'amour d'elle et de sa belle mere, qu'ils n'eussent pas voulu avoir change au plus grand prince du monde.

Ceste vie continua quelque temps ; mais, ainsy que la bonté de Dieu a pitié de ceulx qui sont trompez par bonne foy, par sa grace et bonté, il advint que ung matin il print grand devotion à ceste dame et à sa fille d'aller oyr la messe à Sainct-François[1], et visiter leur bon pere confesseur, par le moyen duquel elles pensoient estre si bien pourvues l'une de beau filz et l'autre de mary. Et, de fortune, ne trouvant le dit confesseur, ne aultre de leur connoissance, furent contantes d'oyr la grande messe qui se commenceoit, attendant s'il viendroit point. Et ainsy que la jeune femme regardoit ententivement au service divin et au mystere d'icelluy, quand le prestre se retourna pour dire *Dominus vobiscum*, ceste jeune mariée fut toute surprinse d'estonnement, car il luy sembla que c'estoit son mary ou pareil de luy; mais, pour cela, ne voulut sonner mot, et attendit encores qu'il se retournast encore une aultre foys, où elle l'advisa beaucoup mieulx : ne doubta point que ce fust luy; parquoy elle tira sa mere, qui estoit en grande contemplation, en luy disant : « Helas, ma dame, qui est-ce que je voy ? » La mere luy demanda quoy? « C'est celluy, mon mary, qui dict la messe, ou la personne du monde qui mieulx luy ressemble. » La mere, qui ne l'avoit point bien regardé, luy dist : « Je vous prie, ma fille, ne mectez point ceste oppinion dedans vostre teste, car c'est une chose totallement impossible, que ceulx qui sont si sainctes gens eussent faict une telle tromperie ; vous pescheriez grandement contre Dieu d'adjouster foy à une telle oppinion. » Toutesfois, ne laissa pas la mere d'y regarder, et quand ce vint à dire *Ite missa est*, congneut veritablement que jamais deux freres d'une ventrée ne fussent si semblables. Toutesfois elle estoit si simple, qu'elle eust volontiers dict : « Mon Dieu, gardez-moy de croire ce que je voy ! » Mais, pource qu'il touchoit à sa fille, ne voulut pas laisser la chose ainsy incongneue, et se delibera d'en sçavoir la verité. Et, quand ce vint le soir que le mary debvoit retourner, lequel ne les avoit aucunement aparceues, la mere vint à dire à sa fille : « Nous sçaurons, si vous voulez, maintenant la verité de vostre mary, car, ainsy qu'il sera dedans le lict, je l'iray trouver, et, sans qu'il y pense, par derriere, vous luy arracherez sa coiffe ; et nous verrons s'il a telle couronne que celluy qui a dict la messe. » Ainsy qu'il fut deliberé, il fut faict, car, si tost

---

[1] Église du couvent des cordeliers.

que le meschant mary fut couché, arriva la vielle dame, en luy prenant les deux mains comme par jeu, sa fille luy osta sa coiffe, et demeura avecq sa belle couronne, dont mere et fille furent tant estonnées, qu'il n'estoit possible de plus. Et, à l'heure, appellerent des serviteurs de ceans, pour le faire prendre et lyer jusques au matin; et ne servit nulle excuse ne beau parler. Le jour venu, la dame envoya querir son confesseur, feignant avoir quelque grand secret à luy dire, lequel y vint hastivement; et elle le feit prendre comme le jeune, luy reprochant la tromperie qu'il luy avoit faicte; et, sur cela, envoia querir la Justice, entre les mains de laquelle elle les mist tous deux. Il est à presumer que, s'il y eut gens de bien pour juges, ilz ne laisserent pas la chose impugnye.

« Voyla, mes dames, pour vous monstrer que ceulx qui ont voué pauvreté ne sont pas exemptz d'estre tentez d'avarice, qui est l'occasion de faire tant de maulx. — Mais tant de biens? dist Saffredent; car, des cinq cens ducatz dont la vielle vouloit faire tresor, il en fut faict beaucoup de bonnes cheres, et la pauvre fille qui avoit tant actendu ung mary, par ce moien, en povoit avoir deux et sçavoit mieulx parler, la verité, de toutes hierarchies. — Vous avez tousjours les plus faulses oppinions, dist Oisille, que je vis jamais; car il vous semble que toutes les femmes soient de vostre complexion. — Ma dame, sauf vostre grace, dist Saffredent, car je vouldrois qu'il m'eust cousté beaucoup, qu'elles fussent aussy ayséez à contenter que nous. — Voyla une mauvaise parolle, dist Oisille, car il n'y a nul icy qui ne sçache bien le contraire de vostre dire; et, qu'il ne soit vrai[1], le compte qui est fait maintenant monstre bien l'ignorance des pauvres femmes et la malice de ceulx que nous tenons bien meilleurs que vous aultres hommes; car, ny elle, ny sa fille, ne vouloient rien faire à leur fantaisye, mais soubzmectoient le desir à bon conseil. — Il y a des femmes si difficiles, dist Longarine, qu'il leur semble qu'elles doibvent avoir des anges. — Et voyla pourquoy, dist Simontault, elles trouvent souvent des diables, principallement celles qui, ne se confians en la grace de Dieu, cuydent, par leur bon sens ou celluy d'aultruy, povoir trover en ce monde quelque felicité qui n'est donnée ny ne peut venir que de Dieu. — Comment, Simontault? dist Oisille; je ne pensois que

---

[1] Cette locution équivaut à une autre dont la reine de Navarre se sert sans cesse: *et, qu'ainsi ne soit*; c'est-à-dire : « pour prouver qu'il en est ainsi. »

vous sceussiez tant de bien! — Ma dame, dist Simontault, c'est dommaige que je ne suis bien experimenté, car, par faulte de me congnoistre, je voy que vous avez desja mauvais jugement de moy, mais si puis-je bien faire le mestier d'un cordelier, puisque le cordelier s'est meslé du mien. — Vous appelez doncques vostre mestier, dist Parlamente, de tromper les femmes? Par ainsy, de vostre bouche mesmes vous vous jugez. — Quand j'en aurois trompé cent mille, dist Simontault, je ne serois pas encores vengé des peines que j'ay eues pour une seulle. — Je sçay, dist Parlamente, combien de foys vous vous plaingnez des dames; et toutesfoys, nous vous voyons si joyeux et en bon point, qu'il n'est pas à croire que vous avez eu tous les maulx que vous dictes. Mais la *Belle Dame sans mercy*[1] respond qu'*il siet bien que l'on le die, pour en tirer quelque confort.* — Vous alleguez ung notable docteur, dist Simontault, qui non seullement est facheux, mais le faict estre toutes celles qui ont leu et suivy sa doctrine. — Si est sa doctrine, dist Parlamente, autant profitable aux jeunes dames, que nulle que je sçache. — S'il estoit ainsy, dist Simontault, que les dames fussent sans mercy, nous pourrions bien faire reposer nos chevaulx et faire rouller noz harnoys jusques à la premiere guerre, et ne faire que penser du mesnaige. Et, je vous prie, dictes-moy si c'est chose honneste à une dame d'avoir le nom d'estre sans pitié, sans charité, sans amour et sans mercy? — Sans charité et amour, dist Parlamente, ne fault-il pas qu'elles soient, mais ce mot de *mercy* sonne si mal entre les femmes, qu'elles n'en peuvent user sans offenser leur honneur; car proprement *mercy* est accorder la grace que l'on demande, et l'on sçait bien celle que les hommes desirent. — Ne vous deplaise, ma dame, dist Simontault, il y en a de si raisonnables, qu'ilz ne demandent rien que la parolle. — Vous me faictes souvenir, dist Parlamente, de celluy qui se contentoit d'un gand. — Il fault que nous sçachions qui est ce gratieux serviteur, dist Hircan, et, pour ceste occasion, je vous donne ma voix. — Ce me sera plaisir de la dire, dist Parlamente, car elle est plaine d'honnesteté. »

---

[1] Poëme d'Alain Chartier, que la reine de Navarre a déjà cité dans la Nouvelle XII°. On voit par là qu'elle avait fait sa lecture favorite des ouvrages du poëte de Charles VII.

CINQUANTE SEPTIESME NOUVELLE.

Un millor d'Angleterre fut sept ans amoureux d'une dame, sans jamais luy en oser faire semblant, jusques à ce qu'ung jour, la regardant dans un pré, il perdit toute couleur et contenance, par ung soudain batement de cueur qui le print; lors, elle, se monstrant avoir pitié de luy, à sa requeste, meit sa main gantée sur son cueur, qu'il serra si fort, en luy declarant l'amour que si long temps luy avoit portée, que son gand demeura en la place de sa main : que depuis il enrichit de pierreries et l'attacha sur son saye, à costé du cueur; et fut si gracieux et honneste serviteur, qu'il n'en demanda oncques plus grand privauté.

Le Roy Lois unziesme envoia en Angleterre le seigneur de Montmorency, pour son ambassadeur[1], lequel y fut tant bien venu, que le Roy et tous les princes l'estimoient et aymoient fort; et mesmes luy communicquoient plusieurs de leurs affaires secretz pour avoir son conseil. Ung jour, estant en ung bancquet que le Roy luy feit, fut assis auprès de luy ung millor de grande maison, qui avoit sur son saye attaché un petit gand comme pour femme, à crochetz d'or; et dessus les joinctures des doigs y avoit force diamans, rubiz, aymerauldes et perles, tant que ce gand estoit estimé à ung grand argent. Le seigneur de Montmorency le regarda si souvent, que le millor s'apparceut qu'il avoit vouloir de luy demander la raison pourquoy il estoit si bien en ordre[2]. Et, pource qu'il estimoit le compte estre bien fort à sa louange, il commencea à dire : « Je voy bien que vous trouvez estrange de ce que si gorgiasement j'ay accoustré ung pauvre gand; ce que j'ay encores plus d'envye de vous dire, car je vous tiens

---

[1] L'histoire, comme le remarque M. Leroux de Lincy, n'a pas fait mention de cette ambassade d'un seigneur de Montmorency en Angleterre, sous le règne de Louis XI; il s'agit sans doute d'une mission secrète qui n'avait laissé aucune trace, sinon dans les souvenirs de la cour de France. Guillaume, seigneur de Montmorency et d'Écouen, etc., fils de Jean, deuxième du nom, chambellan de France sous Charles VII, et de Marguerite d'Orgemont, sa seconde femme, hérita des titres et des biens de sa maison, quoi que né d'un second lit, ses deux frères ayant été déshérités par leur père pour avoir embrassé le parti du duc de Bourgogne contre Louis XI. Ce roi lui conserva toujours une affection particuliere. Guillaume, qui commença la branche des ducs de Montmorency, fut aussi en faveur sous les règnes de Charles VIII, Louis XII et François Ier, qu'il servit dans les négociations et dans les armées. Il mourut en 1531.

[2] C'est-à-dire : « Pourquoi il était décoré d'un pareil ordre. » Cependant, *être bien en ordre*, signifiait seulement : « être paré le mieux possible. »

tant homme de bien et congnoissant quelle passion c'est que amour, que, si j'ay bien faict, vous m'en louerez, ou sinon, vous excuserez l'amour qui commande à tous honnestes cueurs. Il fault que vous entendiez que j'ay aymé toute ma vie une dame, ayme et aymeray encores après sa mort; et pource que mon cueur eut plus de hardiesse de s'adresser en ung bon lieu, que ma bouche n'eut de parler, je demoray sept ans sans luy oser faire semblant, craingnant que, si elle s'en apparcevoit, je perdrois le moien que j'avois de souvent la frequenter, dont j'avois plus de paour que de ma mort. Mais, ung jour, estant dedans ung pré, la regardant, me print ung si grand batement de cueur, que je perdis toute couleur et contenance, dont elle s'apparceut très bien, et en demandant que j'avois, je luy dis que c'estoit une douleur de cueur importable. Et elle, qui pensoit que ce fut de maladie d'autre sorte que d'amour, me monstra avoir pitié de moy; qui me feit luy suplier vouloir mectre la main sur mon cueur, pour veoir comme il debatoit : ce qu'elle feit plus par charité que par autre amitié; et, quand je luy tins la main dessus mon cueur, laquelle estoit gantée, il se print à debatre et tormenter si fort, qu'elle sentit que je disois verité. Et, à l'heure, luy serray la main contre mon esthomac, en luy disant : « Helas, ma dame, recepvez le cueur qui veult rompre mon esthomac pour saillir en la main de celle dont j'espere grace, vie et misericorde; lequel me contrainct maintenant de vous declairer l'amour que tant long temps ay celée, car luy ne moy ne sommes maistres de ce puissant dieu. » Quand elle entendit ce propos que luy tenois, le trouva fort estrange. Elle voulut retirer sa main, je la tins si ferme que le gand demeura en la place de sa cruelle main. Et, pource que jamais je n'avois eu ny ay eu depuis plus grande privaulté d'elle, j'ay attaché ce gand comme l'emplastre la plus propre que je puis donner à mon cueur, et l'ay aorné de toutes les plus riches bagues que j'avois, combien que les richesses viennent du gand que je ne donnerois pour le royaulme d'Angleterre, car je n'ay bien en ce monde que je n'estime tant, que le sentir sur mon esthomac. » Le seigneur de Montmorency, qui eut mieulx aymé la main que le gand d'une dame, luy loua fort sa grande honnesteté, luy disant qu'il estoit le plus vray amoureux que jamais il avoit veu, et digne de meilleur traictement, puis que de si peu il faisoit tant de cas, combien que, veu sa grand amour, s'il eut eu mieulx que le gand, peut estre qu'il fut mort de joye. Ce qu'il accorda au seigneur de Montmorency, ne soupsonnant point qu'il le dist par mocquerye.

« Si tous les humains du monde estoient de telle honnesteté, les dames se y pourroient bien fyer, quand il ne leur en cousteroit que le gand. — J'ay bien congneu le seigneur de Montmorency, dist Geburon, que je suis seur qu'il n'eut point voulu vivre à l'angloise; et, s'il se fust contanté de si peu, il n'eust pas eu les bonnes fortunes qu'il a eues en amour, car la vieille chanson dit :

> Jamais d'amoureux couard
> N'oyez bien dire.

— Pensez que ceste povre dame, dist Saffredent, retira sa main bien hatifvement, quand elle sentit que le cueur luy batoit, car elle cuydoit qu'il peust trespasser; et l'on dist qu'il n'est rien que les femmes hayssent plus que de toucher les mortz. — Si vous aviez autant hanté les hospitaulx que les tavernes, ce luy dist Ennasuitte, vous ne tiendriez pas ce langaige, car vous verriez celles qui ensepvelissent les trespassez, dont souvent les hommes, quelque hardis qu'ilz soient, craingnent à toucher. — Il est vray, dist Saffredent, qu'il n'y a nul à qui l'on ne donne penitence, qui ne faict le rebours de ce à quoy ilz ont prins plus de plaisir; comme une damoiselle que je veiz en une bonne maison, qui, pour satisfaire au plaisir qu'elle avoit eu au baiser de quelqu'un qu'elle aymoit, fut trouvée, au matin, à quatre heures, baisant le corps mort d'un gentil homme qui avoit esté tué le jour de devant, lequel elle n'avoit point plus aymé que ung aultre; et à l'heure, chascun congneut que c'estoit penitence des plaisirs passez. Comme toutes les bonnes oeuvres que les femmes font sont estimées mal entre les hommes, je suis d'oppinion que, mortz ou vivans, on ne les doibt jamais baiser, si ce n'est ainsy que Dieu le commande. — Quant à moy, dist Hircan, je me soulcye si peu de baiser les femmes, hors mys la mienne, que je m'accorde à toutes lois que l'on vouldra; mais j'ay pitié des jeunes gens à qui vous voulez oster ung si petit contentement, et faire nul le commandement de sainct Pol, qui veult que l'on baise *in osculo sancto*. — Si sainct Pol eut esté tel homme que vous, dist Nomerfide, nous eussions bien demandé l'experience de l'esperit de Dieu, qui parloit en luy. — A la fin, dist Geburon, vous aymerez mieulx doubter de la saincte Escripture que de faillir à l'une de voz petites serymonies. — Jà, à Dieu ne plaise, dist Oisille, que nous doubtions de la saincte Escripture, veu que si peu nous croyons à voz mensonges, car il n'y a nulle qui ne sçache bien ce qu'elle doibt croire ; c'est de jamais ne mectre en doubte la parole de Dieu et moins adjouster foy à celle des hommes. — Si croy-je, dist Simontault, qu'il y a eu plus d'hommes trompez par les femmes, que par les hommes. Car la petite amour qu'elles ont à nous les garde de croire noz veritez, et la très grande amour que nous leur portons nous faict tellement fier en leurs mensonges, que plus tost nous sommes trompez, que soupsonneux de le povoir estre. — Il semble, dist Parlamente, que vous ayez oy la plaincte de quelque sot deçu par une folle, car vostre propos est de si petite auctorité, qu'il a besoing d'estre fortiffié d'exemple ; parquoy, si vous en sçavez quelqu'un, je vous donne ma place pour le racompter. Et si ne dis pas que, pour ung mot, nous soyons subjectes de vous croire, mais pour vous escouter dire mal de nous, noz oreilles n'en sentiront point de douleur, car nous sçavons ce qui en est. — Or, puisque j'ay lieu de parler, dist Dagoucin, je la diray. »

CINQUANTE HUICTIESME NOUVELLE.

Un gentil homme, par trop croire de verité en une dame qu'il avoit offensée, la laissant pour d'aultres, à l'heure qu'elle l'aymoit plus fort, fut, sous une faulse assignation, trompé d'elle et mocqué de toute la cour.

En la court du Roy Françoys premier, y avoit une dame, de fort bon esperit [1], laquelle, pour sa bonne grace, honnesteté et parolle agreable, avoit gaigné le cueur de plusieurs serviteurs, dont elle sçavoit fort bien passer le temps, l'honneur saufve, les entretenant si plaisamment qu'ilz ne sçavoient à quoy se tenir ; car les plus asseurez estoient desesperez et les plus desesperez en prenoient asseurance. Tou-

---

[1] « Ne serait-ce pas à elle-même que Marguerite aurait fait allusion ici ? dit M. Leroux de Lincy. Les théories qu'elle a développées plusieurs fois, dans ses épilogues, sur l'amour et sur les rapports de politesse des hommes avec les femmes, sont tout à fait en rapport avec ce qu'elle dit au sujet des serviteurs qu'une dame peut se permettre, sans exciter en rien les soupçons de son mari. Il est difficile de rien conjecturer au sujet du galant, à qui elle aurait joué le tour qu'elle raconte. » Nous nous rangerions tout à fait de l'avis de M. Leroux de Lincy, si nous ne trouvions étrange que la Reine de Navarre ait pu dire d'elle-même qu'elle n'avait pas *épargné* son mari plus que son serviteur.

tesfois, en se mocquant de la plus grande partye, ne se peut garder d'en aymer bien fort ung qu'elle nommoit son cousin[1], lequel nom donnoit couleur à plus long entendement. Et, comme nulle chose n'est stable, souvent leur amitié tournoit en courroux, et puis se revenoit plus fort que jamais, en sorte que toute la court ne le povoit ignorer. Ung jour, la dame tant pour donner à congnoistre qu'elle n'avoit affection en rien, aussy pour donner peyne à celluy pour l'amour duquel elle avoit porté beaucoup de fascherye, luy va faire meilleur semblant que jamais n'avoit faict. Parquoy, le gentil homme, qui n'avoit ny en armes ny en amours nulle faulte de hardiesse, commencea à pourchasser vivement celle dont maintesfois l'avoit priée; laquelle, feignant ne povoir soustenir tant de pitié, luy accorda sa demande, et luy dist que, pour ceste occasion, elle s'en alloit en sa chambre qui estoit en galletas, où elle sçavoit bien qu'il n'y avoit personne, et que, si tost qu'il la verroit partye, il ne faillit d'aller après, car il la trouveroit seule. De la bonne volunté qu'elle luy portoit, le gentil homme, qui crut à sa parolle, fut si content qu'il se mit à jouer avecq les aultres dames, actendant qu'il la veit partye, pour bien tost aller après. Et, elle, qui n'avoit faulte de nulle finesse de femme, s'en alla à Madame Marguerite, fille du Roy[2], et à la duchesse de Montpensier[3] et leur dist : « Si vous voulez, je vous monstreray le plus beau passetemps que vous veistes oncques? » Elles qui ne serchoient point de melencolye, la prierent de luy dire que c'estoit. » C'est, ce dist-elle, ung tel que vous congnoissez autant homme de bien qu'il en soit point, et non moins audacieux. Vous sçavez combien de mauvais tours il m'a faict, et que, à l'heure que je l'aymois le plus fort, il en a aymé d'aultres, dont j'en ay porté plus d'ennuy que je n'en ay fait de semblant. Or, maintenant Dieu m'a donné le moien de m'en venger : c'est que je m'en voys en ma chambre, qui est sur ceste-

---

[1] Voyez, dans les poésies de Clément Marot, une épigramme à Marguerite, qui s'était dite sa *sœur d'alliance*. Nous avons parlé déjà de ses *alliances* contractées entre les dames et leurs serviteurs, sans reproche et sans *vilenie*.

[2] Marguerite de France, duchesse de Savoie et de Berry, fille de François 1er et de Claude de France, était née à Saint-Germain en-Laye, le 5 juin 1523. Elle avait eu pour marraine, sa tante, Marguerite d'Angoulême. Elle épousa, en 1549, Emmanuel Philibert, duc de Savoie, et mourut en 1574. Voyez la Vie de cette remarquable princesse, dans les *Dames illustres* de Brantôme.

Jacqueline de Longwick, comtesse de Bar-sur-Seine, fille de Jean-Charles de Longwick, seigneur de Givry, et de Jeanne, bâtarde d'Angoulême, avait épousé, en août 1538, Jean de Bourbon, deuxième du nom, duc de Montpensier. Elle eut un grand crédit à la cour de France, jusqu'à sa mort, en 1561. De Thou dit que « c'était une princesse d'un grand esprit et d'une prudence au-dessus de son siècle. »

cy ; incontinant, s'il vous plaist y faire le guet, vous le verrez venir après moy : et quand il aura passé les galleries, qu'il vouldra monter le degré, je vous prie vous mectre toutes deux à la fenestre et m'ayder à cryer au larron; et vous verrez sa collere : à quoy je croy qu'il n'aura pas mauvaise grace ; et, s'il ne me dict des injures tout hault, je m'atends bien qu'il n'en pensera moins en son cueur. » Ceste conclusion ne se feit pas sans rire, car il n'y avoit gentil homme qui menast plus la guerre aux dames que cestuy-là ; et estoit tant aymé et estimé d'un chascun, que l'on n'eust pour rien voulu tumber au danger de sa mocquerye, et sembla bien aux dames qu'elles avoient part à la gloire que une seulle esperoit d'emporter sur ce gentil homme. Parquoy, si tost qu'elles veirent partir celle qui avoit faict l'entreprinse, commencerent à regarder la contenance du gentil homme, qui ne demoura gueres sans changer de place ; et quand il eut passé la porte, les dames sortirent à la gallerye pour ne le perdre point de veue. Et, luy, qui ne s'en doubtoit pas, va mettre sa cappe à l'entour de son col pour se cacher le visaige ; et descendit le degré jusques à la court, mais, trouvant quelqu'un qu'il ne vouloit point pour tesmoing, redescendit encores en la court et retourna par ung aultre costé. Les dames veirent tout, et ne s'en aparceut oncques ; et, quand il parvint au degré où il povoit seurement aller en la chambre de sa dame, les deux dames se vont mectre à la fenestre, et incontinant elles aparceurent la dame qui estoit en hault, qui commencea à crier au larron, tant que sa teste en povoit porter ; et les deux dames du bas luy respondirent si fort, que leurs voix furent ouyes de tout le chasteau. Je vous laisse à penser en quel despit le gentil homme s'enfuyt en son logis, non si bien couvert qu'il ne fut congneu de celles qui sçavoient ce mistere, lesquelles luy ont souvent reproché, mesmes celle qui luy avoit faict ce mauvais tour, luy disant qu'elle s'estoit bien vengée de luy. Mais il avoit ses responces et defaictes si propres, qu'il leur feit accroire qu'il se doubtoit bien de l'entreprinse, et qu'il avoit accordé à la dame de l'aller veoir pour leur donner quelque pas-etemps, car, pour l'amour d'elle, n'eust-il prins ceste peyne, pour ce qu'il y avoit long temps que l'amour en estoit dehors. Mais les dames ne voulurent recevoir ceste verité, dont encores en est la matiere en doubte ; mais si ainsy estoit qu'il eust creu ceste dame, comme il est vraisemblable, veu qu'il estoit tant saige et hardy, que de son aage et de son temps a eu peu de pareils, et point qui le passast, comme le nous a faict veoir sa très hardye et chevaleureuse mort.

« Il me semble qu'il fault que vous confessiez que l'amour des hommes vertueux est telle, que, par trop croire de verité aux dames, sont souvent trompez. — En bonne foy, dist Ennasuitte, j'advoue ceste dame du tort qu'elle a faict : car, puisque ung homme est aymé d'une dame et la laisse pour une aultre, ne s'en peut trop venger. — Voyre, dist Parlamente, si elle en est aymée : mais il y en a qui ayment des hommes, sans estre asseurées de leur amitié ; et, quand elles congnoissent qu'ilz ayment ailleurs, elles disent qu'ils sont muables. Parquoy, celles qui sont saiges ne sont jamais trompées de ces propos, car elles ne s'arrestent ni croyent à ceulx qui sont veritables, afin de ne tumber au danger des menteurs, pource que le vray et le faulx n'ont que ung mesme langaige. — Si toutes estoient de vostre oppinion, dist Simontault, les gentilz hommes pourroient bien mectre leurs oraisons dedans leurs coffres ; mais que vous ne voz semblables en sceussent dire, nous ne croirons jamais que les femmes soient aussy incredules, comme elles sont belles. Et ceste oppinion nous fera vivre aussi contentz, que vous vouldriez par voz raisons nous mectre en peine. — Et vrayement, dist Longarine, sçachant très bien qui est la dame qui a faict ce bon tour au gentil homme, je ne treuve impossible nulle finesse à croire d'elle, car, puis qu'elle n'a pas espargné son mary, elle n'a pas espargné son serviteur. — Comment, son mary ? dist Simontault ; vous en sçavez doncques plus que moy ? Parquoy, je vous donne ma place pour en dire vostre oppinion. — Puisque le voulez, et moy aussy, » dist Longarine.

CINQUANTE NEUFVIESME NOUVELLE.

Ceste mesme dame, voyant que son mary trouvoit mauvais qu'elle avoit des serviteurs, desquelz elle passoit le temps, son honneur saufve l'espya si bien, qu'elle s'apparceut de la bonne chere qu'il faisoit à une sienne femme de chambre qu'elle gaignna, de sorte qu'accordant à son mary ce qu'il en pretendoit, le surprind finement en telle faute, que, pour la reparer, fut contraint luy confesser qu'il meritoit plus grande pugnition qu'elle ; et, par ce moyen, vesqut depuis à sa fantaisye.

LA dame, de qui vous avez faict le compte, avoit espousé ung mary de bonne et ancienne maison et riche gentil homme ; et, par grande amitié de l'ung et de l'autre, se feit le mariage. Elle, qui estoit une des femmes du monde parlant aussi plaisamment, ne dissimulloit point à son mary qu'elle avoit des serviteurs, desquelz elle se mocquoit et passoit son temps, dont son mary avoit sa part du plaisir; mais, à la longue, ceste vie luy fascha, car, d'un costé, il trouvoit mauvais qu'elle entretenoit longuement ceulx qu'il ne tenoit pour ses parens et amys, et, d'aultre costé, luy faschoit fort la despence qu'il estoit contrainct de faire pour entretenir sa gorgiaseté et pour suyvre la court. Parquoy, le plus souvent qu'il povoit, se retiroit en sa maison, où tant de compaignies l'alloient veoir, que sa despence n'amoindrissoit gueres en son mesnage; car sa femme, en quelque lieu qu'elle fust, trouvoit toujours moyens de passer son temps à quelques jeux, à dances et à toutes choses, auxquelles honnestement les jeunes dames se peuvent exercer. Et quelquesfoys que son mary luy disoit, en riant, que leur despence estoit trop grande, elle luy faisoit responce qu'elle l'asseuroit de ne le faire jamais coqu, mais ouy bien coquin[1], car elle aymoit si très fort les acoutremens, qu'il falloit des plus beaulx et riches qui fussent en la court : où son mary la menoit le moins qu'il povoit, et où elle faisoit tout son possible d'aller; et, pour ceste occasion, se rendoit toute complaisante à son mary, qui d'une chose plus difficile ne la vouloit pas refuser.

Or, ung jour, voiant que toutes ses inventions ne le povoient gaigner à faire ce voiage de la court, s'apparceut qu'il faisoit fort bonne chere à une femme de chambre à chapperon[2], qu'elle avoit, dont elle pensoit bien faire son proffict. Et retira à part ceste fille de chambre et l'interrogea si finement, tant par finesse que par menasses, que la fille luy confessa que, depuis qu'elle estoit en sa maison, il n'estoit jour que son maistre ne la sollicitast de l'aymer; mais qu'elle aymeroit mieulx mourir que de faire rien contre Dieu et son honneur; et encores, veu l'honneur qu'elle luy avoit faict de la retirer en son service : qui seroit double meschanceté. Ceste dame, entendant la desloyaulté de son mary, fut soubdain esmeue de despit et de joye, voiant que son mary, qui faisoit tant semblant de l'aymer, luy pourchassoit secretement telle honte en sa compaignye, combien qu'elle s'estimoit

[1] Gueux, mendiant; en bas latin, *coquinus*. La dame, pour plaisanter, rapproche deux mots. *coqu* et *coquin*, qui semblent dériver l'un de l'autre, sans avoir la moindre analogie dans leur signification.

[2] C'est-à-dire, sans doute, que cette femme de chambre était de bonne maison; car le chaperon des femmes, bande de velours qu'elles portaient sur leurs bonnets, fut longtemps une marque de bourgeoisie, et même de noblesse.

plus belle et de trop meilleure grace, que celle pour laquelle il la vouloit changer. Mais la joye estoit qu'elle esperoit prendre son mary en si grande faulte, qu'il ne luy reprocheroit plus ses serviteurs ny le demeure de la court; et, pour y parvenir, pria ceste fille d'accorder petit à petit à son mary ce qu'il luy demandoit, avecq les conditions qu'elle luy dist. La fille en cuyda faire difficulté, mais, estant asseurée par sa maistresse de sa vie et de son honneur, accorda de faire tout ce qu'il luy plairoit.

Le gentil homme, continuant sa poursuicte, trouva ceste fille, d'ocil et de contenance toute changée. Parquoy, la pressa plus vifvement qu'il n'avoit accoustumé; mais elle, qui sçavoit son roole par cueur, luy remonstra sa pauvreté, et que, en luy obeyssant, perdroit le service de sa maistresse, auquel elle s'attendoit bien de gaingner ung bon mary. A quoy luy fut bientost respondu par le gentil homme, qu'elle n'eut soulcy de toutes ces choses, car il la marieroit mieulx et plus richement que sa maistresse ne sçauroit faire; et qu'il conduiroit son affaire si secretement, que nul n'en pourroit parler. Sur ces propos, feirent leur accord : et, en regardant le lieu le plus propre pour faire ceste belle oeuvre, elle va dire qu'elle n'en sçavoit point de meilleur ne plus loing de tout soupson, que une petite maison qui estoit dedans le parc où il y avoit chambre et lict tout à propos. Le gentil homme, qui n'eust trouvé nul lieu mauvais, se contenta de cestuy-là; et luy tarda bien que le jour et heure n'estoient venuz. Ceste fille ne faillit pas de promesse à sa maistresse; et luy compta tout le discours de son entreprinse bien au long, et comme ce debvoit estre le lendemain après disner, et qu'elle ne fauldroit point, à l'heure qu'il y fauldroit aller, de luy faire signe. A quoy elle la suplioit prendre bien garde et ne faillir point de se trover à l'heure, pour la garder du danger où elle se mectoit en luy obeyssant. Ce que la maistresse luy jura, la priant n'avoir nulle craincte et que jamais ne l'abandonneroit, et si la deffenderoit de la fureur de son mary. Le lendemain venu, après qu'ilz eurent disné, le gentil homme faisoit meilleure chere à sa femme qu'il n'avoit point encores faict, qu'ele n'avoit pas trop agreable, mais elle feignoit si bien, qu'il ne s'en apparcevoit. Après disner, elle luy demanda à quoy il passeroit le temps. Il luy dist qu'il n'en sçavoit point de meilleur que de jouer au cent[1]. Et à l'heure feirent dresser le jeu; mais

[1] C'est-à-dire, au piquet, dont les parties sont de *cent* points. On dit encore un *cent* de piquet. Le *cent* est nommé dans la liste des jeux de Gargantua (liv. I", chap. xxii).

elle faingnyt qu'elle ne vouloit point jouer et qu'elle avoit assez de
plaisir à les regarder. Et, ainsy qu'il se vouloit mectre au jeu, il ne
faillit de demander à ceste fille, qu'elle n'obliast sa promesse. Et, quand
il fut au jeu, elle passa par la salle, faisant signe à sa maistresse, du
pelerinage qu'elle avoit à faire; qui l'advisa très bien, mais le gentil
homme ne congneut rien. Toutesfois, au bout d'une heure que ung
de ses varletz luy feit signe de loing, dist à sa femme que la teste
luy faisoit ung peu mal et qu'il estoit contrainct de s'aller reposer et
prendre l'air. Elle, qui sçavoit aussi bien sa malladie que luy, luy
demanda s'il vouloit qu'elle jouast son jeu? Il luy dist que ouy et qu'il
reviendroit bien tost. Toutesfois, elle l'asseura que pour deux heures
elle ne s'ennuyroit point de tenir sa place. Ainsy s'en alla le gentil
homme en sa chambre, et de là par une allée en son parc. La damoiselle, qui sçavoit bien autre chemyn plus court, actendit ung petit,
puis soubdain feit semblant d'avoir une tranchée, et bailla son jeu à
ung autre; et, si tost qu'elle fut saillye de la salle, laissa ses haultz
patins et s'en courut le plus tost qu'elle peut au lieu où elle ne vouloit
que le marché se feist sans elle. Et y arriva à si bonne heure, qu'elle
entra par une aultre porte en la chambre où son mary ne faisoit que
arriver; et, se cachant derriere l'huys, escouta les beaulx et honnestes propos que son mary tenoit à sa chamberiere. Mais quand
elle veid qu'il approchoit du criminel[1], le prit par derriere, en luy
disant : « Je suis trop près de vous, pour en prendre une aultre. »
Si le gentil homme fut courroucé jusques à l'extremité, il ne le fault
demander, tant pour la joye qu'il esperoit recepvoir et s'en veoir frus-
tré, que de veoir sa femme le congnoistre plus qu'il ne vouloit : de
laquelle il avoit grande paour perdre pour jamais l'amitié. Mais, pensant que ceste menée venoit de la fille, sans parler à sa femme, courut après elle de telle fureur, que, si sa femme ne la luy eut ostée des
mains, il l'eust tuée, disant que c'estoit la plus meschante garse qu'il
avoit jamais veue, et que, si sa femme eut actendu à veoir la fin, elle eut
bien congneu que ce n'estoit que mocquerye, car, en lieu de luy faire
ce qu'elle pensoit, il luy eut baillé des verges pour la chastier. Mais,
elle, qui se congnoissoit en tel metail[2], ne le prenoit pas pour bon; et
luy feit là de telles remonstrances, qu'il eut grand paour qu'elle le
voulust abandonner. Il luy feit toutes les promesses qu'elle voulut, et

---

[1] C'est-à-dire : du flagrant délit.
[2] Expression proverbiale, qui rappelle un autre proverbe de la même famille :
« Il n'est que changeur, pour se connaître en monnaie. »

confessa, voiant les belles remonstrances de sa femme, qu'il avoit tort de trouver mauvais qu'elle eut des serviteurs; car une femme belle et honneste n'est point moins vertueuse pour estre aymée, par ainsy qu'elle ne face ne dye chose qui soit contre son honneur; mais ung homme merite bien grand punition, qui prent la peyne de pourchasser une qui ne l'ayme point pour faire tort à sa femme et à sa conscience. Parquoy jamais ne l'empescheroit d'aller à la court, ny ne trouveroit maulvais qu'elle eut des serviteurs, car il sçavoit bien qu'elle parloit plus à eulx par mocquerie, que par affection. Ce propos-là ne desplaisoit pas à la dame, car il luy sembloit bien avoir gaingné ung grand point; si est-ce qu'elle dist tout au contraire, feingnant de prendre desplaisir d'aller à la court, veu qu'elle pensoit n'estre plus en son amitié, sans laquelle toutes compagnies luy faschoient, disant que une femme, estant bien aymée de son mary et l'aymant de son costé comme elle faisoit, portoit un saufconduict de parler à tout le monde et n'estre mocquée de nul. Le pauvre gentil homme meit si grande peyne à l'asseurer de l'amitié qu'il luy portoit, que enfin ilz partirent de ce lieu là bons amys; mais, pour ne retourner plus en telz inconveniens, il la pria de chasser ceste fille, à l'occasion de laquelle il avoit eu tant d'ennuy. Ce qu'elle feit, mais ce fut en la mariant très bien et honnestement, aux despens toutesfois de son mary. Et, pour faire oblier entierement à la damoiselle ceste follye, la mena bientost à la court en tel ordre et si gorgiase, qu'elle avoit occasion de s'en contanter.

« Voyla, mes dames, qui m'a faict dire que je ne trouve point estrange le tour qu'elle avoit faict à l'un de ses serviteurs, veu celluy que je sçavois de son mary. — Vous nous avez painct une femme bien fyne et ung mary bien sot, dist Hircan, car, puisqu'il en estoit venu tant que là, il ne debvoit pas demeurer en si beau chemyn. — Et que eust-il faict? dist Longarine. — Ce qu'il avoit entreprins, dist Hircan; car autant estoit courroucée sa femme contre luy pour sçavoir qu'il vouloit mal faire, comme s'il eut mys le mal à execution; et peut estre que sa femme l'eust mieulx estimé, si elle l'eust congneu plus hardy et gentil compaignon. — C'est bien, dist Ennasuitte; mais où trouverez-vous ung homme qui force deux femmes à la foys? Car sa femme eut deffendu son droict, et la fille, sa virginité. — Il est vray, dist Hircan, mais ung homme fort et hardy ne crainct point d'en assaillir deux foibles, et ne fault point d'en venir à bout. — J'entens bien, dist Ennasuitte, que, s'il eust tiré son espée, il les eut bien tuées toutes deux, mais aultrement ne voy-je pas qu'il en eust sceu eschapper. Parquoy je vous prie nous dire que vous eussiez faict? — J'eusse embrassé ma femme, dist Hircan, et l'eusse emportée dehors; et puis, eusse faict de sa chamberiere ce qu'il m'eust pleu par amour ou par force. — Hircan, dist Parlamente, il suffit assez que vous sçachiez faire mal. — Je suis seur, Parlamente, dist Hircan, que je ne scandalize point l'innocent devant qui je parle, et si ne veulx, par cela, soustenir ung mauvais faict. Mais je m'estonne de l'entreprinse, qui de soy ne vault rien, et je ne loue l'entreprenant, qui ne l'a mise à fin plus par craincte de sa femme que par amour. Je loue que ung homme ayme sa femme comme Dieu le commande, mais, quand il ne l'ayme point, je n'estime guere de la craindre. — A la verité, luy respondit Parlamente, si l'amour ne vous rendoit bon mary, j'estimerois bien peu ce que vous feriez par craincte. — Vous n'avez garde, Parlamente, dist Hircan, car l'amour que je vous porte me rend plus obeissant que la craincte de mort ny d'enfer. — Vous en direz ce qu'il vous plaira, dist Parlamente, mais j'ay occasion de me contanter de ce que j'ay veu et congneu de vous; et de ce que je n'ay point sceu, n'en ay-je point voulu doubter ny encores moins m'en enquerir. — Je trouve une grande follye, dist Nomerfide, à celles qui s'enquerent de si près de leurs mariz, et les mariz aussy, des femmes; car il suffise au jour de sa malice, sans avoir tant de soulcy du lendemain. — Si est il aucunes foys necessaire, dist Oisille, de s'enquerir des choses qui peuvent toucher l'honneur d'une maison, pour y donner ordre, mais non pour faire mauvais jugement des personnes, car il n'y a nul qui ne faille. — Aucunes foys, dist Geburon, il est advenu des inconveniens à plusieurs, par faulte de bien et soingneusement s'enquerir de la faulte de leurs femmes. — Je vous prie, dist Longarine, si vous en sçavez quelque exemple, que vous ne nous le vueillez celer. — J'en sçay bien ung, dist Geburon; puis que vous le voulez, je le diray. »

SOIXANTIESME NOUVELLE.

Un Parisien, faulte de s'estre bien enquis de sa femme qu'il pensoit estre morte, combien qu'elle feit bonne chere avec un chantre du Roy, espousa en secondes noces une autre femme qu'il fut contrainct laisser, après en avoir eu plusieurs enfans et demeuré ensemble quatorze ou quinze ans, pour reprendre sa premiere femme.

En la ville de Paris, y avoit ung homme de si bonne nature, qu'il eut faict conscience de croire ung homme estre couché avecq sa femme, quand encores il l'eut veu. Ce pauvre homme-là espousa une femme de si mauvais gouvernement, qu'il n'estoit possible de plus, dont jamais il ne s'aparceut, mais la traictoit comme la plus femme de bien du monde. Un jour que le Roy Louis XII alla à Paris, sa femme s'alla abandonner à ung des chantres dudit seigneur. Et quand elle veit que le Roy s'en alloit de la ville de Paris et ne povoit plus veoir le chantre, se delibera d'abandonner son mary et de le suyvre. A quoy le chantre s'accorda et la mena en une maison qu'il avoit auprès de Bloys où ilz vesquirent ensemble long temps. Le pauvre mary trouvant sa femme adirée[1], la chercha de tous costez ; mais, en fin, luy fut dict qu'elle s'en estoit allée avecq le chantre. Luy, qui vouloit recouvrer sa brebis perdue, dont il avoit faict très mauvaise garde, luy rescrivit force lettres, la priant retourner à luy et qu'il la reprendroit si elle vouloit estre femme de bien. Mais, elle, qui prenoit si grand plaisir d'oyr le chant du chantre avecq lequel elle estoit, qu'elle avoit oblyé la voix de son mary, ne tint compte de toutes ses bonnes parolles, mais s'en mocqua; dont le mary courroucé luy feit sçavoir qu'il la demanderoit par justice à l'Eglise, puis que aultrement ne vouloit retourner avecq luy. Ceste femme, craignant que si la justice y mectoit la main, elle et son chantre en pourroient avoir à faire, pensa une cautelle[2] digne d'une telle main. Et, feignant d'estre malade, envoia querir quelques femmes de bien de la ville pour la venir visiter; ce que voluntiers elles feirent, esperans par ceste malladie la retirer de sa mauvaise vie; et, pour ceste fin, chascun luy faisoit les plus belles remonstrances. Lors, elle, qui faingnoit estre griefvement malade, feit semblant de plourer et de congnoistre son peché, en sorte qu'elle faisoit pitié à toute la compaignie qui cuydoit fermement qu'elle parlast du fond de son cueur. Et, la voiant ainsy reduicte et repentante, se meirent à la consoler, en luy disant que Dieu n'estoit pas si terrible comme beaucoup de prescheurs le peignoient, et que jamais il ne luy refuseroit sa misericorde. Sur ce bon propos, envoyerent querir ung

---

[1] En allée, envolée, perdue; du latin *aderrare*.
[2] Ruse. finesse. Nous avons conservé *cauteleux*, en laissant *cautelle* dans la vieille langue.

homme de bien pour la confesser : et le lendemain vint le curé du
lieu pour luy administrer le sainct sacrement, qu'elle receut avecq
tant de bonnes mynes, que toutes les femmes de bien de ceste ville,
qui estoient presentes, pleuroient de veoir sa devotion, louans Dieu qui
par sa bonté avoit eu pitié de ceste pauvre creature. Après, faingnant de ne povoir plus menger, l'extreme unction par le curé luy
fut apportée, par elle receue avec plusieurs bons signes, car à peyne
povoit-elle avoir sa parolle, comme l'on estimoit. Et demora ainsy bien
longtemps : et sembloit que peu à peu elle perdist la veue, l'ouye et
les autres sens; dont chascun se print à crier *Jesus!* A cause de la
nuyct qui estoit prochaine, et que les dames estoient de loing, se retirerent toutes. Et ainsy qu'elles sortoient de la maison, on leur dist
qu'elle estoit trespassée, et, en disant leur *de profundis* pour elle, s'en
retournerent en leurs maisons. Le curé demanda au chantre où il voulloit qu'elle fust enterrée, lequel luy dist qu'elle avoit ordonné d'estre
enterrée au cimetiere, et qu'il seroit bon de la y porter la nuyct. Ainsy
fut ensepvelye ceste pauvre malheureuse, par une chamberiere qui se
gardoit bien de luy faire mal. Et, depuis, avecq belles torches, fut
portée jusques à la fosse que le chantre avoit faict faire. Et quand le
corps passa devant celles qui avoient assisté à la mectre en unction,
elles saillirent toutes de leurs maisons et accompaignerent jusques à
la terre ; et bientost là laisserent femmes et prestres. Mais le chantre
ne s'en alla pas, car, incontinant qu'il veid la compaignie ung peu loing,
avecq sa chambriere desfouyrent[1] sa fosse où il avoit s'amye plus vive
que jamais; et l'envoya secretement en sa maison, où il la tint longuement cachée.

Le mary qui la poursuivoit vint jusques à Bloys demander justice; et
trouva qu'elle estoit morte et enterrée, par l'estimation[2] de toutes
les dames de Bloys, qui luy compterent la belle fin qu'elle avoit faicte.
Dont le bon homme fut bien joieux de croire que l'ame de sa femme
estoit en paradis, et luy despeché[3] d'un si meschant corps. Et avecq
ce contentement, retourna à Paris, où il se maria avecq une belle honneste jeune femme de bien et bonne mesnagiere, de laquelle il eut
plusieurs enfans. Et demeurerent ensemble quatorze ou quinze ans ;
mais, à la fin, la renommée qui ne peut rien celer le vint advertir,
que sa femme n'estoit pas morte, mais demouroit avecq ce meschant

---
[1] Ouvrirent.
[2] C'est-à-dire : comme l'estimaient, comme le penssient toutes les dames.
[3] Délivré.

chantre, chose que le pauvre homme dissimula tant qu'il peut, faingnant de rien sçavoir et desirant que ce fust ung mensonge. Mais sa femme, qui estoit saige, en fut advertye; dont elle portoit une si grande angoisse, qu'elle en cuyda mourir d'ennuy. Et, s'il eut esté possible, sa conscience saulve, eust voluntiers dissimullé sa fortune[1], mais il luy fut impossible, car incontinant l'Eglise[2] y voulut mectre ordre; et, pour le premier, les separa tous deux jusques ad ce que l'on sceut la verité de ce faict. Alors fut contrainct ce pauvre homme laisser la bonne, pour pourchasser la mauvaise : et vint à Bloys, ung peu après que le Roy François Ier fut Roy[3], auquel lieu il trouva la Royne Claude et Madame la Regente, devant lesquelles vint la plaincte; demandant celle qu'il eust bien voulu ne trouver point, mais force luy estoit, dont il faisoit grande pitié à toute la compaignie. Et quand sa femme luy fut presentée, elle voulut soustenir longuement que ce n'estoit point son mary, ce qu'il eust voluntiers creu s'il eust peu. Elle, plus marrye que honteuse, luy dist qu'elle aymoit mieulx mourir que retourner avecq luy; dont il estoit très contant. Mais les dames[4], devant qui elle parloit si deshonnestement, la condamnerent qu'elle retourneroit, et prescherent si bien ce chantre par force menasses, qu'il fut contrainct de dire à sa layde amye, qu'elle s'en retournast avecq son mary et qu'il ne la vouloit plus veoir. Ainsy, chassée de tous costez, se retira la pauvre malheureuse, où elle debvoit mieulx estre traictée de son mary, qu'elle n'avoit merité.

« Voyla, mes dames, pourquoy je dis que, si le pauvre mary eut esté bien vigillant après sa femme, il ne l'eust pas ainsi perdue, car la chose bien gardée est difficilement perdue, et l'abandon faict le larron. — C'est chose estrange, dist Hircan, comme l'amour est fort, où il semble moins raisonnable! — J'ay ouy dire, dist Simontault, que l'on auroit plus tost faict rompre deux mariages, que separer l'amour d'un prestre et de sa chamberiere. — Je croy bien, dist Ennasuitte; car ceulx qui

---

[1] Sa chance, son mauvais sort.
[2] C'est-à-dire : la Cour d'Eglise, l'officialité de l'évêque.
[3] François Ier fut sacré le 25 janvier 1515; mais, comme il ne se trouvait plus à Blois, lorsque le pauvre bigame parut devant la reine Claude et Madame la Régente, on doit supposer que ce fait est postérieur au mois d'août 1515, c'est-à-dire à l'époque où le jeune roi, laissant la régence à sa mère, Louise de Savoie, alla se mettre à la tête de son armée d'Italie pour reconquérir le duché de Milan.
[4] Il est probable que Marguerite faisait partie de ce tribunal de dames, avec sa mère et sa belle-sœur.

lyent les autres par mariage, sçavent si bien faire le neud, que rien que la mort n'y peut mectre fin ; et tiennent les docteurs, que le langaige spirituel est plus grand que nul autre ; par consequent, aussi l'amour spirituelle passe toutes les aultres. — C'est une chose, dist Dagoucin, que je ne sçaurois pardonner aux dames d'abandonner ung mary honneste ou ung amy, pour un prestre, quelque beau et honneste que sceut estre. — Je vous prye, Dagoucin, dist Hircan, ne vous meslez point de parler de nostre mere saincte Eglise ; mais croyez que c'est grand plaisir aux pauvres femmes crainctives et secrettes de pecher avecq ceulx, qui les peuvent absouldre, car il y en a qui ont plus de honte de confesser une chose, que de la faire. — Vous parlez, dist Oisille, de celles qui n'ont point congnoissance de Dieu, et qui cuydent que les choses secrettes ne soient pas une foys revelées devant la Compaignie celeste ; mais je croy que ce n'est pas pour chercher la confession, qu'ilz cherchent les confesseurs, car l'Ennemy[1] les a tellement aveuglez, qu'elles regardent à s'arrester au lieu qu'il leur semble le plus couvert et le plus seur, que de se soulcyer d'avoir absolution du mal dont elles ne se repentent point. — Comment repentir ? dist Saffredent ; mais s'estiment plus sainctes que les autres femmes ; et suis seur qu'il y en a qui se tiennent honorées de perseverer en leur amitié. — Vous en parlez de sorte, dist Oisille à Saffredent, qu'il semble que vous en sçachiez quelqu'une ? Parquoy je vous prie que demain, pour commancer la journée, vous nous en veullez dire ce que vous en sçavez, car voyla déjà le dernier coup de vespres qui sonnent, pour ce que noz religieux sont partiz, incontinant qu'ilz ont oy la dixiesme nouvelle et nous ont laissé parachever noz debatz. » En ce disant, se leva la compaignie ; et arriverent à l'eglise où ilz trouverent qu'on les avoit actenduz. Et, après avoir oy leurs vespres, souppa la compaignie toute ensemble, parlant de plusieurs beaulx comptes. Après souper, selon leurs coustumes, s'en allerent ung peu esbattre au pré, et reposerent, pour avoir le lendemain meilleure memoire.

[1] Le démon, Satan.

FIN DE LA SIXIESME JOURNÉE.

SEPTIESME JOURNÉE.

EN LA SEPTIESME JOURNÉE, ON DEVISE DE CEULX QUI ONT FAIT TOUT LE CONTRAIRE DE CE QU'ILZ DEVOIENT OU VOULOIENT.

PROLOGUE.

Au matin, ne faillit madame Oisille de leur administrer la salutaire pasture qu'elle print en la lecture des Actes et vertueux faictz des glorieux chevaliers et apostres de Jesus Christ, selon sainct Luc, leur disant que ces comptes-là debvoient estre suffisans pour desirer veoir ung tel temps et pleurer la difformité[1] de cestuy-cy envers cestuy-là. Et quand elle eut suffisamment leu et exposé le commencement de ce digne livre, elle les pria d'aller à l'eglise, en l'unyon que les apostres faisoient leur oraison, demandans à Dieu sa grace, laquelle n'est jamais refusée à ceulx qui en foy la requierent. Ceste oppinion fut trouvée d'un chascun très bonne. Et arriverent à l'eglise ainsy que l'on commençoit la messe du Sainct Esperit qui sembloit chose venir à leur propos, qui leur feit oyr le service en grand devotion. Et, après, allerent disner, ramentevans[2] ceste vie apostolique; en quoy ilz prindrent tel plaisir, que quasi leur entreprinse estoit obliée; de quoy s'advisa Nomerfide, comme la plus jeune, et leur dit : « Madame Oisille nous a tant boutez en devotion, que nous passons l'heure accoustumée de nous retirer, pour nous preparer à racompter noz nouvelles. » Sa parolle fut occasion de faire lever toute la compaignie; et, après avoir bien demeuré en leurs chambres, ne faillirent point se trouver au pré, comme ilz avoient faict le jour de devant. Et quant ilz furent bien à leur ayse, madame Oisille dist à Saffredent : « Encores que je suis asseurée que vous ne direz rien à l'advantaige des femmes, si est-ce qu'il fault que je vous advise de dire la Nouvelle, que dès hier soir vous

---

[1] Perversité.
[2] Rappelant en mémoire.

aviez preste. — Je proteste, madame, respondit Saffredent, que je n'acquerray point l'honneur de mesdisant, pour dire verité; ny ne perdray point la grace des dames vertueuses, pour racompter ce que les folles ont faict; car j'ay experimenté que c'est que d'estre eslongnée de leur veue; et, si je l'eusse esté autant de leur bonne grace, je ne fusse pas à ceste heure en vie. » Et, en ce disant, tourna les oeilz au contraire de celle qui es oit cause de son bien et de son mal, mais, en regardant Ennasuitte, la feit aussi bien rougir, que si ce eust esté à elle à qui le propos se fust addressé; si est-ce qu'il n'en fut moins entendu du lieu où il desiroit estre oy. Madame Oisille l'asseura qu'il povoit dire verité librement, aux despens de qui il apartiendroit. A l'heure, commencea Saffredent, et dist.

SOIXANTE ET UNIESME NOUVELLE.

Un mary se reconcilie avec sa femme, après qu'elle eust vescu quatorze ou quinze ans avec ung chanoine d'Authun.

Auprès de la ville d'Authun, y avoit une fort belle femme, grande, blanche et d'autant belle façon de visaige que j'en aye point veu. Et avoit espousé ung très honneste homme, qui sembloit estre plus jeune qu'elle; lequel l'aymoit et traictoit tant bien, qu'elle avoit cause de s'en contanter. Peu de temps après qu'ilz furent mariez, la mena en la ville d'Authun pour quelques affaires; et durant le temps que le mary pourchassoit la justice, sa femme alloit à l'eglise prier Dieu pour luy. Et tant frequenta ce lieu sainct, que ung chanoine fort riche fut amoureux d'elle, et la poursuivyt si fort, que la pauvre malheureuse s'accorda à luy, dont le mary n'avoit nul soupson et pensoit plus à garder son bien que sa femme. Mais quand ce vint au departir et qu'il fallut retourner en la maison qui estoit loing de la dicte ville sept grandes lieues, ce ne fut sans ung trop grand regret. Mais le chanoyne luy promist que souvent la iroit visiter: ce qu'il feit, feingnant aller en quelque voiage, où son chemyn s'addressoit tousjours par la maison de cest homme; qui ne fut pas si sot, qu'il ne s'en apperceut, et y donna si bon ordre, que quand le chanoyne y venoit, il n'y trovoit plus sa femme, et la faisoit si bien cacher, qu'il ne povoit parler à elle. La femme,

congnoissant la jalousie de son mary, ne feit semblant qu'il luy despleust.
Toutesfois, se pensea qu'elle y donneroit ordre, car elle estimoit ung
enfer perdre la vision de son Dieu. Ung jour que son mary estoit allé
[d. hors de sa maison, empescha si bien les chamberieres et varletz,
qu'elle demeura seulle en sa maison. Incontinant, prend ce qui luy
estoit necessaire et sans autre compaignie que de sa folle amour qui
la portoit, s'en alla de pied à Authun, où elle n'arriva pas si tard,
qu'elle ne fut recongneue de son chanoyne qui la tint enfermée et cachée plus d'ung an, quelques monitions et excommunications qu'en fit
gecter son mary, lequel, ne trouvant aultre remede, en feit la plaincte
à l'evesque, qui avoit ung archediacre autant homme de bien qu'il en
fust point en France. Et luy-mesmes chercha si diligemment en toutes
les maisons des chanoines, qu'il trouva celle que l'on tenoit perdue,
laquelle il mist en prison et condamna le chanoyne en grosse penitence. Le mary, sçachant que sa femme estoit retournée par l'admoni-
tion du bon archediacre et de plusieurs gens de bien, fut contant de
la reprandre, avecq les sermens qu'elle luy feit de vivre, en temps
advenir, en femme de bien ; ce que le bon homme creut voluntiers,
pour la grande amour qu'il luy portoit. Et la remena en sa maison, la
traictant aussi honnestement que paravant, sinon qu'il luy bailla deux
vielles chamberieres qui jamais ne la laissoient seulle, que l'une des
deux ne fust avecq elle. Mais, quelque bonne chere que luy fist son
mary, la meschante amour qu'elle portoit au chanoyne luy faisoit
estimer tout son repos en tourment ; et, combien qu'elle fust très
belle femme, et, luy, homme de bonne complexion, fort et puissant,
si est-ce qu'elle n'eut jamais enfans de luy, car son cueur estoit tousjours à sept lieues de son corps, ce qu'elle dissimulloit si bien qu'il
sembloit à son mary, qu'elle eut oblyé tout le passé comme il avoit faict
de son costé. Mais la malice d'elle n'avoit pas ceste oppinion, car, à
l'heure qu'elle veid son mary mieulx l'aymant et moins la soupsonnant,
va feindre d'estre mallade ; et continua si bien ceste faincte, que son
pauvre mary estoit en merveilleuse peyne, n'espargnant bien ne chose
qu'il eut, pour la secourir. Toutesfois, elle joua si bien son roolle, que
luy et tous ceulx de la maison la pensoient malade à l'extremité, et que
peu à peu elle s'affoiblissoit ; et, voyant que son mary en estoit aussy
marry qu'il en debvoit estre joieux, le pria qu'il luy pleust l auctory-
ser de faire son testament ; ce qu'il feit voluntiers en pleurant. Et elle,
ayant puissance de tester, combien qu'elle n'eut enfans, donna à son
mary ce qu'elle luy povoit donner, luy requerant pardon des faultes

qu'elle luy avoit faictes ; après, envoya querir le curé, se confessa, receut le sainct Sacrement de l'autel tant devotement que chascun ploroit de veoir une si glorieuse fin. Et quand ce vint le soir, elle pria son mary de luy envoier querir l'extreme unction, et qu'elle s'affoiblissoit tant, qu'elle avoit paour de ne la povoir recepvoir vive. Son mary, en grande dilligence, la luy feit apporter par le curé ; et elle, qui la receut en grande humilité, incitoit chascun à la louer. Quand elle eut faict tous ses beaulx mysteres, elle dist à son mary que, puisque Dieu luy avoit faict la grace d'avoir prins tout ce que l'Eglise commande, elle sentoit sa conscience en si très grande paix qu'il luy prenoit envye de s'y reposer ung petit, priant son mary de faire le semblable, qui en avoit bon besoing, pour avoir tant pleuré et veillé avecq elle. Quand son mary s'en fut allé et tous ses varletz avecq luy, deux pauvres vielles, qui en sa santé l'avoient si longuement gardée, ne se doubtans plus de la perdre, sinon par mort, se vont très bien coucher à leur ayse. Et quand elle les ouyt dormyr et ronfler bien hault, se leva toute en chemise et saillist hors de sa chambre, escoutant si personne de ceans faisoit point de bruict. Mais, quand elle fut asseurée de son baston [1], elle sceut tres bien passer par ung petit huys d'un jardin qui ne fermoit point ; et, tant que la nuyct dura, toute en chemise et nudz piedz, feit son voiage à Authun devers le sainct qui l'avoit gardée de morir. Mais, pour ce que le chemin estoit long, n'y peut aller tout d'une traicte, que le jour ne la surprint. A l'heure, regardant par tout le chemyn, advisa deux chevaulcheurs qui couroient bien fort ; et, pensant que ce fust son mary qui la chercheast, se cacha tout le corps dedans ung maraiz et la teste entre les jongs ; et son mary, passant près d'elle, disoit à ung sien serviteur, comme ung homme desesperé : « Ho ! la meschante ! Qui eust pensé que, soubz le manteau des sainctz sacremens de l'Eglise, l'on eut peu couvrir ung si villain et abominable cas ! » Le serviteur luy respondit : « Puis que Judas, prenant ung tel morceau, ne craingnit à trahir son maistre, ne trouvez point estrange la trahison d'une femme ! » En ce disant, passe oultre le mary ; et la femme demoura plus joyeuse, entre les jongs, de l'avoir trompé, qu'elle n'estoit en sa maison, en ung bon lict, en servitude. Le pauvre mary la serchea par toute la ville d'Authun ; mais il sceut certainement qu'elle n'y estoit point entrée ; parquoy s'en retourna sur ses brisées, ne faisant que se complaindre d'elle et de sa grande perte ; ne la menas-

[1] Expression proverbiale empruntée aux préparatifs du pèlerinage et signifiant : « Quand elle eut pris toutes ses dispositions. »

sant point moins que de la mort, s'il la trovoit, dont elle n'avoit paour en son esperit, non plus qu'elle sentoit de froid en son corps, combien que le lieu et la saison meritoient de la faire repentir de son damnable voiage. Et qui ne sçauroit comment le feu d'enfer eschauffe ceulx qui en sont rempliz, l'on debvroit estimer à merveille comme ceste pauvre femme, saillant d'un lict bien chault, peut demeurer tout ung jour en si extresme froidure. Si ne perdit-elle point le cueur ny l'aller, car, incontinant que la nuyct fut venue, reprint son chemyn; et, ainsy que l'on vouloit fermer la porte d'Authun, y arriva ceste pelerine, et ne faillit d'aller tout droict où demoroit son corps sainct, qui fut tant esmerveillé de sa venue, que à peyne povoit-il croire que ce fut elle. Mais, quant il l'eut bien regardée et visitée de tous costez, trouva qu'elle avoit oz et chair, ce que ung esprit n'a point; et ainsy se asseura que ce n'estoit fantosme, et dès l'heure, furent si bien d'accord, qu'elle demoura avecq luy quatorze ou quinze ans. Et, si quelque temps elle fut cachée, à la fin elle perdit toute craincte, et, qui pis est, print une telle gloire d'avoir ung tel amy, qu'elle se mectoit à l'eglise devant la plus part des femmes de bien de la ville, tant d'officiers que aultres. Elle eut des enfans du chanoyne, et entre autres une fille qui fut mariée à un riche marchant; et si gorgiase[1] à ses nopces, que toutes les femmes de la ville en murmuroient très fort, mais n'avoient pas la puissance d'y mectre ordre. Or, advint que en ce temps-là, la Royne Claude, femme du Roy François, passa par la ville d'Authun, ayant en sa compaignie madame la Regente, mere du dict Roy et la duchesse d'Alençon, sa fille[2]. Vint une femme de chambre de la Royne, nommée Perrette, qui trouva la dicte duchesse et luy dist : « Madame, je vous suplye, escoutez-moy, et vous ferez oeuvre plus grande que d'aller oyr tout le service du jour. » La duchesse s'arresta voluntiers, sçachant que d'elle ne povoit venir que tout bon conseil. Perrette luy alla racompter incontinant comme elle avoit prins une petite fille, pour luy ayder à savonner le linge de la Royne; et, en luy demandant des nouvelles de la ville, luy compta la peyne que les femmes de bien avoient de veoir ainsy aller devant elles la femme de ce chanoyne, de laquelle luy compta une partie de sa vie. Tout soubdain, s'en alla la

[1] Parée, triomphante, pimpante.
[2] Ce passage nous donne, d'une manière à peu près certaine, la date de cette aventure, car Louise de Savoie ne fut désignée sous les noms de *madame la Régente, mère du roi*, qu'à partir du mois d'août 1515, lorsque le roi, son fils, partit pour l'expédition du Milanais, et la reine Claude de France, première femme de François 1er, mourut le 20 juillet 1524.

duchesse à la Royne et à madame la Regente, leur compter ceste histoire ; qui, sans autre forme de procès, envoierent querir ceste pauvre malheureuse, laquelle ne se cachoit point, car elle avoit changé sa honte en gloire d'estre dame de la maison d'ung si riche homme. Et, sans estre estonnée ny honteuse, se vint presenter devant les dictes dames, lesquelles avoient si grande honte de sa hardiesse, que soubdain elles ne luy sceurent que dire. Mais, après, luy feit madame la Regente telles remonstrances, qui deussent avoir faict pleurer une femme de bon entendement. Ce que point ne feit ceste pauvre femme, mais, d'une audace très grande, leur dist : « Je vous suplie, mes dames, que voulez garder que l'on ne touche point à mon honneur, car, Dieu mercy! j'ay vescu avec monsieur le chanoyne si bien et si vertueusement, qu'il n'y a personne vivant qui m'en sceut reprendre. Et s'il ne fault point que l'on pense que je vive contre la volunté de Dieu, car il y a trois ans qu'il ne me fut riens, et vivons aussy chastement et en aussy grande amour, que deux beaulx petitz anges, sans que jamais entre nous deux y eut eu parolle ne volunté au contraire. Et qui nous separera fera grand peché, car le bon homme, qui a bien près de quatre vingtz ans, ne vivra pas longuement sans moy, qui en ay quarante cinq. » Vous pouvez penser comme à l'heure les dames se peurent tenir ; et les remonstrances que chascun luy feit, voyant l'obstination qui n'estoit amollye pour parolles que l'on luy dist, pour l'aage qu'elle eut, ne pour l'honnorable compaignye. Et, pour l'humilier plus fort, envoierent querir le bon archediacre d'Authun, qui la condemna d'estre en prison ung an, au pain et à l'eaue. Et les dames envoyerent querir son mary, lequel par leur bon exhortement fut contant de la reprendre, après qu'elle auroit faict sa penitence. Mais, se voiant prisonniere et le chanoyne deliberé de jamais ne la reprendre, mercyant les dames de ce qu'elles luy avoient gecté ung diable de dessus les espaulles, eut une si grande et si parfaicte contriction, que son mary, en lieu d'actendre le bout de l'an, l'alla reprendre, et n'attendit pas quinze jours, qu'il ne la vint demander à l'archediacre ; et depuis ont vescu en bonne paix et amitié.

« Voyla, mes dames, comment les chaisnes de sainct Pierre sont converties par les mauvais ministres en celles de Sathan, et si fortes à rompre, que les sacremens qui chassent les diables des corps sont à ceulx-cy les moiens de les faire plus longuement demorer en leur conscience. Car les meilleures choses sont celles, quand on en abuse, dont l'on faict plus de maulx. — Vrayement, dist Oisille, ceste femme estoit bien malheureuse, mais aussy fut-elle bien pugnye de venir devant telz juges que les dames que vous avez nommées, car le regard seul de madame la Regente estoit de telle vertu, qu'il n'y avoit si femme de bien, qui ne craingnist de se trouver devant ses oeilz indigne de sa veue. Celle qui en estoit regardée doulcement s'estimoit meriter grand honneur, sçachant que femmes autres que vertueuses ne povoit ceste dame veoir de bon cueur. — Il seroit bon, dist Hircan, que l'on eust plus de craincte des oeilz d'une femme, que du sainct Sacrement, lequel, s'il n'est receu en foy et charité, est en condamnation eternelle. — Je vous prometz, dist Parlamente, que ceulx qui ne sont point inspirez de Dieu craingnent plus les puissances temporelles, que les spirituelles. Encores, je croy que la pauvre creature se chastia plus par la prison et l'oppinion de ne plus veoir son chanoyne, qu'elle ne feit pour remonstrance qu'on luy eut sceu faire. — Mais, dist Simontault, vous avez oblyé la principale cause qui la feit retourner à son mary? C'est que le chanoyne avoit quatre vingtz ans, et son mary estoit plus jeune qu'elle. Ainsy gaingna ceste bonne dame en tous ses marchez; mais, si le chanoyne eut esté jeune, elle ne l'eust point voulu abandonner. Les enseignemens des dames n'y eussent pas eu plus de valleur, que les sacremens qu'elle avoit prins. — Encores, ce dist Nomerfide, me semble qu'elle faisoit bien de ne confesser point son peché si aysement, car ceste offense se doibt dire à Dieu humblement et la nyer fort et ferme devant les hommes, car, encores qu'il soit vray, à force de mentir et jurer, on engendre quelque doubte à la verité. — Si est-ce, dist Longarine, qu'ung peché à grand peyne peut estre si secret, qu'il ne soit revellé, sinon quand Dieu par sa misericorde le couvre dans ceulx qui pour l'amour de luy en ont vraye repentance. — Et que direz-vous, dist Hircan, de celles qui n'ont pas plus tost faict une follye, qu'elles ne la racomptent à quelqu'un? — Je le trouve bien estrange, respondit Longarine; et est signe que le peché ne leur desplaist pas; et, comme je vous ay dict, celluy qui n'est couvert de la grace de Dieu ne se sçauroit nyer devant les hommes, et y en a maintes, qui, prenans plaisir à parler de telz propos, se font gloire de publier leurs vices et aultres, qui, en se coupant, s'accusent. — Je vous prie, dist Saffredent, si vous en sçavez quelqu'une, je vous donne ma place, et que nous la dictes? — Or escoutez doncques, » dist Longarine.

SOIXANTE DEUXIESME NOUVELLE.

Une damoiselle, faisant soubz le nom d'une aultre un compte à quelque grande dame, se coupa si lourdement, que son honneur en demora tellement taché, que jamais elle ne le peut reparer.

Au temps du Roy François premier, y avoit une dame du sang roial [1], accompaignée d'honneur, de vertu et de beaulté, et qui sçavoit bien dire ung compte et de bonne grace; et en rire aussy, quand on luy en disoit quelqu'un. Ceste dame, estant en l'une de ses maisons, tous ses subgects et voisins la vindrent veoir, pour ce qu'elle estoit autant aymée que femme pourroit estre. Entre aultres, vint une damoiselle, qui escoutoit que chascun luy disoit tous les comptes qu'ilz pensoient, pour luy faire passer le temps. Elle s'advisa qu'elle n'en feroit moins que les aultres et luy dist : « Madame, je voys faire ung beau compte, mais vous me promectez que vous n'en parlerez point. » A l'heure, luy dist : « Madame, le compte est très veritable, je le prens sur ma conscience. C'est qu'il y avoit une damoiselle maryée, qui vivoit avec son mary très honnestement, combien qu'il fut viel et elle jeune. Ung gentil homme, son voisin, voyant qu'elle avoit espouzé ce viellard, fut amoureux d'elle et la pressa par plusieurs années, mais jamais il n'eut responce d'elle, sinon telle que une femme de bien doibt faire. Ung jour, se pensa le gentil homme, que, s'il la povoit trouver à son advantaige [2], que par adventure elle ne luy seroit si rigoureuse ; et, après avoir longuement debattu avecq la craincte du danger où il se mectoit, l'amour qu'il avoit à la damoiselle luy osta tellement la craincte, qu'il se delibera de trouver le lieu et l'occasion. Et feit si bon guet, que ung matin, ainsy que le gentil homme, mary de ceste damoiselle, s'en alloit en quelque aultre de ses maisons, et partoit dès le point du jour pour le chault, le jeune folastre vint à la maison de ceste jeune damoiselle, laquelle il trouva

---

[1] M. Leroux de Lincy pense que c'est Louise de Savoie, « qui aimoit beaucoup à entendre raconter des aventures de toutes sortes. » Nous pencherions plutôt à croire que c'est Marguerite elle-même, « qui sçavoit bien dire ung compte et de bonne grâce. »

[2] C'est-à-dire : dans des conditions de temps et de lieu favorables.

dormant en son lict; et advisa que les chamberieres s'en estoient allées
dehors de la chambre. A l'heure, sans avoir le sens de fermer la
porte, s'en vint coucher tout houzé[1] et esperonné dedans le lict de la
damoiselle; et quand elle s'esveilla, fut autant marrye qu'il estoit
possible. Mais, quelques remonstrances qu'elle luy sceut faire, il la
print par force, luy disant que, si elle reveloit ceste affaire, il diroit
à tout le monde qu'elle l'avoit envoyé querir; dont la damoiselle eut
si grand paour, qu'elle n'osa crier. Après, arrivant quelques des
chamberieres, se leva hastivement. Et ne s'en fust personne aparceu,
sinon l'esperon qui s'estoit attaché au linceul de dessus l'emporta tout
entier; et demeura la damoiselle toute nue sur son lict. » Et, combien qu'elle feit le compte d'une aultre ne se peut garder de dire à
la fin : « Jamais femme ne fut si estonnée que moy, quand je me trouvay toute nue. » Alors, la dame, qui avoit oy le compte sans rire, ne
s'en peut tenir à ce dernier mot, en luy disant : « Ad ce que je
voy, vous en povez bien racompter l'histoire. » La pauvre damoiselle chercha ce qu'elle peut pour cuyder reparer son honneur, mais
il estoit vollé desja si loing, qu'elle ne le povoit plus rappeller.

« Je vous asseure, mes dames, que, si elle eut grand desplaisir à
faire ung tel acte, elle en eust voulu avoir perdu la memoire. Mais,
comme je vous ay dict, le peché seroit plus tost descouvert par elle-
mesme, qu'il ne pourroit estre sceu, quand il n'est point couvert de
la couverture que David dict rendre l'homme bien heureux. — En
bonne foy, dist Ennasuitte, voyla la plus grande sotte, dont je oy jamais parler, qui faisoit rire les autres à ses despens. — Je ne trouve
point estrange, dist Parlamente, de quoy la parolle ensuict le faict,
car il est plus aysé à dire que à faire. — Dea, dist Geburon, quel peché
avoit-elle faict? Elle estoit endormye en son lict; il la menassoit de
mort et de honte : Lucresse, qui estoit tant louée, en feit bien aultant.
— Il est vray, dist Parlamente; je confesse qu'il n'y a si juste à qui il
ne puisse mescheoir[2], mais, quand on a prins grand desplaisir à l'œuvre,
l'on en prent aussi à la memoire, pour laquelle effacer Lucresse se
tua; et ceste sotte a voulu faire rire les aultres. — Si semble-il, dist
Nomerfide, qu'elle fut femme de bien, veu que par plusieurs fois elle
avoit esté priée et elle ne se voulut jamais consentir; tellement qu'il
fallut que le gentil homme s'aydast de tromperie et de force pour

---

[1] Botté. Les *houzeaux* étaient de grosses bottes de voyage ou de chasse.
[2] Mésadvenir, arriver malheur.

la decepvoir. — Comment! dist Parlamente; tenez-vous une femme quicte de son honneur, quand elle se laisse aller, mais qu'elle ait usé deux ou trois foys de refuz? Il y auroit doncques beaucoup de femmes de bien, qui sont estimées le contraire, car l'on en a assez veu, qui ont longuement reffusé celluy où leur cueur s'estoit adonné, les unes pour craincte de leur honneur, les aultres pour plus ardemment se faire aymer et estimer. Parquoy l'on ne doibt point faire cas d'une femme, si elle ne tient ferme jusques au bout. — Et si ung homme refuse une belle fille, dist Dagoucin, estimerez-vous grande vertu? — Vrayement, dist Oisille, si ung homme jeune et sain usoit de ce reffuz, je le trouverois fort louable, mais non moins difficile à croire. — Si en congnois-je, dist Dagoucin, qui ont refusé des adventures que tous les compaignons serchoient. — Je vous prie, dist Longarine, que vous prenez ma place pour le nous racompter, mais souvenez-vous qu'il fault icy dire verité. — Je vous promectz, dist Dagoucin, que je vous la diray si purement, qu'il n'y aura nulle coulleur pour la desguiser. »

SOIXANTE TROISIESME NOUVELLE.

Le refuz qu'un gentil homme feit d'une adventure que tous ses compaignons serchoient luy fut imputé à bien grande vertu; et sa femme l'en ayma et estima beaucoup plus qu'elle n'avoit faict[1].

En la ville de Paris se trouverent quatre filles, dont les deux estoient seurs, de si grande beaulté, jeunesse et frescheur, qu'elles avoient la presse de tous les amoureux. Mais ung gentil homme, qui pour lors avoit esté faict prevost de Paris par le Roy[2], voyant son maistre

---

[1] Cette Nouvelle, qui manque dans l'édition de 1558, donnée par Boaistuau, a été publiée pour la première fois par Gruget, en 1559.

[2] C'est Jean de La Barre, dont il est question dans la I⁰ Nouvelle. Voy. ci dessus, p. 24. Dans le *Journal d'un bourgeois de Paris, sous le regne de François I⁰*, publié par M. L. Lalanne (1854 in 8. p. 125), on lit, à la date de 1522 : « Au dict an le Roy crea aussy et ordonna à tousjours en la ville de Paris, un bailliage pour estre divisé et hors de la prevosté de Paris, et pour en faire une jurisdiction à part et pour, par icelle, congnoistre des causes des privilegiez de l'Université de Paris. Et, pour ce faire, y establit et ordonna un bailif lequel se nommoit *monsieur de la Barre*, qui estoit l'un de ses mignons, natif de Paris et de pauvres gens, auquel il donna ledict bailliage gratis, à cause qu'il estoit en sa grace, » etc.

jeune et de l'aage pour desirer telle compaignye, practiqua si bien
toutes les quatre, que, pensant chascune estre pour le Roy, s'accorderent à ce que le dict prevost voulut, qui estoit de se trouver ensemble
en ung festin où il convia son maistre, auquel il compta l'entreprinse,
qui fut trouvée bonne du dict seigneur et de deux aultres bons personnages de la court; et s'accorderent tous trois avant d'avoir part
au marché. Mais, en serchant le quatriesme compaignon, va arriver
un seigneur beau et honneste, plus jeune de dix ans que tous les autres, lequel fut convié en ce bancquet: lequel l'accepta de bon visaige,
combien que en son cueur il n'en eut aucune volunté; car, d'un costé,
il avoit une femme qui luy portoit de beaulx enfans, dont il se contentoit très fort, et vivoient en telle paix que pour rien il n'eut voulu
qu'elle eut prins mauvais soupsons de luy; d'autre part, il estoit serviteur d'une des plus belles dames qui fut de son temps en France, laquelle
il aymoit, estimoit tant, que toutes les aultres luy sembloient laydes
auprès d'elle; en sorte que, au commencement de sa jeunesse, et
avant qu'il fut marié, n'estoit possible de luy faire veoir ne hanter
aultres femmes, quelque beaulté qu'elles eussent; et prenoit plus de
plaisir à veoir s'amye et de l'aymer parfaictement que de tout ce qu'il
sceut avoir d'une aultre. Ce seigneur s'en vint à sa femme et luy dist
en secretz l'entreprinse que son maistre faisoit; et que de luy il aymoit
autant morir, que d'accomplir ce qu'il avoit promis: car, tout ainsy
que par collere n'y avoit homme vivant qu'il n'osast bien assaillir,
aussy, sans occasion, par ung guet à pens, aymeroit mieulx morir, que
de faire ung meurdre, si l'honneur ne le y contraingnoit; et pareillement, sans une extresme force d'amour qui est l'aveuglement des
hommes vertueux, il aymeroit mieulx morir, que rompre son mariage,
à l'apetit d'aultruy[1]; dont sa femme l'ayma et estima plus que jamais
n'avoit faict, voiant en une si grande jeunesse habiter tant d'honnesteté; et, en luy demandant comme il se pourroit excuser, veu que
les princes trouvent souvent mauvais ceulx qui ne louent ce qu'ilz ayment. Mais il luy respondit : « J'ay tousjours oy dire que le saige a le
voiage ou une malladie en la manche, pour s'en ayder à sa necessité. Parquoy, j'ay deliberé de faindre, quatre ou cinq jours devant,
estre fort mallade : à quoy vostre contenance me pourra bien fort servir. —Voyla, dist sa femme, une bonne et saincte ypocrisie; à quoy je
ne fauldray de vous servir de myne la plus triste dont je me pourray

---

[1] En convoitant une autre femme.

adviser; car qui peut eviter l'offence de Dieu et l'ire du prince est bien heureux [1]. » Ainsy qu'ilz delibererent, ilz feirent; et fut le Roy fort marry d'entendre, par la femme, la malladye de son mary, laquelle ne dura gueres, car, pour quelques affaires qui vindrent, le Roy oblya son plaisir pour regarder à son debvoir, et partyt de Paris. Or, ung jour, ayant memoire de leur entreprinse qui n'avoit esté mise à fin, dist à ce jeune seigneur : « Nous sommes bien sotz d'estre ainsy partiz si soubdain, sans avoir veu les quatre filles que l'on nous avoit promises estre les plus belles de mon royaulme. » Le jeune seigneur luy respondit : « Je suis bien ayse dont vous y avez failly, car j'avois grand paour, veu ma malladie, que moy seul eusse failly à une si bonne advanture. » A ces parolles ne s'aperceut jamais le Roy de la dissimulation de ce jeune seigneur, lequel depuis fut plus aymé de sa femme, qu'il n'avoit jamais esté.

A l'heure se print à rire Parlamente et ne se peut tenir de dire : « Encores il eust mieulx aymé sa femme, si ce eut esté pour l'amour d'elle seulle. En quelque sorte que ce soit, il est très louable. — Il me semble, dist Hircan, que ce n'est pas grand louange à ung homme de garder chasteté pour l'amour de sa femme; car il y a tant de raisons, que quasi il est contrainct : premierement, Dieu luy commande, son serment le y oblige, et puis Nature, qui est soulle [2], n'est point subjecte à tentation ou desir, comme la necessité; mais l'amour libre que l'on porte à s'amye, de laquelle on n'a point la jouissance ne autre contentement que le veoir et parler et bien souvent mauvaise response, quand elle est si loyalle et ferme, que, pour nulle adventure qui puisse advenir, on ne la peut changer, je dis que c'est une chasteté non seulement louable, mais miraculeuse. — Ce n'est point de miracle, dist Oisille, car où le cueur s'adonne, il n'est rien impossible au corps. — Non aux corps, dist Hircan, qui sont desja angelisez [3]. » Oisille luy respondit : « Je n'entens point seullement parler de ceulx qui sont par la grace de Dieu tout transmuez en luy, mais des plus grossiers esperitz que l'on voye çà bas entre les hommes. Et, si vous y prenez garde, vous trouverez ceulx qui ont mys leur cueur et affection à sercher la perfection des sciences, non seulement avoir oblyé la volupté de la chair, mais les choses les plus necessaires,

---

[1] Proverbe.
[2] Rassasiée.
[3] Qui ont pris la nature des anges.

comme le boire et le manger ; car, tant que l'ame est par affection dedans son corps, la chair demeure comme insensible ; et de là vient que ceulx qui ayment femmes belles, honnestes et vertueuses, ont tel contentement à les veoir et à les oyr parler; et ont l'esperit si contant, que la chair est appaisée de tous ses desirs. Et ceulx qui ne peuvent experimenter ce contentement sont les charnelz, qui, trop enveloppez de leur graisse, ne congnoissent s'ilz ont ame ou non. Mais, quand le corps est subject à l'esperit, il est quasi insensible aux imperfections de la chair, tellement que leur forte oppinion les peult randre insensibles. Et j'ai congneu ung gentil homme, qui, pour monstrer avoir plus fort aymé sa dame que nulle autre, avoit faict preuve à tenir une chandelle avecq les doigtz tout nudz [1], contre tous ses compaignons : et, regardant sa dame, tint si ferme, qu'il se brusla jusques à l'oz ; encores, disoit-il, n'avoir point senty de mal. — Il me semble, dist Geburon, que le diable, dont il estoit martyr, en debvoit faire ung sainct Laurent [2], car il y en a peu de qui le feu d'amour soit si grand, qu'il ne craigne celluy de la moindre bougye ; et, si une damoiselle m'avoit laissé tant endurer pour elle, je demanderois grande recompense, ou j'en retirerois ma fantaisye. — Vous vouldriez doncques, dist Parlamente, avoir vostre heure, après que vostre dame auroit eu la sienne, comme feit ung gentil homme d'auprès de Valence en Espagne, duquel ung commandeur, fort homme de bien, m'a faict le compte [3] ? — Je vous prie, ma dame, dist Dagoucin, prenez ma place et le nous dictes, car je croy qu'il doibt estre bon. — Par ce compte, dist Parlamente, mes dames, vous regarderez deux fois ce que vous vouldrez refuser, et ne vous fier au temps present qu'il soit tousjours ung [4]; parquoy, congnoissans sa mutation [5], donnerez ordre à l'advenir. »

---

[1] Avait parié qu'il tiendrait une chandelle, avec les *dents trois nuictz*, disent les manuscrits; avec les *doigts tous nuds*, disent les éditions.

[2] Parce que saint Laurent fut brûlé sur un gril de fer.

[3] Ce passage semble indiquer que Parlamente est Marguerite elle-même. Car cette princesse était allée en Espagne pendant la captivité de François 1er et avait résidé quelque temps à la cour de Madrid.

[4] Semblable, uniforme.

[5] Variabilité, inconstance.

SOIXANTE QUATRIESME NOUVELLE.

Après qu'une damoiselle eut, l'espace de cinq ou six ans, experimenté l'amour que luy portoit ung gentil homme, desirant en avoir plus grande preuve, le meit en tel desespoir que, s'estant rendu religieux, ne le peut recouvrer, quand elle voulut.

En la cité de Valence, y avoit ung gentil homme, qui, par l'espace de cinq ou six ans, avoit aymé une dame si parfaictement, que l'honneur et la conscience de l'un et de l'autre n'y estoient point blessés, car son intention estoit de l'avoir pour femme; ce qui estoit chose fort raisonnable, car il estoit beau, riche et de bonne maison. Et si ne s'estoit point mys en son service, sans premierement avoir sceu son intention, qui estoit de s'accorder à mariage par la volunté de ses amys, lesquelz, estans assemblez pour cest effect, trouverent le mariage fort raisonnable, par ainsy que la fille y eut bonne volunté; mais elle, ou cuydant trouver mieulx, ou voulant dissimuller l'amour qu'elle luy avoit portée, trouva quelque difficulté; tellement que la compaignye assemblée se departyt, non sans regret, et qu'elle n'y avoit peu mettre quelque bonne conclusion, congnoissant le party, d'un costé et d'autre, fort raisonnable; mais sur tout fut ennuyé le pauvre gentil homme qui eut porté son mal patiemment, s'il eut pensé que la faulte fut venue des parens, et non d'elle. Et congnoissant la verité, dont la creance luy causoit plus de mal que la mort, sans parler à s'amye ne à aultre, se retira en sa maison. Et, après avoir donné quelque ordre à ses affaires, s'en alla en ung lieu sollitaire, où il meit peyne d'oblyer ceste amitié, et la convertit entierement en celle de Nostre Seigneur, à laquelle il estoit plus obligé. Et durant ce temps-là, il n'eut aucunes nouvelles de sa dame ne de ses parens; parquoy print resolution, puis qu'il avoit failly à la vie la plus heureuse qu'il povoit esperer, de prendre et choisir la plus austere et desagreable qu'il pourroit ymaginer. Et, avecq ceste triste pensée qui se povoit nommer desespoir, s'en alla randre religieux en ung monastere de sainct Françoys, non loing de plusieurs de ses parens, lesquelz, entendans sa desesperance [1], feirent tout leur effort d'empescher sa

---

[1] Ce joli mot, qui n'a pas le même sens que *désespoir*, a été mal à propos retranché de la langue.

SOIXANTE QUATRIESME NOUVELLE.

deliberation ; mais elle estoit si très fermement fondée en son cueur, qu'il n'y eut ordre de l'en divertir. Toutesfois, congnoissans d'ond son mal estoit venu, penserent de chercher la medecine et allerent devers celle qui estoit cause de ceste soubdaine devotion. Laquelle, fort estonnée et marrye de cest inconvenient, ne pensant que son refuz pour quelque temps luy servist seullement d'experimenter sa bonne volonté et non de le perdre pour jamais, dont elle voyoit le danger evident, lui envoya une epistre, laquelle, mal traduicte, dict ainsy :

    Pour ce qu'amour, s'il n'est bien esprouvé
    Ferme et loial, ne peut estre approuvé,
    J'ay bien voulu par le temps esprouver
    Ce que j'ay tant desiré de trouver :
    C'est ung mary remply d'amour parfaict,
    Qui par le temps ne peut estre desfaict.
    Cela me feit requerir mes parens
    De retarder, pour ung ou pour deux ans,
    Ce grand lien, qui jusqu'à la mort dure,
    Qui à plusieurs engendre peyne dure.
    Je ne feis pas de vous avoir refuz ;
    Certes jamais de tel vouloir ne fuz :
    Car oncques nul que vous ne sceuz aymer,
    Ny pour mary et seigneur estimer.
    O quel malheur ! Amy, j'ay entendu
    Que, sans parler à nulluy, t'es rendu
    En ung couvent et vie trop austere.
    Dont le regret me garde de me taire,
    Et me contrainct de changer mon office,
    Faisant celluy dont as usé sans vice :
    C'est requerir celluy dont fuz requise,
    Et d'acquerir celluy dont fuz acquise.
    Or doncq, amy, la vie de ma vie,
    Lequel perdant, n'ay plus de vivre envie,
    Las ! plaise-toy vers moi tes oeilz tourner
    Et, du chemin où tu es, retourner.
    Laisse le gris[1] et son austerité ;
    Viens recepvoir celle felicité,
    Qui tant de foys par toy fut desirée.
    Le temps ne l'a deffaicte ou emportée :
    C'est pour toy seul, que gardée me suis,
    Et sans lequel plus vivre je ne puis.
    Retourne doncq, veuille t'amye croire,
    Rafreichissant la plaisante memoire
    Du temps passé, par un sainct mariage.
    Croy moy, amy, et non point ton courage
    Et sois bien seur que oncques ne pensay
    De faire rien où tu fusse offensé ;

[1] L'habit gris, le froc de saint François.

Mais esperois te rendre contanté,
Après t'avoir bien experimenté.
Or ay-je faict de toy l'experience :
Ta fermeté, ta foy, ta patience
Et ton amour, sont cogneuz clairement,
Qui m'ont acquise à toy entierement.
Viens doncq, amy, prendre ce qui est tien :
Je suis à toy, sois doncques du tout mien.

Ceste epistre, portée par ung sien amy, avecq toutes les remonstrances qu'il fut possible de faire, fut receue et leue du gentil homme cordelier, avecq une contenance tant triste, accompaignée de souspirs et de larmes, qu'il sembloit qu'il vouloit noyer et brusler ceste pauvre epistre, à laquelle ne feit nulle responce, sinon dire au messagier, que la mortification de sa passion extresme luy avoit cousté si cher, qu'elle luy avoit osté la volunté de vivre et la craincte de morir; parquoy requeroit celle qui ne estoit l'occasion, puis qu'elle ne l'avoit pas voulu contanter en la passion de ses grands desirs, qu'elle ne le voulut tormenter à l'heure qu'il en estoit dehors, mais se contanter du mal passé, auquel il ne peut trouver remede que de choisir une vie si aspre, que la continuelle penitence luy faict oblier sa douleur; et, à force de jeusnes et disciplines, affoiblir tant son corps, que la memoire de la mort luy soit pour souveraine consolation. Et que surtout il la prioit qu'il n'eut jamais nouvelle d'elle, car la memoire de son nom seullement luy estoit ung importable purgatoire. Le gentil homme retourna avecq ceste triste responce et en feit le rapport à celle qui ne le peut entendre sans l'importable regret. Mais amour, qui ne veult permectre l'esperit faillir jusques à l'extremité, luy meist en fantaisye, que, si elle le povoit veoir, que la veue et la parolle auroient plus de force que n'avoit eu l'escripture. Parquoy, avecq son pere et ses plus proches parens, s'en allerent au monastere où il demeuroit, n'aiant rien laissé en sa boueste qui peust servir à sa beaulté[1], se confiant que, s'il la povoit une foys regarder et oyr, que impossible estoit que le feu, tant longuement continué en leurs cueurs, ne se ralumast plus fort que devant. Ainsy, entrant au monastere, sur la fin de vespres, le feit appeler en une chappelle dedans le cloistre. Luy, qui ne sçavoit qui le demandoit, s'en alla ignoramment à la plus forte bataille où jamais avoit esté. Et, à l'heure qu'elle le veid tant palle et desfaict, que à peyne le peut-elle recongnoistre, neantmoins remply d'une grace non moins

---

[1] C'est-à-dire : s'étant fardée et ayant mis ses plus beaux atours.

amyable que auparavant, l'amour la contraingnit d'avancer ses bras pour le cuyder embrasser; et la pitié de le veoir en tel estat luy feit tellement affoiblir le cueur, qu'elle tomba esvanouye. Mais le pauvre religieux, qui n'estoit destitué de la charité fraternelle, la releva et assist dedans ung siege de la chappelle. Et, luy, qui n'avoit moins de besoing de secours, faignit ignorer sa passion, en fortifiant son cueur en l'amour de son Dieu contre les occasions qu'il voyoit presentes, tellement qu'il sembloit à sa contenance ignorer ce qu'il voyoit. Elle, revenue de sa foiblesse, tournant ses oeilz tant beaulx et piteux vers luy, qui estoient suffisans de faire amolir un rocher, commencea à luy dire tous les propos qu'elle pensoit dignes de le retirer du lieu où il estoit. A quoy respondit le plus vertueusement qu'il luy estoit possible; mais, à la fin, feit tant le pauvre religieux, que son cueur s'amolissoit par l'abondance des larmes de s'amye, comme celluy qui voyoit Amour, ce dur archer, dont tant longuement il avoit porté la douleur, ayant sa fleche dorée preste à luy faire nouvelle et plus mortelle playe; s'enfuyt de devant l'Amour et l'amye, comme n'aiant autre povoir que parfouyr. Et quand il fut dans sa chambre enfermé, ne la voullant laisser aller sans quelque resolution, luy va escripre trois motz en espagnol, que j'ay trouvé de si bonne substance que je ne les ay voulu traduire pour en diminuer leur grace; lesquelz luy envoia par ung petit novice, qui la trouva encores en la chapelle, si desesperée, que, s'il eust esté licite de se rendre cordeliere, elle y fut demourée; mais, en voiant l'escripture: *Volvete don venesti, anima mia, que en las tristas vidas es la mia*, pensa bien que toute esperance luy estoit faillye; et se delibera de croire le conseil de luy et de ses amys, et s'en retourna en sa maison mener une vie aussi melancolicque, comme son amy la mena austere en la religion.

« Vous voyez, mes dames, quelle vengeance le gentil homme feit à sa rude amye, qui, en le pensant experimenter, le desespera, de sorte que, quand elle le voulut, elle ne le peut recouvrer. — J'ay regret, dist Nomerfide, qu'il ne laissa son habit pour l'aller espouser; je croy que ce eut esté ung parfaict mariage.—En bonne foy, dist Simontault, je l'estime bien sage; car qui a bien pensé le faict de mariage, il ne l'estimera moins fascheux que une austere religion [1]; et luy, qui estoit tant affoibly de jeusnes et d'abstinences, craignoit de prendre une

---

[1] Règle monastique, vie claustrale.

telle charge qui dure toute la vie. — Il me semble, dist Hircan, qu'elle faisoit tort à ung homme si foible, de le tenter de mariage ; car c'est trop pour le plus fort homme du monde. Mais, si elle luy eust tenu propos d'amitié sans l'obligation que de volunté, il n'y a corde qui n'eust esté desnouée. Et, veu que pour l'oster de purgatoire, elle luy offroit ung enfer, je dis qu'il eut grande raison de la refuser et luy faire sentir l'ennuy qu'il avoit porté de son refuz. — Par ma foy, dit Ennasuitte, il y en a beaucoup qui, pour cuyder mieulx faire que les aultres, font pis ou bien le rebours de ce qu'ilz veullent. — Vrayement, dist Geburon, combien que ce ne soit à propos, vous me faictes souvenir d'une qui faisoit le contraire de ce qu'elle vouloit ; dont il vint ung grand tumulte à l'eglise Sainct Jehan de Lyon. — Je vous prie, dist Parlamente, prenez ma place et le nous racomptez. — Mon compte, dist Geburon, ne sera pas long ne si piteux que celluy de Parlamente. »

SOIXANTE CINQUIESME NOUVELLE.

La fausseté d'un miracle que les prestres de Saint Jean de Lyon vouloient cacher fut descouverte par la congnoissance de la sottise d'une vielle[1].

En l'eglise Sainct Jehan de Lyon[2], y a une chappelle fort obscure, et dedans ung Sepulcre faict de pierre à grans personnages eslevez,

---

[1] Nous emprunterons à M. Leroux de Lincy quelques extraits d'une lettre que lui a écrite le savant M. Péricaud, de Lyon : « Marguerite vint à Lyon pour la première fois en 1525 ; elle avait alors trente-cinq ans. Le 11 avril de cette année, elle perdit son premier mari, Charles d'Alençon. Les augustes époux avaient pris leur logement dans la maison de l'obédiencier de Saint-Just. Les funérailles de Charles, qui fut inhumé dans l'église de Saint-Just, se firent avec une grande pompe. Il est à croire que, pendant la dernière maladie de son mari, Marguerite fit dans l'église Saint-Jean la neuvaine dont il est question dans la dernière Nouvelle de l'*Heptaméron*. Nous pensons aussi qu'il faut rapporter à cette époque l'historiette de la dévote, qui, dans la chapelle du Saint-Sepulcre, mit sa chandelle sur la tête d'un soldat qui dormait, pensant qu'il fût de pierre comme toutes les statues qui étaient dans cette chapelle. »

[2] La cathédrale de Saint-Jean, fondée dès le septième siècle, fut ruinée et reconstruite plusieurs fois à diverses époques ; l'édifice actuel date du regne de saint Louis, mais il ne fut terminé que sous Louis XI. C'est un monument d'une architecture très-ornée à l'extérieur ; l'intérieur est d'une grande simplicité, mais d'un caractère imposant. Le *Sépulcre*, sculpté en pierre et peint, qui décorait une des chapelles, fut détruit en 1562, lorsque les huguenots saccagèrent l'église.

comme le vif¹ ; et sont à l'entour du sepulcre plusieurs hommes d'armes couchez. Ung jour, ung souldart se pourmenant dans l'eglise, au temps d'esté qui faict grand chault, luy print envye de dormir. Et regardant ceste chappelle obscure et fresche, pensa d'aller garder le Sepulcre, en dormant comme les aultres, auprès desquels il se coucha. Or advint-il que une bonne vieille fort devote arriva au plus fort de son sommeil, et, après qu'elle eut dict ses devotions, tenant une chandelle ardante en sa main, la voulut attacher au Sepulcre. Et, trouvant le plus près d'icelluy cest homme endormy, la luy voulut mectre au front, pensant qu'il fut de pierre. Mais la cire ne peut tenir contre la pierre ; la bonne dame, qui pensoit que ce fust à cause de la froideure de l'ymage, luy va mectre le feu contre le front, pour y faire tenir sa bougye. Mais l'ymage, qui n'estoit insensible, commencea à crier ; dont la bonne femme eut si grand paour, que comme toute hors du sens se print à cryer miracle, tant que tous ceulx qui estoient dedans l'eglise coururent, les ungs à sonner les cloches, les autres à veoir le miracle. Et la bonne femme les mena veoir l'ymaige qui estoit remuée ; qui donna occasion à plusieurs de rire, mais les plusieurs ne s'en povoient contanter, car ilz avoient bien deliberé de faire valloir ce Sepulcre et en tirer autant d'argent que du crucifix qui est sur leur pupiltre, lequel on dict avoir parlé, mais la comedie print fin pour la congnoissance de la sottise d'une femme².

« Si chascun congnoissoit quelles sont leurs sottises, elles ne seroient pas estimées sainctes ny leurs miracles verité. Vous priant, mes dames, doresnavant regarder à quelz sainctz vous baillerez voz chandelles. — C'est grande chose, dist Hircan, que, en quelque sorte que ce soit, il fault tousjours que les femmes facent mal. — Est-ce mal faict, dist Nomerfide, de porter des chandelles au Sepulcre ? — Ouy, dist Hircan, quand on mect le feu contre le front aux hommes, car nul bien ne se doibt dire bien, s'il est faict avecq mal. — Pensez que la pauvre femme cuydoit avoir faict ung beau present à Dieu d'une petite chandelle ? ce dist madame Oisille : Je ne regarde point la valleur du present, mais le cueur qui le presente. Peut estre que ceste bonne femme avoit plus d'amour à Dieu, que ceulx qui donnent les grandz torches, car

¹ Comme la nature vivante.
² Dans l'édition de 1558, toute cette fin de la Nouvelle et l'épilogue entier ont été supprimés. Cl. Gruget, dans l'édition de 1559, a rétabli l'épilogue ; mais il n'a pas conservé le miracle du crucifix qui parle.

comme dist l'Evangile, elle donnoit de sa necessité.—Si ne croy-je pas, dist Saffredent, que Dieu, qui est souveraine sapience, peut avoir agreable la sottise des femmes; car, nonobstant que la simplicité luy plaise, je voy, par l'Escripture, qu'il desprise l'ignorant; et, s'il commande d'estre simple comme la coulombe, il ne commande moins d'estre prudent comme le serpent. — Quant est de moy, dit Oisille, je n'estime point ignorante celle qui porte devant Dieu sa chandelle, ou cierge ardant, comme faisant amende honnorable, les genoulx en terre et la torche au poing devant son souverain Seigneur, auquel confesse sa damnacion, demandant en ferme esperance la misericorde et salut. — Pleut à Dieu, dist Dagoucin, que chascun l'entendist aussy bien que vous, mais je croy que ces pauvres sottes ne le font pas à ceste intention. » Oisille leur respondit : « Celles qui moins en sçavent parler sont celles qui ont plus de sentiment de l'amour et volunté de Dieu; parquoy ne fault juger que soy-mesmes. » Ennasuitte, en riant, luy dist : « Ce n'est pas chose estrange que d'avoir faict paour à ung varlet qui dormoit, car aussy basses femmes qu'elle ont bien faict paour à de bien grands princes, sans leur mectre le feu au front. — Je suis seur, dist Geburon, que vous en sçavez quelque histoire que vous voulez racompter? Parquoy, vous tiendrez mon lieu, s'il vous plaist. — Le compte ne sera pas long, dist Ennasuitte, mais, si je le povois representer tel que advint, vous n'auriez point envye de pleurer. »

SOIXANTE SIXIESME NOUVELLE.

Monsieur de Vendome et la princesse de Navarre, reposans ensemble, furent une apres disnée surpris, par une vielle chamberiere, pour un prothonotaire et une damoiselle qu'elle doubtoit se porter quelque amitié. Et, par ceste belle justice, fut declaré aux estrangers ce que les plus privez ignoroient [1].

L'année que monsieur de Vendosme [2], espousa la princesse de Navarre, après avoir festoyé à Vendosme les Roy et Royne, leur pere

[1] Cette Nouvelle, qui ne se trouve pas dans l'édition de 1558, a été publiée pour la première fois par Claude Gruget, en 1559.
[2] Antoine de Bourbon, duc de Vendôme, fils de Charles de Bourbon et de Françoise d'Alençon, épousa Jeanne, fille du roi Henri d'Albret et de la reine Marguerite de Navarre, le 20 octobre 1548, à Moulins. Cette date précise prouve que la fin

et mere, s'en allerent en Guyenne avecq eulx, et, passans par la maison d'un gentil homme où il y avoit beaucoup d'honnestes et belles dames, danserent si longuement avecq la bonne compagnye, que les deux nouveaulx mariez se trouverent lassez; qui les feit retirer en leur chambre; et, tous vestuz, se mirent sur leur lict où ilz s'endormirent, les portes et fenestres fermées, sans que nul demourast avecq eulx. Mais, au plus fort de leur sommeil, ouyrent ouvrir leur porte par dehors, et, en tirant le rideau, regarda le dict seigneur, qui ce povoit estre, doubtant que ce fut quelqu'un de ses amys, qui le voulsist surprandre. Mais il veid entrer une grande vielle chamberiere, qui alla tout droict à leur lict; et, pour l'obscurité de la chambre, ne les povoit congnoistre; mais, les entrevoyant bien près de l'autre, se print à cryer : « Meschante, villaine, infame que tu es! il y a long temps que je t'ay soupçonnée telle, mais, ne le povant prouver, l'ay esté dire à ma maistresse! A ceste heure, est ta villenye si congneue, que je ne suis point deliberée de la dissimuller. Et toy, villain apostat, qui as pourchassé en ceste maison une telle honte, de mectre à mal ceste pauvre garse, si ce n'estoit pour la craincte de Dieu, je t'assommerois de coups là où tu es. Lieve-toy, de par le diable, lieve-toy, car encores semble-il que tu n'as point de honte! » Monsieur de Vendosme et madame la princesse, pour faire durer le propos plus longuement, se cachoient le visaige l'un contre l'autre, rians si très fort que l'on ne povoit dire mot. Mais la chamberiere, voyant que pour ses menasses ne se vouloient lever, s'approcha plus près pour les tirer par les bras. A l'heure, elle congneut tant aux visaiges que aux habillemens, que ce n'estoit point ce qu'elle cherchoit. Et, en les recongnoissant, se gecta à genoulx, les supliant luy pardonner la faulte qu'elle avoit faicte de leur oster leur repos. Mais monsieur de Vendosme, non contant d'en sçavoir si peu, se leva incontinant, et pria la vielle de luy dire pour qui elle les avoit prins; ce que soubdain ne voulut dire, mais, en fin, après avoir prins son serment de ne jamais le reveler, luy declara que c'estoit une damoiselle de ceans, dont ung prothonotaire[1] estoit amoureux; et

---

de l'*Heptaméron* a été composée postérieurement à l'année 1548, c'est-à-dire dans les derniers mois de la vie de Marguerite, qui mourut le 21 décembre 1549.

[1] « Les *prothonotaires apostoliques*, dit M. Leroux de Lincy, avaient été institués au nombre de douze dans les premiers siècles de l'Église, par le pape Clément Ier, pour écrire les vies des saints et les autres actes apostoliques. Baronius, dans ses *Annales ecclésiastiques*, les a cités plusieurs fois. Peu à peu le nombre des prothonotaires s'accrut et leur autorité s'affaiblit. Dès le quinzième siècle, cette dignité était devenue un titre honorifique, qu'on accordait toujours aux

que long temps elle y avoit faict le guet, pour ce qu'il luy desplaisoit que sa maistresse se confiast en ung homme qui luy pourchassoit ceste honte. Ainsy laissa les prince et princesse enfermez, comme elle les avoit trouvez, qui furent long temps à rire de leur adventure. Et, combien qu'ilz ayent racompté l'histoire, si est-ce que jamais ne voulurent nommer personne à qui elle touchast[1].

« Voyla, mes dames, comme la bonne dame, cuydant faire une belle justice, declara aux princes estrangiers ce que jamais les varletz privez de la maison n'avoient entendu. — Je me doubte bien, dist Parlamente, en quelle maison c'est, et qui est le prothonotaire, car il a gouverné desja assez de maisons de dames : et, quand il ne peult avoir la grace de la maistresse, il ne fault point de l'avoir de l'une des damoiselles; mais, au demorant, il est honneste et homme de bien. — Pourquoy dictes-vous *au demorant*, dist Hircan, veu que c'est l'acte qu'il face, dont je l'estime autant homme de bien ? » Parlamente luy respondit : « Je voy bien que vous congnoissez la malladye et le patient, et que, s'il avoit besoing d'excuse, vous ne luy fauldriez d'avocat; mais si est-ce que je ne me vouldrois fier en la maniere d'un homme, qui n'a sceu conduire la sienne, sans que les chamberieres en eussent congnoissance. — Et pensez-vous, dist Nomerfide, que les hommes se soulcient que l'on le sçache, mais qu'ilz viennent à leur fin ? Croiez, quand nul n'en parleroit, que eulx-mesmes, encores faudroit-il qu'il fust sceu. » Hircan leur dist en collere : « Il n'est pas besoing que les hommes aient dict tout ce qu'ilz sçavent. » Mais elle, rougissant, luy respondit : « Peut estre qu'ilz ne diroient chose à leur advantage. — Il semble, à vous oyr parler, dist Simontault, que les hommes prennent plaisir à oyr mal dire des femmes, et suis seur que vous me tenez de ce nombre-là ? Parquoi, j'ay grande envye d'en dire bien d'une, afin de n'estre de tous les autres tenu pour mesdisant. — Je vous donne ma place, dist Ennasuitte, vous priant de contraindre vostre naturel, pour faire vostre debvoir à nostre honneur. « A l'heure, Simontault

docteurs en théologie de noble famille, ou qui jouissoient d'une certaine importance. »

[1] M. Leroux de Lincy, en citant un passage de Brantôme (*Grands capitaines françois*, discours 28), relatif à Thomas de Foix, sire de Lescun, qu'on appelait le *Prothonotaire de Foix*, et qui ne savait guère autre chose que chasser, se promener, faire l'amour, « comme estoit la coustume de ce temps-là des prothonotaires, et mesme de ceux de bonne maison, » n'a pas remarqué que la Nouvelle de l'*Heptaméron* ne peut concerner ce seigneur, qui mourut des suites d'une blessure reçue à la bataille de Pavie en 1525.

commencea : « Ce n'est chose si nouvelle, mes dames, d'oyr dire de vous quelque acte vertueulx qui me semble ne debvoir estre celé, mais plus tost escript en lettres d'or, afin de servir aux femmes d'exemple et aux hommes d'admiration. Voyant en sexe fragille ce que la fragillité refuse, c'est l'occasion qui me fera racompter ce que j'ay ouy dire au cappitaine Robertval[1] et à plusieurs de sa compaignye. »

SOIXANTE SEPTIESME NOUVELLE.

Une pauvre femme, pour saulver la vie de son mary, hasarda la sienne, et ne l'abandonna jusqu'à la mort.

C'EST que faisant le dict Robertval ung voiage sur la mer, duquel il estoit chef par le commandement du Roy son maistre, en l'isle de Canadas; auquel lieu avoit deliberé, si l'air du païs eut esté commode, de demourer et faire villes et chasteaulx; en quoy il fit tel commencement, que chacun peut sçavoir. Et, pour habiter le pays[2] de chrestiens, mena avecq luy de toutes sortes d'artisans, entre lesquelz y avoit ung homme, qui fut si malheureux, qu'il trahit son maistre et le mist en danger d'estre prins des gens du pays. Mais Dieu voulut que son entreprinse fut si tost congneue, qu'elle ne peut nuyre au cappitaine Robertval, lequel feit prendre ce meschant traistre, le voulant pugnir comme il l'avoit merité; ce qui eut esté faict, sans sa femme qui avoit suivy son mary par les perilz de la mer; et ne le voulut abandonner à la mort, mais avecq force larmes feit tant, avecq le cappitaine et toute la compaignye, que, tant pour la pitié d'icelle que pour le service qu'elle leur avoit faict, luy accorda sa requeste, qui fut telle, que le mary et la femme furent laissez en une petite isle, sur la mer, où il n'habitoit que bestes sauvaiges; et leur fut permis de porter avecq eulx ce dont

---

[1] Jean-François de La Roque, sieur de Roberval, gentilhomme picard, célèbre navigateur, que François Ier envoya d'abord aux îles des Terres-Neuves, découvertes en 1524, accompagna ensuite Jacques Cartier, dans son voyage au Canada, dont ils prirent possession au nom du roi de France en 1535. Le sieur de Roberval fit un établissement dans l'île Royale et bâtit le fort de Charlebourg. Bonaventure Des Periers parle de lui avec éloges dans la troisième Nouvelle de ses *Contes et joyeux devis*.

[2] C'est-à-dire, pour répandre le christianisme dans le pays.

ilz avoient necessité[1]. Les pauvres gens, se trouvans tous seulz en la compaignye des bestes saulvaiges et cruelles, n'eurent recours que à Dieu seul, qui avoit esté toujours le ferme espoir de ceste pauvre femme. Et, comme celle qui avoit toute consolation en Dieu, porta pour sa saulve garde, norriture et consolation le Nouveau Testament, lequel elle lisoit incessamment. Et, au d mourant, avecq son mary, mectoit peine d'accoustrer ung petit logis le mieulx qu'il leur estoit possible ; et, quand les lyons et aultres bestes en aprochoient pour les devorer, le mary avecq sa harquebuze, et elle, avecq des pierres, se defendoient si bien, que, non seullement les bestes ne les osoient approcher, mais bien souvent en tuerent de très bonnes à manger; ainsy, avecq telles chairs et les herbes du païs, vesquirent quelque temps, quand le pain leur fut failly. A la longue, le mary ne peut porter telle norriture: et, à cause des eaues qu'ilz buvoient, devint si enflé, que en peu de temps il morut, n'aiant service ne consolation que de sa femme, laquelle le servoit de medecin et de confesseur ; en sorte qu'il passa joieusement de ce desert en la celeste patrie. Et la pauvre femme, demourée seulle, l'enterra le plus profond en terre qu'il fut possible ; si est-ce que les bestes en eurent incontinant le sentyment, qui vindrent pour manger la charogne. Mais la pauvre femme, en sa petite maisonnette, de coups de harquebuze, defendoit que la chair de son mary n'eust tel sepulcre. Ainsy vivant, quant au corps de vie bestiale, et quant à l'esperit, de vie angelicque, passoit son temps en lectures, contemplations, prieres et oraisons, ayant ung esperit joieux et content, dedans ung corps emmaigry et demy mort. Mais Celluy qui n'abandonne jamais les siens, et qui, au desespoir des autres, monstre sa puissance, ne permist que la vertu qu'il avoit myse en ceste femme fut ignorée des hommes, mais voulut qu'elle fut congneue à sa gloire; et feit que, au bout de quelque temps, ung des navires de ceste armée[2] passant devant ceste isle, les gens, qui estoient dedans, adviserent quelque fumée qui leur feit souvenir de ceulx qui y avoient esté laissez, et delibererent d'aller veoir ce que Dieu en avoit faict. La pauvre femme, voiant approcher le navire, se tira au bort de la mer, auquel lieu la trouverent à leur arrivée. Et, après en avoir rendu louange

---

[1] L'abandon de ces deux malheureux dans une île déserte rappelle surtout celui d'Alexandre Selkirk, qui passa quatre ans dans l'île de Juan-Fernandez, au commencement du dernier siècle, et qui servit de prototype au *Robinson Crusoé* de Daniel Foë. L'anecdote rapportée par la Reine de Navarre se trouve avec d'autres détails dans les recueils d'épisodes maritimes.

[2] L'expédition envoyée par François 1er au Canada.

à Dieu, les mena en sa pauvre maisonnette, et leur monstra de quoy elle vivoit durant sa demeure; ce que leur eust esté incroiable, sans la congnoissance qu'ilz avoient que Dieu est puissant de norrir en ung desert ses serviteurs, comme aux plus grandz festins du monde. Et, ne povant demeurer en tel lieu, emmenerent la pauvre femme avecq eulx droict à la Rochelle, où, après ung navigage[1], ilz arriverent. Et quand ilz eurent faict entendre aux habitans la fidelité et perseverance de ceste femme, elle fut receue à grand honneur de toutes les dames, qui voluntiers luy baillerent leurs filles pour aprendre à lire et à escripre. Et, à cest honneste mestier-là, gaigna le surplus de sa vie, n'aiant autre desir que d'exhorter ung chacun à l'amour et confiance de Nostre Seigneur, se proposant pour exemple la grande misericorde dont il avoit usé envers elle.

« A ceste heure, mes dames, ne povez-vous pas dire que je ne loue bien les vertuz que Dieu a mises en vous, lesquelles se monstrent plus grandes que le subject est plus infime? — Mais ne sommes pas marryes, dist Oisille, dont vous louez les graces de Nostre Seigneur, car, à dire vray, toute vertu vient de luy; mais il fault passer condemnation que aussy peu favorise l'homme à l'ouvrage de Dieu, que la femme, car ne l'ung ne l'autre, par son cueur et son vouloir, ne faict rien que planter, et Dieu seul donne l'accroissement. — Si vous avez bien veu l'Escripture, dist Saffredent, sainct Pol dit que : « Apollo[2] a planté, et qu'il a arrousé »; mais il ne parle point que les femmes ayent mis les mains à l'ouvrage de Dieu. — Vous vouldriez suyvre, dist Parlamente, l'oppinion des mauvais hommes qui prennent ung passaige de l'Escripture pour eulx et laissent celluy qui leur est contraire? Si vous avez leu sainct Pol jusques au bout, vous trouverez qu'il se recommande aux dames, qui ont beaucoup labouré avecq luy en l'Evangile. — Quoy qu'il ait[3], dist Longarine, ceste femme est bien digne de louange, tant pour l'amour qu'elle a porté à son mary, pour lequel elle a hazardé sa vie, que pour la foy qu'elle a eu à Dieu, lequel, comme nous voyons, ne l'a pas abandonnée. — Je croy, dist Ennasuitte, quant au premier, il n'y a femme icy qui n'en voulust faire autant pour saulver la vie de son mary. — Je croy, dist Parlemente, qu'il y a des mariz qui sont si bestes, que celles qui vivent avecq eulx ne doibvent point trouver estrange de vivre avecq leurs semblables. » Ennasuitte ne se peut

---

[1] Navigation.
[2] Disciple de saint Paul, qui le nomme plusieurs fois dans ses
[3] Pour *quoi qu'il en soit*.

tenir de dire, comme prenant le propos pour elle : « Mais que les bestes ne me mordent point, leur compaignye m'est plus plaisante que des hommes qui sont colleres et insuportables. Mais je suyvrai mon propos, que, si mon mary estoit en tel dangier, je ne l'abandonnerois, pour morir. — Gardez-vous, dist Nomerfide, de l'aymer tant : trop d'amour trompe et luy et vous, car partout il y a le moien; et, par faulte d'estre bien entendu, souvent engendre hayne pour amour. — Il me semble, dist Simontault, que vous n'avez point mené ce propos si avant, sans le confirmer de quelque exemple. Parquoy, si vous en sçavez, je vous donne ma place pour le dire. — Or doncques, dist Nomerfide, selon ma coustume, je vous le diray court et joieulx. »

SOIXANTE HUICTIESME NOUVELLE.

La femme d'un apothicaire, voyant que son mary ne faisoit pas grand compte d'elle, pour en estre mieulx aymée, practiqua le conseil qu'il avoit donné à une sienne commere malade de mesme malladie qu'elle, dont elle ne se trouva si bien qu'elle ; et s'engendra hayne pour amour.

En la ville de Pau en Bearn, eust ung appothicaire que l'on nommoit maistre Estienne, lequel avoit espousé une femme bonne mesnagiere et de bien ; et assez belle pour le contenter. Mais, ainsy qu'il goustoit de differentes drogues, aussy faisoit-il de differentes femmes, pour sçavoir mieulx parler de toutes complexions ; dont sa femme estoit tant tormentée, qu'elle perdoit toute patience, car il ne tenoit compte d'elle, sinon la sepmaine saincte par penitence. Ung jour, estant l'apothicaire en sa boutique, et sa femme cachée derriere luy escoutant ce qu'il disoit, vint une femme commere de cest apothicaire, frappée de mesme malladye comme sa femme, laquelle, souspirant, dist à l'apothicaire : « Helas, mon compere, mon amy, je suis la plus malheureuse femme du monde, car j'ayme mon mary plus que moy-mesme, et ne fais que penser à le servir et obeir; mais tout mon labeur est perdu, pour ce qu'il ayme mieulx la plus meschante, plus orde et sale de la ville que moy. Et je vous prie, mon compere, si vous sçavez point quelque drogue qui luy peut changer sa complexion, m'en vouloir bailler; car, si je suis bien traictée de luy, je vous asseure de le vous randre de tout mon povoir. » L'apothicaire, pour la consoler, luy dist qu'il sçavoit d'une pouldre, que, si elle en donnoit avecq ung bouillon ou une rostie, comme pouldre de duc[1], à son mary, il luy feroit la plus grande chere du monde. La pauvre femme, desirant veoir ce miracle, luy demanda ce que c'estoit et si elle en pourroit recouvrer. Il luy declaira qu'il n'y avoit rien comme de la pouldre de cantarides, dont il avoit bonne provision; et, avant que partir d'ensemble, le contraingnit d'accoustrer[2] ceste pouldre; et en print ce qu'il luy en faisoit de mestier[3], dont depuis elle le mercia plusieurs foys, car son mary, qui estoit fort et puissant et qui n'en print pas trop, ne s'en trouva point pis. La femme de l'apothicaire entendit tout ce discours; et pensa en elle-mesme qu'elle avoit necessité de ceste recette aussi bien que sa commere. Et, regardant au lieu où son mary mectoit le demourant de la pouldre, pensa qu'elle en useroit, quand elle en verroit l'occasion; ce qu'elle feit avant trois ou quatre jours, que son mary sentyt une froideur d'esthomac, la priant luy faire quelque bon potage : mais elle luy dict que une rostie à la pouldre de duc luy seroit plus profitable. Et luy commanda de luy en aller bientost faire une et prendre de la synammome et du sucre en la boutique; ce qu'elle feit et n'oblia le demourant de la pouldre, qu'il avoit baillée à sa commere, sans regarder doze, poix ne mesure. Le mary mangea la rostie, et la trouva très-bonne; mais bientost s'apparceut de l'effet, qu'il cuyda appaiser avec sa femme : ce qu'il ne fut possible, car le feu le brusloit si très-fort, qu'il ne sçavoit de quel costé se tourner, et dist à sa femme, qu'elle l'avoit empoisonné et qu'il vouloit sçavoir qu'elle avoit mys en ceste rostie. Elle luy confessa la verité et qu'elle avoit aussy bon mestier de ceste recette, que sa commere. Le pauvre apothicaire ne la sceut batre que d'injures, pour le mal en quoy il estoit; mais la chassa de devant luy et envoya prier l'appothicaire de la Royne de Navarre de le venir visiter. Lequel luy bailla tous les remedes propres pour le guerir; ce qu'il feit en peu de temps, le reprenant très-aprement, dont il estoit si sot de conseiller à aultruy de user des drogues qu'il ne vouloit prendre pour luy; et que sa femme avoit faict ce qu'elle debvoit, veu le desir qu'elle avoit de se faire aymer de luy. Ainsi fallut que le pauvre homme print patience de sa follye et qu'il recongneust avoir esté justement pugny de faire tumber sur luy la mocquerie qu'il preparoit à aultruy,

[1] Les éditions portent *pouldre de Dun*, ce qui n'offre pas un sens plus clair que *pouldre de duc*. Il faut supposer que l'on appelait ainsi un mélange de cannelle et de sucre en poudre.
[2] Préparer.
[3] C'est-à-dire : ce dont elle avait besoin.

« Il me semble, mes dames, que l'amour de ceste femme n'estoit moins indiscrete que grande. — Appelez-vous aymer son mary, dist Hircan, de luy faire sentir du mal, pour le plaisir qu'elle esperoit avoir ? — Je croy, dict Longarine, qu'elle n'avoit intention que de recouvrer l'amour de son mary, qu'elle pensoit bien esgarée. Pour ung tel bien, il n'y a rien que les femmes ne facent. — Si est-ce, dist Geburon, que une femme ne doibt donner à boire et à manger à son mary, pour quelque occasion que ce soit, qu'elle ne sçaiche, tant par experience que par gens sçavans, qu'il ne luy puisse nuyre; mais il faut excuser l'ignorance. Ceste-là est excusable, car la passion plus aveuglante, c'est l'amour, et la personne la plus aveuglée, c'est la femme qui n'a pas la force de conduire saigement ung si grand faiz. — Geburon, dist Oisille, vous saillez hors de vostre bonne coustume, pour vous rendre de l'oppinion de voz compaignons. Mais si a-il des femmes qui ont porté l'amour et la jalousie patiemment? — Ouy, dict Hircan, et plaisamment, car les plus saiges sont celles qui prennent autant de passetemps à se mocquer des oeuvres de leurs mariz, comme les mariz de les tromper secretement ; et, si vous me voulez donner le rang, afin que madame Oisille ferme le pas à ceste Journée, je vous en diray une dont toute la compaignye a congneu la femme et le mary. — Or commencez doncques, » dist Nomerfide. Et Hircan, en riant, leur dist :

SOIXANTE NEUFVIESME NOUVELLE.

Une damoyselle fut si saige, qu'ayant trouvé son mary belutant en l'habit de sa chamberiere qu'il attendoit soubz espoir d'en obtenir ce qu'il en pourchassoit, ne s'en feit que rire et passa joyeusement son temps de sa follye[1].

Au chasteau d'Odoz en Bigorre[2], demoroit ung escuier d'escuyrie du Roy, nommé Charles, Italien[3], lequel avoit espousé une damoiselle,

---

[1] Cette Nouvelle, que la Reine de Navarre présente comme une histoire véritable, est imitée de la dix-septième des *Cent Nouvelles nouvelles*, intitulée *le Conseiller au bluteau.*

[2] Cet antique château, où mourut la Reine de Navarre, était son séjour favori; c'est là, dit-on, que furent racontées la plupart des Nouvelles de l'*Heptaméron*. Il subsiste encore dans le département des Hautes-Pyrénées, à six kilomètres de Tarbes.

[3] « Dans l'État des officiers de la maison de François I*er* pour l'année 1522,

fort femme de bien et honneste; mais elle estoit devenue vielle, après
luy avoir porté plusieurs enfans. Luy aussy n'estoit pas jeune ; et vivoit avecq elle en bonne paix et amitié. Quelques foys, il parloit à ses
chamberieres, dont sa bonne femme ne faisoit nul semblant; mais doulcement leur donnoit congé, quand elle les congnoissoit trop privées en
la maison. Elle en print un jour une, qui estoit saige et bonne fille, à
la quelle elle dist les complexions de son mary et les siennes, qui les
chassoit, aussitost qu'elle les congnoissoit folles [1]. Ceste chamberiere,
pour demourer au service de sa maistresse en bonne estime, se delibera
d'estre femme de bien. Et, combien que souvent son maistre luy tint
quelque propos, au contraire n'en voulut tenir compte, et le racompta
tout à sa maistresse; et toutes deux passoient le temps de la follye de
luy [2]. Un jour que la chamberiere belutoit [3] en la chambre de derriere,
ayant son sarot sur la teste, à la mode du pays (qui est faict comme
un cresmeau [4], mais il couvre tout le corps et les espaulles par derriere), son maistre, la trouvant en cest habillement, vient bien fort la
presser. Elle, qui, pour mourir n'eust faict ung tel tour, feit semblant
de s'accorder à luy; toutesfoys, luy demanda congé d'aller veoir, premier, si sa maistresse s'estoit point amusée à quelque chose, afin de
n'estre tous deux surprins : ce qu'il accorda. Alors elle le pria de mectre
son sarot en sa teste et de beluter en son absence, afin que sa maistresse ouyst toujours le son de son beluteau. Ce qu'il feit fort joieusement, aiant esperance d'avoir ce qu'il demandoit. La chamberiere, qui
n'estoit point melancolicque, s'en courut à sa maistresse, lui disant :
« Venez veoir vostre bon mary, que j'ay aprins à beluter pour me deffaire de luy. » La femme feit bonne dilligence pour trouver ceste nouvelle chamberiere. En voiant son mary le sarot en la teste et le bel-
luteau entre ses mains, se print si fort à rire, en frappant des mains,

parmi les écuyers d'écurie du roi, nous trouvons, dit M. Leroux de Lincy, *Charles
de Sainct-Serrin*, aux gages de deux cents livres. Dans un autre État, pour l'année 1529, Charles ne s'y trouve plus. Est ce le même que l'Italien appelé aussi
Charle· par la reine Marguerite? » C'est très-probablement le même, en effet. Les
seigneurs de San Severino, qui appartenaient à une des plus illustres familles du
royaume de Naples, s'étaient attachés à la France depuis l'expédition de Charles VIII ; ils servaient dans les armées françaises, et ils remplissaient différentes
charges de la maison du roi.

[1] C'est-à-dire, qu'elle les chassait, dès qu'elle s'apercevait de leur *folie* ou mauvaise conduite.

[2] Se faisaient un passe-temps, un divertissement de son amour.

[3] Pour *blutoit*.

[4] Petit bonnet, qu'on mettait sur la tête de l'enfant qui venait d'être baptisé et
oint du saint *chrême*.

que à peine luy peut-elle dire : « Goujate¹, combien veulx-tu par moys de ton labeur? » Le mary, oiant ceste voix et congnoissant qu'il estoit trompé, gecta par terre ce qu'il portoit et tenoit, pour courir sus à la chamberiere, l'appellant mille fois meschante, et, si sa femme ne se fut mise au devant, il l'eut payée de son quartier. Toutesfois, le tout s'appaisa au contentement des partyes; et puis vesquirent ensemble sans querelles.

« Que dictes-vous, mes dames, de ceste femme? N'estoit-elle pas bien sage de passer tout son temps du passetemps de son mary? — Ce n'est pas passetemps, dist Saffredent, pour le mary, d'avoir failly à son entreprinse. — Je croy, dist Ennasuitte, qu'il eut plus de plaisir de rire avecq sa femme, que de se aller tuer, en l'aage où il estoit, avec sa chamberiere. — Si me fascheroit-il bien fort, dist Simontault, que l'on me trouvast avecq ce beau cresmeau. — J'ay oy dire, dist Parlamente, qu'il n'a pas tenu à vostre femme, qu'elle ne vous ait trouvé bien près de cest habillement, quelque finesse que vous ayez, dont oncques puis elle n'eut repos. — Contentez-vous des fortunes de vostre maison, dist Simontault, sans venir chercher les miennes. Combien que ma femme n'ait cause de se plaindre de moy, et encores que ce fut tel que vous dictes, elle ne s'en sçauroit apparcevoir, pour necessité de chose dont elle ait besoing. — Les femmes de bien, dist Longarine, n'ont besoing d'autre chose que de l'amour de leurs mariz, qui seullement les peuvent contenter; mais celles qui cherchent ung contentement bestial ne le trouveront jamais où honnesteté le commande. — Appelez-vous contentement bestial, dist Geburon, si la femme veult avoir de son mary ce qui luy apartient? » Longarine lui respondit : « Je dis que la femme chaste, qui a le cueur remply de vray amour, est plus satisfaicte d'estre aymée parfaitement, que de tous les plaisirs que le corps peut desirer. — Je suis de vostre oppinion, dist Dagoucin, mais ces seigneurs icy ne le veullent entendre ny confesser. Je pense que, si l'amour reciproque ne contente pas une femme, le mary seul ne la contentera pas; car, en vivant de l'honneste amour des femmes, fault qu'elle soit tentée de l'infernale cupidité des bestes. — Vrayement, dist Oisille, vous me faictes souvenir d'une dame belle et bien maryée, qui, par faulte de vivre de ceste honneste amitié, devint plus charnelle que les pourceaulx et plus cruelle que les lyons. — Je vous requiers, ma dame, ce dist

¹ *Gouge*, fille de service.

Simontault, pour mectre fin à ceste Journée, la nous vouloir compter. — Je ne puis, dist Oisille, pour deux raisons : l'une, pour sa grande longueur; l'autre, pour ce que n'est pas de nostre temps; et si a esté escripte par ung autheur, qui est bien croyable, et nous avons juré de ne rien mectre icy qui ait esté escript. — Il est vray, dist Parlamente, mais me doubtant du compte que c'est, il a esté escript en si viel langaige, que je croy que, hors mis nous deux, il n'y a icy homme ne femme qui en ait ouy parler; parquoy sera tenu pour nouveau. » Et, à sa parolle, toute la compaignye la pria de le voloir dire, et qu'elle ne craingnist la longueur, car encores une bonne heure pouvoient demorer avant vespres. Madame Oisille à leur requeste commencea ainsy :

SOIXANTE DIXIESME NOUVELLE.

La duchesse de Bourgongne, ne se contentant de l'amour que son mary luy portoit, print en telle amitié ung jeune gentil homme; que, ne luy ayant peu faire entendre par mynes et oeillades son affection, luy declara par paroles : dont elle eut mauvaise issue.

EN la duché de Bourgongne, y avoit ung duc, très honneste et beau prince [1], aiant espousé une femme, dont la beaulté le contentoit si fort, qu'elle luy faisoit ignorer ses conditions, tant, qu'il ne regardoit que à luy complaire; ce qu'elle faingnoit très-bien luy rendre. Or avoit le duc en sa maison ung gentil homme, tant accomply de toutes les perfections que l'on peut demander à l'homme, qu'il estoit de tous aymé, et principallement du duc, qui dès son enfance l'avoit nourry près sa personne; et, le voyant si bien conditionné, l'aymoit parfaictement et se confyoit en luy de toutes les affaires, que selon son aage il povoit entendre. La duchesse, qui n'avoit pas le cueur de

[1] « La Reine de Navarre s'est contentée, dit M. Leroux de Lincy, de mettre en prose un ancien fabliau, connu sous le nom de la *Châtelaine de Vergy*. On le trouve dans le tome IV du Recueil de Barbasan, et dans les Fabliaux de Legrand d'Aussy, t. III, p. 38, édit. in-8°. Du reste, à peine Marguerite a-t-elle déguisé cet emprunt, puisqu'elle dit, avant de commencer son récit, que cette histoire a été écrite en si *vieux langage*, que nul de la compagnie, excepté elle et madame Oisille, ne la comprendrait. L'histoire de la châtelaine de Vergy a été reproduite par le conteur italien Bandello (part. IV, nouv. v); et, d'après lui, par Belleforest, dans ses *Histoires tragiques*. »

femme et princesse vertueuse, ne se contantant de l'amour que son mary luy portoit, et du bon traictement qu'elle avoit de luy, regardoit souvent ce gentil homme, et le trovoit tant à son gré, qu'elle l'aymoit oultre raison; ce que à toute heure mectoit peyne de luy faire entendre, tant par regardz piteux et doulx, que par souspirs et contenances passionnés. Mais le gentil homme, qui jamais n'avoit estudyé que à la vertu, ne povoit congnoistre le vice en une dame qui en avoit si peu d'occasion; tellement que oeillades et mynes de ceste pauvre folle n'apportoient aultre fruict que ung furieux desespoir: lequel, ung jour, la poussa tant, que, obliant qu'elle estoit femme qui debvoit estre priée et refuser [1], princesse qui debvoit estre adorée, desdaignant telz serviteurs, print le cueur d'un homme transporté, pour descharger le feu qui estoit importable. Et, ainsy que son mary alloit au conseil, où le gentil homme, pour sa jeunesse, n'estoit point, luy fit signe qu'il vint devers elle; ce qu'il feit, pensant qu'elle eust à luy commander quelque chose. Mais, en s'appuyant sur son bras, comme femme lasse de trop de repos, le mena pourmener en une gallerie, où elle luy dist : « Je m'esbahys de vous, qui estes tant beau, jeune et tant plain de toute bonne grace, comme vous avez vescu en ceste compaignye, où il y a si grand nombre de belles dames, sans que jamais vous ayez esté amoureux ou serviteur d'aucune? » Et en le regardant du meilleur oeil qu'elle povoit, se teut, pour luy donner lieu de dire : « Madame, si j'estois digne que vostre haultesse se peust abbaisser à penser à moy, ce vous seroit plus d'occasion d'esbahissement de veoir ung homme, si indigne d'estre aymé que moy, presenter son service, pour en avoir refuz ou mocquerie. » La duchesse, ayant oy ceste sage response, l'ayma plus fort que paravant, et luy jura qu'il n'y avoit dame en sa court, qui ne fut trop heureuse d'avoir ung tel serviteur; et qu'il se povoit bien essayer telle advanture, car sans peril il en sortiroit à son honneur. Le gentil homme tenoit tousjours les oeilz baissez, n'osant regarder ses contenances qui estoient assez ardantes pour faire brusler une glace; et ainsy qu'il se vouloit excuser, le duc demanda la duchesse pour quelque affaire, au conseil, qui luy touchoit, où avec grand regret elle alla. Mais le gentil homme ne feit jamais ung seul semblant d'avoir entendu parolle qu'elle luy eust dicte; dont, elle estoit si troublée et faschée, qu'elle n'en sçavoit à qui donner le tort de son ennuy, sinon à la sotte craincte,

---

[1] C'est une ellipse peu grammaticale, pour : *et qui devoit refuser*.

dont elle estimoit le gentil homme trop plain. Peu de jours après, voiant qu'il n'entendoit point son langaige, se delibera de ne regarder craincte ny honte, mais luy declarer sa fantaisye, se tenant seure, que une telle beaulté que la sienne ne porroit estre que bien receue; mais elle eust bien desiré d'avoir eu l'honneur d'estre priée. Toutesfois, laissa l'honneur à part, pour le plaisir; et, après avoir tenté par plusieurs foys de luy tenir semblables propos que le premier, et n'y trouvant nulle response à son gré, le tira ung jour par la manche et luy dist qu'elle avoit à parler à luy d'affaires d'importance. Le gentil homme, avec l'humilité et reverance qu'il luy debvoit, s'en va devers elle en une profonde fenestre où elle s'estoit retirée. Et, quand elle veid que nul de la chambre ne la povoit veoir, avecq une voix tremblante, contraincte entre le desir et la craincte, luy va continuer les premiers propos, le reprenant de ce qu'il n'avoit encores choisy quelque dame en sa compaignye, l'asseurant que, en quelque lieu que ce fust, luy ayderoit d'avoir bon traictement. Le gentil homme, non moins fasché que estonné de ses parolles, luy respondit : « Ma dame, j'ay le cueur si bon, que, si j'estois une foys refusé, je n'aurois jamais joye en ce monde; et je me sens tel, qu'il n'y a dame en ceste court qui daignast accepter mon service. » La duchesse, rougissant, pensant qu'il ne tenoit plus à rien qu'il ne fust vaincu, luy jura que, s'il voulloit, elle sçavoit la plus belle dame de sa compaignye qui le recepvroit à grand joye et dont il auroit parfaict contentement. « Helas, ma dame, je ne croy pas qu'il y ait si malheureuse et aveugle femme en ceste compaignye, qui me ait trouvé à son gré! » La duchesse, voiant qu'il n'y vouloit entendre, luy va entreouvrir le voille de sa passion; et, pour la craincte que luy donnoit la vertu du gentil homme, parla par maniere d'interrogation, luy disant : « Si Fortune vous avoit tant favorisé que ce fut moy qui vous portast ceste bonne volunté, que diriez-vous? » Le gentil homme, qui pensoit songer, d'oyr une telle parolle, luy dist, le genoulx à terre : « Madame, quand Dieu me fera la grace d'avoir celle du duc mon maistre et de vous, je me tiendray le plus heureux du monde, car c'est la recompense que je demande de mon loial service, comme celluy qui plus que nul autre est obligé à mectre la vie pour le service de vous deux; estant seur, ma dame, que l'amour que vous portez à mon dict seigneur est accompagnée de telle chasteté et grandeur, que non pas moy qui ne suis que ung ver de terre, mais le plus grand prince et parfaict homme que l'on sçauroit trouver ne sçauroit empescher l'unyon de vous et de mon dict seigneur. Et quant à moy, il m'a nourry dès mon enfance et m'a faict tel que je suis; parquoy il ne sçauroit avoir femme, fille, seur ou mere, desquelles, pour mourir, je voulsisse avoir autre pensée que doibt à son maistre ung loial et fidele serviteur. » La duchesse ne le laissa pas passer oultre, et, voiant qu'elle estoit en danger d'un refuz deshonorable, lui rompit soubdain son propos, en luy disant : « O meschant, glorieux et fol, et qui est-ce qui vous en prie? Cuydez-vous, par vostre beaulté, estre aymé des mouches qui vollent? Mais, si vous estiez si oultrecuydé de vous addresser à moy, je vous monstrerois que je n'ayme et ne veulx aymer aultre que mon mary : et les propos que je vous ay tenu n'ont esté que pour passer mon temps à sçavoir de voz nouvelles, et m'en mocquer comme je fais des sotz amoureux. — Madame, dist le gentil homme, je l'ay creu et croy comme vous le dictes. » Lors, sans l'escouter plus avant, s'en alla hastivement en sa chambre, et voiant qu'elle estoit suivye de ses dames, entra en son cabinet où elle feit ung deuil qui ne se peut racompter; car, d'ung costé, l'amour où elle avoit failly luy donna une tristesse mortelle; d'autre costé, le despit, tant contre elle d'avoir commencé ung si sot propos, que contre luy d'avoir si saigement respondu, la mectoit en une telle furie, que une heure se vouloit deffaire[1], l'autre elle vouloit vivre pour se venger de celluy qu'elle tenoit son mortel ennemy.

Après qu'elle eut longuement pleuré, faingnit d'estre mallade, pour n'aller point au souper du duc, auquel ordinairement le gentil homme servoit. Le duc, qui plus aymoit sa femme que luy-mesmes, la vint visiter; mais, pour mieulx venir à la fin qu'elle pretendoit, luy dist qu'elle pensoit estre grosse et que sa grossesse luy avoit faict tomber ung rume dessus les oeilz, dont elle estoit en fort grand peyne. Ainsy passerent deux ou trois jours, que la duchesse garda le lict, tant triste et melancolicque, que le duc pensa bien qu'il y avoit autre chose que la grossesse. Et vint coucher la nuyct avecq elle, et luy faisant toutes les bonnes cheres qu'il luy estoit possible, congnoissant qu'il n'empeschoit en riens ses continuels souspirs, luy dist : « M'amie, vous sçavez que je vous porte autant d'amour que à ma propre vie; et que, defaillant la vostre, la mienne ne peut durer; parquoy, si vous voulez conserver ma santé, je vous prie, dictes-moy la cause qui vous faict ainsy souspirer, car je ne puis croire que tel mal vous vienne seullement de la grossesse. » La duchesse, voiant son mary tel envers

---

[1] Détruire, suicider.

elle qu'elle l'eut sceu demander, pensa qu'il estoit temps de se venger
de son despit, et, en embrassant son mary, se print à pleurer, luy
disant : « Helas, monsieur, le plus grand mal que j'aye, c'est de vous
veoir trompé de ceulx qui sont tant obligez à garder vostre bien et
honneur. » Le duc, entendant ceste parolle, eut grand desir de sçavoir
pourquoy elle luy disoit ce propos; et la pria fort de luy declarer
sans craincte la verité. Et, après en avoir faict plusieurs refuz, luy dist :
« Je ne m'esbahiray jamais, monsieur, si les estrangiers font guerre
aux princes, quand ceulx qui sont les plus obligez l'osent entreprendre
si cruelle, que la perte des biens n'est rien au prix. Je le dis, monsieur, pour ung tel gentil homme (nommant celluy qu'elle hayssoit)
lequel, estant nourry de vostre main, et traicté plus en parent et en
filz que en serviteur, a osé entreprendre chose si cruelle et miserable,
que de pourchasser à faire perdre l'honneur de vostre femme où gist
celluy de vostre maison et de vos enfanz Et, combien que longuement m'ait faict des mynes tendant à sa meschante intention, si est-ce
que mon cueur, qui n'a regard que à vous, n'y povoit rien entendre;
dont à la fin s'est declaré par parolle. A quoy je luy ay faict telle responce, que mon estat et ma chasteté devoient. Ce neantmoins, je luy
porte telle hayne, que je ne le puis regarder : qui est la cause de
m'avoir faict demorer en ma chambre et perdre le bien de vostre
compaignye, vous supliant, monsieur, de ne tenir une telle peste auprès
de vostre personne; car, après ung tel crime, craignant que je le vous
dye, pourroit bien entreprendre pis. Voyla, monsieur, la cause de ma
douleur qui me semble estre très juste et digne que promptement y
donniez ordre. » Le duc, qui d'un costé aymoit sa femme et se sentoit
fort injurié, d'autre costé aymant son serviteur duquel il avoit tant
experimenté la fidelité, que à peyne povoit-il croyre ceste mensonge
estre verité, fut en grand peyne et remply de colere : s'en alla en
sa chambre, et manda au gentil homme, qu'il n'eut plus à se trouver
devant luy, mais qu'il se retirast en son logis pour quelque temps. Le
gentil homme, ignorant de ce l'occasion, fut tant ennuyé qu'il n'estoit
possible de plus, sçachant avoir merité le contraire d'ung si mauvais
traictement. Et, comme celluy qui estoit asseuré de son cueur et de
ses oeuvres, envoya ung sien compaignon parler au duc et porter une
lettre, le supliant très humblement que, si par mauvais rapport il
estoit esloigné de sa presence, il luy pleut suspendre son jugement
jusques après avoir entendu de lui la verité du faict; et qu'il troveroit que, en nulle sorte, il ne l'avoit offensé. Voyant ceste lettre,

le duc rapaisa ung peu sa collere et secretement l'envoia querir en sa chambre, auquel il dist d'un visaige furieux : « Je n'eusse jamais pensé que la peyne que j'ay prins de vous nourrir, comme enfant, se deut convertir en repentance de vous avoir tant advancé, veu que vous m'avez pourchassé ce qui m'a esté plus dommageable que la perte de la vie et des biens, d'avoir voulu toucher à l'honneur de celle qui est la moictié de moy, pour rendre ma maison et ma lignée infame à jamais. Vous pouvez penser que telle injure me touche si avant au cueur, que, si ce n'estoit le doubte que je fais s'il est vray ou non, vous fussiez desja au fond de l'eaue, pour vous rendre en secret la pugnition du mal que en secret m'avez pourchassé. » Le gentil homme ne fut point estonné de ces propos, car son ignorance le faisoit constamment parler[1]; et luy suplia luy vouloir dire qui estoit son accusateur, car telles parolles se doibvent plus justifier avecq la lance, que avecq la langue? « Vostre accusateur, dist le duc, ne porte autres armes que la chasteté; vous asseurant que nul autre que ma femme mesmes ne me l'a declaré, me priant la venger de vous. » Le pauvre gentil homme, voyant la très-grande malice de la dame, ne la voulut toutesfois accuser, mais respondit : « Mon seigneur, ma dame peut dire ce qui lui plaist. Vous la congnoissez mieulx que moy; et sçavez si jamais je l'ay veue hors de vostre compaignie, sinon une foys qu'elle parla bien peu à moy. Vous avez aussy bon jugement, que prince qui soit; parquoy je vous suplie, mon seigneur, juger si jamais vous avez veu en moy contenance qui vous ait peu engendrer quelque soupson. Si est-ce un feu qui ne se peut si longuement couvrir, que quelquefois ne soit congneu de ceulx qui ont pareille malladye. Vous supliant, mon seigneur, croire deux choses de moy : l'une que je vous suis si loial, que, quand madame vostre femme seroit la plus belle creature du monde, si n'auroit amour la puissance de mectre tache à mon honneur et fidelité; l'autre est que, quand elle ne seroit point vostre femme, c'est celle que je veis oncques, dont je serois aussi peu amoureux; et y en a assez d'aultres, où je mectrois plus tost ma fiance. » Le duc commencea à s'adoulcir, oyant ce veritable propos, et luy dist : « Je vous asseure aussy que je ne l'ay pas creue; parquoy faictes comme vous aviez accoustumé, vous asseurant que, si je congnois la verité de vostre costé, vous aymeray mieulx que je ne feiz oncques; aussi, par le contraire, vostre vie est en

---

[1] C'est-à-dire, que le duc ne parlait ainsi d'un air assuré, que par ignorance de la vérité.

ma main. » Dont le gentil homme le mercia, se soubmectant à toute peyne et punition, s'il estoit trouvé coulpable.

La duchesse, voiant le gentil homme servir comme il avoit accoustumé, ne le peut porter en patience, mais dist à son mary : « Ce seroit bien employé, monsieur, si vous estiez empoisonné, veu que vous avez plus de fiance en vos ennemys mortelz, que en voz amys. — Je vous prie, m'amye, ne vous tormentez point de ceste affaire; car, si je congnois que ce que vous m'avez dict soit vray, je vous asseure qu'il ne demeurera pas en vie vingt-quatre heures; mais il m'a tant juré le contraire, veu aussy que jamais ne m'en suis aparceu, que je ne le puis croire sans grand preuve. — En bonne foy, monsieur, luy dist-elle, vostre bonté rend sa meschanceté plus grande. Voulez-vous plus grande preuve, que de veoir ung homme tel que luy, sans jamais avoir bruict d'estre amoureux? Croiez, monsieur, que, sans la grande entreprinse qu'il avoit mise en sa teste de me servir, il n'eut tant demeuré à trouver maistresse, car oncques jeune homme ne vesquit, en si bonne compaignye, ainsy solitaire, comme il faict, sinon qu'il ait le cueur en si hault lieu, qu'il se contante de sa vaine esperance. Et, puis que vous pensez qu'il ne vous cele verité, je vous supplye, mectez-le à serment de son amour, car, s'il en aymoit une aultre, je suis contente que vous le croyez; et sinon, pensez que je vous dis verité. » Le duc trouva les raisons de sa femme très-bonnes, et mena le gentil homme aux champs, auquel il dist : « Ma femme me continue tousjours ceste oppinion et m'allegue une raison qui me cause ung grand soupson contre vous; c'est que l'on s'esbahit que, vous estant si honneste et jeune, n'avez jamais aymé, que l'on ayt sceu : qui me faict penser que vous avez l'oppinion qu'elle dict, de laquelle l'esperance vous rend si content, que vous ne povez penser en une autre femme. Parquoy je vous prie, comme amy, et vous commande, comme maistre, que vous aiez à me dire si vous estes serviteur de nulle dame de ce monde. » Le pauvre gentil homme, combien qu'il eut voulu dissimuller son affection autant qu'il tenoit chere sa vie, fut contrainct, voiant la jalousie de son maistre, luy jurer que veritablement il en aymoit une, de laquelle la beaulté estoit telle, que celle de la duchesse ne toute sa compaignye n'estoit que laydeur auprès, le supliant ne le contraindre jamais de la nommer; car l'accord de luy et de s'amye estoit de telle sorte, qu'il ne se povoit rompre, sinon par celluy qui premier le declareroit. Le duc luy promist de ne l'en presser point, et fut tant content de luy, qu'il luy feit meilleure chere qu'il n'avoit point encore faict. Dont la duchesse s'aparceut très-bien, et, usant de finesse accoustumée, mist peyne d'entendre l'occasion. Ce que le duc ne lui cela : d'où avecques sa vengeance s'engendra une forte jalousie, qui la feit supplier le duc de commander au gentil homme de luy nommer ceste amye, l'asseurant que c'estoit ung mensonge et le meilleur moien que l'on pourroit trouver pour l'asseurer de son dire, mais que, s'il ne luy nommoit celle qu'il estimoit tant belle, il estoit le plus sot prince du monde, s'il adjoustoit foy à sa parolle. Le pauvre seigneur, duquel la femme tournoit l'oppinion comme il lui plaisoit, s'en alla promener tout seul avec ce gentil homme, luy disant qu'il estoit encores en plus grande peyne qu'il n'avoit esté, car il se doubtoit fort qu'il luy avoit baillé une excuse pour le garder de soupsonner la verité, qui le tormentoit plus que jamais; pourquoy luy pria autant qu'il estoit possible de luy declarer celle qu'il aymoit si fort. Le pauvre gentil homme le suplia de ne luy faire faire une telle faulte envers celle qu'il aymoit, que de luy faire rompre la promesse qu'il luy avoit faicte et tenue si long temps; et de luy faire perdre ung jour ce qu'il avoit conservé plus de sept ans; et qu'il aymoit mieulx endurer la mort, que de faire ung tel tort à celle qui luy estoit si loiale. Le duc, voiant qu'il ne luy voulloit dire, entra en une si forte jalousie, que avecq ung visaige furieux luy dist : « Or, choisissez de deux choses : l'une ou de me dire celle que vous aymez plus que toutes, ou de vous en aller banny des terres où j'ay auctorité, à la charge que, si je vous y trouve huict jours passez, je vous feray morir de cruelle mort. » Si jamais douleur saisit cueur de loial serviteur, elle print celuy de ce pauvre gentil homme, lequel povoit bien dire *Angustiæ sunt mihi undique*[1], car d'un costé il voyoit que en disant verité il perdroit s'amye, si elle sçavoit que par sa faulte luy failloit de promesse; aussy, en ne la confessant, il estoit banny du pays où elle demoroit et n'avoit plus de moien de la veoir. Ainsy pressé des deux costez, luy vint une sueur froide comme celle qui par tristesse approchoit de la mort. Le duc, voiant sa contenance, jugea qu'il n'aymoit nulle dame, fors que la sienne, et que, pour n'en povoir nommer d'autre, il enduroit telle passion; parquoy luy dist assez durement : « Si vostre dire estoit veritable, vous n'auriez tant de peyne à la me declarer, mais je croy que vostre offence vous tourmente. » Le gentil homme, picqué de ceste parolle et poulsé de l'amour qu'il luy portoit, se delibere de luy dire verité, se confiant que son maistre

---

[1] Paroles du Psalmiste.

estoit tant homme de bien, que pour rien ne le vouldroit reveler Se
mectant à genoulx, devant luy, et les mains joinctes, luy dist : « Mon
seigneur, l'obligation que j'ay à vous et la grand amour que je vous
porte me force plus que la paour de nulle mort, car je vous voy telle
fantaisye et faulse oppinion de moy, que, pour vous oster d'une si grande
peyne, je suis deliberé de faire ce que pour nul torment je n'eusse
faict; vous supliant, mon seigneur, en l'honneur de Dieu, me jurer
et promectre en foy de prince et de chrestien, que jamais vous ne re-
velerez le secret que, puisqu'il vous plaist, je suis contrainct de dire. »
A l'heure, le duc luy jura tous les sermens qu'il se peut adviser, de
jamais à creature du monde n'en reveler riens, ne par parolles, ne
par escript, ne par contenance. Le jeune homme, se tenant asseuré
d'un si vertueux prince, comme il le congnoissoit, alla bastir le commencement de son malheur, en luy disant : « Il y a sept ans passez,
mon seigneur, que, aiant congneu vostre niepce, la dame du Verger[1],
estre vefve et sans parens, mys peyne d'acquerir sa bonne grace. Et,
pour ce que n'estois de maison pour l'espouser, je me contentois
d'estre receu pour serviteur; ce que j'ay esté. Et a voulu Dieu que
nostre affaire jusques icy fut conduicte si saigement, que jamais
homme ou femme qu'elle et moy n'en a rien entendu; sinon maintenant, vous, mon seigneur, entre les mains duquel je mectz ma vie
et mon honneur; vous supliant le tenir secret et n'en avoir en moindre
estime madame vostre niepce, car je ne pense soubz le ciel une plus
parfaicte creature. » Qui fut bien aise, ce fut le duc; car, congnoissant
la tres-grande beaulté de sa niepce, ne doubtant plus qu'elle ne fust
plus agreable que sa femme, mais ne povant entendre que ung tel mistere se peust conduire sans moien, luy pria de luy dire comment il le
pourroit veoir. Le gentil homme luy compta comme la chambre de sa
dame sailloit dans ung jardin ; et que, le jour qu'il y debvoit aller, on
luy laissoit une petite porte ouverte, par où il entroit à pied, jusques
à ce qu'il ouyt japper ung petit chien que sa dame laissoit aller au
jardin, quand toutes ses femmes estoient retirées. A l'heure, il s'en
alloit parler à elle toute la nuict; et, au partir, luy assignoit le jour
qu'il debvoit retourner ; où, sans trop grande excuse, n'avoit encores

[1] Les éditions de 1558 et 1559 ne nomment pas ici la dame, qui n'est autre que la châtelaine de Vergy, du Fabliau ; mais son nom s'y trouve cité à la fin de l'épilogue de la Nouvelle. La Reine de Navarre semble avoir voulu seulement indiquer le vrai nom historique, en appelant cette dame *du Verger;* elle modifia sans doute ainsi le nom de l'héroïne, par égard pour la famille de Vergy, qui comptait plusieurs de ses membres à la cour de François I*.

failly. Le duc, qui estoit le plus curieux homme du monde, et qui en son temps avoit fort bien mené l'amour, tant pour satisfaire à son soupson, que pour entandre une si estrange histoire, le pria de le vouloir mener avecq luy la premiere foys qu'il iroit, non comme maistre, mais comme compaignon. Le gentil homme, pour en estre si avant, luy accorda et luy dist comme ce jour-là mesme estoit son assignation[1]; dont le duc fut plus ayse que s'il eut gaigné ung royaulme. Et, faingnant s'en aller reposer en sa garderobbe, feit venir deux chevaulx pour luy et le gentil homme, et toute la nuyct se mirent en chemyn pour aller depuis Argilly[2] où le duc demoroit, jusques au Vergier[3]. Et laissans leurs chevaulx hors l'enclosture[4], le gentil homme feit entrer le duc au jardin par le petit huys, le priant demorer derriere ung noyer, duquel lieu il povoit veoir s'il disoit vray ou non. Il n'eut gueres demeuré au jardin, que le petit chien commencea à japper, et le gentil homme marcha devers la tour où sa dame ne failloit à venir au devant de luy, et, le saluant, luy dist qu'il luy sembloit avoir esté mille ans sans le veoir, et à l'heure entrerent dans la chambre et fermerent la porte sur eulx. Le duc, ayant veu tout ce mistere, se tint pour plus que satisfaict et attendit là non trop longuement, car le gentil homme dist à sa dame qu'il estoit contrainct de retourner plus tost qu'il n'avoit accoustumé, pour ce que le duc debvoit aller dès quatre heures à la chasse, où il n'osoit faillir. La dame, qui aymoit plus son honneur que son plaisir, ne le voulloit retarder de faire son debvoir, car la chose que plus elle estimoit en leur honneste amitié estoit qu'elle estoit secrete devant tous les hommes. Ainsy partyt ce gentil homme, à une heure après minuict; et sa dame, en manteau et en couvrechef, le conduisit, non si loing qu'elle vouloit, car il la contraignoit de retourner, de paour qu'elle ne trouvast le duc; avecq lequel il monta à cheval et s'en retourna au chasteau d'Argilly. Et, par les chemyns, le duc juroit incessamment au gentil homme mieulx aymer morir, que de jamais reveler son secret; et print telle fiance et amour en luy, qu'il n'y avoit nul en sa court, qui fut plus en sa bonne grace;

---

[1] Rendez-vous.
[2] Ancien château des ducs de Bourgogne, qui ne fut détruit que dans les guerres civiles du seizième siècle. C'est maintenant un gros bourg du département de la Côte-d'Or.
[3] C'est Vergy, et non pas *le Vergier*, dans le département de la Côte-d'Or. Il y avait dans cette commune un vieux château, qui fut ruiné par ordre d'Henri IV en 160?, et qui était le berceau d'une des plus illustres familles de la Bourgogne.
[4] Enclos, enceinte.

dont la duchesse devint toute enragée. Mais le duc luy defendit de
jamais plus luy en parler; et qu'il en sçavoit la verité, dont il se tenoit
contant, car la dame qu'il aymoit estoit plus aimable qu'elle. Ceste
parolle navra si avant le cueur de la duchesse, qu'elle en print une
malladie pire que la fiebvre. Le duc l'alla veoir, pour la consoler, mais
il n'y avoit ordre, s'il ne luy disoit qui estoit ceste belle dame tant
aymée; dont elle luy faisoit une importunée presse [1], tant que le duc
s'en alla hors de sa chambre, en luy disant : « Si vous me tenez plus
de telz propos, nous nous separerons d'ensemble. » Ces parolles aug-
menterent la malladie de la duchesse, qu'elle faingnyt sentir bouger
son enfant : dont le duc fut si joieux, qu'il s'en alla coucher auprès
d'elle. Mais, à l'heure qu'elle le veid plus amoureux d'elle, se tournoit de l'autre costé, luy disant : « Je vous suplye, monsieur, pui-que
vous n'avez amour ne à femme ne à enfant, laissez-nous morir tous
deux. » Et, avecq ces parolles, geta tant de larmes et de criz, que le
duc eut grand paour, qu'elle ne perdist son fruict. Parquoy, la prenant
entre ses bras, la pria de luy dire que c'estoit qu'elle vouloit, et
qu'il n'avoit rien que ce ne fust pour elle. « Ha, monsieur, ce luy
respondit-elle en pleurant, quelle esperance puis-je avoir que vous fas-
siez pour moy une chose difficille, quand la plus facille et raisonnable
du monde, vous ne la voulez pas faire, qui est de me dire l'amye du
plus meschant serviteur que vous eustes oncques ? Je pensois que vous
et moy n'eussions que ung cueur, une ame et une chair. Mais maintenant je congnois bien que vous me tenez pour une estrangiere, veu
que vos secretz qui en me doibvent estre celez, vous les cachez, comme
à personne estrange. Helas, monsieur, vous m'avez dict tant de choses
grandes et secretes, desquelles jamais n'avez entendu que j'en aye
parlé ; vous avez tant experimenté ma volunté estre esgale à la vostre,
que vous ne povez doubter que je ne sois plus vous-mesme que moy. Et,
si vous avez juré de ne dire à aultruy le secret du gentil homme, en
le me disant, ne faillez à vostre serment, car je ne suis ny ne puis estre
aultre que vous : je vous ay en mon cueur, je vous tiens entre mes
bras, j'ay ung enfant en mon ventre, auquel vous vivez, et ne puis avoir
vostre cueur, comme vous avez le mien ! Mais tant plus je vous suis
loiale et fidelle, plus vous m'estes cruel et austere : qui me faict mille
foys le jour desirer, par une soubdaine mort, delivrer vostre enfant
d'ung tel pere, et moy, d'ung tel mary : ce que j'espere bien tost, puis-

---

[1] C'est-à-dire, qu'elle le pressoit de parler, avec tant d'importunité.

que preferez ung serviteur infidelle à vostre femme telle que je vous suis, et à la vie de la mere d'ung fruict qui est vostre, lequel s'en va perir, ne pouvant obtenir de vous ce que plus desire de sçavoir. » En ce disant, embrassa et baisa son mary, arrousant son visaige de ses larmes, avec telz criz et souspirs, que le bon prince, craingnant de perdre sa femme et son enfant ensemble, se delibera de luy dire vray du tout; mais, avant, luy jura que, si jamais elle le reveloit à creature du monde, elle ne mourroit d'autre main que de la sienne : à quoy elle se condamna et accepta la pugnition. A l'heure, le pauvre deceu mary luy racompta tout ce qu'il avoit veu depuis ung bout jusques à l'aultre : dont elle feit semblant d'estre contente ; mais en son cueur pensoit bien le contraire. Toutesfois, pour la crainte du duc, dissimulla le plus qu'elle peut sa passion.

Et le jour d'une grande feste, que le duc tenoit sa court[1], où il avoit mandé toutes les dames du pays, et entre aultres sa niepce, les dances commencerent, où chacun feit son debvoir. Mais la duchesse, qui estoit tormentée, voyant la beaulté et bonne grace de sa niepce du Vergier, ne se povoit resjoyr ny moins garder son despit d'aparoistre. Car, ayant appelé toutes les dames qu'elle feit asseoir à l'entour d'elle, commencea à relever propos d'amour, et, voyant que madame du Vergier n'en parloit point, luy dist, avecq ung cueur creu[2] de jalousie : « Et vous, belle niepce, est-il possible que vostre beaulté soit sans amy ou serviteur ? — Ma dame, ce luy respondit la dame du Vergier, ma beaulté ne m'a point faict de tel acquest, car, depuis la mort de mon mary, n'ay voulu autres amys, que ses enfans dont je me tiens pour contante. — Belle niepce, belle niepce, ce luy respondit madame la duchesse par ung execrable despit, il n'y a amour si secrette, qu'il ne soit sceue, ne petit chien si affaité et faict à la main[3], duquel on n'entende le japper. » Je vous laisse penser, mes dames, quelle douleur sentyt au cueur ceste pauvre dame du Vergier, voyant une chose tant longuement couverte estre à son grand deshonneur declarée; l'honneur, si soingneusement gardé et si malheureusement perdu, la tormentoit, mais encores plus le soupson qu'elle avoit que son amy luy eust failly de promesse ; ce qu'elle ne pensoit jamais qu'il peust faire, sinon par aymer quelque dame plus belle

---

[1] C'est-à-dire : *cour plénière*, fête accompagnée de joutes, de tournois et de danses. *Tenir sa cour*, c'était aussi *donner le bal*.

[2] Gros.

[3] Instruit, dressé et apprivoisé.

qu'elle, à laquelle la force d'amour auroit faict declarer tout son faict. Toutesfois sa vertu fut si grande, qu'elle n'en feit ung seul semblant, et respondit, en riant, à la duchesse, qu'elle ne se congnoissoit point au langaige des bestes. Et, soubz ceste saige dissimullation, son cueur fut si plein de tristesse, qu'elle se leva, et, passant par la chambre de la duchese, entra en une garderobbe où le duc qui se pourmenoit la veid entrer. Et, quand la pauvre dame se trouva au lieu où elle pensoit estre seulle, se laissa tumber sur ung lict avecq si grande foiblesse, que une damoiselle, qui estoit assise en la ruelle pour dormir, se leva, regardant par à travers le rideau qui ce povoit estre; mais, voiant que c'estoit madame du Vergier, laquelle pensoit estre seulle, n'osa luy dire riens, et escouta le plus paisiblement qu'elle peut. Et la pauvre dame, avecq une voix demye morte, commencea à plaindre et dire : « O malheureuse, quelle parolle est-ce que j'ay ouye? Quel arrest de ma mort ay-je entendu? Quelle sentence de ma fin ay-je receue? O le plus aymé qui oncques fut, est-ce la recompense de ma chaste, honneste et vertueuse amour! O mon cueur, avez-vous faict une si perilleuse election et choisy pour le plus loial le plus infidelle, pour le plus veritable le plus fainct, et pour le plus secret le plus mesdisant? Helas! est-il possible que une chose cachée aux yeux de tous les humains ait esté revelée à madame la duchesse? Helas! mon petit chien tant bien aprins, le seul moien[1] de ma longue et vertueuse amitié, ce n'a pas esté vous, qui m'avez decelé, mais celluy qui a la voix plus criante que le chien abbayant, et le cueur plus ingrat que nulle beste. C'est luy qui contre son serment et sa promesse a descouvert l'heureuse vie, sans tenir tort à personne, que nous avons longuement menée! O mon amy, l'amour duquel seul est entrée dedans mon cueur, avecq lequel ma vie a esté conservée, faut-il maintenant que, en vous declarant mon mortel ennemy, mon honneur soit mis au vent, mon corps en la terre, et mon âme où eternellement, elle demorera! La beaulté de la duchesse est-elle si extresme, qu'elle vous a transmué[2] comme faisoit celle de Circée? Vous a-t-elle faict venir de vertueux vicieux, de bon mauvays, et d'homme beste cruelle? O mon amy, combien que vous me faillez de promesse, si vous tiendray de la mienne, c'est de jamais ne vous veoir, après la divulgation de nostre amitié; mais, aussy ne povant vivre sans vostre veue, je

---

[1] Confident, intermédiaire, auxiliaire.
[2] Métamorphosé.

m'accorde voluntiers à l'extresme douleur que je sens, à laquelle ne veulx chercher remede ne par raison ne par medecine; car la mort seule mectra la fin, qui me sera trop plus plaisante, que demorer au monde sans amy, sans honneur et sans contantement. La guerre ne la mort ne m'ont pas osté mon amy; mon peché ne ma coulpe ne m'ont pas osté mon honneur; ma faulte et mon demerite ne m'ont point faict perdre mon contantement; mais c'est l'Infortune cruelle, qui rendant ingrat le plus obligé de tous les hommes, me faict recepvoir le contraire de ce que j'ay deservy[1]. Ha! madame la duchesse, quel plaisir ce vous a esté, quand par mocquerye m'avez allegué mon petit chien! Or, joyssez-vous du bien qui à moy seule appartient! Or, vous mocquez de celle qui pense par bien celer et vertueusement aymer estre exempte de toute mocquerye! O! que ce mot m'a serré le cueur, qui m'a faict rougir de honte et paslir de jalousye. Helas! mon cueur, je sens bien que vous n'en povez plus: l'amour qui m'a recongneue vous brusle; la jalousie et le tort, que l'on vous tient, vous glace et admortit, et le despit et le regret ne me permectent de vous donner consolation. Helas! ma pauvre ame, qui, par trop avoir adoré la creature, avez oblié le Createur, il fault retourner entre les mains de Celluy, duquel l'amour vaine vous avoit ravie[2]. Prenez confiance, mon ame, de le trover meilleur pere, que n'avez trouvé amy celluy pour lequel l'avez souvent oblié. O mon Dieu, mon createur, qui estes le vray et parfaict amour, par la grace du quel l'amour que j'ay portée à mon amy n'a esté tachée de nul vice, sinon de trop aymer, je suplye vostre misericorde de recepvoir l'ame et l'esperit de celle qui se repent avoir failly à vostre premier et très-juste commandement; et, par le merite de Celluy duquel l'amour est incomprehensible, excusez la faulte que trop d'amour m'a faict faire; car en vous seul j'ay ma parfaicte confiance. Et adieu, amy, duquel nom sans effect me creve le cueur! » A ceste parolle, se laissa tumber tout à l'envers, et lui devint la couleur blesme, les levres bleues et les extremitez froides. En cest instant, arriva en la salle le gentil homme qu'elle aymoit; et, voiant la duchesse qui dansoit avecq les dames, regarda partout où estoit s'amye; mais, ne la voiant point, entra en la chambre de la duchesse; et trouva le duc qui se pourmenoit, lequel, devinant sa pensée, luy dist en l'oreille: « Elle est allée en ceste garderobbe, et sembloit qu'elle se

---

[1] Mérité.

[2] C'est-à-dire: « Entre les mains de Dieu, à qui un vain amour avait ravi cette âme. »

trouvoit mal. » Le gentil homme luy demanda s'il luy plaisoit bien qu'il y allast; le duc l'en pria. Ainsy qu'il entra dedans la garderobbe, trouva madame du Vergier, qui estoit au dernier pas de sa mortelle vie; laquelle il embrassa, luy disant : « Qu'est-ce cy, m'amye? Me voulez vous laisser? » La pauvre dame, oiant la voix que tant bien elle congnoissoit, print un peu de vigueur; et ouvrit l'oeil, regardant celluy qui estoit cause de sa mort; mais, en ce regard, l'amour et le despit creurent si fort, que avecq ung piteux souspir rendit son ame à Dieu. Le gentil homme, plus mort que la morte, demanda à la damoiselle comme ceste malladie luy estoit prinse. Elle luy compta du long les parolles qu'elle luy avoit oy dire. A l'heure, il congneut que le duc avoit revelé son secret à sa femme; dont il sentit une telle fureur, que, embrassant le corps de s'amye, l'arrousa longuement de ses larmes, en disant : « O moy, traistre, meschant et malheureux amy, pourquoy est-ce que la pugnition de ma trahison n'est tumbée sur moy, et non sur elle qui est innocente? Pourquoy le ciel ne me fouldroya-il pas le jour que ma langue revela la secrette et vertueuse amitié de noz deux? Pourquoy la terre ne s'ouvrit pour engloutir ce faulseur de foy? O ma langue, pugnye sois-tu comme celle du Mauvays Riche en enfer[1]! O mon cueur, trop crainctif de mort et de banissement, deschiré sois-tu des aigles perpetuellement comme celluy de Ixion! Helas! m'amye, le malheur des malheurs, le plus malheureux qui oncques fut, m'est advenu! Vous cuydant garder, je vous ay perdue; vous cuydant veoir longuement vivre avec honneste et plaisant contentement, je vous embrasse morte, mal content de moy, de mon cueur et de ma langue jusques à l'extremité! O la plus loialle et fidelle femme qui oncques fut, je passe condamnation d'estre le plus deloyal, muable[2] et infidelle de tous les hommes! Je me vouldrois voluntiers plaindre du duc, soubz la promesse duquel me suis confié, esperant par là faire durer nostre heureuse vie; mais, helas! je debvois sçavoir que nul ne povoit garder mon secret mieulx que moy-mesmes. Le duc a plus de raison de dire le sien à sa femme que moy à luy. Je n'accuse que moy seul de la plus grande meschanceté qui oncques fut commise entre amys. Je debvois endurer estre jecté en la riviere, comme il me menassoit; au moins, m'amye, vous fussiez demorée vefve et moy glorieusement mort, observant la loy que vraye amitié commande; mais, l'ayant rompue, je demeure vif; et, vous, par

---

[1] Jésus-Christ, dans l'Évangile, dit que le mauvais riche en enfer demande une goutte d'eau, pour étancher sa soif ardente au Lazare qu'il aperçoit dans le ciel.
[2] Inconstant, changeant.

aymer parfaictement, estes morte, car vostre cueur tant pur et nect
n'a sceu porter, sans mort, de sçavoir le vice qui estoit en vostre amy.
O mon Dieu! pourquoy me creastes-vous homme, aiant l'amour si
legiere et cueur tant ignorant? Pourquoy ne me creastes-vous le petit
chien, qui a fidellement servy sa maistresse? Helas, mon petit amy, la
joye que me donnoit vostre japper est tournée en mortelle tristesse,
puis que aultre que nous deux a oye vostre voix! Si est-ce, m'amye,
que l'amour de la duchesse ne de femme vivant ne m'a faict varier,
combien que par plusieurs foys la meschante m'en ait requis et pryé;
mais ignorance m'a vaincu; pensant à jamais asseurer nostre amitié.
Toutesfois, pour estre ignorant, je ne laisse d'estre coulpable, car j'ay
revelé le secret de m'amye; j'ay faulsé ma promesse, qui est la seulle
cause dont je la voy morte devant mes oeilz. Helas! m'amye, me sera
la mort moins cruelle que à vous, qui par amour avez mis fin à vostre
innocente vie. Je croy qu'elle ne daigneroit toucher à mon infidelle
et miserable cueur, car la vie deshonorée et la memoire de ma perte,
par ma faulte, est plus importable que dix mille mortz. Helas, m'amye,
si quelqu'un, par malheur ou malice, vous eust osé tuer, promptement
j'eusse mis la main à l'espée pour vous venger. C'est doncques raison
que je ne pardonne à ce meurtrier, qui est cause de vostre mort par
ung acte plus meschant que de vous donner ung coup d'espée. Si je
sçavois un plus infame bourreau que moy-mesmes, je le prierois d'executer vostre traistre amy. O amour! par ignoramment aymer, je vous
ay offensé : aussy vous ne me voulez secourir comme vous avez faict
celle qui a gardé toutes vos loix. Ce n'est pas raison, que, par si honneste moyen, je define [1], mais raisonnable, que ce soit par ma propre
main. Puisque avecq mes larmes j'ay lavé vostre visaige et avecq ma
langue vous ay requis pardon, il ne reste plus qu'avecq ma main je
rende mon corps semblable au vostre et laisse aller mon ame où la
vostre ira, sçachant que ung amour vertueux et honneste n'a jamais
fin en ce monde ne en l'aultre. » Et, à l'heure, se levant de dessus le
corps, comme ung homme forcené et hors du sens, tira son poignard,
et, par grande violence, s'en donna au travers du cueur; et de rechef
print s'amye entre ses bras, la baisant par telle affection, qu'il sembloit
plus estre attainct d'amour que de la mort. La damoiselle, voiant ce
coup, s'en courut à la porte cryer à l'ayde. Le duc, oiant ce cry,
doubtant le mal de ceulx qu'il aymoit, entra le premier dedans la
garderobbe; et, voiant ce piteux couple, s'essaya de les separer, pour

---

[1] Que je finisse, que je meure.

saulver s'il eust esté possible le gentil homme. Mais il tenoit s'amye si fortement, qu'il ne fut possible de la luy oster jusques ad ce qu'il fut trespassé. Toutesfois, entendant le duc qui parloit à luy, disant : « Helas ! qui est cause de cecy ? » avecq ung regard furieux, luy respondit : « Ma langue et la vostre, monsieur. » Et, en ce disant, trespassa, son visaige joint à celluy de s'amye. Le duc, desirant en sçavoir plus avant, contraingnit la damoiselle de luy dire ce qu'elle en avoit veu et entendu ; ce qu'elle feit tout du long, sans en espargner rien. A l'heure, le duc, congnoissant qu'il estoit cause de tout le mal, se gecta sur les deux amans mortz ; et, avecq grandz criz et pleurz, leur demanda pardon de sa faulte, en les baisant tous deux par plusieurs foys. Et, puis, tout furieux, se leva, tira le poignard du corps du gentil homme, et, tout ainsy que ung sanglier estant navré d'un espieu court d'une impetuosité contre celluy qui a faict le coup, ainsy s'en alla le duc chercher celle qui l'avoit navré jusques au fond de son ame; laquelle il trouva dansant dans la salle, plus joieuse qu'elle n'avoit accoustumé, comme celle qui pensoit estre bien vengée de la dame du Vergier. Le duc la print au milieu de la dance et luy dist : « Vous avez prins le secret sur vostre vie, et sur vostre vie tombera la pugnition. » En ce disant, la print par la coeffure et luy donna ung coup de poignard dedans la gorge, dont toute la compaignie fut si estonnée, que l'on pensoit que le duc fut hors de sens. Mais, après qu'il eut parachevé ce qu'il voulloit, assembla en la salle tous ses serviteurs et leur compta l'honneste et piteuse histoire de sa niepce et le meschant tour que luy avoit faict sa femme, qui ne fut, sans faire pleurer les assistans. Après, le duc ordonna que sa femme fust enterrée en une abbaye qu'il fonda en partye pour satisfaire au peché qu'il avoit faict de tuer sa femme; et feit faire une belle sepulture où les corps de sa niepce et du gentil homme furent mys ensemble, avecq ung epitaphe declarant la tragedie de leur histoire. Et le duc entreprint ung voiage sur les Turcs, où Dieu le favorisa tant, qu'il en rapporta honneur et proffict, et trouva à son retour son filz aisné suffisant de gouverner son bien, luy laissa tout, et s'en alla rendre religieux en l'abbaye où estoit enterrée sa femme et les deux amans : et là passa sa vieillesse heureusement avecq Dieu.

« Voyla, mes dames, l'histoire que vous m'avez priée de vous racompter; que je congnois bien à vos oeilz n'avoir esté entendue sans compassion. Il me semble que vous debvez tirer exemple de cecy, pour vous garder de mectre vostre affection aux hommes, car, quelque honneste ou vertueuse qu'elle soit, elle a tousjours à la fin quelque mauvais desboire. Et vous voiez que sainct Pol encores, aux gens mariez, ne veult qu'ilz aient ceste grande amour ensemble. Car, d'autant que nostre cueur est affectionné à quelque chose terriene, d'autant s'esloigne-il de l'affection celeste; et plus difficile en est à rompre le lien, qui me faict vous prier, mes dames, de demander à Dieu son Sainct Esperit, par lequel vostre amour soit tant enflambée en l'amour de Dieu, que vous n'aiez point de peyne, à la mort, de laisser ce que vous aymez trop en ce monde. — Puisque l'amour estoit si honneste, dist Geburon, comme vous nous la plaignez, pourquoy la falloit-il tenir si secrette? — Pour ce, dist Parlamente, que la malice des hommes est telle, que jamais ne pensent que grande amour soyt joincte à honnesteté; car ilz jugent les hommes et les femmes vitieux, selon leurs passions. Et, pour ceste occasion, il est besoing, si une femme a quelque bon amy, oultre ses plus grands prochains parens, qu'elle parle à luy secretement, si elle y veult parler longuement; car l'honneur d'une femme est aussi bien mys en dispute, pour aymer par vertu, comme par vice, veu que l'on ne se prent que ad ce que l'on voyt. — Mais, dist Geburon, quand ce secret-là est decelé, l'on pense beaucoup pis. — Je le vous confesse, dist Longarine; parquoy, c'est le meilleur du tout de n'aymer point. — Nous appellons de ceste sentence, dist Dagoucin, car, si nous pensions les dames sans amour, nous vouldrions estre sans vie. J'entendz de ceux qui ne vivent que pour l'acquerir; et, encores qu'ilz n'y adviennent, l'esperance les soustient et leur faict faire mille choses honnorables jusques ad ce que la vieillesse change ces honnestes passions en autres peynes. Mais qui penseroit que les dames n'aymassent point, il fauldroit, en lieu d'hommes d'armes, faire des marchans; et, en lieu d'acquerir honneur, ne penser que à amasser du bien. — Doncques, dist Hircan, s'il n'y avoit point de femmes, vous vouldriez dire que nous serions tous meschans? Comme si nous n'avions cueur que celluy qu'elles nous donnent! Mais je suis bien de contraire oppinion, qu'il n'est rien qui plus abate le cueur d'un homme que de hanter ou trop aymer les femmes. Et, pour ceste occasion, defendoit les Hebrieux, que, l'année que l'homme estoit marié, il n'allast point à la guerre, de paour que l'amour de sa femme ne le retirast des hazardz que l'on y doibt sercher. — Je trouve, dist Saffredent, ceste loy sans grande raison, car il n'y a rien qui face plustost sortir l'homme hors de sa maison, que d'estre marié, pource que la guerre du dehors n'est pas plus importable que celle de dedans; et croy que, pour donner envye aux hommes d'aller en pays estranges et ne se amuser en leurs foyers, il les fauldroit marier. — Il est vray, dist Ennasuitte, que le mariage leur oste le soing de leur maison; car ilz s'en fyent à leurs femmes et ne pensent que à acquerir honneur, estans seurs que leurs femmes auront assez de soing du proffict. » Saffredent luy respondist : « En quelque sorte que ce soit, je suis bien ayse que vous estes de mon oppinion. — Mais, ce dist Parlamente, vous ne debatez de ce qui est le plus à considerer : c'est pourquoy le gentil homme qui estoit cause de tout le mal ne mourut aussi tost de desplaisir, comme celle qui estoit innocente? » Nomerfide luy dist : « C'est pource que les femmes ayment mieulx que les hommes. — Mais c'est, ce dist Simontault, pource que la jalousie des femmes et le despit les faict crever, sans sçavoir pourquoy; et la prudence des hommes les faict enquerir de la verité : laquelle congneue, par bon sens, monstrent leur grand cueur, comme feit ce gentil homme, et, après avoir entendu qu'il estoit l'occasion du mal de s'amye, monstra combien il l'aymoit, sans espargner sa propre vie. — Toutesfois, dist Ennasuitte, elle morut par vraye amour, car son ferme et loial cueur ne povoit endurer d'estre si villainement trompée. — Ce fut sa jalousie, dist Simontault, qui ne donna lieu à la raison; et creut le mal qui n'estoit point en son amy, tel comme elle le pensoit; et fut sa mort contraincte, car elle n'y povoit remedier; mais celle de son amy fut volontaire, après avoir congneu son tort. — Si fault-il, dist Nomerfide, que l'amour soyt grande, qui cause une telle douleur. — N'en ayez point de paour, dist Hircan, car vous ne morrez point d'une telle fiebvre. — Non plus, dist Nomerfide, que vous ne vous tuerez, après avoir congneu vostre offence. » Parlamente, qui se doubtoit le debat estre à ses despens, leur dist, en riant : « C'est assez que deux soient mortz d'amour, sans que l'amour en face battre deux autres, car voyla le dernier son de vespres qui nous departira, veuillez ou non. » Par son conseil, la compaignie se leva, et allerent oyr vespres, n'obliant en leurs bonnes prieres les ames des vraiz amans, pour lesquelz les religieux, de leur bonne volunté, dirent ung *de Profundis*. Et, tant que le soupé dura, n'eurent aultres propos que de madame du Vergier; et, après ung peu passé leur temps ensemble, chascun se retira en sa chambre, et ainsi meirent fin à la septiesme Journée.

FIN DE LA SEPTIESME JOURNÉE.

HUICTIESME JOURNÉE.

EN LA HUICTIESME JOURNÉE ON DEVISE DES PLUS GRANDES ET PLUS VERITABLES FOLLYES DONT CHASCUN SE PEUT AVISER.

PROLOGUE.

Le matin venu, s'enquirent si leur pont s'advançoit fort[1]; et trouverent que, dedans deux ou trois jours, il pourroit estre achevé, ce qui despleut à quelques ungs de la compaignie, car ilz eussent bien desiré que l'ouvrage eust duré plus longuement, pour faire durer le contantement qu'ilz avoient de leur heureuse vie; mais, voians qu'ilz n'avoient plus que deux ou trois jours de bon temps, se delibererent de ne le perdre pas; et prierent madame Oisille de leur donner la pasture spirituelle, comme elle avoit accoustumé : ce qu'elle feit. Mais elle les tint plus long temps que auparavant; car elle vouloit, avant partir, avoir mis fin à la Canonicque de Sainct Jehan[2]. A quoy elle s'acquicta si très bien, qu'il sembloit que le Sainct Esperit, plain d'amour et de doulceur, parlast par sa bouche. Et, tous enflambez de ce feu, s'en allerent oyr la grand messe, et, après, disner ensemble, parlans encores de la Journée passée, se defians d'en povoir faire une aussy belle. Et, pour y donner ordre, se retirerent chascun en son logis jusques à l'heure qu'ilz allerent en leur chambre des comptes, sur le bureau de l'herbe verte[3], où desja trouverent les moynes arrivez, qui avoient prins leurs places. Quand chascun fut assis, l'on

---

[1] Le pont de bois qu'ils faisaient construire sur le gave de Pau. *Voy.* p. 11 de ce volume.
[2] C'est l'épître catholique de saint Jean, qui fait partie des livres canoniques de l'Écriture sainte.
[3] La Reine de Navarre joue ici sur les mots, en faisant allusion à la Chambre des comptes.

demanda qui commenceroit; Saffredent dist : « Vous m'avez faict
l'honneur d'avoir commencé deux Journées; il me semble que nous
ferions tort aux dames, si une seulle n'en commençoit deux. — Il
faudra doncques, dist madame Oisille, que nous demeurions icy longuement, ou que une de vous et une de nous soit sans avoir commandé une Journée. — Quant à moy, dist Dagoucin, si j'eusse esté
esleu, j'eusse donné ma place à Saffredent. — Et moy, dist Nomerfide,
j'eusse donné la mienne à Parlamente, car j'ay tant accoustumé de
servir, que je ne sçaurois commander. » A quoy toute la compaignye
s'accorda, et Parlamente commencea ainsy : « Mes dames, nos Journées passées ont esté plaines de tant de saiges comptes, que je vous
vouldrois prier que ceste-cy le soit de toutes les plus grandes follyes, et
les plus veritables, que nous nous pourrons adviser. Et, pour vous
mectre en train, je voys commencer : »

SOIXANTE UNZIESME NOUVELLE.

La femme d'un scellier, griefvement malade, se guerit et recouvra la parole qu'elle
avoit perdue l'espace de deux jours, voyant que son mary retenoit sur un lict
trop privement sa chamberiere, pendant qu'elle tiroit à sa fin [1].

EN la ville d'Amboise, y avoit ung scellier, nommé Brimbaudier [2],
lequel estoit scellier de la Royne de Navarre, homme duquel on
povoit juger la nature, à veoir la coulleur du visaige, estre plus serviteur de Bachus que des prestres de Diane. Il avoit espousé une femme
de bien, qui gouvernoit son mesnaige très saigement : dont il se contentoit. Ung jour, on luy dist que sa bonne femme estoit mallade et en
grand dangier, dont il monstra estre autant courroucé qu'il estoit possible. Il s'en alla en grande diligence, pour la secourir. Et trouva sa
pauvre femme si bas, qu'elle avoit plus de besoing de confesseur

[1] Cette Nouvelle a été imitée par Noël du Fail sieur de La Hérissaye, dans ses
Contes d'Eutrapel (chap. v, *de la Goutte*). Il donne à son héros le nom de *Glaume
Esnaul de Tremeril*.
[2] Il est nommé *Bruribandier* dans l'édition de 1558, et *Borribaudier* dans celle de
1559.

que de medecin; dont il feit ung deuil le plus piteux du monde. Mais, pour bien le representer, fauldroit parler gras comme luy, et encores seroit-ce plus qui pourroit paindre son visaige et sa contenance. Après qu'il luy eut faict tous les services qu'il luy fut possible, elle demanda la croix, que on luy feist apporter. Quoy voiant, le bon homme s'alla gecter sur ung lict, tout desesperé, criant et disant avec sa langue grasse : « Helas! mon Dieu, je perdz ma pauvre femme! Que feray-je, moy malheureux! » et plusieurs telles complainctes. A la fin, regardant qu'il n'y avoit personne en la chambre, que une jeune chamberiere assez belle et en bon poinct, l'appela tout bas à luy, en luy disant : « M'amye, je me meurs, je suis pis que trespassé de veoir ainsy morir ta maistresse! Je ne sçay que faire, ne que dire, sinon que je me recommande à toy; et te prie prendre le soing de ma maison et de mes enfans. Tiens les clefz, que j'ay à mon costé? Donne ordre au mesnaige, car je n'y sçaurois plus entendre. » La pauvre fille, qui en eut pitié, le reconforta, le priant ne se voloir desesperer; et que, si elle perdoit sa maistresse, elle ne perdist son bon maistre. Il luy respondist : « M'amye, il n'est possible, car je me meurs. Regarde comme j'ay le visage froid, approche tes joues des miennes, pour les me rechauffer. » Et, en ce faisant, il luy mist la main au tetin, dont elle cuyda faire quelque difficulté, mais la pria n'avoir point de craincte, car il fauldroit bien qu'ilz se veissent de plus près. Et sur ces motz, la print entre ses bras, et la gecta sur le lict. Sa femme, qui n'avoit compaignye que de la croix et de l'eau benoiste, et n'avoit parlé depuis deux jours, commencea, avecq sa foible voix, de crier le plus hault qu'elle peut : « Ha! ha! ha! je ne suis pas encore morte! » Et, en les menassant de la main, disoit : « Meschant, villain, je ne suis pas morte! » Le mary et la chamberiere, oians sa voix, se leverent; mais elle estoit si despite contre eulx, que la collere consuma l'humidité du caterre qui la gardoit de parler, en sorte qu'elle leur dist toutes les injures, dont elle se povoit adviser. Et, depuis ceste heure-là, commencea de guerir : qui ne fut sans souvent reprocher à son mary le peu d'amour qu'il lui portoit.

« Vous voiez, mes dames, l'ypocrisye des hommes : comme pour ung peu de consolation ilz oblient le regret de leurs femmes! — Que sçavez-vous, dist Hircan, s'il avoit oy dire que ce fut le meilleur remede que sa femme povoit avoir? Car, puis que par son bon traictement il ne la povoit guerir, il vouloit essaier si le contraire lui seroit meilleur : ce que très bien il experimenta. Et m'esbahys comme, vous, qui estes femmes, avez declaré la condition de vostre sexe, qui plus amende[1] par despit que par doulceur. — Sans point de faulte, dist Longarine; cela me feroit bien, non seullement saillir du lict, mais d'un sepulcre tel que celluy-là. — Et quel tort luy faisoit-il, dist Saffredent, puisqu'il la pensoit morte, de se consoler? Car l'on sçaict bien que le lien du mariage ne peut durer sinon autant que la vie ; et puis après, on est deslié. — Ouy, deslié, dist Oisille, du serment et de l'obligation; mais ung bon cueur n'est jamais deslié de l'amour. Et estoit bien tost oblié son deuil, de ne povoir actendre que sa femme eust poussé le dernier souspir. — Mais ce que je trouve le plus estrange, dist Nomerfide, c'est que, voiant la mort et la croix devant ses oeilz, il ne perdoit la volunté d'offenser Dieu. — Voyla une belle raison ! dist Symontault; vous ne vous esbahiriez doncques pas de veoir faire une follye, mais que on soit loing de l'eglise et du cymetiere? — Mocquez-vous tant de moy que vous vouldrez, dict Nomerfide; si est-ce que la meditation de la mort rafroidyt bien fort ung cueur, quelque jeune qu'il soit. — Je serois de vostre oppinion, dist Dagoucin, si je n'avois oy dire le contraire à une princesse. — C'est doncques à dire, dist Parlamente, qu'elle en racompta quelque histoire. Parquoy, s'il est ainsy, je vous donne ma place pour la dire. » Dagoucin commencea ainsy :

SOIXANTE DOUZIESME NOUVELLE.

En exerçant le dernier oeuvre de misericorde et ensevelissant ung corps mort, ung religieux exerça les oeuvres de la chair avec une religieuse et l'engrossa [2].

EN une des meilleures villes de France, après Paris, y avoit ung hospital richement fondé, assavoir d'une prieure et quinze ou seize religieuses, et, en ung autre corps de maison devant, y avoit ung prieur et sept ou huict religieux, lesquelz tous les jours disoient le ser-

[1] Se trouve mieux, guérit.
[2] Cette Nouvelle manque dans l'édition publiée par Boaistuau en 1558; mais elle a été publiée en 1559 par Cl. Gruget.

vice, et les religieuses, seullement leurs patenostres et heures de Nostre Dame, pour ce qu'elles estoient occupées au service des mallades. Ung jour, vint à mourir ung pauvre homme, où toutes les religieuses s'assemblerent. Et, après luy avoir faict tous les remedes pour sa santé, envoierent querir ung de leurs religieux pour le confesser. Puis, voiant qu'il s'affoiblissoit, luy baillerent l'unction, et peu à peu perdit la parolle. Mais, pour ce qu'il demoura longuement à passer, faisant semblant d'oyr, chascune se mirent à luy dire les meilleures parolles qu'elles peurent, dont à la longue elles se fascherent; car, voyans la nuict venue et qu'il faisoit tard, s'en allerent coucher l'une après l'autre; et ne demoura, pour ensepvelir le corps, que une des plus jeunes avecq ung religieux, qu'elle craingnoit plus que le prieur ny aultre, pour la grande austerité dont il usoit tant en parolles que en vie. Et, quand ilz eurent bien cryé leurs heures à l'oreille du pauvre homme, congneurent qu'il estoit trespassé. Parquoy tous deux l'ensevelirent. Et, en exerçant ceste derniere oeuvre de misericorde, commencea le religieux à parler de la misere de la vie et de la bienheureuseté de la mort; en ces propos passerent la minuyct. La pauvre fille ententivement escoutoit ces devotz propos, et, le regardant les larmes aux oeilz : où il print si grand plaisir, que, parlant de la vie advenir, commencea à l'embrasser, comme s'il eut eu envye de la porter entre ses bras en paradis. La pauvre fille, escoutant ces propos, et l'estimant le plus devost de la compaygnie, ne l'osa refuser. Quoy voiant, ce meschant moyne, en parlant tousjours de Dieu, paracheva avecq elle l'oeuvre que soubdain le diable leur mit au cueur; car paravant n'en avoit jamais esté question; l'asseurant que ung peché secret n'estoit point imputé devant Dieu, et que deux personnes non liez ne peuvent offencer en tel cas, quand il n'en vient point de scandalle; et que, pour l'eviter, elle se gardast bien de le confesser à aultre que à luy. Ainsy se departirent d'ensemble, elle la premiere, qui, en passant par une chappelle de Nostre Dame, voulut faire son oraison, comme elle avoit de coustume. Et quand elle commencea à dire : « Vierge Marie! » il luy souvint qu'elle avoit perdu ce tiltre de virginité, sans force ny amour, mais par une sotte craincte; dont elle se print tant à pleurer, qu'il sembloit que le cueur luy deust fandre. Le religieux, qui de loing ouyt ces souspirs, se doubta de sa conversion, par laquelle il povoit perdre son plaisir; dont, pour l'empescher, la vint trouver prosternée devant ceste ymaige, la reprint aigrement, et luy dist que, si elle faisoit conscience, qu'elle se confessast à luy et

SOIXANTE DOUZIESME NOUVELLE. 429

qu'elle n'y retournast plus, si elle ne vouloit, car l'un et l'autre sans peché estoit en sa liberté.

La sotte religieuse, cuydant satisfaire envers Dieu, s'alla confesser à luy, mais, pour penitence, il luy jura qu'elle ne pechoit point de l'aymer, et que l'eaue benoiste povoit effacer ung tel peccadille. Elle, croyant plus en luy que en Dieu, retourna au bout de quelque temps à luy obeir; en sorte qu'elle devint grosse, dont elle print ung si grand regret, qu'elle suplia la prieure de faire chasser hors de son monastere ce religieux, sçachant qu'il estoit si fin, qu'il ne fauldroit point à la seduire. L'abesse et le prieur, qui s'accordoient fort bien ensemble, se mocquerent d'elle, disans qu'elle estoit assez grande pour se defendre d'un homme, et que celluy dont elle parloit estoit trop homme de bien. A la fin, à force d'importunité, pressée du remords de la conscience, leur demanda congé d'aller à Romme, car elle pensoit, en confessant son peché aux piedz du pape, recouvrer sa virginité. Ce que très voluntiers le prieur et la prieure luy accorderent, car ilz aymoient mieulx qu'elle fut pelerine contre sa reigle, que renfermée et devenir si scrupuleuse comme elle estoit, craingnans que son desespoir luy feit renoncer à la vie que l'on mene là dedans; luy baillant de l'argent pour faire son voiage. Mais Dieu voulut que, elle estant à Lyon, ung soir, après vespres, sur le pupiltre[1] de l'eglise de Sainct Jehan, où madame la duchesse d'Alençon, qui depuis fut royne de Navarre[2], alloit secretement faire quelque neufvaine avecq trois ou quatre de ses femmes, estant à genoulx devant le crucifix, ouyt monter en hault quelque personne, et, à la lueur de la lampe, congneut que c'estoit une religieuse. Et, afin d'entendre ses devotions, se retira la duchesse au coing de l'autel. Et la religieuse, qui pensoit estre seulle, se agenouilla; et, en frappant sa coulpe[3], se print à pleurer tant, que c'estoit pitié de l'oyr, ne criant sinon que : « Helas! mon Dieu, ayez pitié de ceste pauvre pecheresse! » La duchesse, pour entendre que c'estoit, s'approcha d'elle, en luy disant : « M'amye, qu'avez-vous, et d'où estes-vous? Qui vous amene en ce lieu cy? » La pauvre religieuse, qui ne la congnoissoit point, luy dist : « Helas! m'amye, mon malheur est tel,

---

[1] La tribune, le jubé, en haut duquel on lisait autrefois l'Évangile dans les messes solennelles.

[2] L'aventure qui fait le sujet de cette Nouvelle est donc antérieure au mois de janvier 1527. époque du mariage de la jeune veuve du duc d'Alençon avec Henri d'Albret, roi de Navarre.

[3] C'est-à-dire : sa poitrine, en disant *Mea culpa*.

que je n'ay recours que à Dieu, lequel je suplie me donner moien de parler à madame la duchesse d'Alençon, car, à elle seule, je conterai mon affaire, estant asseurée que, s'il y a ordre[1], elle le trouvera. — M'amye, ce luy dist la duchesse, vous povez parler à moy comme à elle, car je suis de ses grandes amyes. — Pardonnez-moy, dist la religieuse, car jamais aultre qu'elle ne saura mon secret. » Alors la duchesse luy dist qu'elle povoit parler franchement et qu'elle avoit trouvé ce qu'elle demandoit. La pauvre femme se gecta à ses piedz, et, après avoir pleuré, luy racompta ce que vous avez ouy de sa pauvreté[2]. La duchesse la reconforta si bien, que, sans luy oster la repentance continuelle de son peché, luy mist hors de l'entendement le voiage de Romme, et la renvoya en son prieuré, avecq des lettres à l'evesque du lieu, pour donner ordre de faire chasser ce religieux scandaleux.

« Je tiens ce compte de la duchesse mesme, par lequel vous povez veoir, mes dames, que la recepte de Nomerfide ne sert pas à toutes personnes. Car ceulx-ci, touchans et ensevelissans le mort, ne furent moins tachez de leur lubricité. — Voyla une intention, dist Hircan, de laquelle je croy que homme jamais ne usa : de parler de la mort et faire les oeuvres de la vie. — Ce n'est point oeuvre de vie, dist Oisille, de pecher; car on sçait bien que peché engendre la mort. — Croyez, dist Saffredent, que ces pauvres gens ne pensoient point à toute ceste theologie. Mais, comme les filles de Lot enyvroient leur pere, pensans conserver nature humaine; aussy, ces pauvres gens vouloient reparer ce que la mort avoit gasté en ce corps, pour en refaire ung tout nouveau; parquoy, je n'y voy nul mal, que les larmes de la pauvre religieuse, qui tousjours pleuroit et tousjours retournoit à la cause de son pleur. — J'en ay veu assez de telles, dist Hircan, qui pleurent leurs pechés et rient leur plaisir tout ensemble. — Je me doubte, dist Parlamente, pour qui vous le dictes, dont le rire a assez duré, et seroit temps que les larmes commenceassent. — Taisez-vous, dist Hircan; encores n'est pas finée la tragedie qui a commencé par rire. — Pour changer mon propos, dist Parlamente, il me semble que Dagoucin est sailly dehors de nostre deliberation, qui estoit de ne dire compte que pour rire, car le sien est trop piteux. — Vous avez dict, dist Dagoucin, que vous ne racompterez que de follyes, et il me semble que je n'y ai point failly:

---

[1] Pour *remède*.
[2] Faiblesse, infortune, grossesse.

SOIXANTE DOUZIESME NOUVELLE.

mais, pour en oyr ung plus plaisant, je donne ma voix à Nomerfide, esperant qu'elle rabillera ma faulte. — Aussy ay-je ung compte tout prest, respondist-elle, digne de suyvre le vostre, car je parle de religieux et de mort. Or, escoutez le bien, s'il vous plaist[1]. »

[1] L'*Heptaméron* s'arrête ici et n'est point achevé, car il y manque huit Nouvelles que promettait le titre de l'ouvrage. L'édition de 1559, donnée par Gruget, se termine par cette note de l'éditeur : *Cy finent les Comptes et Nouvelles de la feue Royne de Navarre, qui est ce que l'on en peut recouvrer.*

FIN DE LA HUICTIESME ET DERNIERE JOURNÉE.

TABLE

Avertissement de l'éditeur. . . . .
Notice historique sur Marguerite d'Angoulême. . . . . iij
Ouvrages de Marguerite d'Angoulême. xx
Dédicace de l'édition de 1559. 1
Prologue. 5

PREMIERE JOURNÉE.

EN LA PREMIERE JOURNÉE EST UN RECUEIL DES MAUVAIS TOURS QUE LES FEMMES ONT FAICTZ AUX HOMMES ET LES HOMMES AUX FEMMES.

Premiere Nouvelle. 17
Deuxiesme Nouvelle. 23
Troisiesme Nouvelle. 29
Quatriesme Nouvelle 34
Cinquiesme Nouvelle. 42
Sixiesme Nouvelle. 45
Septiesme Nouvelle 48
Huictiesme Nouvelle. 50
Neufviesme Nouvelle. 56
Dixiesme Nouvelle. 61

DEUXIESME JOURNÉE.

EN LA DEUXIESME JOURNÉE ON DEVISE DE CE QUI PROMPTEMENT TOMBE EN LA FANTAISIE DE CHASCUN.

Prologue. 91
Unziesme Nouvelle 92

Douziesme Nouvelle. 96
Treiziesme Nouvelle. 103
Quatorziesme Nouvelle. 114
Quinziesme Nouvelle. 121
Seiziesme Nouvelle 135
Dix septiesme Nouvelle. 138
Dix huictiesme Nouvelle. 142
Dix neufviesme Nouvelle. 147
Vingtiesme Nouvelle. 157

TROISIESME JOURNÉE.

EN LA TROISIESME JOURNÉE ON DEVISE DES DAMES QUI EN LEUR AMITIÉ N'ONT CHERCHÉ NULLE FIN QUE L'HONNESTETÉ, ET DE L'YPOCRISYE ET MECHANCETÉ DES RELIGIEUX.

Prologue. 161
Vingt et uniesme Nouvelle. 162
Vingt deuxiesme Nouvelle. 179
Vingt troisiesme Nouvelle. 189
Vingt quatriesme Nouvelle. 196
Vingt cinquiesme Nouvelle. 203
Vingt sixiesme Nouvelle 210
Vingt septiesme Nouvelle. 223
Vingt huictiesme Nouvelle. 225
Vingt neufviesme Nouvelle. 228
Trentiesme Nouvelle. 230

QUATRIESME JOURNÉE.

EN LA QUATRIESME JOURNÉE, ON DEVISE PRINCIPALEMENT DE LA VERTUEUSE PATIENCE ET LONGUE ATTENTE DES DAMES POUR GAINGNER LEURS MARYS ; ET LA PRUDENCE DONT ONT USÉ LES HOMMES ENVERS LES FEMMES, POUR CONSERVER L'HONNEUR DE LEURS MAISONS ET LIGNAGE.

Prologue. 237
Trente et uniesme Nouvelle 238
Trente deuxiesme Nouvelle. 242
Trente troisiesme Nouvelle. 247
Trente quatriesme Nouvelle. 251
Trente cinquiesme Nouvelle 255
Trente sixiesme Nouvelle 261

TABLE.

Trente septiesme Nouvelle	266
Trente huictiesme Nouvelle	270
Trente neufviesme Nouvelle	272
Quarantiesme Nouvelle	274

CINQUIESME JOURNÉE.

EN LA CINQUIESME JOURNÉE, ON DEVISE DE LA VERTU DES FILLES ET FEMMES, QUI ONT EU LEUR HONNEUR EN PLUS GRANDE RECOMMANDATION QUE LEUR PLAISIR ; DE CELLES AUSSI QUI ONT FAIT LE CONTRAIRE, ET DE LA SIMPLICITÉ DE QUELQUES AULTRES.

Prologue	
Quarante et uniesme Nouvelle	283
Quarante deuxiesme Nouvelle	286
Quarante troisiesme Nouvelle	296
Quarante quatriesme Nouvelle	301
Quarante cinquiesme Nouvelle	309
Quarante sixiesme Nouvelle	313
Quarante septiesme Nouvelle	318
Quarante huictiesme Nouvelle	321
Quarante neufviesme Nouvelle	324
Cinquantiesme Nouvelle	33

SIXIESME JOURNÉE.

EN LA SIXIESME JOURNÉE, ON DEVISE DES TROMPERIES QUI SE SONT FAICTES D'HOMME A FEMME, DE FEMME A HOMME, OU DE FEMME A FEMME, PAR AVARICE, VENGEANCE ET MALICE.

Prologue	334
Cinquante et uniesme Nouvelle	335
Cinquante deuxiesme Nouvelle	339
Cinquante troisiesme Nouvelle	242
Cinquante quatriesme Nouvelle	348
Cinquante cinquiesme Nouvelle	350
Cinquante sixiesme Nouvelle	353
Cinquante septiesme Nouvelle	359
Cinquante huictiesme Nouvelle	361
Cinquante neufviesme Nouvelle	365
Soixantiesme Nouvelle	370

TABLE.

SEPTIESME JOURNÉE.

EN LA SEPTIESME JOURNÉE, ON DEVISE DE CEULX QUI ONT FAIT TOUT LE CONTRAIRE DE CE QU'ILZ DEVOIENT OU VOULOIENT.

Prologue. 375
Soixante et uniesme Nouvelle. 376
Soixante deuxiesme Nouvelle. 382
Soixante troisiesme Nouvelle. 384
Soixante quatriesme Nouvelle 388
Soixante cinquiesme Nouvelle. 392
Soixante sixiesme Nouvelle. 394
Soixante septiesme Nouvelle 397
Soixante huictiesme Nouvelle. 400
Soixante neufviesme Nouvelle. 402
Soixante dixiesme Nouvelle. 405

HUICTIESME JOURNÉE.

EN LA HUICTIESME JOURNÉE, ON DEVISE DES PLUS GRANDES ET PLUS VERITABLES FOLIES DONT CHASCUN SE PEUT AVISER.

Prologue. 424
Soixante unziesme Nouvelle. 425
Soixante douziesme Nouvelle. 427
Table. 433

FIN DE LA TABLE.

PARIS. — IMP. SIMON RAÇON ET COMP.
RUE D'ERFURTH, 1

www.ingramcontent.com/pod-product-compliance
Lightning Source LLC
Chambersburg PA
CBHW070202240426
43671CB00007B/515